陈独秀正传

陈利明 著

人民日报出版社
北京

图书在版编目（CIP）数据

陈独秀正传 / 陈利明著. -- 北京：人民日报出版社，2018.4
ISBN 978-7-5115-5439-0

Ⅰ. ①陈… Ⅱ. ①陈… Ⅲ. ①陈独秀（1880-1942）—传记 Ⅳ. ① K827=6

中国版本图书馆 CIP 数据核字（2018）第 086853 号

书　　名：	陈独秀正传 CHEDUXIU ZHENGZHUAN
作　　者：	陈利明
出 版 人：	董　伟
责任编辑：	程文静　吴立平
封面设计：	金　刚
出版发行：	人民日报出版社
社　　址：	北京金台西路 2 号
邮政编码：	100733
发行热线：	（010）65369527　65369512　65369509　65369510
邮购热线：	（010）65369530
编辑热线：	（010）65363530
网　　址：	www.peopledailypress.com
经　　销：	新华书店
印　　刷：	大厂回族自治县彩虹印刷有限公司
开　　本：	710mm×1000mm　1/16
字　　数：	552 千字
印　　张：	30.75
版　　次：	2019 年 9 月第 2 版
印　　次：	2019 年 9 月第 1 次印刷
书　　号：	ISBN 978-7-5115-5439-0
定　　价：	68.00 元

序

郭德宏

著名传记文学作家陈利明先生是国家一级作家，长期致力于写伟人长篇传记，先后有《陈明仁将军传》《程潜传》《谭震林传奇》《王首道传》《胡耀邦传》等传记出版。

2008年5月，我们在安徽安庆召开的"陈独秀社会主义思想学术研讨会"上相识，得知他正在撰写《陈独秀正传》，非常高兴。读了他题为《秉笔直书写伟人，敢当华夏太史公——从写〈胡耀邦传〉想到写〈陈独秀正传〉》的文章，对他坚持实事求是的原则和敢于秉笔直书的精神与胆识，更为钦佩。

对于陈独秀，很多年轻人已经感到比较陌生。在2004年11月于安庆召开的"《新青年》与马克思主义早期传播"学术研讨会上的发言中，我曾说在中国近现代历史上，陈独秀至少有六大历史贡献，五大杰出成就，并为后人做出了一个杰出的表率。

他的六大历史贡献是：第一，他是新文化运动的发起者，是20世纪中国第一次思想解放运动的倡导者。他在中国历史上第一个举起了民主、科学两面大旗，对于中国近现代历史的发展产生了巨大的影响，至今还在影响着中国历史的发展进程，而且仍然是中国在努力实现的目标。第二，他是五四运动的总司令，是五四运动的思想指导者。五四运动能够在中国近现代历史上产生那么大的影响，与他的活动、指导和影响是分不开的。第三，他是马克思主义的积极传播者，他创办的《新青年》杂志是当时传播马克思主义的最主要的阵地。这个杂志是中国近现代历史上影响最大的刊物，教育、引导了整整一代人，其作用是任何别的报刊不能替代的，至今没有一份刊物能与之相比。第四，他是中国共产党的最主要的创始人。现在很多地方仅仅说他是中国共产党的创始人之一，这是很不够的，应该说他是中国共产党的最主要的创始人。如果没有陈独秀，就没有中国共产党在1921年的成立。仅仅这一条功劳，陈独秀就可以名垂千古，光照千秋。第五，他是中国共产党第一至第五届中央委员会的最主要的领导人，是中国共产党早期领导集体的核心。第六，他是中国近现代历史上第一个深刻总结、反思苏联和社会主义民主政治建设经验教训的人，并且尖锐地指出斯大林的严重错误完全是由苏联的独裁制产生出来的，应该从根本制度上来解决民主政治的问题，并认为社会主义和民主政治不可分割，没有民主就没有社会主义。他晚年的民主思想，是中国近现代历史上对民主政治的最深刻的思索，依旧闪耀着真理的光辉。

他的五大杰出成就是：第一，他是中国近现代历史上杰出的政论家。他的政论文章汪洋恣肆、尖锐犀利，《敬告青年》等篇章是中国近现代历史上少有的、杰出的代表作，至今仍给人很多启发。第二，他是中国近现代历史上杰出的语言文字学家。他的一生虽然主要从事政治斗争，但音韵学、文字学方面的著作很多。他如果不是后来转向政治斗争，无疑会成为中国近现代历史上最杰出的大专家、大学者之一。第三，他是中国近现代历史上杰出的诗人。关于陈独秀的诗，李大钊早就赞扬其"意境本高"[1]。王森然在20世纪30年代写的《近代二十家评传》中，也盛赞陈独秀的诗"雅洁豪放"，说他"二十年前，亦中国最有名之诗人也"[2]。第四，他是中国近现代历史上杰出的书法家。关于他的书法，一般不为人所知，但不管篆、隶、行、草，他都有很高的造诣，受到很多人的高度赞赏。第五，他对中国近现代的文学革命起了巨大的推动作用。他于1917年发表的《文学革命论》和胡适的《文学改良刍议》一起，为当时的文学革命树起了两面鲜明的旗帜。对于他在这方面的功劳，连胡适也推崇备至。

除了历史贡献和学术成就以外，陈独秀还在很多方面堪称楷模，为后人做出了杰出的表率：其一，他志存高远，坚强不屈，百折不挠，视死如归，为主义和信仰奋斗终生。其二，他一心为公，从不以权谋私。其三，他光明磊落，不搞阴谋诡计。其四，他思想解放，从不迷信，敢于怀疑那些"最高指示"。其五，他不食"嗟来之食"，即使在年老多病、穷困潦倒的晚年，他仍然洁身自爱，表现出一个革命者威武不能屈、富贵不能淫、贫贱不能移的浩然正气、刚强骨气和高尚人格。其六，他作为一个知识分子，一生毫不妥协，坚决地揭露和批判旧制度、旧思想、旧文化和社会的种种弊病，代表了社会的良心，我们应该

---

[1] 陈世强，《世纪话语 大匠情怀——陈独秀与中国晚近美术》，载沈寂主编《陈独秀研究》第2辑，安徽大学出版社，2003年版，第117页。
[2] 钟扬，《陈独秀的诗歌创作散论》，载沈寂主编《陈独秀研究》第2辑，安徽大学出版社2003年版，第131页。

学习和弘扬陈独秀精神。

以上这六大历史贡献、五大杰出成就和一个杰出表率,要做到其中任何一个方面都是很不容易的,但陈独秀兼而有之。毫无疑问,他是中国近现代历史上伟大的思想家、理论家、革命家、政治家和杰出的编辑出版家、政论家、语言文字学家、诗人、书法家。

其实,中国共产党的很多领导人也曾高度评价陈独秀。早在 1936 年,毛泽东在与美国记者斯诺谈及自己的经历时,就说 1919 年和 1920 年,他曾在北京和上海两次拜访陈独秀,说"他对我的影响也许比其他任何人的影响都大"[①]。正是在陈独秀、李大钊等人的影响下,到 1920 年夏天,他成了一个马克思主义者。

在陈独秀逝世后的第 3 年,即 1945 年 4 月 21 日,在中共党史上有着重要意义的第七次代表大会的预备会议上,毛泽东又郑重地提到了陈独秀,说他:"是有功劳的。他是五四运动时期的总司令,整个运动实际上是他领导的,他与周围的一群人,如李大钊同志等,是起了大作用的。我们听他说世界上有马克思主义。我们是他们那一代人的学生。五四运动替中国共产党准备了干部。那个时候有《新青年》杂志,是陈独秀主编的。被这个杂志和五四运动警醒起来的人,后来有一部分加入了共产党,这些人受陈独秀和他周围一群人的影响很大,可以说是由他们集合起来,这才成立了党。"并明确地说陈独秀"创造了党,有功劳"[②]。

然而,随着后来阶级斗争的升级、路线斗争的强调、个人迷信的突出,陈独秀这个世纪伟人、五四运动的总司令、中国共产党首位创造者,却被戴上"机会主义的二次革命论、右倾机会主义、右倾投降主义、托陈取消派、反共产国际、反党、反革命、汉奸、叛徒"等 9 顶"大帽子",成了中国共产党内最大的反面人物,以致沉冤数十载。其实,那些所谓的"罪名",或者似是而非,或者根本不能成立。直到中共十一届三中全会以后,随着解放思想、实事求是思想路线的不断落实,共产国际、联共(布)党史档案的逐渐解密,陈独秀研究的禁区才逐步被打破,出现了陈独秀研究的高潮。据不完全统计,30 年来仅书名中含有"陈独秀"三字的各种著作就出版了六七十种,在报刊上发表的关于陈独秀的学术论文有 600 多篇。正是由于学者们的不懈努力,戴在陈独秀头上的那些"大帽子"才逐步被摘掉,加在他身上的那些"罪名"才逐渐被洗刷,逐步恢复

[①] 马连儒、柏裕江编,《毛泽东自述》,人民出版社,2008 年版,第 42 页。
[②] 《中国共产党第七次全国代表大会的工作方针》,载《毛泽东文集》第 3 卷,人民出版社,1996 年版,第 294 页。

了陈独秀应有的历史地位。

　　关于陈独秀研究的路，还很长很长，还需要学者们继续做出不懈的努力。在这种情况下，陈利明的《陈独秀正传》的撰写和出版，是一件很有意义的事情。我相信，他奉献给广大读者的这部著作，会是一部上乘之作，定会受到广大读者的由衷欢迎，引起世人的高度关注。

2009 年 1 月 25 日（夏历牛年除夕）

　　（作者原任中共中央党校中共党史教研部主任、教授，现为北京师范大学历史学院客座研究员、中国现代史学会会长）

目录

第一章　家乡岁月
001. 书香门第中的叛逆者 / 001
002. 从被动读经的少年到接受新学的康梁派 / 014

第二章　不安分的年轻人
003. 东渡日本求学 / 020
004. 藏书楼演说 / 026
005. 《安徽俗话报》/ 029
006. 组建"岳王会" / 035

第三章　封建婚姻叛逆者
007. 痛失兄长 / 047
008. 妻妹高君曼 / 049

第四章　辛亥风云中的革命党
009. 任都督府秘书长 / 054
010. 讨伐袁世凯 / 057

第五章　新文化运动主将

011. 创办《新青年》/ 069

012. 提倡"白话"文 / 079

013. 结识"二十八划生"/ 093

第六章　五四运动总司令

014. 巴黎和会引发五四运动 / 102

015. 98 天狱中生涯 / 107

016. 赴武汉演讲 / 115

第七章　创建中国共产党

017. 南陈北李携手建党 / 121

018. 缺席中共"一大"/ 137

019. 再次入狱 / 147

020. 中共"二大"/ 157

021. 马林唱"主角"的西湖会议 / 163

022. "看云楼"中的中共"三大"/ 173

第八章　中共中央局总书记

023. 国民党左右派分化　国共关系趋复杂 / 187

024. 1925 年 5 月 30 日 / 192

025. 共产党的"三次退让"/ 199

第九章　上海三次武装起义

026. 支持北伐 / 239

027. 指挥起义，迎接北伐军进上海 / 245

028. 蒋介石叛变革命 / 257

第十章　建党初期的艰难

029. 中共"五大"上瞿秋白的小册子 / 277

030. 晚到的"五月指示" / 282

031. 被迫辞去总书记职务 / 288

032. 白发人送黑发人 / 306

033. 自命"撒翁" / 309

第十一章　创建者被开除出党

034. 拒绝赴苏联 / 316

035. 1929 年，被开除党籍 / 320

036. 中国共产党反对派的首领 / 338

037. 倡议：与中共联合反蒋抗日 / 345

第十二章　四年零十个月又八天：牢狱之苦

038. 潘兰珍：年轻三十岁的妻子 / 351

039. 上海被捕 / 353

040. 自写辩状 / 364

041. 法庭激辩 / 371

042. 囚室? 研究室? / 383

043. 只有两章的自传 / 391

044. 与"托派"决裂 / 394

045. 减刑出狱 / 400

第十三章　反蒋抗日终不渝

046. 为抗日救国奔走 / 405

047. 赞成抗日民族统一战线 / 408

048. "已不隶属任何党派" / 414

049. 陈独秀：汉奸？间谍？/ 419

第十四章　流落江津度余生

050. 亡命入川 / 426

051. 友人资助度日 / 435

052. 痛失亲人 / 445

053. 晚景凄凉 / 448

054. 《陈独秀的最后见解》/ 452

第十五章　生命尽头

055. 一杯蚕豆花水 / 454

056. "老先生，你走了，让我一个人怎么活下去！" / 460

057. 夫妻合冢 / 465

主要参考书目 / 471

后　记 / 479

第一章　家乡岁月

001. 书香门第中的叛逆者

烟波浩渺的长江，汹涌澎湃，一泻千里，这是古老的中华民族的象征。面对这一壮观场面，宋代文豪苏东坡写下了流传千古的绝唱：

　　大江东去，浪淘尽，千古风流人物。故垒西边，人道是，三国周郎赤壁。乱石穿空，惊涛拍岸，卷起千堆雪，江山如画，一时多少豪杰。

滚滚东流的长江，流到下游与皖江汇合时，形成了天然咽喉，即沟通大江南北的交通，"控制吴越"的重镇要塞——安庆。

安庆，平安吉庆之谓也。它是一座历史悠久的古文化名城，人类祖先于公元前51世纪就生息在这里。在春秋时代，这里已是古皖国，楚灵王在天柱山（皖山）之南建立皖城，始封伯建城。相传东晋诗人郭璞来这里游览，倍加赞赏："此地宜城。"故安庆又称"宜城"。它南临滚滚长江，奔腾不息；北靠大龙山，峰峦起伏，莽莽苍苍。西北隆起，东南低洼。河流与湖泊交错。此地土地肥沃，水面广阔；物产丰富，人杰地灵，素有鱼米之乡的美誉。

安庆，在东方古国960万平方公里的土地上，只不过是一块弹丸之地，然而，由于它雄踞长江北岸，环山临江，且江面狭窄如带，地势十分险要，可以"上控洞庭、彭蠡，下扼石城、京口，锁钥南北，坐镇则呼吸东西"。因此，自古建都南京的朝廷，都把安庆作为兵家必争之地。

1879年10月9日，秋阳艳丽，金风送爽，安徽省安庆怀宁县十里铺后营菜地洒满金晖。上午9时许，"哇！哇！"婴儿洪亮的哭声，传遍菜地四野。

此时，陈家老小忙得不可开交。唯有那辫子长、胡须白而长、烟杆儿长的婴儿祖父，人称"白胡爹爹"的陈章旭得知生了一个孩儿，喜不自禁，凝神注视挂在堂屋墙上由皇帝御赐给陈氏祖宗的"圣谕广训"：

　　敦孝弟以重人伦，笃宗族以照雍穆。
　　和乡党以息争讼，重农桑以足衣食。

尚节俭以惜财用，重学校以端士习。

黜异端以崇正学，讲法律以儆愚顽。

霎时，他一本正经地翻着陈氏家族历代族谱，掐着手指，在堂屋踱了踱步，舒展眉结，对在一侧的四儿媳方氏说：

"这伢子也真命苦，出生落地，伯伯（安庆土语，即爸爸陈衍中）还在外地。"然后轻轻地捋了捋白长胡须，带有几分命令口吻似的说道："你明天托人到苏州去报个信，告诉你三哥衍中（即陈独秀亲父），你嫂子查氏又给他生了个儿子，叫他回来看看。这伢子的谱名我已经起好，叫庆同。"

这个诞生在黑暗年代，肤色黝黑，脸蛋圆圆，声洪眼亮，名叫庆同的婴儿，便是日后名声显赫的"五四"新文化运动的总司令、中国共产党的创始人、中共中央第一至第五届总书记陈独秀。

陈独秀原名乾生，谱名庆同，字仲甫，曾用的别名、别号、署名有众甫、重甫、程重甫、由己、三爱、熙州仲子居士、陈仲、仲、CC生；二次革命失败后，又署：只眼、实庵；建党后，曾用程志孟；后期则以撒翁、顽石等署名，更别署：雪衣、三户、靰儿等，别名：明宜、明夷、季丹等。1914年始署独秀山民，嗣后专用陈独秀为名。他自己取名"独秀"有段美妙的佳话：

1914年5月创刊于日本东京、由章士钊主编、王天生发行的政论刊物《甲寅》杂志，于11月10日出版的第一卷第4号发表了署名独秀的《爱国心与自觉心》一文，批判了传统的"国家观"，提出救国之道：

"自今日始，外不举债，内不摸金，上下相合，岁计倍益。"

这篇4000余字，结构严谨，文笔洗练，观点新颖的文章，在日本留学生中产生了强烈反响，也引起轩然大波。

"独秀是谁？！"人们纷纷打听。有读者义愤填膺地写信给《甲寅》杂志，口诛笔伐。主编章士钊拿着十几封读者来信对陈独秀幽默地笑着说：

"忧祸！忧祸！"

章士钊顺口念着一位读者来信：

"以为不知爱国，宁复为人，何物狂徒，放为是论。"

陈独秀听了怒不可遏，接着斥责道：

"这样批驳，才是真狂徒呢！都像这种疾呼爱国而无半点自觉性的人，亡国只是迟早！"

章士钊摆了摆手，对陈独秀说：

"仲甫兄，息怒！"接着递上一支烟，欣慰地赞扬道：

"仲甫，你是汝南晨鸡先登坛唤。"

这是陈独秀第一次用"独秀"在《甲寅》志杂上发表文章。

在同期杂志上,还载有他的《双枰记叙》一文,署名"独秀山民"。从此,陈独秀常爱用这个名字发表文章。直至今日,人们只知道陈独秀之名,而不知其谱名庆同。

当"独秀"这个名字出现在刊物上以后,又引起人们的一番议论,说他太狂。他的同乡好友、亚东图书馆经理汪孟邹风趣地对他说:

"仲甫,你太不客气了,似乎目中无人,以为世界上只有你一个是'秀'的,其他的都是'莠'也!"

陈独秀连忙解释道:

"哪里!哪里!我们家乡安庆有座独秀山,秀气挺拔。我用这个名字,只不过是说我是这座山下的居民而已,别无他意。"

陈独秀故乡安庆,四周皆名山,山川绮丽,风光宜人。

俯瞰长江,一泻千里,名山对峙,宛如画屏,晴阴斑驳,景色万端,既具江城要塞的磅礴之势,又富山乡水色的诗情画意,有许多游玩处。登万里长江第一塔——振风塔,极目远眺,东南是"奇峰一见惊魂魄"的名扬四海的佛教圣地九华山;西南有"一峰独立,圆如椎髻"的小孤山,浮现在滔滔江水中,犹如"江山蓬莱"仙岛;东北有全国三十六洞天之一的浮山,三面环水,宛若浮船,峰岩洞壑,玲珑怪幻;西有"奇峰出奇云,秀水含秀气"著称于世的"古南岳"天柱山;北郊有峰峦迭起的大小龙山,铺彩叠翠,蜿蜒似龙,令人心旷神怡!在四周皆名山掩映下,离城约 20 公里的西北角,有一孤峰拔地而起,奇特而令人瞩目:"西望如卓笔,北望如覆釜。"这就是陈独秀所说的,安庆市所辖怀宁县的独秀山。

独秀山矗立在怀宁县境中部,孤峰兀立,笑傲天穹,山绝水长,独具特色。据康熙《安庆府志》、民初《怀宁县志》记述,独秀山"潜岳绵亘,落平冈百里,顿起此峰,形势突兀,条干所为,名枥可数""西望如卓笔,北望如覆釜,为县众山之祖,无所依附,故称独秀"。实际上,安庆四周皆名山,独秀山相对于安庆周边的名山,不过是名不见经传的小山。这也是众人甚至包括今天的安庆市民只知道陈独秀而不知道独秀山的缘由,并由此造成了对陈独秀名字内涵及其与独秀山关系的种种理解。

1953 年 2 月,毛泽东沿江视察首次来到安庆。他站在船头,默默注视着自己 30 年前因往返上海、武汉之间而曾多次路过的这座城市,突然想到了陈独秀这位五四运动的总司令。毛泽东立即下令停船,上了岸,召见了当时的安庆地委书记,问陈独秀的家在安庆什么地方?毫无思想准备的傅大章顺口回答:"怀宁独秀山下。"毛泽东进一步又问：是独秀山因陈独秀而得名，还是陈独秀因山而得名？他回答说是最后一种情况，闹出了一场不大不小的笑话。其实陈独秀的老家怀宁县（今安庆市）距独秀山约20公里，山也是因人而得名的。

独秀山本是安庆周围众多山中并不闻名的山峰，然后，由于陈独秀这个赫赫有名的人物，因独秀山而得名，独秀山因陈独秀而著名。当然，陈独秀对此山情有独钟，选中独秀山作为自己的笔名，这与他一身傲骨的个性和卓尔不群的心志大有关联。

陈独秀出身书香门第，官僚世家，"习儒业十二世矣，而功名俱未显"。其祖父陈章旭，号太占，字晓峰，这位江州陈氏第十七世"章"字辈男丁生于1819年9月17日（嘉庆廿四年），整整大陈独秀60岁，廪生，教私塾，学识素养非常高、精明能干，热心助人、为人慷慨，生活简朴，"老成足羡，官长咸称"。娶了怀宁劳秉全的长女为妻，生有一女，嗣有四子：陈衍藩、陈衍藻（早夭）、陈衍中（字象五，出继陈章寅为嗣）、陈衍庶（字昔凡）。只有三子陈衍中有嗣，族脉几断。陈妻劳氏"善于勤俭持家，母义足训，教子一端，尤足世风"。陈章旭是家族中一个举足轻重的人物，满脑子的封建礼教，唯我独尊，家庭成员没有一个不畏他三分。陈独秀父亲陈衍中（1846-1881）排行第三，据说他"生有异姿，束发爱书"，可惜陈独秀仅两岁时，父亲便逝世，时年34岁。①

当安庆成了清军与太平军激战的主战场时，陈章旭率长子衍藩投笔从戎、精忠报国，被编入旅，跟随清军镇压太平军。在这样战乱频发，灾民流离失所、缺衣少食的艰难中，劳氏带着陈衍中和陈衍庶全家避乱于乡间，家里一贫如洗，全依靠劳氏"勤女红以度日"，而且为儿子请了良师，并谆谆教诲儿子："吾家累世以教书为业，毋至若辈坠读书种子也。"这位女性唯恐家族书香至此失传。从此，衍中发愤自励，岁试为"优廪贡生"，但嗣后则屡困场屋。乃谆谆以训其弟衍庶，卒中举，衍庶在官宦之余，犹好书画，师邓石如、刘石庵、王石谷、沈石田，门额曰"四石师斋"。陈独秀亲父陈衍中在族谱有记载云：独秀出生于这样的家庭，"有充分的文学训练，对于古文很有根底"。②

同治年间，战事平息，陈氏举家从乡间迁回煎熬近8年战乱的安庆城内，不久，陈衍中不负母望，考中了秀才。劳夫人欣喜而自豪地说："吾儿本婆人子，而亦得人士林耶。"1870年11月23日（同治九年九月二十九日），劳氏去世。23岁的衍中继承母亲遗愿，以兄行代父之任，全心全意教诲比自己小3岁的弟

---

① 张宝明、刘云飞著，《飞扬与落寞》，东方出版社，2007年版。
② 沈寂著，《陈独秀传论》，安徽大学出版社，2007年版。

弟。光绪元年（1875年）陈衍庶在乡试恩科中举，先考入誊录馆，议叙后补知县职。

然而，陈衍中的仕途并不顺畅，陷入"屡困场屋，不得已纳粟，以府经历分发江苏"的困境，仅是个八品官。后来在教育领域发扬光大，开设学馆，为人师，桃李满天下，名声日盛，有"皖中名士，半出其门"，"四方来者日众"之称颂。①

兄弟之中陈衍中在传嗣上最优。他娶怀宁查传芳的女儿查氏为妻，生下2子2女。

话说陈独秀的叔父陈衍庶（字昔凡，1851-1913），官运亨通，家业中兴。中举人入仕以后，在仕途上青云直上。陈衍庶钦加四品衔后，因官宦发家致富，他亦官亦商，在东北、北京（此二地财产共设一管事经理）、杭州、安庆等地广开商店，置产业，聚资数万，还在安庆贵池殷家汇置地800多亩。仅在安庆四牌楼附近的房产就有近10处，又在安庆南水头盖有一座公馆，是当时安庆有名的陈家大洋房。这个久久被人瞧不起的书香寒门，一跃而拥有了巨资，成了令人羡慕的"安庆望族"。

陈家按《陈氏宗谱》传到"天、章、衍、庆、遐"这一族段，"天"字辈嗣有祖父陈天植、祖叔陈天畴兄弟，祖父陈天植有子陈章旭，祖叔陈天畴有子陈章寅，陈章寅无子嗣。陈衍庶虽家财万贯，但"香火不旺"，虽先后娶妻三房：元配桐城方氏，续妻浙江谢氏，侧室邵氏，都没有生子，实是美中不足，古训道："不孝有三，无后为大"，愧对宗祠。陈衍庶年老体衰，生子无望，着急的他就依祖上惯例将侄儿过继给自己当儿子。②

陈衍庶的第二位妻子谢氏，善解人意，因为没能生子而觉得愧疚，多次建议过继一子为嗣。依封建家族规矩，为了陈氏血统的纯正性，外姓人不能进入家谱，过继的事须在同族内部进行，过继的人须是陈家血脉才行。

在陈衍庶的眼里，哥哥陈衍中的长子陈庆元已继承父嗣，只有小侄陈独秀能过继为己了，如果由他继承自己殷实的家产，也能很好地报恩去世的哥哥。

17岁的陈独秀一举考中名首秀才，陈衍庶夫妇有喜有忧，喜的是，聪颖的小庆同过继为子，家业必将兴旺发达；忧的是，查氏历尽艰辛育子，愿意割爱优秀的儿子吗？

陈衍庶定下主意后，委托族长与嫂子商讨过继的事。查氏开明大义，心想

---

① 张宝明、刘云飞著，《飞扬与落寞》，东方出版社，2007年版。
② 同上。

丈夫有长子庆元为嗣，且家族有惯例，应成人之美，结束四弟无嗣之忧；再则四弟家底殷实，儿子从此能过上富足的生活；更重要的是，四弟达官显贵，学富五车，为儿子前途着想，跟随衍庶，必将结交名士，博闻多识。于是查氏即欣然答应了四弟夫妇的要求，陈衍庶如愿以偿。常称自己是"没有父亲的孩子"的陈独秀，便有了新的父亲。

眉清目秀，气宇轩昂，仪表堂堂的陈昔凡，很喜欢刚过继为嗣的陈独秀。在东北上任时，便把陈独秀带在身边，亲自教导，期望今后"子承父业"，成为封建大家庭的继承人，并谆谆教导陈独秀：

"家无读书子，官从何处来？要想出人头地，就得先苦读经书，把书念好。"

陈衍庶，还是一位远近闻名的才子。他的诗文、书画也有一定的造诣，在艺术界有一定的影响，当时流行士大夫画，他的画风靡一时。郑午昌著的《中国绘画史》一书中，亦收录有陈昔凡的画。对此，《怀宁县志》云：陈昔凡"工书画，以邓石如、刘石庵、王石谷、沈石田四先生为师。门额曰：'四石师斋。'……藏匿真迹，古玩甚富。每陈列璀璨盈室，友朋来观，流连不肯去。或假归一二，绝无吝啬。平生最关心同邑姜筠，谓当时画家，无出其右者，余子不欲下之。晚年朝文汉隶，书益大进，得着珍如拱璧。尤嘉奖掖后进，于潘勋篆刻，萧愁画，称誉不去口。"养父的博学多才，对陈独秀不无影响。

陈衍中去世3年后，62岁的个性独特的祖父陈旭章就承担了幼小的陈独秀的启蒙教育。陈旭章胡须已白，被本族亲戚称为"白胡爹爹"。陈独秀在《实庵自传》中描述道：

> 我自幼便是一个没有父亲的孩子。我记得我幼时家住在安徽省怀宁县城里，我记得家中有一个严厉的祖父，一个能干而慈爱的母亲，一个阿弥陀佛的大哥。

亲戚本家都绰号我的这位祖父为"白胡爹爹"，孩子们哭时，一说"白胡爹爹"来了，便停声不敢哭，这位"白胡爹爹"的严厉可怕便可想见了。这位"白胡爹爹"有两种怪脾气：一是好洁，一是好静。家中有一角地方有一件桌椅没扫抹干净，我的母亲，我的大婶，我的大姊，便要倒大霉。他不许家中人走起路来有脚步声，我的二姊年幼不知利害，为了走路有时有脚步声，也不知挨过多少次毒打，便是我们的外祖母到我们家里来，如果不是从他眼前经过，都不得不蹑手蹑脚的像做贼的一般走路，因为恐怕他三不知的骂起来，倒不好出头承认是她的脚步声。我那时心中老是有一个不可解的疑问：这位好洁好静的祖父，他是抽鸦片烟的，在家里开灯不算数，还时常要到街上极龌龌而嘈杂的烟馆去抽烟，才算过瘾，那时他好洁好静的脾气哪里去了呢？这一疑问直到半个世纪后的今天，我才有了解答。第一个解答是人有好群性，就是抽大烟，也得集体的抽起来才有趣；然后这一解答还不免浅薄，更精微奥妙的解答，是烧烟泡的艺术之相互欣赏，大家的潜意识都沉默在相互欣赏这一艺术的世界，这一艺术世界之外的一切一切都忘怀了。我这样的解答，别人或者都以为我在说笑话，恐怕只有我的朋友刘叔雅才懂得这个哲学。

陈独秀在"自传"中写道：

我从六岁到八九岁，都是这位祖父教我读书。我从小有点小聪明，可是这点小聪明却害苦了我。我大哥读书，他从来不大注意，独独看中了我，恨不得我一年之中把"四书""五经"都读完，他才称意，"四书"、《诗经》还罢了，我最怕的是《左传》，幸亏这位祖父或者还不知道"三礼"的重要，否则会送掉我的小性命。我背书背不出，使他生气动手打，还是小事；使他最生气，气得怒目切齿几乎发狂令人可怕的，是我无论挨了如何毒打，总一声不哭，他不止一次愤怒而伤感的骂道："这个小东西，将来长大成人，必定是一个杀人不眨眼的凶恶强盗，真是家门不幸！"我的母亲为此不知流了多少眼泪，可是母亲对我并不是像祖父那样悲观，总是用好言劝勉我，说道："小儿，你务必好好用心读书，将来书读好了，中个举人替你父亲争口气，你的父亲读书一生，未曾考中举人，是他生前一桩恨事！"我见母亲流泪，倒哭出来了，母亲一面替我揩眼泪，一面责备我道："你这孩子真淘气，爹爹那样打你，你不哭，现在倒无端的哭了！"母亲的眼泪，比祖父的板子，着实有威权，一直到现在，我还是不怕打，不怕杀，只怕人对我哭，尤其妇人哭。母亲的眼泪，是叫我用功读书之强有力的命令。我们知道打着不哭的孩子很多，后来虽不一定有出息，也不一定做强盗。祖父对我的预料，显然不符合，我后来并没有做强盗，并且最厌恶杀人。我以为现时代还不能免的战争，即令是革命战争中的杀人，也是残忍的野蛮的事，然而战争还有进步的作用；其余的杀人，如政治的暗杀，法律的宣告死刑，只有助长人们的残忍与野蛮性，没有一点好影响，别的杀人更不用说了。

陈独秀母亲以柔克刚，使陈独秀深受启迪。祖父的粗暴方式造就了小庆同叛逆性格的另一面。它们一起潜移默化于这个小生命之中，直至终生。

查氏精明强干、慷慨正直、乐善好施，亲朋好友称她为巾帼英豪。

母亲查氏的性格，对陈独秀起着潜移默化的作用。她对幼年陈独秀的影响，比家庭中任何一个成员的影响都大而深。正如陈独秀在《实庵自传》中所写：

  有人称赞我疾恶如仇，有人批评我性情暴躁，其实性情暴躁则有之。疾恶如仇则不尽然，在这方面，我和我的母亲同样缺乏严肃坚决的态度，有时简直是优容奸恶，因此误过多少事，上过多少恶当，至今当然深知，其主要原因固然由于政治上之不严肃，不坚决，而母亲的性格之遗传，也有影响罢。

那个时代，公婆依据儿子功名程度决定对儿媳的器重程度。儿子功成名就的，儿媳一言九鼎；儿子无功名的，儿媳人微言轻。当时乡间有句谚语："去到考场放个屁，也替祖宗争口气。"妇女们认为科举能振兴夫家，是神圣的事业。查氏温柔而有自己的原则，像婆婆劳夫人一样，教导儿子要以科举为重，至少中个举人，以继承书香门第的传统，慰藉其父亡灵。

查氏的宽容慈祥加上陈章旭的严厉管教，陈庆元如愿以偿，考取了秀才，查氏快实现亡夫遗愿了。在欢庆的氛围里，聪明的小庆同却喜忧交加：母亲一定会让自己学习哥哥这个好榜样，而自己却将八股文章和应考视为灾难，那离痛苦就不远了。

祖父的教育方式粗暴，小庆同基本形成了叛逆性格。1889年（清光绪十五年）7月10日（六月十三日），祖父因病寿终正寝，孩子因此失去了老师。一年多里，查氏忙着为儿子请塾师，请了好几个，小庆同都没有与之融洽相处，最后，查氏让温厚的长子陈庆元当小7岁的弟弟的塾师。"庆"字辈延续了"衍"字辈的辅学传统。

因为家庭角色、地位、性格原因，庆元与祖父的教育方式截然两样。庆元受母亲之重托让弟弟温习八股经书，预备应考，又因材施教，教不愿受束缚的弟弟读《昭明文选》，庆同品味《昭明文选》后，更加厌烦八股文。

1896年（清光绪二十二年），陈独秀已经17岁了。离县考只差一个多月了，陈独秀依然不看八股文，庆元担心辜负母亲厚望，更担心误了弟弟前途，就着急地对弟弟说："考期已近，你也得看看八股文章罢！"

陈独秀一言不发，庆元知道弟弟默认了，于是高兴地为弟弟讲解符合小考格式的道德文章。而陈独秀表面上在听此讲解，但心不在焉，想着他喜爱的《昭明文选》。陈庆元辅读相伴弟弟四五年，探寻弟弟学习兴趣，明白了弟弟的兴趣不在八股文，"阿弥陀佛的大哥"对弟弟束手无策，只能顺从其美了，并且在母亲面前夸奖弟弟在刻苦地学八股文，信任长子的母亲相信了，喜笑颜开。

可想而知，陈独秀的县考、府考结果不佳，名次都不高。但"昭明太子""显了神灵",他的"经古"考取了提堂。到了院试时,"昭明太子"又神助他,宗师出的院试题目是难通的"鱼鳖不可胜食也材木"答题。他对看似不通的题目,也就用不通的文章来对付,还是《昭明文选》点拨了他,他将上面所有的鸟兽草木的难字和《康熙字典》上荒谬的古文组合在一起,一篇皇皇大文一挥而就,准备交差。正在他收拾考具预备交卷时,魁梧的李宗师走到他面前亲自收卷,他翻开卷子看了会就说:"站住,别慌走!"陈独秀大为吃惊,还以为闯下了什么大祸。他纳闷地看着李宗师,只见李宗师浏览完全篇,诧异地上下打量了他一番,问他多少岁了?怎么不考幼童?陈独秀告知了年龄。他连连点头说:"年纪还轻,回家好好用功,好好用功。"

陈独秀回家后把试场上的文稿交给陈庆元看,大哥看后,觉得这种不通的另类大文结局不妙,待院试结果一公布,母亲必明白他这个大哥纵容小弟的辅学真相。负母厚望,误弟前程,无颜面对。他满面愁云、心灰意冷,一直沉默着。陈独秀深知是自己让哥哥愁闷,因此也万分愧疚。但他认为自己本来就不愿意应考,没把它当回事,应考是为了应付母亲的。在那个功名至上的时代,陈独秀可说是离经叛道。

出乎意料,突传喜报:陈独秀县试夺魁,考取了秀才!他成了陈家"庆"字辈中第二个青年才俊!

喜从天降,查氏高兴得热泪盈眶,大哥陈庆元也云开雾散,侥幸考取秀才的陈独秀对科举制度却更加鄙视。

后来陈独秀在《实庵自传》中写道:"谁也想不到我那篇不通的文章,竟蒙住了不通的大宗师,把我取了第一名,这件事使我更加一层鄙薄科举。捷报传来,母亲乐得几乎掉下眼泪。'眼皮子浅'这句批评,怀宁人自己也承认,人家倒了霉,亲友邻舍们,照例总是编排的比实际倒霉要超过几十倍;在怀宁本是一个小户人家,绅士们向来是瞧不起的,全族中到我的父亲时才有一个秀才,叔父还中了举,现在看见我们弟兄又都是青年秀才,不但另眼相看,而且造出许多神话,说我们家的祖坟是如何如何好风水,说城外迎江寺的宝塔是陈家祖坟前的一管笔,说我出世的前夜,我母亲做过什么什么梦,诸如此类,不一而足。他们真想不到我后来接二连三做了使他们吓破了胆的康党、乱党、共产党,而不是他们所想象的举人、进士、状元郎。最有趣的是几家富户,竟看中了我这没有父亲的穷孩子,争先恐后的托人向我母亲问我可曾定亲。这就是我母亲大乐而特乐的社会原因。母亲快乐,我自然高兴;所害怕的,来年江南乡试的灾难,又要临到我身上来了!"

1896年陈独秀考上秀才第一名后,安庆城里几位从不登门的名门望族和富户人家，纷纷托媒上门提亲。

刚从知州回府省亲休假的养父陈昔凡，正在书房里挥毫作画，突闻家人通报：

"大人，省府统领高将军托媒上门说亲来了。"

陈昔凡对上门说亲的人，一般不出来接待，均由陈独秀生母查氏、养母谢氏挡着。今日一听是高将军托媒，他先是一惊，后又喜从中来。高将军可是安庆想巴结还巴结不上的大人物，托媒上门说亲，真令人喜出望外。

高将军为清朝末年安徽统帅副将高登科，字敬亭，出生于安徽霍丘城东十里高墙（今临淮乡）一个贫苦的农家。幼年丧母，后又受继母无情的虐待，不是饿饭，就是遭毒打毒骂，小小年纪常常打得遍体鳞伤。不仅如此，还强迫他放羊、放鹅，上山砍柴。12岁那年春季的一天，他赶着鹅去山边草地放牧，晚上放牧回来，发现丢了两只，吓得他不敢回家，蜷缩在麦地里露宿过夜，正巧一队清军路过这里，发现麦地里有人，以为是叛军的探子，上前一看却是一个孩子，他哭诉着他的身世求饶，清兵领头怜惜他，便把他收作勤务兵。这对年幼受苦的高登科来说，真是绝路逢生。他在清兵里能吃苦，后又扛枪打仗屡立军功。于是，步步高升，由安庆营统领升为安徽统领虚衔副将，清廷赏穿黄马褂，且又有世爵，并置田4000亩，在清廷也颇有影响。

高登科仕途得志之后，先后迎娶了三位夫人，先娶詹氏为妻，生独女高晓岚，本名大众。不幸詹氏一场大病身亡，后又续弦阜阳亓氏家女儿为妻。生女高君曼。高登科由于军务在身，只得将高晓岚交后妻抚养。但亓氏生小女君曼（乳名小众）后，对晓岚十分苛刻，加以虐待，当作丫头使唤，吃剩饭，穿破衣，稍不顺眼非打即骂。后来，高登科从乡邻亲友口中得知晓岚如此遭遇，老将军不禁想起自己童年不幸的人生经历，不免心酸内疚，便声色俱厉地训斥了亓氏，便把晓岚带到安庆，亲自教养。这时，晓岚渐渐长成身材修长、面目清秀、目闪秋波的大姑娘了。但她金莲小脚，目不识丁。然而，她毕竟是将门之女，虽有些富户人家前来说亲，但高登科均未择中理想的女婿。

高登科听说陈家公子中了秀才第一名，且养父又是名声显赫的知州，且学识渊博，能书善画，深孚众望，心想门当户对，文武攀亲，陈公子倒是理想的乘龙快婿。于是，迫不及待地托媒人上门说亲。

陈昔凡一听，说亲的是赫赫有名的安徽统领副将高登科，心想：自己虽是知州，但由于朝中无人，未能得到重封，为了寻求靠山，四处求人，今得现在副将高登科托人上门求亲，这不正是通向朝廷的一门好亲事吗？于是，他亲自接待了上门说亲的媒婆，并予以热情款待。陈昔凡没有顾及高晓岚比陈独秀长

3岁且从未入过学堂,但陈昔凡不顾嗣子陈独秀有何意愿,便做主应承了这门亲事。

隔日,陈昔凡从收藏的书画中,选了两幅稀世珍品,带着陈独秀登门拜访高登科。说话间,老将军目光已落在陈独秀身上:脸色黝黑,面容俊俏,浓眉大眼,炯炯发光,个子虽小,却显露出几分少年得志的英气,打心眼里高兴。于是,笑容满面,抑制不住内心的喜悦,对陈昔凡夸奖起来:

"陈家公子一表人才,小小年纪就中秀才第一名,前程远大。"

"哪里,哪里,高将军过奖了。"

这时,高晓岚端上茶水、点心,见了陈昔凡,红着脸,亲切叫了声:

"伯父,请用茶!"

此时,陈昔凡的目光也自然地落在高晓岚的身上,高挑身材,眉清目秀,亭亭玉立,穿着长长的蓝布大襟褂子,红绳子紧扎着长裤,一双金莲小脚走着方寸小步,姿态娉婷,虽然无文化,倒也不失秀色。同时,衣着朴实,不见官家小姐那矫揉造作之态。于是,陈昔凡打心眼里喜欢起这个未来的儿媳妇。

文官、武官亲切交谈之时,远远对坐的陈独秀、高晓岚不时地偷偷瞅着对方,当两人视线碰在一起时,双方都羞红着脸低下了头……

1896年高晓岚与陈独秀订下了终身,文武相亲攀姻缘,称羡庆贺之声不绝于耳。

"秀才与文盲"相配,是喜还是忧,小小年纪的陈独秀也道不明白。他想到找了一个比自己大3岁的将门闺秀、目不识丁的文盲,忧喜参半。当母亲查氏问他:"这门亲事怎么样?"陈独秀不假思索地说:"说不清楚。"处于那个封建时代,儿女婚事均由父母包办,这是几千年的封建礼教。尽管陈独秀在同龄人中是佼佼者,思想活跃与旧事物格格不入,但对这门由家庭包办的婚事,即使极不情愿,也无可奈何。本是大喜临门,他却怏怏不乐。

1897年冬,18岁的陈独秀与21岁的高晓岚完婚,先后生育陈延年、陈乔年、陈松年3个儿子(延年、乔年均为中共中央委员,被国民党反动派杀害)和女儿陈玉莹,婚后12年,终因一个新潮,一个

陈独秀原配高晓岚

守旧，文化教养悬殊、性格志向差异等原因而离异，携小他9岁的与原配高晓岚同父异母妹妹高君曼私奔，这是后话。

1897年8月（清光绪二十三年），科举乡试在南京如期举行。

陈独秀觉得一场灾难又要临头，但慈母的殷切期待使他决定背水一战，努力考个举人，让母亲如愿，入仕以后即可摆脱这种束缚，专心研究自己感兴趣的学问。所以这一年，他不顾体弱多病而努力读书，认真研读有点兴趣的经义和策论，也温习着他厌烦的八股文。

他虽然说话不附和哥哥，行动上也不盲从，但和哥哥始终和睦相处。

乡试的日期临近。1897年7月，陈独秀与大哥整装出发，第一次出远门到南京参加乡试。

别的省份都是一省举考，而江南乡试就是江苏、安徽两省的秀才必须到南京同考，所以他们很自豪，认为考取"举人"的概率比别的省份要大得多。

陈独秀与大哥、大哥的同学、大哥的先生、大哥先生的几位弟兄等人坐轮船开往南京，而许多同科赶考的秀才们却坐着比轮船慢得多的民船去南京，民船的船头上挂着"奉旨江南乡试"的黄布旗，特别张扬。

当时正值甲午战后，南京满目疮痍，破烂不堪。他们一行到了城北，他以之为骄傲的省城安庆在雄伟的仪凤城门前相形见绌，像个乡间小镇。他们行走在城北的平阔街道上，发现这里的房屋却和安庆一样破败不堪，荒芜萧瑟，完全不是想象中的繁盛。他很失望。

南京民生受到了甲午战后巨额赔款的急剧冲击，物价飞涨。这些一万多来此乡试的书生秀才们更让这里的物价飙升。

他们在朋友家里的楼板上度过异地的第一夜。

第二天清早，年轻的陈独秀、沉默寡言的陈庆元及其被人敬重的先生3人留下来看护行李，其余的人分头去寻租寓所。午后，找到了寓所安顿下来。

乡试共分3场，每场3天，共9天。八月初七的大考终于开始了，气氛紧张而肃穆，年轻人对腐朽的晚清仍然拥有炽热的梦想，乡试秀才们融成了汹涌的科考洪流。陈独秀身背考篮、书籍、文具、食粮、做饭的锅炉和用来蔽日的油布在人流中颠簸，经过兄弟二人的勠力同心，大哥陈庆元终于帮他领到了试卷。答试的考棚与监狱有着"异曲同工"之处。考棚内，在每条十几丈长的号筒里，又有几十上百个大小不等的号舍，其中的两间是公厕。号舍低矮简陋，大小和当时警察的岗亭差不多，暗淡肮脏的墙壁布满了蛛网和灰尘。陈独秀茫然地走进考棚、号筒，钻进号舍，打扫卫生，摆放好物品，坐下喘息。面前放着一块板，用来写字和趴着打盹。

八月的南京，骄阳似火，炎天酷暑，令人难以忍受。乡试秀才们用遮挡阳光的油布封住号门与高墙之间窄窄的长巷，吃饭时，他们从号舍里钻出来，将随身带来的锅炉在号门正对的高墙上挂起来做饭，原本几乎密闭的号筒更加不透风，长巷成了火巷。

恶劣的考场环境使秀才们斯文扫地了，礼义廉耻也无暇顾及。陈独秀被一幕情景深深地震撼。他在《实庵自传》中写道：

> 考头场时，看见徐州的大胖子，一条大辫子盘在头顶上，全身一丝不挂，脚踏一双破鞋，手里捧着试卷，在如火的长巷中走来走去，走着走着，上下大小脑袋左右摇晃着，拖长着怪声念他那得意的文章，念到最得意处，用力把大腿一拍，翘起大拇指叫道："好！今科必中！"

看到眼前丑态毕露的裸猪一般的"今科必中"先生，陈独秀沉思着，眼前浮现出滚滚赶考人流，人流逐渐化成了这一个徐州大胖子。而自己也许是他身上的某根神经或者肋骨罢。

凋敝的南京城、被骚扰的女人、房东们丢失的腊肉和咸鱼、袖筒里偷来的商品、门两旁密集恶臭的屎堆……赶考的秀才们这些斯文扫地的劣迹让他深恶痛绝。粗陋的考棚、恶劣的食宿，各色丑态，一起浮现眼前、憋闷在心，他快窒息了。这些秀才们一旦官服加身、顶戴花翎，衣冠禽兽，国家和人民前途堪忧！这样"群贤毕至""俊采雅集"的乡考盛事"简直是隔几年把这班猴子狗熊搬出来开一次动物展览会"。他顿感深恶痛绝，决心解开八股文章的禁锢，抛弃这条"学优而仕"的道路，改变自己的人生轨迹。

头场他做了三篇八股文和一首五言八韵诗，出场后他不肯再进考场，肩负母亲使命的大哥很诧异着急，觉得无法向充满期望的母亲和乡族交待，就"又骂他，又哄他，一定要他进去。他是进去了，而抢着（他的土话）不做文章……叫他大哥莫奈何他。"第二场的《五经》和第三场的"策论"他都交了白卷。①

事隔40余年后的1937年，陈独秀将这次"江南乡试"的经历和感触，在刊登于《宇宙风》杂志上的《实庵自传》中写道：

> 这位"今科必中"的先生，使我看呆了一两个钟头。在这一两个钟头当中，我并非尽看他，乃是由他联想到所有考生的怪现状；由那些怪现状联想到这班动物得了志，国家和人民要如何遭殃；因此又联想到所谓抡才大典，简直是隔几年把这班猴子、狗熊搬出来开一次动

---

① 《飞扬与落寞》，张宝明、刘云飞著，东方出版社，2007年版。

物展览会；因此又联想到国家一切制度，恐怕都有如此这般的毛病；因此最后感觉到梁启超那班人们在《时务报》上说的话是有些道理呀！这便是我由选学妖孽转变到康、梁派之最大动机。一两个钟头的冥想，决定了我个人往后十几年的行动。我此次乡试，本来很勉强，不料其结果却对于我意外有益！

002. 从被动读经的少年到接受新学的康梁派

这次难堪的乡试是陈独秀人生之旅的一次大转折。

乡试期间，他结识了安徽绩溪的秀才汪希颜，汪希颜以著名廪生胡子承（晋接）为师，推崇维新，研习新学，此时他刚进入南京江南高等学堂陆师学习。陈独秀从此初尝维新思想的甘甜，茅塞顿开。他对自己进行反思，从6岁开始读书，至17岁考中秀才，被旧文化教育环境所局限，如井底之蛙，鼠目寸光，无法接触新事物，思维僵化，对国家政治状况毫不知情。

回到安徽，在汪希颜的引荐下，陈独秀密切接触了汪希颜的胞弟汪孟邹、李光炯、邓艺荪、江讳等皖省维新派人士。《时务报》当时是宣扬维新思想的载体，在他们中间流传，让他耳目一新、热情昂扬，他成了识"时务"的俊杰。此时的资产阶级维新派处于同封建顽固派激烈论战中，正面交锋如火如荼、声势浩大。这是变法的前夜。陈独秀感觉酣畅淋漓，大长见识。顽固派坚守"祖宗之法"，决意"宁可亡国，不可变法"，坚持科举制度，反对西学；维新派坚持进化论力挺"变"，以"变"兴国，抨击科举制度是封建统治着的愚民政策，"牢笼天下""为中国锢蔽文明之一大根源"，"今变法之道万千而莫急于得人才，得才之道多端，而莫先于改科举。"揭露八股取士制度有"锢智慧""坏心术""滋游手"等三大罪状，指明"欲开民智，非讲西学不可"，提倡普及文化教育、设立新式学堂，造就维新人才，挽救民族于危亡之中。①

陈独秀和这几个维新人士密切交往，着重讨论康有为、梁启超的文章，他在康梁学说的耳濡目染下接触了西方文明和现代科学知识。维新领袖的政教思想、学术水平令他无比兴奋，觉得"昨非而今是"，维新思想被他深深领悟。这成了他政治人生中的一个起点。

陈独秀经过与维新人士的交往，觉得找到了正确的人生方向，从一个被动

---

① 张宝明、刘云飞著，《飞扬与落寞》，东方出版社，2007年版。

读经的少年变成了主动接受新学的康梁派。

1897年，德国在俄国的怂恿下，借口山东曹州府巨野县有两名德国传教士被人杀害，竟然武力进攻强占山东胶州湾，接着俄国、法国、英国、日本等列强乘虚而入，竞相瓜分中国，中华民族到了最危险的时刻。

陈独秀"痛感时势日非，不堪设想"。与科举彻底决裂的他，悲从中来，读那些死书，能救亡图存吗？他整日伫立窗前，眺望那波涛汹涌向东流去的长江，思绪万千，心潮翻滚。"控制吴越"的重镇安庆，自古建都南京的朝廷，无一不把安庆作为兵家必争之地。当年的太平军与清军，不是在这里进行了长达两年之久的浴血征战吗？陈玉成丢了安庆，沿江城市也相继失陷，3年之后，天京不就失陷了吗？若防止内乱，必据上游；若防止和抵抗外国侵略，必须加强下游的防务。他在康梁学说的启发下，伏案写起他的处女作《扬子江形势论略》来，他决意向政府献上一策。

他忧国忧民，向清朝政府详细论述了长江的自然地理、水文地理、军事地理、经济地理等方面的情况，从长江具备"防内乱，御外侮"的战略地位到如何设防以破解帝国主义瓜分中国的侵略意图。真可谓战略上高瞻远瞩，战术上细致周密。他不到弱冠之年，激情四溢，写出宏篇，激扬文字如江水奔腾，爱国情怀苍天可鉴。为了在国民中宣传、扩大影响，他还将这篇文章自刻自印自发行。

他在《扬子江形势论略》一文中最后写道：

"近时敌斠卧榻，谋堕神州，俄经满蒙，法伺黔贵，德人染指青齐，日本觊觎闽越，且急急欲垄断长江，以通川藏印度之道路，管辖东南七省之权力。"

"万一不测，则工商裹足，漕运税饷在在艰难，上而天府之运输，下而小民之生计，何以措之。"为此，他又强调：

"爱采旧闻旅话暨白人所论，管蠡所及，集成一片，略述沿江形势，举办诸端，是引领于我国政府也。勉付梨灾，愿质诸海内同志，共抱杞忧者。"

他在7000余字的《扬子江形势论略》一文中，广征博引，纵议长江上自荆襄，下至上海吴淞口的形势及其战略地位，并对长江沿岸各处城镇的防务提出了具有独特见解的具体方案。他在论证武汉三镇的重要战略地位时指出：

武汉沿江均不宜设置炮台……倚城设立炮台，一朝有战，则全城冒敌火，今日炮弹之利固非昔比矣！"则应该在"东南数十里"的阳逻设置炮台。阳逻，"东西为荆场之要会，南北为荆豫之通津。……再屯陆军于界埠，以防其由陆绕攻台背后，则阳逻无隙可乘矣。……宜于退谷基址稍增高于上安置炮台堡，使台顶与山平，炮台倚山为护，炮弹可及敌舰，敌弹难伤炮台，此处若为敌所据，则武昌不击而下矣！

这时，年方18岁的陈独秀，如同是一位足智多谋而善战的指挥员，对于武汉三镇的设防想得如此周密，"无隙可乘矣"。他把处于长江口的吴淞口江防设施，放在重要战略地位，他认为吴淞口除了吴淞、南石塘两炮台外，则应该在崇宝沙西北沙尖设立主炮台，这样可以兼顾北航路，再"切力整顿"南石塘、吴淞一带之台，"既扼"南航路，"且能兼顾吴淞口以遏敌船掩入吴淞，登台攻我上游台背，崇宝沙为四面受敌之地，非用德国格鲁森厂所制硬铁为台不可。……此防断不可弛，果能如此布置，迨大敌当前，方有把握。"他认为"总设长江大局"，长江防务"之备已周，再有海军为辅，则欧西之铁甲虽强，亦不容其越雷池一步矣"。

这篇署名"怀宁陈乾生仲甫撰"的雄文，显示了陈独秀的奇才，让人叹为观止，然而，仅在"风多响易沉"的时事里，激起了些许涟漪。但是，弥足珍贵的是，这是陈独秀首次宣扬自己的思想。

他将自己写的《扬子江形势论略》这篇文章兴致勃勃地读给妻子听，想征求意见，以求共鸣。没料想高氏听完，漠然地说："夫君之言，为妻懂之甚少，不必再为难妻子，我会伴君安分度日，上待父母尽心尽力，下做贤妻生儿育女。"妻子的话语，像一瓢冷水，给他浇了个透心凉，所有的温情顿然消失。①

陈独秀常劝妻子多识些字，而高晓岚不听丈夫的劝告，沿袭"夫主外，妻主内，女子无才便是德"的古训，二人难以琴瑟合鸣，由此感情日渐产生裂痕。

父母及兄长极为担忧陈独秀的维新宣传活动，也非常疑惑他在乡试前后的改变。"儿大不由爷"，无人能够束缚陈独秀，因循守旧的陈衍庶忧心忡忡，他喜爱才识过人的嗣子，但嗣子言论激进，他这个清廷官员极易被推上风口浪尖。顽固派与维新派的斗争方兴未艾，身处官场的他更不愿意裹挟于政治争斗中。

叛逆的陈独秀让陈家大费了脑筋，陈家想出一个绝妙的良策就是改变他的生活环境，于是让陈独秀随从嗣父到东北谋事。

陈独秀到达东北以后，在嗣父的新民官厅里从事文书记述的工作，与嗣父日夜相随。艺术素养深厚是陈家家传，陈独秀的祖父擅长丹青，对幼年的他影响很深，现在又加上陈衍庶高超的书画造诣与收藏的精美书画作品，陈独秀顿时陶醉于艺术的汪洋之中，这是他艺术素养深厚的渊薮。

正在继父的新民官厅里协助文书工作的陈独秀，并没有像那些纯粹的书画

---

① 张宝明、刘云飞著，《飞扬与落寞》，东方出版社，2007年版。

家们那样完全沉醉在艺术的天国里,来到东北的他,却对那些外族侵略和民族屈辱有了切身的体会。

此时的东北,几乎成了沙俄的东三省。从1858年到19世纪80年代,沙俄通过与清廷签订的《瑷珲条约》《北京条约》《改订条约》以及以后五个勘界议定书,共侵吞中国北方150多万平方公里领土。在锦州,俄兵奸淫中国妇女后杀掉,当地老绅率领200村民因此与俄官交涉,竟被他们全部枪杀。

陈独秀惊于耳目,痛在心头。20世纪初的几年里,中俄关系严重敌对,由此,他心里深切地埋下了仇俄的种子。

"芳林新叶催陈叶,流水前波让后波。"陈家经历着人丁更迭。1898年陈独秀的长子陈延年出生,1899年,陈独秀的母亲查氏身染重疾。消息传到沈阳,陈独秀与候补沈阳同知的大哥陈庆元急忙返家时,母亲已经于光绪二十五年五月驾鹤西归。母恩情深似海,"子欲养而亲不在",兄弟二人悲痛欲绝,他俩料理完母亲的后事,按照当地守孝3年(满27个月)的丧制,开始为慈母守孝。1900年元配夫人高晓岚生下女儿陈玉莹(筱秀)。其间,陈独秀结识了大自己两岁的在安庆"作童子师"的房秩五。①

中国社会形势急剧变化。1898年6月11日,资产阶级改良派在几年的酝酿中终于开始由历史的幕后走到前台。光绪帝颁布《定国是诏》,开始变法,实施新政,百日维新开始。以实际摄政的慈禧太后为首的顽固派与以没有实权的光绪帝为首的维新改良派展开了生死较量。9月21日,慈禧太后宣布"临朝听政",发动反动政变。囚禁光绪帝于中南海瀛台。同时下令逮捕维新人士,惩办倾向变法和参与新政的官员,谭嗣同、杨锐等六人被捕杀于菜市口刑场。康有为、梁启超分别逃往香港和日本。

一阵刀光剑影过后,资产阶级改良派建立君主立宪制的美梦就此破灭。

戊戌变法的失败,标志着中国政治上层保守力量对革新力量的胜利,也是后党对帝党的胜利。流水落花春去也,自上而下变革的流产,使一度标新立异的新知识群体,被放逐于中国政治的边缘。

1900年,山东义和团在"扶清灭洋"的大旗下蓬勃发展,由山东直隶转移到京津地区。在东北,义和团也由营口、锦州、朝阳地区向沈阳发展。六月中旬,英、法、德、美、俄、日、意、奥八国组成联军,出兵镇压。6月21日,清廷对联军宣战。不到两个月时间,联军攻陷北京,铁血屠城,在北京烧杀抢掠。慈禧太后于城陷前挟光绪帝狼狈逃往西安。逃走途中,命令"铲除"义和团,

---

① 张宝明、刘云飞著,《飞扬与落寞》,东方出版社,2007年版。

义和团烈火在中外反动势力的合围下终被扑灭。

八国联军在已沦陷的北京一番抢掠后，于1901年9月7日与清廷订立了《辛丑条约》，除八国外，西班牙、比利时、荷兰三国公使也挤入"条约"，在中国瓜分势力范围。

从1900年7月初到9月，参加八国联军的沙俄企图独占东北，趁北京联军和清军义和团激战之时也开始了单独行动，10万军队兵分5路，突击中俄边界，奸淫掳掠，血洗海兰泡，在江东六十四屯大屠杀并火烧瑷珲城，继而兵占海拉尔、珲春及哈尔滨、营口、沈阳，屠杀东北人民，夺命20多万，制造了一个个骇人听闻的惨案。

从甲午战败到八国之辱，这些华夏惨剧，深深震撼了陈独秀。在家守丧的他，并没有闭目塞听，而是在密切关注着时局的发展，他痛感国家贫弱而备受外侮，萌发了"天下兴亡，匹夫有责"的民族良知。

甲午战后，日本以小国而胜大国，极大地刺激了爱国人士。从洋务运动时，中国就开始向国外派遣留学生，维新变法时期，派人出国、游历更是一项重要内容。日本距离中国较近，国情也曾相似，有很大的借鉴意义。许多有良知和家国责任感的知识分子，都到日本寻求救国良方，留学日本成了涌动于中国有志青年的一股爱国热流。

风华正茂的陈独秀，热血满腔，决心到先进的国家寻找救国之路。如他后来写的文章所述："我们中国，也是世界万国中之一国，我也是中国之一人，一国的盛衰荣辱，全国的人都是一样的消受，我一个人如何能逃脱得出呢……我越思越想，悲从中来。我们中国何以不如外国，要被外国欺负，此中必有缘故。我便去到各国，查看一番。"

此时陈独秀觉得，在戊戌政变之后，"守旧之见，趋于极端，遂积成庚子之役。虽国几不国，而旧势力顿失凭依，新思想渐拓领土，遂由行政制度问题一折而入政治根本问题"。他就是在这种国难当头之时，决定出洋寻求根本解决问题的方案的。

1901年（光绪二十八年），陈独秀开始作留学日本的准备。为筹措赴日经费，他又与妻子发生了矛盾，平时家庭不和、本来就没有感情可言的夫妇，在将近3年的日常生活中，时常有口舌之争，在对待家的问题上有着很大的分歧。前一年元配夫人高晓岚刚生一女陈玉莹（筱秀），已经是两个孩子的父亲的丈夫远游在外，从不顾及他们母子，只有自己养儿育女维持家政，她是无法理解丈夫的举措的。此次丈夫又要远赴东瀛，关山阻隔，烟波万里，不知何时才能回来，况且他还要借自己十两重的金镯作为路费，怎么能依？她真的希望过正常人的生活,她甚至不知道丈夫到底要干什么。于是一个旧式妇女,一个新式丈夫因此时常吵架。但这个家庭妇人是无论如何也挡不住丈夫的。无法沟通也无法相互理解的婚姻,隐隐有了裂痕,这不仅仅是因为这些家庭琐事,更重要的是,深恶封建制度和封建礼教的他,对这样一个旧式婚姻和旧式女子有着不浅的厌恶,志不同,道亦不合,但他已经无法顾及这些了,他要走出家门,走出国门寻求新的出路。

陈独秀和哥哥陈庆元一同离开安庆,抵达东北,陈庆元依然到沈阳候补。陈独秀在养父处稍做停留后即东渡扶桑。

第二章 不安分的年轻人

003. 东渡日本求学

陈独秀少年得志,颇负才名,不安于现状,易接受新鲜事物,同时,他生性倔强,认准要做的事,义无反顾。

戊戌变法失败后,陈独秀跳出康梁维新思想的牢笼,转而进行激烈的反清爱国活动。元配夫人高大众(高晓岚)感到惶惑和恐惧,想想自己将终身无所依靠,还要为他的安危担惊受怕,不免暗自垂泪。她劝说丈夫做一个好百姓,不要干那些抄家灭族的事情。陈独秀本想得到妻子的理解与宽慰,没想到回到家,听到的竟是没完没了的数落和怪罪,心中很不满意。

1901年,他决定东渡日本留学,可是,手头没有足够的资金,只得求援于妻子。这天,他以少有的温柔抚慰妻子。

"大众,我就要远行了。家中的事全仗你照应……"这个倔强刚烈的人,好听的话还未讲完,便开门见山地说:"大众,我去日本需要一笔钱,可是,我手头很紧,你可否将你的金镯子借我一用。"

高大众用手拍打着怀中的孩子,细声细语地说:"乾生啊!"她一直用官名称呼他,"你已是有家小的男人了,在外闯祸,是要杀头的。你就是不想想我,也要想想子女啊。"见他默然无语,只得小声嘀咕:"我不能把金镯子给你去闯祸,它可是我高家的传家宝啊!"

"不借就不借。"他未等她把话说完,便呵斥道:"没有见识的女人!"说罢扬长而

青年陈独秀

去。陈独秀已无法忍受这种夫妻生活，决心挣脱封建婚姻的羁绊，去寻找自由的广阔天地。为此，家庭越来越不和睦，陈独秀心中更加茫然，更坚定了去日本留学的决心。

1901年11月，一艘从上海黄浦江吴淞口驶出的海轮乘风破浪，英姿勃发的陈独秀双手叉着腰，站在甲板上凭舷眺望东方，蔚蓝的天空，碧绿的海水，盘旋飞翔的海鸥，令他心旷神怡。他不时地张开双臂，拥抱那夹着凉意的海风。这是他第一次出海自费留学日本。

近在咫尺的日本，经过明治维新一跃而成强国，从而也成了中国人尤其青年学习的样板。那时，到日本留学的中国青年约有一二百人，且一年比一年增多，他们中的大多数人认为要救国，只有维新，要维新就只有学习日本。一时间，东京成了中国先进青年荟萃之地。陈独秀到达日本后，在留日学生造册登记上写道："光绪二十七年十月，东京学校，即东京专门学校（早稻田大学的前身）。"在未入学之前，他不得不先在高等师范学堂速成学习日语和上普通课。

从黑暗的封建社会中走出来到维新富强的日本，陈独秀顿觉一切新鲜，思想豁然开朗起来，对盘缠在头上大清象征的辫子，早已深恶痛绝。于是，在入高等师范学堂的当天，剪掉了头上的辫子，并浇上煤油，当众焚烧成灰，令同去的中国留学生目瞪口呆。敢作敢为的陈独秀还即兴发表演说："誓与封建天朝彻底决裂，不留任何尾巴！"

陈独秀东渡日本分为三期，1901—1903年为第一期，中间返回一次。1906年暑期，陪苏曼殊赴日省亲，此属旅游。1907—1908年再次赴日深造，这是第二期，中间亦返国一次。第三期是二次革命反袁世凯失败后1914年与1915年之间，应章士钊之邀，赴东京襄编《甲寅》杂志，同时在雅典娜法语学院接受法国文明洗礼。1910年陈独秀留日感怀诗云："东邻有处子，文彩何翩翩；高情薄尘世，入海求神仙。"

陈独秀本想"到各国，查看一番"，结果5次都去了同一国家——日本。综观他的一生，日本是他思想启蒙的起点，无论从反面还是正面来观察，都是如此：从反面来说，日本对中国的侵略，从反面刺激和教育了他；从正面来说，以后他从日本找到的政治理论学说，就是他为中国找到的救亡之路，也成就了他一生中最辉煌的业绩。

所谓条件限制，一是从地理上说，中日两国是一衣带水的近邻，来回费用比较低廉；二是当时中日两国政府订有互派留学生的协定，中国青年到日本留学手续简便；三是在日本留学的中国学生中向国内翻译传播西方民主主义思想的人中有陈独秀的朋友。

当时日本明治维新以后，实现了一个"脱亚入欧"的战略转移，即原来向亚洲（特别是中国）学习，转变为向欧洲学习，从政治、经济、军事到文化，全面引进欧洲的理论、制度和方法。所以，反映西方各种思潮特别是批判封建思想的新思潮的论著，在日本都可以读到。陈独秀就是在这样的历史条件下，在国内带着对西方的民主主义思想的朦胧向往来到日本留学的。

陈独秀首次赴日的头一年，正值留日学生在东京组织了一个"励志社"。陈独秀在年底也参加了这个组织。

一次，清廷派官员到日本，"励志社"中的章宗祥、曹汝霖一班人争着当翻译，引起了陈独秀的反感。他对张继说："原想参加'励志社'，多交朋友，多学习新思想，没想到这班乌合之众，只知道逢迎拍马，有什么交头？"

张继也很鄙视这班人，两人商量后，决定不再参加"励志社"的活动。冬去春来，1902年3月，陈独秀与安徽老乡潘赞化（桐城人）等一行乘海船回到上海，随即回到安庆。这时他的家已从大南门培德巷东口1号搬到南水关道院内，隔壁是李鸿章公馆。养父陈昔凡看上这块风水宝地，打算将来在这里建屋造园，颐养天年。

陈独秀回到安庆，便和进步青年来往，向他们宣传在日本的见闻。这些青年中有安徽大学堂学生郑赞丞、房秩五，武备学堂学生柏文蔚，南京陆师学堂学生葛襄（葛涓仲），此外还有潘赞化、何寿艺等人。他们欢聚一堂，兴致勃勃地翻阅陈独秀从外面带回来的《教育世界》《国民报》等报刊。陈独秀当说到"励志社"时说："这个团体虽然是乌合之众，但宗旨是'联络感情，策励志节'，值得我们效仿。"

陈独秀是一个理论联系实际学以致用的人。他决定在安庆成立一个"青年励志社"，创办《爱国新报》，"其宗旨在探讨本国致弱之源，及对外国争强之道，依时立论，务求唤起同胞爱国之精神"。

敬敷书院藏书楼是潘赞化堂兄潘晋华及其继母戴少英捐资兴建的。潘

民主人士、学者、作家、教育家和政治活动家——章士钊

赞化提议把社址设在藏书楼,将书刊存放在那里,供社员们浏览。

陈独秀说:"现在要讲科学、讲民主。老祖宗一套不行了。学社成立后,我们要作些演讲,不让大家蒙在鼓里。"

陈独秀约集何春台、潘赞化、葛温仲、张伯寅等于北门拐角头藏书楼开演说会,是上海去年张园演说集会的余绪。"复于张伯寅家组织青年励志社……每周集会,则各出所得录为笔记,以相奋勉。"

陈独秀等人的活动,引起了清朝安庆地方当局的警觉,准备逮捕学社的为首分子。秋天,陈独秀和葛襄被迫离开安庆,途径南京、上海,再次去日本。

陈独秀临行前,妻子高晓岚已有身孕。年底,高晓岚生了一个圆圆脸、活泼好动的儿子,因为排在庆元的3个儿子遐年、遐勋、遐永及陈独秀的儿子延年之后,小名小五子。这个小五子,便是陈乔年,即陈独秀的二儿子。

陈独秀途经南京时,经汪希颜、葛襄介绍,认识了在陆师学堂读书的章士钊。

分手时,陈独秀告诉汪希颜,自己写了两卷《小学万国地理新编》,准备送到上海商务印书馆石印出版。

汪希颜说:"我有个弟弟叫汪孟邹,在芜湖搞图书发行,以后有什么出版发行的事可以找他帮忙。"

是年年底,陈独秀听说汪希颜猝然去世,十分悲伤。汪希颜1873年出生,30岁即去世,可谓英年早逝。悲伤之余,陈独秀写了一首《哭汪希颜》,诗云:

> 凶耗传来忍泪看,
> 恸君薄命责君难。
> 英雄第一伤心事,
> 不赴沙场为国亡。

1902年9月,陈独秀再次东渡日本,在留日学生名册上,他填虚年24岁。在东京与潘赞化同进成城学校(日本士官学校的预备学校)学习陆军。此时,留学生中的政治分野日益分明。是年冬,留日志士秦毓鎏、张继等又发起成立青年会,以"明白揭示以民族主义为宗旨,破坏主义为目的"为会旨。青年会成立的那天,陈独秀(署名陈由己)和秦力山、张继、苏曼殊等9人加入了青年会,这是留学生界团体中接触民族主义之最早的团体。陈独秀加入青年会之举,是他从"康梁"转向革命的一个飞跃的标志。陈独秀在东京还结识了留日学生中的志士黄兴、陈天华、邹容等一批人。陈独秀广泛阅读西方近代各种政治文化学说、文艺创作与社会理论书刊,吸取着西方资产阶级思想的精华,眼界再上一台阶,开始由"改良"转向"革命",由"康党"转向"乱党"。他的

1902年在日本成立青年会（二排蹲者为陈独秀）

叛逆性使他崇尚法式革命及其理论。

从此，越来越多的激进知识青年荟萃于东京，令清朝政府惶恐不安。为约束留日学生，特派遣学监到日本，协助驻日使馆官员阻碍中国留日学生的正当利益和要求。当时陆军学生监督姚煜仰承清廷鼻息，奴颜媚骨，常常无端地压制学生，阻挠学生学习军事和革命举动。他作风卑劣，生活腐化，引起留日学生的公愤。思想激进的陈独秀等对姚煜愤恨已极，早就想寻机教训他一下。

1903年3月31日，初春的夜晚，万籁俱寂。陈独秀、邹容、张继、翁浩、王孝缜5人，像往常一样聚在一起谈天说地，好不开心。当闲谈到姚煜这个清廷的走卒、学生的公敌时，却又义愤填膺，咬牙切齿。于是，大家计议对付姚煜的办法。这时，来自河北沧州的张继眉头一皱，计上心来，笑了笑说：

"诸位，鄙人想到一个好主意。"

众人不约而同地问道：

"什么好主意？快说。"

机灵的张继向四周环顾一下后，向陈独秀等人做了个向他聚拢的手势，张继压低声，几乎贴在陈独秀等人的耳边说出了一条妙计，众人听了点头赞同。这几个年轻的激进者，敢说敢为，当晚就干出了一桩惊人之举。

这天晚上，姚煜在住室里，挑灯伏案，埋头写着监督日记。这时，陈独秀等5人突然闯进姚室，厉声斥责道：

"姚煜你作恶多端，欺压留学生，今日要割下你的脑袋，送你上西天！"

这突如其来的吆喝，吓得姚煜丧魂落魄，不知所措，忙跪下哀求道：

"诸位请饶我一命,日后鄙人绝不敢再……"

"姚学监只要你改邪归正,我们就可饶你的头,但不饶你的发!"张继斩钉截铁地说道。

"诸位,请手下留情!这……这可是犯上的事,万万使不得!"

"什么犯上不犯上!"

说时迟,那时快,众人齐上,张继抱腰,邹容捧头,陈独秀挥剪,"咔嚓!"一声,姚煜的辫子连根齐刷刷地被剪了下来。陈独秀握着剪下的长辫子,说道:

"割发代首,稍出恶气!"

"你再倒行逆施,日后定要割下你的头颅。"众人齐声警告道。

"是!是!日后鄙人不敢!"姚煜抱着被剪掉象征大清徒子徒孙的辫子的头,狼狈不堪,连连答道。

陈独秀等回到宿舍,拿着姚煜的长辫子悠晃着,众人见之十分高兴,今日总算出了口恶气,使姚煜威信扫地,洋相百出。

这时,浓眉大眼、个子矮小的邹容,觉得削去姚煜的发还不够解心头之恨,于是提议道:

"为出这口气,我看不如把姚煜的辫子挂到留学生会馆,展览示众。"

"我赞成,割发代首,痛快已极!"众人齐声拍手称快。

说话间,陈独秀取出纸条,一挥而就:

"南洋学监、留学生公敌姚某某辫。"

1903年4月1日,东京中国留日学生群情激奋,纷纷奔走相告这样一则头号新闻:

南阳学生监督姚煜(文甫)的辫子,被几个激进的留学生剪掉了,以"割发代首"示众。

留学生闻之,纷纷赶往留学生会馆。只见一条数尺长、黑而粗的辫子悬挂在留学生会馆里,旁边还有一张纸条:

"南洋学监、留学生公敌姚某某辫。"

平日受姚煜欺凌的学生,扬眉吐气,连声赞好,解了心头之恨。

这是陈独秀与邹容、张继、翁浩、王孝缜5人所干之"割发代首"之举,惊世骇俗,消息不胫而走。

削发后的姚煜,哭丧着脸,多日不敢出门,满肚子的怨气,真想把陈独秀这几个大逆不道的学生抓起来关进大牢。然而,在异国日本他也不敢轻举妄动。于是,他不得不向清政府驻日公使哭诉着心中怨气,要求惩罚陈独秀他们。公使也觉得这几个过激的留学生之举有失大清的体面,于是亲自出马,勾结日方查办。不久，日本警方扬言捕人，陈独秀、邹容、张继3个为首者于4月间被日方驱逐出境回国，以杀鸡给猴看，警告中国留学生下不为例。

1903年4月上旬，陈独秀、邹容、张继3人乘船回到上海后，一同到《苏报》编辑部看望章士钊。章士钊等朋友听了他们割发代首的故事，不禁大笑，为之赞好。章士钊幽默地对陈独秀说：

"仲甫兄，勇于先削己发，来个反清不留尾巴；今日又割姚某发，为留学生出了恶气。看样子，明日要到皇帝头上动剪了……"

"哪里，哪里，这全是张继君的妙计一着。"陈独秀摆了摆手，笑着说道。

"不，不，这是众人之勇也！"张继谦逊地说。

陈独秀等人的勇举，很快便在上海滩传颂开来，成了激进青年反清的启迪剂。

004. 藏书楼演说

当八国联军大举入侵中国之时，俄国乘机派遣了17万大军，占领了中国东北三省。义和团被镇压后，1902年清政府与俄国签订了《交收东三省条约》，俄国应在1903年4月撤军，然而，俄军违约，不但不撤兵，反而重占营口，并向清政府提出"东三省置于俄国监督之下，不许他国干预"等7项要求，妄图永远霸占东北三省。在沪的18省爱国志士集会，强烈反对俄国侵略东三省。

1903年4月，陈独秀被日本驱逐刚回到上海，正是拒俄运动蓬勃兴起之时，陈独秀与潘赞化等热血沸腾，迅速赶回安庆筹组安徽爱国会，呼应上海拒俄运动。在安庆，陈独秀见家乡人民尤其青年爱国情绪高涨，十分高兴，于是，他和潘晋华、潘赞化等商定，于5月17日在藏书楼举行一次拒俄演讲大会，并写了"知启"张贴在安徽大学堂、武备学堂、桐城学堂、怀宁学堂门前及街头。是日下午，他撑着一把纸雨伞，兴致勃勃地赶往藏书楼。走进一看，狭窄的书楼内外挤满了爱国青年300余人，一时人声鼎沸，他便放下雨伞，疾步登台，开始了那激奋的拒俄演说，顿时，喧闹的人群静寂下来。

陈独秀的演说词情慷慨，爱国心殷切，反帝意志坚决，室内外掌声雷动，淹没了室外的倾盆大雨声。接着，"各学堂魁杰"王国桢、柏文蔚、潘赞化等20余人相继登台演说。会场里高潮迭起，群情激昂。众人演说完毕，陈独秀"趁热打铁"，仿效上海爱国学社，倡议成立安徽爱国学社，"立经全体赞成"，并公推陈独秀、潘赞化等7人"立时起草（社章）向众宣布"。陈独秀当即出示爱国学社社员名簿、宣言及宗旨，当场有126人签名入社，其宗旨为"发爱国之思想，振尚武精神，使人人能干戈卫社稷，以为恢复国权基础"。

藏书楼爱国运动演说会，是安徽有史以来的第一次群众大会，在安庆知识界引起广泛响应。陈独

章太炎创办的《苏报》

秀的演说深深印入各学堂爱国学生的"脑筋"。他们情绪激昂，"勃发忠义，奔走告语……数日之中，纷纷告假，多有不上课者"。学生三五成群，纷纷谈论藏书楼的演说，谈论陈独秀，甚至公开联合要求巡抚"电阻俄约"，并请学堂开设体操课，教授杀敌本领，奔赴前线参战抗俄。此时，校方以学业相诱，企图阻挠学生们的爱国行动，引起了学生的强烈反感，酿成第一次大冲突。安徽高等学堂学生柏文蔚在课堂上当面驳斥校方："当此国家危急之秋，老师不提倡爱国思想，反而阻挠学生爱国行动。学生直告老师曰：老师甘为亡国之老师，学生万不甘为亡国之学生。"话说完，柏文蔚声泪俱下，愤然退学而走。

章士钊、邹容是陈独秀盟友，所在《苏报》也成了安徽爱国会的政治盟友，在演说会后不久，陈独秀的演讲稿（署名陈由己）就刊登在《苏报》上。1903年6月，清廷勾结租界查封了激进革命的《苏报》，章炳麟、邹容先后被捕，上

蔡元培

章炳麟

海爱国学社、"安徽爱国会"被解散。

拒俄爱国运动的蓬勃兴起，引起清廷惶恐不安，密谕各地"访闻有革命本心者，即可随时获到，就地正法"。藏书楼拒俄演说的第二天，安徽巡抚聂缉椝即以"干预国事，蛊惑人心"，封闭藏书楼，并出布告警告学生不得"妄动"：

访闻近有东洋游学回国之人，在该处（即藏书楼）私设会社，演说悖妄之词，蛊惑人心。实属荒谬，有违国家法律。现奉府面谕，不准演说，私设会社，如违拿办等因……

面对藏书楼的查封和安庆府的布告，刚强不阿、勇往直前的陈独秀则继续举行演说，听讲者陆续不断，安徽大学堂学生最多，同时凡参加演说的人，均要签名于簿册。当局视藏书楼演说为眼中钉，肉中刺，便开除大学堂学生柏文蔚、郑赞丞等10余人。两江总督端方得安庆知府桂某呈报后，电饬皖统领韩大武：

皖省之"立志学社"与东京拒俄义勇队互通声信，名为抗俄，实为排满，且密布党羽，希图大举，务将何春台、陈仲甫一体缉获。

在安徽统领韩大武接端方电令逮捕陈独秀等人之前，幸得韩统领之文案吴汝澄帮助，将电令内容告知陈独秀等。于是，陈独秀等星夜逃走，待次日韩大武令吴将电文译出，再派人缉拿时，陈独秀等早已逃往上海。陈独秀一到上海，章士钊拿出《苏报》，十分高兴地说：

"仲甫，你在安庆藏书楼的拒俄演说，人在安庆，消息早就登在报上，传遍上海。"

陈独秀见了《苏报》报道藏书楼演说的消息，笑着说：

"我是动嘴、蛊惑人心，你是动笔、煽风点火！"说完两人紧紧握手大笑。

藏书楼演说会虽然被查禁镇压，但它播下的革命种子，却在故乡安庆大地上发育、成长，安徽的革命形势一天天地高涨起来。而陈独秀也由信奉康梁改良派转变为反帝反封建的革命战士。

陈独秀藏书楼拒俄演说遭通缉，吓得陈、高两家惊恐万状。养父陈昔凡虽和安庆知府桂英同僚，多时不敢出门，更不好向桂英去求情，担心家庭受株连。身为安徽副统领的岳父高登科，也不得不回老家霍丘避难。然而，最为担心害怕的还是陈独秀之妻高氏。此时，她已是3个孩子的母亲，而丈夫却是两度远出家门去日本，这次刚回来一月有余，又闹出藏书楼演说反大清朝的祸，险遭逮捕入狱，真是家门不幸，自己不幸。没想到自己的父亲为自己选择的丈夫，却是个康党、乱党、革命党。同时,3个孩子出世时，丈夫均不在身边，凄凉冷落，独守空房……高氏想到这里，不禁潸然泪流，连骂丈夫"不近人情"。

1903年5月间，拒俄爱国运动风起云涌，尤其上海爱国志士奋勇当先，唤醒沉睡的中国人：对外反帝、对内铲除国贼，拯救中国。正当陈独秀在安庆藏书楼举行拒俄爱国演讲之时，与他一同被日本驱逐回国的邹容，在上海出版了他的名著《革命军》，该书深刻地揭露了清政府反动卖国罪恶，号召推翻清朝封建专制，受到了舆论界的重视和称赞。上海《苏报》迅速刊文向读者介绍，赞誉《革命军》为"今日国民教育第一教科书也"。此书在青年知识分子中广泛流传。岌岌可危的清政府对此大为嫉恨，于6月30日，上海警方因《苏报》刊登主编章炳麟写的《〈革命军〉序》，次日，迫不及待地勾结英租界当局逮捕了章炳麟。7月7日《苏报》被查封，酿成了轰动一时的清末最大的文字狱——《苏报》案。《革命军》作者邹容被英租界会审公廨判刑两年，1905年4月死于狱中，义士刘季平遵照同盟会老友陈去病先生所嘱，甘冒危险，立即划出位于华泾宅数亩之地为邹容建墓。1912年2月，邹容由南京临时政府追赠为大将军。

005.《安徽俗话报》

是年夏天，陈独秀潜逃到上海时，《苏报》案已接近尾声。他听了章士钊等友人对《苏报》案的介绍后，怒不可遏，义愤填膺，切齿痛斥清政府的反动。同时，对邹容这种革命的大无畏精神，赞颂不已。此时，正值章士钊等酝酿创办《国民日日报》，以直接代替《苏报》，宣传民族

国民日日报

民主革命。于是，章士钊等便十分高兴地邀他协助创办《国民日日报》。陈独秀欣然同意与章士钊总理编辑事务，负责全部文字和校对。1903年8月7日，《国民日日报》刚一创刊，就引起社会各界的关注，满腔热血的陈独秀，更是全身心地投入办报之中。

是年秋天的一个夜晚，夜深人静，河星朗然，昌寿里的偏楼里，却是灯火

通明。只见陈独秀与章士钊两人握笔对面而坐，全神贯注地在校对次日的《国民日日报》，直到次日凌晨，才校完交付印刷。当他们在一张板床上抵足而眠时，已东方破晓。几年来，陈独秀远离家门奔走革命，四海为家，不讲究吃喝居住，只要填饱肚皮，有地方睡觉就行；同时，他养成了夜间写作、工作，白天睡觉的习惯。所以，他一躺到板床上，便很快呼呼入睡，而且睡得很熟、很香。当章士钊一觉醒来，已是上午八九点钟了，金色的秋阳，透过老虎窗洒满偏楼，不忍心地掀了掀正在熟睡的陈独秀，喊道：

"仲甫，起来吧，你不是和子谷（苏曼殊）约好帮他校译《悲惨世界》吗？按约他就要来了。抓紧时间校译，争取尽快在报上连载。"

"噢！"陈独秀好不容易睁开红红的双眼，漫不经心地问道：

"行严（章士钊），现在几点了？"

章士钊顺手拿起放在堆满稿纸、书籍的桌上的怀表，看了看说：

"仲甫，快起来，现在已经9点多了。"

"好，起来，就起来！"陈独秀掀开被子，一骨碌坐起。正当陈独秀下床，伸出胳膊穿那汗臭四溢的竹布黑衫时，章士钊如同发现新大陆似的，手指他的衣领、袖口骇然叫道：

"仲甫，你看这密密麻麻、点点白色而蠕动的是何物？！"

陈独秀闻声低头看去，若无其事地说："虱子！"

章士钊一听"虱子"，顿觉恶心，身上似乎也瘙痒了起来，连忙解衣察看，同时又忙摆手说道：

"仲甫，你快脱下衣服，不要弄到我的身上。"章士钊连退几步，又问道：

"仲甫，你这虱子从何而来？"

"这不是偏楼的产物，难道还是东洋进口的？"陈独秀风趣地答道。

这是章士钊的"明知故问"。他和陈独秀为了办好《国民日日报》，把一腔爱国热忱全倾注进了那字里行间，全然不顾自己，常常通宵达旦，过着苦行僧的"寒士"生活，条件之差，生活之

近代作家、诗人、翻译家，革新派文学团体南社的重要成员——苏曼殊

苦，如同乞丐。"两人蛰居昌寿里之偏楼，对掌执笔，足不出户，兴居无节，头面不洗，衣敝无以易，并亦不浣"。在这样苦不堪言的条件下办报，身上生出了虱子，何以为怪？章士钊听了陈独秀的风趣回答，不禁也笑了起来，连连点头道：

"是，是偏楼特产。"

说话间，苏曼殊拿着连夜译好的《悲惨世界》部分章节稿，迈步走进偏楼，送给陈独秀校译。章士钊见到苏曼殊，便笑着对他说：

"子谷，你快来看，仲甫一觉醒来满身皆白色怪物，星星点点，似夜空繁星，还有点儿诗意。"

苏曼殊凑过一看，只见那一团团白虱子蠕蠕而动，不由得笑了起来，操着广东口音道：

"噢，不足为怪。这玩物乃是仲甫兄的老伙计了，在日本他就和虱子结伴了。"苏曼殊顺手从陈独秀衣上捉了几只虱子，放在稿纸上，像欣赏什么玩物似的，看了看那在纸上蠕动的虱子，又说道：

"俗话说'穷生虱，富生疮'。这乃是'寒士'乞丐生活的生动写照也。"

章士钊接过苏曼殊的话，幽默而意味深长地对陈独秀说：

"仲甫，我本以为你是一个天生的领袖，没想到你还是一个天生的乞丐。"

朝夕相处，友谊笃深的3人，"哈哈"对笑起来。

陈独秀认为雨果的《悲惨世界》最具有社会性、时代性；劝苏曼殊翻译并对其进行写作指导，苏曼殊由此"成为一个超绝的文人了。"《悲惨世界》的译著在《国民日日报》上以《惨社会》为题连载了11回，后因报刊停刊，苏曼殊也借故离开报刊，《悲惨世界》也因此没有翻译完。后来陈独秀把此书后面部分翻译完了，并整理和润色整本译著，出了单行本，署名苏子谷（苏曼殊）、陈由己（陈独秀）同译。①

时光流逝，往事难忘。到了40年代，章士钊还时时忆起这段往事，曾赋《初出湘》一诗云：

> 我与陈仲子，日期大义倡。
> 《国民》既风偃，字字扶严霜。
> 格式多创新，不愧新闻纲。
> 当年文字友，光气莽陆梁。

《国民日日报》在陈独秀和章士钊的主编下，像《苏报》一样，依然是"排

---

① 张宝明、刘云飞著，《飞扬与落寞》，东方出版社，2007年版。

满革命",而规模尤大,发刊未久,风行一时,时人称为《苏报》第二。章士钊称其为"不啻为舆论矗立一指明方向之界碑"。

在半封建半殖民地统治下的上海滩,哪有中国人民的言论自由,爱国者办报鼓吹革命谈何容易,反动势力千方百计扼杀《国民日日报》。1903年10月7日,上海知县出告示,商民不准购买或零售《国民日日报》,此报后来被沿江省抚查禁,外务部行文总务司令其邮政局"毋得代寄《国民日日报》,杜其销路,绝其来源"。此时,上海的黑势力又指责《国民日日报》"扰害大局",于是投诉到上海地方当局;再加之经费不足,内外夹攻,《国民日日报》不得不停刊。

陈独秀、章士钊、苏曼殊辛苦一场,面对短命的《国民日日报》停刊,又不得不再次分手。陈独秀满怀惆怅,又潜回家乡安庆,欲寻机再展鸿鹄之志,圆多年办报之梦。

1903年12月,寒风凛然,大地萧条。房秩五、吴守一两人同在"安徽爱国会"又同在桐城学堂,从上海回到安庆的陈独秀常常到学堂找二人酣畅淋漓评论时政。陈独秀觉得"安徽的风气闭塞,较沿江的其他各省更甚",于是与二人商议筹办《安徽俗话报》以启蒙民智、宣传反帝爱国、倡导反清革命。陈独秀还通过邮件跟安徽知名人士胡子承等商讨。这年冬天陈独秀之友汪希颜之弟汪孟邹在芜湖开办新书店"科学图书社",胡子承写信给汪:

> 陈君仲甫(即仲甫,独秀先生)拟办《安徽俗话报》,其仁爱其群,至为可敬、可仰;然内地风气至为阻塞,加以专制之官吏,专与学堂、报馆为仇,若无保护而行次于内地,恐后祸未可预测耳。盖办报有二种:如南北官报之官样文章,实无益于群治;反是而欲输入东西政治文明之思想于吾群,则必受官吏之凌辱,不卜可知。
>
> 此事应如何应付,本社诸同志与栋老(栋臣先生)会面时当可妥商也。①

1904年初,25岁的陈独秀在汪孟邹邀请下来到芜湖"科学图书社",启动《安徽俗话报》筹备工作。他为该社小客厅书写对联"推倒一时豪杰,扩拓万古心胸",显示了他壮志凌云。

陈独秀又迅速写信给挚友章士钊,请他主办的东大书局印刷厂印刷。章士钊接陈独秀的信,悉知他筹办《安徽俗话报》,十分欣慰,立即来信祝贺并同意在上海东大书局印刷厂印刷。

陈独秀办事雷厉风行,注重效率。报纸印刷及发行两件难事解决后,令他

---

① 张宝明、刘云飞著,《飞扬与落寞》,东方出版社,2007年版。

头痛的是办报资金从何而来。他与房秩五、吴守一商讨筹募资金时，房秩五直言不讳地说：

"仲甫，你叔父在东北做官，发了日俄战争的财，能否请他资助一点？"

"不行，不行！他的钱我是不会要的。"陈独秀连连摆手答道。

陈独秀与养父陈昔凡不仅关系上存有芥蒂，而且一个是朝廷命官，一个是叛逆清廷的义士，即使办报缺钱，他不会去要，对方也不会给。所以，陈独秀连说"不行"。

房秩五，名宗岳，安徽枞阳人，比陈独秀长两岁。清光绪庚子前后，房秩五在安庆作童子师时，与陈独秀相识结交，甚佩陈独秀少年英雄豪气。他也深知陈独秀与其养父陈昔凡之间的尴尬而微妙的关系，更知陈独秀那刚烈的性格，便不再坚持要陈独秀向他养父陈昔凡寻求资助了。于是，房秩五转过话来说：

"凭你仲甫的名气，我们可以向社会，尤其向爱国志士募集。"

"凭我们的爱国热情而不是凭我的什么名气，向社会募集是个好办法。"陈独秀赞同地说。

他又与房秩五、吴守一3人商议，教育栏由房秩五负责，小说栏由吴守一负责，由安庆寄到芜湖的陈独秀，负责其余各栏、排版、校核和统稿。

得道多助。他们的办报资金募捐，得到开明乡绅和爱国志士周栋臣等的热情支持，资金问题迎刃而解。陈独秀又一头扎进办报之中，废寝忘食，哪顾得妻子的唠叨，也顾不得孩子的吵闹，奋笔疾书，著文阐述办报的宗旨及其章程；装帧设计，精心编撰创刊号稿件。功夫不负有心人，经过几个月的艰辛努力，陈独秀主编的《安徽俗话报》，终于在1904年3月31日出版。

《安徽俗话报》为18开本，每本20页左右。每月两期，朔望发行。每期印数4000，每本售价50文，因汪孟邹的芜湖科学图书社没有印刷设备，所以每期都由陈独秀统稿后寄往上海章士钊创办的东大书局印刷厂印制。印好后，又从上海寄到芜湖。陈独秀对白话报寄予了极大的热情，每期寄到芜湖时，他亲自动手分拨、打包、送邮局去寄，可谓事无巨细，事必躬亲。

《安徽俗话报》的问世，如同一声春雷，震动了安徽大地，在社会上引起了轰动。一班老辈们视为洪水猛兽，切齿诅咒；然而，却受到进步青年的热烈欢迎，桐城崇实学堂学生集资每月购百余份，分送乡人传阅。进步教师把它作为开导学生思想的科教书。更有甚者，少数开明官吏，也利用它来开导民智。安徽绩溪县曾贴出告示：

"新出《安徽俗话报》，门类极多，言词极浅，近来时政以阅（此）报为最宜。月出两期，捐廉购办，随同官报发行，听人采取，希望大家传阅，毋得置之高阁。"

当时安徽巡警学堂的朱蕴山、安徽高等学堂的高一涵,日后追忆往事,说《安徽俗话报》"对青年界的反帝爱国思想散播了较为深刻的影响""起了组织革命和宣传革命的作用"。

《安徽俗话报》文艺方面有《论戏曲》《西洋各国小学堂的情形》,章回体小说《黑天国》连载等;历史方面有《中国史略》系列连载等,教育方面有《国语教育》《王阳明先生训蒙大意的解释》等;军事方面有《枪法问答》《中国兵魂录》等。语言形式是白话文,内容雅俗共赏、丰富多彩,民众深为震撼,极为欢迎。其实这份报纸的主题思想是反帝反封建反国民陋俗,宣扬革命和爱国,是安徽最早的革命刊物。[1]

陈独秀是《安徽俗话报》的主办人、撰稿人(笔名为"三爱")、编辑者,发表作品近50篇,内容涉猎广泛、博古通今、深入浅出,文笔行云流水、酣畅淋漓。

经过陈独秀的呕心沥血,亲历躬行,该报发行半年,售额便从初刊1000份飙升到3000份,代派处发展到58家,销路和影响在当时中国近40种白话报中独占鳌头。通过该报陈独秀还团结了一批进步、有识之士。

正当办报热潮高涨之时,1904年暑假,桐城中学由安庆迁往县城,吴守一也回桐城授课,于是,陈独秀将白话报全部迁至芜湖。陈独秀由汪孟邹安排在图书社的二楼,继续办报。

汪孟邹拿着几封读者来信,高兴地对陈独秀说:

"想不到订户这样多,评价又很高。这几封信,都希望把报纸办成日报。"

"订户越多越好。读者哪里知道我是一个人办报,我即使三头六臂也办不成日报啊!不过,这也是办报的力量源泉,感谢读者的信任和支持!"陈独秀边看信,边高兴地说。

陈独秀除了办报,还在安徽公学、安徽公立速成师范学校授课,尽管异常繁忙,他乐此不疲。科学图书社的同仁们齐夸他是一条压不垮的"硬汉子"。

当他回忆这段办报的艰苦生涯时,无限感慨地说:"我那时二十几岁的少年(青年),为革命新感情所驱使,……日夜梦想革新大业。何物臭虫,虽布满我衣被,亦不自觉。"

《安徽俗话报》在他主编下,办得有声有色,堪与当时驰名全国的杭州白话报相比。1905年8月,《安徽俗话报》刊载了一则消息,触怒了驻芜湖英国领

---

[1] 张宝明、刘云飞著,《飞扬与落寞》,东方出版社,2007年版。

事馆，中国官方在英国领事胁迫下，勒令其停刊，共出了 23 期。这时陈独秀正在与柏文蔚秘密领导新近组织的岳王会开展工作，也确实没有余力办报了。汪孟邹对《安徽白话报》停刊，痛心疾首，他对陈独秀说：

"再出一期，就是 24 期，凑个偶数，也好图个吉利。"

主意已定的陈独秀，无论汪孟邹怎么和他商量，他决定的事断无改变，他认定的道路决不回头，他始终不答应再出一期。陈独秀执意地说：

"我不相信什么吉利不吉利。停刊了，单数、偶数也无所谓。"

汪孟邹对"性格执拗"的陈独秀无可奈何，《安徽俗话报》终于于 1905 年 8 月中旬，被驻芜湖英领事要求中国官方勒令停刊。

"血性过人"的陈独秀则又"一肩行李，一把雨伞，足迹遍及江淮南北，到处去物色革命同志"去了。房秩五晚年捡得《安徽俗话报》残卷，感慨系之，赋诗礼赞陈独秀：

> 君是降龙伏虎手，拈花微笑散诸天。
> 苍茫五十年前事，贝叶重翻益惘然。

006. 组建"岳王会"

1904 年 11 月的一天，陈独秀正在科学图书社小楼上苦苦沉思，谋划着"反清"的革命行动。突然，汪孟邹敲门入室，打破了他的沉思遐想，将一封寄自上海"陈仲甫先生亲收"的信呈现在他的面前。说道：

"仲甫，这是你一封'亲收'信。"

"噢！"陈独秀接过信，拆开一看，是章士钊写来的。上面写道：

"仲甫，有要事面商，望速来沪。"

机灵的陈独秀见章士钊"信招"他去沪，必定与反清爱国有关，事关紧要，必去沪不可。汪孟邹见陈独秀一脸严肃，皱眉思考，忙问道：

"仲甫，士钊要你去上海？"

"是的。"陈独秀答道。

"是不是关于俗话报印刷的事？"汪孟邹又问道。

陈独秀知道汪孟邹心地善良，且胆小怕事，忙顺口答道：

"是的。"

"你去上海，俗话报 16 期就要发稿，怎么办？"汪孟邹关切地问道。

"我带到上海去编，编好就发。"陈独秀答道。

"也好，千万别耽误了俗话报16期的出版，信誉要紧。"

"我知道。"

于是，陈独秀草草收拾，便急匆匆地乘火车赶往上海。陈独秀一到上海，便迫不及待地问章士钊：

"行严，你信招鄙人来沪有何要事面商？"

"事情确实要紧，且让我慢慢说给你听。"章士钊递给他一支烟，陷入深深的思索。

原来，上海聚集着一批热衷暗杀的排满勇士，有些组成了暗杀团。

1903年东京拒俄运动中成立的"拒俄义勇队"，后更名为"军国民教育会"，该

蔡元培

会以鼓吹、暗杀、起义三步为革命手段。由杨笃生、何海樵等人主持，并有黄兴、陈天华、张继等人参加，其目标是"欲先狙击二三重要满大臣，以为军事进行之声援。"不就，军国民教育会中的秘密组织暗杀团在上海成立分会，为了与黄兴等人领导的华兴会拟在10月10日发动的长沙起义相呼应，便吸收各省主要同志，组成爱国协会，作为华兴会的外围组织，以暗杀为主。杨笃生、章士钊分任正副会长。此时的章士钊便想起了在安徽办报的陈独秀，于是在这年的秋天，给陈独秀写信，邀他前往上海。

见到陈独秀，章士钊便开诚布公地对陈独秀说：

"东京留学生军国民教育会暗杀团主持杨笃生、何海樵，最近在上海成立了暗杀团分会，蔡元培、刘汉光及鄙人均参加了。为配合长沙想趁慈禧太后万寿节之日起义，我与杨笃生又成立了爱国协会。革命当以暴力为主，而暗杀也不失为一种手段。你是反清勇士，所以，特致函于你，请你参加暗杀团，你意如何？"

"好，我参加！"陈独秀不假思索地答道。

"不过参加暗杀团，要举行歃血入盟'仪式'，严守纪律，绝对保密。"章士钊严肃地说道。

"行严，我又不是3岁小孩，歃血入盟古已有之。那么，由谁来主盟？"陈独秀也十分严肃地回答。

"主盟仪式,当然要由盟主杨笃生主持了。"

"他在哪儿?"

"在上海,我带你去见他。"

当即,章士钊带陈独秀到秘密革命机关余庆里,去见杨笃生、陶成章、蔡元培等。陈独秀早在日本留学时,就听说杨笃生他们成立了军国民教育会暗杀团,十分赞赏他们反清的胆量和勇气。今天见到这位出生湖南长沙的盟主,陈独秀感到由衷的高兴,反清志同道合,一见如故,同时,又结识了出生于浙江绍兴的反清义士蔡元培。在杨笃生的主持下,举行了庄严的歃血入盟仪式。杨笃生挥刀杀鸡,殷红的鸡血滴进一杯酒内,双手庄重地端给陈独秀。陈独秀接过酒杯,一口喝了下去。接着,杨笃生庄严地说:

"今天,本人代表军国民教育会暗杀团上海分会,为陈仲甫主盟加入暗杀团。"他又郑重地宣读暗杀团的誓言:

"我们的最终目的是推翻清王朝的统治,挽救民族危机,建立民主政治的国家。参加暗杀团的成员都要忠贞不渝地为我们的宗旨努力奋斗,不泄密,不叛变,为了革命不惜献出自己的生命。"

杨笃生宣读完誓言后,严肃地问陈独秀:

"你能做到吗?"

"能!"陈独秀举着右手斩钉截铁地答道。

入盟仪式一结束,章士钊、陶成章、蔡元培等,与陈独秀握手祝贺。杨笃生对陈独秀说:

"仲甫,日后安徽的事全靠你了。"

"义不容辞!"陈独秀坚定地回答。

"你何时回安徽?"

"过几天就回去。"

"我和钟宪鬯正在试验炸弹,明天你来看看。"

"好的。"陈独秀答道。

陈独秀对杨笃生试验炸弹极感兴趣,他一贯主张用武力推翻清朝统治,革命党人试验炸弹并握有武器,那就有了主动权和战斗力量。所以,他天天随从杨笃生、钟宪鬯试验炸弹。同时,蔡元培"也常常在实验室练习、聚谈"。陈、蔡二人就在这时相识共事。陈独秀在上海逗留了一个多月,上海的革命形势给了他极大的鼓舞,同时又结识了一些革命党人,但他心中还惦念着《安徽俗话报》及其读者,尽管杨笃生、章士钊等一再挽留,他还是于1905年1月返回了芜湖。

他一回到芜湖那科学图书社小楼的编辑部,见到案头堆放着许多读者来信,心里实在不是个滋味,耽搁了3个多月没有出版,愧对于信任《安徽俗话报》的读者。于是,他顾不得旅途的劳累,废寝忘食地编排第16期,并很快于2月与读者见面,心里才松了口气。陈独秀是个襟怀坦白且又注重感情的人,事情虽然过去了几个月,但他心里总觉得不安,《安徽俗话报》耽搁了3个多月,没有按时出版的原因,在第16期上没能向读者说明,似乎欠了读者一笔债。于是,他6月在编排第19期时,特意写了一则《本报告白》启事登在该期末页,说明《安徽俗话报》耽搁3个多月,未能出版的原因:"只恨去年10月因为出了一件古怪事"。什么"古怪事",显然是指他去上海参加暗杀团一事,但又不能向读者直说。于是,他灵机一动,在《本报告白》中,只能说是出了"一件古怪事",让读者去心领神会。

> 本报自去年2月出版以来,很蒙诸位读者的赏识,销得不少,只恨去年10月因为出了一件古怪的事,耽搁了3个多月,没有出版,一直到今年2月间,才把去年10月15日的16期印出来……

参加了"暗杀"团后,陈独秀时刻关注清廷的一举一动,等待时机。

1905年,陈独秀通过多种渠道,获悉清廷为应付严重的国内危机,遏止蓬勃发展的革命形势,维持摇摇欲坠的封建王朝,清政府决定实行"预备立宪",派戴泽等五大臣出国考察宪政的信息。他特地约请在南京警察局任职的潘晋华,以考察警政为名北上保定,约见了吴樾商量谋杀清廷五大臣之事。后吴樾又去北京与杨守仁做了详尽的安排,果断地对杨守仁说:

"我同意陈仲甫、潘赞化的决策,用你制造的炸弹去炸死出洋考察的五大臣,'震动已死的人心,唤醒同胞的弥天大梦',粉碎清廷'预备立宪'的阴谋……"

1905年9月24日,这天出洋视察宪政的戴泽、绍英、端方、戴洪慈、徐世昌五大臣出京,杨笃生是随员,事先通知了吴樾。

早上,北京正阳门火车站戒备森严,吴樾身揣红布包裹着的自制炸弹不能靠近,临时买一套无顶红缨官服穿在身上,装成随员,在火车启动之际,登上了装饰富丽堂皇的五大臣专车。吴樾尚未立稳脚跟,火车突然开动,猛然的震动使吴樾措手不及,将胸前的炸弹引爆。霎时,正阳门车站,一声霹雳巨响,浓烟弥漫,车厢震撼,出洋五大臣,一片嚎叫。吴樾应声倒在血泊之中,壮烈牺牲。五大臣中的绍英炸伤了右股,端方、戴洪慈受了轻伤,戴泽在丧魂落魄躲藏时,擦破了额头。此时,正阳门人喊马嘶,一片混乱,各大臣吓得魂飞魄散,狼奔豕突,匆匆逃回官邸,龟缩不出,哪还敢出洋考察?连慈禧也被这"醒华第一声"巨响,吓得惶惶不安,不得不躲进地下密室。清廷考察宪政,"预备立宪"的阴谋，也被吴樾舍身一炸粉碎了……

据蔡元培回忆："1903年吴樾入保定高等学堂，与陈独秀关系密切，'常与各方先进人士通讯，尤得力于陈仲甫、潘赞化等先生的指导。革命的知识愈丰，革命的志趣益坚'。吴樾赴京行刺清五大臣之前，曾'与赵声（伯先）、陈乾生（独秀）密计于芜湖科学图书社小楼上'。赵与吴互争北上任务。吴问：'舍一生拚与艰难缔造，孰为易？'伯先曰：'自然是前者易，而后者难。'吴曰：'然则，我为易，留其难以待君。'议遂定，临歧置酒，相与慷慨悲歌"，以壮其行。吴樾离开芜湖时，把自己的《暗杀时代自序》和《意见书》等著作交友人张啸吟保存，并表示如事败，'万一无法发表，便交湖南杨笃生先生，或者安庆陈仲甫先生。'"

吴樾喋血正阳门车站，震惊环宇，清廷当局虽没有查清炸五大臣者为何人，但国内的许多报纸都多作重要新闻刊载，影响所及，遍至中外。此时，远在芜湖的陈独秀从报纸上看到这一消息，震惊不已，心想这位以身殉国者可能就是吴樾。于是，他立即写信给保定的张啸吟：

"北京店事，想是吴兄主持开张，关于吴兄一切，务必速详告。"

张啸吟接信后，把吴樾牺牲的情况及遵烈士吴樾生前所嘱托，将其"交存意见书"原稿等寄给陈独秀，并很快刊登在同盟会机关报《民报》的《天讨》副刊上，上海和香港的报纸也相继转载。后来陈独秀又将烈士遗物寄往上海。蔡元培在吴樾烈士追悼大会上说：

"（烈士）死难后，有陈君寄一皮包至上海，内有西装外套一件，此系烈士之遗物。当时系赠杨君（即杨笃生），以为纪念。"

辛亥革命以后，安徽革命会为纪念吴樾等9位皖籍烈士，由陈独秀发起集英烈遗骸合葬于安庆西门外平山头，由柏文蔚书石以记烈士勋业，并获得孙中山手书"皖江九烈士墓碑"的殊荣。

尽管陈独秀参加了暗杀团，试制过炸药，并参加策划吴樾行动，但其对暗杀这一方式很快产生怀疑。1923年1月，当时已任中国共产党中央局委员长（即党中央一把手）的陈独秀，对这种革命方式进行了反思："暗杀只是一种个人浪漫的奇迹，不是科学的革命运动，科学的革命运动必须是民众的、阶级的、社会的。"又说："暗杀所得之结果，不但不能建设社会的善、阶级的善，去掉社会的恶、阶级的恶，而且引导群众心理，以为个人的力量可以造成社会的善、阶级的善，可以去掉社会的恶、阶级的恶，此种个人的倾向，足以使群众的社会观念、阶级觉悟日就湮灭。"

暗杀活动的屡次失败，促使陈独秀对个人英雄主义和冒险主义救国的暗杀活动进行深刻反思。1905年暑期,他终于摒弃以暗杀反清的形式,联合芜湖安徽公学和安庆武备练军的革命力量,组建革命组织岳王会,投身于"科学的革命运动",走上发动和组织民众一起进行革命救国之路。①

早在少年时代,陈独秀喜欢听父辈们讲述岳飞"精忠报国"、文天祥"誓死抗元"、于谦"刚正不阿"的故事。他十分崇拜这些民族英雄的崇高气节,岳飞的《满江红》、文天祥的《正气歌》、于谦的《石灰吟》等名诗,他能背诵如流。尤对岳飞谈论"天下太平"的名句"文官不爱钱,武官不惜命,则天下太平",对于谦的"石灰吟"更是津津乐道,他从小就崇尚岳飞的爱国精神。如今他要效法岳飞,成立一个革命团体。

1905年初秋的一天,一向冷清的江城芜湖关帝庙,突然来了30多位年轻的"香客"。他们十分虔诚地点香、燃烛、拜佛。顿时,庙内香烟袅袅,钟声徐徐。他们面对神龛里栩栩如生的关帝像,连连伏掌叩头,然后在一位年轻的为首者带领下宣誓:"效忠岳飞抵抗辽金,至死不变;吾人须继其志,尽力反清。"接着,那位年轻为首者像方丈带领众僧念经似的,宣读章程、誓词,大家静静地听着,然后众人庄重宣誓。

这位年轻的为首者,就是年方26岁的陈独秀。这是以他为首与芜湖安徽公学的体操教员柏文蔚、该校师范班学生常恒芳等秘密创立的反清帝制的革命组织——岳王会,正在关帝庙里借烧香拜佛为名,举行成立大会并宣读誓约、章程。这是他吸取了公开成立青年励志社、安徽爱国会而遭清廷当局通缉的教训,以避人耳目所采取赶庙会烧香起誓的秘密方式。在众人默默地赞同中,陈独秀被推选为岳王会会长,并宣布了岳王会严格的纪律:

"会员一律用假名,内部活动内容不得外传,必须严守秘密,泄密者必治以严刑。"

对此,会员李辛白曾作诗记之:
　　　　无名无姓复无家,气若长虹貌若霞;
　　　　一剑横腰千万里,杀人屠狗走天涯。

岳王会是怎样创立起来的呢?原来安徽名士李光炯、卢仲农,1904年冬,在陈独秀的影响下,将安徽旅湘公学迁到芜湖。1904年春,李光炯、卢仲农为了旅湘子弟求学便利,在长沙开办了安徽旅湘公学。赵声、张继、黄兴先后在这个学校任教。该校迁到芜湖后,改名安徽公学,后又附设师范学堂,成了"清末民初安徽中等学校之最著者"。公学先后聘请了柏文蔚、陶成章、刘光汉、苏

---

① 《百年潮》2006年第9期,第46页,祝彦文。

曼殊、张伯纯等著名的革命志士来校任课，陈独秀在办《安徽俗话报》之余，兼任公学国文教师，轰动了芜湖社会。安徽公学成了当时中江流域革命运动的中心，也成了中江流域文化运动的总汇，大江南北志士无不与芜湖互通声息。陈独秀与来自安徽寿州的公学体操教员柏文蔚，志同道合，秘密商谈，共谋反清大事，结下了终生友谊。

"暗杀团"成立后的一段时间里，陈独秀便"天天从杨笃生、钟宪鬯试验炸药"。对于这段经历，陈独秀晚年在《蔡孑民先生逝世后感言》中回忆道："我初次和蔡先生共事，是在清朝光绪末年。那时杨笃生、何海樵、章行严等在上海发起一个学习炸药以图暗杀的组织。行严写信招我，我由安徽一到上海，便加入了这个组织。住上海月余，天天从杨笃生、钟宪鬯试验炸药。这时孑民先生也常常来实验室练习、聚谈。"

在"岳王会"成立之前，陈独秀就认识到暴力革命的重要性。因此，他主张联络、整合省内革命力量。1904年2月，安庆武备学堂头班学生毕业后，皖抚即令招募新军300人，归毕业生训练，名曰武备练军。所招士兵"皆先身材合格，年少识学者充当。"柏文蔚因参加藏书楼演说被安徽大学堂开除，便参加武备学堂练军，继续革命活动。在学堂里柏文蔚发起组织"同学会"。"入会者，多淮上健者"，又以寿县人为中心。对于这批新生力量，陈独秀和柏文蔚等都十分重视，认为安徽的革命大业，必须由团结、组织"淮上健者"着手，乃于1905年暑期相约访游皖北，发动新军中的进步分子。

1905年暑假前的一天，柏文蔚和陈独秀闲谈时，柏文蔚问道：

"仲甫，暑假我要回寿州家中，你可否愿意去淮上一游？"

"我早就想去淮上拜访义士孙少侯（孙毓筠）。鄙人愿与你同行。"陈独秀十分高兴地说道。

"我还想约宋少侠、王静山、方建飞等一道去。"柏文蔚说。

"我同意。人多热闹，众人有伴。"陈独秀赞同道。

这样，陈独秀兴致勃勃与柏文蔚他们开始了联络"淮上豪杰的皖北之行"。夏日酷暑，淮上少雨干热，他们这几个血气方刚的年轻人，全然不顾，"足迹遍及江淮南北，到处去物色革命同志"。他们途经怀远、蚌埠、蒙城、涡阳、亳州、太和、阜阳、正南关，一路参观游览名胜古迹，拜访名人志士，了解风土人情，考察社会，最后到达柏文蔚的家乡寿县。陈独秀等在寿县小住了半个月，遍访了江湖侠义之士，访问和结识了寿州当地名士孙少侯、张澍侯（之屏）、郑赞丞、石敬五（竞武）、宋健侯等人，大家一致赞赏他藏书楼拒俄演讲及所办的《安徽俗话报》。他与孙少侯谈得相当投机，结下了友谊。陈独秀"从此与淮上诸同志深相契合，革命思潮遍于乡里"。然而，陈独秀在淮上，心却惦念办报之事，于是，和其他几个同行者，经合肥又返回了芜湖。皖北游访归来后，柏文蔚对陈独秀说：

"反清革命，徒众宜多，主义虽定，宣传宜广。"

陈独秀进一步说道：

"反清光靠宣传不行，我看还要组成一个团体来领导和发动，用暴力推翻清王朝。"

这样，陈独秀同柏文蔚、常恒芳等人经过秘密联络公学及速成师范学堂中先进学生，以"效忠岳飞精忠报国"精神，秘密创立了反清帝制的革命组织——岳王会。

关于此事，柏文蔚的遗著中有详细记载：

> 旋约陈独秀、宋少侠、王静山、方建飞诸君作皖北之游，遍访江湖侠义之士。于是有石敬五（竞武）、宋健侯诸人，皆为吾人之健将焉。
>
> （皖北）诸同志多热心奔走，创办学校，开通民智，灌输革命思潮，大有一日千里之势。会党兄弟，吕林豪杰，群相附翼。因陈独秀、王静山等先生至怀远等地到寿州，即住文蔚家中。独秀与孙毓筠（少侯）在寿初次见面谈革命。从此与淮上诸同志深相契合，革命思潮遍于乡里。留家数日，即与独秀起早至下塘，适装书田所办知新学校与李寿臣所国办求是学校，互争学产，力为调处，两日不成，经合肥至芜湖。

陈、柏皖北之行，使全省的革命力量有了中心，省内的革命思潮很快发展起来。安庆武备练军革命力量，再加上芜湖安徽公学的革命力量，使岳王会拥有了较为强大的革命队伍。

这年10月，柏文蔚应赵声之邀去南京新军第九镇任队官。临行前，陈独秀与柏文蔚作了长时间的密谈。陈独秀说：

"你到新军中可发展岳王会的力量，尤其注意吸收军人参加，以待时机可发动南京新军起义。"

"我也是这样想的。"柏文蔚答道。

在柏文蔚的努力下，岳王会在新军中很快发展了一批军人会员。于1906年成立了岳王会南京分部，柏文蔚任分部长，同盟会成立后，柏文蔚首先率岳王会南京分部全体同志加入。1905年冬，常恒芳到安庆任尚书学校训导主任，成立了岳王会安庆分会并任分会长。岳王会总部仍设在芜湖，陈独秀任总会长。同年底，孙毓筠谋刺端方事发，清政府搜捕甚急，柏文蔚避走东北。陈独秀在芜湖利用汪孟邹的科学图书社联络革命党人进行反清活动，"奸民候补道汪云甫告密于（安徽巡抚）恩铭，恩铭大怒，欲穷治之，羽书连下"。这样，陈独秀被迫于1907年春，又离皖到日本东京，入正则英语学校学习英语，与苏曼殊、邓仲纯同住"一间小房"，4月间加入由章太炎、苏曼殊、陶冶公及日本人辛德秋水，印度人钵罗罕、保什等发起的"亚洲和亲会"。这样，岳王会仅存安庆一部了。

芜湖是岳王会的诞生地，安庆则是岳王会活动的基地。岳王会创立不久，就在安庆军营中设分部，成员共有20余人。常恒芳到安庆后，又在新军中成立了一个外围组织维新会，常备军第二标第三营的士兵，几乎都入了会，使岳王会的核心地位更加巩固，此时的岳王会，可称得上是军界革命运动的先锋。1908年11月14日，光绪帝载湉去世，次日慈禧太后也病故。消息传到安庆以后，岳王会认为起义时机成熟，并推熊成基为起义总指挥。19日，熊成基率新军马、炮两营士兵1000余人起义，与官兵激战3昼夜，最后失败。熊成基逃往日本（后潜回东北谋刺清廷贵族载洵，被捕杀），岳王会主要骨干范传甲、薛哲、张劲夫、葛兰瑞等英勇就义，全省牵连被害者达300余人。"岳王会"一些幸存者大多加入了同盟会。

1905年5月，正当陈独秀参与密谋吴樾弹炸清廷出洋五大臣以及与柏文蔚等着手创立岳王会反清组织时，孙中山风尘仆仆地从法国来到了日本东京。此时，孙中山看到中国留学生人数猛增，大为惊喜，并很快会见了黄兴、宫奇、宋教仁等。

"中国现在不必忧各国之瓜分，但忧自己内讧。此一省欲起事，彼省亦欲起事，不相联络，各省号召，必成秦末20余国之争，元末朱、陈、张、明之乱，此时各国乘而干涉之，则中国必亡无疑矣。故现今之主义，总以互相联络为要。"

于是，孙中山开始酝酿组织联合的问题。7月20日，在孙中山主持下召开除甘肃一省外其他17省都有人到的筹备会议，确定了大联合的组织名称为"中国同盟会"及"驱除鞑虏，恢复中华，创立民国，平均地权"的"十六"字纲领。经过20余天的准备，8月20日，中国同盟会正式宣告成立，公推孙中山为领袖。它的成立标志着中国革命进入了一个新的高涨时期。

是年秋，孙中山派吴春阳（旸谷，合肥人）到南京建立长江流域同盟会。次年春，在南京的柏文蔚，率岳王会南京分会全体同志欣然加入同盟会，成了同盟会长江流域的一支重要力量。然而，作为设在芜湖的岳王会及其总会长陈独秀，与同盟会无缘竟没有参加。1907年春，陈独秀由于在芜湖图书社联络党人，进行革命活动，被人告发，遭到安徽巡抚恩铭的通缉，被迫离皖，第三次潜逃日本进入正则英语学校深造。

1907年春至1909年，陈独秀再次到日本继续深造，这是第二期留学，其间返回国内一次。

　　陈独秀到东京后,住神田区猿乐町二丁目番地清寿馆,和章士钊、苏曼殊住一室。陈独秀和章士钊在正则英语学校学习英文,同时到早稻田大学学习法国等西欧文化。苏曼殊是1907年2月13日随刘师培及夫人何震到日本东京的。

　　当时钱夏(钱玄同,字德潜)也在《民报》馆。陈独秀虽没参加同盟会,但喜欢读《民报》,所以将吴樾《意见书》和《暗杀时代自序》交《民报》临时增刊《天讨》上发表。平常无事,陈独秀喜欢到《民报》馆坐坐。一日,陈独秀兴冲冲地来到《民报》馆。苏曼殊拿出《梵文典》的中文译稿,对陈独秀说:"仲甫,提提意见。"这《梵文典》第1卷英文底本,本是苏曼殊从陈独秀处得来。当时正逢他在自学梵文,便成日闷在寓所翻译,翻译完后便拿给陈独秀看。

　　过了几天,陈独秀写诗赞苏曼殊,诗题很长:《曼上人述梵文典成且将次西游命题数语爱奉一什丁未夏五》,诗曰:

　　　　千年绝学从今起,愿餐全功利有情。
　　　　罗典文章曾在世,悉昙天语竟销声。
　　　　众声茧缚鸟难白,人性泥涂马不鸣。
　　　　本愿不随春梦去,雪山深处见先生。

　　1908年陈独秀回国度假。年底又第四次留学日本。这时陈独秀已经30岁,见到革命屡屡失败,同志纷纷牺牲,思想一度彷徨、苦闷。

　　这年冬天,冬阳艳丽,日本栃木县日光山的岩石,高约100米、宽约10米的华严瀑布,似一匹巨大的白练,呼啸而下。空谷中,响声如雷,水花飞溅。

　　"为什么叫它死亡瀑布?""这瀑布发源于中禅寺湖的大谷川,过去常有青年人在这里自尽。"不远处,两个游客在高声交谈,喧嚣的瀑布声,使他们提高了声音。

　　陌生人的讲话勾起了陈独秀对往事的回忆。一年前,光复会友人34岁的徐锡麟杀死皖巡抚恩铭后,在安庆遇难,恩铭的亲兵竟炒食其心。几天后,女侠秋瑾在绍兴被害,刽子手以蘸其血的馒头卖钱……陈独秀呆呆地望着眼前的瀑布,眼眶潮湿了,山峦模糊起来,日光失却了来时的温暖。陈独秀感到一阵昏暗:革命义举屡屡失败,光复中华,何时是尽头?

　　　　死者浴中流,吊孝来九州。
　　　　可怜千万辈,零落卧荒丘。

　　唏嘘感叹之间,陈独秀一口气写了《华严瀑布》14首诗——对革命前途的失望、茫然、无措,尽在字里行间。

　　游华严瀑布,陈独秀感伤太多。在留学期间,陈独秀与同盟会成员章太炎、张继、刘师培等过从甚密，但他仍不参加同盟会。可是，1907年由章太炎、刘师培、苏曼殊等及印度人钵罗罕、保什、带君发起成立，章太炎任会长的亚洲和亲会时，陈独秀竟成了中国方面10名成员之一。它是由中、印两国在东京的革命志士联合组织的团体，"宗旨在反对帝国主义，期使亚洲已失去主权之民族，各得独立"。因此，"凡亚洲人，除主张侵略主义者，无论民族主义、共和主义、社会主义、无政府主义者，皆得入会"。会员义务，"当以相扶持，使各得独立自为旨"。其反帝思想明确，旗帜鲜明。

陈独秀这次在日本时间较长，约有两年半，除了在校学习外，主要是与章太炎、刘师培、苏曼殊等大学问家切磋中西学问。

陈独秀在日本不参加在全国范围内有着广泛影响的同盟会，而参加成员复杂的亚洲和亲会，令他的许多朋友疑惑不解。直到1932年，他在上海被国民党逮捕后关押在南京监狱中，他的同案犯濮德志问他当年为何不参加同盟会时，才揭开这个"谜案"。

陈独秀待人处事，历来有他的独立见解，孤傲自狂，从不说"人云亦云"的话。他对濮德志说，他对同盟会"十六字"纲领中"驱除鞑虏"，就有不同的看法，把满族称其为"异族"不妥，这只不过是满汉两民族之间的矛盾罢了，为何要加以"驱除"？他说，早在1904年9月24日，在他主办的《安徽俗话报》发表的《本国大略》一文中，就明确地指出：

"全国人种分为四族，一曰汉族……一曰通古斯族，人数有500万，从前住在满洲的地方，现在朝廷，就此民族。……"

同年7月，他在《亡国篇》一文中，又有精辟的见解：

历代换了一姓做皇帝，就称作亡国，殊不知一国里，这只可称做换朝，不可称做'亡国'。必定是这国让外国人做了皇帝，或土地主权被外国占去，这才算是'亡国'，换朝不等于亡国……而且亡国必换朝。

他又解释说：

我历来着眼于帝国主义、封建主义（包括文化思想的专制）与各族之间的矛盾，不敢苟同于同盟会'十六字'纲领中的'驱除鞑虏'。因此，未参加与自己主张相悖的同盟会。

当他同濮德志谈到第一次国共两党合作开始时说，他在《辛亥革命与国民党》一文中，专门论述那次革命失败的原因时，再次提到"排满"的问题，文章指出：

第一是误用了不能贯彻革命宗旨的口号，当时革命之惟一口号是'排满'……当时党人信仰三民主义加入同盟会的几等于零。囿于清虐政之直觉，以清倒则万事自好而加入革命的党人居最大多数……第二是专力军事行动，轻视民众宣传及党的训练。……第三是左派首领过于和右派妥协了。

濮德志听了，连连点头道：

"仲老，原来你当年不参加同盟会，还有这样深刻的认识与原因。这点不仅我这个小字辈，就连你那些资深的老朋友，尚不知其中深邃的道理与原因。不过……"濮德志把要说的话，又咽了下去。

陈独秀接过话茬，摇头笑道：

"不过什么？你这伢子，心中有话就直说好了，不要吞吞吐吐。"

"仲老，据我肤浅之见，不论你的理由有多大、多深，多年不参加同盟会怕是欠慎重考虑。同盟会在孙中山先生的领导之下，毕竟推翻了清王朝，建立了民国，这是不可抹煞的历史功绩。你不是还在安徽都督府任过秘书长……"

陈独秀诙谐地打断了晚辈的话：

"你这伢子，还将起我的'军'来……"

虽然陈独秀对"十六字"纲领持有不同政见，但他与同盟会反对清廷的主张是一致的，可谓殊途同归。

第三章 封建婚姻叛逆者

007. 痛失兄长

1907年春至1909年9月，是陈独秀第二次留学日本时期，与刘申叔、章枚叔、苏曼殊等交往甚密，除了曾筹建梵文书藏之议，还"苦读英文"，参加社会团体的活动。1909年9月，惊闻37岁的胞兄陈孟吉（庆元）客死沈阳，他悲痛不已，速回国赴东北迎柩归里。

在赴东北的路上，陈独秀恨不得插上翅膀，立即飞到哥哥的身边。他怎么也不敢相信，情同手足，亲如慈父的兄长，风华正茂，怎会突然撒手人间？

当他走进养父陈昔凡的公馆，得知大哥庆元患肺痨不治而英年早逝。映入眼帘的是一口黑色的孤棺。陈独秀猛扑过去，手抚棺木，从来有泪不轻弹的硬汉子，顿然眼泪潸潸而下，凄婉地抽噎着："哥哥，我来晚了，没见你最后一面……"

是夜，黑色沉沉。陈独秀沉浸在一片哀痛之中，久久不能入睡。他索性披衣起床，含悲挥毫，连夜作五言长诗《述哀》：

> 死丧人之戚，况为骨肉亲。
> 所丧在远道，孤苦亦酸辛。
> 秋风衰劲草，天地何不仁。
> 驾言陟阴岭，川原低暮曛。
> 临空奋远响，寒飚逐雁群。
> 一月照两地，两地不相闻。
> 秉烛入房中，孔怀托幽梦。
> 相见不暂留，若虑晨鸡弄。
> 牵裙频致辞，毋使薄寒中。
> 言笑若平生，奚以怀忧恸。
> 起坐弄朱弦，弦乱难为理。

> 凉风扣庭扉,开扉疾审视。
> 月落霜天冥,路远空延企。
> 掩户就衾枕,犹忆梦见之。
> 辗转不能寐,泪落如垂丝
> ……

祸不单行,当大哥安葬不久,陈独秀仍在哀痛中度日如年,养父陈昔凡发生官司败诉、家财破败之惨事。

年近六旬的陈昔凡此时已告老还乡。他是个画家,吟诗作画,种花养鸟,颇有清初明朝遗臣身在官场、心在山林的闲情逸致。告官后陈昔凡以邓石如、刘石庵、王石谷、沈石田四先生为师,称其居室为"四石师斋"。

在家闲住了一时,陈昔凡决定去浙江散散心,看看换帖弟兄——浙江巡抚曾子固。一日,曾子固家来了一位专为英商办事的姚通事(翻译)。姚通事正在忙着帮英国商人找黄豆货源,说:"东北生产黄豆,我这里有一笔生意,不知二位可有兴趣?"

姚通事走后,曾子固问陈昔凡:"老兄有何高见?"

"东北我们都熟,收购大豆不成问题,但英国商人先要交一笔垫金。"

过了几天,姚通事将陈昔凡、曾子固引荐给英商。陈、曾提出,英商先预付一笔收购大豆的资金;英商不得私自去东北收购大豆。

英商听了姚通事的翻译,笑着说:"没有问题。不过,我也有两个条件:一个是你们的政府提供信誉担保,一个是要你们两人用家产作预付资金的信押。"陈昔凡和曾子固商量,觉得英商的条件合情合理,便欣然应允。陈、曾以浙江省华商大益公司名义,英商以上海怡德洋行名义,签订了购3万吨大豆的合同。

英商交付陈昔凡、曾子固预付金,陈、曾开始在东北收购大豆。

突然,东北大豆价格猛涨,按原约收购大豆,陈、曾两家要大亏血本。一调查,原来是英商私自在东北收购大豆,引起大豆价格上涨。陈昔凡、曾子固提出诉讼,控告英商违约。官司以判决取消合同,陈昔凡、曾子固交还英商预付金了事。不料办理上述手续时,姚通事利用陈昔凡、曾子固不懂英文,在文件上做了手脚,使退金收据与原约不符。当时陈昔凡、曾子固并不知情,以为此事已了结,谁知留下了一个祸根。

事隔二年之后,和陈昔凡签约做大豆生意的英商,利用辛亥革命后浙江巡抚倒台之机,通过英国官方向中国政府施加压力,要求陈昔凡交还大豆的定金。陈昔凡败诉后,带病去上海,查阅有关案卷,方知当年上了姚通事的当。他有口难辩,只得用家产契约顶了债务。

陈昔凡忧愤成疾，回安庆后病倒，卧床不起。陈夫人谢氏几次上京，找曾子固交涉求情，才保下了南水关两栋房子及贵池卖不出去的300亩土地。陈家交不起的债务部分，由曾子固代为补交结案。此后陈昔凡郁郁寡欢，重病不愈，不久离开了人世。

008. 妻妹高君曼

为实现自己的人生理想，陈独秀敢于与封建势力旧思想、旧道德决裂，自从母亲去世后，他极少回家，很少与妻子高晓岚在一起，二人各方面有着天壤之别，同床异梦。长久的分别，夫妻的情感愈益淡薄。陈独秀的政治活动屡次三番被官府查抄，陈独秀被家人视为"丧门星"，常被妻子责怪，陈独秀更加嫌弃妻子的封建保守。

陈独秀对包办婚姻早有切肤之痛。陈独秀1904年在《安徽俗话报》发表《恶俗篇》，以上、中、下三篇之篇幅痛快淋漓地批判中国封建包办婚姻制度，提倡以感情为基础的自由婚姻。他认为"夫妇（关系）乃人伦之首"，"有夫妇然后有子女，有子女然后有朋友，有朋友然后有君臣"，"若无夫妇，便没世界"。"人类婚嫁的缘由，乃因男女相悦，不忍相离，所以男女结婚。不由二人心服情愿，要由旁人替他作主，强逼成婚，这不是大大的不合情理吗？你看中国人结婚的规矩，哪一个不是父兄作主，有一个是男女相悦、心服情愿的吗？唉！开店的人请个伙计，还要两下里情投意合，才能相安。漫说是夫妇相处几十年的大事，就能不问青红皂白、硬将两不相识、毫无爱情的人，配为夫妇吗？若是配得两下里都还合式哩，就算是天大的幸福，但要相貌、才能、性情、德性，有一样不如式，便终身难以和睦，生出多少参差。"这些话语之中，即是陈氏对人生的感慨！

思维开放的陈独秀非常向往西方的自由婚姻："现在世界万国的结婚的规矩，要算西洋各国顶文明，他们都是男女自己择配，相貌、才能、性情、德性，两边都是旗鼓相当的，所以西洋人夫妻的爱情，中国人做梦也想不到。"因而他热切呼吁："但愿天下父母心，爱惜人间儿女苦！""虽难仿西洋的章程，也要学日本的规矩"，即"虽有由父母作主的，也要和儿女相商，二意情愿才能算事"。他祈望在中国而今而后再莫办那种不合情理的婚事。

就在陈氏夫妇感情的裂缝加深之时，高晓岚的同父异母的妹妹高君曼，走进了陈独秀的感情生活。

高晓岚母亲死后,高登科的续弦亓氏于1888年生下了高君曼。高君曼乳名小众,又名君梅,比陈独秀小9岁,不到20岁。高君曼与姐姐高晓岚有着不同的人生经历,她是父母的掌上明珠,受教于家庭教师和北京女子师范学校,知书识礼,眼界宽广,活泼能干,思想新颖,很崇拜姐夫。

她亭亭玉立,留着乌黑的短发,鹅蛋形的脸上大眼睛闪烁着秋波,风姿绰约,是典型的新式女性。交往中,妻妹热烈奔放,谈吐不凡,陈独秀心旷神怡,两人情投意合,话语依依,坠入爱河。

随着时间的推移,高君曼与陈独秀常常讨论时局,沟通心灵。高君曼经常去藏书楼里阅读革命报刊或听陈独秀发表演说。

此时,陈独秀已在社会上声誉鹊起,遐迩闻名。和那一时代的许多青年一样,高君曼十分崇拜这颗令人敬仰的政治明星。每逢寒暑假回家,她总要抽出时间看望姐姐,并借机找姐夫陈独秀攀谈。

高君曼的到来,给陈独秀枯涩的心灵带来了滋润和希望。久而久之,便眉目传情,难舍难分。这一切,高大众早已察觉。她不愿出乖露丑,只得暗自伤心。可是,世上没有不透风的墙,陈独秀和高君曼相爱的事,很快便在乡邻间传得沸沸扬扬。父亲认为这是伤风败俗,辱没家风,勒令他尽快断绝来往,否则脱离父子关系。父母的严斥和反对,反而促使他们离家出走。

当他们难分难舍地沉醉在甜情蜜意中时,继父陈衍庶以"退继"威胁陈独秀,但陈独秀对遗产继承毫无兴趣,依然我行我素。

一时间,乡邻飞短流长,陈、高两家也严加指责。但二人毫不在乎,成为封建家庭的叛逆者。

高晓岚心如刀割,饮泣吞声。

陈独秀与高君曼在众人的非难中继续"自由恋爱"。高君曼有事无事,总喜欢和陈独秀聊天。一日,陈独秀和高君曼在房中闲谈,话题一转,不知不觉谈到婚姻问题。陈独秀说:"中国的婚姻就是不如西洋、日本,婚姻男女双方可以自己作主。不像中国,父母包办,媒妁之言,男女双方作不了主。"陈独秀见高君曼睁大眼睛聚精会神地听着,兴致勃勃地说:"我有一个朋友,叫苏曼殊,也是因为父母包办婚姻,自己作不了主,结果胡乱结了婚。苏曼殊痛苦不过,出家做了和尚。"

高君曼凝神地望着眉飞色舞的姐夫天南海北,滔滔不绝,连姐姐进来也没有在意。看到高君曼兴奋绯红的脸颊,高晓岚的脸色顿时暗淡下来,她恨不得小众早一天离去。

一天,陈独秀和高君曼谈到退婚的话题。陈独秀说:"我在几年前写了一篇

《恶俗篇》，其中就谈到退婚。我主张男女都可以退婚，男的找了坏女人，女人找了坏男人，怎么不可以退婚呢？这样终身抱恨委曲求全在一起，男女双方都受罪，于己于国都不利。婚姻不幸福，天天不是东家吵，就是西家闹，闹得国家不得安宁。"

高君曼眨眨眼睛，惊异地望着陈独秀，笑着说："你和姐姐难道也是受罪的一对？"

陈独秀看着小姨妹令人怜爱的神态，沉吟了一会，说："你姐姐是坏女人么？"高君曼摇了摇头："当然不是。"

"我主张退婚，并不主张滥退。再说，退了婚找不到合适的，不如不退，又何必非退不可呢？"陈独秀说完这句话看了小姨妹一眼。高君曼的脸便红了，她侧过脸去，但姐夫还在看着她，像是要把她看个透彻。

1909 年底，陈独秀从日本回国后，与高君曼正式同居于杭州，陈独秀与高晓岚的婚姻已名存实亡。

这一叛逆之举，可谓惊世骇俗。

31 岁的陈独秀在陈高两家的斥责声中，与高君曼在西湖正式宣布结为夫妻，与旧家庭断绝了关系，在杭州一直住到武昌起义的时候。陈独秀陶醉在鸾凤和鸣与婚姻自主的极大幸福之中，二人偕高朋"徜徉在湖山之间，相得甚欢"。此时的高君曼，装扮时尚，袅袅婷婷，温文尔雅，和陈独秀两情相悦。陈独秀为此写下了感怀 20 首，其中一诗云：

> 委巷有佳人，颜色艳桃李。
> 珠翠不增妍，所佩兰与芷。
> 相遇非深恩，羞为发皓齿。
> 闭户弄朱弦，江湖万余里。

9 年奋斗及壮志难酬的烦懑、孤独、怅惘融汇着比翼双飞的幸福及对未来的憧憬。

1910 年春，陈独秀曾神采飞扬地写信给好友苏曼殊："公远处南天，有奇遇否？有丽句否？仲现任陆军小学堂历史、地理教员之务，虽用度不丰，然'侵晨不报当关客，新得佳人字莫愁'。公其有诗贺我乎？"他偕高君曼与刘季平、沈尹默、马一浮、谢无量等文人骚客吟诗斗酒，汪孟邹曾夸赞高君曼是"女中豪杰"。应酬于这种"谈笑有鸿儒"的雅境是高晓岚所望尘莫及的。陈独秀写的《灵隐寺前》一诗正表达了那种得佳人美酒的舒心：

> 垂柳飞花村路香，酒旗风暖少年狂。
> 桥头日系青骢马，惆怅当年萧九娘。

沈尹默

邹容及其遗著《革命军》

章士钊回忆陈独秀与高君曼在杭州的美好时光时写诗赞道：

　　三月江南噪阳春，胜友连翩六七人，

　　最是怀宁陈仲子，平生思归迈苏程。

陈家和高家视他俩结婚为大逆不道，继父陈衍庶不许他俩踏入陈家大门，高家不认高君曼为女儿，而高晓岚被人同情。高晓岚生的陈延年、陈乔年兄弟俩也对他俩的结合极为不满，难以释怀，但是高君曼一直都以如同己出的母爱关怀着他们。

高晓岚是位善良朴素的旧式妇女，恪守妇道，嫁到陈家33年中，生育了延年、乔年、玉莹（筱秀）、松年等子女，丈夫挣脱婚姻羁绊后，她充当了封建婚姻的牺牲品，忍辱负重，上孝公婆，下育子女，郁郁寡欢，积劳成疾，于1930年9月去世，时年54岁。

高晓岚去世后，高君曼带着两个孩子（儿子陈鹤年、女儿陈子美）为姐姐奔丧，虽20多年一晃而过，陈氏家族对她一直怀恨鄙视。

陈独秀对人真诚直爽，良友很多，在东京成城学校认识的刘季平（刘三，江南才子）就是其一。"苏报案"发后，"革命军中马前卒"邹容被捕入狱病死后被弃之荒冢，义气如虹的刘季平冒死将邹容遗体偷运到上海华泾入葬，被称"义士刘三"。

陈独秀女儿陈子美

这是陈独秀忧患人生中的一段最为惬意的时光，他不仅有佳人相伴，而且在这里经常与好友刘季平、沈尹默、马一浮、谢无量等相聚，大碗喝酒，放言天下。

虽然高晓岚所生的孩子反对父亲与高君曼的婚事，但高君曼从不抱怨，把他们视为己出，时时关心他们的生活。陈独秀在上海创办《新青年》时，延年、乔年也随父亲来到上海，一边读书，一边做工。陈独秀事务繁忙，很少顾家，也很少关心两个儿子。兄弟俩一天仅吃两餐，餐餐大饼，口渴了就饮自来水，晚上就睡在亚东图书馆的地板上。冬无棉衣，仅有夹袄御寒，夏无蚊帐，任凭蚊虫噬咬。高君曼看在眼里，痛在心里，多次提出让两个孩子回家，同吃同住，以照料他们的冷暖饥饱，可是，却遭到陈独秀的拒绝。

没有办法，她只好央求潘赞化："潘先生，你是仲甫的好友，我有一事相求……"说着说着，便哭了起来，"延年、乔年对我怎么样，我不在乎。我既是姨妈又是继母，我不能不管他们，看着他们一天一天瘦下去，我心里实在难受。我讲过多次，仲甫就是不听。他听你的，请你帮我说个情吧。"

当潘赞化婉转地转告于陈独秀时，没想到他却大发脾气，说："这定是小众找你的。哎，妇人之仁，徒贼子弟，虽是善意，反生恶果。少年人生，叫他自创前途可也。"高君曼始终不理解，作为父亲和丈夫，陈独秀竟对子女如此麻木。

1925年10月，她带着儿子鹤年、女儿子美，来到南京居住。这对自由恋爱结成的夫妻，终于分居了。1937年，高君曼病逝于南京，年仅52岁。

第四章　辛亥风云中的革命党

009. 任都督府秘书长

1911年10月10日，正当陈独秀与新人高君曼过着温馨、甜蜜的生活时，一声炮响，传来武昌起义的消息，是日，武昌起义爆发，打响了推翻2000多年封建君主专制的第一枪，各省纷纷响应。到11月下旬，全国有14个省和最大城市上海宣布独立。1912年元旦，孙中山就任临时大总统，庄严宣告中华民国成立。

辛亥革命胜利，清帝宣统宣布退位，建立中华民国，陈独秀与高君曼彻底获得婚姻自由，他俩高兴得相互拥抱，邀约沈尹默、刘季平等人聚会，举杯祝贺胜利。11月11日，陈独秀故乡安徽宣布独立，12月12日，安徽临时参事会选举孙毓筠为安徽都督，并派员赍印到沪迎孙，21日孙抵安庆就职，正式成立安徽军政府。

孙毓筠，字少侯，清末太傅、大学士孙家鼐的侄孙。光绪末年，"以富家子破私产十余万金资助革命事业"，是安徽最早的同盟会员之一，深受孙中山器重，曾代理同盟会总部庶务科。1906年从日本回国，到江苏、安徽活动，在南京被人出卖，遭清政府逮捕。江苏光复后，被任命为江浙联军总部副秘书长。孙毓筠一到任，就有关都督府人选问题，首先想到的就是淮上结交的陈仲甫。于是，他慕陈独秀之名，点召陈独秀返皖任都督府秘书长。陈独秀接邀请电后，既高兴能如此被孙毓筠器重；但又怕夫人高君曼不同意。一天，他与夫人高君曼商量说：

"君曼，现孙都督邀鄙人回安庆任都督府秘书长，你说回去不回去？我知道你不愿离开杭州这个天堂。"

"独秀，此事我已听你说了，我为你高兴。能荣任此职，实属孙都督对你的器重，不过……"话到嘴边，高君曼又缩了回去。

"君曼，不过什么，你说出来，有什么难处，我们共同商量解决办法。"

"我们是被迫离开安庆的,你也说过,再也不进家门,现在倒又要……"

"君曼,现在时代变化,大清朝推翻了,家里人的思想也会变的。"

"话是这么说,回去生活在一起,总是不好。"

"那你说,该怎么办?"

"我的想法是,最好不住在家里。"

"好,我完全同意,你同我想到一块去了。"

当陈独秀与夫人高君曼领着简便行装,兴高采烈地走出码头时,早已迎候在那里的都督府人员向他们挥手致意,燃放鞭炮,热烈欢迎陈独秀回安庆任都督府秘书长。

他们夫妇俩乘上一辆披红挂彩的大马车,在几辆马车的伴护下,来到安庆市中心北边宣家花园一处别墅前。这是都督府应陈独秀要求,事先给他安排的寓所,这是一四合院,环境幽雅,里面家具设备应有尽有,均是都督府人员按孙都督旨意置办的。这里离位于南门的陈独秀家较远,他们夫妇俩独居这里,生活起居比较方便,少与家人接触,可以避免与家人产生一些不必要的摩擦。

1912年1月初,陈独秀走马上任,就大力推行行政改革。他当时提出的主要施政意见有:(1)人民生活要改善;(2)旧有的官僚不能重用,不能靠他们的旧经验;(3)对那些于革命事业有阻碍和违背革命利益的事,应大刀阔斧地予以革除。

陈独秀上任办的第一件事,就甚得孙毓筠的赏识。1911年6月,安徽遭受特大洪灾,许多州县死亡枕藉,惨不忍睹,一片凄凉。天灾人祸,把安徽的形势搞得一片混乱,严重地影响了安徽军政府的稳定。所以,1912年初陈独秀一上任,就奉都督孙毓筠之命,与卢含章、李光炯等亲赴上海,与上海旅沪各界及华洋义赈会开展义赈活动,为当年6月间安徽遭受特大洪灾捐募义款。人们慕陈独秀之名,纷纷解囊相助,以救济安徽各州、县灾民。安徽旅沪同乡会还成立了"全皖工赈办事处",选举陈独秀等14人担任议董,募集资金,抢修沿江大堤,取得了显著成效,对稳定安徽局势,解决灾民的生计,起了极大的作用。

武昌起义,各省宣布独立以后,革命派与立宪派之间的矛盾,地方实力派之间的争权夺利的斗争错综复杂,安徽省也不例外。面对这一复杂的局势,1912年4月,陈独秀任孙毓筠为都督任内的秘书长仅几个月,便主动辞去秘书长一职(由李光炯接任),他在安徽大学堂旧址,重办安徽高等学堂并任校长,后聘马其昶(通伯)任校长,自任教务主任。

1912年5月,袁世凯电召孙毓筠赴京,一去不返。谁知,袁世凯重金收买孙毓筠,并聘为袁的顾问,安庆形成了群龙无首的局面,一片混乱。6月

间,陈独秀到南京浦口与此时驻守在这里的柏文蔚密商皖事。柏文蔚一见陈独秀就说:

"在安庆还是要靠陈仲甫,你亲自来了,我还能说些什么呢?最近安徽地方团体多次来人要我回皖,我也没有下这个决心。"

"哪里,哪里。治皖还得靠烈武(即柏文蔚)。安徽形势复杂,孙少侯已去北京,皖省人心不定,盼烈武速回皖。同时,还可保存一部分革命力量。"陈独秀力劝柏文蔚回皖。

"袁世凯威逼利诱,分化革命内部,南方留守政府取消,各军涣散,军事重心已不在南方,浦口无久居之必要,我可将军部迁往蚌埠。"柏文蔚向陈独秀笑了笑,点头道:

近代资产阶级革命者——柏文蔚

"好,碍于仲甫之面,我只得回安徽了,不过,我任都督,少不了你这个都督府秘书长。"

6月下旬,柏文蔚返皖接任安徽都督兼民政长职,"任命陈仲甫为都督府秘书长,徐子俊为参谋长,机要秘书王曙笙,高级参谋徐惟一。一切施政方针皆由四人代为规划,将行政机构加以充实、整顿,尽量安插革命同志,以保存行政之纯洁性。"

柏文蔚长得肥头大脸,堂堂皇皇,很像个将军,人称他"柏大头",其实对治皖缺少计谋。因此,陈独秀辅助柏文蔚最为得力,计谋最多,办事大刀阔斧,柏对陈也是言听计从,几乎一切大政方针均由陈独秀决定。

陈独秀任都督府的这段时间里,协助柏文蔚做了大量的工作,曾被赞为"治皖有功"。当时皖省都督府在安庆曾有焚烧英商鸦片之举。1912年10月23日,孙中山抵安庆,在都督府欢迎会上演说曾盛赞此事。鉴于柏文蔚的反袁政治态度,陈独秀当时也提醒柏氏扩充军备以防袁氏,陈独秀还与柏文蔚商量决定了安徽都督府对于国内政局的基本方针:以孙中山的意志为转移,决不违背革命的宗旨,无论何种建议主张,皆不为动。①

---

① 柏文蔚,《辛亥革命到护国反袁》。

就在这时,陈独秀的好友汪孟邹由芜湖来到安庆,他的朋友们曾对他说:你应该出来"做点事",有的说"做知县去,一宣城,二南陵,三太平,以去宣城最好。"有的说"不如拿一个税局"。唯陈独秀瞪着眼对汪孟邹说:"做什么!这里是长局吗?马上会变的。回去,回去,你还是回到芜湖,卖你的铅笔、墨水、练习簿的好(汪孟邹在芜湖开设有科学图书社,经营文化用品)。我来和烈武(柏文蔚)说,要他帮点忙,凑些股子,你还是到上海再开一个书店的好。"陈独秀鉴于革命阵营力量弱小,且意见不一,感到大局即将发生变化。果然1913年,窃取临时大总统的袁世凯,先发制人,先后免去江西都督李烈钧、广东都督胡汉民、安徽都督柏文蔚等人职务。

010. 讨伐袁世凯

中华民国临时政府成立的时候,北洋军阀首领袁世凯迫于形势,施展两面手法,一面通电赞成共和,欺骗革命党人;一面以武力威胁革命党人,并于1912年3月10日在北京就任大总统。这时国民党代理理事长宋教仁力主采用内阁制,力图借此限制总统的权力。1913年3月20日,在国会召开的前夕,宋教仁被袁派人暗杀身亡。4月,袁非法签订了善后大借款,积极准备发动内战,消灭南方革命势力。

宋案发生后,孙中山主张以武力讨伐袁世凯。柏文蔚离皖赴沪,与孙中山共商讨袁大计,临行前,"委参谋徐惟一代行军事,秘书长陈仲行(甫)代行民事。"

袁世凯先发制人,借口江西都督李烈钧、安徽都督柏文蔚、广东都督胡汉民曾通电反对善后大借款,不服从中央,于6月9日下令免李烈钧都督,14日免胡汉民都督,30日免柏文蔚,委任孙多森接任安徽都督。陈独秀拒绝与孙多森共事,在孙未上任之前,即"呈请辞职,未待批准,留书径去"。书中有"旧病复发,迫不及待"等语。盖指旧官僚政治复活,不可一日与居之义。"陈独秀即离皖赴沪,与柏文蔚具体商量讨袁问题。

7月12日,李烈钧在江西湖口组织讨袁军,发布讨袁檄文,"二次革命"爆发。因安徽靠近北方又扼制南京,于是孙中山派黄兴请柏文蔚出山,并委柏为安徽讨袁总司令。柏接任后与陈独秀等人会商组织安徽讨袁总司令部问题。陈独秀即携家属到上海,稍作安排后便与柏文蔚返抵安庆。安徽宣布独立,众推柏文蔚为讨袁总司令,胡万泰代理都督事宜,陈独秀协助制定讨袁大计,并奋笔疾书起草独立宣言，《宣言》曰："临时总统袁世凯凶残狡诈，帝制自为，戕贼勋良，灭绝人道，恶贯满盈，人民发指。近日更无辜派兵蹂躏苏赣，东南各省同伸义愤，声罪致讨。吾皖岂能独后，兹特邀请军商绅各界会议决定，即日宣布独立。公推柏文蔚为安徽讨袁军总司令……"当时，宣布独立的还有江苏、广东、上海、福建、湖南、四川等省市。

袁世凯对此切齿痛恨，视柏、陈为眼中钉、肉中刺，欲置于死地而后快。不久，柏文蔚因被袁世凯事先用重金收买的胡万泰叛变而被逐出安徽，"二次革命"在皖失败，柏文蔚被迫出走。陈独秀成了通缉犯，8月26日夜，陈独秀不得不化装成商人乘民船自安庆潜逃芜湖。

次日，当陈独秀携妻子和一双年幼的儿女陈鹤年、陈子美乘民船逃到芜湖时，便被当地叛军首领龚振鹏绳绑入狱，随即张贴布告要枪决陈独秀。关于这件事柏文蔚回忆说："余由陆军调龚来皖充当旅长，迨至芜湖赴任时，余将讨袁计划全盘告之。龚与段芝泉（即段祺瑞。袁任总统后被任陆军总长）以乡谊故，竟尔告密。""龚振鹏由正阳关回到芜湖，态度大变，残杀无度，每日枪决民众，不可胜数，都督府秘书长陈仲甫，因其残暴，痛斥其非，师长袁家声亦以良心不许，委婉讽劝，均被绳绑，拟即枪决。"陈独秀自参加革命以来，第一次面对死亡的威胁，临危不惧，面不改色，他怡然自处，"很从容地催促道：'要枪决，就快点罢！'"幸得同情革命的乡绅刘叔雅以及革命者范鸿仙、张子刚、管鹏等人游说营救，加之张旅长永正，迫以兵力，稍敛淫威，才未下毒手。陈独秀常说："革命不怕死，怕死不革命"。陈独秀言行一致，在死亡面前，具有为革命视死如归的崇高精神，令人感佩不已。

9月间，"二次革命"失败，大局急转直下。袁氏爪牙倪嗣冲任皖督兼民政长。10月21日，倪嗣冲发出通告，捉拿革命党人，第一批名单有20人，陈独秀被列为第一名"要犯"，旋即逃往上海。倪嗣冲扬言对陈独秀斩草除根，军警抓不到陈独秀，幸亏延年、乔年也逃至乡间躲避，幸免于难，最后抓走了他的侄子永年，抄了他的家，抢走了养父

倪嗣冲

衍庶多年收藏的字画。这是陈独秀参加革命以来第一次被抄家。1927年，大革命失败以后，国民党第二次抄封了他的家。1938年，日本人占领安庆后，他家就彻底衰败了。

陈独秀夫妇从安庆逃到上海，除了身上穿的和几件破旧衣服，一无所有，这对无固定经济收入又无正当职业的陈独秀来说，几乎陷入绝境，他不禁叹息：

"革命，革命难于上青天，常常身不由己，今又被窃贼袁世凯逼到上海，过着一日三餐无着落的穷生活。"

这年，冬天来得早、来得冷，鹅毛大雪纷纷扬扬，陈独秀穿着单薄的御寒棉衣，冷得抖索，但为了生计，他还得在挂满尿布的寒舍内伏案写作，卖文为生。高君曼见丈夫夜以继日地写作，心疼地对丈夫说：

"仲甫，你这样写下去，哪年哪月才能有出头之日，身体也要写垮的。"

"君曼，'天无绝人之路'。《英文教科书》和《字义类例》两本书编好，明春出版，生活就会有所转机。"陈独秀强打着精神安慰妻子道。

"但愿如此。但冬天这几个月怎么个过法呢？我们逃离安庆时，什么都没带，我也没有什么首饰可当，不能光是去找亚东图书馆汪孟邹经理，人家也难呀！"高君曼愁着脸，又说道：

"上海滩生活费用高，物价又贵，柴盐油米酱醋茶，开开门来哪一件也少不了，件件要花钱，昨天房东又来催房租。你说这日子怎么过？家里的钱你又是不会要的。唉！"说罢，高君曼眼泪簌簌而下。

"即使饿死了，也不会向家里要钱的。亚东图书馆也不太景气，现在只得靠这两本书出版了。过几日，我找孟邹商量商量，请他能否先支付一点稿费，以助度冬。"陈独秀无可奈何地说。

陈独秀的经济越来越窘迫，连一天两顿稀粥有时难喝上。一天，家中的锅实在揭不开了，在高君曼的多次催促下，陈独秀穿着单薄的长袍，围着一条大围巾，踏着纷纷大雪，踉踉跄跄地来到亚东图书馆。汪孟邹见好友陈独秀那没精打采且日渐消瘦的样子，知他家又断炊了，忙叫店伙计上街买些点心给他吃。他吃了点心，也不开口借钱，却坐在一旁默默无语，一个劲儿地抽着汪孟邹买给他的香烟。汪孟邹见他坐久了，也不好点破他借钱的来意，便说道：

"仲甫，拿一些钱去吧。"

陈独秀点点头，仍然一声不吭，汪孟邹便给他一两元钱。他接过钱，往怀里一揣，坐了一会儿，便走了。汪孟邹的店伙计每每见到此状，都说陈独秀先生是一条硬汉子，从不轻易开口借钱，即使他的养父陈昔凡有钱，但宁愿穷得喝不上稀饭，也不向养父开口要钱。

但是，陈独秀并不愿意让这种纯粹的学术文化活动来消磨自己的政治理想和政治抱负，而是结合"闭户读书"，通过初步思索辛亥革命（含"二次革命"）失败的经验教训，决定再对民众搞新的政治思想的启蒙宣传。由此出发，陈独秀就有在上海创办杂志之意，据汪原放在《回忆亚东图书馆》中回忆，当时"他没有事，常到我们店（按：指亚东图书馆）来。他想出一本杂志，说只要十年八年的功夫，一定会发生很大的影响"，另外也怂恿亚东图书馆以新的编辑方针做启蒙工作，如 1913 年间，上海的日报上曾发表《上海亚东图书馆宣言》，谓："诸夏之不振，因缘万端，宋明以来，尊向制艺，废置《诗》《书》，人知以晦，国力以堕，此其大原也。近岁情势稍稍变矣，然犹攘臂论政之士多，冥心著述之士少。人不知古今，予以印绶，则为土偶；予以戈矛，则为盗贼。群一国不学无文之人民，虽有圣君、哲相，求几及小康且不易，况期以共和大国也耶！""同人夙凛斯义，相与醵金立社，冣（聚）海内耆宿，欧学巨子，综辑群艺百家之言，迻译欧美命世之作，接翼并轨，以趣修途，邦人请有，倘亦乐观其成也。"可是，由于当时上海的图书业"销路不及去年十分之一……杂志销行，亦复不佳"，因而陈独秀的上述计划均未能得以施行①。

严酷难熬的冬天总算过去，春回大地。1914 年的春天，陈独秀有了新的希望，亚东图书馆先后出版了他编辑的《英文教科书》和《字义类例》两本书。然而，书业又萧条冷落起来，前者销路不畅，原订出版四册，只出了一、二册；后者是学术专著类的冷门货，销数更少。这样，两本书所换得的稿费并不能使他摆脱"生机断绝"的困境。此时，他惆怅满怀，原期待推翻清王朝以后的光明来临，没想到现在代表大地主买办的袁世凯独裁却代替了清王朝封建专制，中国大地仍然一片黑暗。轰轰烈烈的革命一时又处于低潮，因而生活更加困窘与难熬。他 6 月致在日本东京创办《甲寅》杂志的旧友章士钊的信中所叹道：

"国政剧变，视去年今日，不啻相隔五六世纪。……自国会解散以来，百政俱废，失业者盈天下又复繁刑苛税，惠及农商，此时全国人民，除官吏、兵匪、侦探之外，无不重足而立，生机断绝；……国人惟一之希望，外人之分割耳。"

他在信中又写道："仆本拟闭户读书，以编辑为生，近日书业，销路不及去年十分之一，故已搁笔，静待饿死而已……仆急欲习世界语，为日后谋生之计。足下能为觅一良教科书否？"

6 月 10 日，章士钊在《甲寅》杂志公布此信后附按语，推崇此信，曰：

"寥寥数语，实足写尽今日社会状态。……足下无意书之，故愚宁负不守秘

---

① 陈独秀，《生机致〈甲寅杂志记者〉》。

密之罪，而妄以示吾读者。呜呼！使今有贾生而能哭，郑侠而能绘，不审所作较足下为何如！"

日后，陈独秀以"独秀山民"之笔名在《甲寅》杂志上所写的《双秤记》一文序中，对写作卖文为生，无限感叹道："寒士卖文为生，已为天下至苦之境。"

1914年7月，正当陈独秀"生机断绝"，无路可走之时，突然收到一封来自日本东京的信。

陈独秀凭那熟悉、刚劲有力的笔迹，断定是"士钊先生的信"。

他拆开信一看，喜出望外，顿扫满脸愁容。信上写道：

"仲甫，悉知你在上海生活艰苦，甚表同情。你我患难之交，当为同甘共苦。我在东京办《甲寅》杂志，正需像你这样的得力助手，虽然经济不太丰，但饭还是有吃的。你如愿来东京帮助鄙人办杂志，不胜荣幸。"

陈独秀看完信后，十分高兴地对妻子高君曼说：

"君曼，我说'天无绝人之路'，现在行严要我去东京办杂志，这不又是一条生计吗？"

妻子高君曼听了，也露出脸上多时未见的笑容，从丈夫陈独秀手中接过信，边看边说：

"士钊先生也很重友情，助人为乐。"

"我同行严不是一般的朋友，在《国民日日报》时，我们同与虱子相伴。"陈独秀忆起往事而高兴地说。

"去东京是一条生计，不过……"高君曼犯起愁来，但又把话咽了回去。

"君曼，不过什么，你怎么不说了？"陈独秀急着问妻子。

"你若是去东京，我这个妇道人家，又带着两个孩子，身无分文，那日子又怎么过？你活了，我们不是要等着饿死吗？"高君曼愁眉苦脸、忧心忡忡地说。

"君曼，你放心好了，我总要想办法，把你们母子三人安排好，才能去日本，到日本即找行严弄些钱寄回来，总比在上海饿死好。"陈独秀安慰妻子道。

隔日，大清早，陈独秀就来到亚东图书馆。他一进门，见一个店伙计便问道：

"汪经理呢？"

"昨天晚上盘账，汪经理睡得晚。"店伙计答道。

"孟邹，孟邹！客人来了，你还睡懒觉，不免太失礼了。"陈独秀笑着叫道。

"噢，仲甫来了，我这就起来。"汪孟邹听到陈独秀那熟悉而亲切的叫喊声答道。

不一会儿，汪孟邹从房间里走了出来，见陈独秀问道：

"仲甫，有什么好事，一大早就来寒舍？"

"孟邹，你看这封信便知道。"陈独秀把章士钊的信递给汪孟邹说。

汪孟邹看完信后，高兴地说：

"难怪你今日如此喜形如色，我猜想必有喜事。"

"也谈不上什么喜事，反正是一条生路，总比在上海饿着等死好。"陈独秀心情舒畅地回答。

"你去日本的事，同夫人君曼商量好了吗？"汪孟邹问道。

"商量好了。她同意我去日本，但还得靠你相助。"

"只要我汪孟邹办得到的，一定尽力而为，你说什么事？"

"就是我走后，君曼母子3人的生活，暂时还要靠你帮助接济一下，到日本我就找行严接济些钱寄回来。你看如何？"

"仲甫，你放心去好了。只要我汪某家有吃的，决不会让君曼母子饿着，我汪某能有今日，全得力于你仲甫。如果不是你在安徽都督府给我泼上一盆冷水，我真的谋个差事，今天不是和你落得一样的困境吗？你真有眼光。"

这时，陈独秀回忆的闸门顿然打开，如烟往事历历如在目前：他在芜湖办《安徽俗话报》时，得力于他的帮助。他比陈独秀大一岁，为陈独秀在南京参加江南乡试结识的亡友汪希颜的胞弟，安徽绩溪人，倾向维新，1901年入南京陆师。下半年因老父去世，停业留家，1903年才开办科学图书社，为陈独秀在芜湖办的《安徽俗话报》的发行人。陈独秀在芜湖办报"每天只吃两顿稀粥"的艰苦生涯中，与汪孟邹结下了终生友谊。

想到这里，陈独秀深情地对汪孟邹说：

"我陈某沦落上海，也得济于你，否则，全家也早饿死了。"

"仲甫，话不能这么说。我们早已是莫逆之交。"

"孟邹，你现在能不能同我走一趟，把你的接济亲自对君曼讲一下，使得她放心。"

"好！我一定把她安排好。"

陈独秀与汪孟邹一同来到高君曼的住所，一进门，高君曼立即感激地说：

"汪经理的恩，我君曼没齿不忘。"

"君曼，话不能这样说。仲甫也是我亚东图书馆的指路人。大家有福同享，有难同当嘛！"汪孟邹诚挚地回答。

"君曼，我去日本的事同孟邹商定好了。"陈独秀把对君曼的安排告诉她。

"君曼，仲甫去日本，你母子3人的生活，由我亚东图书馆负责，每月按时付给你必要的生活费，你放心好了！"汪孟邹郑重地说了一遍。

"太谢谢汪经理了。"高君曼满怀深情地说着感激的话语。

1914年7月的一天,骄阳似火,暑气蒸腾。陈独秀告别爱妻和子女,乘上海游轮又一次东渡日本,这是他第五次也是最后一次去日本。他一到东京,章士钊就亲切地握着他的手说:

"仲甫!欢迎你!不过,你还得同我过穷得只有一件汗衫、其中有无数虱子的生活。"

"穷不怕,虱子也不怕,只要有饭吃就行。"陈独秀幽默地笑着说。

"穷虽穷,饭还是有得吃。"章士钊也笑着说。两位老友久别重温,话语依依,当即叫高一涵筹备一桌饭菜,为陈独秀接风洗尘。

陈独秀这次赴日本之时,正值第一次世界大战爆发不久,亡命东京的一些革命党人李根源、熊克武、邹鲁、章士钊等人,都不愿意加入孙中山新创立的中华革命党,他们于8月间另组一团体欧事研究会,陈独秀也加入其中。欧事研究会没有进行什么活动,倒是《甲寅杂志》产生了很大的影响。

《甲寅杂志》是个政论性的刊物,1914年5月创刊于东京,主编是章士钊,发行人是王无生,主要撰稿人除章士钊外,有在日本早稻田大学读书的李大钊和高一涵、易白沙、张东荪、梁漱溟、苏曼殊等人。

李大钊(1889-1927年)字守常,河北乐亭人,这时在日本留学,入早稻田大学政治本科。他和章士钊怎样相识,据章回忆:"余之知守常也,初不经介绍,亦不闻有人游扬,余心目中并无此人迹象。1914年,余创刊甲寅于日本东

《甲寅》杂志

李大钊

京，图以文字与天下贤豪相接，从邮件中突接论文一首，余读之，惊其温文醇懿，神似欧公，察其自署，则赫然李守常也。余不识其人，朋友中亦无知者，不获已，巽言复之，请其来见。翌日，守常果至，于是在小石川林町一斗室中，吾二人交谊，以士相见之礼意而开始。"① 陈独秀以文会友，也就在这时结识了李大钊、高一涵和易白沙，他们后来都成为新文化运动的著名人士。6年后，陈独秀、李大钊携手创立了中国共产党。

《甲寅》杂志在东京出了四号，自第五号起，该刊的"印刷、发行两事"，都由上海亚东图书馆代理。《甲寅杂志》提倡共和、反对专制的政论文章，曾轰动一时，流传甚广。后来出版的《新青年》杂志称赞它"多输入政治之尝试，阐明正确之原理，且说理精辟"，是二次革命失败以后一个最有影响的民主刊物。

1914年11月10日，《甲寅杂志》第一卷第四号发表署名"独秀"的《爱国心与自觉心》一文，"独秀"的名字即首次在报刊上使用。这篇文章全文4000余字，结构严谨，文笔洗练，观点鲜明。从此，"独秀"之名时常见诸刊物，日后，新文化运动中，"陈独秀"之名让人"如雷贯耳"，名震中外。

陈独秀在这篇文章里，首先指出"国人无爱国心者，其国恒亡。国人无自觉心者，其国亦殆。二者俱无，国必不国。"然后，他分别对爱国心和自觉心作了阐述，并指出中国人与欧美人对待国家的两种不同的认识和态度。中国人把国家看作"与社稷齐观"，爱国与"忠君同义"。而人民不过是那些缔造大业、得天下者的"牺牲"品而已，并"无丝毫自由权利与幸福"。欧美人看待国家与中国人不同。他们把国家看作"为国人共谋安宁幸福之团体"。人民之所以要建立国家，"其目的在保障权利，共谋幸福"，这才是立国的精神。所谓"爱国者何？爱其为保障吾人权利谋求吾人幸福之团体也。"如果不懂得这个道理，那么"爱之也愈殷，其愚也愈深"，"爱国适以误国。"

所谓自觉心，除了懂得立国的目的，还要了解自己的国家在当前世界政局中所处的"情势"。"不知国家的目的而爱之者"，如现在世界大战中的德国人、日本人，他们的爱国心"乃为侵犯他人之自由而战者也"，这不是爱国主义，而是帝国主义，侵略主义。"不知国家之情势而爱之者"，如朝鲜人、中国人等"皆是也"。

现在中国面临着被列强瓜分的危险，而中国本身却法日废、吏日贪、兵日乱、匪日众、财日竭、民日偷、群日溃，"政纪至此，夫复何言"。即使换一批官吏上台执政，"取而代之者，亦非有救民水火之诚，则以利禄毁人如故也"，

---

① 《回忆李大钊》，人民出版社，1980年版，第144页。

依然是敌视异己，耀兵残民，漠视法治，紊乱财政，奋私无已，"殆更有甚焉"。总之，"中国之为国，外无以御侮，内无以保民，不独无以保民，且适以残民，朝野同科，人民绝望。"

陈独秀对政府及其官吏进行了一番鞭挞之后，又进而论证"今吾国之患，非独在政府"，更为严重的是"民无建国之力"。

"盖保民之国家，爱之宜也；残民之国家，爱之也何居。"有人说："恶国家胜于无国家。"陈独秀却认为"残民之祸，恶国家甚于无国家。失国之民苦矣，然其托庇于法治国主权之下，权利虽不与主人等，视彼乱国之孑遗，尚若天上焉。"谓予不信，试看中国大地上，"惟租界居民得以安宁自由。"因此，一旦"海外之师至，吾民必且有垂涕而迎之者矣！""亡国为奴，何事可怖。"这并非是没有爱国心，而实在是国家"不能保民而致其爱，其爱国心遂为其自觉心所排而去尔。"

陈文发表以后，章士钊说："读者大病，愚获诘问叱责之书，累十余通，以为不知爱国，宁复为人，何物狂徒，敢为是论。"可见文章引起的反响是何等的强烈！

李大钊针对《爱国心与自觉心》专门写了篇《厌世心与自觉心》的文章，说他有一位朋友初读陈独秀的文章时，认为"伤感过甚"，等过了一段时间，这位朋友看到许多专制残民的事实以后，又说"曩读独秀君之论，曾不敢谓然，今而悟其言之可味，而不禁以其自觉心自觉也"。

李大钊说："世人于独秀君之文，赞可与否，似皆误解，而人心所蒙之影响，亦且甚巨。盖文中厌世之辞嫌其太多，自觉之义嫌其太少"，致使他的朋友"欲寻自觉之关头，辄为厌世之云雾所迷，此际最为可怖"。李大钊对陈独秀的批评是相当委婉而温和的。陈独秀论证爱国心与自觉心，最后得出如此的结论：亡国"无所惜"，"亡国为奴，何事可怖"，中国人在殖民主义者的统治下当亡国奴，也比在当时中国做一个国民好，这显然是伤害了民族感情，理应受到"诘问叱责"。

然数月后，国情发生了很大的变化：由于袁世凯接受日本欲亡中国的二十一条等事件的发生，惊醒了国人。许多人对陈氏观点，由当初的责骂、抗议转变为接受、推崇。

当时的舆论界，自二次革命失败之后，在总结"共和"政制失败的教训，出现了一种强调"国权"，抑制"民权"的论调。说"国"为重，"民"为轻。"共和"就是民主，即国民掌握国家主权，民国的"国权"就是民权的一种运用。梁启超就是这一派的代表人物。梁并提出：为了实现民主，先要实行专制，即

"开明专制"论——通过袁世凯这样握有强大实力的人物,在"共和"的形式下,运用专制手段,把国家引上宪政的轨道。但事与愿违,自袁世凯执政以来,中国的政制生活,只有专制,而无开明。所以章士钊说:"爱国之为物,而幸如独秀所言,渐次为自觉心所排而去"。梁启超亦被促醒,1915年6月20日在《大中华》发表《痛定罪言》,即是陈独秀《爱国心与自觉心的》回响,梁列举有国不优于无国的事例若干条,痛告国人。并说有此同感者竟十之八九。章士钊说,梁任公"骤然与昨日之我挑战,竟与举世怪骂之独秀合辙,而详尽乃过之",则称陈为"汝南晨鸡,先登坛唤耳"。

然而"诘问叱责"并不能代替科学的分析,"宁复为人,何物狂徒"的怒骂,也无助于了解陈独秀为什么竟然"敢为是论"。

早在10年前,陈独秀在主办《安徽俗话报》的时候,他满怀爱国热忱,向人民大声疾呼,列强要"把我们几千年祖宗相倚的好中国,当作切瓜一般,你一块,我一块,大家分分",号召大家赶快"振作起来",保家卫国,反抗帝国主义的侵略与压迫。现在时隔10年,他的思想好似转了180度的大弯,竟然发表了亡国"无所惜"的意见,这是什么原因造成的,《爱国心与自觉心》一文的中心思想是什么,难道陈独秀真的愿意当亡国奴吗?

10年前,初出茅庐的陈独秀,他的思想基调是救亡图存,反帝爱国。那是民主主义在他的思想里处于发轫时期,他所做的一些粗浅的民主、科学的宣传,都是着眼于救亡,为救亡而服务的。现在民主主义成为他观察一切社会问题的出发点,他把民权置于至高无上的地位,作为判断一切是非和决定取舍的惟一准绳,即使对国家存亡的大事,也毫不例外地用这一准绳去衡量,并决定对它的态度。人民所以要建立国家,既然是为了维护人民的权利,那么当国家不仅不能保护民权,反而残害民权时,这个国家是否还有存在的价值吗?陈独秀认为民权高于一切,民权的价值重于国家,这就是《爱国心与自觉心》一文的主导思想。

陈独秀用民主观洞察了袁世凯政府的专制与腐败,对外屈膝投降,对内残害人民,鞭辟入里,疾恶如仇。他不像李大钊那样还希这个政府"及早觉悟其复古之非,弃民之失,……回复民意机关"。他看透了恨透了袁氏政府,对它不抱任何的幻想。

10年前,陈独秀在论述中国衰败的原因时,曾着重指出中国人"只知道有家,不知道有国"。"只知道天命,不知道尽人力"。因此他反复宣传"国亡家破四字相连"。现在他进一步认识到中国民众普遍地缺乏民主觉悟,没有建立民主国家的智能。这见解是非常宝贵的,反映了当时的实际状况,看到了中国人民严重地受到封建意识的束缚。且不说陈独秀本人在安徽地区进行的一系列的革命活动,即使具有全国规模的辛亥革命也没有唤起工农大众的民主觉悟。辛亥革命时还有一个松散的全国性的团体同盟会,现在也瓦解了,孙中山创立的中华革命党,参加者寥寥无几,影响甚微。无可否认,中国民众还没有觉醒,尤其缺乏民主觉悟。这是革命失败的一个重要原因。

陈独秀认为国家对外不能御侮,对内残害人民,而人民又没有建国的能力,于是发出了"时日曷丧,与汝偕亡"的愤激的哀叹。又因为他崇拜资产阶级民主制度,便得出一旦"海外之师至,吾民必且有垂涕而迎之"的结论。陈独秀从民主主义的立场出发,并始终不渝地坚持这一原则。

而在此时,陈独秀与李大钊(中共二大中央执行委员会候补委员、三大中共执行委员会委员、1927年牺牲)相识。陈独秀是在1914年协助章士钊编辑《甲寅》时结识李大钊的。李大钊当时就读于日本早稻田大学政治本科,偶给《甲寅》投稿。

《甲寅》杂志上刊出陈独秀之奇文《爱国心与自觉心》,以"正言若反"的表达方式,"故作危言,以耸国民力争自由"[①]。一时引起不少人的误解,"读者大病","诘问叱责"之声不绝。

《爱国心与自觉心》一文,使人们深切地感到作者为追求民主而激烈跳动的脉搏。但由于陈独秀与章士钊两人民主观的差异,终于使这一对老朋友在20年代各奔前程。后来章士钊做了段祺瑞执政府的司法总长,陈独秀呕心沥血,奔走呼号,于1921年创立了中国共产党,并荣任中国共产党中央局书记。

话说陈独秀第五次东渡日本后,高君曼虽有汪孟邹的关照、接济,但生活仍很艰难,尽管省吃俭用,只能勉强度日,加上两个年幼的儿女陈子美、陈鹤年需要抚养,每日辛劳忙碌,晚上还得挑灯为孩子缝补衣物,思念漂泊在异邦的丈夫。天长日久,高君曼身衰体弱,面容憔悴,已不见昔日汪孟邹赞之"女中豪杰"的风采。一天,正忙着洗衣的高君曼,不觉心头一阵难过,胸口发闷,头昏目眩,不禁一声大咳,吐出殷红殷红的鲜血,顿时昏倒在地。年幼的女儿子美、儿子鹤年吓得"哇哇"地呼唤着母亲。

汪孟邹闻讯赶来,急忙送高君曼到医院抢救才脱离危险。经医生诊断,高君曼劳累过度,染上肺疾咯血,身体极度虚弱,需要继续治疗、休息和补养。据1915年《梦舟日记》(梦舟,即汪孟邹)回忆:4月25日,高氏"体气不佳,家中寂寞,甚为悲伤,竟至泣下"。5月15日"忽咯血"。18日,"咯血之症昨

---

① 唐宝林著,《陈独秀年谱》第64页。

夕又发"。24日孟邹"至同仁医院视志孟（即陈独秀）夫人病，訾其病发，似渐加重。渠自己亦极畏惧，一种凄凉之状，令人心悸"。于是孟邹给陈独秀"写信催返"。

陈独秀接到汪孟邹的信后，归心似箭，匆匆告别章士钊。章士钊握着陈独秀的手说：

"仲甫，你走了，我也要把《甲寅》杂志移到上海办！"

"好，我在上海等着你。"陈独秀依依惜别章士钊，登上回国的海轮。

海浪滔滔，一碧万顷，天海一色。陈独秀在海轮上，凭舷眺望越来越近的上海滩，心潮起伏，浮想万千。从藏书楼拒俄演说想到办《安徽俗话报》；从辛亥革命胜利想到反袁"二次革命"失败；从中华民国的建立到袁世凯的卖国统治……苦苦地沉思、求索着，他任思绪的波澜，随着滚滚的海波不断翻腾，猛然间，他心中翻腾起新的希望浪花——救中国、建共和，首先得进行思想革命；要革中国人思想的命，须办杂志，启蒙民智，激发群情，唤起国民魂。

1915年6月中旬，陈独秀和易白沙从日本回国到达上海。陈独秀住在法租界嵩山路南口吉谊里21号一楼一栋砖木结构的楼房，和阔别一年的妻子高君曼以及儿子延年、乔年、鹤年、女儿子美团聚在一起。20日，亚东图书馆经理汪孟邹为陈独秀设宴洗尘，畅叙别后之情，筹划下一步活动。

陈独秀四子陈鹤年

第五章 新文化运动主将

011. 创办《新青年》

陈独秀自日本回到上海后就立即着手筹办《青年杂志》,他明确指出:中国要进行政治革命,必须从"思想革命开始""要改变思想,须创办杂志"。

陈独秀创办《新青年》之前,就曾对挚友汪孟邹说:"让我办10年杂志,全国思想都全改观。"《新青年》的出现被史学家誉为近代中国思想史上一次最为壮丽的精神日出,它虽不同程度上借鉴了梁启超《新民丛报》以及陈氏自己曾参与编辑的诸种报刊,其思想高度则远为其"先辈"们所无法比拟的。1915年7月5日,他与上海群益书店的陈子沛兄弟商定了印刷出版等具体事宜。1915年9月15日,由他一手创办的《青年杂志》第1卷第1号在上海正式出版发行。

"这是一个划时代的事件,由此标志着中国近现代史上最伟大的一次思想解放运动即将走上轨道,也标志着中国资产阶级革命即将由旧民主主义革命时期而转入新民主主义革命时期。陈独秀本人则是通过倡导并组织领导这一新文化运动,毫无愧色地成了当时中国的伟大的思想家,成为新文化运动的主将"。

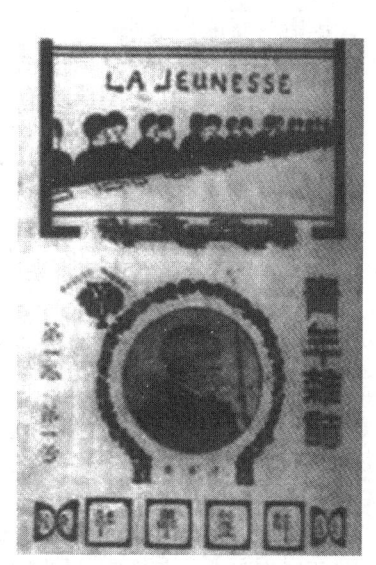

《青年杂志》创刊号

不久,为避免与基督教上海青年会主办的《上海青年》杂志(周报)混名,遂从第2卷第1号(1916.9.1)起易名为《新青年》。《新青年》创刊,标志着新文化运动的兴起,同时也掀起了一场反对封建礼教、提倡民主革命的思想革命。

正如章士钊所评:"仲甫为天生领袖,一决定事,不能动摇。"

陈独秀创办《青年杂志》时,仍想扩大出版事业,实现中国的文艺复兴,

11月拟定了扩大书业的意见书和招股章程，11月23日偕汪孟邹北上招股。至1917年1月，北大校长蔡元培礼聘陈为文科学长，扩大书业之念中辍。不久则主张"直径取用"的西方学术，"较之取法二千年前学术初兴之晚周希腊，减劳而获多。"

陈之所以如此，因他认为当时"真心知道共和是什么，脑子里不装着帝制时代旧思想的，能有几人？"西洋学者尝言："近现代国家是建设在国民总意之上"。所以陈独秀说"要巩固共和，非先将国民脑子里所有反对共和的旧思想，一一洗刷干净不可"。又说："民无建国之力，而欲模拟共和，或恢复帝制，以为救亡之计，亦犹瞽者无见，与以膏烛，适无益而增忧耳"。于是寄望于青年，创《青年杂志》，"与之商榷将来所以修身治国之道"。同时提出二十年不谈政治，就是要在此期间，造成巩固共和的"国民总意"。这就是陈独秀创办《新青年》的缘起。

《新青年》的宗旨是：重塑中国青年的精神形象。陈独秀亲拟的创刊号上的"社告"云："国势陵夷，道衰学弊。后来责任，端在青年。本志之作，盖欲与青年诸君商榷将来所以修身治国之道。"

《新青年》的创刊擂响了思想解放运动的战鼓，创刊号上的第一篇文章是陈独秀撰写的《敬告青年》。他满怀激情讴歌"青年如初春，如朝日，如百卉之萌动，如利刃之新发于硎，人生最可宝贵之时期也"。他以进化论的观点，论证"青年之于社会，犹如新鲜活泼细胞之在人身。新陈代谢，陈腐朽败者无时不在天然淘汰之途，与新鲜活泼者以空间之位置及时间之生命。……社会遵新陈代谢之道则隆盛，陈腐朽败之分子充塞社会则社会亡"。陈独秀"涕泣陈辞"，寄希望于活泼之青年，呼唤青年"自觉其新鲜活泼之价值与责任"，号召青年"奋其智能，力排陈腐朽败者以去"。

怎样判断"孰为新鲜活泼而适于今世之争存，孰为陈腐朽败而不容留置于脑里"呢？陈独秀提出了六项标准，即"六义"：

（一）自主的而非奴隶的。人，"各有自主之权，绝无奴隶他人之权利，亦绝无以奴自处之义务"。自人权平等之说兴，"近世欧洲历史为'解放历史'：破坏君权，求政治之解决也；否认教权，求宗教之解放也；均产说兴，求经济之解放也；女子参政运动，求男权之解放也"。所谓"解放云者，脱离夫奴隶之羁绊以完其自主自由之人格之谓也"。即人的"一切操行，一切权利，一切信仰，唯有听命各自固有之智能，断无盲从隶属他人之理。非然者，忠孝节义，奴隶之道德也"。

（二）进步的而非保守的。宇宙大法，"无日不在演进之途，万无保守现状之理"。我国"固有之伦理、法律、学术、礼俗,无一非封建制度之遗",同白种人相比,其"思想差迟,几及千载;……吾宁忍过去国粹之消亡,而不忍现在及将来之民族,不适世界之生存而归削灭也"。

(三)进取的而非退隐的。"夫生存竞争,势所不免,一息尚存,即无守退安隐之余地。排万难而前行,乃人生之天职"。"人之生也,应战胜恶社会,而不可为恶社会所征服;应超出恶社会,进冒险苦斗之兵,而不可逃遁恶社会,作退避安闲之想"。

(四)世界的而非锁国的。"居今日而言锁国闭关之策,匪独力所不能,亦且势所不利。万邦并立,动辄相关,……国民而无世界知识,其国将何以图存于世界之中?"

(五)实利的而非虚文的。欧洲社会制度,凡政治、教育、文学技术,"无不齐集于厚生利用之一途。一切虚文空想之无裨于现实生活者,吐弃殆尽"。而我国"名教之所召垂,人心之所祈向,无一不与社会现实生活背道而驰。倘不改弦而更张之,则国力将莫由昭苏,社会永无宁日"。

(六)科学的而非想象的。"科学者何?吾人对于事物之概念,综合客观之现象,诉之主观之理性不矛盾之谓也。想象者何?既超脱客观之现象,复抛弃主观之理性,凭空构想,有假定而无实证……"

陈独秀在阐明"六义"之后,着重指出"近代欧洲之所以优越他族者,科学之兴,其功不在人权说下,若舟车之有两轮焉"。"国人而欲脱蒙昧时代,羞为浅化之民也,即急起直追,当以科学与人权并重"。

《敬告青年》一文是陈独秀发动新文化运动的宣言书,贯穿于六项标准中的一条红线是科学与民主。这是他所设计的"改造青年思想、辅导青年修养"启蒙运动的主旋律。

《敬告青年》一文采用了欧洲与中国、西方人与东方人相对比的写法,大力赞扬近世欧洲文明,特别是法兰西文明。在《新青年》创刊号上还刊有陈独秀的另一篇文章,题为《法兰西人与近代文明》,说近代有三大文明,"一曰人权说,一曰生物进化论,一曰社会主义"。这"三大文明,皆法兰西人之赐。世界而无法兰西,今日之黑暗不识仍居何等"。显然,陈独秀的科学与民主思想渊源于近代欧洲资产阶级所代表的文明,尤其把握住最具有革命精神的法兰西资产阶级所倡导的文明。

在长达半个多世纪的向西方学习的过程中,约有一半的里程,陈独秀是亲身的参与者,现在他继承和总结先辈们未完成的事业,进一步向西方学习,高擎科学与民主的大旗,把反对封建主义的斗争推进到一个空前广泛深入的新阶段。陈独秀自觉地把纲常教义与科学民主尖锐地对立起来。

即使常常为一些人所津津乐道的儒家的民视民听、民贵君轻,民为邦本,也被陈独秀深刻地揭批"所谓民为邦本,皆以君主之社稷(即君主祖遗之家产)为本位","……而与由民主主义之民主政治,绝非一物。……是所谓蒙马以虎皮耳"①。他以科学、民主作武器,"利刃断铁,快刀理麻",猛击纲常名教,"决不作牵就依违之想"②。陈独秀主撰的《新青年》具有前所未有的坚决地彻底地反封建的革命精神。

《新青年》是在近代中国几代人向西方学习的基础上诞生的,科学与民主的宣传是对过去新学传播的批判地继承与发展,是对辛亥革命一次必不可少的政治思想的补充。陈独秀把近代中国的思想发展及其斗争,推到一个坚决、彻底地反对封建主义斗争的新阶级。

《新青年》是个综合性的学术刊物,每号约100页,六号为一卷。编辑部设在上海,1917年随陈独秀迁到北京。从第一卷第一号(1915年9月15日)至第三卷第六号(1917年8月1日),由陈独秀主撰。从第四卷第一号(1918年1月15日)起,改为同人刊物,陈独秀仍负主要责任。在《新青年》等进步刊物的影响下,1919年爆发了伟大的五四反帝爱国运动。从第七卷第一号(1919年12月1日)起,又由陈独秀主撰。此后不久,陈独秀南下返沪,编辑部又迁回上海。1920年8月,陈独秀等在上海创立中国共产党发起组,《新青年》从第八卷开始成为中共发起组的机关刊物。至1922年7月1日出版了第九卷第六号后,休刊。《新青年》的最高发行量为15000份,撰稿人有300余人,其中最著名、影响最大的,除主撰人陈独秀外还有3位,即胡适、李大钊、鲁迅。1923年《新青年》季刊在广州创刊,瞿秋白担任主编,是中共中央理论性刊物。

胡适

---

① 《再质问东方记者》。
② 陈独秀,《敬告青年》。

《新青年》一发行，当时便引起国人的关注。它使沉寂的五千年古国睡狮从昏睡中骇然惊起。一时有识之士都投书《新青年》与陈独秀切磋讨论，更有许多被促使觉醒的进步青年尊陈独秀为走向新时代引路的导师，并将为《新青年》撰稿的胡适、钱玄同、刘半农和他本人誉为当时的四支大笔。

《新青年》从创刊至休刊，其间有7个年头。这7年，是中国知识分子，尤其是青年知识分子思想大解放的年代，是新旧思潮大激战的年代，也是中国由旧民主主义革命开始向新民主主义革命转变的年代。《新青年》适应了时代的要求，指引着这个时代前进的步伐，它培育了整整一代青年。

湖南省立第一师范学生毛泽东说："《新青年》是有名的新文化运动的杂志，由陈独秀主编。当我在师范学校做学生的时候，我就开始读这一本杂志。我特别爱好胡适、陈独秀的文章。他们代替了梁启超和康有为，一时成了我的模范。"①"有很长一段时间，每天除上课、阅报以外，看书，看《新青年》；谈话，谈《新青年》；思考，也思考《新青年》上所提出的问题。"②

北大中文系学生杨振声说：《新青年》"像春雷初动一般，……惊醒了整个时代的青年。他们首先发现自己是青年，又粗略地认识了自己的时代，再来看旧道德，旧文学，心中就生出了叛逆的种子。一些青年逐渐地以至于突然地，打碎了身上的枷锁，歌唱着冲出了封建的堡垒"。

北大中文系学生罗仲言说："我们那时青年人读《新青年》是风行一时的事。不读的人很少。有些不同意《新青年》观点的学生，出于好奇也要看看。"又说陈独秀"对批评旧思想很有胆量，有勇气，笔陈纵横，独具风格，大家都喜读他的文章。他的文章一来，不管说什么事，我们都希望早点看到"。

杭州第一师范学生傅彬然说："《新青年》的文章，一开始就吸引着我们，可是在初期，对批判儒家学说和传统的人伦道德那么厉害，在感情上多少还有些接受不了。但是不久以后，完全接受了。"

北京女子高师学生程俊英、罗静轩说："《新青年》等这些刊物，成为我们必不可少的读物。有的同学把《新青年》从第一期读到最后一期，这使我们文风一变，再也不写堆砌辞藻，空疏无物之古文了。"③

武昌中华大学中学部"新声社"恽代英（中共三大代表、四大中央委员）代表"新声社"写信给《新青年》说："我们素来的生活，是在混沌的里面，自从看了《新青年》渐渐的醒悟过来，真是像在黑暗的地方见了曙光一样。我们

---

① 斯诺，《西行漫记》，三联书店出版社，1979年版，第125页。
② 《五四运动回忆录》〈上〉，第260、418页。
③ 《五四哺育了我》，载《文汇报》，1959年5月。

对于做《新青年》的诸位先生，实在是表不尽的感谢了。我们既然得了这个觉悟，……就发了个大愿，要做那'自觉人'的事业，于是就办了个《新声》。"①

周恩来早在东渡日本留学时，曾称："《新青年》对他产生了巨大的影响。"他在这几天的日记中写道："晨起读《新青年》，晚归复读之。于其中所持排孔、独身、文学革命诸主义极端的赞成。"②

刘少奇1919年被五四运动大潮所吸引，从长沙到了北京，就读于保定育德中学留法预备班。1920年秋留法班停办，刘少奇虽未赴法国勤工俭学，但他在育德中学有幸读到《新青年》，萌发了对苏俄的向往。

邓小平、邓超麟等一批1920年赴法国勤工俭学的学子，都是到了法国之后，才开始阅读从国内带来的《新青年》杂志。

1935年上海亚东图书馆、求益书社重印《新青年》时，胡适题词云：

《新青年》是中国文学史和思想史上划分一个时代的刊物。最近二十年中的文学运动和思想运动，差不多都是从这个刊物出发的。我们当日编辑作文的一班朋友，往往也不容易收藏全份，所以我们欢迎这回《新青年》的重印。

蔡元培也为之题词：

《新青年》杂志为五四运动时代之急先锋。现传本渐稀，得此重印本，使研讨吾国人最近思想变迁有所依据。甚可喜也。

那时《新青年》是青年的导师，它吹响了青年解放思想的号角，擂响了反对封建主义的战鼓，《新青年》所到之处莫不激起思想革命的火花。

《新青年》从1916年初开始，它连续发表文章，猛烈抨击儒家的君为臣纲、父为子纲、夫为妻纲的三纲教义以后，引起舆论界的关注。

陈独秀和他的战友们在提倡科学、民主的同时，首先集中力量对三纲教义展开了猛烈的攻击，发动了一场思想斗争的攻坚战。

1916年1月15日《新青年》第一卷第五号发表陈独秀《一九一六年》一文揭露"儒者三纲之说，……君为臣纲、则民于君为附属品，而无独立自主之人格矣；父为子纲，则子于父为附属品，而无独立自主之人格矣；夫为妻纲，则妻于夫为附属品，而无独立自主之人格矣。率天下之男女，为臣、为子、为妻，而不见有一独立自主之人者，三纲之说为之也"。忠、孝、节，"皆非推己及人之主人道德，而为以己属人之奴隶道德也"。因此，为争取独立的人格，就必须

---

① 《通信》，6卷3号。
② 杨扬编，《自述与印象》，上海三联书店，1993年版，第114页。

废除奴隶道德。

1916年2月15日，陈独秀在《新青年》第一卷第六号上发表《吾人最后之觉悟》一文。文中指出：国民政治觉悟的第一步，是关心政治，关心国家大事；第二步觉悟，是抛弃数千年相传的"官僚的专制的个人政治"，代替"以自由的自治的国民政治"；第三步，国民政治能否实现，"纯然以多数国民能否对于政治，自觉其居于主人的主动的地位为唯一根本之条件"。否则，不出于国民的自觉、主动，"惟日仰望善良政府，贤人政治，其卑屈陋劣，与奴隶之希冀主恩，小民之希冀圣君贤相施行仁政，无以异也"。即使有所谓共和立宪，也是"伪共和也，伪立宪也"。国民如要"自觉其居于主人的主动的地位"，建立真正的共和制，就必须破除三纲教义。"三纲教义之根本义，阶级制度是也"。所谓名教、礼教都是拥护"别尊卑明贵贱"的制度。而"共和立宪制，以独立平等自由为原则，与纲常阶级制度为绝对不可相容之物，存其一必废其一"。陈独秀说如果对这一点没有觉悟的话，那么前面所说的三步觉悟，都"非彻底之觉悟"。陈独秀"断言曰：伦理的觉悟，为吾人最后觉悟之最后觉悟"①。总之，对封建的伦理道德，如"不攻破，吾国之政治、法律、社会道德，俱无由出黑暗而入光明。神州大气，腐秽蚀人"②。

陈独秀之所以把伦理觉悟提到至高无上的地位，是同建立民主制度与反对封建复辟直接地联系起来。他认为袁世凯废除共和复辟帝制，"乃恶果非恶因；乃枝叶之罪，非根本之罪恶"。而那种"别尊卑，重阶级，主张人治，反对民权思想"的儒家学说，才是"制造专制帝王之根本恶因。吾国思想界不将此根本恶因铲除净尽，则有因必有果，无数废共和复帝制之袁世凯，当然接踵应运而生"③。

陈独秀抓住了封建思想的要害，作坚决的不调和的斗争，他准确地指出三纲思想与共和制水火不容，存其一必废一，"绝无调和两存之余地"④。"要巩固共和，非先将国民脑子里所有反对共和的旧思想一一洗刷干净不可"。这在当时无疑具有振聋发聩，石破天惊的巨大影响。

陈独秀批判儒家思想家，是同反对封建复古逆流的斗争相结合而进行的。1916年9月20日，康有为在《时报》上发表致总统总理书，说什么"万国之人，莫不有教，唯生番野人无教。今中国不拜教主，岂非自认为无教之人乎，则甘

---

① 《旧思想与国体问题》，2卷2号，1916年10月1日。
② 《通信》，2卷4号，1916年12月1日。
③ 《答常乃德》，2卷4号。
④ 《复辟与尊孔》，3卷6号，1917年8月1日。

忍与生番野人等乎？"康有为极力主张"以孔子为大教，编入宪法，复祀孔子之跪拜明令，保守府县学宫及祭田，皆置奉祀官"。对于这篇文章，陈独秀立即写了《驳康有为致总理书》，揭露康有为主编的"《不忍》杂志，不啻为筹安会导其先河"，指出"孔教绝无宗教之实质与仪式，是教化不教，非宗教之教"。硬说孔教是宗教，是"凿孔栽须"。"孔教与帝制，有不可离散之姻缘"，尊孔正是为了复辟。

当时有人反对"孔教与帝制有不可离散之姻缘"的论点，并责难陈独秀：你所说的孔教是"指汉宋儒者以及今之号为孔教孔道诸会所依傍之孔教"，还是"指真正孔子之教"，并说孔教本来是好的，只是被后儒所败坏了，"至于唐宋之交，孔子之真训，遂无几微存与世矣"！陈独秀首先反问对方，汉唐以来诸儒为什么"不依傍道法杨墨"。为什么"独与孔子为缘而复败坏"他的学说呢？随后列举大量证据，证明"今之尊孔者，多丑诋宋儒"，其实把"孔门伦理道德"传之后世的正是宋儒。孔孟儒学与后世儒学陈陈相因，万不可借丑诋宋儒而颂扬孔孟。

在1916年和1917年，参加由陈独秀发难的批评儒家伦理道德观，为争取个性解放而斗争的，有李大钊、易白沙和吴虞等人。

李大钊以孔子与宪法的关系为题，针对复古思潮展开了批判。他说："自由为人类生存必须之要求，无自由则无生存之价值。"自由的敌人，"惟皇帝与圣人而已""自我解放，乃在破坏孔子之束制"。而中华民国宪法第十九条竟然规定"国民教育以孔子之道为修身大本"，这是对言论、出版和信仰自由的限制。孔子是"历代帝王专制之护符"；宪法是"现代国民自由之证券"，"专制不能容于自由，即孔子不当存于宪法"。又说："余之掊击孔，非掊击孔子之本身，乃掊击孔子为历代君主所雕塑之偶像的权威也；非掊击孔子，乃掊击专制政治之灵魂也。"

《青年杂志》（1915年9月15日—1916年2月15日）的创刊发行地点在大都市上海，首卷六期的作者几乎是清一色的皖籍或准皖籍文人：陈独秀、高一涵、汪叔潜、潘赞化、陈嘏（陈独秀之侄）、李亦民、彭德尊、易白沙（湖南人，在皖任教）、谢无量（四川人，父辈在皖任职）、刘叔雅（文典）、孟明、高语罕、薛琪瑛、萧汝霖等。这批人多是来自《安徽俗话报》与《甲寅》杂志，曾与陈独秀一起闹反清革命，如今又为新文化建设而共同支撑起一个《青年杂志》。

1916年9月1日，停刊半年的《青年杂志》易名为《新青年》，作为第2卷在上海复刊。作者队伍有所壮大，新进作者除胡适、李光升、张绍南、程宗泗（演生）为皖人外，其他非皖籍的有李大钊、吴稚晖、刘半农、马君武、苏曼殊、杨昌济、陶履恭、陈钱爱琛、康普、陈其鹿、吴虞等。第2卷的作者群，有两个变化：一是逐渐走出皖籍文人的圈子；二是大多曾留学日本（除胡适少数人），与陈独秀有革命友谊。

1917年初，陈独秀被蔡元培聘为北京大学文科学长，《新青年》也被带到北京。第3卷（1917年3月—1917年8月）的新进作者有蔡元培、钱玄同、章士钊、恽代英、毛泽东（二十八画生）、常乃德、凌霜、刘延陵、方孝岳等。

又经过4个月的短暂停刊，在第4卷（1918年1月—1918年6月）复刊时，新进作者大都是北京大学的新派文人和被新文化运动唤醒的学生：周作人、鲁迅、沈尹默、沈兼士、陈大齐、林损、张祖萌、王星拱、俞平伯、傅斯年、罗家伦、袁振英、林玉堂（语堂）。《新青年》与北京大学新派文人这"一刊一校"的完美结合使新文化运动得以迅速发展。

《新青年》的影响如日中天，成为全国思想文化界关注的焦点。第5卷（1918年7月—12月）新进作者欧阳予倩、吴弱男、朱希祖、任叔永、陈衡哲、宋春舫、李剑农等，又在文学创作上增添了活力。

《新青年》自第6卷（1919年1月—11月）起，成立了一个新的编辑部，由陈独秀、胡适、钱玄同、高一涵、沈尹默、李大钊6人轮流为编辑，同时新作者又增添了张寿镛、张崧年（申府）、刘秉麟、王光祈、周建人、陈启修等。其中王光祈为"少年中国学会"的发起人，周建人为鲁迅、周作人的胞弟，陈启修为政治经济学上的社会主义者。《新青年》第6卷由北大教授轮流编辑，这期间的《新青年》达到了鼎盛，但在其聚焦的新派文人群体内部也出现了裂变。

经过第7卷（1219年12月—1920年5月）的表面相对平静而内部危机、分裂渐现，陈独秀、胡适这批新文化运动的倡导者逐渐形成为相对激进的共产主义派与相对温和的自由派。第7卷的新进作者中，杜国庠、张慰慈、孙伏园、高君宇等，日后也分别归入两个阵营。

《新青年》自第8卷（1920年9月—1921年2月）始，从北京迁回上海。它的新进作者几乎是清一色的共产主义信徒：李季、李汉俊、杨明斋、周佛海、李达、沈玄庐、沈雁冰（茅盾）、陈望道、沈泽民、陈公博、施存统等。

辛亥革命为新文化运动开展创造了条件，新文化运动为辛亥革命尚未完成任务——广泛宣传科学与民主进行必不可少的补课。

中共中央党史研究室著的《中国共产党史》（2002年版）第1卷上册指出："《新青年》的出版为标志兴起的新文化运动，使20世纪初的中国，开始经历一场深刻的思想革命。在这场激烈的思想文化斗争中，陈独秀表现得十分勇敢和坚决，成为新文化运动的主将。"

李达，中共"一大"代表，上海共产主义小组的重要成员

李汉俊，"一大"代表，与李达同为上海共产主义小组的重要成员

上海社会科学院历史研究所研究员、著名作家任建树在上海纪念《新青年》创刊90周年大会上，以"《新青年》的历史地位"为题发言指出：

《新青年》以倡导科学民主闻名于世。90年前的中国需要科学民主，今天的中国同样需要科学民主，而且更迫切的需要。例如，加强党的执政地位啊，建立和谐社会啊，以人为本啊，反腐倡廉啊等等、少了科学民主都是不行的。科学民主是人类社会发展前进的一个永恒的课题。

我们在纪念《新青年》的同时，还应当纪念陈独秀。《新青年》是他创办的，封面上直书'陈独秀先生主撰'。1917年他从上海去北京任北京大学文科学长，《新青年》跟他到了北京。从1918年第4卷起，改为同仁刊物。但自1919年第7卷起又改由他一人负责编辑。此后不久，《新青年》又随陈独秀离京返沪，并伴随着陈独秀由激进民主主义者转变为马克思主义者而成为中共产党发起组的机关刊物。编辑部和发起组都设在陈独秀的住处法租界环龙路老渔阳里2号，即今南昌路100弄2号。陈独秀是《新青年》的灵魂，因《新青年》而名满天下，成为二十年代中国革命领袖，《新青年》因陈独秀而执舆论界的牛耳，传播马克思主义，引领时代潮流。纪念他是应该的。

胡适说："只有三本杂志可以代表三个时代，可以说创造了三个时代。一是《时务报》，一是《新民丛报》，一是《新青年》。"不言而喻，《时务报》代表戊戌变法时代。《新民丛报》初步传播新文化，是维新与革命派就政体问题（君主立宪抑共和立宪）激烈辩论的时代。而《新青年》代表中国旧民主革命向新民主革命转变的时代，处于承上启下的历史地位，肩负着继往开来的革命使命，有着划时代的历史意义。

012. 提倡"白话"文

开始于"五四"前夕的新文化运动，既是前所未有的思想革命，又是声势浩大的文学革命。当时一些启蒙思想家，以《新青年》为阵地，在反对旧道德提倡新道德的同时，对封建文学营垒，从内容到形式都展开了凌厉的攻势。正当1917年《新青年》提出文学革命的号召，胡适首先倡议"文学改良"。

胡适1916年2月3日首次给《新青年》寄稿的同时，有信给陈独秀，云：

今日欲为祖国造新文学，宜从输入欧西名著入手，使国中人士有所取法，有所观摩，然后乃有自己创造之新文学可言也。

译事正未易言。倘不经意为之，将令奇文瑰宝化为粪壤，岂徒唐突西施而已乎？与其译而失真，不如不译。此适所以自律，而亦颇以律人者也。

他以此为标准，坦率地批评了《青年》杂志所载薛琪瑛译英国作家王尔德《意中人》："以适观之，即译此书者尚未能领会是书佳处，况其他乎！而遽译，岂非冤枉王尔德。"

陈独秀自然十分重视胡适建设性的意见，然因战事延刊，直到8月13日才回信胡适，表示"仰望足下甚殷"，并说：

尊论改造新文学意见，甚佩甚佩。足下功课之暇，尚求为《青年》多译短篇名著若《决斗》者，以为改良文学之先导。弟意此时华人之著述，宜多译不

新文化运动的倡导者、组织者——陈独秀

宜创作，文学且如此，他何待言。

以西方文学名著作为中国文学改良之先导，是陈、胡之共识。只是陈独秀似乎更注重于中国社会之改造，因于信中说："中国万病，根在社会太坏，足下能有暇就所见闻论述美国各种社会现象，登之《青年》，以告国人耶？"

8月21日，胡适又有信致陈独秀，批评"今日文学之腐败极矣"。他说："纵观文学堕落之因，盖可以'文胜质'一语包之。文胜质者，有形式而无精神，貌似而神亏之谓也。"进而献计陈氏："适以足下洞晓世界文学之趋势，又有文学改革之宏愿，故敢贡其一得之愚。"这就是胡适1915年夏到1916年春，与留美同学辩论中所得，以为今日欲言文学革命，须从八事入手：

一曰不用典。二曰不用陈套语。三曰不讲对仗，文当废骈，诗当废律。四曰不避俗字俗语，不嫌以白话作诗词。五曰须讲求文法之结构。此皆形式上之革命也。六曰不作无病之呻吟。七曰不摹仿古人，语语须有个我在。八曰须言之有物。此皆精神上之革命也。

信末，胡适不无谦逊地说："以上所言，或有过激之处，然心所谓是，不敢不言。倘蒙揭之贵报，或可供当世人士之讨论。此一问题关系甚大，当有直言不讳之讨论，始可定是非。"

10月1日陈独秀答胡适信，盛赞胡适"承示文学革命八事，除五、八二项，其余六事，仆无不合十赞叹，以为今日中国文界之雷音。倘能详其理由，指陈得失，衍为一文，以告当世，其业尤盛。"

对于五、八二事，陈独秀亦细陈其疑：

第五项所谓文法之结构者，不知足下所谓文法，将何所指？仆意中国文字，非合音无语尾变化，强律以西洋之Grammar，未免画蛇添足。（日本国语，乃合音。惟只动词、形容词，有语尾变化，其他种词亦强袭西洋文法。颇称附会无实用。况中国文乎？）若谓为章法语势之结构，汉文亦自有之。此当属诸修辞学，非普通文法。且文学之文，与应用之文不同，上未可律以伦理学，下未可律以普通文法。其必不可忽视者，修辞学耳。质之足下，以为如何？

尊示第八项"须言之有物"一语，仆不甚解。或者足下非古典主义，而不非理想主义乎？鄙意欲救国文浮夸空泛之弊，只第六项"不作无病之呻吟"一语足矣。若专求"言之有物"，其流弊将毋同于"文以载道"之说？以文学为手段为器械，必附他物以生存。窃以为文学之作品，与应用文字作用不同。其美感与伎俩，所谓文学、美术自身独立存在之价值，是否可以轻轻抹杀，岂无研究之余地？况乎自然派文学，义在如实描写社会，不许别有寄托，自堕理障。盖写实主义与理想主义不同也如此。

陈独秀将此与胡适切磋"文学革命"的复信，连同胡适之原信刊之于《新青年》第2卷第2号（民国五年十月一日发行）。如此作答，意犹未尽，于是陈独秀10月5日又另寄一信给胡适：

> 文学改革，为吾国目前切要之事。此非戏言，更非空言，如何如何？《青年》文艺栏意在改革文艺，而实无办法。吾国无写实诗文以为模范，译西文又未能直接唤起国人写实主义之观念，此事务求足下赐以所作写实文字，切实作一文学改良论文，寄登下期《青年》，均所至盼。

胡适接到陈独秀信不久，就写了一篇《文学改良刍议》，用复写纸抄了两份，一份给《留美学生季刊》发表，一份寄给了陈独秀。陈独秀得之，"快慰无似"，立即刊之于《新青年》第2卷第5号。

胡适于"刍议"中仍倡言改良须从八事入手，但这八事的次序有大改变：一须言之有物，二不摹仿古人，三须讲求文法，四不作无病之呻吟，五务去烂调套语，六不用典，七不讲对仗，八不避俗字俗语。作为"文学革命"的第一封公开信，其最重要的观点被置于"不摹仿古人"与"不避俗字俗语"两事之中。

其"不模仿古人"说：

> 文学者，随时代而变迁者也。一时代有一时代之文学：周秦有周秦之文学，汉魏有汉魏之文学，唐宋元明有唐宋元明之文学。此非吾一人之私言，乃文明进化之公理也。……凡此诸时代，各因时势风云而变，各有其所长，吾辈以历史进化之眼光观之，决不可谓古人之文学皆胜于今人也。

> 既明文学进化之理，然后可言吾所谓"不摹仿古人之说"。今日之中国，当造今日之文学，不必摹仿唐宋，亦不必摹仿周秦也。……

> 吾每谓今日之文学，其足与世界"第一流"文学比较而无愧色者，独有白话小说（我佛山人、南亭亭长、洪都百炼生三人而已）一项。此无他故，此种小说皆不事摹仿古人（三人皆得力于《儒林外史》《水浒》《石头记》，然非摹仿之作也），而惟实写今日社会之情形，故能成真正文学。

其"不避俗字俗语"说：

> 吾惟以施耐庵、曹雪芹、吴趼人为文学正宗，故有"不避俗字俗语"之论也（参看上文第二条下）。盖吾国言文之背驰久矣。

> 及至元时，中国北部已在异族之下，三百余年矣（辽金元）。此三百年中，中国乃发生一种通俗行远之文学。文则有《水浒》《西游》《三国》……之类，戏曲则尤不可胜计（关汉卿诸人，人各著剧数十种之多。吾国文人著作之富，未有过于此时者也）。以今世眼光观之，则中国文学当以元代为最盛；可传世不朽之作，当以元代为最多：此可无疑也。当是时，中国之文学最近言文合一，白话几成文学的语言矣。使此趋势不受阻遏，则中国几有一"活文学"出现，而但丁、路得之伟业几发生于神州。不意此趋势骤为明代所阻，政府既以八股取士，而当时文人如何、李七子之徒，又争以复古为高，于是此千年难遇言文合一之机会，遂中道夭折矣。
>
> 然以今世历史进化眼光观之，则白话文学之为中国文学之正宗，又为将来文学必用之利器，可断言也。以此之故，吾主张今日作文作诗，宜采用俗语俗字。与其作不能行远不能普及之秦汉六朝文字，不如作家喻户晓之《水浒》《西游》文字也。

陈独秀在胡适《文学改良刍议》后，以极其欢欣的笔调加了"编者按"（署"独秀识"）：

> 余恒谓中国近代文学史，施、曹价值远在归、姚之上。闻者咸大惊疑。今得胡君之论，窃喜所见不孤。白话文学，将为中国文学之正宗。余亦笃信而渴望之。吾生倘亲见其成，则大幸也。元代文学美术，本蔚然可观。余所最服膺者，为东篱，词隽意远，又复雄富，余尝称为"中国之莎士比亚"。质之胡君及读者诸君以为然否？

这篇短识对胡适的"刍议"有画龙点睛作用，胡适所言文学改良之八事，虽具体却琐屑。陈独秀则快人快语，一语破的，"白话文学，将为中国文学之正宗"——既为文学纲领性口号，亦为文学革命之目标。文学改良——文学革命——新文化运动之发端：一言以蔽之，曰白话文运动。

其实，推崇法兰西文明，呼唤科学民主；批判孔孟之道，反对文化专制主义，提出改造国民性，造就一代新青年，皆可作为陈独秀提倡文学革命所创造的文化背景。尤其是他在《东西民族根本之思想之差异》[①]中指出西洋民族以战争为本位，东洋民族以安息为本位；西洋民族以个人为本位，东洋民族以家族为本位；西洋民族以法治为本位、以实利为本位，东洋民族以盛情为本位、以虚文为本位。这些都将成为陈独秀提倡写实主义文学的理论依据与社会依据。

---

① 《青年杂志》，第 1 卷第 4 号。

除上述与胡适的反复切磋之外，陈独秀早在1915年就发表了《现代欧洲文艺史谭》，在当时的中国是首次向国人勾勒了欧洲文学思潮发展的轮廓。

陈独秀的新文化观，既是新文化运动兴起的重要标志，又历史地构成了这一运动的理论成果。正是站在新文化的高度关照中外文化现象，阐述文化理论，陈独秀看问题就格外犀利而透彻，因而他一旦见到为他所催发的胡适的《文学改良刍议》，是何等欣喜，仅于文后加个"短识"犹未尽意，于是挥动如椽巨笔，写下了震撼文林的《文学革命论》：

> 文学革命之气运，酝酿已非一日，其首举义旗之急先锋，则为吾友胡适。余甘冒全国学究之敌，高张"文学革命军"大旗，以为吾友之声援。旗上大书特书吾革命军三大主义：曰，推倒雕琢的阿谀的贵族文学，建设平易的抒情的国民文学；曰，推倒陈腐的铺张的古典文学，建设新鲜的立诚的写实文学；曰，推倒迂晦的艰涩的山林文学，建设明了的通俗的社会文学。①

这是"五四"文学革命的宣言书。不仅对"五四"新文化运动有着极其现实的指导意义，也是一份极其珍贵的思想资源，其思想内涵是极为深刻而丰富的。

陈独秀参之以欧洲文艺复兴的新风，指出：

> 欧洲所谓革命者，为革故更新之义，与中土所谓朝代鼎革绝不相类；故自文艺复兴以来，政治界有革命，宗教界亦有革命，伦理道德亦有革命，文学艺术亦莫不有革命，莫不因革命而新兴而进化。近代欧洲文明史，宜可谓之革命史。故曰：今日庄严灿烂之欧洲，乃革命之赐也。

陈独秀倾心于"革命"的新义。1917年7月他在答读者信中又重申此义："革命者，一切事物革故更新之谓也。中国政治革命，乃革故而未更新。严格言之，似不得谓之革命，其他革命，更无闻焉。"直到1923年，他仍坚持说："革命应以社会组织进化为条件，不应以武力暴动为特征"，其理由是"因为革命、反革命及内乱都要取武力暴动的手段，所以不但用武力改进社会组织是革命事业，凡是在社会组织进化上阶级争斗的日常工作都是革命事业。凡是一个革命家万不可误认为革命之手段（武力暴动）为革命之目的（社会组织进化）。"

陈独秀深知"旧文学与旧道德，有相依为命之势"，"旧文学、旧政治、旧伦理，本是一家眷属，故不得去此而取彼；欲谋改革，乃畏阻力而牵就之，此

---

① 《新青年》，第2卷第6号，1917年2月1日。

东方人之思想，此改革数十年而毫无进步之最大原因也。"

他认为"文学者，国民最高精神之表现也"，"伦理的觉悟，为吾人最后觉悟之最后觉悟"。而旧文学，"盖与吾阿谀夸张虚伪迂阔之国民性，互为因果"，因而"今欲革新政治，势不得不革新盘踞于运用此政治者精神界之文学，使吾人不张目以观世界社会文学之趋势，及时代之精神，日夜埋头故纸堆中，所目注心营者不越帝王、权贵、鬼怪、神仙，与夫个人之穷通利达，以此而求革新文学、革新政治，是缚手足而敌孟贲也。"陈氏总结中国政治界虽经三次革命，而黑暗未尝稍减，"其原因小部分，则为三次革命，皆虎头蛇尾，未能充分以鲜血洗净旧污；其大部分，则为盘踞吾人精神界根深蒂固之伦理道德文学艺术诸端，莫不黑幕层张，垢污深积，并此虎头蛇尾之革命而未有焉。此单独政治革命所以于吾之社会，不生若何变化，不收若何效果也。推其总因，乃在吾人疾视革命，不知其为开发文明的利器故。"在陈氏看来，救国须先救人，救人须先救心，而新文学则为救人救心之良药利器。以此逻辑，与其说他在言文学革命与政治革命的关系，救亡与启蒙的关系，不如说是从这些关系的视角来谈文学革命的理由。

陈独秀在确立文学革命的对象时指出："际兹文学革命之时代，凡属贵族文学、古典文学、山林文学均在排斥之列。以何理由而排斥此三种文学耶？曰：贵族文学，藻饰依他，失独立自尊之气象也；古典文学，铺张堆砌，失抒情写实之旨也；山林文学，深晦艰涩，自以为名篇著述，于其群之大多数无所裨益也。其形体则陈陈相因，有肉无骨，有形无神，乃装饰品而非实用品；其内容则目光不越帝王权贵、神仙鬼怪、及其个人之穷通利达。所谓宇宙，所谓人生，所谓社会，举非其构思所及，此三种文学共同之缺点也。"以及与此相应的片面师古、文以载道的文艺思潮，更在排斥之列。

尤为可贵的是，他能看到一种文学现象的两重性，如魏晋以下之五言诗的转换，如韩愈文起八代之衰的利弊。陈氏还充分肯定"《国风》多里巷猥辞，《楚辞》胜用土语方言，非不斐然可观"；"元明剧本，明清小说，乃近代文学之粲然可观者。惜为妖魔所厄，未及出胎，竟尔流产，以至今日中国之文学委琐陈腐，远不能与欧洲比肩。"

陈独秀明确了文学革命的目标。显然陈独秀的文学革命是要以法兰西为主体的欧洲做榜样，来再造中国之新文学、新文化、新文明。亦即其"三大主义"中的建设方向：平易、抒情的国民文学，新鲜、立诚的写实文学，明了、通俗的社会文学。简而言之，就叫通俗文学或白话文学。在发表《文学革命论》的同期《新青年》上，有陈独秀《答程演生》说："仆对于吾国国学及国文之主张，曰百家平等，不尚一尊；曰提出通俗国民文学。誓将此二义遍播国中，不独主张于大学学科也。"还有《答钱玄同》说："以先生之声韵训诂大家，而提倡通俗新文学，何忧全国之不景从也？可为文学界浮一大白！"皆可以视作对《文学革命论》的补充与提要。

对于中国新文学的发展方向，陈独秀虽未知胡适提过"全盘西化"或"充分世界化"之类口号；但他同样是以欧洲文明为参照系，促进中国文学迅速从古典主义向现代化转型。他在《文学革命论》中首尾呼应地标举着欧洲文明。其首呼："今日庄严灿烂之欧洲，何自而来乎？曰，革命之赐也。"尾应："欧洲文化，受赐于政治科学者固多，受赐于文学者亦不少。予爱卢梭、巴士特之法兰西，予尤爱虞哥、左喇之法兰西，予爱康德、赫克尔之德意志，予尤爱桂特郝、卜特曼之德意志；予爱培根、达尔文之英吉利，予尤爱狄铿士、王尔德之英吉利。吾国文学界豪杰之士，有自负为中国之虞哥、左喇、桂特郝、卜特曼、狄铿士、王尔德者乎？有不顾迂腐之毁誉，明目张胆以与十八妖魔宣战者乎？予愿拖四十二生的大炮，为之前驱！"

《新青年》从第1卷第1号起，即连载屠格涅夫的小说《春潮》，第2号登载了用白话文翻译的王德尔的《意中人》。第3、4号刊登陈独秀撰写的《现代欧洲文艺史谭》，简要地介绍了欧洲文艺思想发展史：在18、19世纪之交"由古典主义（Classicalism）一变而为理想主义（Romanticism）"，到19世纪之末，"再变而为写实主义（Realism），更进而为自然主义（Naturalism）"，推崇左拉是"自然主义的魁杰"，易卜生的剧作重在"刻画个人自由意志"，托尔斯泰的著作"尊人道，恶强权，批评今世文明"，明确指出"吾国文艺犹在古典主义理想主义时代，今后当趋向写实主义。文章以纪事为主，绘画以写生为重。庶足挽今日浮华颓败之恶风"。

陈独秀的《文学革命论》一文，旗帜鲜明。他把文学革命作为"开发文明"、解放思想和改造国民性的"利器"，同政治革命密切结合起来。《文学革命论》的发表，下达了向封建文学进攻的号令。当时立即响应和投入战斗的有钱玄同、刘半农等人。钱玄同（1887-1939年）原名夏，字德潜，浙江吴兴人，早年留学日本，师从章太炎，中国语言文字学家。他在谈到"应用之文亟宜改良"时，第一条意见就是"以国语为之。"他斥责一味拟古的骈文、散文为"选学妖孽""桐城谬种"。刘半农（1891-1934年）名复，江苏江阴人，诗人，语言学家，他对胡适、陈独秀的意见"绝对表示同意"，发表《我之文学改良观》，积极支持这场革命。

胡适在大洋的彼岸美国读了《文学革命论》以后，立即写信给陈独秀，说

1918年6月，蔡元培与北大文科哲学门第二次毕业师生合影。前排左前分别为康宝忠、崔适、（人名不祥）、马叙伦、蔡元培、陈独秀、梁漱溟、陈汉章；中排左四为冯友兰，右二为胡鸣盛，右三为嵇文南；后排左二为黄文弼，右一为孙本文

"前著《文学改良刍议》之私议不过欲引起国中人士之讨论，征集其意见，以收切磋研究之益耳，……适所主张八事及足下所主张之三主义，此事之是非，非一朝一夕所能定，亦非一二人所能定，……吾辈已张革命之旗，虽不容退缩，然亦决不敢以吾辈所主张为必是而不容他人匡正也"。

陈独秀的态度非常坚决，回信说："自由讨论，固为学术发达之原则，独至改良中国文学当以白话为文学正宗之说，其是非甚明，必不容反对者有讨论之余地，必以吾辈所主张者为绝对之是，而不容他人匡正也。"

一面说"自由讨论"是学术发达之原则，一面又说"不容反对者讨论之余地"，这似乎是矛盾的，其实不然。在接受"白话文为文学正宗"的前提之下，对文学改革中的许多问题，在《新青年》上展开了热烈的讨论。而那些反对白话文的人则没有资格参加平等的讨论。陈独秀这个人，只要是他认准了的大事，就执着不放，奋进搏击，一干到底，从不瞻前顾后，怕这怕那。对于陈独秀这种坚定不移的态度，胡适在5年以后，回忆起文学革命发难时的情景时，说"他（指胡适）的历史癖太深，故不配作革命的事业。文学革命的进行，最重要的急先锋是他的朋友陈独秀……正式举起文学革命的旗子"。他的"态度太和平了，若照着他这个态度做去，文学革命至少还须经过10年的讨论与尝试"。"当日若没有陈独秀'必不容反对者有讨论之余地'的精神，文学革命的运动，决不能引起那样大的注意"。这个评论是十分公允的。

正当陈独秀积极发动文学革命的时候，蔡元培聘他任北京大学文科学长（相当于后来的文学院院长），这为陈独秀开展新文化运动提供了极有利的社会条件。

提倡白话文，反对文言文，使《新青年》的影响迅速地扩大。《新青年》创刊时不过发行1000份，到1917年猛增到一万五六千份。据当时北大文科学生张国焘的回忆：他的同学原来知道这个刊物的人"非常少"，自1917年初提出以白话文代替文言文的主张以后，"才引起同学们广泛的注意"，"每期出版后，在北大即销售一空"。

与此同时也引起了守旧势力的代表、古文家林纾的不满。1917年2月8日，他在上海《民国日报》发表了《论古文之不宜废》一文，反对白话文，说"国未亡而文字已先之"。至于为什么古文不当废除，林纾说"吾识其理，乃不能道其所以然"。胡适嘲笑他，古文大家林先生对古文之不宜废，尚"不能道其所以然，则古文之当废也，不亦既明且显耶？"

过了一年，《新青年》同人仍不见有什么动静，"颇以为不能听见反抗的言论为憾"。他们为了传播文学改革的主张，引起社会的注意，演了一出双簧戏，即由钱玄同（"两弹一星"元勋、原子能的奠基人钱三强之父）扮作反对派角色，化名"王敬轩"写作《文学革命之反响》一文，大放厥词；然后由刘半农撰文，针对"王敬轩"的文章逐点进行批驳。这时有位署名"崇拜王敬轩先生者"的读者看到上述两篇文章以后，写信质问《新青年》："贵志记者对于王君的议论，肆口大骂，自由讨论学理，固应如是乎！"陈独秀回答说：对于妄人"闭眼胡说，则惟有痛骂之一法"。你对于"毫无学理毫无常识之妄言"，滥用讨论学理之神圣自由，"致是非不明，真理隐晦，是曰'学愿'；'学愿'者，真理之贼也"。双簧戏的做法，不免有些幼稚，《新青年》的朋友也有不赞成的。但这种做法反映了《新青年》同人求战之心切与战必胜的信心，而且他们都是从旧营垒里走出来的，对林纾一伙人仇视白话文的心理状态和反对白话文的论点，是一清二楚的。"王敬轩"这个人固然是虚构的，但那些反对白话文的言论是客观存在的，社会上有许多大大小小的"王敬轩"式的人物。双簧戏仍然有它的文学革命的现实意义。但"胡适大加反对，认为'化名写这种游戏文章，不是正人君子做的',并且不许刘半农再编《新青年》,要由他一人独编"。沈尹默对胡适说:"你不要这样做,要么我们大家都不编,还是给独秀一个人编吧。"这时"二周兄弟(树人、作人)对胡适这种态度也大加反对,他们对胡适说:'你来编,我们都不投稿。'胡乃缩手。"①

文学革命兴起之后,一时讨论到许多问题,但首要问题是以新鲜活泼、言文一致的白话文,代替僵尸般的言文背驰的文言文,即以平民文学代替封建文学,将封建贵族从他们世袭的文学领地上驱赶出去。

陈独秀认为推行白话文,"首当有比较的统一之国语;其次则创造国语文典;再次国之文人多以国语著书立说"。

新文学的思想内容是科学与民主,反对封建主义,它的表现形式是言文一致的白话,是内容和形式达到统一。因此,文学革命运动的发展迫切需要创作出高质量的作品,这正如陈独秀所说"国之文人多以国语著书立说",胡适所指出的死文学"所以还能存在国中,正因为现在还没有一种有价值、真有生气、真可算作文学的新文学起来代替他们的位置。"有了活文学,死文学"自然会消灭了"。

为了适应这一要求,《新青年》从1918年1月4卷1号起,大部分的文章都改用白话,从第2号开始陆续刊登胡适、沈尹默、刘半农写的白话诗。这些作品有助于破旧立新,开创新风。

1917年1月,陈独秀应北京大学校长蔡元培的聘请,就任文科学长,《新青年》也由上海迁来北京。次年3月,《新青年》改为北大文科的刊物,鲁迅也应邀参加《新青年》编委会,成为这个群体的成员之一,并由此而结识陈独秀、李大钊和胡适等。《新青年》集聚着一批文化精英,宣扬民主与科学的思想,给北大吹来一股自由、清新的风,改变这旧北大老气横秋、腐败不堪的面貌,自然招来守旧势力的嫉恨和排斥。鲁迅极为关心《新青年》的生存命运,他在致好友许寿裳的信中说:"《新青年》以不能广行,书肆拟中止;独秀辈与之交涉,已允续刊。"可见其殷殷关切的心情。

《新青年》自创刊以来,发表了许多开创新风的文艺作品,曾使国人耳目一新的感觉,然而,却没有上乘之作。真正能创作出使民众振聋发聩、久传不衰的经典作品,是鲁迅,而这要归功于陈独秀。

鲁迅原在教育部供事,目睹现实政治的黑暗昏昧,亲历官场衙门的狗苟蝇营,已是失望至极。于是,他在公暇之际唯有抄写古碑,打发无聊的时光,用

---

① 沈尹默,《我和北大》。

鲁迅的话说，那时"客中少有人来，古碑中也遇不到什么问题与主义，而我的生命却居然暗暗的消失了，这也就是我唯一的愿望"。陈独秀读过鲁迅的文章，当他在北大编辑《新青年》时，便有意结识鲁迅。他知道北大教授钱玄同是鲁迅的朋友，便让钱玄同拜访鲁迅，希望鲁迅也能为《新青年》做些事情。钱玄同来到鲁迅的补树书屋，不经意地翻阅着鲁迅抄写的碑文，希望老友尽快从抄古碑、读佛经的自我麻醉中解脱出来，换一种状态，投入新的生活。他告诉鲁迅，陈独秀和他正在编辑的《新青年》，需要朋友的支持，如果鲁迅能做点文章，那将是一件功德无量的事情。鲁迅受到启发和鼓舞，这才走出补树书屋，决意拿起笔投入战斗。

1920年8月7日，鲁迅创作的小说《风波》寄给陈独秀，很快便在《新青年》上发表。

1918年5月15日，鲁迅在《新青年》第4卷第5号上发表短篇小说《狂人日记》，借狂人之口愤怒控诉绵延数千年的旧礼教是"吃人的礼教"。

鲁迅警告那些封建礼教的卫道士："你们立刻改了，从真心改起，你们要晓得将来是容不得吃人的人。"

《狂人日记》是应时代精神的召唤而诞生的，是篇讨伐封建礼教的战斗檄文。此后，鲁迅在《新青年》陆陆续续发表了许多作品，到1921年共发表了50多篇，其中有小说、随感录、政论文、新诗和译文等。

新文学与思想解放运动相辅相成。反对旧道德，提倡个性自由，为新文学的兴起奠定了思想基础；新文学一旦兴起之后，便把思想解放运动推向广大的知识青年。陈独秀以写作政论文发动了这场思想革命运动，鲁迅以文学作品呐喊助威，将这场运动发扬光大。

《新青年》提倡文学革命，是从白话诗最先开始实践的，这在文学革命中具有拓荒的意义。1918年元月改版后的《新青年》第4卷第1号，全都采用白话文，显示了文学革命迈出了决定性的第一步。这一期刊登了9首诗，是我国文学史上最早发表的白话诗，包括胡适的《鸽子》《一念》《景不徙》；沈尹默的《月夜》《人力车夫》；刘半农的《相隔一层纸》《替女儿周岁日造像》。一开始就表明了新诗鲜明的社会功能和时代精神的某种折射，以及新诗人对现实主义的追求。1932年，刘半农编辑了一本《初期白话诗稿》。集印了包括陈独秀、李大钊、鲁迅、周作人、沈尹默、沈兼士、胡适、陈衡哲等8位作者的白话诗26首。在序言里，刘半农评价："仲甫先生的白话诗作得很好，旧体诗也做得很好。白话诗就我所知道的说，只有《除夕》一首。"这里所说的"《除夕》"，原题是《丁巳除夕歌》，刊登在《新青年》4卷3号上。另外，陈独秀还有一首答半农的

《D——!》诗的白话诗，刊登在《新青年》第 7 卷第 2 号上。这些早期的白话诗，在中国新诗发展史上一直为人们称道，并具有深远的影响，充分证明《新青年》及其编者，对中国新诗的倡导和推动立下了不朽的功劳。

陈独秀通过《新青年》在提倡文学革命的实践中，充分认识到新文化运动的兴起，标志着中国近代中西文化冲突已经从政治制度层面进入精神文化层面。他创办《青年杂志》一开始就注意到立足于中国，放眼全世界。从 1 卷 1 号起即有"世界说苑"栏目的设置和外文释译作品的刊载，并且"敬告青年"《青年杂志》的取向是"世界的而非锁国的"。同时又作郑重《社告》："今后社会，一举一措，皆有世界关系。我们青年虽处蛰伏研求之时，然不可不放眼以观世界。本志于各国事情、学术、思潮，尽心灌输可备攻错。"他同"五四"前后一些新文化提倡者一样，把介绍境外进步的文艺思潮和作家，看作是传播民主思想、改革中国社会的一种手段。他翻译介绍西方进步的文艺思潮，贯穿了反封建的民主思想，成了积极进行思想文化启蒙运动的一个重要侧面。他在《新青年》1 卷 2 号用文言翻译了泰戈尔（原作达噶尔）的《赞歌》四章，是要人们学习泰戈尔"语发真理源，奋臂赴完好"这种为真理而奋斗的精神。他翻译美国国歌《亚美利加》，是为了向中国青年传播"爱吾土兮自由乡""自由之歌声抑扬"这种自由和爱国的声音。

《新青年》是宣传马克思主义的重要载体。1919 年 5 月，《新青年》6 卷 5 号推出了《马克思研究》专栏，发表李大钊写的《我的马克思主义观》，介绍了马克思主义的唯物史观、经济理论和社会主义思想。在知识界引起了对这个学说的广泛注意。从此开始，《新青年》逐渐转变为宣传马克思主义的刊物。1919 年 12 月出版的，《新青年》7 卷 1 号，陈独秀执笔发表《本志宣言》（即《独秀文集》中〈新青年〉宣言），表现了明显的社会主义倾向。1920 年 5 月 1 日，《新青年》7 卷 6 号出版《劳动节纪念号》，主要文章有陈独秀在上海船务机房工界联合会演说《劳动者的觉悟》和《上海厚生纱厂湖南女工问题》。还以大量篇幅刊载了全国各地工人生活和斗争情况的调查报告，反映了革命知识分子到工人中去的初步成果。正是从这个时候起，各地共产党的早期组织相继成立。1920 年 9 月，《新青年》改组为中国共产党上海发起组的机关刊物。8 卷 1 号发表陈独秀《谈政治》一文，明确表示拥护马克思主义的态度和革命的立场，宣布"承认用革命的手段建设劳动阶级（生产阶级）的国家，创造那些今之对内对外一切掠夺的政治、法律，为现代社会第一需要"。从这一号起《新青年》设立了"俄罗斯研究"专栏，译载有关苏俄革命和建设的资料，并发表了列宁某些著作的译文、列宁传略和列宁主要著作目录，进一步扩大了马克思主义的影响。1921

年 7 月中国共产党终于诞生。1923 年 6 月,《新青年》改为季刊,仅出四期。1925 年 4 月 2 日改为不定期刊,共出五期。《新青年》季刊一直由瞿秋白主编,成为马克思主义理论刊物,为中国革命的发展做出了重大的贡献。

《新青年》虽然取得了辉煌的战果,但始终是意在不谈政治而以理论斗争为主的大型月刊。当时曾有人写信批评陈独秀,对筹安会变更国体、进行封建复辟问题未著文警告国人。陈回答"本志的天职在'改造青年的思想——批评时政非其旨也'"。事隔两年多,在五四革命风暴酝酿成熟时期,《新青年》的形式和内容已不能完全满足现实的需要。于是,《新青年》第 5 卷第 1 号陈独秀发表《今日中国之政治问题》,积极主张国民对于"关系国家民族根本存亡的政治根本问题",要有"急谋改革"的觉悟,否则"必至永远纷扰,国亡种灭而后已"!此时陈独秀的理性从提倡科学与民主,进展到了直接干预时政的高度。

1918 年 12 月 22 日,《每周评论》为此而创刊,它的发起者和编者是陈独秀(只眼)和已经具有初步共产主义思想的李大钊(即守常、明明),他们两人在反对封建军阀,要求民主和民族独立这一点上是一致的。经常撰稿人有胡适、周作人(仲密)、高一涵(涵庐)、王光祈(若愚)、张申府(张赤、赤)等,他们都执笔写过一些评论。《每周评论》是个针砭时弊的战斗性刊物,它与《新青年》相互配合,相互补充,协同作战。分四版,有时增刊"特别附录"。《每周评论》从 1918 年 12 月创刊到 1919 年 8 月停刊,共出了 37 期。前 25 期的主要编辑人是陈独秀,自 26 期起由胡适接办。陈独秀先后在该刊共发表了 140 多篇评论和随感录。

《每周评论》创刊后,《新青年》曾给刊登出版的广告,标题是"看《新青年》的,不可不看《每周评论》",其中说明:《新青年》都是长篇文章,重在批评现实,7 天一次。《每周评论》的出版,密切配合当时的政治斗争,抨击反动军阀的统治,揭露帝国主义的侵略,反对封建文化,初步介绍社会主义思想,并适时报道世界革命的动态。这个小型刊物,从内容到形式都有广泛的影响,它的版型不久就为雨后春笋般继起兴办的许多报刊所

在北京《每周评论》编辑部门前

采用，冠名"评论"的报纸也为数不少，如长沙的《湘江评论》，上海的《星期评论》以及其他许多周刊、旬刊、或半月刊，都模仿它的版式，大体采用了类似的分栏，一时形成了报界的规范。陈独秀明确指出："我们发行这个《每周评论》的宗旨，也就是'主张公理，反对强权'8个大字。"也就是："第一不许各国拿强权来侵害他国的平等自由。第二不许各国政府拿强权来侵害百姓的平等自由。"从这里可以看出陈独秀提出要用公理战胜强权，对外反对帝国主义侵害，对内反对军阀压迫，高举民族民主斗争大旗具有很大进步意义和现实意义。

《每周评论》在报道国际事件的同时，对国内政局的变化也十分关注。在第一期上陈独秀就写了四则《随感录》，把矛头直接指向北洋政府。其中在《两团政治》一文中，以调侃的语言揭露了帝国主义进一步干涉中国内政的霸权行为，以及北洋政府依附于帝国主义的丑恶嘴脸。进而在《公仆变了家长》一文中，又揭露北洋政府的总统与专制的皇帝没有两样："古时专制国，皇帝就是家长，百姓就是弟子。"现在名为共和国，总统是公仆，国民是主人，可是事实上，公仆变成了家长，常以命令的口吻训斥主人。他热切期盼国人要提高觉悟，改变这种不合理局面。他在《每周评论》第2期《欧战后东洋民族之觉悟及要求》一文中，大胆而切中时弊地认为"最要紧的是对内对外两件大事"，对外是要欧美抛弃偏见，求得人类平等，对内是要抛弃军阀主义，不许军国把持政权。当时北洋军阀政府统治中国，对外卖国，对内残民，横征暴敛，民不聊生。陈独秀认为中国的种种祸乱的根子是军人、官僚、政客三害。对于怎样除掉"三害"，他提出两条根本性措施，"第一，一般国民要有参与政治的觉悟，对于这三害，要有相当的平威运动。""第二，社会中坚分子，应该挺身出头，""组织有政见的有良心的依赖国民为后援的政党，来扫荡无政见的无良心的依赖特殊势力为后援的狗党。"陈独秀的这篇"除三害"发表于《每周评论》第5号，时为1919年1月9日，充分表现强烈的政治鼓动性。这一时期，《每周评论》几乎每期都有陈独秀文章，表明对国内政治问题坚决果敢，毫不妥协的态度。他在五四运动前7天，即1919年4月27日，发表在《每周评论》上的《贫民的哭声》，更是一篇政治煽情的杰作。文中写到为什么会发生社会革命，他说："在欧美各国，他们贫富悬隔的原因，乃是有钱的人开设工厂，雇佣许多穷人替他做工，做出来的钱财，大部分进了他的腰包，把一小部分发给工人，叫做工价。工厂越大越多，那少数开工厂的资本家越富，那无数做工的穷人仍旧是穷。""渐渐造成那无产阶级对于有产阶级的社会革命，这就是现在各国顶紧急顶重大的问题"。"所以欧、美、日本连政府也都在那里赶紧讲究什么贫民生计，保护劳工,劳工组合,劳工教育,分配公平,遗产归公等等政策,好预防那社会革命。"①同月的另一篇文章中也说:"欧洲各国的社会主义学说,已经大大的流行了。俄、德和匈牙利,并且成了共产党的世界。这种风气恐怕马上就要来到东方。日本人害怕得很,因此想用普遍选举、优待劳工、补助农民、尊重女权等方法,来消弭社会不平之气。"②他这里强调的是面对尖锐的社会矛盾,一些资本主义国家的富豪和执政者都在进行自我改良,以缓解劳资之间的矛盾。

一个多月后,在以列宁为首的共产国际(以马克思主义为指导)的领导下,德国、匈牙利爆发的革命很快就失败了,说明完全按俄国十月革命的办法换一个国度就不灵。两种解决矛盾的策略和方法,两种结果。因此在陈独秀看来,马克思的学说"只有在一个时代里是补偏救弊的贤哲""只有一方面的真理",不可能包医百病。

他不愧为五四运动时期的思想领袖,始终坚持以科学民主的尺度衡量一切事物。他的远见卓识同他此前五次去日本学习、考察不无关系。明治维新后开放的日本,对他开阔视野、根据中国实际情况、思考救国救民之路大有裨益。

013. 结识"二十八划生"

1918年9月的一天,秋阳艳丽,金风送爽,正致力于北大文科改革的陈独秀,来到北大图书馆,找图书馆主任李大钊商讨有关文科各门设阅览室,为学生提供学习条件一事。他一走进李大钊办公室,就看见一位身材伟岸,浓眉大眼,目光锐利,唇下长有一颗黑痣的年轻人,站在李大钊一旁。他忙问道:

"守常,这位年轻人是谁?"

"新来的助理管理员。说来你们还是朋友。"李大钊笑着回答。

"守常,这位青年我从来未见过,怎会是朋友呢?"陈独秀大惑不解地说。

"你真的不认识?我一说,你便会明白。"李大钊兴致勃勃地说。

"谁?"陈独秀急问道。

"'二十八划生'这个名字你还记得吗?"李大钊反问道。

"'二十八划生',这位年轻作者的名字,在我脑海里印象极深,他写的《体育之研究》是一篇好文章,我把它还发表在《新青年》第3卷2号上。"陈独秀

---

① 《陈独秀文章选编》〈上〉,生活、说书、新知三联书店,1984年版,第384-385页。
② 《陈独秀文章选编》〈上〉,生活、说书、新知三联书店,1984年版,第173页。

边抽烟边说,"我记得,'二十八划生'好像是一位湖南第一师范的学生。"

"仲甫,站在你面前的这位年轻人,就是'二十八划生',湖南一师学生,名叫毛泽东,字润之。"李大钊介绍道。

"噢,毛泽东这个名字正好'二十八划',挺有意思。"陈独秀说。

接着,李大钊又向毛泽东介绍道:

"润之,这位就是发表你的《体育之研究》的《新青年》主编陈独秀先生,还是我们北大的文科学长。"

毛泽东听了,喜出望外,万万没想到令他尊敬的陈独秀先生竟出现在他眼前,而且又是这样的谈笑风生。于是,他忙向陈独秀行礼道:

"先生,感谢您对学生的栽培。"

"不必行礼,做学问不分年龄大小。谁做得好,谁就是先生。"

"先生,以前我喜欢读梁启超和康有为的文章,现在很喜欢读先生及胡适先生的文章。"

李大钊继续滔滔不绝地说:

"毛泽东原为联系湖南长沙新民学会赴法勤工俭学一事来京的,杨昌济教授相中毛泽东为婿,将自己的女儿杨开慧许配给他,真是慧眼识珠,故介绍来北大图书馆,当助理馆员,每月薪金8元。负责登记读报人姓名,管理15种中外报纸。"

"杨昌济先生是一位教授,可谓是名师出高徒,润之年纪轻轻就能写出《体育之研究》这篇颇有见地的文章,与我曾经提倡的'体育兴国'的主张不谋而合。不仅如此,这篇文章充满朝气的奋斗向上的人生观。润之,希望你能继续为《新青年》写文章。"陈独秀对毛泽东赞赏道。

"湖南长沙的青年学生很爱读《新青年》,在它的影响下,长沙

陈独秀北京故居(北京箭杆胡同20号,原9号)

成立了新民学会，按照先生提出的标准，引导大家做'新青年'。"毛泽东对陈独秀说。

陈独秀听了非常高兴，说道：

"湖南人喜欢吃辣椒，提倡新文化，也是火辣辣的，好！好！"

从此，毛泽东、陈独秀便开始了最初的革命交往。北京箭杆胡同的陈独秀寓所，成了毛泽东等一批进步青年的拜访之地。

他们的这种最初交往，可以说是从学生与老师关系开始的。正如毛泽东日后在中共七大预备会上所说："关于陈独秀这个人，我们可以讲一讲，他是有过功劳的……我们是他们那一代人的学生。"其实，当时毛泽东崇敬的人中还有胡适、蔡元培、鲁迅等。毛泽东认为，"陈独秀对我的影响超过了任何人"。

蔡元培，晚清举人，社会教育家，后加入行刺西太后行列，成立暗杀团上海分会

陈独秀与毛泽东最初的师生关系是神交，《新青年》则是媒介与纽带。陈独秀比毛泽东大14岁，陈独秀1879年出生于长江下游安徽安庆，毛泽东1893年出生于长江中游湖南韶山村。但都同饮一江水，同处于一个黑暗时代，同感受到民族危亡和人民的苦难，同有一个崇高志向与抱负——寻求真理，救国救民。当陈独秀1915年在上海创办惊醒整个时代的《新青年》时，毛泽东还是一个崇敬康梁的湖南第一师范学校的学生。这年秋天，当杨昌济把《新青年》介绍给毛泽东后，《新青年》便将他们紧密地连在一起了。陈独秀在1919年1月出版的《新青年》发表《本志罪案之答辩书》，对封建顽固派进行反击，坚定地表示拥护"德、赛"两先生，"就是头断血流，都不推辞"。他这种为真理而斗争的精神，感动了毛泽东，也更加深了对陈独秀的崇敬之情，并效仿《每周评论》创办了"以宣传新思潮为宗旨"的《湘江评论》。从此，毛泽东走上了中国政治舞台。

毛泽东对当时的陈独秀是十分敬仰和赞佩的。他对陈独秀领导"五四"运动和创建中国共产党的功绩一直给予很高评价。1945年4月，毛泽东在中共七大预备会上针对党内一些揪住陈独秀不放的情况，说："陈独秀是'五四'运动时期的总司令，整个运动实际是他领导的。""他创造了党，有功劳。"

1919年9月，陈独秀出狱后，看到毛泽东主编的《湘江评论》及其连载的

《民众大联合》等文章，十分赞赏。毛泽东所宣传的激进派思想，与他及李大钊的不仅互相呼应、甚至发挥了他提出的"直接行动"的思想，同时，也感到毛泽东与他在北京初次见面时相比，变化很大，在中国政治舞台已初露锋芒。所以，他在第7期《新青年》上，特意刊登了毛泽东撰写的《长沙社会面面观》的文章，热情地介绍长沙"五四"运动中出现的10多种白话新思潮周刊，对《湘江评论》的评价为"最有力的就是《湘江评论》"。

1918年任湖南督军的安徽霍丘人张敬尧，在湖南进行残暴统治，激起人民强烈不满，湖南全省开展了声势浩大的驱逐张敬尧运动。1919年12月，毛泽东带一班湖南人进京请愿，要求"将湖南督军张敬尧照令罢职，提交法庭依法律处办，以全国法而救湘民"。他一到北京就去箭杆胡同9号访问已被撤了北大文科学长职务的陈独秀。刚出狱不久的陈独秀面容憔悴，一见手拿雨伞风尘仆仆的毛泽东便高兴地说：

"润之，是你，你从哪儿来的？"

"我是从湖南来的，进京请愿，要求驱逐张敬尧。"

"润之，你们湖南人干得好，精神可贵。"陈独秀赞赏后，又对毛泽东说：

"润之，感谢你及湖南朋友对我被捕的营救。我认为新势力必定要战胜旧势力，我这次被捕及获释就是一次最好的证明。"

"先生你认为我们湖南驱张运动能取得胜利吗？"毛泽东试探着问陈独秀。

"润之，得道多助，失道寡助。我以为张敬尧在湖南坏事干尽，不得人心，只要齐心合力驱张，张在湖南难有立足之地。"

"先生有远见。我们湖南对驱张充满信心，不达驱张之目的，誓不罢休。"毛泽东满怀信心地说，陈独秀听了连连点头称赞。临别，毛泽东对陈独秀恳切地说：

"先生，你能否为驱张运动写点文章，给予舆论上的声援？"

"可以，完全可以，我要热烈赞扬你们湖南人的精神！"陈独秀答应道。

说话间，陈独秀已把毛泽东送出了门外，毛泽东回转身又向陈独秀行了告别礼。陈独秀操着浓重的怀宁口音向告辞的毛泽东喊道：

"润之，我盼着你们驱张运动的胜利消息！"

"好的！"毛泽东扭转头挥着手答道。

1919年12月，陈独秀果在《新青年》上专门撰写了《欢迎湖南人底精神》的文章，热情支持毛泽东等驱张运动。在文章一开头，他就写道：

"在我欢迎湖南人底精神之前，要说几句抱歉的话，因为我们安徽人在湖南地方造的罪孽太多了，我也是安徽人之一，所以对着湖南人非常地惭愧。"

文章最后，陈独秀以蝗虫自杀堆成桥让后者过河的寓言，盛赞毛泽东等湖南青年为了后人和未来牺牲自我的伟大精神。

事情的发展果不出陈独秀所料，1920年在湖南人民斗争和湘军逼迫下，张敬尧终于退出了湖南。这就更加深了陈独秀对毛泽东的印象。他看到了毛泽东非凡的革命精神、领导才华和组织能力，对毛泽东十分赞赏。因此，在上次谈话中，陈独秀还向毛泽东介绍了马克思主义。他对毛泽东说：

"润之，你这次来得正好，李大钊先生已在介绍和接受马克思主义，我也才开始理解马克思主义。李大钊、邓中夏、罗章龙等正在大量翻译俄国革命的书，还有一本马克思《共产党宣言》，你可以向他们借来看看，不可不读。"

此时的毛泽东，其思想是"自由主义、民主改良主义、空想社会主义等思想大杂烩"。他甚至还憧憬"19世纪的民主、乌托邦主义和旧式的自由主义"。

当毛泽东看了这些誊写、油印稿的俄国斗争的书和《共产党宣言》后，思想豁然开朗，如同黑暗中的灯塔照耀着他前进。正如毛泽东日后所说：

"在我第二次游北京期间，我读了许多关于俄国革命的书。我热烈地搜寻一切能找到的中文的共产主义文献，使我对马克思主义建立起完全的信仰。""1920年我在听了陈独秀的一次谈话，读了他向我推荐的《共产党宣言》等三本马克思主义的书后，才转变成一个马克思主义者。"①

把毛泽东从思想"大杂烩"中导引出来，并只信仰马克思主义一家的主要导师是陈独秀。在《"七大"工作方针》中，毛泽东还说是陈独秀最早告诉他"世界上有马克思主义"。

实际上，从此时起，陈独秀与毛泽东已开始携手转向马克思主义。

1920年7月，毛泽东在长沙创办"文化书社"时，陈独秀还为毛泽东向亚东图书馆作了300元的营业额担保。后来，毛泽东同斯诺谈话时说：

"我是他（指陈独秀）和李大钊等那一代的学生。"②

1920年4月11日，春风荡漾，柳绿花红，毛泽东离北京去上海，同行的有肖三、陈绍林等赴法新民学会人员。经历25天的旅行，毛泽东于5月5日到达上海，住在哈同路民厚南里29号。在上海两个多月的日子里，多次偕同彭璜、李思安去霞飞路（今淮海中路）渔阳里2号，拜访新文化运动的主将、正在酝酿创建中国共产党的陈独秀，和他交谈所读过的马克思主义书刊的深切体会，交流改造湖南的卓越见解。

---

① 1936年毛泽东在延安时对美国记者斯诺的谈话，载《西行漫记》。
② 1945年4月21日，毛泽东在中共七大预备会上的讲话。

在交谈中,毛泽东向陈独秀请教。毛泽东深有体会地说:"去年在北京听取你对社会问题的精辟见解,受到很大启示。你创办的《新青年》,我最喜欢看,从创刊号开始,未曾间断过。你在倡导'科学'与'民主'上有'至高至坚'的精神,你是'思想界的明星'。我回湖南后办了一个《湘江评论》,就以你倡导的'科学'与'民主'为指针,宣传新文化、新思潮。可惜,出到第 5 期就被督军兼省长张敬尧没收、查封了。"

陈独秀插话说:"过奖了。《湘江评论》我看过,办得很好,在全国,尤其在华南有很大影响。往后,有机会还可以办。"①

接着,毛泽东谈了在北京读过的马克思主义书刊和有关俄罗斯的书。他说:"我第二次到北京期间,读了许多关于俄国情况的书。我热心地搜寻那时候能找到的为数不多的用中文写的共产主义书籍。"

陈独秀告诉他:"陈望道翻译的《共产党宣言》全译本,现已译完,我已校阅,已交青年出版社,大约在 8 月份可与读者见面。这是根据日文本和英文本全译的,我和李汉俊又依据俄文本作了校对,是比较准确的,出版后将给你们寄来。"

毛泽东继续说:"《马克思经济学说》,对马克思的《资本论》第 1 卷中的精华进行了解读,通俗易懂,读来很有兴味。"

陈独秀感觉找到了一个相识的知己,侃侃而谈:"《资本论》的研究对象,是资本主义生产方式以及和它相适应的生产关系,这本书的最终目的,是揭示现代社会的发展规律。《共产党宣言》是马克思、恩格斯的合著,是他们所倡学说的新精华,是世界共产党人的奋斗纲领。他阐明了人类社会发展的规律和马克思主义阶级斗争学说,揭开了资本主义社会的内在矛盾,论证了资本主义必然灭亡,社会主义必然胜利,阐述了无产阶级的伟大使命和无产阶级专政的思想。"

1936 年,毛泽东向斯诺讲了陈独秀此次谈话时对他的影响:"我第二次到上海去的时候曾经和陈独秀讨论我读过的马克思主义书籍,陈独秀谈他自己的信仰的那些话,在我一生中可能是关键性的这个时期,对我产生了深刻的影响。陈独秀对我的影响也许超过其他任何人。"②

的确如此,毛泽东在上海的日子,是他确立马克思主义信仰的关键时期。他回忆道:"到了 1920 年夏天,在理论上,而且在某种程度的行动上,我已成

---

① 1962 年 6 月 4 日唐振南、朱开栋访问李思安记录,载《风华正茂的岁月》,湖南人民出版社,2008 年版。

② 斯诺,《西行漫记》,三联书店出版社,1979 年版,第 132-133 页。

为一个马克思主义者了,而且从此我也认为自己是一个马克思主义者了。"①

"邵飘萍著的《综合研究各国社会思潮》《新俄国之研究》,我也看了。"毛泽东怀着对俄罗斯的向往情感,继续说:"社会主义学说,花样繁多,有无政府的社会主义、社会民主党的社会主义,基尔特的社会主义,科学的社会主义,等等。俄国革命是以科学社会主义为指导,获得了胜利。邵飘萍的《新俄国之研究》介绍十月革命以后的情况,令人向往。中国能否走十月革命的道路,还要看实践,因为各国有不同的国情。我想,驱逐军阀张敬尧后,湖南先要废督裁军,实行湖南人民自治。诚如你在《除三害》一文中指明的,'中国有军人害、官僚害、政客害。在南北军阀混战的日子里,人民遭受军阀、官僚、政客的蹂躏、削刮、欺压,是不可言状的。要除去三害,国民要有参预政治的觉悟,社会中坚分子要挺身而出,组织有政见的有良心的依赖国民为后援的政党,来扫荡无政见的无良心的依赖特殊势力为后援的狗党'。我很赞成你的主张。我打算回湖南发动湖南人民自治运动,以便创造一个较好的环境,好在较好的环境下干我们的事业。"

陈独秀深思片刻,说:"湖南人民受军阀蹂躏较其他省惨重,社会各阶层,都对督军制度很反感,尤其是工人农民。你们在'驱张'运动中,初步团结了知识阶层,教师、新闻记者、商界中的民族资本家,但最重要的是把工人组织起来。这方面,你们要多花工夫,多用气力。要用通俗语言对工人进行阶级意识的启蒙,宣传'劳工神圣'。'我们吃的粮食,穿的衣服,住的房屋都是劳动者做的。社会上有各种人,唯有劳动者才是社会的台柱子。工人是最有用最宝贵的人群'。我们的工作要放在启发工人觉悟上。要使工人觉悟,第一步要求改善待遇,第二步要求管理权,做工的人自己管理政治、军事、产业。要使广大工人觉悟,入手处还在从事新文化运动,办书社,办报刊,宣传新思潮。"

毛泽东、彭璜、李思安听完这席鼓励与指导性的话,心情激动,眼睛明亮,特别是提出"工人是社会的台柱子",感觉很新鲜,很形象,异口同声说:"我们回长沙,就将文化书社、工人夜学、自治运动搞起来。"②

1920年7月初。毛泽东、彭璜、李思安怀着喜悦的心情,依依不舍地告别上海,临行,一同向陈独秀畅说了回湘的打算:先办文化书社,传播新文化;建立俄罗斯研究会,准备赴俄勤工俭学;团结社会各界人士,发动湖南人民自治运动,做些改造湖南环境的工作。在各项工作中,特别注重新闻界和教育界的

---

① 斯诺,《西行漫记》,三联书店出版社,1979年版,第132-133页。
② 1962年6月4日唐振南、朱开栋访问李思安记录,载《风华正茂的岁月》,湖南人民出版社,2008年版。

知识分子，注重社会上有影响的人物，通过他们的出面，组织教育促进会、文化书社、俄罗斯研究会，开展湖南人民自治运动。这个计划，在这之前，毛泽东以书信向蔡和森等留法勤工俭学会友通报了这一计划。

陈独秀对他们的计划很欣赏，同时也透露了共产党上海发起组已建立。告别时，陈独秀再次肯定："你们的计划如能实现，也是建党的最好准备。"毛泽东、彭璜激动地说："我们也想在这些工作的基础上，在你指导下，再着手建立'共产党'。今后还有许多事情要请你指导。"陈独秀点点头，说："多联系。"① 从这时起，湖南列入了陈独秀的组党计划。

李达回忆：上海党组织成立后，由陈独秀、李达、李汉俊找关系，"在湖南有毛泽东负责"。毛泽东、何叔衡参加中国共产党"一大"，就是李达通知的。

张国焘在《我的回忆》中说："陈先生与在湖南长沙主编《湘江评论》的毛泽东早有通信联络，他很赏识毛泽东的才干，准备去信说明原委，请他发起湖南的中共小组。"

陈独秀关注湖南，其中毛泽东、彭璜，是有思想基础的。1920年1月5日陈独秀在所撰的《欢迎湖南人底精神》中写道："湖南人底精神是什么？'若道中华国果亡，除非湖南人尽死'。无论杨度为人如何，却不能以人废言。湖南人这种奋斗精神，却不是杨度说大话，确实可以拿历史证明的。"他从《湘江评论》、"驱张"运动和与毛泽东的交谈中，已经感触到湖南人的奋斗精神，已在毛泽东这样"可敬可爱的青年身上复活了"。他热情讴歌："我们欢迎湖南人的精神，是欢迎他们的奋斗精神，欢迎他们造的桥，比王船山、曾国藩、罗泽南、黄克强、蔡松坡所造的还要雄大精神得多。"②

6月30日，毛泽东在上海致信罗章龙，通报在上海的见闻，特别提出他与陈独秀讨论湖南人民自治的计划，有了一个较为清晰的图案。他将即刻动身返回湖南，去做这些工作。并询问他离京后，北京大学曦园内部发生了什么情况和变化，北京大学马克思主义研究会又有什么新成果。在这之前，毛泽东已有信给罗章龙。当时正是北京马克思学说研究会工作开展之时。

毛泽东6月30日给罗章龙的信，辗转交付，7月25日罗章龙才收到。他随即复信，赞成毛泽东的主张："你们一年的辛苦代价不小，有志竟成，足矜愚懦。希望今后的生活，更趋高尚，日进无止。"毛泽东接到此信"紧接着回了两

---

① 1962年6月4日唐振南、朱开栋访问李思安记录，载《风华正茂的岁月》，湖南人民出版社，2008年版。

② 《体育周报》周年纪念特刊，1920年初出版。

封信"①。6 至 11 月,毛泽东给了罗章龙四封信,都是谈论自己几个月来的思想收获和行动情况。

在上海的日子里,毛泽东还到环龙路 44 号医院探望孙中山,与孙中山交谈,向他请教,希望他对湖南人民的革命斗争予以支持、指导。毛泽东认识孙中山,是从这个时候开始的。

---

① 罗章龙,《回忆新民学会(由湖南到北京)》,载《新民学会资料》,第 518 页。

第六章 五四运动总司令

014. 巴黎和会引发五四运动

第一次世界大战期间，1914年秋，日本借口对德宣战派兵入侵山东，第二年5月7日，袁世凯签字接受了日本提出的旨在灭亡中国的"二十一条"，这一天被国人定为"五七国耻日"。1919年初，一战的胜利国在巴黎召开和平会议。中国政府代表提出取消帝国主义国家在中国的一切特权，废除"二十一条"，收回日本夺取的德国在山东的特权，被会议拒绝，真可谓"弱国无外交"。

1919年4月29日，历时3个多月的巴黎和会，竟将战前德国在山东非法攫取的所有权益转让于日本。消息传来，举国愕然，全国人民尤其是知识分子和青年学生义愤填膺，热血沸腾。陈独秀所提出的由"社会中坚分子""挺身出头"的"相当的示威运动"已成为令国内外反动势力胆战心惊的事实。轰轰烈烈的一场爱国运动正以磅礴之势向全国蔓延开来。就是在5月4日这一天，陈独秀在《每周评论》上发表了《公共管理》和《两个和会都无用》等文章，继续进行政治鼓动。他说，上海的南北和会和巴黎的国际和会，都是分赃会议："我看这两个分赃会议，与世界永久和平，人类真正幸福，隔得不止十万八千里，非全世界的人民都站起来直接解决不可。"他所提出的"直接解决"和"平民征服政府"的主张，在当时极具号召力。正是在陈独秀的鼓励下，北京学生继续总罢课，走上街头进行爱国宣传。

五月四日，北京学生的爱国行动，就如沉沉黑夜发出一声响亮的春雷，震动了神州大地。

这天下午，北京各校3000多名学生义愤填膺、怒火中烧，高举"外抗强权，内除国贼""还我青岛""取消二十一条""拒绝巴黎和会上签字"大旗，高呼震天动地的口号，从四面八方齐集天安门前，举行声势浩大的游行示威。他们在宣言中写道："中国的土地可以征服而不可以断送！中国的人民可以杀戮而不可以低头！国亡了！同胞们起来呀！"同时又响亮地提出"外争主权，内除国贼"

的口号,主张立即召开国民大会。

1919年5月4日,北京13所学校的3000多名学生,集会于北京天安门前,要求取消"二十一条"、拒绝合约签字,高呼"外争国权,内惩国贼"等口号,会后举行游行示威,五四运动就此爆发。图为北京大学的游行队伍向天安门进发

可是,当游行队伍刚进入东交民巷向各国使馆表示抗议时,却受到使馆巡捕的阻挡,他们便转向赵家楼曹汝霖的住宅。北洋政府亲日派交通总长曹汝霖于1915年任袁世凯的外交次长,是签订"二十一条"的代表之一。他和驻日公使章宗祥、币制局总裁陆宗舆又是段祺瑞对日借款和签订军事协定的经手人,因而成为舆论强烈指责的3个卖国贼。

学生群众愤怒地包围和冲进了曹宅,没有找到曹汝霖,却找到了正在曹宅的章宗祥。他刚从日本回国,吓得魂不附体,被学生痛打了一顿,只得苦苦求饶。学生们尚不解恨,又点燃熊熊烈火焚烧了曹宅,大快人心。

此时大批荷枪实弹的军警赶到曹宅,进行镇压,当场就有32人被捕。5月5日,北京学生宣布罢课,成立中等以上学校的学生联合会,要求释放被捕同学,并进行爱国宣传。青年学生一马当先,爱国运动风起云涌,全国20多个省市的大小城市立即做出反应,单是山东一省,先后有30多个城市的学生、市民投入斗争中。6月3日至4日，北洋政府滥捕学生多达800余人。但学生爱国热潮更加高涨，6月5日，上街演讲的学生有5000多人，北京政府已无法加以压制。运动迅速发展，形成全国性的反对帝国主义，反对卖国政府的爱国运动。从5日起，上海实现了罢工、罢市、罢课的"三罢"斗争，参加罢工斗争的工人约6万7千人。中国工人阶级开始以独立姿态登上了政治舞台，成为反帝爱国运动的主力军。运动的中心也从北京转移到了上海。

上海的三罢斗争以后，有许多城市的工人、市民纷纷响应，使北京政府和帝国主义感到十分震惊。由于工人罢工，帝国主义在上海、天津等地租界几乎陷入了瘫痪，帝国主义在华利益受到威胁。充当帝国主义工具的北京政府不得不采取措施。6月10日，北京政府总统徐世昌被迫下令，"批准"曹汝霖、陆宗舆、章宗祥"辞职"，并且改组了内阁。28日，协约国对德和约签字，和约中规定德国在山东的权利一概让与日本，迫于社会各界的反对，中国代表拒绝签字。

6月间，学生罢课、工人罢工、商人罢市的风潮渐渐平息，帝国主义及其走狗渡过了一个难关。但是，"五四"运动的影响是他们所遏制不了的，中国思想界也经历了一次巨大的激荡。两年后的1921年，中国无产阶级政党——中国共产党正式成立。

这场具有划时代意义的"五四"运动是由谁领导的呢？毛泽东曾对此作过生动的论述。他说：

"（此时）虽然没有共产党领导，但其中总有领头的人。在'五四'运动里，起领导作用的是一些进步的知识分子。大学教授虽然不上街，但是他们在其中奔走呼号，做了许多事情。陈独秀是'五四'运动的总司令。"

称陈独秀为"五四"运动的总司令，他是当之无愧的。他不仅为"五四"运动做了思想、舆论等方面的准备，而且直接参与发动了5月4日的上街游行示威。

陈独秀为《每周评论》写的号召人民起来"直接解决"的评论，在北京青年和学生中间广为流传。据当年北大预科学生罗章龙回忆：

> 要采取"直接行动"对中国进行"根本改造"。他（指陈独秀）的这些言论非常符合当时激进青年的心意。青年们对他十分敬佩，亦步亦趋团结在他的周围。正是在他这些号召的鼓励下，易克嶷、匡互生、吴坚民、宋天放、李梅羹、王复生、刘克俊、夏秀峰、张树荣、吴慎恭、吴学裴、王有德和我等各院校的青年学生，在"五四"前夕，秘密组织了一个行动小组。

正是这个小组，在"五四"运动的发动中起了不可磨灭的作用。

"五四"运动爆发后,陈独秀以全副精力投入反帝爱国运动。从5月4日到6月上旬,陈独秀和李大钊利用《每周评论》这个阵地,组织舆论支持学生的斗争,开辟"山东问题"专栏,报道和评论山东问题交涉经过,及时总结运动的情况和经验,指导运动的发展。陈独秀废寝忘食,夜以继日地奋笔疾书,为"五四"运动呼号,在《每周评论》上发表了7篇文章和33篇《随感录》。在《为山东问题敬告各方面》一文中,陈独秀愤怒地指出:

> 现在是强盗世界!现在还是公理不敌强权时代!……若还不要脸帮着日本人说学生不该干涉政治,不该暴动,又说为政客利用煽动……这真不是吃人饭的人说的话,这真是下等无血动物。像这样下等无耻的国民,真不应当让他住在中国国土上呼吸空气。

对日公使要求北京政府取缔反日言论和过激言论的蛮横无理的照会,陈独秀也给予有力的回击:

"有一班好说直话的人,以为小幡公使的照会,不是对等国的口气,简直是中央政府对于地方长官申饬的命令,未免太不客气了。"

李大钊也在《每周评论》发表文章,进一步告诉人们:

"这些作恶的人,不仅曹、章、陆一般人,现在的世界仍然是强盗的世界啊!"他又指出我们的目标是:"改造强盗世界,不认秘密外交,实行民族自决。"这就向人民指明:要把反对曹、陆、章这般卖国贼和反对整个卖国政府、推翻封建军阀统治结合起来,把反帝斗争与反封建斗争结合起来。

6月3日至4日,北京学生团上街演讲,800余名学生又遭军警逮捕,分别关押在北大法科讲堂和理科校舍,全国最高学府一时变成了拘留所。消息传出,陈独秀无比愤慨,对被捕学生十分关切。6月8日,他在《每周评论》上发表了《研究室与监狱》一文:

> 世界文明发源地有二:一是科学研究室,一是监狱。我们青年要立志出了研究室就入监狱,出了监狱就入研究室,这才是人生最高尚优美的生活。从这两处发生的文明,才是真文明,才是有生命价值的文明。

这篇富有哲理的檄文,一时间成了青年的座右铭,鼓舞人们在与反动政府斗争中要有不怕坐牢杀头的大无畏气概,也充分展示了陈独秀推崇科学与文明、献身于人类的广阔胸怀。

陈独秀这位敢说敢为的"五四"运动总司令,在群众运动的鼓舞下,也"直接行动"起来了。当"五四"运动波及全国,"三罢"斗争日益高涨时,他亲自起草了《北京市民宣言》,交由胡适译成英文。连夜同高一涵到北京嵩祝寺旁一个为北大印讲义的小印刷所去印刷。印完时，已深夜一点多钟了。两位印刷工人"警惕性很高，把《宣言》印成后，又将底稿和废纸一概烧得干干净净"。

《北京市民宣言》提出五项要求：

> 对日外交，不抛弃山东省经济上之权利，并取消民国四年七年两次密约，免除徐树铮、曹汝霖、陆宗舆、章宗祥、段芝贵、王怀庆六人官职。

同时声明：

> 我市民仍希望和平方法达此目的。倘政府不顾和平不完全听从市民之希望，我等学生、商人、劳工、军人等，惟有直接行动，以图根本之改造。

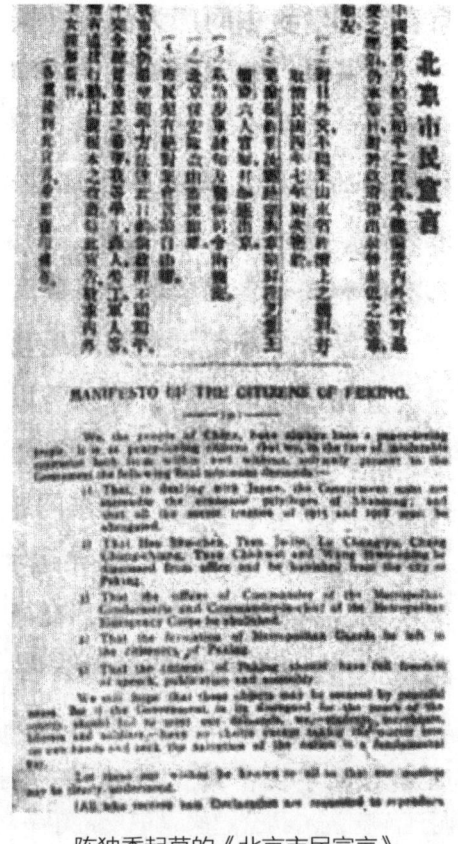

陈独秀起草的《北京市民宣言》

《北京市民宣言》是"五四"运动总司令陈独秀的《平民征服政府》的斗争纲领，击中军阀政府军阀要员徐树铮、段芝贵、王怀庆等卖国贼的要害，引人注目，影响全国，鼓舞人心，指明了人民斗争的方向。

陈独秀的"直接行动"，早已引起京师警察厅注意并密令各区署对其严密监视。

在此之前，即"五四"运动爆发不久，北京大学校长蔡元培被迫于5月9日晨秘密离京时，陈独秀在沪上的好友料到他"在京必多危险，函电促其南下"，他气愤地回答道：

"我脑筋惨痛已极，极盼政府早日捉我下监处死，不欲生存于恶浊之社会也。"

"五四"运动总司令陈独秀，早就被北洋政府看作"过激派"的首领，然而，明知处境险恶，但他仍像普通战士一样带头参加示威游行，带领学生散发《北京市民宣言》，6月11日晚，一场灾难从天而降……

015. 98 天狱中生涯

1919年6月11日晚,位于北京前门的"新世界"游艺场,灯光通明,如同白昼。戏场、书场、台球场内,座无虚席,人声嘈杂,流氓、暗探混杂其间。

这时,陈独秀着白帽西服,衣兜胀满,勇敢机敏地和两个同行者,一走进"新世界"场内便环顾四周,相互交换眼色后,楼上楼下跑个不停。当他们来到"新

陈独秀散发传单的新世界游乐场

世界"屋顶花园时,见既无游人,也无电灯,一片漆黑。于是,他们从衣兜里掏出几叠《北京市民宣言》传单,趁机把它撒了下去。顿时,露天电影场内观众乱成一团,纷纷争抢传单。正当他们转身欲离开时,便被早已注意、跟踪的巡警和密探当场逮捕。

早在日前,京师警察厅就照令从外右五区警察署抽派便衣巡警每日晚分布在"新世界"内注意观察。起因是巡警捡得传单一纸,说是要在"新世界"扔炸弹,令警方惊恐。不论此事有无,遂抽派巡警日夜侦察"新世界",并对各机关声明此事,会同担负责任。

在这之前的6月9日夜,《宣言》印好,油墨未干,次日他就同高一涵到中央公园(今中山公园)亲自去散发了。这天,北京虽然仍处于学潮之中,但中央公园游人还是不少,茶座座无虚席。人们一边喝茶,一边谈天说地,谈论时局。身揣传单的陈独秀与高一涵,也佯装在茶座上喝茶谈心,乘茶客离开的短暂时间便快速将《宣言》放在空位的桌子上,用茶杯压好。待茶客回到原座位时,看到传单便读起来,读后大声叫好,拍手欢呼。陈独秀、高一涵见此时此景,无限激动。然而,他们万没想到,在这些茶客中,就混杂有便衣巡警,他们的一举一动,早已引起巡警的监视。一个名叫朱霞的巡警,拿到《宣言》传单,向他们紧紧盯了一眼之后,火速奔赴警察署,向巡官刘永清、邓海熙等报告了情况,并联系日前那威胁将在"新世界"扔炸弹的传单,预感到这危害治安的"不法分子",必将要到"夜间人群集中的'新世界'来滋衅闹事",警察署多次

增派巡官吴广凌、关宗彝并侦缉队洪分队长等，潜藏在"新世界"内，一旦发现形迹可疑者，便会跟踪追击。

不出警方所料，陈独秀从起草《宣言》时起，就把位于北京前门闹市区的"新世界"，作为散发传单最理想之地。此处便于隐蔽散发，轰动效应也大。

8日傍晚，陈独秀约高一涵、王星拱、程演生、邓初等同乡好友，衣塞传单，到"新世界"附近一家名叫"浣花春"的四川菜馆去晚餐聚会。"醉翁之意不在酒"。他们只不过以此场合作掩人耳目，与"志同道合"者商讨如何散发传单。

陈独秀等在菜馆草草吃了晚餐后，便按事先商定的计划，由陈独秀、高一涵、邓初三人去新世界散发传单；王星拱与程演生到位于城南的艺园去配合行动。

天有不测风云。身着西服的陈独秀兜里塞得鼓鼓胀胀，一进入"新世界"，早已引起潜伏其间的京师警察厅密探李文华及便衣巡警的注意，便跟踪到"新世界"五楼上。当晚10时许，正当陈独秀在屋顶花园向楼下一露天电影院散发《宣言》传单时，当即被密探李文华等抓获，并从陈独秀身上搜出大量传单和蓝公武给陈独秀的一封信，遂将人证一并押至警察厅。当陈独秀被密探抓获时，高一涵、邓初即转身快速下楼混入慌乱的人群之中，得以幸免。

当天晚上，高君曼久候陈独秀，迟迟未归，心中有些焦急犯愁。11时许，王星拱、程演生散发传单后如约来到陈府，见陈独秀未归，又见陈妻犯愁，顿觉事情有些不妙，猜测陈独秀出事了，但又不好对陈妻说。在安慰一番之后，王、程两人便悄悄离开，打听消息去了。其实，陈独秀整夜不归乃是常事，尤其"五四"学潮期间，他常常在北大红楼学长室，挑灯熬夜写文章，或者与李大钊等商讨学潮之事。这样，王、程离去之后，陈妻高君曼便熄灯入睡。

正当陈妻进入梦乡之时，忽然军警破门闯入，高君曼从梦中惊起，幼女子美、幼子鹤年吓得哇哇大哭，仆人茫然不知所措。这时，高君曼方知陈独秀被捕，惊恐万状。

军警翻箱倒柜，当即抄去书籍、印刷等物及40余封信函，其中有一封为广州国民政府外交协会负责人林长民用英文缮写的信，对"五四"运动中学生被捕事件甚为不满，令陈独秀鼓动学生排斥亲日派之重要人物及警告日本人等。警方深知陈独秀是社会名流，深夜抄家，唯恐社会舆论谴责，故在搜查陈宅之后，一名巡官装腔作势地对高君曼说：

"陈夫人，对不起，我们奉上峰之命行事，只搜查书籍、印刷等物及信件，其他物品分毫未动，请陈夫人过目。"

高君曼面对巡警早已吓得战战兢兢，只是连声说道：

"是，就这些。"

之后，百余名巡警消失在茫茫黑色之中。

次日，一大清早，陈独秀之妻高君曼，急匆匆地赶到李大钊寓所，气喘吁吁地向李大钊报告说：

"李先生，不好了，仲甫出……事……了……"说着，高君曼泣不成声。

陈独秀的被捕是李大钊预料之中。

蔡元培被迫离京后，他曾经多次对陈独秀说，警方早已注意你们了。要研究斗争策略，一般情况下，不要公开出面，最好到南方去避一避，但陈独秀就是不听。得知陈独秀被捕，的消息后，李大钊对高君曼说：

"陈夫人，仲甫被捕，我们一定设法营救。同时，仲甫夙孚学界众望，国人共仰，警方不敢轻易对他如何。一旦被捕真相公布于民众，引起民愤，北洋政府不敢不放。请陈夫人多加保重，我这就去北大找人商量营救之办法。"

是夜，京师警察厅灯火通明，戒备森严，正在对陈独秀进行紧张的审讯。

沦为囚徒的"五四"运动总司令陈独秀一身着的白色西服上留有明显的扭扯痕迹，坐在被审席上，显得有些疲惫，怒目冷静地对视着一排坐在审讯席上的身着警服的审讯员。一名肥头大耳的审讯官，向陈独秀狠狠地盯了一眼之后，开始了严厉的审讯。

"你姓什么？叫什么？"

"本人姓陈，名独秀。"

"何地人？何种职业？"

"安徽省怀宁县人，曾任北大文科学长。"

"蔡元培先生出走北京后，你在何处？"

"蔡元培校长在校时，我就请假回家乡省亲，昨天才来北京。"

"传单从何而来？"

"路过上海市，上海学生联合会友人徐姓给我一些，叫我到北京散布。本月11日上午10点钟，我将传单送到北京学生联合会，交给一位不知姓名的学生。晚上九十点钟，我到新世界散布传单时，莫名其妙地就被你们抓到这里……"

审讯官听了陈独秀编造的一套供词后，把桌子一拍，厉言斥责道：

"陈独秀，你不要自作聪明。你这套谎言是欺骗不了警方的。老实告诉你，你的一切行动，警方早已严密监视。"

说着，审讯官顺手从审讯席上拿起《宣言》传单，指着陈独秀说：

"据警方掌握，这份传单是你亲笔所写，又是你亲手散发，扰乱社会治安，煽动人心，证据全在，你还有什么可狡辩的？"

陈独秀沉默，无言以对。

审讯官见状，火冒三丈，解开警服，严厉警告道：

"你放明白些！你若不如实招来，别怪警方对你不客气。"

陈独秀举目向审讯官扫视一下，仍缄默不语。

"好吧，那就请你先委屈一下。"

审讯官说着，一挥手，几名气势汹汹、捋起警袖的警察，顿时冲上前来，对陈独秀拳打脚踢。陈独秀被打得遍体鳞伤。他咬着牙，一声未哼，领略了监狱之"文明"。

"押下去！严加看管！"审讯员歇斯底里地吼道。

几名警察荷枪实弹，把陈独秀押进一间既脏又臭的狭小的囚室。这是他自1913年反袁"二次"革命失败后，第二次饱尝监狱之苦⋯⋯

北京炎热的夏季，狭小的囚室闷热难熬，臭气熏天，陈独秀吃的是粗粉馒头，甚至连水也喝不上。他哪能受得了如此虐待，本已患有胃病，不日又感染上暑疾，发热不止，昏昏沉沉，躺在臭虫密布的一张破床上，病情愈益严重。警方严守秘密，不把真相发表，也不宣布其态度。王怀庆之流集恨于他一人身上，残酷虐待，徐树铮每天打许多电话到警察厅，要求严办、重办。欲置他于死地而后快，并断绝他与外界的一切联系。凡因陈独秀事件之往来信电，均被邮电局扣留。连陈独秀友人给时在上海的北京政府教育部长章士钊营救陈独秀的数电也被扣留。当局怕学潮刚平，再生事端，于是禁绝一切探问，也不准北大教员、学生、友人探视，更不准家属探监。这可急煞了陈妻高君曼，她四处奔走吁请陈的友人营救，然而，她连探视丈夫一眼也被拒绝，只得整日在家愁眉苦脸，担心丈夫日益加重之病情⋯⋯

时过多日，备受虐待的陈独秀，营养缺乏，更得不到治疗，病情恶化。这时，警方才同意高君曼送换洗衣物、药品、少量食品及书籍。后在友人的斡旋下，几经周折，警方才不得不允许高君曼面见陈独秀。

这天，高君曼一走进昏暗的囚室，只见一张破床上躺着曾经一见钟情、不顾族人反对与歧视，与自己双双离家出走，现又染上暑疾的丈夫陈独秀，脸色苍白、胡子拉碴，衣衫上血迹斑斑，不禁一阵心酸落泪，扑了上去。

6月13日晨，北京市民读到披露陈独秀被捕的《晨报》和《北京日报》，舆论哗然，惊动京城。继上海《申报》《民国日报》《公言报》《时事新闻》后，全国各地报刊，纷纷在显著位置发表消息、评论，各界纷纷抨击北洋政府。

李达在《民国日报》上发表《陈独秀与新思想》一文，说得痛快淋漓：

"陈先生捕了去，我们对他应该要表两种敬意。一，敬他是一个拼命'鼓吹新思想'的人。二，敬他是一个'为了主义肯吃苦'的人。"

"捕去的陈先生，是一个'肉体的'陈先生，并不是'精神的'陈先生，'肉体的'陈先生可以捕得的，'精神的'陈先生是不可捕得的。"

"要求快恢复'无罪的''有新思想的''鼓吹新思想的'陈先生的自由来。"

15日，上海《民国日报》尖锐地指出"北京军警逮捕陈独秀是黑暗势力之猖獗"；当此"人心浮动之时，政府苟有悔祸之诚心，不应对最负盛名新派学者，加以摧残，而惹起不幸之纠葛也。"17日，上海《申报》发表的《北京文字狱》杂评指出："陈独秀之被捕，《益报》之封禁，皆是北京最近之文字狱也。"15日，从《时事新闻》发表时评说："唉，陈先生是因言词直爽，触怒权奸，竟得了这个结果。""唉，罪恶的渊薮——当局。"

"造成强大的舆论"，这是李大钊等营救陈独秀最行之有效的办法。果不出所料，陈独秀被捕的消息，一经报界披露，冲破当局与警方的封锁，如同重磅炸弹，引起全国震惊，群情激愤，全国各界人士纷纷营救，函电交驰，强烈谴责当局的倒行逆施，据理为陈独秀的行动辩白，要求立即释放陈独秀。

学界一马当先，紧急行动，北京学生会、全国学联、北大校友会、北京中等以上学校联合会等团体积极进行营救活动。联合或分别致函、致电大总统徐世昌或京师警察厅总监吴炳湘，请求释放"夙孚学界众望"的陈独秀。他们还致电上海："除设法营救，并希国人注意。"

教育及其他各界也积极行动起来。江苏教育会、上海工业协会、学商界及和平联合会、各省工会、国民大会上海干事会、中国工业协会等，纷纷从各地致函致电北京政府有关部门，强烈要求释放陈独秀。

社会名流章太炎、章士钊等，甚至对"五四"运动持反对态度的广州大元帅府参议田桐也致电徐世昌，要求尽快释放陈独秀。

北京大学、民国大学、中国大学等刘师培、马裕藻、马叙伦、程演生、马寅初等169名教授，联合致函京师警察厅总监吴炳湘，准予保释陈独秀。其中有新派人物，也有旧派人物，如刘师培等。

陈独秀是安徽人，由于早期在家参加革命活动，名气更大，当他被捕后，在安徽各界引起强烈反响，纷纷投入营救活动。京师警察厅总监吴炳湘也是安徽人，平日还认为陈独秀是有名的文人。于是，旅京皖人（安徽同乡会）和旅沪皖人（安徽协会）利用同乡关系，为营救陈独秀奔走呼号。安徽协会致旅京同乡电云：

"现闻陈君仍在拘未获，且防备甚严，虽家属亦禁省视。旅沪同乡，不胜愤激。是否当局欲以此北京学潮，归根陈君一人？诸公近在京门，岂可坐视，务乞竭力设法援救,至为盼祷。"

在安徽省各界营救人员中,安徽省省长吕调元也责无旁贷,他在致警备司令部段香帅警察总监及吴总监的电中,一面贬责陈独秀,一面说情,要段、吴看同乡的情分上,给予开释:

> 怀宁陈独秀好发狂言,书生结习。然其人好学深思,绝与过激无涉。闻在京被捕,此间人士爱护学者,群请解救。学潮初定,纵不宜又兴文字狱。两公容纳众流,夙所钦仰,务乞俯念乡里后进,保全省释,以慰士望。

时在上海的孙中山获悉陈独秀被捕,极为关注,并设法积极营救。他在上海一见到徐世昌、段祺瑞的代表许世英,就指责北京政府逮捕陈独秀,气愤地说:"你们做的好事,很足以使国人相信,我反对你们是不错的。你们也不敢把他杀死,死了一个,就会增长五十、一百个,你们尽管做吧!"孙中山坚决要求徐世昌尽快释放陈独秀。

许世英这位内务总长,连忙说:"不该,不该,我就打电报回去!"他赶紧给徐世昌发去电报,转告孙中山的意见。

营救在进行,声势愈来愈大,舆论与谴责,愈来愈强烈,变成一股强大的正义力量。

反动当局逮捕陈独秀,图谋摧残新文化运动。然而,事与愿违,一时间,在思想界引起轩然大波,各阶层人士的营救行动,变成了宣传新文化运动、推动新文化运动发展不可阻挡之势。已回到湖南的"二十八划生"毛泽东在他主办的《湘江评论》创刊号上,专门撰写了《陈独秀被捕及营救》一文,高度赞扬陈独秀当时在思想界的影响和地位。他指出:"今日中国最需要的是科学与民主,而陈君平日所标揭的,就是这两样。……陈君为这两件东西得罪了社会,社会居然就把逮捕与禁锢报给他。也可算是罪罚相敌了!"

曾任北京大学庶务主任李辛白在《每周评论》发表了《怀陈独秀》一诗:

> 依他们的主张,我们小老百姓痛苦。
> 依你的主张,他们痛苦。
> 他们不愿痛苦,所以你痛苦。
> 你痛苦,是我们的痛苦。

《每周评论》还发表署名"赤"的随笔《入狱——革新》称:

> "陈独秀在中国现代革新事业里,要算是一个最干净的健将。他也被囚了,不知今后中国的革新事业更当如何。"

受陈独秀提携的胡适,对陈独秀被捕很是焦急。他不仅为陈独秀被捕事等致信张东荪，还在《每周评论》上发表《爱情与痛苦》随感录。他说：

"《每周评论》第25号里，我的朋友陈独秀引我的话'爱情的代价是痛苦，爱情的方法总是要忍得住痛苦。'他又加上一句评语道：'依我看，不但爱情如此，爱国公理也都如此。'这几句话出版后的第3日，他就被北京警察提去了，现已有半个多月，他还在警察厅里。我们对他要说的话：'爱国爱公理的报酬是痛苦，爱国爱公理的条件是要忍得住痛苦。'"

《每周评论》还发表李大钊写的题为《是谁夺了我们的光明》随感录。他说：

"有一位爱读报的人来信说，我们对于世界的新生活，都是瞎子。亏了贵报的'只眼'（即陈独秀），常常给我们点光明。我们实在感谢。现在好久不见'只眼'了，是谁夺了我们的光明？"

《民国日报》发表的《陈独秀与新思想》一文中，大声疾呼道：

"陈先生是一个极端反对顽固守旧思想的急先锋，……他的文字，很有价值，很能够把一般青年由朦胧里提醒觉悟起来……我们对他应该要表两种敬意：一敬他是一个拼命鼓吹新思想的人。二敬他是一个很'为了主义吃苦'的人。"

此时的陈独秀虽拘禁监狱，但在逮捕与营救，摧残与反摧残的斗争激流中，他的革命形象更加光辉光大起来。

陈独秀在狱中，虽给魔鬼般的反动势力冤苦了，失去了自由，然而，它造成的强大社会舆论，社会各界人士起来营救，汇集巨大的力量，那魔鬼般的反动势力也奈何不得，种种的阴谋也破灭了，不得不于9月16日还自由给陈独秀。

是日下午，京师警察厅司法处，再次提讯陈独秀。到警察厅请予保释的安徽同乡会代表，也坐在堂中。这次审讯的气氛，与前大为不同，司法处的审讯官不再那么穷凶极恶了，虽板着严肃的面孔，只不过奉上峰之命，照章行事罢了。审讯官拖长声音草草宣布道：

"前北大教授陈独秀氏，因散发传单，被警察厅拘禁，已历3月有余。近者警厅侦察结果，不见陈氏有犯法之事实，同意安徽同乡会保释。"审讯官转向安徽同乡会代表问道：

"你们安徽同乡会愿为陈氏保释吗？"

"我们愿为陈氏保释！"安徽同乡会代表异口同声答道。

"那好！"审讯官语气一转，又装腔作势地对陈独秀宣布道：

"陈先生，你虽保释，但行动仍受限制，重大行动必须得到政府批准，你若能保证做到，请具结。"

陈独秀听说"准予安徽同乡会保释"，稍稍松了口气，但一听"行动仍受限制"的保释附加条件，怏怏不乐，很想当场发起火来，真想据理反驳。但他还

是强忍怒火,强迫自己冷静下来,暗自思忖:只要走出那黑暗监狱,还我自由,他那"豫戒令"也是约束不了我的。于是,他应付道:

"鄙人能够做到。"说完,向在堂的安徽同乡代表微微点头,以示感谢。

"能够做到就好。那就请陈先生具结。"审讯官递上纸与笔说道。

陈独秀提笔写下了一段似文字游戏的具状:"前因为人散发传单,破坏社会道德,实属不知捡点。自被查拘,颇为觉悟,以后安心学问,并在北京就正当职业,以谋生计,不作越出法律范围举动。"

下午4时,在安徽同乡会的保释下,失去自由98天的"五四运动总司令"陈独秀,迈着安详步伐,终于走出那高墙铁门的监狱。

"五四"运动中冲锋陷阵的北大学生,听说老学长获释,奔走相告,热烈祝贺公理的胜利。陈独秀出得监狱之门,也顾不得回家,坐上车直驱北大,急于和爱国学生相见。为此,北大同学会召开慰问欢迎大会,给他佩戴红花,欢迎、祝贺老学长出狱。会议主席张国焘,登台发表热情洋溢的欢迎词:

"今日,陈先生光荣出狱,我代表北大同学表示最热烈的欢迎,向陈先生致以亲切的慰问!"

陈独秀心情无限激动,在北大学生热烈的掌声中,致词答谢。

17日清晨,朝霞满天。北京《晨报》把人们斗争与期盼98天的《陈独秀恢复自由》的消息,传递到北京城的千家万户,传向神州大地的四面八方,人们欢呼,人们集会,报以热烈欢迎与祝贺。

为欢迎陈独秀出狱,《新青年》6卷6号,发表了刘半农、胡适、李大钊、沈尹默的白话诗,热烈欢迎陈独秀出狱。李大钊在《欢迎陈独秀出狱》的诗中,热情写道:

"你今天出狱了,我们很欢喜!他们的强权和威力,终究战不胜真理。什么监狱什么死,都不能屈服了你;因为你拥护真理,所以真理拥护你。你今天出狱了,我们很欢喜,有许多的好青年,已经实行了你那句话:'出了监狱便入研究室,你便久住在监狱里,也不须愁着孤寂没有伴侣。'"

反动当局,尤其徐树铮、曹汝霖、陆宗舆、章宗祥、段芝贵、王怀庆之流,受全国学生之气,愤无可泄,集怒于陈独秀一身,本欲将其置于死地而后快,没想到招来如此之大的舆论压力,恐怕学潮再起,慌了大总统徐世昌,不得不开释陈独秀。然而,徐树铮之流岂甘罢休,并未把真正的自由还于饱尝98天监狱摧残、吃尽猪狗食、肠胃病大发作的陈独秀,行动仍受限制与监视。便衣暗探,每日出没在陈宅的周围,巡警每日必来察看,警官不得不每月来"视察",填写那"受豫戒令者月记表",照例写上"行为安详,闭门读书";"拜客数次,行动省知捡点"等。警官奉命行事,填上上报了事。有的警官还向陈独秀索要名片,说:"陈先生,你名气很大,能否送张名片,作个纪念?"

陈独秀以"礼"待之,有求者必送上一张名片。

"豫戒令"岂能束缚住陈独秀的手脚?他照样我行我素,北大学生的慰问、欢迎大会,他照常参加;《国民杂志》周年纪念会,他也光临,还发表了激昂慷慨的演说:"此番运动,实为国民运动之嚆矢,匪可为与党派同日而语。"

016. 赴武汉演讲

陈独秀在98天的铁窗生活中,冷静地分析和研究了中国社会的现实与未来,对日后的革命活动成竹在胸。反动的北京当局倒行逆施,把陈独秀投入监牢,客观上帮了他的大忙,从此,陈独秀的名气和影响更加深入人心。

1920年2月5日,时值农历腊月,寒风刺骨,乌云满天,他不照"豫戒令"行事,头戴毡帽,身着长袍,巧妙地避过便衣暗探,应邀微服抵达武汉,参加武昌文化大学毕业典礼,并作演讲。他的言论风采,早在新文化运动中,就为武汉人士所仰慕,在他的影响下,"五四"运动期间,武汉群众曾向督军署、省政府请过愿,与北京爱国运动遥相呼应。那时,陈独秀在武汉三镇人士的心目中,是"五四"运动青年学子的精神领袖,又是号称新文化运动的"三圣"之一,名声极大,人们早就想一睹他的风采。这次他的到来,一时轰动了武汉乃至湖北省,备受欢迎和款待。文化大学协进会、武汉学生联合会等欢迎的代表,冒着鹅毛大雪,渡江到汉口迎接陈独秀。

是日下午3时,文化大学协进会在文化大学特地为他举行千人参加的隆重欢迎大会。在雷鸣般的掌声中,他即席发表题为《社会改造的方法与信仰》的演说。在演说中,他破题直入,鲜明地提出要改造社会,就要消灭私有财产制的主张。其改造方法有三:

(一)打破阶级的制度,实行平民社会主义,人人不要有虚荣心;
(二)打破继承的制度,实行共同劳动工作,不使无产者吃苦,有产者安享;(三)打破遗产的制度,不使田地归私人传留享有,应归为社会的共产,不种田地的人,不应该享有田地的权利。

在谈到信仰问题时,他昂头挺胸,右手伸出两指,抑扬顿挫地说:"关于信仰问题,鄙人认为有两点:一是平等的信仰;二是劳动的信仰。人人应该受教育,应该常劳动,心理上总有平等的劳动与劳动的革命。"停了一下,他环视四周,目光炯炯,千余双眼睛目睹他那教授的风采,只见他挥了挥那有力的右手,操着浓重的怀宁乡音,亮了亮嗓门说道:"那么,用什么根本的办法去改造社会呢?现在还没有到流血的时候,不过,心理上总要有研究革命的方法与信仰。到了那个可以革命的时机,我就非要与那恶魔奋斗不可!"

接着他大声疾呼道:

"中国的存亡决定于社会改造,而求之于根本之解决,又非教育上着手不可!"

他的演讲话音刚落,全场掌声四起,与会者纷纷拥上前,争先恐后与之握手,他应接不暇,只得手挥毡帽,向人们致意。

晚上,陈独秀在住地,正伏案挥毫撰写6日在文化大学毕业典礼上的演说稿《知识教育与情感教育问题》,突然有一位学生模样的年轻记者,慕名来访问他,见面就说:

"陈先生,我是记者,名叫包惠僧。你下午的演讲震动了武汉三镇,人们交口称赞,精彩极了!我想对你进行一次专访,可以吗?"

陈独秀放下手中的笔,打量了一番这位朝气蓬勃的年轻记者,便欣然同意了,陈独秀问他是哪个学校毕业的,又为何当记者。

包惠僧答道:

"学生毕业于湖北省第一师范学校。毕业后找不到工作,就当了记者。"

陈独秀笑道:

"当记者也好,能为社会服务。其实,我也是当记者出身,办过报,也办过刊物,一张报纸胜过百张嘴嘛!"

"陈先生,你深孚重望,我哪能与先生相提并论呢?"

陈独秀又风趣地说:

"包先生,你的尊名'惠僧',像个出家人的名字,挺慈善的嘛!"

两人相视哈哈大笑。

这次采访中,陈独秀同包惠僧畅谈了"五四"运动、火烧赵家楼、反封建、婚姻自由、教育与社会改造以及汉学等等,使包惠僧大开眼界,心中更觉得陈独秀是个了不起的人。更令包惠僧终生难忘的是,在这次采访中,陈独秀再三希望他多读书,学会做人、做事的道理。包惠僧是为了采访新闻而来,没想到从此他们结下了不解之缘,书信往来不断,不到半年时间,陈独秀竟约他与刘伯垂在武汉发起建立共产党的组织。

2月6日这天,文化大学的学生们奔走相告,他们敬慕已久的新文化运动开拓者陈独秀,今天上午要在毕业典礼大会上作演讲。上午9时,文化大学第四讲堂座无虚席，非毕业班的学生簇拥在讲堂之外，群情激昂。当陈独秀在孟校长陪同下，健步穿过讲堂外夹道欢迎的学生，走进讲堂时，全场起立，热烈鼓掌，大家都想争睹这位新文化运动"大圣杰"的风采。

孟校长兴高采烈地宣布道："欢迎陈独秀先生演讲！"顿时，全场响起雷鸣般的掌声、鼓乐声，汇成一支迎宾曲。陈独秀精神抖擞地走上讲台他的题为"知识教育与情感教育问题"的演讲，令学生耳目一新，豁然开朗。

他的 5 日和 6 日的演讲，经武汉《国民新报》《汉口新报》报道后，在武汉三镇刮起了"陈"旋风，邀请他演讲者纷至沓来。

2 月 7 日，他应汉口青年会会长彭厚斋邀请，在武昌高等师范学校即兴演讲《新教育的精神》。他的演讲不仅令学生倾倒，各界人士和议会议员听了他的演说也赞不绝口。

陈独秀在武汉短短的 4 天活动中，特别是数场演讲的言论，被报界美誉为"卓识谠论"，而这些言论与主张，尤其他在《社会改造的方法与信仰》演说中，提出的消灭私有财产制的主张，则令湖北政府当局大为震惊与恼火，官吏惊恐万状，不得不下令停止演讲，"逐客"武汉。

然而，武汉的有识之士却不买当局的账。8 日下午 3 时，武汉堤口下段保安会照样召开欢迎大会，到会各界人士数百人。陈独秀在热烈的掌声中，照样发表演说，且言辞慷慨，旗帜鲜明，希望武汉国民"尊重国家""考求生计""能谋工商业之发达""提倡国货而对于外交取一致行动""扩充实业以裕民生"。会后，他又参加了该保安会举行的小范围的讨论会，在谈及政治问题时，他则主张"武汉市参考美国城市的自治办法实行自治"，与湖北省当局来一个"针锋相对"。

散会时，武汉已是万家灯火。冰天雪地之夜，他应武昌学者周春煦、李慕琪、吴国干等人宴请于普海楼，席间又畅谈文字等，他极力主张中国文字实行"注音字母"。宴会毕，在武汉只逗留了 4 天的陈独秀，直去大智门乘车北上。此时，他万没想到，北京当局再次擒拿他的罗网，正在展开。

陈独秀在武汉的演讲，不仅武汉的各报及时报道，而且京沪等各地报纸迅速以显著位置摘要刊登。消息传到北京，令北洋政府大吃一惊，"呀！行动受限制的陈独秀怎么到了武汉，发表狂言，宣传过激思想，煽动民众，扰害治安。"于是，北京警察厅慌了手脚，迫不及待地采取紧急措施，加派军警对陈宅严密监视，企图待陈独秀回京时，再捕他入狱。

陈独秀之妻高君曼，发现军警严密监视，感到事情不妙。她佯装提篮上街买菜混过了监视军警，坐上一辆人力车，快速奔赴李大钊住处，见到他，就慌慌张张地说：

"李先生，不好了，我的住宅又被军警严密监视起来，还有军警站岗，万一仲甫今天从武汉突然回来，那……"

李大钊听了一怔，但很快镇静下来，对高君曼安慰道：

"陈夫人，你千万不要紧张害怕，我们一定设法保护仲甫，决不让仲甫再落敌人魔爪。"沉思片刻，李大钊斩钉截铁地说：

"陈夫人，正好高一涵、王星拱等在这里，我立即同他们商量迎接仲甫的办法，你先回去，以免引起军警的怀疑。"

"那好！"高君曼迅即离开这里。

高君曼走后，李大钊与高一涵、王星拱等紧急商定，速派人去北京车站，迎接陈独秀。

此时，车站军警林立，罗网张开，只待陈独秀一出，便可抓获归案。

"轰咚！"汽笛一声长鸣，从武汉驶来的火车到站。说时迟，那时快，迎接陈独秀的人早已进入车站，在前挤后拥的乘客中，他们发现了陈独秀的身影，上前二话没说，一顶破旧帽已套在陈独秀头上，一件粗布长棉袍裹在他身上，一支拐杖也塞到他的手中。此时，陈独秀心领神会，霎时成了跌跌撞撞的病人，在几个人的搀扶下，巧妙地走出了车站，立即坐上早已候在车站外面的人力车，直奔王星拱家。

王星拱见到陈独秀，仓促安慰他一番之后，便对陈独秀说：

"仲甫，北京太危险了，我看你还是离京去上海避一避为好！"

陈独秀不假思索地答道：

"也好。北京又在制造文字狱，一点言论自由也没有，实在太黑暗了。守常，你也得避一避，他们也不会放过你的。"

"我知道。"李大钊回答。

陈独秀从武汉回京，警方虽然扑了空，但监视更加严密。密探、便衣军警频繁地出没在他的住宅周围和车站。如何脱险离京呢？就在当天晚上，马叙伦忽得当局欲捕陈独秀的消息，急通电话告诉沈士远，沈士远即往告知陈独秀。大家都把目光投向了遇事沉着冷静的李大钊，由他想出万全之策。

李大钊是河北乐亭人，讲一口北方话，衣着朴素，看上去很像是生意人。他沉思片刻后，对陈独秀说：

"仲甫，我护送你从公路出走。"

"守常，这怎么行？你也是警方注意的对象，太危险了。"陈独秀一听，忙阻止道。

"是啊，太危险了！"高一涵等不约而同地说。

李大钊笑了笑，抖了抖身上的衣服，饶有风趣地说：

"仲甫，你们看我这个样子像不像个做生意的人？"

高一涵高兴地说：

"像，装成生意人护送仲甫出京，是个好办法。"

"眼下是农历年底，年关在即，正是北京一带生意人外出收账的时候，守常稍作化装，带上几本账册，装成店老板，仲甫当一回店伙计。这样，沿途关卡可以蒙混过去。"说罢，王星拱转身步入厨房，从厨师身上脱下一件油迹斑斑的棉背心，对陈独秀说：

"仲甫，你穿上这个就成了地道的店伙计了。不信，你穿给大家看看。"

"好的。"陈独秀接过那棉背心，往身上一披，风趣地说：

"从现在起，我是守常的店伙计，不是仲甫了。"说得李大钊他们哄堂大笑。

"好，你既然是我的店伙计，沿途一切必须听我这个老板的，不得随便讲话。"李大钊上前拍着陈独秀身上那油迹光亮的棉背心，嘱咐道。

陈独秀连连点头答道：

"好！一切听你老板的。"

北京寒冬腊月，北风呼啸，寒气彻骨。一大早，李大钊雇了一辆骡车，肩背几本账簿，手里拿着一个算盘，坐在车前，双腿跨在车把上，俨然一个生意人。陈独秀头戴一顶毡帽，压得低低的，胡子拉碴，坐在车后。车夫手中的鞭子"吧哒！吧哒！"向空中一挥，骡车"叮铃铃！叮铃铃！"从朝阳门出发，车轮轧着厚雪，向天津方向急奔。

一连几日，两人日行夜宿，丝毫没有露出破绽，顺利地通过各道关卡。一路上坑坑洼洼的，走了好几天。"南陈北李"从来未有这么多充足的时间推心置腹地交谈。每当夜深人静，就是他俩密谈的最佳时刻。

"是该建立中国共产党了！建立中国的布尔什维克。"两人商议着"惊天辟地"的大事。①

"我着手在北京作建党的准备，你在上海作建党的准备。"李大钊对陈独秀说的这句话，后来被历史学家们称为"南陈北李，相约建党"。

如此一路共商，时光飞快流逝，天津城近在眼前了。

"账房先生"重新坐回了车把，车里的那位又把毡帽压得低低的。

进入天津城，他俩没有朝火车站走去——因为那些警察很可能会在火车站

---

① 高一涵，《李守常先生传略》，载汉口《民国日报》，1927年5月24日、25日。

"恭候"。

坐在车前的李大钊，不断地催促车夫快骡加鞭。凡遇沿途关卡处，住店食宿，不管遇到什么情况，均由他出面交涉，以免陈独秀被人识破。陈独秀坐在车后，望着李大钊的背影，想着他为护送自己脱险，甘冒风险，倍觉与他患难之情弥足珍贵。他又想起此前两人多次密谈，相约在中国南北两方，联手建党，成就"开天辟地"的大业。如今，正是他冒死护送他通过道道关卡，化险为夷，顺利到达天津。想着想着，一种难以名状的感激之情溢于心间。

事不宜迟，一到天津，李大钊迅即帮他买了船票，陈独秀怀着依依惜别的心情，登上轮船前往上海。李大钊站在岸边，凝视着渐渐远去的海轮，直至消失在茫茫大海。

第七章　创建中国共产党

017. 南陈北李携手建党

陈独秀一来到上海，不顾旅途劳顿，便着手筹建共产主义研究会，并做工人的思想工作，向工人宣传马克思主义，同时对上海中华工业协会、中华总工会等团体进行调查。早在1月他就主张创办工人刊物，在《告新文化运动诸同志》一文中说：

"上海的朋友要办报，不必办和人雷同的报。上海工商业都很发达，像'店员周刊''劳动周刊'，倒有办的必要。但至今无人肯办。难道不高兴张嘴和店员劳动者说话吗？难道因为这种报不时髦，不能挂'新思潮''新文化运动'的招牌吗？"

他还明确地指出新文化运动将影响到各个方面：

"影响到产业上，应该令劳动者觉悟到自己的地位，令资本家把劳动者当作同类的'人'看待，不要当作机器、牛、马、奴隶看待。新文化运动影响到政治上，是创造新的政治理想。"

他在上海船务栈房工界联合成立大会上演讲《劳动者的觉悟》中说：

"我以为只有做工人的人最有用、最贵重……社会上各项人，只有做工的人是台柱子。"

为此，他将5月1日出版的《新青年》第7卷第6号特编成《劳动节纪念号》。其内容新颖丰富，共约400页，比原《新青年》一期增加了两倍多。他还特约了孙中山、蔡元培等题了词，尤其令人振奋的是，其中还有9人是名不见经传的劳苦工人，此外还刊登了33幅工人劳动状况的照片。

5月，陈独秀在上海秘密发起成立"马克思主义研究会"，作为成立共产党组织的先期阵地，以便联络同志，传播思想。由陈负责，参加者有李达、李汉俊、陈望道、邵力子、沈雁冰等多为知识青年和社会才俊。

李达，湖南零陵人，生于1900年，此年仅20岁，曾留学日本，是一位热

李汉俊　　　　　张国焘　　　　　董必武

心国事的热血青年，任留日学生总会理事，此时正在五四后总部设在上海的中国学生联合总会工作。李达是中共早期创始人之一，后因种种原因曾一度脱党。后恢复党籍，曾任湖南大学、武汉大学校长，著名的哲学家。

李汉俊，原名李书诗，乃晚清民初著名反清人士李书诚的胞弟，生于1890年，湖北潜江人。

1902年，12岁的李汉俊在胞兄挚友吴禄贞的资助下东渡日本求学，后以公费生身份入东京帝国大学工科，与兄学习军事。他对马克思主义经济学和政治学说有浓厚的兴趣，是日本著名社会主义者河上肇的学生。

1918年，留学16年已大学毕业的李汉俊回到上海，开始宣传马克思主义，并和湖北名流、辛亥元勋詹大悲（湖北蕲春人）、董必武（湖北黄安人）、张国恩（湖北黄安人）多有交往。同时又在上海加入《星期评论》编辑部工作，是该刊宣传马克思主义的主要撰稿人之一，得以结识陈独秀、陈望道、沈玄庐、施存统等进步人士，这些人都成为中共上海小组的发起人和重要骨干。后维经斯基、马林来华，由于李精通日、英、德、法多国文字，均是他出面接洽。

"南陈北李，相约建党"。陈独秀在上海继建立了马克思主义研究会后，着手建立中国共产党的发起组时，第一个积极做出响应的是北京的李大钊。而穿梭于京沪之间作联络工作的便是"特殊学生"张国焘。

23岁的张国焘，此时他是北京大学一名极其活跃的学生。1919年6月，当全国学联在上海成立时，他作为北京学联的代表到上海出席大会，住了一个来月。

第七章　创建中国共产党

1919年底，为了躲避警察搜捕，他从北京逃到上海，与张东荪、戴季陶、汪精卫、胡汉民过从甚密，直至1920年5月才返回北京。

隔了两个来月，这一回他又来上海——正值暑假，而北京的局势又日渐吃紧。

早几年，他埋头于数理化，不闻窗外事。自从陈独秀担任北京大学文科学长，那一期又一期的《新青年》叩响了他的心扉。他开始思索和关注国家的命运。

李大钊深刻地影响了他。如他自己所述，"由于他（李大钊）的影响，使我增加了对与（于）社会主义的兴趣。"与此同时，他"与无政府主义的黄凌霜、区声白等同学也来往频繁。中文版的无政府主义书刊如克鲁泡特金、巴枯宁等人的著作我都涉猎过"。

五四运动风起云涌，张国焘崭露头角。五四前夕——5月3日晚，在北京大学法科礼

马林，原名亨德立克斯·斯内夫利特，共产国际驻中国代表。与共产国际代表尼克斯基（俄国人）一起出席中共"一大"

堂的全体学生大会上，张国焘和许德珩等上台慷慨发言。5月4日，张国焘是游行队伍中的活跃人物。他擅长社交，联络各界人士。这样，他也就被推选为北京大学学生会干事——这成为他一生政治生涯的起点。

在李大钊的影响之下，张国焘投身到革命活动之中。如他自己所言，他成了一个"特殊学生"：

"我似乎是一个特殊学生。我的学业已耽误了一个学期，到了无法追上的地步。教师们知道我所以耽误的原因，总是善意地给我一个勉强及格的分数。我也就索性将我的大部分时间花在图书馆，贪婪地阅读社会主义的书籍。《马克思资本论入门》《政治经济学批判》《哲学的贫困》恩格斯的《家族私有财产及国家之起源》等中英文译本，都是在这个时期读完的。"

这位"特殊学生"，来往于京沪之间。当陈独秀仓促从北京逃往上海，借住于亚东图书馆里，正在上海的他便"与陈独秀先生会晤多次"。时隔5个来月，这一回，当他与陈独秀同住渔阳里2号时，他发觉陈独秀的思想已跃入一个崭新的阶段：

陈独秀向张国焘透露："组织中国共产党的意向，已和上海的李汉俊、李达、陈望道、沈定一、戴季陶、邵力子、施存统等人谈过，他们都一直表示赞成。

他特别提到戴季陶对马克思主义信仰甚笃,而且有过相当的研究,但戴与孙中山先生关系极好,是否会参加中国共产党,就不得而知。"

在陈独秀那里住了一个来月,张国焘发觉,"约在8月20日的一个晚上,我从外面回到陈家,听见陈先生在楼上书房里和一位外国客人及一位带山东口音的中国人谈话。他们大概在我入睡后才离去,后来才知道就是维经斯基和杨明斋,这是我在陈先生家里发现他们唯一的一次聚谈。第二天,陈先生很高兴的告诉我,共产国际有一位代表来了,已经和他接了头,未来的中国共产党将来会得到共产国际的支持。陈先生并未告诉我他们谈话的详情,也没有说明他们之间曾接过几次头,这大概是由于他们相约保守秘密的缘故。"

8月中旬的一天晚上,陈独秀兴奋地对张国焘说:"你回北京以后,和守常(李大钊)、申府(张申府)尽快把北京共产主义小组成立起来。"

张国焘答应到北京和邓初、罗章龙、高尚德谈谈,先把北京社会主义青年团成立起来。8月底,张国焘回到北京。这时,暑假已结束。他兴奋地将和陈独秀谈话的经过告诉李大钊。"李大钊立即表示赞成。他指出目前的问题主要在于组织中国共产党的时机是否已经成熟,但陈独秀在对南方的情况比我们知道得更清楚,判断自也较为正确,现在他既已实际展开活动,那么我们就应该一致进行。李先生相信我们现在起来组织中国共产党,无论在理论上和实际上的条件都较为具备,绝不会再蹈辛亥革命时江亢虎等组织中国社会党那样虎头蛇尾的覆辙。"

话说陈独秀与张国焘见面之前的1920年初夏,江南草长,柳暗花明。一天,陈独秀在东亚图书馆汪孟邹安排的寓所里,正在给李大钊写信商讨有关建党的事,突然妻子高君曼通报道:

"仲甫,有一男一女两位俄国人和一个中国人,说是从北京特地来拜访你的,见不见?"

陈独秀听了心头一怔。他从未与俄国人有过什么交往,哪来的俄国客人?他们来意是什么?陈独秀手一挥,对妻子高君曼说:

"'有朋自远方来,不亦乐乎'。请他们进来。"

维经斯基,俄国人,共产国际驻中国代表,中国化名吴廷康。曾对中国革命产生过重要影响

3位客人一走进门,那位个子高、鼻梁挺、卷头发的俄国男人,忙递给陈独秀一封信。陈独秀凭那信封上刚劲有力而熟悉的笔迹,就判定是李大钊的亲笔信。他拆开一看,果然是李大钊的引荐信,顿时,眉开眼笑,热情地说道:

"欢迎!欢迎!"忙叫夫人沏茶,招待来自俄国的客人。

来人是俄共(布)远东局海参崴处派来的代表维经斯基(化名吴廷康)及其夫人库兹涅佐娃和翻译杨明斋。杨明斋是山东省平度县人,早年赴俄做工,并参加工人运动,十月革命后加入俄共。杨明斋向陈独秀介绍说:

陈独秀故居(老渔阳里2号)

"维经斯基一行在北京访问,通过在北大任教的两位俄籍教授,结识了李大钊先生,经过多次恳切交谈,他们表示要帮助中国建立共产党。所以,维经斯基的秘书马迈耶夫及其夫人萨赫雅诺娃留在北京,协助李大钊先生在北方建党,今又介绍维经斯基及其夫人来上海访问陈先生,了解上海建党的情况。"①

陈独秀高兴地说:

"我同李大钊早已相约,南北方联手共建中国共产党,你们来访正是求之不得。"

维经斯基若有所思地说:

"希望陈先生尽快着手在南方建党。"

陈独秀这次同维经斯基见面,加快了在上海及至南方建党的步伐。接着,他又介绍维经斯基会见戴季陶、李汉俊、沈玄庐、张东荪、李达、陈望道、俞秀松等,还举行多次座谈会,了解中国情况和十月革命后的俄国情况,商讨发起建立共产党事宜。那时,这批思想激进活跃的知识分子,大都住在法租界,一有人招呼,便聚集在一起交谈,讨论如何尽快组建共产党的问题。

---

① 张申府,《建党初期的一些情况》,1979年9月17日,载《"一大"前后》(二),人民出版社,1980年版。

陈独秀、李大钊两位历史巨人，一南一北，相继组织成立的马克思主义研究会，实际上已成了共产党发起组织的前身。到了6月中旬，陈独秀、俞秀松、李汉俊、施存统、陈公培5人开会，正式筹备成立共产党，选举陈独秀为书记，并起草党纲十余条，提出"用劳农专政和生产合作为革命手段"。

8月的一天，酷暑炎夏，天气闷热，陈独秀渔阳里的寓所门窗却紧闭着，这里正在举行中国共产党上海发起组成立会议。参加发起的有陈独秀、李汉俊、沈玄庐、陈望道、俞秀松、施存统（当时在日本）、杨明斋和李达等8人，一致推选陈独秀担任书记。由于他的声望，决定由他函约各地社会主义分子组织支部。这次会议，共产国际代表吴廷康（维经斯基）也参加了，表示赞同中国共产党上海发起组成立。

上海发起组成立后，陈独秀约李大钊在北京组织；通过国民党山东省议会秘书长、曾经发行《新青年》的王乐平，约常去购阅《新青年》的王烬美和邓恩铭在济南组织；约毛泽东在长沙组织；武汉组织除陈独秀派刘伯垂去并找包惠僧协助外，李汉俊也去做了工作。这样，上海的组织事实上成了一个总部，各地组织为支部。组织名称开始叫"社会党"，陈独秀致函李大钊和张申府，询问叫社会党，还是叫共产党？李、张商量后明确回答："共产国际的意思是'就叫共产党'。"

"好！就叫共产党，旗帜鲜明，中国要走俄国革命道路！"陈独秀接到李大钊复信后，高兴地说。

中共上海发起组制定了《中国共产党宣言》，规定了共产主义者的理想是废除生产资料私有制，消灭阶级。

《中国共产党宣言》可以说是筹建中国共产党的纲领，是中国共产党第一份重要历史文献。

这篇《中国共产党宣言》简明扼要，通俗明白。这篇在中国共产党正式诞生之前写下的宣言，其中的原则迄今为中国共产党所遵奉。

有了如此明确的《中国共产党宣言》，中国共产党的正式成立已为时不远了。

《共产党》月刊的创办和《中国共产党宣言》的拟就，把党的名称——中国共产党确定下来。建党的工作如紧锣密鼓地进行着。

上海党组织成了中国共产党的发起组总部。以上海为中心，跟全国各地以至海外中国留学生中的共产主义者们联络着。

共产党上海发起组成立后，陈独秀特别注重做工人的发动和组织工作。8月15日，他和李汉俊发起创办了《劳动界》（周刊），成了中国劳动阶级最有力的言论机关。接着，10月又创办了《伙友》周刊。陈独秀还亲自为工人刊物及其他报撰写了20篇关于工人运动的文章，大力宣传工人的重要社会地位及其剩余价值学说，揭穿资本家剥削的秘密；宣传工人阶级的历史使命，批判资产阶级的言论，无情揭露招牌工会，号召工人组织自己的工会。

他明确指出："工人要想改进自己的境遇，不结团体固然不行。但是像上海的工人团体，就再结一万个也都是不行的。新的工会一大半是下流政客在那里出风头，旧的工会公所一大半是店东工头在那里包办。觉悟的工人呵！赶快另外自己联合起来，组织真正的工人团体呵！"

陈独秀创办的工人刊物，很快成了工人的喉舌，受到工人的欢迎。杨树浦电厂工人陈文奂写信给陈独秀热情赞扬《劳动界》："从前受资本家的压逼，……有话不能讲，有冤无处伸！现在有了你们所刊行的《劳动界》，我们苦恼的工人，有话可以讲了，有冤可以伸了，做我们工人的喉舌，救我们工人的明星呵！"

8月底，来上海躲避北京反动势力麻烦的张国焘，在陈独秀家里住了近一个月后，由沪返回北京。陈独秀要他将上海的建党意见转告李大钊，即"上海小组将负责苏、皖、浙等省的组织和发展"，希望李大钊"从速在北方发动，先组织北京小组，再向山东、山西、河南等省和天津、唐山等城市发展"。李大钊听了张国焘的转达意见后，略经考虑，深表赞成，认为上海所拟要点都是切实可行的，在北京可以照此发动起来。

继上海共产党小组建立后，北京共产党常在李大钊家中和北大图书馆主任室开会。此时已团结了一大批进步青年知识分子，如邓中夏、何孟雄、高君宇、罗章龙、张国焘、刘仁静及天津的张太雷、刘清扬等。

陈独秀还说："能入党的人最好都吸收到党内来。"张国焘强调陈独秀觉得当务之急是增加党员数量。不创党则已，既然创党，就轰轰烈烈地创党，干出个眉目来。他已去函湖南、湖北、山东等地，希望各地加快建立共产党小组的步伐。

北京共产党小组开第一次会议时，有李大钊、张国焘、罗章龙、刘仁静、黄凌霜、陈德荣、张伯根等人参加。开会前张国焘将从上海带来的《劳动者》创刊号拿出，一个人发了一份。此后，又开了几次会，吸收了张太雷、缪伯英等人入党，于1920年9月建立了北京共产党小组，11月底命名为"中共北京支部"。较早成员有李大钊、张国焘、罗章龙、刘仁静、邓中夏等。

从此，"南陈北李"携手创建中国共产党，谱写"开天辟地"的新篇章。

为做好工人的发动工作，共产党上海发起组还开办了半日学校，对工人进行宣传教育和引导。首先觉悟起来的上海江南造船厂钳工李中，受共产党上海发起组织的委托，发起组织机器工会。10月3日，上海机器工会在霞飞路渔阳里 6 号外国语学社召开发起会，参加会议的各厂代表 80 人，会议由李中任主席。发起会接纳陈独秀、李汉俊、杨明斋等为名誉会员，陈独秀被推举为工会经募处主任。在会上，陈独秀发表了热情的鼓动演讲，他指出：矿工、铁道工、机器工会，是现在世界上三个"很有势力"的团体，如果能"彻底联络"，力量就会强大，那么"社会上的一切物体，都要受它的支配，就是政府也不得不受其支配"。同时，他还揭露"总是穿长衣的先生们多、穿短衣的工人很少"的假工会真相。会议认真讨论了《机器工会简章》，由李中和陈独秀发起成立上海机器工会的行动得到了孙中山的热情支持。10 月 6 日、7 日，上海《国民日报》全文刊登了简章，积极宣传工会的主张，在社会上产生了极大的反响。与此同时，和工人有较多历史联系的国民党，也在工人中进行工作，特别是广东地区，国民党中央委员会还设有宣传部，专门联络工人的工作。

1920 年 11 月 21 日，位于上海白克路的上海公学礼堂座无虚席。来自各厂的工人代表 1000 人聚集在这里隆重举行上海机器工会成立大会，大会由李中主持。应邀参加成立大会的有来自共产党上海发起组的陈独秀、杨明斋，国民党领导人孙中山、胡汉民、戴季陶等。当大会主席李中宣布陈独秀和孙中山向大会作演讲时，全场响起热烈掌声。陈独秀发表了热情洋溢的演讲，强调工人团体须完全由工人组织，"万勿容资本家厕身其间，不然仅一资本家式的假工会而已"。他还充满希望与信心地说：

"我希望这个工会到了明年的今天，就是几千或几万的会员，建设一个大力量的工会。"

他的话音刚落，全场欢声雷动。

接着，即将回广州主持政局的孙中山，慷慨激昂，发表了长达两小时的热情演讲。他详述了机器与资本势力之关系，宣扬三民主义：

"我人欲贯彻民主主义，非在官僚中夺回民权不可，否则我国徒拥一专制度相之民主国耳。"

孙中山是为人们所爱戴的国民党领袖、历史巨人，这天出现在普通的工人之中，又发表了鼓舞人心的演说，与会的工人代表群情激昂，热情欢呼，一个劲儿地鼓掌，以表示对孙中山的爱戴之情。

陈独秀与孙中山的同台演讲，是对上海机器工会成立的祝贺与承认，极大地鼓舞了工人，同时也是对当时上海形形色色的假工会的抨击，擦亮了工人的眼睛。11 月 22 日，上海《民国日报》以显著位置对此作了报道。

陈独秀、孙中山的同台演讲，为日后的国共第一次合作奠定了良好的基础。

陈独秀在成立"马克思主义研究会"过程中，即接受维经斯基的建议，决定仿照苏联布尔什维克的样板，建立劳工者的政党。陈在《新青年》第8卷第1号即发表吾党的政见："希望法律随着阶级党派的新陈代谢渐次进步，终究有社会党的立法、劳动者的国家出现的一日。"

此时，陈独秀对于"吾党"名称犹豫不定，颇有名不正言不顺之感时，便致信北京的张申府，请张私下里和李大钊秘密商谈，不可和任何人说及。张申府，1893年生，河北献县人，与李大钊是同乡，关系密切，又曾是陈独秀主持的《星期评论》《新青年》的积极参与者，与陈关系也很好。据张的回忆：

"信写得很长，主要讲创党的事，信中说：'这件事情在北大只有你和守常可以谈'（大意如此）。为什么呢？一是因为陈独秀在北大当过文科学长，认识的人很多，但有些人不搞政治，不适于谈，而建党的事是秘密进行的。二是陈独秀在北京时，他和守常以及我经常在一起，他常到北大图书馆李主任办公室来（在红楼一层靠东南角的两间房子里），观点一致。他办《新青年》，我们经常写稿。民国七年十一月底办《每周评论》又在一起。每期刊印是在宣武门外一个报馆里，我曾与李大钊同志去校对，彼此很了解，所以陈独秀说：'这件事情在北大只有你和守常可以谈'，不是偶然的。当时建党究竟叫什么名字，还没有确定，征求我们的意见。我和守常研究，就叫共产党。这也是第三国际的意思，我们回了信。"①

如此，党的名称就定了下来。陈独秀就着手筹草共产党《党纲》，明确提出以劳农专政和生产合作为革命手段，与俄共的无产阶级专政、阶级斗争同义。

这时，陆续参加酝酿成立中共的有陈独秀、戴季陶、李汉俊、施存统、陈公培、陈望道、俞秀松、李达、沈玄庐、赵世炎、刘知白等人。

陈独秀在上海发起成立共产主义小组的同时，便利用同志、朋友及师生关系，联络全国各地的激进派人物筹组共产党。这些相

1921年，赵世炎加入中国共产党，是中国社会主义青年团旅欧支部的领导人之一

---

① 张申府，《建党初期的一些情况》，1979年9月17日，载《"一大"前后》（二），人民出版社，1980年版。

联系的同志，大都是陈主持北大文科学长时的相识，或为师友，如北京的李大钊教授；或为学生，但却是各地的五四学运风云人物，如广东、湖南、山东、武汉等地，几乎囊括了当时全国各地的激进青年。

是年暑假，陈独秀致函广东青年、北大学生陈公博、谭平山、谭植棠等人，对他们在广州筹建社会主义青年团、创办《广东群报》，以宣传新文化、改造社会，表示热情的鼓励与支持。

谭平山是中共早期著名领袖之一，先后在第三、第四、第五次全国代表大会上当选为中央委员。并为当时第三届中央局委员、第五届中央政治局常委。参加南昌起义，后脱党。新中国成立后，任政务院监察委员会主任、中国国民党革命委员会中央副主席。1956年去世。

广东共产主义小组在陈独秀的指导下，是在1921年春成立的，其时陈正应陈炯明的邀请，来广州担任省教育长之职。

陈将上海党小组起草的党纲与二谭、陈公博商量，获得他们的赞同，并与已在广州由苏俄共产主义者米诺尔、别斯林创立的"共产党"合并，正式成立中共广东小组，由陈独秀（后由谭平山）任书记，陈公博负责组织，谭植棠负责宣传，并决定以《广州群报》为党小组的机关报，至此，在国民党的大本营——广州，中共的组织萌芽诞生了。关于这段历史，当事人陈公博在回忆录中有这样的回忆：

> "那时广东虽然粤军回粤，内部的暗潮动荡不宁，在政治上有胡汉民先生和陈炯明的摩擦，在军事上有许崇智先生和陈炯明的摩擦，而在改组前的国民党，既无组织，又无训练，也无宣传。我们觉得在北如此，在南如此，中国前途殊可忧虑，兼之那时也震于列宁在俄革命的成功，其中更有仲甫先生在北大的关系，平山、植棠和我，遂赞成仲甫先生的主张，由我们三人成立广州共产党。"①

如前所述，张国焘在上海活动期间，一直住在老师陈独秀家中。行前，陈独秀告知上海党小组成立概况，并要李大钊在北京组党。上海小组负责苏、皖、浙等省的组织和发展，北京小组成立后，向鲁、晋、冀等省和天津、唐山等城市发展。

陈独秀在与张国焘谈话时表示，中共将不采用孙中山之任国民党总理那样的党魁制，以减少中国过去各政党因采用党魁制而发生的种种流弊。

---

① 陈公博，《寒风集》"我与中国共产党"一节；又见《陈公博回忆中国共产党的成立》，1944年，载《"一大"前后》（二），人民出版社，1980年版。

陈独秀还指出，在中共未正式举行成立大会以前，各地中共小组概由上海小组负通信联络之责，目前由他来居中策划，促进共产主义的发展。

陈独秀确实如此身体力行，承担起"大家长"的角色。

张国焘回京后，告知李大钊陈独秀的设想与主张，李立即深表赞同，并于次日同张共同具名回信陈独秀，表示依约在北京组党，这样，中国共产主义运动的两个最重要的奠基者（南陈北李）便共同担负起历史的重任，开创起中国开天辟地的事业来。

其时，在山东半岛上，也有一位陈独秀的志同道合的朋友，此人名叫王乐平，在齐鲁大地也是一位大名鼎鼎、极具声望的进步人士。

王乐平，山东莒县人，老同盟会员、中华革命党党员。曾任国会议员、山东省议会秘书长。在五四运动时，受山东各界重托，晋京请愿，要求徐世昌政府收回青岛主权。

在北京，王率83人的请愿团经4日4夜的"跪哭奏廷"，使得大总统徐世昌不得不接见。王在陈述要求时，声泪俱下，言道："起程之际，我山东父老兄弟姊妹环跪车站，泣不成声，嘱我代表等，请求不遂，不得生还。"这番情真意切、痛愤动人的言辞使得徐世昌身边持戟武士也不断以巾拭泪。

在学生运动的强大声援下，北洋政府终致未在巴黎和约上签字。王乐平是一个具有民主主义思想的革命党人，对共产主义运动并不十分热衷，但也不持反对态度。在北京请愿基本达到目的后，王乐平回鲁创办齐鲁通讯社。在这个传播新思想、新知识的文化场所里，王乐平发现了齐鲁大地两颗耀眼的青年明星——王尽美和邓恩铭。

王尽美，山东莒县人，1898年生，与王乐平不仅是老乡，还有远亲关系，家世赤贫，因为为地主儿子"陪读"免收学杂费才得以入私塾读书，务农6年后于1918年入山东省立第一师范预科学习，是一师五四风潮中的小领袖，曾到北京拜会北京马

王尽美

邓恩铭

克思主义研究会主要发起者、联络人罗章龙,列名外地通讯会员。

回鲁后又得到杨明斋等的支持与鼓励,即依照北京模式与志同道合的挚友邓恩铭在济南创办"康米尼斯学会",即共产主义(Communist)学会,到1920年10月,两人又联系同志,成立励新学会,以"研究学理,促进文化"相标榜,是五四时期风起云涌的社团运动的产儿,后并出版《励新》半月刊,王尽美为编辑主任,决意高举新文化运动极显明的旗帜,根本上怀疑从前一切制度、学说等,成为黄河流域共产主义运动的垦荒者。

到1921年春,经王乐平介绍,王尽美、邓恩铭等与陈独秀上海党小组、李大钊北京党小组取得联系,创立了济南共产主义小组。

邓恩铭,本名恩明,生于1901年,比王尽美小3岁,是贵州荔波的水族人,但基本上已完全汉化。邓生于中医世家,到16岁时投奔在山东作县官的二叔,于是就入山东省立第一中学读书,到五四学潮爆发时,邓亦成为该校的学生自治会负责人兼出版部长,得以与王尽美相识。两人即成为黄河下游区域共产主义运动的发起者。

王尽美、邓恩铭出席完中共一大后,即回济南担任奠基者角色。

王乐平相继担任中共山东区支部书记、山东地方执委会书记、山东省委书记等职。曾作为山东省代表出席国民党一大,被孙中山指派为特派员回鲁主持统战工作。

王氏却积劳成疾,英年早逝,于1925年8月19日因肺病去世于青岛医院,年仅27岁。

在南陈北李两位巨人的推动下,建党工作进展迅速,到了1921年初,除陈独秀担负临时中央任务的上海发起组外,有北京、武汉、长沙、广州和济南等5个支部,先后相继成立。与中共上海发起组成立的同时,远在异乡旅日的施存统和旅法的张申府受陈独秀函约发起成立旅日、旅法共产主义小组。

陈独秀在筹建共产党时,如饥似渴地阅读马克思主义著作,但中文译本太缺乏了。为此,1920年初,他亲自抓马克思主义著作翻译工作,委托恽代英翻译考茨基的早期著作《阶级斗争》,同时又叮嘱陈望道"费了平生译书的5倍功夫",将《共产党宣言》全文译出,陈独秀亲自负责和李汉俊校对后出版。李汉俊翻译了马克思经济学说的《马克思资本论入门》一书。11月,又出版了新青年丛书第一种,即李季译的克卡林《社会主义史》。这些著作,对宣传马克思主义,对创建中国共产党以及对于共产党员及青年团员确定马克思主义的信仰,树立共产主义世界观,起了极大的作用。后来,毛泽东同斯诺谈话时,还谈到当时"有三本书特别深地铭刻在我的心中,建立起对于马克思主义的信仰。我一旦接受以马克思主义对历史的正确解释后,我对马克思主义的信仰就没有动摇过"。这三本书就是《共产党宣言》《阶级斗争》和《社会主义史》。

与此同时,创办《共产党月刊》,是上海发起组织在中国树立的第一面共产党大旗;又将《新青年》改为发起组机关刊物,全面介绍苏联现状,澄清了人们对苏俄的误解和谣传,揭露了诬蔑社会主义革命的无耻谰言,起了旗帜的作用。

1920年12月底,陈独秀应陈炯明邀请到广州任广东省教育委员会委员长兼大学预科校长,到职之前他曾写信给李大钊商量是否应聘去广州。李大钊复信认为:

"领导广州教育工作,有两个重要作用。(一)可以将新文化和社会主义思潮广泛带到广东去;(二)可以在那里发动共产主义小组。"

陈独秀临去广州前,对上海方面做了具体安排,决定由李汉俊代理上海发起组书记。

陈独秀风尘仆仆地到达广州后,住在大东酒店,不久即迁居在泰康路附近的回龙里九曲巷11号三层楼房的第二层,自喻雅号为"看云楼"。意即看广州风云。当时广州无政府主义思潮泛滥,陈独秀奋起批判和斗争。在他的直接领导下,1921年春,包惠僧等7人,成立了中共广东支部,党员有陈独秀、谭平山、陈公博、谭植棠,陈独秀为书记。在成立支部时,陈独秀还特地指出,不能让无政府主义者参加,"共产党组织内部的情况也不能给他们知道"。广东支部的成立,给了无政府主义者当头一棒。

共产党支部如何开展工作?陈独秀有着独特的见解和敏锐的眼光。他主张认为:

"党员应该一面工作,一面搞革命,我们党现在还没有什么工作,要钱也没用,革命要靠自己的力量尽力而为,我们不能要第三国际的钱。"他又风趣诙谐地说:"你们看广州的无政府主义者区白声、朱谦之,不是常在报上写文章骂我陈某崇拜卢布,是卢布主义吗?然而,他们恰恰又给我上了一堂课,人家的钱不能要,拿了人家的钱就要跟人家走,我们一定要独立自主干,不能受制于人。总之,我是不愿被别人牵着走的。"

1921年6月3日,共产国际执行委员会代表马林来到上海,不久共产国际俄共(布)远东局海参崴派遣接替维经斯基工作的尼科尔斯基也来到了上海。他们同李达商议,建议"应当及早召开全国代表大会,宣告党的成立"。这样,李达便征得陈独秀的同意,向各地党支部发信,各派二人到上海开会。国际代表的到来,加快了中国共产党的正式成立。

李达、李汉俊等函电交驰，屡催陈独秀及广东代表来沪参加"一大"。此时，陈独秀因任广东省政府教育委员会委员长兼预科大学校长，正在争取一笔款子修建校舍，如果他一走，此事可能告吹。于是，他在北大学生谭植棠家召集广东党员开会，他说：

"接到上海李汉俊的来信，说第三国际和赤色职工国际派了两个代表到上海，要召开中国共产党的发起会，要我回上海，请广东派两名代表出席会议，还寄来300元路费。"他思索了一下说："第一我不能去沪，至少现在不能去。第二可以派陈公博和包惠僧两个人去出席会议。陈公博是办报的，又是宣传养成所所长，知道的事情多，报纸编辑工作可由谭植棠代理。包惠僧是湖北党组的人，开完会就可以回去工作。其他几个人都忙，离不开。"

这样，陈公博和包惠僧出席了"一大"。

湖南长沙共产党早期组织，就是毛泽东在蔡和森（中共"二大"代表、中共中央局委员、宣传部长）提议、督促、陈独秀的直接委托、指导下创立的，是直属陈独秀等人创建的共产党的一部分。陈独秀充分相信毛泽东、彭璜，在他的书信指导下，可以独立自主地建立党的早期组织。他与李达（湖南人，"一大"代表，任"一大"中央局宣传主任）把上海建党建团情况、《中国共产党宣言》、党纲草案10条、青年团章程、《共产党》月刊及时寄给了毛泽东，使长沙的共产党早期组织和长沙地方团成立的进程如期实现①。

1939年5月12日在延安杨家岭的窑洞里，毛泽东对萧三讲得很明白："1920年7月，我从上海回到长沙后，恢复湖南学生联合会的公开活动，创办文化书社、俄罗斯研究会，发起湖南自治运动，成立共产党湖南分部〔总部设在上海，1920年5月（应为6月）成立，陈独秀负责〕，然后组织社会主义青年团，同时，从事新闻工作。"②

毛泽东的回忆非常准确。上海的共产党早期组织是1920年5月开始酝酿，6月成立。陈独秀等人最初是以研究社会主义学说座谈会的形式，邀请《新青年》编辑陈望道，《星期评论》主编戴季陶（国家主义者，后来是蒋介石的理论家）、沈玄庐（后为国民党右派），编辑李汉俊，《解放与改造》主编张东荪（基尔特社会主义者，罗素弟子），商务印书馆编辑沈雁冰以及俞秀松、施存统、陈公培，在陈独秀寓所上海环龙路老渔阳里2号开过多次座谈会。施存统、陈公培回忆，仅6月份就有两次专题研究成立共产党问题。第一次因信仰差异，意见不一致，

---

① 黄文亮日记，1920年11月17日、12月27日，载《风华正茂的岁月》。
② 萧三，《从新民学会到旅欧支部》，载1982年湘乡党史办编《党史资料》第一辑。

"大家不欢而散"。"第二次，陈独秀、俞秀松、李汉俊、施存统、陈公培等5人开会。思想统一，决定成立共产党，选举陈独秀为书记，并由上述5人起草党纲"。①

俞秀松记载："在第一次会议上我们之间未达成一致意见，这第一次努力未能成功。过了一段时间，在第二次会议上，我们宣布了党的存在……并选举陈独秀为临时书记。"②新发现的《俞秀松日记》1920年7月10日明确记载上海的共产党早期组织的名称是"社会共产党"③。会后，陈独秀发信给各地马克思主义者，希望建立同样的共产党早期组织，并发信李大钊征求"社会共产党"名称的意见。李大钊复信，就取名"共产党"吧！于是，党的名称去掉了"社会"二字。

毛泽东、彭璜、何叔衡、贺民范等人将他们创立的长沙的共产党早期组织，列为陈独秀创立的共产党的一个组成部分，有当时的文献佐证。长沙的共产党早期组织创立后，1921年1月21日，毛泽东高兴地、也很自豪地通报蔡和森："党一层陈仲甫先生等已在进行组织。"这个"党一层"，应该包括了长沙的共产党早期组织在内。在给蔡和森的同一信中，毛泽东还说："出版物一层上海出的《共产党》，你处谅可得到，颇不愧'旗帜鲜明'四字。"并特地注明："《共产党》月刊第1号所载'宣言即仲甫所为'。"这个宣言的全称是《中国共产党宣言》。长沙的共产党早期组织就是按陈独秀起草的"宣言"所揭示的纲要组织的。可见，毛泽东、彭璜、何叔衡、贺民范在组织长沙的共产党早期组织过程中，自始至终都得到了陈独秀及上海的共产党早期组织的指导。

也是在这封信中，毛泽东还鲜明地提出："唯物史观是吾党哲学的根据。""吾党"二字显然是指陈独秀组织的共产党，当然也包括了长沙的共产党早期组织。他明确提出马克思主义的唯物史观是"吾党哲学的根据"，是党的指导思想。这个观点在中国共产党的建党理论中居于首次提出的特殊重要地位。毛泽东不仅是创党的实践者，也是创党理论的重要贡献者。

新民学会创建时，毛泽东、蔡和森就有"经纶天地之大经，立天下之大本的意趣"，即有向政党发展的计划。新民学会的系列活动，为在湖南建党做了思想上、干部上的准备。蔡和森来信，多次督促毛泽东建立"共产党"，或者叫作"中国共产党"。陈独秀在上海建立"共产党"时，就委托毛泽东在湖南建党。湖南人民自治运动遭受失败，毛泽东、彭璜遭遇诬陷、通缉、追究。"山穷水尽

---

① 《"一大"前后》（二），人民出版社，1980年版，第35页。
② 《俞秀松自传》，1930年于莫斯科。
③ 《上海革命史资料与研究》，第一辑。

诸路皆走不通"的情况下,他们在长沙建造党的早期组织,列为陈独秀为首创立的"共产党"的一个细胞,是水到渠成,必然结果,必然出路。

建立"共产党",建立全国统一的"中国共产党",是蔡和森 1920 年 8 月 13 日、9 月 16 日信的主旨。长沙的共产党早期组织的定名,说明毛泽东、彭璜、何叔衡遵循了老友蔡和森的意见,自觉地为建立全国统一的工人阶级政党"中国共产党"在努力。当蔡和森收到毛泽东的"党一层陈仲甫先生等已在进行组织"的报喜信,立即寄给陈独秀,宣告自己是"极端马克思派,极端主张唯物史观、阶级斗争、无产阶级专政"。无论在国内,还是在国外信仰马克思主义的新民学会会员,一致拥戴陈独秀为首发起创立"中国共产党",都在为建立统一的"中国共产党"而奋斗。

有人出于记忆失误的原因,认为毛泽东出席中共"一大"时并不是共产党员。事实是,毛泽东有关长沙的共产党早期组织先后有 6 次回忆:1936 年与斯诺谈话,1939 年 5 月与萧三谈话,1945 年在《七大工作方针》中的记述,1956 年在中国共产党"八大"时填写的代表证,1960 年接见日本文学代表团时的谈话,1969 年在中国共产党"九大"会议上的讲话。毛泽东在《七大工作方针》回顾中国共产党的发展壮大过程时说:"苏联共产党是由小组到联邦的,就是说由马克思主义的小组发展到领导苏维埃联邦的党。我们也是由小组经根据地到全国。""我们开始的时候,也是很小的小组。这次大会发给我一张表,其中一项要填何人介绍入党。我说,我没有介绍人。我们那时候就是自己搞的,知道的事也并不多。""小组"最早出现在马林向共产国际汇报中国共产党"一大"会议情况的文件中,是搬用列宁创党时的字眼。后来,党的"一大"代表陈潭秋及其以后的党的领导人和党史工作者沿用了这个名词。

长沙共产党早期组织形成时间,毛泽东在中国共产党"八大"代表证上,填写的是 1920 年。彭述之在长沙时听贺民范介绍,9 月间已有一个雏形。包惠僧回忆,是九十月间,同武汉党的早期组织成立时间大体相同。萧子昇认为是1920 年冬,"学会出现了分裂,在毛泽东领导下,那些热衷共产主义的人,形成了一个单独的秘密组织"。张国焘在《我的回忆》中也说:"湖南长沙的共产主义小组是由毛泽东发动,于 1920 年 11 月间成立。"张国焘在党的创立时期分管组织工作,应知此事。

从毛泽东 1920 年 11 月 26 日致罗学瓒信的记载,"我近来常和朋友发生激烈的争辩"。听了罗素在长沙的讲演,立即与彭璜、易礼容等人"有极详之辩论"。

新民学会会员陈启民回忆:"毛泽东收到蔡和森 8 月 13 日的来信后,转给新民学会会员传阅,并在核心成员中讨论。他先后找到了何叔衡、彭璜、陈子博、周世钊、易礼容、陶毅和我商讨、交换意见。我的结论是，赞成俄式的道路，组织共产党，进行暴力革命，夺取政权，用强权改造社会；但从个人说我现在需要的是读书，做学问上的托拉斯。"①

据毛泽东一师的同班同学周世钊也有同样的回忆："在湖南通俗教育馆毛泽东找我交谈，上海陈独秀成立了共产党，我们也可组织起来，并准备请我抓建团工作。我坦率地回答：'想继续升学。'"②

综合他们的见解和毛泽东、何叔衡邀请陈独秀来长沙的时间，长沙的共产党早期组织约在1920年10月开始酝酿，11月底初步形成，12月上旬正式成立。

长沙的共产党早期组织成员及人数，据李达、张国焘回忆，至中国共产党"一大"前有近10人。

在延安，毛泽东向萧三提过的成员有：毛泽东、何叔衡、彭璜、易礼容、陈子博、彭平之。现在可以确定的是毛泽东、彭璜、何叔衡、贺民范、易礼容、陈子博、彭平之。其中仅有贺民范不是新民学会成员。

中国共产党"一大"后至中共湖南省支部成立前，又发展了郭亮、夏曦。

018. 缺席中共"一大"

1921年6月3日，共产国际执行委员会代表马林来到了上海。

马林到上海之后不久，共产国际远东书记处派遣接替维经斯基工作的尼科尔斯基（俄国人）也来到了上海。他们同李达商议，建议"应当及早召开全国代表大会，宣告党的成立。"于是李达"发信给各地党小组，各派代表二人到上海开会"。③国际代表的到来，加快了中国共产党正式成立的步伐。

陈独秀因在广州兼大学预科校长，正在争取一笔款子修建校舍。他一走款子就不好办了。他指派陈公博和包惠僧去出席会议。④

陈独秀虽然不能参加会议，但很关心建党的事。早在这年的2月间，他曾经起草了一个党章，寄到上海，"主张党的组织采取中央集权制"。李汉俊看后"对陈独秀甚不满意，说他要党拥护他个人独裁，因此他也起草了一个党章，主张地方分权，中央只不过是一个有职无权的机关。陈独秀看了李汉俊这个草案

---

① 1962年6月5日唐振南、朱开栋访问陈启民记录。
② 1962年6月3日唐振南、朱开栋访问周世钊记录。
③ 李达，《中国共产党的发起和第一次、第二次全国代表大会经过的回忆》，载《"一大"前后》（二），人民出版社，1980年版，第10页。
④ 包惠僧，《我所知道的陈独秀》，载《"一大"前后》（二），人民出版社，1980年版，第386页。

大发雷霆"。① 现在他接到李达的信后，又向大会"提出关于组织与政策的四点意见"，交陈公博带到上海。这四点意见是："一曰培植党员，二曰民权主义指导，三曰纪纲，四曰慎重进行征服群众政权问题"。② 就是发展和教育党员，执行民主集中制的组织原则，注重组织纪律和争取群众、夺取政权的意思。

　　1921 年 7 月 23 日晚至 7 月 31 日，（最后一天闭幕式是在嘉兴南湖游船上举行）中国共产党在上海法租界贝勒路上的"李公馆"③ 举行第一次全国代表大会。有国内外 7 个省市共产主义小组派出的 13 位代表。他们是：上海的李达、李汉俊（据罗章龙回忆，上海代表是李达、李汉俊、俞秀松、周佛海 4 人）；北京的张国焘、刘仁静；湖南的毛泽东、何叔衡；湖北的董必武、陈潭秋；山东的王烬美、邓恩铭；广东的陈公博；日本的周佛海。会议原定陈独秀主持，但他因广州公务繁忙和各种原因，特派包惠僧与会。共 13 位代表，代表全国 50 多位党员。此外，还有共产国际代表马林、共产国际远东局书记处代表尼科尔斯基，共 15 人。

　　李汉俊是上海党组织成员，由他和李达一起负责中共一大的筹备工作。会议由张国焘主持。毛泽东和周佛海担任记录，刘仁静担任翻译。

　　张国焘在开幕式上只讲了 20 来分钟的话。他报告了大会的筹备经过之后，提出大会的议题，即制定党的纲领、工作计划和选举中央机构。他念了陈独秀交给陈公博带来的信，信上说了 4 点意见："一、党员的发展与教育；二、党的民主集中制的运用；三、党的纪律；四、党的路线。"

　　马林在会上介绍了共产国际的性质、组织和使命。他一口气讲了三四个小时，一直讲到子夜。

　　马林强调指出："共产国际不仅仅是世界各国共产党的联盟，而且与各国共产党之间保持领导与被领导的高度统一的上下级关系。共产国际是以世界共产党的形式统一指挥各国无产阶级的战斗行动。各国共产党是共产国际的支部。"

　　开幕式顺利结束后，接连几天讨论，起草党纲的决议。两位共产国际代表没有出席。

　　7 月 30 日，夜幕降临，一大代表在"李公馆"餐厅主持闭幕式。马林和尼科尔斯基都来了，周佛海因腹痛没有参加。

　　8 点多钟，代表们刚在那张大餐桌四周坐定，马林正准备讲话，这时从那

---

① 《"一大"前后》（二），人民出版社，1980 年版，第 9 页。
② 张国焘，《我的回忆》第 1 册，第 136 页。
③ 李汉俊的哥哥李书城家，即上海望志路 106 号，现为兴业路 78 号，也叫黄坡南路树德里 7 号，上海革命历史纪念馆所在地。

扇虚掩的后门，突然闯入一个陌生面孔、穿灰布长衫的中年男子，朝屋里环视了一周。

李汉俊发现这位不速之客，忙问道："你找谁？"

"我找社联的王主席。"那人随口答道。

"这儿哪有社联的？哪有什么王主席？"李汉俊诧异地回答。

"对不起，找错了地方。"那人哈了哈腰，匆匆退出。

马林的双眼射出警惕的目光，用英语询问李汉俊刚才是怎么回事。李汉俊当即用英语作了简要的答复。

"砰"的一声，马林用掌猛击了一下餐桌，当机立断："一定是包打听！我建议会议立即停止，大家迅速离开！"

代表们一听，马上站了起来，李汉俊领着大家分别从前门走出李公馆。

在不速之客走后，中国共产党一大代表们紧急疏散，唯有李汉俊和陈公博留在那里没有走。李汉俊带着陈公博上了楼，坐在他的书房里。

陈公博不走，据他在《寒风集》中自云："我本来性格是硬绷绷的，平日心恶国焘不顾同志危险，专与汉俊为难，现在有了警报又张皇地逃避。心中又是好气，又是好笑，各人都走，我偏不走，正好陪着汉俊谈话，看到底汉俊的为人如何，为什么国焘对他有这样的恶感……

李汉俊是"李公馆"的主人，他自然不会走。他和陈公博在楼上书房里坐定，想看看究竟是马林神经过敏，还是真的有"包打听"在作祟。

此后的情景，唯有在场的李汉俊和陈公博亲历。李汉俊死得早，没有留下任何回忆。陈公博倒是写过两篇回忆文章。

陈公博写的第一篇回忆文章，是中共党史专家李俊臣所发现的那篇《十日旅行中的春申浦》。此文是在发生这一事件后十来天内写的。除了因在《新青年》杂志上公开发表而不得不采取一些隐语之外，所忆事实当是准确的：

"……不想马上便来了一个法国总巡，两个法国侦探，两个中国侦探，一个法兵，三个翻译，那个法兵更是全副武装，两个中国侦探，也是睁眉怒目，要马上拿人的样子。那个总巡先问我们，为什么开会？我们答他不是开会，只是寻常的叙谈。他更问我们那两个教授是哪一国人？我答他说是英人。那个总巡很是狐疑，即下命令，严密搜检，于是翻箱搜箧，骚扰了足足两个钟头。他们把我和我朋友隔开，施行他侦察的职务。那个法侦探首先问我懂英语不懂？我说略懂。他问我从哪里来？我说是由广州来。他问我懂北京话不懂？我说懂。那个侦探又问我在什么时候来中国？他的发问使我知道这位先生是神经过敏，有点误会，我于是老实告诉他：我是中国人，并且是广州人，这次携眷来游西湖，路经上海，少不免要遨游几日，并且问他为什么要来搜查，这样严重地搜查。那个侦探告诉我，他实是误认我是日本人，误认那两个教授是俄国的共产党，所以才来搜检。是时他们也搜查完了，但最是凑巧的，刚刚我的朋友李先生是很好研究学问的专家，藏书很是不少，也有外国的文学科学，也有中国的经史子集。但这几位外国先生仅认得英文的马克思经济各书，而不认得中国孔孟的经典，他搜查之后，微笑着对着我们说：'看你们的藏书可以确认你们是社会主义者；但我以为社会主义或者将来对于中国很有利益，但今日教育尚未普及，鼓吹社会主义，就未免发生危险。今日本来可以封房子，捕你们，然而看你们还是有知识身份的人，所以我也只好通融办理……'其余以下的话，都是用训诫和命令的形式……一直等他走了，然后我才和我的朋友告别。自此之后便有一两个人在我背后跟踪……"

后来，陈公博在他1944年所写的回忆文章《我与中国共产党》（收于《寒风集》中），其中补充了一个重要的情节：

"（密探）什么都看过，唯有摆在抽屉里的一张共产党组织大纲草案，却始终没有注意，或者他们注意在军械罢，或者他们注意在隐秘地方而不注意公开地方罢，或者因为那张大纲写在一张薄纸上而又改得一塌糊涂，故认为是一张无关紧要的碎纸罢，连看也不看……"

密探们仔仔细细搜查李公馆，陈公博在一旁不停地抽烟。他竟把整整一听长城牌四十八支烟卷全部吸光！

幸亏马林富有地下工作的经验。他的当机立断，避免了中国共产党在初创时的一场大劫。

密探为什么会突然闯入中共一大会场呢？原来是马林引起了密探的注意！

马林，这个来头不小的"赤色分子"，1921年4月在奥地利维也纳被捕又获释之后，成了各国警方密切注视的目标。所以马林在1921年4月动身来华。因为马林早已引起各方注意，所以他在途经科伦坡、巴东、新加坡、香港时，都受到了严格的检查。

到上海之后，马林更是处于密探们的严密监视之中，所以当马林在7月23日晚来到李公馆出席中共一大开幕式时，李公馆便引起密探的注意。7月30日马林再度来到"李公馆"，出席中共一大闭幕式，密探就突然闯入"李公馆"。

那个突然闯入的不速之客，究竟是谁？据20世纪二三十年代曾在上海法租界工作，现在仍健在的传奇老人薛耕莘回忆，他听他上司程子卿讲起这一经历。

薛耕莘回忆说，那是20世纪30年代末的时候，程子卿跟他聊及，1921年曾往李公馆搜查——当时只知道一个外国的"赤色分子"在那里召集会议。首先进入李公馆侦察的便是程子卿！

在法国警察和密探们离去之后，陈公博因吸了一听香烟而未喝过一口茶，口干难熬。李汉俊吩咐廖师傅烧水沏茶。

陈公博才呷了几口清茶，忽然又闻楼梯响，陡地一惊，以为警察和密探杀"回马枪"。

抬头一看，只见从楼梯上来一个人，正在探头探脑。此人非别人，却是包惠僧！

原来，在马林下了紧急疏散令之后，包惠僧和代表们走出李公馆，不敢回博文女校，生怕那儿早已被密探们所监视。回头望望无人盯梢，也就穿小巷，走里弄，拐入渔阳里，走进2号——当时住着陈独秀妻子高君曼以及李达夫妇。

在那里等了两个钟头，看看外面没有异样动静，牵挂着李公馆里究竟如何，包惠僧便自告奋勇，前来看看。

"法国巡捕刚走，此非善地，你我还是赶快走吧！"陈公博简单地向包惠僧介绍了刚才惊险的一幕之后，对他说道。

于是，包惠僧先走。

李汉俊叮嘱道："你还是多绕几个圈子再回宿舍，防着还有包打听盯梢！"

包惠僧点了点头，消失在夜幕之中。

他走出李公馆不远，正巧遇上一辆黄包车，便跳了上去说："到三马路！"

三马路，即今汉口路。

包惠僧在三马路买了点东西，回头看看没有"尾巴"，便叫车夫拉到爱多亚路，即今延安东路。然后，又东拐西弯，这才折入环龙路，付了车钱。待黄包车走远，包惠僧步入渔阳里，来到了二号。李达给他开门。已是午夜时分，李达家中还亮着灯光。一进屋，好多人聚在他家中，正在焦急地等待着包惠僧——因为渔阳里离李公馆并不远，而包惠僧竟一去多时未返，大家为他捏了一把汗！

包惠僧述说了李公馆的遭遇，果真是法国巡警出动，大家无不佩服马林的高度警觉。只是马林和尼科尔斯基离开了李公馆之后，怕甩不掉跟踪者，未敢到渔阳里来，在上海城兜了几个圈子，各回自己的住处了。

"我们要换一个地方开会。最好是离开上海，躲开法国巡捕。"李达说道。

代表们都赞同李达的意见。可是，离开上海，上哪儿去开会呢？

周佛海提议去杭州西湖开会——因为他上年在西湖智果寺住了三个多星期，那里非常安静，是个开会的好地方。他很熟悉那里，愿做向导，第二天一早带领代表们奔赴那里。

周佛海原本因肚子大痛大泻未去李公馆,迷迷糊糊躺在博文女校楼上。将近午夜,忽听有人上楼,睁眼一看是毛泽东。毛泽东是从渔阳里2号来的,想弄清博文女校的情况。

毛泽东轻声问他:"这里没有发生问题吗?"

周佛海如丈二和尚摸不着头脑。

经毛泽东一说,他才知李公馆遭到了麻烦。看看博文女校楼上的铺位,全都空着,便知事态严重。

"走,我们一起到李达家去商量。"周佛海这时腹泻已好了些,便与毛泽东一起朝渔阳里2号走去……

不约而同,大多数代表都聚集在这里。

"我倒有一个主意。"坐在李达旁边的王会悟听了周佛海的话,开口了。王会悟不是中国共产党"一大"代表,但她是丈夫李达的得力助手。打从开始筹备会议,她就帮助李达东奔西走,安排代表住宿。这时,看到代表们聚集在她家,一副焦急的神态,就说道:"我是浙江桐乡县人,紧挨着嘉兴。我在嘉兴师范学校读过书,对嘉兴很熟悉。嘉兴有个南湖,离火车站很近,湖上有游船可以租。从上海到嘉兴,只及上海到杭州的一半路。如果到南湖租条船,在船上开会,又安全又方便。游南湖的人,比游西湖(的人)少得多……"

经王会悟这么一说,代表们都觉得是个好主意。

李达的意见,得到代表们的一致赞同。

考虑到马林、尼科尔斯基是外国人,在火车上容易惹人注意,代表们决定不让他们去嘉兴。

7月31日早上7点35分,一列快车从上海北站驶出,朝南进发。

在各节车厢里,散坐着中国共产党一大的代表们。只是他们仿佛不相识,各自独坐。他们之中有张国焘、李达、毛泽东、董必武、陈潭秋、王烬美、邓恩铭、刘仁静、周佛海、包惠僧。据有的当事人回忆,何叔衡提前回长沙了。李汉俊、陈公博因故未参加闭幕式。

据王会悟回忆,到达南湖之后,靖鸳湖旅馆账房先生代订画舫。王会悟租了一条中号船,包了一桌酒席,借了两副麻将作掩护。

订好画舫,代表们在"导游小姐"王会悟的带领下,来到了湖边码头。代表们分批登上一艘小船。小船来回摆渡,把代表们送上一艘中号的画舫……

这中舱虽然比李公馆的餐厅小一些,不过八仙桌四周一把把太师椅,坐上去还是宽敞的。

八仙桌上放着一套宜兴紫砂茶具。王会悟给代表们沏上龙井绿茶，然后"哗"的一声，把麻将牌倒在八仙桌上，代表们都会意地笑了。

她到后舱跟船老大打了个招呼，递上一包香烟，船便缓缓在湖面上移动。接着，她走过中舱，来到前舱，透过舱门望着"风景"——倘有异常动向，随即报告中舱。

甩掉了跟踪的密探，远离人喧车嚣的上海，如此安谧，如此秀丽，浅绿的湖面上飘着翠绿色的菱叶，一尘不染，令人心旷神怡。

将近中午，下起一阵小雨，游人四散，湖面上更为安静。中国共产党一大的最后一次会议，就在这时开始。

代表们讨论着党纲和决议。第一个获得正式通过的，便是中国共产党第一个纲领。

这个党纲是中国共产党"一大"的最重要的成果。党纲明确地申明了中国共产党的政治主张，规定了中国共产党的奋斗目标、组织原则以及与其他政党的关系。中国共产党是依据马克思主义学说为理论建立的。

尽管仓促成文，但这个党纲是中国共产党历史性的重要文献，表明了中国共产党从一开始建立，便沿着马克思主义的轨道运行，坚决摒弃了当时颇为盛行的无政府主义。

接着，在南湖的那艘画舫里，又通过了第二个文件，即《中国共产党的第一个决议》。决议分为六部分，即：一、工人组织。二、宣传。三、工人学校。四、工会研究机构。五、对现有政党的态度。六、党与第三国际的关系。

据李达回忆，那天的大会还通过了由陈独秀起草的《中国共产党第一次代表大会的宣言》。张国焘的回忆录中，也提到这一宣言。这篇宣言未曾传世，迄今未能找到。

据李达回忆，宣言的大致内容如下：

"这宣言有千把字，前半大体抄袭《共产党宣言》的语句，我记得第一句是'一切至今存在过的历史，是阶级斗争的历史'。接着说起中国已有产业工人百余万，手工工人一千余万，这一千多万的工人，能担负起社会革命的使命。工人阶级受着帝国主义与封建势力的双重剥削和压迫，已陷于水深火热的境地，只有自己起来革命，推翻旧的国家机关，建立劳工专政的国家，没收国内外资本家的资产，建设社会主义经济，才能得到幸福生活。宣言草稿中也分析了当时南北政府的本质，主张北洋封建政府必须打到（倒），但对于孙中山的国民政府也表示不满。因此有人说'南北政府都是一丘之貉'，但多数意见则认为孙中山的政府比较北洋政府是进步的,因而把宣言中的语句修正通过了,宣言最后以'工人们失掉的是锁链,得到的是全世界'一句话结束。……"①

大会的最后一项议程即选举中国共产党的中央领导机构。考虑到当时的中国共产党党员不过 50 多人,各地的组织也不健全,所以决定不成立党的中央委员会,只建立中央局。

就在选举着手进行之际,湖面上忽然传来一阵"突、突、突"的响声,会不会是警察局的汽艇?

代表们收起了刚刚讨论通过的文件,哗啦呼啦搓起麻将来。

"突、突、突"声由远而近,果真是一艘汽艇,不过,汽艇从画舫一侧一掠而过,并未前来找"麻烦"。事后知道那是嘉兴城里一位绅士的汽艇,与警察局无关。

一场虚惊过去。选举继续进行。中央局的人选很简单,共 3 人,即书记一人,宣传主任一人,组织主任一人。

陈独秀当选中共中央局书记。

张国焘主持中国共产党"一大",擅长社会活动,也得到不少选票,被选为组织主任。

李达负责中国共产党"一大"的筹备工作,是上海共产主义小组的代理书记,著译过大量介绍马克思主义的文章,被选为宣传主任。

当天晚上,代表们便乘火车返回上海。抵达上海时,已是夜阑人静,月升中天。

具有划时代意义的中国共产党一大,胜利结束。

从此,中国共产党宣告正式成立,并得到了共产国际的承认,作为一支新生的政治力量开始活跃于中国的政治舞台。

那艘在波涛中轻轻摇晃的画舫,成了中国共产党诞生的摇篮。共产党的诞生,成为中国历史上开天辟地的壮举。

这时,留在上海的代表只有李达、李汉俊、张国焘、包惠僧、周佛海 5 人,于是大家便推举周佛海代理书记一职,直到陈独秀返沪。

同时,马林也屡屡敦请陈独秀辞去广东省教育委员会委员长的职务,并派包惠僧去广州,一方面汇报一大会情,一方面催促陈独秀回沪支持中央工作。

---

① 李达,《中国共产党的发起和第一次、第二次代表大会经过的回忆》,载《"一大"前后》(二),人民出版社,1985 年版。

作为中国共产党的主要创始人之一，陈独秀为中共创立付出了十分艰辛的努力，虽然他被选为中共中央局书记，但他没有出席中国共产党成立大会。至于陈独秀没有出席中国共产党成立大会的原因一直是众说纷纭。

1936年，陈潭秋在《回忆中国共产党第一次全国代表大会》中说："陈独秀未出席第一次代表大会。那时他在陈炯明手下做广东的教育厅长。"这是我们看到的最早的关于陈独秀没出席中共成立大会原因的说法。后来有人则笼统地说："陈独秀这时正在广东，他没有参加党的第一次代表大会"；有的说："陈独秀当时在广东孙中山政府里负责教育委员会工作，没有参加这次大会。"这些说法显然都源于陈潭秋。

中共"一大"成员包惠僧，陈独秀指派代表，1927年脱离中共

与陈独秀关系十分密切的包惠僧回忆参加中共"一大"时的情况说：

"有一天，陈独秀召集我们在谭植棠家开会，说接到上海李汉俊的来信，信上说第三国际和赤色职工国际派了两个代表到上海，要召开中国共产党的发起会，要陈独秀回上海……陈独秀说第一他不能去，至少现在不能去，因为他兼大学预科学长，正在争取一笔款子修建校舍，他一走款子就不好办了。第二可以派陈公博和包惠僧两个人去出席会议……陈独秀年长，我们又都是他的学生，他说了以后大家就没有什么好讲的了，同意了他的意见。有人说陈独秀是家长作风，当时是有一点。"①

这段回忆录对陈独秀没参加中共"一大"的原因解释得比较详细。它有三层意思：一是中国共产党成立大会是第三国际和赤色职工国际的代表要召开的；二是陈独秀为争取一笔修建校舍款，不能去参加大会，而派别人去；三是陈独秀有家长作风。

实际上，陈独秀认为外国人对召开中国共产党成立大会有包办倾向，他对此很有意见，所以不去参加大会。陈独秀认为：第三国际的马林建议召开中国共产党正式成立大会，本应先向陈独秀建议，然后由陈独秀出面筹办，召集成

---

① 包惠僧，《我所知道的陈独秀》，1975年5月，载《"一大"前后》（二），人民出版社，1980年版。

立大会才合乎情理。可是李汉俊突如其来地叫他去上海参加中共成立大会，陈当然有意见。共产国际代表对召开中国共产党成立大会的包办倾向，是陈独秀没有出席这次大会的一个最根本的原因。

当然，陈独秀不去参加中国共产党正式成立大会，也有思想、工作作风方面的原因。陈独秀当时刚过40岁，血气正盛，性格倔强。包惠僧认为陈独秀有点家长作风，"不怕得罪人，办事不迁就"。林伯渠与陈独秀共事较久，"深知其倔强个性"。陈独秀花费了巨大的心血，真诚而热切地筹建中国共产党，最后由两个外国人主持领导中国共产党的正式成立大会，个性倔强的陈独秀以为自己的人格尊严无端地受到极大损害，接受不了，是顺理成章的。

还有一个重要原因就是对马林包办中共成立大会的错误倾向的强烈抵制。陈独秀以争取一笔修建校舍款为由不出席中共"一大"，实为借故抵制马林包办倾向的一种行动。共产国际代表马林要中共上海发起组的代理书记组织召开正式成立中国共产党的大会，中共上海发起组的代理书记已经接受了，陈独秀不好完全拒绝，也不好再改变召开大会的日期，但自己又有意见，他只好借故进行抵制，不去参加大会。而他仍叫陈公博、包惠僧去参加中国共产党成立大会，这是一种有限度的抵制包办倾向的行动。这也是陈独秀顾全大局的表现。

1921年7月，中国共产党正式成立后，包惠僧奉命到广州接陈独秀去上海任书记，在广州，包惠僧向陈独秀谈到上海的情况，陈说他"不完全同意马林的意见"。陈独秀和包惠僧在回上海的船上，包谈到马林在"一大"上的即席讲话，陈对马林所说的中国共产党从成立起就是共产国际的一个支部"是反感的"。陈到上海后，与马林进行了多次交谈，"还是谈不拢"。当时，"陈独秀对大家说，我们不能靠马林，要靠中国人自己组织党，中国革命靠中国人自己干，要一面工作，一面革命"。由此可以看出，陈独秀这时的思想，与不出席马林等确定的中国共产党成立大会时的思想仍没有多大改变。

毛泽东曾经回忆说："1921年7月，我到上海去出席共产党成立大会。在这个大会的组织工作中，起主要作用的陈独秀和李大钊，这两个人都是当时中国知识界领导人。我在李大钊手下担任国立北京大学图书馆助理员的时候，曾经迅速地朝着马克思主义的方向发展。陈独秀对我在这方面的兴趣，也起过作用。我第二次到上海去的时候，曾经和陈独秀讨论我读过的马克思主义书籍。在我一生中的可能是关键性的这个时代，陈独秀关于他自己的信仰的那些话给我留下了深刻印象。"①

---

① 《中共往事钩沉》，四川人民出版社，1996年版，第95页。

019. 再次入狱

中国共产党刚刚成立,工作千头万绪,而设在上海的中央局群龙无首——周佛海不仅正忙于恋爱,而且他当时的声望担当不起代理书记之职。于是,马林坚决要求陈独秀辞去广州的职务,回到上海专门从事中国共产党的领导工作。

中共"一大"闭幕后的一天,马林召集张国焘、李达、周佛海和包惠僧开会。在听取他们有关"一大"会议的情况后,马林不满地说:

"陈独秀先生当选为中国共产党中央局书记,应当回到上海,尽到责任,不能由别人代替,国际上没有这样的先例。一个国家的共产党领导人,不能在资产阶级政府里做官,国际上也没有这样的先例。"

于是,会议决定派包惠僧去广州接陈独秀。

包惠僧对马林说:

"我这就回广州,向陈独秀报告这次会议情况并接他回上海。"

马林听了连连点头,但又对包惠僧说:

"包先生,你要对陈独秀先生讲清楚,要他回上海,不仅是中国党的意思,也是我的意思。"

包惠僧坐海船来到香港,又改乘火车到达广州,依然落脚于广州昌兴马路23号2楼《新青年》杂志发行部。

此时,正值陈独秀与广州的学阀们矛盾激化,闹得不愉快之际。

包惠僧一到广州,便到回龙里"看云楼",向陈独秀详细汇报了"一大"情况,并高兴地向陈独秀说道:

"陈先生,祝贺你当选为中央局书记。"

"这是大家对鄙人的信任,其实谁当都一样!"

"不,这是众望所归。"包惠僧停了一会儿,又说:

"不过上海方面马林,要先生尽早回到上海主持工作。"

包惠僧与陈独秀相见,开门见山地说明来意之后,陈独秀便直截了当地说:

"当初是为了推进广东革命而南下的,现在共产党成立,当然不能就留广州,是该回上海了,这也是众人所愿。"陈独秀吸了一口雪茄烟突然语气一转道:

"不过,那个马林也太……"

包惠僧两眼望着陈独秀,一声不吭,知道陈独秀对马林不太满意。

8月17日,陈独秀致函正在桂林指挥粤军与陆荣廷作战的陈炯明(时任广东省长兼粤军总司令、1925年在美国选为中国致公党第一任总理），辞去教育委员会委员长一职。陈炯明真心实意想挽留陈独秀，便于8月24日复电：

"仍望以教育为重，当风独立，我做我事，不萌退意为要。至于一切障碍，我当为委员会扫除之……"

又批其辞呈云："该委员会贞固有为，夙深倚重，所请辞职，应毋庸议云。"

陈独秀把陈炯明复电给包惠僧看，包惠僧赞佩道：

"陈炯明先生对你的评价不错嘛，'贞固有为，夙深倚重'。"

"那是他想留人！"陈独秀不以为然地说。

包惠僧急忙问道：

"陈先生，陈省长要挽留你，你怎么答复他？"

"医治胃病，请假离粤，一走了之也！"陈独秀幽默地答。

9月9日，广东省教育委员会职员为陈独秀饯行。9月11日，陈独秀和包惠僧乘船离粤回沪。9月的夜晚，明月高悬，海风吹拂，令人心旷神怡。轮船在大海波涛中起伏不定，朝着中国共产党诞生地——上海，急驶而去。陈独秀和包惠僧依附在船舷上，欣赏这夜色海景。陈独秀一支接一支地抽着他爱抽的雪茄烟，吞云吐雾。

包惠僧知道陈先生的性格，沉思良久之后，必有新的思路或打算。于是，包惠僧问陈独秀：

"陈先生，共产党已成立了，你又是中央局书记，下一步的道路怎么走？"

"共产主义运动是国际潮流，共产主义在中国怎样进行还要摸索，由于各个国家的情况不同，马克思主义发展形态也各异，在中国是什么样子还要看发展。"

陈独秀情不自禁地做了几次深呼吸，顿觉心爽神清。接着，他对包惠僧说：

"不过作为共产党首先要信马克思主义；其次要发动工人，组织工人，武装工人，推翻资产阶级政权，消灭剥削制度，建立无产阶级专政。不过中国无产阶级革命还早得很，可能要一百年上下，中国实现共产主义遥远得很，我们现在组织了党，只是革命的第一步，不能急于求成，一步登天，要尊重客观事实。"

陈独秀在谈到关于第三国际时，双手叉腰，抬头眺望那航行的方向，沉思一会儿说：

"我们没有必要靠它，现在我们还没有阵地，先独立自主地开展工作，在适当的时候找第三国际联系。"

包惠僧接上说：

"陈先生，马林说过，中国共产党从成立起，就编入了第三国际，是国际的一个支部。"

陈独秀听了十分反感，说道：

"他们承认与否没有用！"他又说：

"要靠中国人自己组织党，中国革命要靠中国人自己干，要一面工作，一面革命。将来你还是回武汉或是到重庆教书。"

包惠僧听了陈独秀的一番话后，心里也有些底了，不便再多问。

船到上海，陈独秀又回到了渔阳里2号，专任中共中央局书记，主持中央工作。他到上海后，得知共产国际代表马林态度傲慢，盛气凌人，以共产国际自居，并对他不征求中央意见就独自密派张太雷赴日本联络社会主义者参加即将举行的远东劳苦人民大会的事，极为不满，还对张国焘向马林提出劳动组合书记部计划和预算及给工作人员薪金的规定，十分气愤，斥之为"雇佣革命"。加之回沪后，张国焘多次催促他去见马林，这样，火上加油，陈独秀对马林更无好感，声言不与马林见面，并拟要求共产国际撤换马林的代表职务。他多次在会上说：

"我们没必要事事都要依靠第三国际，听马林的。马林以共产国际自居，他马林就是共产国际？他要我们听他的，牵着我们鼻子走。否则，不听他的，就是不听共产国际。"

然而，不管陈独秀对马林如何发火，张国焘还是坚持劝说陈独秀早点去见马林，消除误会，交换意见。坐在一旁的张国焘说：

"陈先生，你是中国共产党中央局书记，马林毕竟是共产国际的代表。你去见他一下，也好表示一下中国党对他们的尊重，也算是礼节性的吧。"

张国焘对马林是唯命是从。每次开会他都当主席，当大家对某个问题争议不休时，张国焘就说，先记录下来，等马林来肯定，搞得大家很不愉快。所以，张国焘一再劝陈独秀见马林。

在张国焘的再三催促下，陈独秀勉强答应去见一见马林。

9月中旬的一天，陈独秀在张国焘的陪同下，来到了马林的下榻之处。张国焘向马林介绍道：

"马林先生，这位是中国共产党中央局书记陈独秀先生。"

"噢，欢迎，欢迎！陈先生，你终于回上海来了！"

"谢谢！"陈独秀礼节性地答道。

双方寒暄了几句之后，空气有些窒息，在沉默了好一会儿之后，马林说道：

"第三国际是全世界共产主义运动的总部，各国共产党是第三国际的支部。所以，中国共产党的工作方针和计划，应在共产国际统一领导之下制定。"接着，马林态度极其严肃，用带有命令的口气说：

"陈独秀同志,作为一个共产党员,就应该听共产国际的!"

陈独秀一听,"霍"地站了起来,态度强硬地对马林说:

"中国革命有中国的国情,目前也不需要国际的经济援助,中共的工作,也无须样样依靠国际,我们有我们的独立性。"

以共产国际自居的马林,以前听说陈独秀的脾气不好,但没领教过,万没想到,陈独秀对共产国际,对他马林如此的高傲态度,气得无言以对。这样,陈、马第一次见面不欢而散。

这时,张太雷和杨明斋已从苏联回到上海。张太雷担任马林的翻译。

有一次,张太雷对陈独秀说:

"全世界的共产主义运动,都是在第三国际领导之下,中国党当然不能例外。"

陈独秀听了,火冒三丈,把桌子一拍,厉声说道:

"各国有各国的情况,我们中国是个生产事业落后的国家,我们要保留自主独立的权力,要有能独立自主的做法;我们有多大的能力,干多大的事,决不能让任何人牵着鼻子走,我可以不干,决不能戴第三国际这顶大帽子。"

说完,陈独秀拿起皮包出门要走,张太雷仍然笑嘻嘻地请他坐下,陈独秀瞪着一双眼,理也不理,拂袖而去。①

陈独秀与马林谈话闹成了僵局。

张太雷知道,陈独秀和马林都是脾气直爽而又个性极强的人。马林戏称陈独秀为"火山",动不动会"爆发"。其实,马林自己也是一座"火山"。陈独秀跟维经斯基相处甚为融洽,那是因为维经斯基温文尔雅,待人和悦。

马林这座"火山",曾在上海马路上"爆发"过:那是他见到一个外国人欺侮中国苦力,怒不可遏,"火山"爆发,跟那个外国人大打出手,可谓"路见不平、拔刀相助"。

张太雷既理解马林的意思,又懂得陈独秀的心理,在两座"火山"之间调解着,以求缩小分歧。

就在两座"火山"在一次次会谈中,彼此"爆发"着的时候,10月4日,一桩突然发生的事件,使这两位"火爆"性格之人变得融洽起来,过去的争论、舌战,骤然冰消云散。

原来陈独秀返沪之后,上海报纸披露了他的行踪,马上引起了法租界巡捕的注意,便派密探四处侦察。

---

① 包惠僧,《回忆马林》,载《马林在中国的有关史料》。

早在法租界巡捕闯入李公馆的翌日，就正式发出一份公告。1921年8月2日《上海生活报》曾登载：

"前天（引者注：指7月31日），法国警察通知法租界的中国团体说，根据新的规定，一切团体在他们呆的地方举行会议必须在48小时以前取得警察的批准。"

显而易见，这是法国警察7月30日晚发觉李公馆内"中国团体"在开会而发出的警告式通知。

从此，法国警察加倍注意"中国团体"的动向。

渔阳里2号，恰恰又是法租界，在法国警察的管辖范围之内。陈独秀成了密探跟踪的对象——尤其是陈独秀一次又一次与马林密谈，而马林则是密探监控的重点人物。

10月4日下午，渔阳里2号的黑漆大门忽地响起敲门声。这显然是陌生客人来临，因为熟人都知道进出后门，不会去敲前门。正在客厅闲坐的包惠僧，赶快去开前门。门外站着三四个陌生人，一副上海"白相人"的派头，说是要"会一会陈先生"，又说要买《新青年》。

包惠僧见来者不善，推说陈先生不在家，欲关上大门，那班人便抢着进屋，把正在客厅里的杨明斋、柯庆施围住。

陈独秀听见下面有吵叫声，便知不妙，连忙下楼，从后面出走。谁知刚到后门，那里已有密探看守。

于是，陈独秀和妻子高君曼以及包惠僧、杨明斋、柯庆施5人都被押上警车，直奔薛华立路（今建国中路）法国总巡捕房。

在审讯中，陈独秀自称"王坦甫"，说是偶然来渔阳里2号，遭到误捕。

被捕另外4人，也报了假名，掩饰身份。

不料，在陈独秀等5人被捕之后，邵力子带着褚辅成去渔阳里2号访问陈独秀。褚辅成是社会名流、同盟会元老。1917年8月孙中山在广州召开非常国会时，褚辅成是副议长。邵力子时为《民国日报》经理兼总编、副刊《觉悟》主编、上海党的发起组成员、鼎鼎有名的报人。两人一进渔阳里2号，当即被密探抓获，也押送法国总巡捕房。

在巡捕房，陈独秀一见到褚辅成，正要打手

杨明斋

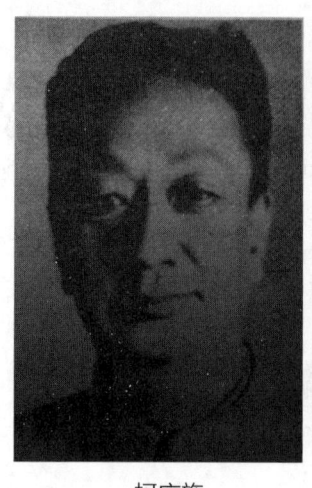  

柯庆施　　　　　　邵力子　　　　　　褚辅城

势，示意不认识，哪晓得褚辅成已先开口："仲甫，怎么回事，一到你家就把我搞到这儿来了！"

这下子，"王坦甫"露馅！

陈独秀仍镇定自若，为另4人遮掩，说他们是在他家打麻将，与他无关。

次日，会审公堂审问共产党首领及其党徒。公堂森严，令人悚然，未见过这种阵势的高君曼甚是紧张、胆怯。但三进牢房的陈独秀却是沉着冷静，应付自如。当法庭认为高君曼和包惠僧等人为陈独秀的党徒时，陈独秀镇静自若地说道：

"他们是我的客人，高是家庭妇女，是我的太太。客人陪我太太打牌，有事均由我负责，与客人无关！"

法庭审问后，将高君曼无罪释放。经半个来月的周旋，包惠僧、杨明斋、柯庆施得以获释。仅留陈独秀一人。

陈独秀对包惠僧等嘱咐说：

"我家里有马林的信件，如果被搜出来可能要判七八年徒刑。我打算坐牢，但切不可说出真情。把一切推到我的身上，你们出去继续为党工作，不愿干的不必勉强，不过不要出卖同志。"

陈独秀被捕后在上海滩闹得满城风雨，引起社会各界的关注。上海、北京等地各大传媒均作了报道，形成强大的社会舆论，上海乃至全国各界人士积极营救。中共中央宣传主任李达在"通报各地党组织派人到上海来"的同时，特电请孙中山先生设法帮助营救，孙中山随即打电报给上海法租界领事。共产国际代表马林花巨资请了一位法国著名大律师承办这个案子。马林还派张太雷联络褚辅成和张继作为保人，全力营救，并请法国驻沪领事说情，打通各方关节。26日，法院终于以陈独秀"宣传过激主义"判罚白银500两（同时交审判费100元）。

陈独秀出狱后，方知马林为了营救他，花钱出力疏通了会审公堂的各方关系，才使案子顺利了结。包惠僧意味深长地对陈独秀说：

"这一次，马林与陈先生及中国共产党算是共了一次患难，你要当面好好谢谢马林。"

陈独秀接口说：

"惠僧说得对，要不是他的营救，这个案子不会很快顺利了结。过几天，我一定去当面向马林表示谢意。"

他又说道："我们也要从中吸取教训，讲究斗争方式与艺术，十分注意保密工作。"

陈独秀是个很重感情的人，这次马林对他全力营救，解囊相助，甚为感激。他与马林消除了误解和对抗情绪，陈独秀出狱后没几天，在张国焘、张太雷的陪同下，特地去拜访马林。他们两人患难与共见真情，各自增加了对对方的了解。他们交换意见时，气氛显得和谐、融洽，马林一扫盛气凌人的架势，坦率地对陈独秀说：

"中国党的一切工作，完全由中央负责领导，作为共产国际代表的我，只与中共最高负责人保持经常接触，尽一份责任。"

马林的态度，深深感动了陈独秀。于是，他带着尊重的口气对马林说：

"中共拥护共产国际，对其代表在政策上的建议自应尊重。"

陈、马两人相互谅解弥补了过去争执的裂痕，使在座的张国焘、张太雷拍手称庆，陈、马两人紧紧握手。从此，陈、马两人经常在一起商讨各项工作。最后，他们还具体地规定了接受共产国际补助经费的办法，从此，中共接受了共产国际的经济支持，陈独秀努力负起党的中央局书记责任。

从此，两座"火山"之间建立起真诚的友谊，彼此之间推心置腹。这样，作为共产国际代表的马林和作为中国共产党中央局书记的陈独秀携手合作，使中国共产党中央局的工作不断开拓新局面。

1921年11月，陈独秀签发《中国共产党中央局通告》，并提出建立与发展党、团、工会组织及宣传工作。

同人公鉴：

中央局决议通告各区之事如下：

（一）依团体经济情况，议定最低限度必须办到下列四事。

（A）上海、北京、广州、武汉、长沙五区早在本年内至迟亦须于明年7月开大会前，都能得同志30人，成立区执行委员会，以便开大会时能够依党纲成立正式中央执行委员会。

（B）全国社会主义青年团必须在明年7月以前超过2000团员。

（C）各区必须有直接管理的工会一个以上，其余的工会必须有切实的联络；在明年大会席上，各区代表关于该区劳动状况，必须有统计的报告。

（D）中央局宣传部在明年7月以前，必须出书（关于纯粹的共产主义者）20种以上。

（二）关于劳动运动，决议以全力组织全国铁道工会，上海、北京、武汉、长沙、广州、济南、唐山、南京、天津、郑州、杭州、长辛店诸同志，都要尽力于此计画（划）。

（三）关于青年及妇女运动，使各区切实注意，（青年团）及"女界联合会"改造宣言及章程日内即寄上，望依新章从速进行。

中央局书记 陈独秀
1921年11月

这份《中国共产党中央局通告》虽然只短短几百字，却把党、团、工、青、妇以及宣传工作，都明确地部署得井井有条，成为中共中央的行动纲领。[①]

陈独秀出狱后，殚精竭虑，专心从事党的工作，并以中央局书记的身份首次召集会议，把他在狱中深思熟虑后的意见提了出来：继续出版《共产党》，复刊《新青年》，出版马克思、列宁著作等等。在这些党的工作中，他把发动和领导工人运动放在了首位。他在会上说：

"党的'一大'，就提出当前的中心任务是组织工人阶级，提高工人觉悟，加强党对工人运动的领导。这年8月，在上海成立了中国劳动组合书记部，并在各地设立了分部，将党的主要力量投入工人运动。当前及会后一段时间内，发动和领导工人运动，仍然是党的首要任务。"

根据他的提议，会议制定了工人运动计划。起草并签发向各地发出第一个中央"通告"，布置明年7月以前党在发展组织、青年团、工人运动和出版马克思主义著作四方面的任务。"通告"尤其提出"关于劳动运动，决议全力组织铁道工会"，同时还要"切实注意"青年、妇女的工作。从此，在中央"通告"的

---

① 叶永烈，《红色的起点》，人民日报出版社，1999年版，第136至320页。

指引下各地创办工人刊物、补习学校，成立行业工会，发动罢工……像雨后春笋出现在工人运动之中。

作为中央局书记的陈独秀，对工人运动身体力行，并结合工人运动斗争实际，挥毫撰文指导工人运动。仅从1921年11月到1922年5月，他在上海报刊上发表了10余篇有关工人运动的文章。他在《先驱》第7号上发表了具有纲领性的《告做工人运动的人》一文，开头便写道：

"现在世界的中国政治经济状况，都已经使我们……觉得非从事劳动运动不可了。"

有党的领导与推动，工人阶级的觉醒，中国工人运动出现了第一次高潮。

上海工人揭竿而起，罢工运动此起彼伏，1921年10月，罢工次数就多于9月三分之一，且没有一处不取得胜利的。

陇海铁路罢工胜利了，消息传来，陈独秀兴奋不已，当即写信给罗章龙，给予热情赞扬。他说："陇海罢工捷报先传，……这是我党初现身手的重大事件。已派大汉（即李震瀛）等北来，盼只放手去做，勿稍停步，如有需要，多尽力所及，作君后盾。"

1922年1月，香港海员为反对英帝国主义对海员工人的残酷剥削和压迫，举行了大罢工，这次罢工是中国共产党成立后领导全国第一次工运高潮的起点。香港海员工资微薄（只有外国海员工资的一半），政治上受歧视，生活十分痛苦，还尝遭受解雇失业。在苏兆征、林伟民等领导下，中国海员多次提出增加工资的要求，都遭到无理拒绝。

1922年1月12日，平地一声春雷巨响，香港海员大罢工爆发了！消息传到上海时，陈独秀喜形于色，精神抖擞。他一面抽着雪茄烟，一面哼着"太平歌"：

"天下要太平，劳工须团结。万恶财主铜钱臭，都是劳工汗和血，推翻财主天下悦，不做工的不该吃……"

哼完"太平歌"，他对张国焘说：

"好，工人起来了，正印证了这《太平歌》，劳工团结起来，就能推翻天下财主。国焘，你这个劳动组合书记部有事干了，要支持香港海员的罢工，首先要发动上海工人，阻止港英当局在上海招募新工人，及时粉碎港英当局的阴谋。这是给香港罢工工人最有力的支持。"

张国焘应答道：

"好的，我马上召集会议研究一下，立即行动起来，决不让港英当局阴谋得逞。"

陈独秀接上说：

"我们分头进行。我马上与广东支部联系，要他们发表宣言，支持香港海员罢工，作他们的坚强后盾。我已写了《答上海工商界》的谈话稿。"他顺手递给张国焘，说道：

"国焘，你看看，怎么样？"

张国焘接过谈话稿，一边看，一边大声赞道：

"好！你写得太好了！香港海员罢工的胜败，是全中国工人胜败的问题；香港海员罢工是'中国劳动阶级觉悟的第一声'。"张国焘情绪激昂，拍案叫道：

"揭露得好，入木三分，淋漓尽致，揭掉了上海几个招牌工会不敢支援香港海员罢工的假面具，使得他们'在工商界便没有出头说话的机会'了！"

在陈独秀的具体领导下，香港海员罢工运动汹涌澎湃。香港政府立即下令封闭海员工会，全市工人随即举行总同盟罢工。为了封锁香港，10万罢工工人步行离港回广州，当路经九龙沙田村时，英国军警开枪扫射，死6人，伤数百人，造成了沙田惨案。因此，罢工斗争更加激烈。在全国工人的援助下，经过56天斗争，终于迫使英国帝国主义当局不得不答应增加工资，释放被捕工人，抚恤死难工人，恢复海员工会，罢工斗争取得了胜利。

56天的香港海员大罢工的胜利，是中国共产党成立后第一次罢工高潮的起点，极大地鼓舞了工人阶级，也鼓舞了陈独秀，使他对工人运动有了更深刻的认识，看到了新的希望。

陈独秀于1922年4月下旬，第二次来到广州。5月1日，参加了来自全国各地代表与广州工人举行的五一节庆祝大会。他即兴演说"劳动节的由来及意义"，博得全场热烈鼓掌。5日，他又参加了中国社会主义青年团在广州召开的第一次全国代表大会，又演讲了《马克思的两大精神》，他号召青年研究马克思主义学说，"还须将其学说实际去行动，干社会主义革命"。这两个大会，在他的指导与影响下，极大地推动了中国工人运动第一次高潮的到来，并迅速波及全国。

陈独秀抓住这一有利时期，与中央局其他领导成员当机立断，决定于1922年5月1日至6日在广州举行第一次全国劳动大会。参加大会代表162人，代表12个城市，100多个工会组织，23万多会员。5月1日，各地代表与广州工人举行五一节庆祝大会，陈独秀即席演说《劳动节的由来及意义》，会后举行有10万人参加的大规模的示威游行。劳动大会最成功的是通过了在中华全国总工会成立之前，中国劳动组合书记部为全国通讯机关，这等于是公认劳动组合书记部为全国工运的唯一领导机关。

大会讨论的中心内容是关于工会组织和全国公认当前奋斗目标等问题。大会通过了中国共产党提出的"打倒帝国主义""打倒军阀"的政治口号,以及《八小时工作制》《罢工援助》《工会组织》等决议案。

这次大会以后,书记部由上海迁到北京,改为总部,由邓中夏担任总部主任。从此,在中国共产党的领导下,把各党派影响下的工人组织团结起来,使全国工人运动从分散逐渐走向统一。

5日,中国社会主义青年团在广州召开第一次全国代表大会,陈独秀在会上演讲《马克思的两大精神》:"第一,实际研究的精神。"号召青年研究"现社会的政治及经济状况,不要单单研究马克思的学说"。"第二,马克思实际活动的精神",号召青年研究马克思学说,"还须将其学说实际去活动,干社会的革命"①。

在香港海员罢工的影响下,粤汉铁路工人大罢工、安源路矿工人大罢工、长沙泥木工人大罢工、开滦煤矿工人大罢工、京绥铁路工人大罢工……有20多万人参加的一百多次罢工,一个接一个,且一浪高过一浪,展示了中国工人阶级登上政治舞台的伟大力量。这年,被美誉为"中华劳动运动纪元年"②。

中国工人阶级的觉醒,工人运动如火如荼,使港英当局心惊肉跳,华法当局惊恐万状,当发现陈独秀不在上海,从报纸上也看到他常在广州发表演讲,宣传共产过激思想,一时慌了手脚。北洋政府闻各处工人罢工,感到草木皆兵,四面楚歌。于是,陆军部一再密电上海军阀何丰林镇守使,对陈独秀严加注意,声言如煽动工人罢工,必缉拿惩办,以遏乱源。然而,何丰林又因陈独秀居住在法租界而奈何不得。这样,当华法当局暗中勾结,伺机对陈独秀再进行逮捕时,陈独秀已机警地离开上海。

020. 中共"二大"

陈独秀从广州一回到上海,就与蔡和森、张国焘等忙于筹备1922年7月召开的中共"二大"。然而,华法密探却暗中盯着陈独秀。

此时发生了两件使他始料不及的案件,这是华法当局向共产党及其工人运动开刀的信号。

---

① 《广东群报》,1922年5月23日。
② 德政,《中国职工运动三十年大纪要》,第74页。

1921年6月，中国劳动组合书记部的成立，早已引起法租界的密切注视，后视之为过激非法组织，在1922年6月1日这天，突然将中国劳动组合书记部干事李启汉逮捕，指控其"煽动邮局职工罢工"、在《劳动周刊》上发表骚乱及破坏的文章，并勒令其停刊，判李启汉徒刑3个月，刑满后又递解上海军阀何丰林。何丰林未抓到陈独秀，却把气出在李启汉身上，又监禁他2年又4个月。

7月16日，法租界又查封了中国劳动组合书记部，砸掉了牌子。

这两件事的连续发生，引起了陈独秀的义愤，他深感形势不妙，上海已无"劳动组合书记部"立足之地，遂与张国焘紧急商定，将其迁往北京。这时，中央的一些同志劝陈独秀离开上海暂时避一避，以防华法反动当局再次抓捕，使党的工作遭受损失。"劳动组合书记部"被查封的这天，正是中共"二大"在上海成都路一所房里开幕的头一天。陈独秀既要主持会议，又要作中央工作报告，他怎能只顾个人安危而撒手不管？他大义凛然地说：

"反动势力对我实行逮捕，也不是头一回，他要逮就来逮吧，党的'二大'我不能离开。"

此时，华法密探又密报法租界领事德君，说陈独秀过激党在秘密集会。一听到"陈独秀"这3个字，大鼻子蓝眼睛的德君神经质地感到陈独秀是法租界不安定的"危险"分子。于是，他下令密探四处出没，最后仍未觅得中共"二大"的蛛丝马迹，令他恼羞成怒，大骂密探是饭桶。

在中国共产党"一大"召开一年后，1922年7月16日至23日，中共"二大"在上海辅德里625号（今成都北路7弄30号）举行。事真凑巧，此处也叫"李公馆"。此"李"便是李达。自从陈独秀由粤返沪，李达和王会悟夫妇便迁居于此。

到会的代表12人：陈独秀、李达、张国焘、蔡和森、高君宇、施存统、项英、王烬美、李震瀛、邓中夏、杨明斋、项英；列席代表：邓培、向警予（女）、邓恩铭、张太雷、林育南等。

据张国焘所著《我的回忆》说：

"中国共产党第二次代表大会开会时间已届，但预定到会的李大钊、毛泽东和广州代表都没有如期赶到。"

其实，毛泽东并非"没有如期赶到"，他当时正在上海。

毛泽东在上海，为什么没有出席中国共产党"二大"呢？

他曾对斯诺说：

"第二次党代表大会在上海召开，我本想参加，可是忘记了开会的地点，又找不到任何同志,结果没有能出席。"①

当时,毛泽东是"被派到上海去帮助组织对赵恒惕的运动"。赵恒惕是当时湖南省省长、军阀。毛泽东"忘记了开会的地点",这确实是一桩憾事。在两个月前,毛泽东还邀李达到湖南自修大学讲授马列主义。毛泽东是知道7月召开中国共产党"二大"的。

在中国共产党"二大"召开时,中国共产党党员已由最初的50多人,发展到195人。其中:上海50人,长沙30人,广东32人,湖北20人,北京20人,山东9人,郑州8人,四川3人,旅俄8人,旅日4人,旅法2人,旅德8人,旅美1人。在这些党员中,工人党员为21人,女党员4人。

会议由中国共产党中央局书记陈独秀主持。吃一堑,长一智。这一回开会,每一次会议都改换地点,而且多开分散的小组会,保密工作比中国共产党"一大"做得好得多。闭幕式放在英租界举行。

中国共产党"二大"选举产生了中央执行委员会。中国共产党中央委员共5人,即陈独秀、张国焘、蔡和森、邓中夏、高君宇。另有3人为候补中央委员,即李大钊、李汉俊、向警予。陈独秀当选为中国共产党中央执行委员会中央局委员长(这一职务名称在当时不固定,有时也用原名——中国共产党中央局书记。陈独秀1922年6月30日写给共产国际的报告上,则署"中国共产党中央执行委员会书记")。组织部部长张国焘,宣传部部长蔡和森,妇女部部长向警予。

中国共产党"二大"最主要的成果,是起草并通过《中国共产党第二次全国代表大会宣言》。这一宣言是由陈独秀、蔡和森和张国焘组成的起草小组起草的,陈独秀执笔,经大会讨论、修改、通过。

中国共产党"二大"比中国共产党"一大"在理论上的大飞跃,便是规定了中国共产党的最高纲领和最低纲领,从而使中国共产党在行动上有了明确的指导方针。

中国共产党"二大"通过的《中国共产党第二次全国代表大会宣言》指出的最高纲领是:"中国共产党是中国无产阶级政党。他的目的是要组织无产阶级,用阶级斗争的手段,建立劳农专政的政治,铲除私有财产制度,渐次达到一个共产主义的社会。"

最低纲领是:"消除内乱,打倒军阀,建设国内和平""推翻国际帝国主义的压迫,达到中华民族的完全独立""统一中国本部(东三省在内)为真正民主

---

① 斯诺,《西行漫记》,三联出版社,1979年版,134页。

共和国"。这最低纲领,亦即彻底的反帝反封建的民主主义革命纲领。

提出最高纲领和最低纲领,表明已经一周岁的中国共产党日渐摆脱了稚气,把革命分为两步走:第一步是民主主义革命;第二步是社会主义革命。

中国共产党"二大"总共通过了 11 种文件。除了《宣言》之外,比较重要的还有:《关于"民主的联合战线"的决议案》《中国共产党加入第三国际决议案》和《中国共产党章程》。

其中的《中国共产党加入第三国际决议案》,明确了中国共产党和第三国际之间的关系:"中国共产党既然是代表中国无产阶级的政党,所以第二次全国大会决议正式加入第三国际,完全承认第三国际所决议的加入条件 21 条,中国共产党为国际共产党之中国支部。"既然"中国共产党为国际共产党之中国支部",那就是说,中国共产党接受并服从第三国际的领导。

这与中国共产党"一大"相比,大大前进了一步。中国共产党"一大"作出的《中国共产党第一个决议》,在"党与第三国际的联系"一节中,只提到"党中央委员会应每月向第三国际报告工作"。中国共产党"二大"明确了中国共产党是第三国际的"中国支部",从组织上解决了中国共产党和第三国际之间的关系。

中国共产党"二大"所通过《关于共产党的组织章程决议案》,指明中国共产党不是"知识分子所组织的马克思学会",也不是"少数共产主义者离开群众之空想的革命团体",所以强调了党的"中央集权"和"铁的纪律":

> 凡一个革命的党,若是缺少严密的集权的有纪律的组织与训练,那就只有革命的愿望便不能够有力量去做革命的运动。

"二大"闭幕后的 16 天,即 1922 年 8 月 9 日上午,陈独秀新居上海法租界环龙路铭德里 2 号闯进了一帮凶神恶煞的"客人",为首的是法总巡捕房特别机关西探目长西戴纳,跟在他身后的是督察员黄金荣,跟在黄金荣后面的是探子程子卿、李友生等。他们进门时,陈独秀已知情况不妙。

1922 年 8 月 11 日,陈独秀被带到法公堂预审。法国探长说:"我们接到探报,你家中藏有违禁书籍,现已查出鼓吹过激主义书刊报纸多种。"

替陈独秀辩护的是巴和帮办和博勒律师。博勒律师说:"巡捕房称陈独秀私藏违禁书籍和过激书刊,我们尚未研究,请法官延期审讯。"

博勒答辩之后,法、中会审法官商议,同意巴和及博勒的意见,当庭宣布陈独秀仍拘留在押,待 7 天后复审。

陈独秀被拘留后,一位大律师在《晨报》上说:"陈独秀著作中对共产主义谈及甚多,但他认为中国目下的情形,还没有到实行共产的时候,实与鼓吹共产者不同。"

1922年8月16日，胡适听说陈独秀被捕，给外交总长顾维钧写信，说法国人近年做的事，实在大伤中国青年的感情。胡适找顾维钧，是因为顾是美国哥伦比亚大学留学生，虽比胡适早，也是老校友，他请顾维钧转话给法公使，不要倒行逆施惹出思想界"排法"的感情。为了避免政府的误解，胡适解释他为陈独秀出力的原因时说："我并不是为独秀一个人的事乞援：他曾3次入狱，不是怕坐监的人，不过一来为言论自由计，二来为中法两国国民间的感情计，不得不请他出点力。"

给顾维钧写过信，胡适又找到蔡元培，说："我已给顾维钧去信，请他找法使，你最好也和法使约谈一次。"蔡元培义无反顾地说："我明日即去见他，"

陈独秀（左）与胡适

事发后，其妻高君曼立即告知党中央，并与陈独秀的挚友多人，四处营救。中共中央通报各地党组织派人到上海来，开展大规模的营救活动，还打电报给孙中山设法营救，孙中山接电话后即打电报给上海驻法领事和蔡元培、蔡和森、李石曾等社会名流在北京面质法国公使，请其转令驻沪领事释放陈独秀。尤其当报纸刊出陈独秀案将于8月18日宣判的消息后，更加激起群众的义愤。长辛店铁路工会等发出紧急通电营救。北京方面有自治同志会、新中国会、改造同盟会、马克思主义研究会等10团体，发表为陈独秀被捕事敬告国人的《宣言书》。《宣言书》长达2000余言，就陈独秀被捕的事实，深刻揭露了帝国主义和封建军阀统治蹂躏中国的罪行，热烈地称颂陈独秀所代表的革命运动是劳苦大众求解放的正确道路，明确地指出只有打倒帝国主义和封建军阀，中国才有光明前途。《宣言书》写道："陈独秀是一个改造中国的先驱，一个为解放中国劳苦群众而奋斗的革命家。"

1922年8月18日，探长在公堂上将上回讲的话重说了一遍。

博勒律师对此已有准备，他说："捕房讲陈独秀是共产党，证据不足。陈独秀在著作中提到共产党，只是说说而已，并无共产党之实。巡捕房讲陈独秀宣传过激，陈独秀家中确实有《新青年》杂志，但他家仅有此书，并无印刷设备，因此也不违背法租界条例。"

法副领事拿着一张条子扬了扬说："顺便问一个问题，上次我们在陈家搜查到了陈独秀写的4万元收条，能说清此款用途吗？"

博勒看了一眼陈独秀，头头是道地说："该款是广东政府用来办教育的，陈独秀是原广东省教育委员长，由他经手拨给学校。"

法会审官商议后，判罚陈独秀大洋400元，由保人保出，所抄书籍，一律销毁。

这次被捕，陈独秀最恼恨的是他家那张广东政府4万元收条事。这张收条因广州战乱，写好后没有寄出，也没有毁掉，没有想到闹得他与陈炯明关系益趋僵化。

李大钊也于8月中旬特从北京赶到上海，参与营救陈独秀的活动，同时与他讨论中共与国民党党内联合的事。8月19日，陈独秀出狱回到家中，李大钊已在他的家中等候。两人见面分外高兴。李大钊笑着说："你是真的出了研究室就入监狱了。"两人爽朗的笑声在客厅久久回荡。

汪孟邹和汪原放叔侄俩欣闻陈独秀出狱，便于8月下旬的一天傍晚，双双到陈独秀家中来谈出版《独秀文存》的事。老友重逢，话语依依。

陈独秀对汪氏叔侄幽默地说："真出版呀？你看我这样子，三天两头进牢房，你们不怕牵连呀？"说罢，两手一摊，滑稽之态可掬。

"《独秀文存》收录的主要是《新青年》上的文章，也兼及《每周评论》。碰得好，好卖呢！"汪孟邹带着碰碰运气的口气说着。

"你们不怕担罪名，我还有什么话说。过去人著书传世，藏之名山，现在不讲这些了。好在我写的东西不抄袭别人，也不是公子小姐的无病呻吟。"

汪原放见陈独秀客气，插话道："仲叔的文集谈的多是民主与科学话题，同样有印行的价值。"

"有时间，仲叔写一篇自序如何？"汪原放道出了恳切的要求。

陈独秀答应写一篇《〈独秀文存〉自序》，回忆说："给你们写了《〈西游记〉叙》《〈红楼梦〉叙》《〈儒林外史〉叙》，这回又为自己写叙，是推不掉的了，下一回还不知道要写什么叙呢。"

"将来也和适之一样，出《独秀文存》第二集，那时再为自己作叙。"汪孟邹笑着说："《胡适文存》去年就出了第一集。适之拟以后再出第二集、第三集，如此不断出下去。"

陈独秀笑了笑，谦虚地说："适之是教授，专门著书立说的，我的东西虽说不少，却没有文学价值，也没有著书传世的价值。"他心里明白，出文集是对双方的一种支持。

听到陈独秀释放的消息，胡适立即给外交总长顾维钧写了一封信，感谢这位老校友给了自己的面子，同时派秘书到法使处替陈独秀讲话，并转达胡适对陈独秀的问候。

021. 马林唱"主角"的西湖会议

中国共产党"二大"之后一个月，即 1922 年 8 月，在杭州西湖召开了中国共产党中央特别会议，史称"西湖会议"。这次特别会议特别重要。

"西湖会议"由马林唱"主角"。

在中国共产党"二大"召开的那些日子里，马林正在莫斯科特维尔斯卡亚大街的留克斯饭店，与一群特殊的旅客在那儿紧张地工作着。

原来，在 1922 年 2 月，共产国际执委会决定撤销设在伊尔库茨克的远东书记处，改为在莫斯科设立共产国际远东局，直属共产国际执委会领导。共产国际办公室便设在留克斯饭店里。

马林是在 1922 年 4 月 23 日乘坐日本轮船鹿岛 9 号离开上海赴莫斯科，他走海路，途经新加坡、苏伊士运河、荷兰，经柏林到达莫斯科，于 7 月 8 日马林向共产国际执委会提交了一份书面报告，提出了关于中国革命的战略，并详细汇报他在中国工作的情况。

马林到达莫斯科时，列宁正在患病，马林的报告得到斯大林和季诺维耶夫的同意后，共产国际执委会于 7 月 18 日作出决定。

8 月，国际执委会又给驻俄中国代表指出："共产党为完成他们的任务，必须在国民党内部和工会中组成从属于他们自己的团体。这些团体之外，建议成立一个宣传机构，宣传与外国帝国主义做斗争，创建民族独立的中华民国……这一机构的建立要尽可能地得到国民党的同意，当然，它应保持完全的独立性。"

7 月 27 日，当共产国际远东局派出外交代表越飞来华时，共产国际派出马林与他一起来华。

一路上，马林格外留意的是他皮箱里的一件衬衫。

马林一到上海，便会见了陈独秀。两座"火山"一见面，马林便取出了那件衬衫。

借着灯光，陈独秀细细观看，这才看清衬衫上用打字机打印的几行英文——那是共产国际远东局致中国共产党中央的重要文件。

这件珍贵的衬衫，如今保存在荷兰国际社会史研究所。衬衫上的文件，全文如下：

根据共产国际主席团7月18日的决定，中国共产党中央委员会在接到通知后，必须立即把地址迁到广州，所有的工作都必须在菲力浦同志（即马林）紧密联系下进行。

共产国际远东局
维经斯基 1922年7月莫斯科

陈独秀看罢这衬衫上的文件，陷入深深沉思中。他抑制激动的情绪，心想：中国共产党"二大"刚刚通过了《中国共产党加入第三国际决议案》。服从共产国际的领导，这是组织原则。看来，作为中共中央的一把手，必须照这衬衫上的文件执行。

马林为什么要带这份文件来呢？中国共产党中央委员会为什么"必须立即把地址迁到广州"？为什么强调"所有工作都必须在菲力浦同志紧密联系下进行"？既然是"共产国际主席团7月18日的决定"，为什么要以维经斯基的名义下达？

陈独秀对这一切，都非常明白。

陈独秀与马林的尖锐分歧，是在1922年3月29日马林从北京回到上海之后，达到了谁也说服不了谁的地步。

在4月6日，陈独秀直接给维经斯基（亦即"吴廷康"）去信，希望维经斯基向共产国际执委会直接反映他的意见，以求共产国际执委会否定马林的意见。

陈独秀致维经斯基的信，全文如下：

吴廷康先生：

兹特启者，马林君建议中国共产党及社会主义青年团均加入国民党，余等则持反对之理由如左（引者注：陈独秀原信竖写，古云"理由如左"。此信见《中国共产党中央文件选集》（1）第15页）：

（一）共产党与国民党革命之宗旨及所据之基础不同。

（二）国民党联美国，联张作霖、段祺瑞等政策和共产主义太不相容。

（三）国民党未曾发表党纲，在广东以外之各省人民视之，仍是一争权夺利之政党，共产党倘加入该党，则在社会上信仰全失（尤其是青年社会），永无发展之机会。

（四）广东实力派之陈炯明，名为国民党，实则反对孙逸仙派甚烈，我们倘加入国民党，立即受陈派之敌视，即在广东亦不能活动。

（五）国民党孙逸仙派向来对于新加入分子，绝对不能容纳其意见及假以权柄。

（六）广东、北京、上海、长沙、武昌各区同志对以加入国民党一事，均已开会决议绝对不赞成，在事实上亦无加入之可能。

第三国际倘议及此事，请先生代陈上列 6 条意见为荷。

由于此信是陈独秀写给维经斯基的，马林也就带来了维经斯基名义下达的文件，等于答复了陈独秀。

马林是提出"国共合作"重大战略的第一人，提出中国共产党应建立"统一战线"这一重大决策。

马林有着丰富的工作经验。在爪哇工作期间，他发觉东印度社会民主联盟（印尼共产党前身）又弱又小，而伊斯兰教联盟庞大而松散。他建议，两个组织的成员可以保留自己原来的身份而互相加入。这样，东印度社会民主联盟的成员便迅速地进入伊斯兰教联盟的领导核心之一，使东印度社会民主联盟的力量很快壮大。

马林来到中国之后，他觉得中国共产党的情况类似于东印度社会民主联盟，而国民党的情况类似于伊斯兰教联盟。马林以为，中国共产党党员在保留自己的身份的前提下，应加入国民党，进入国民党的领导层，这样可以迅速壮大中国共产党。

共产国际驻中国代表——维经斯基

马林这一战略性的意见，可以说他是国共合作的首创者，也是中国共产党统战策略的提出者和制定者。

在中国共产党"一大"，马林就已经谈了自己的这一见解。当时，他的意见未受到重视。

当时，设在伊尔库茨克的共产国际远东书记处看重吴佩孚，希望中国共产党与吴佩孚建立合作关系。

维经斯基与陈炯明"长谈三次"，又倾向与陈炯明合作。

马林经过多方调查了解，指出吴佩孚、陈炯明不可靠。他在张太雷陪同下，于 1921 年 12 月 23 日在广西桂林拜望了孙中山。马林在孙中山的大本营里住了 9 天，对国民党进行了仔细的考察。孙中山向马林表示，虽然他并不信仰马克思主义，但是他的思想与马克思主义有许多一致的地方。

马林从桂林归来，写了报告给共产国际执委会，主张中国共产党应与孙中山合作。

马林的意见，得到了共产国际执委会的支持。

这样1922年3月底，马林从北京来到上海，便非常明确地向陈独秀提出了中国共产党党员应以个人身份加入国民党，实行国共两党的党内合作。

马林的意见，受到陈独秀的坚决反对。两座"火山"在一起，谁也说服不了谁。

陈独秀意识到，要想说服马林，唯一的办法是向马林的上司——共产国际执委会打报告。这样，陈独秀发出了给维经斯基的信。

马林也意识到，要使陈独秀接受他的意见，唯有赴莫斯科，向共产国际执委会面陈自己的主张，这样又急匆匆地赴莫斯科。

在莫斯科留克斯饭店，马林和维经斯基长谈。维经斯基赞同马林的意见。马林、维经斯基又向主持共产国际常务工作的斯大林、季诺维耶夫作了汇报。

这样，共产国际执委会在7月18日作出了正式决定，赞同马林的意见。

于是，马林带着那件具有"尚方宝剑"般威力的衬衫，迅速返回中国。

见到衬衫上的文件，陈独秀当即明白，自己的意见也被共产国际否定。

为了统一思想，马林建议召开一次中国共产党中央委员会全体会议，讨论国共合作问题。

8月中旬，马林到上海后，张太雷便向他汇报了中共二大情况。马林说："我这次来，带来了共产国际的重要指示，需要向中国同志尽快传达。"

考虑到陈独秀可能被法租界监视，加上马林出入不方便，张国焘提议去杭州西湖湖畔开会。

1922年8月29日至30日，陈独秀、邓中夏、蔡和森、张国焘、高君宇5位中央执委，李汉俊、李大钊、向警予3位候补执委以及国际代表马林、翻译张太雷聚集到杭州西湖。初秋的西子湖畔，风光旖旎，湖光山色，特别迷人。但陈独秀心情沉重，无心欣赏这"淡妆浓抹总相宜"的美景。

陈独秀主持会议，他请马林传达共产国际的指示。

马林将共产国际的指示信读了一遍，张太雷接过原稿，面无表情地翻译了一遍。

中央执委们一言不发，会场静得出奇，空气令人窒息。陈独秀环视了一下其他执委，李大钊和平时一样，表情平和、严肃，没有要讲话的意思。张国焘轻轻地咳了一下，似乎打算要发言，他的眼睛一直盯着张太雷手上的那几页皱巴巴的"训令"。蔡和森和高君宇在低声地说着什么。

陈独秀将烟蒂掐灭,清了一下嗓子,开始发言。他说:"我想先撇开共产国际的信,谈谈我对加入国民党的看法。国民党主要是一个资产阶级政党,不能因为国民党内包容了一些非资产阶级分子,便否认它的资产阶级的基本性质……"

张国焘已等不及陈独秀把话讲完,说:"党内联系,混合了阶级组织,会牵制我们独立的政治。"在张国焘看来,中国革命不是依靠资产阶级,也不是依靠工人、农民,而是依靠知识分子。

李大钊扶了扶眼镜说:"共产党是个独立的政治组织,加入国民党,怎么做到不放弃党的独立性,这是一个很重要的问题。"

蔡和森不同意张国焘完全否定资产阶级的作用,主张建立共产党和国民党的联合战线。

马林提出要反对党内可能存在的政治派别倾向,他说:"作为共产国际代表,我想提醒大家一句,加入国民党,这是共产国际已经决定的政策。"

尽管马林有着共产国际的"尚方宝剑",在会上,马林还是遭到激烈的反对。

张国焘后来在《我的回忆》一书中,这么忆及"西湖会议":

"马林在这次会议中是主要的发言者。他坚持共产党员必须加入国民党;大概是为了减少反对,他避免提到第二次代表大会的决议犯了'左倾'幼稚病。他的论点是中国共产党党员加入国民党,为实现关于国共建立联合战线唯一可行的具体步骤。其主要理由大致是:第一,中国在一个很长的时期内,只能有一个民主和民族的革命,决不能有社会主义的革命;而且现在无产阶级的力量和其所能起的作用,都还很小。第二,孙中山先生的国民党是中国现在一个很有力量的民主和民族革命的政党。第三,孙中山先生可以而且只能容许共产党员加入国民党,绝不会与中国共产党建立一个平行的联合战线。第四,中国共产党必须学习西欧工会的联合战线的经验;中国共产党须尊重共产国际的意向。第五,共产党员加入国民党既可以谋革命势力的团结;又可以使国民党革命化;尤其可以影响国民党所领导的大量工人群众,将他们从国民党手中夺取过来等等。

……

我和蔡和森发言反对马林这种主张。我们认为中国共产党党员加入国民党不能与西欧共党工人加入社会民主党工会一事相提并论,国民党是一个资产阶级的政党,中国共产党加入进去无异与资产阶级相混合，会丧失它的独立性，这与共产国际第二次大会所通过的原则不合。我们指出与国民党建立党外的联合战线是可以做到的；这有过去国民党和其他派系建立联盟的实例为证；如果组织一个联合战线的委员会，可以推孙为主席，委员会中的国民党人数也可比中国共产党人数多一倍左右。我们所要说明的中国共产党并不是要求与国民党来个平行的联合战线，只是不要丧失独立性。我们还着重指出，中国共产党除与国民党合作建立联合战线外，更应注意争取国民党以外的广大工农群众来壮大自己。根据这些观点，我们要求不接纳马林的主张，并请共产国际重新予以考虑。

……

陈独秀先生也反对马林的主张，而且发言甚多。他强调国民党主要是一个资产阶级的政党，不能因为国民党内包容了一些非资产阶级的分子，便否认它的资产阶级的基本性质。他详细说到，一个共产党员加入国民党以后，会引起许多复杂而不易解决的问题，其结果将有害于革命势力的团结。但他声言，如果这是共产国际的不可改变的决定，我们应当服从，至多只能申述我们不赞同的意见。"

对于大家的分歧，李大钊先生却采取一个调和的立场。他虽同意大家的某些看法，也称许陈先生所提出的条件，但基本上是附和马林的。他认为即使单纯的国民党员也抱有各种不同的政见，单独从事政治活动的例子也不少，足见共产党员加入国民党同样不会受到约束。他也判断联合战线不易实现，采取加入国民党的方式是实现联合战线的易于通行的办法。

陈独秀见胳膊扭不过大腿，便说："我作为中共中央执委会委员长，表示服从共产国际的指示。但是，我是有条件的服从。孙先生的国民党有一套封建式的加入方法，如打手模、宣誓服从他个人，我是不会接受这些封建方法的，只有孙先生用民主主义方法改造了国民党，我才同意中国共产党党员加入国民党，否则……"陈独秀看了一眼李大钊和张国焘，"即使是共产国际的命令，我也要反对。"说罢，陈独秀避开马林投过来的目光，起身走到门外。

马林的脸已涨成了红色，他不知道陈独秀说了什么，但他知道陈独秀发了火。他焦急地看着张太雷，张太雷脸色泛白，小心翼翼地尽可能委婉地翻译陈独秀的话。

终于，马林听明白了陈独秀的意思，他放心地笑了说："陈独秀同志的意见是对的，我们加入国民党，可以取消国民党的繁琐方式。"

李大钊表情严肃地说："我建议，今天的会议就到这里。"他看了一眼窗外用劲吸烟的陈独秀背影:"明天我们再讨论一些具体问题。"

次日,会议继续举行。

这天的气氛已明显好转。陈独秀严肃的面孔偶尔也能见到一丝笑容。

马林继续昨天的发言,他说:"研究与国民党合作的具体步骤,可以弥补'二大'关于联合战线问题的空洞性决议。我认为共产党以个人名义加入国民党,是建立联合战线的唯一可行的步骤。"

李大钊表示同意马林的意见,说:"国民党是一个松懈的组织,共产党加入进去,不会受到约束。"

陈独秀除了坚持昨天的不打手模条件外,一再说:"我是考虑到服从共产国际的纪律才接受这一建议的。"

马林情绪十分高昂,他说:"既然大家没有明确地反对共产党员以个人身份加入国民党,那么,我宣布这条统一战线的实际步骤算是正式通过了。"说完,马林带头轻轻地鼓掌,陈独秀也漠然地举手拍了几下。

马林说:"共产党员以个人身份参加国民党后,尽可能地和国民党工作一致。因此,我提议,将目前的《共产党》停刊,重新出版一个刊物,作为中共中央机关报。"

陈独秀表示同意,他说:"李达近来情绪不好,根据'二大'安排,李达也不适宜继续主持刊物。"

张国焘支持陈独秀的观点,说:"和森管宣传,刊物应该由和森主持。"

大家表示同意,新的刊物最后确定为《向导》周报。

革命风云突变。就在此时,孙中山重用的陈炯明叛变了革命,炮轰总统府。真是"祸患生于肘腋,干戈起于肺腑"。8月9日,南雄失守,经过50多天激战,孙中山不得不承认反击陈炯明失败,乘英舰摩轩号离粤经港去沪。林伯渠此时也到了上海。

陈独秀约见林伯渠到自己新居法租界环龙路铭德里2号和李大钊见面。两位老朋友已有很久未见面了,这次相见格外高兴。谈到西湖会议情况,李大钊说:"仲甫对孙先生入党方式有不同看法,我打算向孙先生建议,改进一些方法,你有什么看法?"

林伯渠见李大钊提到打手模,赞成说:"孙先生组织中华革命党,提出宣誓和打手模,当时克强(即黄兴)、兆铭(即汪精卫)是反对的,我和仲恺带头按了手模。现在时过境迁,倘若向孙先生提出改进国民党,这一点都不愿改进,怎么改进一个党呢?"

陈独秀望了一眼李大钊,欣然点头。

"陈炯明也是按手模宣誓效忠孙中山的人,不还是叛乱了吗?"林伯渠补充说。

和陈独秀、李大钊交谈后,林伯渠直接去了孙中山寓所。

此刻孙中山避住上海,十分郁闷。听林伯渠说共产党负责人李大钊、陈独秀要见他,商讨加入国民党问题,喜形于色,高兴地说:"好呀,我随时欢迎他们来坐。"当时,不仅陈炯明背叛了他,不少上层国民党员和武装力量也背叛孙中山,附从陈炯明。李石曾、吴稚晖等49人借机联名通电,劝孙中山下野。正当孙中山处于孤立困境之时,西湖会议一结束,8月23日,陈独秀、李大钊等即到上海孙中山寓所拜访孙中山。在孙中山书房里多次商谈两党合作之事,向孙中山伸出革命友谊之手。孙中山紧紧地拉着陈独秀的手,欣然同意地说:"赞成中共党员加入国民党,……允许取消打手模和宣誓附从我的原有入党办法,并依照民主化的原则改组国民党。"

听了李大钊关于"振兴国民党以振兴中国"的主张,孙中山十分兴奋。他对李大钊说:"你尽管一面做第三国际党员,一面加入本党帮助我。"3人尽兴畅谈,这时,陈独秀插入正题谈到共产党员加入国民党的事。

孙中山说:"我为国民革命奋斗至今,其中挫折无数,深知靠一党两党,难以取胜。陈炯明要叛离我,共产党要加入我,足见共产党的诚意。至于原有入党方法,完全可以取消。"3人尽欢而别。临别时,孙中山动情地拉着陈独秀手说:"我为民国奋斗30年,中间出生入死不计其数,唯这一次最惨,陈炯明跟随我左右十余年啊!你们加入国民党,我求之不得。"

数天后,由张继介绍,孙中山亲自主盟,李大钊、陈独秀、张国焘、张太雷、蔡和森等人加入了国民党。

9月4日,孙中山在他寓所内的花园草坪上,召集在沪国民党员张继等53人座谈改进党务的意见,陈独秀、马林等均应邀参加会议。6日,孙中山指定包括陈独秀在内的9人组成的起草委员会,负责起草国民党党章和总章草案。从此,揭开了国共第一次合作的序幕。

1922年9月初,李大钊决定经洛阳回北京。

陈独秀加入国民党后,与马林的关系逐渐好转。9月,共产国际通知中国共产党派代表参加在莫斯科举行的第四次代表大会,陈独秀决定亲自参加。

1922年10月初的一天,北京天高云淡,金风送爽。陈独秀从上海来到北京,准备到莫斯科参加会议。他先到李大钊家中拜访他。一见面,陈独秀对李大钊开门见山地说:"我的事总给你添麻烦,真过意不去。"

李大钊知道陈独秀是讲为他募集讼费事,说:"我们是想为你补偿一点钱,结果还不知道怎样。"陈独秀被捕后，讼费及销毁书籍版费损失 2000 元以上。

谈到莫斯科的党员时，李大钊提到了瞿秋白："你到北大那一年，他是北大旁听生，当年他就入俄文专修馆学习，五四逮捕的学生中也有他。"

陈独秀突然想起什么，说："听太雷、特立讲过他。"

"前年我们发起马克思学说研究会，瞿秋白也参加了。"李大钊介绍瞿秋白时，脸上露出欣慰的光泽，瞿秋白毕竟是北京小组发展的。"这次你去莫斯科，可请他做翻译。"李大钊想为陈独秀出国尽量提供方便。

1922 年 11 月 5 日至 12 月 5 日，共产国际"四大"先在彼得格勒召开，11 月 9 日转到莫斯科开会。陈独秀作为中国共产党代表、刘仁静作为中国社会主义青年团代表、王俊作为中国工会代表出席了会议。记者瞿秋白此时已加入中国共产党，作为工作人员参加了会议，给陈独秀当翻译。

会上，由刘仁静代表中国共产党作了重要发言："为了消灭在中国的帝国主义这一前提，就必须建立反帝的统一战线，我们党已决定和国民党建立统一战线了，其形式是我们的党员以个人名义参加国民党。"

这是中国共产党第一次把关于统一战线的决定公诸于世。

这样，1923 年 1 月 12 日，共产国际执委会作出了《关于中国共产党与国民党的关系问题的决议》。

从此，孙中山提出了"联俄、联共、扶助农工"的"三大政策"。

1922 年 12 月 7 日，陈独秀到东方大学召集党员开会，瞿秋白、卜士奇、罗亦农、李人俊几个党员来了。陈独秀拿出党的"二大"文件说："我们已经决定和国民党建立统一战线，其中一个目的是发展共产党。"

大家同意将任弼时转为正式党员，同时转为正式党员的有王一飞和彭述之两人。旅莫支部根据陈独秀意见分组讨论二大文件，任弼时参加讨论党章和党的策略。

这期间，赵世炎、周恩来等人得悉陈独秀率领中国共产党代表团出席莫斯科共产国际"四大"，立即致函中国代表团，表示接受中国共产党领导。从而解决了旅欧少年共产党的归属问题。

陈独秀和中共旅莫支部罗亦农商量，决定抽调旅欧一部分同志到莫斯科东方劳动者共产主义大学学习。

通过在莫斯科一个月的接触，陈独秀发现瞿秋白是个领导人才。他劝瞿秋白回国，希望他把在俄国研究的理论运用到中国社会中去。同时叫瞿秋白参加筹办《新青年》季刊，并协助蔡和森参加《向导》的编辑工作。瞿秋白欣然同意。

1923 年 1 月 13 日，陈独秀率代表团成员及瞿秋白一行从莫斯科抵达北京。

1924年初中国国民党在广州召开"一大"时，大会主席为孙中山，而主席团由5人组成，即胡汉民、汪精卫、林森、谢持、李大钊。

中国共产党负责人李大钊居然成了国民党全国代表大会的主席团成员！会上，李大钊、谭平山等中国共产党党员被选为国民党中央委员；毛泽东、瞿秋白、张国焘等被选为国民党中央候补委员。

从此，中国共产党开始成为中国政治舞台上一支重要的力量。

中国共产党十一届六中全会所通过的《关于建国以来党的若干历史问题的决议》，用一段非常准确而又简明扼要的话，概括了中国共产党诞生的历史：

"中国共产党是马克思列宁主义同中国工人运动相结合的产物，是在俄国十月革命和我国五四运动的影响下，在列宁领导的共产国际帮助下诞生的。"

陈独秀参加共产国际"四大"归国不久，便指示张国焘于1923年1月下旬，以中央代表身份到郑州参加京汉铁路总工会成立大会。此时，武汉、北京的劳动组合书记部的负责人罗章龙、史文彬、吴雨铭、陈潭秋、项英、林育南、李震瀛等人已到郑州。

几天前，吴佩孚突然下令禁止开会。1月31日夜里，京汉铁路总工会中共党团召开紧急会议，决定按原计划第二天开工会成立大会。

1923年2月1日，郑州普乐园大会会场气氛紧张，全副武装的警察包围了会场，并从工人手中夺走了"京汉铁路总工会"的牌子。

张国焘见郑州全城戒严，提出"为避免流血起见，总工会的成立仪式和全体大会可以改时改地举行，现在不必坚持"。但此建议未被通过。在"劳动阶级胜利万岁"的口号声中，京汉铁路总工会宣告成立。

当天下午，军警捣毁工会驻地，占领工会会址。工人群情激愤，高呼"为自由而战，为人权而战"等口号。为了反抗军阀的破坏，总工会决定2月4日京汉铁路全路举行政治大罢工。罢工指挥机关由郑州移到江岸。领导成员有委员长杨德甫、秘书李震瀛、法律顾问施洋、江岸分会委员长林祥谦、秘书项英。全线各站工人一致行动，前后不到3小时，所有车辆一律停驶，致长达千余公里的京汉线陷于瘫痪。与此同时，武汉各工团的代表与江岸工人一万余人举行了示威游行，高呼"全世界的劳动者联合起来""打倒军阀"等口号。2月7日下午，吴佩孚在帝国主义的支持下，指令其部下肖耀南在郑州、江岸、长辛店等地进行镇压，工人被杀40余人，伤200多人，捕40余人，开除千余人。领导这次罢工的京汉铁路总工会江岸分会会长、优秀共产党员林祥谦和湖北工团联合会、京汉铁路总工会法律顾问共产党员施洋在敌人的屠刀面前，宁死不屈，慷慨就义。这天早上，长辛店工人区也遭袭击，死30余人。这就是历史上有名的"二七"惨案。

惨案发生后，全国各地工人为支援"二七"斗争，纷纷举行罢工，先后受到敌人的镇压和破坏。应湖北教职员联合会邀请正在武汉各大学作讲演的李大钊对李汉俊、朱务善说："我们早就认定了吴佩孚和中国其他军阀一样，我们从前接受了白坚武的意见，派我们的同志到各铁路上参加工作，并不相信吴佩孚的什么保护劳工政策。"白坚武是李大钊的老同学、老朋友，当时任吴佩孚政治顾问。陈独秀也认识白坚武，去年3月，李大钊还拍电报给白坚武，请他和上海的陈仲甫接洽。

李大钊决定经上海回京，临走时劝朱务善等人当心。在船上，他又听到了许多流血事件。

"二七惨案"的第二天夜里，张国焘匆匆离开汉口，绕开京汉线经南京于1923年2月中旬赶到北京，向陈独秀和中央局汇报"二七惨案"经过。陈独秀听取汇报后，极为震惊。血的事实使他进一步认识到：在半封建半殖民地社会的中国工人阶级要战胜强大的敌人，必须团结一切可以团结的力量，组成广泛的革命统一战线，进行武装斗争，才能夺取革命的胜利。

这时，吴佩孚发出通缉令，通缉陈独秀、马林等人，中央机关在北京已不安全。张国焘、李大钊回京后，陈独秀召开了中央局会议，决定秘密迁回上海。同时决定张国焘去一趟莫斯科，向共产国际汇报。

陈独秀到上海不久，便马不停蹄赶到广州。

1923年2月下旬，孙中山在陈炯明兵败后抵达广州就任大元帅。不久前，即1月23日，孙中山以总理名义任命廖仲恺、陈独秀等21人为参议；1923年3月下旬，陈独秀和中央机关迁到广州。陈独秀到广州可以身兼两职。

陈独秀作为国民党21名参议之一，夏初任孙中山大本营宣传委员会委员长，因此，他把"三大"党纲草案起草工作交给了瞿秋白。

022."看云楼"中的中共"三大"

按照中国共产党"二大"关于"全国代表大会每年由中央执行委员会定期召开一次"的规定，中国共产党中央执行委员会在1923年5月发出通知，决定6月在广州召开第三次全国代表大会。

中国共产党"三大"在广州召开，是因为在"西湖会议"之后，中国共产党决策实行"国共合作"，而广东当时是国民党的"大本营"。

国民党的势力进入广东，是在1920年。这年2月，驻粤的滇（云南）军阀和桂（广西）军阀之间发生武装冲突，孙中山趁机策动驻闽的粤军将令陈炯明回师广东。10月29日，粤军夺回广州。10月31日，孙中山任命陈炯明为广东省长兼粤军总司令。11月25日，孙中山离沪赴粤。于是，广州也就成了国民党的"大本营"。

然而，军阀反复无常。1922年6月16日凌晨2时，坐落在广州观音山的孙中山总统府突然遭到陈炯明部队4000多人的袭击。在猛烈的炮火中，总统府化为一片废墟。陈炯明原本打算一举摧毁孙中山政权。在万分紧急之中，孙中山被迫连夜登上"宝壁"号军舰直驶黄埔，

孙中山在"永丰"舰上，左侧为宋庆龄

然后换乘"永丰"舰，与叛军相持（由于"永丰"舰在这一战斗中立下历史性功勋，在孙中山去世后，被命名为"中山"舰）。

孙中山急电正在浙江宁波的蒋介石："事紧急，盼速来。"蒋介石赶赴广州，登上"永丰舰"。孙中山授以海上指挥全权，蒋介石指挥反击陈炯明。在那些日子里，蒋介石侍立在孙中山左右，深得孙中山的信任。8月18日，蒋介石护送孙中山前往上海。蒋介石抓住这个难得的机会，写了《孙大总统广州蒙难记》，并请孙中山作序。从此，蒋介石有了一笔令人垂羡的政治资本，常以孙中山的"好学生"的"光辉形象"出现于社会公众面前。孙中山任命蒋介石为大本营参谋长，使蒋介石进入了国民党高层领导之中。

1922年12月，孙中山借助于滇军杨希闵、刘震寰的力量，打败了陈炯明。1923年3月，孙中山又重返广州。于是，广州再度成了国民党的"大本营"。

中国共产党也在广州发展力量，建立了"管东渠"——广东区委。就在孙中山重回广州前不久——1923年3月26日，陈独秀在参加"西湖会议"之后，也从杭州来到广州。

这样，国共两党的首脑，都坐镇广州。

对于国共合作，虽然共产国际代表马林极力主张，而且在"西湖会议"上得到5位中国共产党中央委员和3位候补委员的认可，但是在全党思想上并未统一。即使是在中国共产党中央委员之中，也有好几位只是基于服从共产国际领导这一点而认可国共合作，在思想上并未弄通。正因为这样，共产国际代表马林主张把讨论国共合作，作为中国共产党"三大"的主题。

1923年6月12日至20日，中国共产党"三大"在广州永汉路太平沙"看云楼"（今东山恤孤院路3号）举行。

"看云楼"因门口贴了"看云楼"3个字而得名。这"看云楼"是陈独秀在广州的住所，那3个字出自陈独秀之笔。陈独秀给住所取名"看云楼"意即要在那里"看"中国变幻莫测的风"云"。陈独秀住所有个大客厅，成了中国共产党"三大"的主会场。也有时会议改在离那里不远的共产国际代表马林的广州的住处"春园"召开。

中国共产党"三大"的代表30多人，其中有表决权的19人。这些代表来自北京、上海、湖北、湖南、广州、浙江、山东、满洲等地以及来自莫斯科，代表党员420人。

中国共产党"三大"代表有陈独秀、李大钊、张国焘、毛泽东、刘仁静、蔡和森、瞿秋白、张太雷、罗章龙、陈潭秋、谭平山、恽代英、朱少连、何孟雄、陈福涛、向警予、阮啸仙、徐梅坤、冯菊坡、林育南、于树德、邓培、项英、刘尔崧等。

陈独秀在大会代表上一届中央委员会做了工作报告。

陈独秀指出：

"现在共有党员420人，其中在国外的有44人，工人164人，妇女37人，另外还有10个同志被关在狱中。去年我们只有200党员，今年入党的大约有200人，其中有130个工人党员。"[①]

陈独秀着重讲述了"西湖会议"的精神。他说：

"起初，大多数人都反对加入国民党，可是共产国际执行委员会的代表说服了与会者，我们决定劝说全体党员加入国民党。从这时起，我们党的政治主张有了重大的改变。以前，我们党的政策是唯心主义，不切合实际的，后来我们开始更多地注意中国社会的现状，并参加现实的运动。"

陈独秀批评了党内的不良倾向：

"我们党内存在着严重的个人主义倾向。党员往往不完全信赖党。即使党有

---

① 《中国共产党中央文件选集》第一卷，中共中央党校出版社，1989年版。

些地方不对,也不应当退党。我们应该纠正我们的错误。此外,党内的同志关系很不密切,彼此很爱怀疑。"

陈独秀也检查了中央委员会的错误:

"现在谈谈中央委员会的错误。实际上中央委员会里并没有组织,5个中央委员经常不能呆在一起,这就使工作受到了损失。"

"中央委员会也缺乏知识,这是罢工失败的原因。我们的政治主张不明确。大家都确信中国有实行国民革命运动的必要,但是在究竟应当怎样为国民革命运动工作的问题上,我们的观点各不相同。有的同志还反对加入国民党,其原因就是政治认识不够明确。"

"我们不得不经常改换中央所在地,这使我们的工作受到了严重损失。"①

陈独秀这里所说的"有的同志还反对加入国民党",其实包括他自己。为此,陈独秀在大会上作了自我批评。

陈独秀还批评了中国共产党中央委员张国焘。"张国焘同志无疑对党是忠诚的,但是他的思想非常狭隘,所以犯了很多错误。他在党内组织小集团,是个重大的错误。"

陈独秀在工作报告中对各地区的党的工作进行了批评,一口气批评了上海、北京、湖北和广州,但是唯独表扬了毛泽东所领导的湖南的工作:

"就地区来说,我们可以说,上海的同志为党做的工作太少。北京的同志由于不了解建党工作,造成了很多困难。湖北的同志没能及时防止冲突,因而工人的力量未能增加。只有湖南的同志可以说工作得很好。"

这次大会,对于中国共产党党员加入中国国民党,作出了决议。决议对国民党进行了这样的分析:"依中国社会的现状,宜有一个势力集中的党为国民革命运动之大本营,中国现有的党,只有国民党比较是一个国民革命的党,同时依社会各阶级的现状,很难另造一个比国民党更大更革命的党,即能造成,也有使国民革命势力不统一不集中的结果。"决议也说明了中国共产党党员加入国民党,是共产国际的决定:"共产国际执行委员会议决(引者注:当时的习惯用语为'议决',亦即决议。下同)中国共产党须与中国国民党合作,共产党员应加入国民党,中国共产党中央执行委员会曾感此必要,遵行此议决,此次全国大会亦此议决。"

决议规定了中国共产党党员加入国民党时的4条注意事项:

一、在政治的宣传上,保存我们不和任何卖国主义者任何军阀妥

---

① 《中国共产党中央文件选集》第一卷,中共中央党校出版社,1989年版。

协之真面目。

二、阻止国民党集全力于军事行动，而忽视对于民众之政治宣传，并阻止国民党在政治运动上妥协的倾向，在劳动运动上改良的倾向。

三、共产党党员及青年团团员在国民党中言语行动都须团结一致。

四、须努力使国民党与苏俄接近，时时警醒国民党，勿为贪而狡的列强所愚。

对于中国共产党作出的中国共产党员加入国民党这一国共合作策略，后来蒋介石称之为"寄生"策略。蒋介石在他的《苏俄在中国》一书中，对中国共产党的国共合作、统一战线政策，进行了猛烈的抨击：

"……（中国共产党）发育的初期，必须寄生于中国国民党内，施展其渗透、分化、颠覆的阴谋……"

不论蒋介石怎么说，事实证明"西湖会议"以及中国共产党"三大"作出的国共合作、统一战线方针是完全正确的。

中国共产党"三大"选举陈独秀为中国共产党中央执行委员会委员长，陈独秀、毛泽东、李大钊、罗章龙、蔡和森、谭平山、王荷波、朱少连、项英等9人为中央执行委员。

向警予、徐梅坤、邓中夏、邓培、张连光5人为候补委员。毛泽东为组织部部长兼秘书；罗章龙为宣传部部长，王荷波为工农部部长，向警予为妇女部部长。

大会通过了《中国共产党党纲草案》《关于国民运动及国民党问题的决议案》《关于第三国际第四次大会决议案》《农民问题决议案》《中国共产党第一次修正章程》等11个文件。

可是，"三大"也有不足之处，那就是没有提出工人阶级应当努力争取对民主革命的领导权的问题。大会认为："中国共产党应该是国民革命之中心势力，更应该在国民革命之领袖地位。"大会对国民党内的复杂情况和日后可能发生的变化估计不足，多少种下了后来中共犯右倾机会主义错误的根子。这反映了党还处在缺乏经验的幼年时期。

中共"三大"以后，国共合作的步伐大大加快了。党的各级组织做了许多宣传工作，动员党员和革命青年加入国民党，并且在全国范围内积极推进国民革命运动。那时，把正在兴起的革命运动成为国民革命运动。

1923年10月初，应孙中山的邀请，苏联代表鲍罗廷到达广州，苏联政府还给予广州政府军事和物资援助。鲍罗廷是一个富有政治经验和组织才能的人。

孙中山聘请他担任国民党组织教练员（后来又聘为政治顾问）。不久后，孙中山在给蒋介石的信中斩钉截铁地说："我党今后之革命，非以俄为师，断无成就。"国民党改组很快进入实行阶段。

1924年1月20日至29日，国民党第一次全国代表大会由孙中山主持在广州举行。出席开幕式的代表165人中，有共产党员20多人，包括陈独秀、李大钊、蔡和森、谭平山、林祖涵（伯渠）、张国焘、瞿秋白、毛泽东等。李大钊被孙中山指定为大会主席团成员，谭平山代表国民党临时中央执行委员会向大会做了工作报告。

大会审议并通过《中国国民党第一次全国代表大会宣言》，对三民主义作出适应时代潮流的新解释。在民族主义中突出了反对帝国主义的内容；民权主义中强调了民权权利应为"一般平民所有"；民生主义则以"平均地权""节制资本"为两大原则。孙中山在大会讲话时特别强调："现在是拿出鲜明反帝国主义的革命纲领，来唤起民众为中国的自由独立而奋斗的时代了！不如此是一个无目的无意义的革命，将永久不会成功！"①会后不久，孙中山又提出"耕者有其田"的口号。国民党"一大"的政治纲领同中国共产党在民主革命的政治纲领的若干基本原则是一致的，因而成为第一次国共合作的共同纲领。

国民党"一大"在事实上确立了联俄、联共、扶助农工的三大革命政策。大会选举出中国国民党中央执行委员会。共产党员李大钊、谭平山、毛泽东、林祖涵、瞿秋白等10人当选为中央执行委员或候补执行委员，约占委员总数的1/4。会后，在国民党中央党部担任重要职务的共产党员有：组织部长谭平山、农民部长林祖涵、宣传部代理部长毛泽东等。

中国国民党"一大"的成功标志着第一次国共合作正式形成。

国共合作实现后，以广州为中心，汇集全国的革命力量，很快开创了一个反对帝国主义和封建军阀的革命新局面。

中国共产党党员加入国民党后，在全国各地积极创立和发展国民党的组织。这以前，国民党的组织只在广东、上海、四川、山东等少数地区和海外存在，工作大多停留在狭小的上层社会中，缺乏下层的群众工作。一些国民党中的进步分子虽想改变这种状况，但他们对下层的群众工作并不熟悉，而这方面的工作是共产党员所注重并且已积累了初步经验的。国民党内的共产党员在许多处在军阀统治下的地区，对群众进行了艰苦的宣传鼓动和组织工作，把他们吸引到拥护国民革命的旗帜下来。周恩来说过，"当时，国民党不但思想上依靠我们，

---

① 黄季陆，《划时代的民国十三年》。

复活和发展它的三民主义,而且组织上也依靠我们,在各省普遍建立党部,发展组织。""当时各省国民党的主要负责人大都是我们的同志","是我们党把革命青年吸引到国民党中,是我们党使国民党与工农发生关系。国民党左派在各地的国民党组织中都占优势的地方,就是左派最占优势的地方,也是共产党员最多的地方。"[1] 这是符合历史事实的。经过两年的努力,到1926年1月国民党第二次全国代表大会召开时,国民党已经建立起正式省党部12处,特别市党部4处,临时省党部9处。许多省市党部的实际负责人,如北京执行部的李大钊,汉口执行部的何叔衡、夏曦,浙江省党部的宣中华,河北省党部的于方舟、李永声,江苏省党部的侯绍裘等,都是共产党员。共产党领导的职工运动,如开办工人补习学校等,有些也是在国民党的旗帜下做的。所以,国民党内部情况虽依然相当复杂,但确已开始成为工人、农民、城市小资产阶级和民族资产阶级的民主革命联盟。

  国共合作的实现,促进了工人运动的恢复和发展。这主要是在共产党人领导下进行的。特别是在广东革命政府统辖的地区内,工农运动取得合法存在的权利,更有突飞猛进的发展。1924年7月,在外国人集中居住的广州沙田租界,数千名中国工人举行政治大罢工,抗议英法帝国主义者限制中国居民自由出入沙田租界的"新警律",华人警察也参加罢岗。斗争持续一个多月,终于取得胜利。党的早期职工运动著名领袖邓中夏对这次罢工做过很高的评价。他说:"自'二七'失败后,消沉状态直到1924年上半年还未改变,7月广州沙田发生大罢工,才表示着这种消沉状态应该中止了。""此次罢工确轰动了广州与香港,并且影响还及于中部与北方。"[2] 农民运动也在逐步发展。早在1922年,彭湃已开始在广东海丰地区组织农会,发动农民进行减租斗争。这时,广东各县农民纷纷建立农民协会,组织农民自卫军,向土豪劣绅和贪官污吏开展斗争。为了培养农民运动的骨干,经共产党人提议,国民党中央执行委员会决定自1924年7月起开办农民运动讲习所,先后由共产党人彭湃、阮啸仙、毛泽东等主持,培养了一批农民运动的骨干力量。

  在国共合作下,还着手建立一支革命武装力量。过去,孙中山在长时期内依靠旧军队从事革命活动而屡遭失败,这给他留下痛苦的教训。在共产党人建议下,国民党"一大"决定创办一所陆军军官学校。这所学校设在广州附近的黄埔岛上,所以通常被称为黄埔军校。1924年5月,黄埔军校开学,孙中山亲

---

[1] 《周恩来选集》上卷,人民出版社,1980年版,第112-113页。
[2] 《邓中夏文集》,第526页。

自兼任总理，任命曾被派往苏联考察的粤军参谋长蒋介石为校长，著名的国民党左派廖仲恺为党代表，先后聘请布留赫尔（在中国化名加伦）等苏联红军将领为军事顾问。这年11月，刚从欧洲归国不久的中共广东区委委员长周恩来担任黄埔军校政治部主任。中国共产党还从各地选派大批党团员和革命青年到黄埔军校学习，在第一期学生中有徐像谦（向前）、陈赓、蒋先云、左权、许继慎等。这期学生中的中共党员和共青团员有56人，占学生总数的1/10。

黄埔军校的最大特点是把政治教育提到和军事训练同等重要的地位，注重培养学生的爱国思想和革命精神，这是其同一切旧式军校根本不同的地方。周恩来等共产党人在这方面作出了卓有成效的努力。这种军队中的政治工作制度，以后逐步推广到广州革命政府统辖的其他军队中去。毛泽东在抗日战争开始后不久说过："国民党的军队本来是有大体上相同于今日的八路军的精神的，那就是在1924年到1927年的时代。""那时军队有一种新气象，官兵之间和军民之间大体上是团结的，奋勇向前的革命精神充满了军队。那时军队设立了党代表和政治部，这种制度是中国历史上没有的，靠了这种制度使军队一新其面目。"①

在共产党人和国民党人的共同努力下，国民革命思想由南向北，在全国范围内以前所未有的规模广泛传播。1924年10月，北方的直系将领冯玉祥在第二次直奉战争中发动政变，推翻了直系军阀首领曹锟、吴佩孚控制的北京政府，一时控制了北京、天津一带，并把所部改编为国民军，电请孙中山北上"共商国是"。冯玉祥发动政变后，内外处境仍很困难，又请北洋军阀元老段祺瑞出山主持大计。段祺瑞和准备从东北入关的奉系军阀首领张作霖也分别致电孙中山，欢迎他北上。11月，孙中山离广州北上，沿途宣传召开国民会议和废除不平等条约的主张。上海、浙江、广东、湖南、湖北等地先后成立国民会议促进会，各地民众团体纷纷通电拥护国民会议，形成广泛的政治宣传运动。

那时候，国内的政治气氛热烈，出现了一股向帝国主义和军阀势力猛烈冲击的革命洪流。但革命阵营内部的矛盾也逐渐暴露出来。②

1924年早春2月，乍暖还寒。毛泽东经广州到上海。毛泽东来后，陈独秀立即召开三届二中会议，专门讨论共产党在国民党内的工作问题。

会议地点定在上海闸北香山路山曾里，这里是中央局机关驻地，也是蔡和森、罗章龙、毛泽东的寓所。开会时，蔡和森请向警予帮助布置会场和准备茶水。

陈独秀点燃了一支烟，清了清嗓子开始发言。看得出，他对刚刚结束的国

---

① 《毛泽东选集》第二卷，第380页。
② 中共中央党史研究室著，胡绳主编，《中国共产党的70年》，中共党史出版社，1991年版。

民党一大很满意:"刚刚结束的国民党一大虽然有一些意见分歧,但有些问题是微枝末节,我们的同志须尽力避免不必要的冲突。有些人讲话偏激,对C.P.有戒心,我们切不可动不动就认为这些人是所谓'右派'。"

"如果和国民党中的那些人发生了冲突,怎么办?""毛泽东现在是国民党中央执行委员会委员,又是国民党上海执行部文书科主任。他遇到国共冲突,他必须拿出主张。"

"是啊,润之的话很有道理,我们要有一个明确的态度。"蔡和森赞成毛泽东的意见。向警予当时也在国民党上海党部工作,她坚决地认为国共合作冲突避免不了,国民党内存在着右派。

"对那些人,我们可以采取敬而远之的态度。"陈独秀深知,国共两党内合作是共产国际的意见,对两党的分歧应持慎重的态度。

毛泽东猛力吸了一口烟,他觉得没有那么简单。可事情怎么发展,自己也没有把握。

1924年5月上旬,维经斯基从苏联到上海,带来了明确的意见,共产国际提出:"共产党员要积极支持左派,反对右派。"

陈独秀心情豁然开朗,既然是共产国际的意见,无条件执行就是,何况他内心深处就是反对共产党加入国民党的呢。想到这里,他问坐在旁边的"三大"组织部长兼秘书的毛泽东:"国际提出积极支持左派,反对右派,你怎么看?"

听到这个令人兴奋的消息,毛泽东吐了一口烟雾,笑着说:"我认为国际的指示是不错的,现在看来国民党内部确实存在着反对C.P.的右派,如果我们不支持左派去打击右派,右派会骑到我们脖子上来。"

"5月10日我们开一个中央执委扩大会议,重新统一大家的思想。"陈独秀当机立断,决定下一步的行动。

初夏的上海,天气转暖,而广州的天气变得炎热起来,国民党右派也加快了进攻的节奏。中共中央5月扩大会议刚结束,6月1日,孙科等人提出"制裁共产党分子案";6月18日,张继、谢持、邹鲁、邓泽如等人又提出反对共产党所谓"弹劾案""护党"宣言,这股风愈演愈烈。

正在陈独秀等热心、孙中山等无意的情况下,应孙中山要求,加拉罕推荐的又一位大使鲍罗廷抵达上海,会见了陈独秀等人。但是他的身份却是苏俄派给孙中山的政治顾问。斯大林签署的委派决定书上明确写着:"责成鲍罗廷同志在孙逸仙的工作中遵循中国民族解放运动的利益,决不要迷恋于在中国培植共产主义的目的。"仅从莫斯科的这个委派书,就可以看出,斯大林是出于苏俄的利益,来援助孙中山乃至中国反对帝国主义的,对于已经严格服从国际纪律的中国共产党的命运可想而知！

鲍罗廷抵达上海会见了陈独秀等人，然后抵达广州，立即被聘为国民党特别顾问，他站在苏俄政府立场上，卓有成效地说服了孙中山。10月28日，孙中山召集国民党改组会议，委任廖仲恺、谭平山等9人组成新的国民党临时中央执行委员会，李大钊等人为候补委员，进行国民党改组工作。

陈独秀积极响应国共合作出现的转机，于11月24日和25日两天召开并主持了执行委员会扩大会议，通过了《国民党运动进行计划决议案》，强调了共产党在国民党中的独立性，对共产党在国共两党合作中的工作提出了指导性意见，即发起国民运动，矫正国民党政治观念。①

但是，一股反对国共合作的逆流在国民党内部形成了。国民党中央委员邓泽如等11人以"国民党广州支部"的名义上书孙中山，反对国民党改组，攻击国共合作是"陈独秀的共产党利用我党之阴谋""其大前提则借国民党之躯壳注入共产党之灵魂"，最终夺取国民党政权。孙中山对这封信给予了详细的批示，认为加入国民党是共产国际施加压力的结果，陈独秀此前批评国民党是想离间苏俄和国民党的关系，以便独自得到苏俄的援助。但孙中山的解释没有平息这股"逆流"。②

陈独秀有力回击了"利用说"，他连续在《向导》上发表文章，批驳国民党改组是将"国民党赤化了"的观点，强调中共绝对没有如此动机和行动，不是谋一党私利，而是为国民革命而加入的。

国民党"一大"结束后一个月，陈独秀召开了中共中央执委会会议，作出了《同志们在国民党工作及态度决议案》。

陈独秀表示对国共合作仍抱有很大希望，认为中国共产党领导的工人运动到了转机的时候，鼓舞工人和知识阶级不要轻易放过这个转机。他一边为国共合作努力营造舆论，一边为不断出现的反对国共合作作出解释。他说："共产革命是劳资两阶级的争斗，国民革命是各阶级合作对于外族及军阀的争斗；所以只有国民党能利用共产党，而共产党决不能利用国民党。"共产党人"是为国民革命而加入的，不是妄想赤化国民党利用国民党来做社会主义的运动而加入的"。在国民党方面，一些反对国共合作的人逐渐联合起来，北京、广州、汉口、上海等地国民党开始了在党内排斥共产党人的活动，并且召开群众大会，公开宣传排共思想，他们串联起来派人跟踪共产党人，搜集反共材料。

---

① 张宝明、刘云飞著，《飞扬与落寞》，东方出版社，2007年版。
② 同上。

1924年5月14日至16日，在维经斯基的建议和指导下，中共中央在上海召开了"第一次扩大执行委员会"，总结5个月来国共合作的经验教训，纠正工作偏差。关于"党内合作"问题大会内外争论激烈。陈独秀此时也认为国共合作的前途不乐观，认为重点应该是发展共产党组织，独立领导工人运动。会议最后通过了《共产党在国民党的工作问题决议案》，明确划分了国民党左右派，左派是孙中山为首的一派和共产党人，共产党人应该巩固左翼，缩减右翼。陈独秀自我批评了自己的决策失误处。中共仍决定与国民党结成联合战线。

国民党的2000多排共分子联合向国民党中央监察委员会提交了《警告李大钊等不得利用跨党机会来攘窃国民党党务案》《请取缔共产党案》《请开除跨党分子案》《请斥逐所有跨党祸党共产分子案》《请斥退共产党案》等等提案，甚至对共产党人大打出手。监察委员会的反对国共合作的张继、谢持、邓泽如等将提案呈交到国民党中央执行委员会第四次会议讨论，并且建议撤掉支持共产党的鲍罗廷的国民党顾问一职。①

陈独秀知道"党内联合"现在是两难了。国民党排共强烈，大部分共产党员想退出国民党，但又违反了共产国际的决议。他给维经斯基写信："根据我们的意见，应当停止过去那种形式的全面支持，我们应该有所选择。这就是说，我们不能无条件和无限度地支持国民党，只能支持国民党左派所从事的一些方面的活动，否则，我们就支持了自己的敌人，为自己收买反对派。"他建议退出国民党，改成"党外联合"。

1924年7月上旬，毛泽东建议中央出一个通告，表明中共的态度。在国民党上海党部，毛泽东和叶楚伦的矛盾很大。支持毛泽东的有恽代英、施存统、沈泽民、邓中夏、王荷波、向警予等人。

对于右派的进攻，陈独秀矛盾重重，不久前他给维经斯基去信重申："我们不能无条件无限度地支持国民党，而必须支持左派的各种活动，如果不是这样的话，我们等于支持了敌人。"另一方面，国共合作才开始，他担心把事态闹大。

得到陈独秀同意后，毛泽东连夜起草了中共中央通告第15号，他写道："巩固我们在国民党左翼之力量，尽力排除右派势力侵入这些团体。"

看毛泽东交来的初稿时，陈独秀说："这不像你的字嘛！字是小号毛笔工工整整誊抄的，小巧俊秀，不像毛泽东的字龙飞凤舞。"

"是开慧抄的。"毛泽东直言不讳，笑着作答。杨开慧携两岁的儿子毛岸英和不满周岁的毛岸青从长沙来到上海，平时帮毛泽东做点收发、誊抄工作。

---

① 张宝明、刘云飞著，《飞扬与落寞》，东方出版社，2007年版。

"好哇。"陈独秀一边笑着说一边看文稿。文稿不长,陈独秀用毛笔修改了几个地方。陈独秀写道,"为国民革命的使命计",对于国民党右派的分裂政策,"不可隐忍不加以纠正"。毛泽东发现,陈独秀是在缓和语气。

7月21日,陈独秀以委员长的名义与秘书毛泽东共同签署中央第15号通告,对孙中山和廖仲恺仍抱有信心,提出应对国民党右派的反共活动的策略,国共合作时中共要忍耐,国民党闹分裂时要做好组织准备。

鲍罗廷认为合作方式的改变说明了他工作失败,所以坚持国共合作方式不变,直接操纵中共广州地委,批评了陈独秀退出国民党的主张。陈独秀接受了意见,心情矛盾复杂,一面维护国民党的革命主体形象,一面严厉批评国民党的错误观点和破坏革命的行动。他发表了《我们的回答》一文,激烈反击国民党右派攻击"共产党破坏国民党"。后来中共中央向鲍罗廷建议,停止支持已经被右派控制的黄埔军校。①

1924年10月10日,广州太平路上,数千名各界群众愤怒地高喊"推翻帝国主义""推翻反动军阀"的口号向前涌进。走在队伍前列的有陈延年和周恩来。突然,枪声大作,游行示威队伍遭到反动商团军的突然袭击,几十人抛尸街头……

第二天,陈延年奔向韶关,向率军督战的孙中山、廖仲恺告急。

在中共广州区委配合下,孙中山很快粉碎了陈廉伯的反动商团军。陈独秀充分肯定了粉碎反动商团这一事件。

10月10日,即广州发生商团叛乱事件同一天,上海举行反帝反军阀性质的国庆纪念大会,听演讲的上海大学学生黄仁鼓掌时,被国民党右派指使的暴徒推下主席台,旋即在同仁医院不治身亡。

瞿秋白和陈独秀商量,决定在上海掀起反对帝国主义、反军阀的斗争。陈独秀写了一篇《这是右派的行动吗?还是反革命?》,谴责右派是帝国主义、军阀的走狗。瞿秋白和沈玄庐、恽代英等参加了上海大学举行的黄仁烈士追悼会,并发了言。

此后,上海大学左派与右派斗争更加激烈,瞿秋白便辞去社会学系主任一职。陈独秀说:"这样也好,你可腾出时间来做些别的事。"当时《民国日报》在叶楚伧把持下,明显右倾。瞿秋白立即和上海国民党执行部毛泽东、恽代英、施存统、沈泽民、邓中夏、杨之华等配合,上书孙中山,逼迫叶楚伧退出报社。

正在这时,1924年10月23日,直系军阀冯玉祥在第二次直奉大战中发动

---

① 张宝明、刘云飞著,《飞扬与落寞》,东方出版社,2007年版。

北京政变，自任中华民国国民军总司令，孙中山决定应邀离粤赴京，遭到陈独秀等极力反对。陈独秀认为冯玉祥代替吴佩孚，仍是帝国主义；孙中山北上是军事投机，与军阀妥协，会被军阀和国民党右派包围。共产国际、斯大林方面也反对孙中山北上，但是共产国际代表加拉罕和鲍罗廷赞成北上。陈独秀等最终接受了加拉罕和鲍罗廷的意见。①

11月14日，孙中山从广州启程经上海取道日本北上。在临行前，他接受鲍罗廷的建议，发表了《北上宣言》，提出了"反对不平等条约"和"召开国民会议"两大口号。在孙中山发表宣言后，中共中央也发表宣言，表示支持孙中山北上及其政治主张，强调应召开国民会议。在中共的努力下，以孙中山北上为契机，国民会议运动在全国兴起。

孙中山北上到达天津，已经痼疾难医，冯玉祥远去西北，北京大权又落到了段祺瑞手里，并筹备召开善后会议。陈独秀与罗章龙共同签发了中央第24号通告，抵制段祺瑞的善后会议并催开国民会议，国民会议运动要求结束军阀统治、反对帝国主义侵略、废除不平等条约；孙中山也致电段祺瑞，反对善后会议。国民会议运动终于在北京开幕，在全国生机盎然地开展起来。②

此前，李大钊、张太雷到莫斯科参加共产国际"五大"。他带去陈独秀及中央局的意见：国共合作后，大批共产党人参加了国民党工作，共产党组织和训练工作受到削弱，党的刊物也不能按期出版。旅莫支部常委决定，加派彭述之、陈延年、陈乔年、红鸿、任弼时、尹宽、郑超麟回国。

陈延年、陈乔年到上海后没有回家，而是到民国路泰安旅店住了一晚，第二天又和郑超麟、傅大庆、薛世纶等人一起正儿八经到中央机关向陈独秀汇报工作，几年不见，父子间完全成了工作关系。

陈独秀同中央局执委蔡和森、瞿秋白、罗章龙等人商量，认为彭述之写文章快，留下来协助身体不好的蔡和森编《向

陈独秀长子陈延年　　陈独秀次子陈乔年

---

① 张宝明、刘云飞著，《飞扬与落寞》，东方出版社，2007年版。
② 同上。

导》；任弼时俄文好，决定他去上海大学教俄语；延年去广州，那里是国民革命中心；乔年去北京。

延年作为社会主义青年团中央驻粤特派员，于1924年9月底急急赶到广州，使他特别高兴的是，相别一年多的老朋友周恩来已回到国内，任中共两广区委军事部部长。这次两人重新搭档，一起住进东山恤孤院路的一幢小洋房楼上。

虽然国民会议运动越来越高涨，但是国民党内的反共逆流却更加汹涌。孙中山的身体状况让国民党内诸派各怀心事，他们都知道，孙中山的去世意味着什么。于是冯自由、马素等人在北京组织"国民党海内外同志卫党同盟会"，邹鲁、谢持等人组织"国民党护党同志驻京办事处"，都发表反共宣言，反对容共、反对改组国民党。

尽管孙中山在北上以前，于8月20日主持召开的国民党中央政治委员会通过两个决议案，明确指出："谓本党因有共产党员之加入，而本党主义遂以变更者，匪谬极戾，无待于辩。""谓本党因有共产党员之加入，而本党团体将以分裂者，亦有类于杞忧。"① 由于孙中山在国民党内享有崇高威望，他这种坚决维护国共合作的态度，使国民党右派反共分裂活动一时不能不有所收敛。

---

① 《中国国民党中央执委会颁发有关容纳共产分子问题之训令》，1924年8月。

第八章　中共中央局总书记

023. 国民党左右派分化　国共关系趋复杂

随着革命的发展，国民党内部的左右派进一步分化，国共关系逐步复杂化。中国革命面对许多新的问题需要给以回答。1925年1月11日至22日，中国共产党在上海闸北区横滨路6号举行第四次全国代表大会。

出席大会的有正式代表20人，代表全国994名党员；共产国际代表维经斯基应邀出席并讲话。

会议由陈独秀主持并作报告。大会选举陈独秀任中共中央总书记兼组织部主任，彭述之任宣传部主任，蔡和森、瞿秋白为宣传委员，张国焘为中央工农部主任，5人组成中央局。陈独秀领导中央秘书处，主管中央行政事务。中央执行委员会委员9人：陈独秀、李大钊、蔡和森、张国焘、项英、瞿秋白、彭述之、谭平山、李维汉；候补委员5人：邓培、王荷波、罗章龙、张太雷、朱锦堂。会议通过了《对于民族革命运动之决议案》《中国共产党第四次全国代表大会宣言》《中国共产党第二次修正章程》等13个文件。

李大钊、张国焘因配合孙中山北上，没有出席这次大会。

毛泽东在湖南，没有出席会议。1924年冬天，毛泽东与国民党上海执行部右派叶楚伧斗争公开化。在叶楚伧的威逼下，毛泽东只得请假回湖南养病。

张申府参加了这次会议。1924年春节，张申府经莫斯科回国。后接受李大钊的建议，到广州任黄埔军校政治部副主任。

在团中央工作的任弼时住在上海成都路福康一间亭子间，他和其他团中央执行局成员轮流出席会议。这是他第一次出席陈独秀主持的党中央会议。

瞿秋白不仅参加了大会文件起草，也参加了大会领导工作，任政治决议案审查小组组长。在会上，瞿秋白对决议案中无产阶级领导权、国共合作等问题作了长篇发言，大会选举时他首次进入中央局。

没有出席会议的张国焘意外地被选为中央局执委，当上了工农部主任。

对于张国焘重新进中央局，陈独秀经过了一番认真考虑。在三大上，陈独秀批评张国焘搞小组织，张国焘不服气，在一次小组会上，张国焘逼陈独秀表态，陈独秀说："没有什么小组织，但张国焘有错误，以后不准再说什么小组织问题。"后来在1924年5月三届三中会议上，中央局在报告中说："中央局现敢保证所谓小组织的结合，确实无此事实，今后同志间绝不可妄启猜疑，致碍党之进行。"

陈独秀转变对张国焘的看法，还在于张国焘在北京被捕后，上海《申报》于1924年5月28日刊出张国焘在被捕后，每日拷打三四次之多，直到1924年10月冯玉祥发动北京政变，张国焘才出狱。

陈独秀没有想到，张国焘在狱中已叛变。全国解放后，张国焘叛变革命的档案大白天下，遗憾的是，陈独秀已于1942年逝世。

这次大会的历史功绩在于：一是提出了中国无产阶级在民主革命中的领导权问题和国共两党的关系问题上指出："中国的民族革命运动，必须最革命的无产阶级有力的参加，并且取得领导的地位，才能够得到胜利。"二是提出了工农联盟问题，指出中国革命需要"工人农民及城市中小资产阶级普遍的参加"，其中农民是"重要成分"，他们"天然是工人阶级之同盟者"，无产阶级及其政党如果不发动农民起来斗争，中国革命的成功和无产阶级领导地位是不可能取得的。三是对中国民主革命的内容作了更加完整的规定，指出在"反对国际帝国主义"的同时，既要"反对封建军阀统治"，还要"反对封建的经济关系"。这是中国共产党在总结建党以来尤其是国共合作一年来的历史经验后，对中国革命问题认识的重大进展。这表明，党在这时已经把新民主主义革命基本思想的要点提出来了。"四大"的不足之处是：对如何实现无产阶级的领导权、特别是如何正确处理在同资产阶级争夺领导权中的种种复杂问题，并没有作出具体的回答；对政权和武装问题的极端重要性仍缺乏足够的认识。这些弱点，在以后革命运动发展中逐步明显地表现出来。

在"四大"召开期间，孙中山病重的消息传到上海，为了应对孙中山去世对国共合作造成的冲击，陈独秀与维经斯基商定，先起草一个宣言，号召国共在国民党"一大"通过的行动纲领上团结起来，同时做好与国民党右派分裂的组织准备。

1925年3月12日，孙中山因肝癌医治无效，逝世于京。陈独秀于14日在《向导》上发表了《悼孙中山先生》，号召全国革命者都要团结起来，完成他的遗愿。

陈独秀也知道，他和中共中央做出了这些文字上的努力，是远远不够的。

孙中山逝世后，国民党内部开始急剧分化，国民党中央为稳定大局，虽然于3月26日对冯自由、马素、江伟藩等反共行动给予了开除党籍的严厉处分，但仍然没有震慑住国民党内顽固的反共势力。7月1日，广东大元帅府改组，成立国民政府，汪精卫任主席，鲍罗廷为高等顾问。中共中央在共产国际的指示下不参加政府。但北京的"国民党同志会"依然对广东政府施压，扬言在共产党问题解决前，广东政府一切行动无效，国民党中央一切职务由"国民党同志俱乐部"代理。

全国范围的大革命高潮，是从1925年5月上海反英反日大罢工开始的。

中国最大的工业城市上海，那时有工人80万人，占全国工人总数的近三分之一。上海是帝国主义列强侵略中国的重要基地，这里有主要由英国控制的"公共租界"和法国的租界，日、英等国在这里开设了许多工厂，残酷地榨取中国工人的血汗，民族矛盾一直异常尖锐。

中国共产党在上海工人中是有工作基础的。那时，中共中央设在上海。在陈独秀的发动和号召下，共产党人以上海大学为重要据点，深入到工人中去工作，先后在7个地区创办了工人夜校。早在1924年夏，成立了沪西工友俱乐部，会员发展到近2000人，是推动上海工人运动重新走向高涨的群众性团体。1925年2月，日商内外棉八厂工人因为日本监工殴打中国女工而罢工，迅速导致21家日本纱厂3万5千多名工人总罢工。这次斗争取得胜利，给了全国工人很大的鼓舞。5月1日，在广州举行第二次全国劳动大会，正式成立中华全国总工会，选举共产党员林伟民、刘少奇为正、副委员长。

5月15日，上海内外棉七厂的日本资本家枪杀工人顾正红（共产党员）。事件发生后，中共中央多次开会研究对策。

当顾正红惨案发生后，引起了中共中央的关注。

5月16日，陈独秀以中共中央局总书记名义签发了中央32号通告，向中共各区委、地委、独立支部指出，"应即号召工会、农会、学生会以及各种社会团体一致援助"，发表"宣言或通电反对日本人枪杀中国工人同胞"，募集捐款，支援罢工工人。

5月19日，陈独秀又签发了中央第33号通告，指出"形势至为严重，我们在拥护无产阶级的利益上，在反对帝国主义的工作上，在反抗日本所主持的安福政局上，都应该号召一个反对日本的大运动。除前号通告外，为加紧此项运动计，再发此通告，望各地同志执行下列二事：（一）各地应即邀当地C.Y.组织开一联席会议，下全体动员令，组织游行演讲队伍，罗列日本最近压迫中国人的事实……向日本帝国主义者加以总攻击，不必以上海纱厂工人事件为限。此项演讲队应设法令民校（指国民党——笔者）各区分部校友和我们合作。

(二)运动各地各工团开联席会议发表宣言,指斥日本人历来压迫中国人之罪恶,……"①

32号通告的内容侧重于舆论上、经济上支援上海工人,而33号通告无论在内容或基本精神上都发展了32号通告。它充分证明在顾正红惨案发生后的第4天,以陈独秀为首的中共中央便决定在全国范围内发动一场反对日本帝国主义的"大运动"。为此,明确地指出在发动群众时"不必以上海纱厂工人事件为限",而应当通过揭发"日本历来压迫中国之罪恶"去激发群众的斗争热情;这次斗争不是局部的地方事件,而应该扩大到全国;斗争的性质是反对帝国主义的政治斗争,而不是一般的经济斗争。五卅运动之所以能迅速地发展成为全国规模的民族解放运动,诚然有许多原因,陈独秀签发的两份通告无疑是其中的一个重要因素。

《通告》下达以后,各地党组织行动起来。中共上海地委立即召开宣传联席会议,准备举行露天演说,并在公祭顾正红烈士时,联合各界举行反帝示威。但是参加公祭大会的绝大多数是工人,除了少数的学生外,还没有争得社会各界的同情和支援,原定的示威计划只得暂时取消。不久,少数学生在租界为工人募捐,或为参加公祭大会途经租界时被捕。租界当局还决定于5月30日审讯被捕学生,于是引起了各校学生的公愤,运动出现了扩大的势头。

中国共产党在领导五卅运动的过程中得到很大发展。这年年初党召开"四大"时还只有党员994人,同年10月即增加到3000人,年底更达到1万人,一年内党员人数增加了10倍。随着运动推向全国,不少原来没有党组织的地方建立了党组织,如云南、广西、安徽、福建等。党在斗争中受到很大锻炼。

发生在广州和香港的省港大罢工,是五卅运动的重要组成部分,也是中国工人运动史上前所未有的壮举,对大革命高潮的形成起了重要推动作用。

这些事件,激起了全上海乃至全中国人民的极大愤怒。多少年来深埋在中国人心里的对帝国主义的怒火一下子喷发出来。工人罢工,学生罢课,商人罢市。6月11日,上海举行群众大会,到会的有20多万人。全国各地约有1700万人直接参加了运动。从通商都市到偏僻乡镇,到处响起"打倒帝国主义""废除不平等条约"的怒吼。反对帝国主义的民族运动浪潮,以不可遏止的浩大声势迅速席卷全国。

当五卅惨案的消息传到广州后,广州各界群众在6月3日举行声势浩大的示威游行。6月19日,香港的海员、电车、印务等工会工人首先罢工。其他工

---

① 《中共中央文件选集》(1),第334页。

会随即响应，并成立全港工团联合会。罢工宣言中提出，要"与帝国主义决一死战"。15天内，参加罢工的人数达到25万人，其中10多万人离开香港回到广州。6月23日，香港罢工工人和广州各界群众10万人在广州举行大会和示威游行。周恩来等率领黄埔军校师生和校军2000人参加。当游行队伍经过沙基时，突然遭到沙面租界英国军警的排枪射击，当场被击毙52人，重伤170多人。

沙基惨案发生后，广州革命政府立刻宣布同英国经济绝交，并封锁出海口。香港和沙面工人在广州举行省港罢工工人代表大会，成立省港罢工委员会，由共产党员苏兆征担任委员长，下设武装、纠察、审判等办事机构，处理罢工工人的一切事宜，对香港实行封锁。广州革命政府对这次罢工采取支持态度，每月资助罢工委员会经费1万元。共产党员徐成章、陈赓等分别担任省港罢工的工人纠察委员会委员长、纠察队总教练、教练等职务。省港大罢工前后坚持了16个月之久。10多万集中在广州的有组织的罢工工人，成为广州革命政府的有力支柱。

5月，杨希闵、刘震寰两部在广州发动叛乱，企图推翻广州革命政府。杨、刘两部虽拥有不少兵力，但长期在广州进行搜刮、腐败不堪，极端不得人心，早已丧失战斗力。东征军迅速回师广州，平息了叛乱。

平定杨、刘叛乱之后，进行了改组广州政府和改变军队的工作。7月1日，国民政府在广州成立。当时被看作国民党左派的汪精卫当选为国民政府主席，鲍罗廷被聘任国民政府高等顾问。但中共对政权的重要性认识不足，在鲍罗廷的干预下，采取了不参加政府而只是监督政府的方针。国民政府成立后，将黄埔军校校军和驻在广东的粤、湘、滇军先后改编为国民革命军六个军（其中，黄埔军校校军扩编为第一军），共8万5千人。共产党员周恩来、李富春、朱克靖、罗汉分别担任第一、二、三、四军的副党代表兼政治部主任，林祖涵担任第六军的党代表兼政治部主任，担负起国民革命军中的政治工作。但这些军队的指挥权仍掌握在蒋介石等其他旧军人手中。对掌握军队指挥权的忽视，是当时共产党人的一个重大失误。下一年年初才建立由共产党员叶挺指挥的第四军独立团，它事实上是中国共产党直接领导的一支武装力量，但在整个国民革命军中所占比重很小。

原来已被打败的陈炯明残部，乘东征军回师广州的机会，又在1925年9月重新占领东江地区。国民政府决定举行第二次东征，任命蒋介石为东征军总指挥，周恩来为总政治部主任。由于取得东江一带农民协会会员的支持，东征军迅速地在11月底全歼陈炯明余部，取得第二次东征的胜利。与此同时，国民革命军另一部南征，消灭了盘踞广东南路和海南岛的地方军阀势力邓本殷部。广东全省终于获得统一,从而为举行反对北洋军阀的北伐战争准备了比较可靠的后方基地①。

024. 1925年5月30日

　　1925年5月28日,中共中央与上海地委举行联席会议,出席这次会议的有陈独秀、蔡和森、李立三、恽代英等等。会议决定分头向各校负责人谈话;向学生进行宣传,"并须派工人同志同去";印行传单宣传,"包括外人侵略一切事实";动员和组织学生于30日到租界进行反帝大宣传,声援工人,营救被捕学生;同时反对公共租界当局提出的交易所注册、增加码头捐赠订印刷附律等提案,这些提案损害中国的主权,直接的受害者是上海中小资产阶级。30日,约有3000学生上街演讲,他们的呼声反映了上海各界人民的共同要求。他们高举旗帜,呼喊"打倒帝国主义""坚决收回租界"等口号,从四面八方,涌上上海公共租界进行宣传演讲活动,愤怒控诉帝国主义杀害顾正红和逮捕学生的罪行。游行中又有100名学生被捕。下午3时许,各界示威群众近万余人齐集老闸巡捕房前,强烈要求释放被捕学生。反帝爱国热浪一浪高过一浪,此时,帝国主义暴露了狰狞面目,英国巡捕竟向手无寸铁的示威群众开枪射击,疯狂屠杀学生和市民,当场10人殉难,重伤10人,轻伤无数,又有50余人被捕,英帝国主义一手制造了震惊中外的"五卅"惨案。②

　　惨案消息传来,驻守在宝山路南边某同志家的陈独秀,怒容满面,愤恨难平,不停地抽着烟,沉思着如何把这场反帝爱国运动推向高潮、推向全中国。当天深夜,他又主持召开了中央紧急会议。他在深刻分析了当前形势后,明察秋毫地说道:

　　"'五卅'惨案的发生,使上海沸腾了,擦亮了人民的眼睛,建立各阶级的联合战线,把反帝爱国斗争推向全国的条件已经成熟。"会议决定宣布上海总工会公开成立;建立反帝联合战线组织,由上海总工会、上海学联、全国学联、上海各马路商界联合总会和上海总商会组织工商学联合会,作为领导反帝运动的公开机关。

　　会议还决定发动工人罢工、学生罢课、商人罢市,一致行动起来把反帝爱

---

① 《中国共产党的70年》。
② 据该日会议记录,蔡和森在1927年9月写的《党的机会主义史》一文中说:"在五卅运动初期,党的上级机关不存在机会主义。"

国斗争推向高潮,宣布上海总工会成立,建立联合战线组织。会上,中央领导进行了分工,决定由陈独秀"居中指挥",由李立三代表上海总工会负责对外活动,特别是联系商界,由张国焘坐镇处理成立上海总工会有关事宜,其余各人按原来工作岗位,展开对国民党和各民众团体的活动,以期所有决定得以全盘实现。

1925年5月15日,上海日本纱厂资本家枪杀青年工人顾正红,引起中国人民的愤怒。5月30日,学生、工人上街示威游行。英国巡捕向示威群众开枪射击,造成"五卅惨案"。图为上海学生在街头宣传演讲

6月1日,上海市总工会宣布正式成立,李立三任委员长,并发表宣言及告全体工友书,宣布为反对帝国主义屠杀中国人民举行总同盟罢工。接着上海学生相继罢课,公共租界近2万店铺先后罢市,英租界的华铺也有半数以上罢市。6月5日,中共中央就"五卅"惨案发表《告全国民众书》,明确指出,这次上海事件的"性质既不是偶然的,更不是法律的,完全是政治的""因英日帝国主义之大屠杀引起的全上海及全中国反抗运动之目标,绝不止于惩凶、赔偿、道歉等"了事,"废除一切不平等条约,推翻帝国主义在中国的一切特权为其主要目的",所以这次反抗运动"将是一种长期的斗争"。帝国主义者的屠杀激怒了上海人民,上海人民掀起的三罢斗争鼓舞了全国人民。从此,反抗帝国主义,废除一切不平等条约的斗争如狂涛怒澜汹涌澎湃波及四面八方,席卷全国600多座城镇,有1700万人自觉地投入了民族解放运动的洪流,迅速形成全国规模的反帝大风暴。

从5月15日至31日,是"五卅"运动的发轫期。在这半个月时间内,作为"五卅"运动"居中指挥"者的陈独秀,任务繁重,殚精竭虑,既要忙于运动的指挥,又要写文章进行宣传,他真正担负起"居中指挥"的使命,以陈独秀为首的中共中央采取了层层发动,逐步扩大的方针。它以工人阶级为主体,首先向青年学生进行宣传,接着又以青年学生为中介,发动广大的市民和中小商人,然后由工人、学生和中小商人联合起来,共同促使大资本家团体——上海总商会下达罢市令。

据张国焘回忆,5月30日晚上的会议,中央领导进行了分工,由陈独秀"居

中指挥"。① 又据郑超麟回忆,在"五卅"运动期间,自始至终在上海参加领导工作的中共中央委员只有陈独秀、瞿秋白、张国焘三人。彭述之因患伤寒病于2月间住进医院,到中秋节才出院。蔡和森于"五卅"后不久便去北京疗养气喘病,10月间返上海,旋即赴莫斯科。三位中央委员的分工:陈独秀照顾各方面,瞿秋白主编《热血日报》……上海总工会对外是李立三负责,对内是刘少奇负责。刘少奇把整个总工会工作做得井井有条。学生运动和国民党方面由恽代英负责,教职员工作由沈雁冰、杨贤江负责。

陈独秀密切注视着"五卅"期间上海阶级关系的变动。从1925年6月初至9月间运动基本结束,他在《向导周报》先后发表了11篇有关五卅运动的文章(不含《寸铁栏》里的杂文)。当上海人民掀起的三罢斗争高潮,迅速向全国范围推进时,他在6月6日发表《上海大屠杀与中国民族自由运动》,指出这次斗争的性质和任务。帝国主义者的屠杀,使他们的暴行"都一一活现于商人、学生、工人及一般市民的眼前",人民奋起,"立脚在中国民族自由的意义上,反抗剥削践踏我们的外国帝国主义者"。斗争的最终目的是"推翻全世界一切帝国主义,目前在此次运动中最低限度的要求应该是:(一)惩办凶手赔偿损失;(二)撤换驻上海英、美、日领事;(三)取消各国领事裁判权;(四)收回全国租界;(五)撤退驻在中国境内的外国陆海军,禁止外国陆海军在中国境内自由登岸"。指出上海是这次运动的中心,"民族自由运动是一个全国运动,全国的学生、工人、商人,都应该同时起来向一切帝国主义者进攻。"斗争是长期的,"我们须有普遍的持续力,不可得了一部分胜利便停止前进,即此次完全失败,亦不可因此沮丧!"②

当反帝斗争中出现了一些和帝国主义者妥协的言论时,陈独秀及时地进行了揭露与批评。他在《此次争斗的性质和我们应取的方法》一文里,列举出当时相当流行的五种言论,即:以惩凶赔偿了事;缩小战线专门对英;法律解决;五卅惨案是地方事件和依靠政府交涉解决。他指出这五种主张都是错误的。因为"杀人之罪不仅在英捕,而在帝国主义的国家之高压政策,……是国家行为而非私人行为";英国固然是罪魁祸首,而"日、美、法、意也和英国一样"地欺压中国;"法律只能制裁私人的犯罪行为而不能制裁国家的横暴与民族间的冲突";"帝国主义者是根据一切不平等条约向中国全民族加以剥削与凌辱",因此这次屠杀不仅发生在上海,"青岛、汉口都同时流血",这"不但不是一个地方

---

① 张国焘,《我的回忆》第2册,第30页。
② 《向导周报》,第117期,1925年6月6日。

的问题,并且不是一个国家的问题,是要唤起国际的同情才能够解决的";至于依靠政府交涉解决,陈独秀说:卖国政府"专知保护外人,反以严加峻法压抑本国人民的爱国运动,他们向来是代表外国向本国人民交涉,不曾代表人民向外国交涉"。这些揭露与批判提高了群众的政治觉悟,使他们朴素的仇恨心理,上升到了对帝国主义侵略本性的认识。陈独秀还进而指明这次斗争"乃是全中国人民为民族的生存与自由反抗一切帝国主义之争斗",争斗的方法"只有依赖国民自己的团结力"①。为此,中共中央决定香港和广州工人总罢工,以支援上海工人的斗争。闻名中外的省港大罢工直接促进了广东地区的革命化,7月1日广州政府改组,国民政府正式成立。广东革命根据地是在共产党人领导的工农群众运动的支持下建立起来的。

当上海总商会于6月26日宣布开市,退出三罢斗争之后,陈独秀指出开市并不是总商会的罪恶,因为"民族自由是要经过长期的斗争,决非罢市可以达到目的",总商会的罪恶"在始而离开民众团结",拒不加入工商学联合会,"继而背叛民众利益(删改工商学联合会所提条件),完全表现出在民族争斗中妥协的大阶级之阶级性。"

7月6日,租界当局使用卑劣恶毒的手段停止对工业供电,断绝了上海民族工业(主要是棉纺织业)的能源,一面向民族资产阶级施加压力,一面人为地制造了大批的失业工人,与此同时,奉系军阀在上海加紧镇压反帝斗争,于是中小商人也畏缩不前,以致工商学联合会瘫痪,反帝联合战线再次发生分化。

当反帝联合战线出现分化时,使上海工人面临着孤军奋斗的困境,部分工人产生了一种冒险情绪,"想以武装暴动来救此危机"。陈独秀认为这种"浪漫的'拼命'办法"是不对的,他主张为了避免孤立,保存工人阶级的组织,应该"改变"罢工的策略,"以经济的要求及地方性质的政治要求为最低条件"收缩罢工。②8月10日,中共中央、共青团中央拟定《告工人士兵学生》书,指出反帝斗争的长期性,号召工人有条件地有组织地复工。12日,日商纱厂工人首先复工,其他各业也相继复工。

陈独秀是五卅运动中中央政策的制定者与推行者。经过五卅运动,共产党的队伍扩大了,威望提高了,成为真正的群众革命的党。同时,各地国民党的组织也随之扩大。五卅运动是一次极为广泛的反帝宣传运动,它为迎接北伐战争进行了思想上和组织上的准备,直接把二十年代中国革命引向了武装斗争的高潮。

---

① 《向导周报》,第118期,1925年6月20日。
② 《我们如何反对帝国主义的争斗?》,载《向导周报》,第126期,1925年8月23日。

五卅运动以后，革命群众运动的高潮在全国掀起，反动的逆流也在迅速滋长。

1925年8月20日，紧密追随孙中山的国民党左派领袖廖仲恺在广州的国民党中央党部大门前遇刺身亡。廖仲恺积极支持孙中山改组国民党，忠实执行孙中山的联俄政策，对国民党右派反对国共合作并与军阀勾结行为深恶痛绝，结果遭到反动势力的憎恨。廖仲恺遇刺后，汪精卫、蒋介石在国民政府高级顾问鲍罗廷的指导下，将涉嫌廖仲恺刺杀案的胡汉民和许崇智赶出了广州。兔死狐悲的国民党右派乘机发起反共运动，到各地组织更多的人参加反共会议。他们还到国民党北京执行部，要求以其名义发出通告，集结北京和上海各中央委员，在北京举行国民党中央一届四中全会，以解决与共产党的关系问题，此举遭到由李大钊负责的北京执行部的共产党人的拒绝。

国民党右派并没有因此收敛，决定在北京召开"国民党一届四次中央执行委员会全体会议"，并致电国民党上海执行部、广州国民党中央执行委员会，要求其各委员参加即将在北京西山碧云寺孙中山灵前召开的全体会议。

在五卅运动中，中国共产党的领导作用和无产阶级的坚决不妥协的革命精神，惊醒了资产阶级的代表人物，戴季陶在1925年7月出版了一本小册子《国民革命与中国国民党》，从思想上反对马克思主义，组织上排斥共产党。

与此同时，戴季陶看到了共产党在人民群众中的威望日益增强，他忧心忡忡，觉得再也不能"沉默敷衍含混"了，站了出来，明确地表述他的观点："真正的国民革命，是要真实的国民革命主义者，才可指导得来，才可以得到民众真实的信任。"因此，就非"脱离一切党派，做单纯的国民党员不可"。戴季陶就是抱着这样的目的写作《国民革命与中国国民党》一书的。他在这本书里一方面斥责国民党右派"腐败卑劣"，不干实事，"到了无可如何，顺便用'反共产'的口号来掩护自己不能信仰三民主义，不能革命的罪恶"。

另一方面着重攻击共产党。他口口声声地说，他的心目中"只有一个中国国家和民族的需要""我们非得到国家的自由民族平等，便什么问题都无从谈起"。就在他高谈"国家的自由民族平等"的同时，诋毁马克思主义阶级斗争学说，反对共产党。他说国民党的"最高原则"只能是三民主义，"绝对不须用唯物史观做最高原则，争得一个唯物史观，打破了一个国民革命"。主义是一个政党的基础，是它的"共信"。"共信不立，互信不生，互信不生，团结不固。"诬蔑共产党员加入国民党是采用"寄生政策"，极力主张将共产党员从国民党里驱逐出去。

戴季陶既反右又反左的言论，深刻地反映了五卅时期资产阶级的矛盾心理，他们虽然有反帝反军阀的要求，但更害怕由共产党代表的猛烈增长的工农群众势力。那么出路何在呢？在戴季陶看来，只有"单纯的国民党党员"才能够领导国民革命。①

《国民革命与中国国民党》一书比较系统地提出了资产阶级的理论，它的根本目的是巩固资产阶级对革命的领导地位，遏止和控制无产阶级的势力。因此，这本小册子一经出版便理所当然受到了陈独秀、瞿秋白等人的批判。

1925年9月11日，陈独秀在《向导周报》第129、130期发表了《给戴季陶的一封信》。这封信一开头便指出"自国民党改组以后，排除共产派的运动，不曾一日停止过"。"你现在对于共产派的态度与右派谢持、马素等人'无甚出入'。你的《国民革命与中国国民党》一书中，'错误的见解非常之多'，我现在'只就你所持排除共产派的根本理论及批评共产派的态度'作一简单的答复。

陈独秀在信的末尾指出：你这部书必有许多人利用它"做反动宣传，……对于这一点你须深加省惕"。②

对于"戴季陶主义"的叫嚣，陈独秀在《向导》上公开发表的《给戴季陶的一封信》，以大量铁的事实对戴季陶的反共言论一一进行了严厉的批驳。陈独秀有理有据、义正词严的驳论，使得国民党内外对戴季陶发出一片反对之声。

在北京，张继、谢持、邹鲁等国民党右派正在酝酿反共阴谋，李大钊获知消息，派朱蕴山和高语罕从北京赶到上海，向陈独秀汇报张继等人的反共情况，并要求中共中央加紧研究对策。

1925年9月，中国共产党在北京召开第二次中央扩大会议。这次会议除总结五卅运动的经验外，主要的任务是制定党的方针政策，特别是制定对国民党的政策。就在这次会议上，陈独秀提出共产党员"应该及时准备退出国民党而独立，始能保持自己的政治面目，领导群众而不为国民党政策所牵制"。（见陈独秀《告全党同志书》）。于是戴季陶与陈独秀两人从不同的观点出发：戴季陶是站在国民党右派立场上要把共产党员撵出去，陈独秀主观上是为维护党的独立性，摆脱国民党"牵制"；戴季陶是自觉地争夺国民党的领导权，陈独秀是自愿退出和放弃领导权的争夺。戴、陈二人的出发点尽管不同，但殊途同归，结果都是四个阶级的联盟——国民党，变成清一色的资产阶级政党。陈独秀对共产党员加入国民党不免有悔不当初之感，但是无可奈何，是共产国际指示使然。

陈独秀的意见受到了"当时的国际代表和中央负责同志一致严厉的反对"，

---

① 《国民革命与中国国民党》。
② 陈独秀，《给戴季陶的一封信》。

使他"未能坚持"自己的主张。会议通过了《中国现时的政局与共产党的职任议决案》,重申"中国共产党是无产阶级的指导者,是民族解放运动的领袖的指导者"。指出戴季陶的小册子代表了国民党右派的思想,"假使认为这种现象,已经是中国共产党与资产阶级民主主义的国民党脱离关系之时,那就是一种很大的错误。"会议通过《中国共产党与中国国民党关系议决案》,进一步指出"共产党现在的职任,便是更加应当继续与国民党合作的政策而与大多数群众接近",并"与左派结合密切的联盟,竭力赞助左派与右派斗争"。① 大会决议的精神是积极的,也是符合国共两党合作以后的实际状况的。国民党这一组织形式确实为共产党联系广大群众提供了许多的便利条件。"五卅"运动固然是中共领导的,如果没有国共两党的合作,就不会有那么大的声势。省港罢工如果没有广州政府的支持,也不会坚持那么长久。

1925年11月23日,国民党右派筹备的"国民党一届四中全会"在北京西山举行。参加会议的有林森、居正、邹鲁、谢持、叶楚伧、邵元冲、张继等等,会议通过了这些提案:《取消共产派在本党之党籍》《解雇顾问鲍罗廷》《开除汪精卫党籍》《开除国民党中央执行委员会中共产党员》等等,选举了所谓的"中央领导机构",后在上海设立"国民党中央党部",与广州的国民党中央平起平坐,还创办《江南晚报》作为宣传喉舌。公开反共的"西山会议派"形成了。②

陈独秀密切关注国民党右派的动向,他通告全党,反对西山会议,痛批西山会议派,号召国民党员团结在广州国民党中央周围,敦促广州国民党中央迅速召开国民党"二大",对"西山会议派"采取行动。

1926年元旦,中国国民党第二次全国代表大会在广州开幕,大会由汪精卫主持,吴玉章任秘书长,决定继续执行孙中山生前制订的"三大政策",维护统一战线,共同努力于国民革命。

对于西山会议派问题,这次会议通过了《弹劾西山会议决议案》,宣布西山会议为非法会议,是破坏国民革命的反动行为,永远开除其首领邹鲁、谢持的党籍,给予林森等十几人警告处分,并对戴季陶进行训令警告,促其反省,严厉打击了西山会议派的嚣张气焰。会议还产生了新一届领导机构,蒋介石当选为中央执行委员。

蒋介石在公开场合极力表示忠诚于孙中山的三大政策,坚决反对西山会议派的分裂,并在鲍罗廷遭到弹劾的时候为其解围,以一个左派军人领袖的形象

---

① 《中共中央文件选集》(1),第403-405、417页。
② 张宝明、刘云飞著,《飞扬与落寞》,东方出版社,2007年版。

示众。到了国民党"二大"时，蒋介石已经是身兼黄埔军校校长、广州卫戍司令、国民革命军第一军军长、国民政府军事委员会委员等要职。在1月16日下午国民党"二大"中央执行委员和监察委员的选举中，253个代表就有248个人投他的票，比国民政府主席汪精卫仅差1票。

在选举中，共产党员中谭平山当选组织部长、林伯渠当选为农民部长、毛泽东当选为代理宣传部长等。1926年1月19日，为期19天的国民党"二大"闭幕。①

此时的全国政局已有了新的变化，冯玉祥在张作霖和吴佩孚的联合攻打下，准备通电下野，北方形势紧急。这种情况下，国民政府决定出师北伐，以吴佩孚、张作霖和孙传芳三个军阀势力为主要攻击目标，进而统一全国。

恰在这时，陈独秀积劳成疾，患伤寒病住院。整整一个月没有露面，于是国民党右派谣言四起，说陈独秀秘密到武汉勾结吴佩孚了，《向导》马上发文辟谣。此时，各种反动势力联合起来一起搜索中共中央机关，共产国际来电主张中央迁移。由此中共中央在北京召开特别会议，会议开始时接到了陈独秀从上海发来的电报，告知能带病工作。

此后，北京的群众和学生在李大钊、陈乔年、赵世炎等的领导下，于1926年3月18日举行游行示威请愿，反对帝国主义的侵略和段祺瑞政府的卖国罪行，请愿在段祺瑞执行政府门前被残酷镇压，酿成"三·一八"惨案，中共中央为此进行了舆论声讨，准备组织更大的运动。但就在他们为国民革命做着积极的配合准备时，国共两党发生了更大的摩擦。②

025. 共产党的"三次退让"

在长达数十年的各种史书和史学界的论著中，都把共产党对"国民党二大""中山舰事件（即3·20事件）""整理党务案"（史称"三大事件"）的"让步"，归咎于时任总书记的陈独秀。真相究竟如何？

首先我们应该明确一个历史事实：鲍罗廷当时是苏联派驻国民党中央的总政治顾问和共产国际代表。陈独秀当时还只是一个只有994名党员的领导人。

1925年秋，莫斯科指导中国革命的路线发生重大转折，其标志是9月28

---

① 张宝明、刘云飞著，《飞扬与落寞》，东方出版社，2007年版。
② 同上。

日《共产国际执委会给中共中央的指示》,即"9·28"指示。

莫斯科认为,当时德法和德比先后签订边界协定是结成了"反苏联盟",再加上冯玉祥国民军在北方的失败,表明中国革命的国际与国内局势都恶化了。因此,指导中国革命的整个路线由进攻向退却转变,表现在国共关系上,令中共向当时以"中派"(新右派)面目出现的蒋介石集团妥协。1925年8月21日,联共政治局会议决定:指示中国必须对国民党"避免加剧关系"。随后,根据这个决定,共产国际东方部政治书记瓦西里耶夫起草了"9·28"指示,指示中共遵循下列原则,立即审查同国民党的关系:

一、"对国民党工作的领导应当非常谨慎地进行";

二、"共产党不应要求必须由自己党员担任国家和军队的领导职位";

三、"相反,共产党应当竭力广泛吸引(未加入共产党的)国民党员……参加本国民族解放斗争事业的领导工作"①。

这个指示的精神,就是以"谨慎"为名,令中共放弃在国民党、国民政府和军队中的领导岗位,也就是放弃革命领导权。

贯彻这个文件,完成这个右倾化转折的标志,就是1926年上半年发生的国民党二大选举、"3·20"事件和"5·15"事件上的让步。过去,把这"三大让步"说成是"陈独秀右倾机会主义"的主要标志,其真相究竟如何呢?

第一次"退让"是指中共对国民党第二次全国代表大会采取"退让"的态度。事实真相是:1925年初,鲍与中共中央在上海开会,讨论在国民党"二大"上新中央委员会的选举问题时,陈独秀为加强共产党的力量,提出7个共产党人进入国民党中央;鲍罗廷却坚持不超过国民党"一大"的人数,即3人。鲍的理由是"不吓跑中派和无谓地刺激右派"。②争到最后,陈不得不妥协至4人,鲍才勉强同意。3月20日,陈在向国际报告孙中山逝世后的形势及"我们党对国民党的政策"时,又决定"准备迎接国民党第二次全国代表大会,使右派在会上没有影响。"③

这个事实,过去故意抹杀,而且反过来,把后来莫斯科逼迫中共中央作出的让步,扣在陈独秀的头上。

莫斯科所以逼迫中共中央让步,是因为他们除了对总的形势的悲观估计外,还因为当时中共特别是广东区委利用刺廖事件驱逐胡汉民和许崇智表示"绝对无法理解",指责说这是"在不停地拆毁连结共产党先锋队与民主群众的各种

---

① 《档案》第1辑,第665、695页。
② 同上,第613页。
③ 同上,第590页。

桥梁，要完全孤立中国共产党，并带来由此而产生的各种致命的后果"。为此，联共政治局给中共的任务是："强调作为民族解放思想最彻底最可靠的捍卫者的国民党的作用，并将其提到首要地位。"① 因此，必须向国民党右派和中派让步。陈独秀起先以共产党退出国民党进行抵制，于是，一度支持这个主张的维经斯基受了莫斯科的严命，再次来华制止，安排陈独秀等在苏联驻上海领事馆内与孙科、叶楚伧等人谈判，中共中央被迫在国民党二大上让步：在36名中央委员中，中共党员只占7名，未达到广东区委计划的1/3。

所以，这个让步是在共产国际强迫命令并在其代表监督下，陈独秀违心执行莫斯科命令的结果。

其实，早在1925年3月孙中山逝世后，从4月起，陈独秀便开始考虑这样一个具有战略性的问题：在以后召开的国民党第二次代表大会上，共产党人要占据主动地位，要多选共产党人进入国民党中央领导机构，以便结合国民党左派，与国民党右派进行斗争。为了实现这个战略计划，在给全党的通告中，陈独秀要求各地应尽力扩大国民党左派，并且解释说："将左派数量扩充了，我们在第二次国民党全国代表大会中才有和右派竞争选举的可能。此时我们在国民党中还是极少数，倘不能乘此时机将左派扩充有力，不独第二次选举要失败，即平时亦无法压迫中派使其必须与我们合作。"②

5月1日，陈独秀召集了中共中央局临时会议。针对国民党一届三中全会即将于5月18日至25日召开，会议就国民党二大及国民党中央全会的有关问题作出如下决议：

（1）国民党第二次全国代表大会开会地点，宜在广州。非广州失守不能主张在河南开会。

（2）大会代表以有党部组织者始有选派代表权，反对由中央执行委员会指派任何人代表无党派之省份出席大会。

（3）大会时间，可在8月中。

（4）此次国民党中央全体会议，我们的同志宜首先提出开除反对分子（如加入北京国民党俱乐部）案，及政治宣言案（宣言草案录后）（见陈独秀为国民党一届三中全会起草的《中国国民党宣言》）。此二案，我们须对中派极力坚持，不能让步。

（5）在此次国民党中委全体会议中，我们的党团书记，中局指定平山（即

---

① 《档案》第1辑，第730页。
② 《中央通告第十九号》，载《中共中央文件选集》，1册，中共中央出版社，1989年版，第404页。

谭平山）同志担任，粤区书记，亦应参加此党团会议。

（6）我们即时通告各地同志，以国校（指国民党）名义对此次国校中委会议发表开除反动分子及政治宣言的主张，尤其是粤地同志们应运动当地国校各级党部包围此次中委会议，使之实现我们的主张——开除反动分子，及采用我们所拟出的宣言。

（7）此次会议后即应由国校的政治委员会提议扩大在北京政委的职权和人数。①

5月5日，中共中央和共青团中央联合发出通告第30号，具体部署加强国民党工作的计划，要求各地切实做好扩大国民党左派的宣传和组织工作，以便在国民党"二大"上与右派、中派竞争。为保证这一目的的实现，通告要求，从现在起就应扩大国民党左派队伍，同时掌握国民党内部训练大权，在国民党地方组织内揭露右派的真面目，开展反对右派的斗争。②

然而，陈独秀压根儿没有想到，中共中央对国民党"二大"的积极政策却遭到了鲍罗廷的否定。

随孙中山北上的鲍罗廷，在孙中山逝世后于5月初从北京启程返回广州。在途经上海时，他与陈独秀等中共中央领导人举行了几次会议，其中最主要的议题是孙中山去世后的国共两党合作问题。

据熟知会议进展情况的苏俄驻上海总领事馆副领事维尔德事后说："会议进程、交换意见情况和相互关系都给人留下了不好的印象：感觉到互相不信任、不真诚、耍外交手腕。"③

正是这几次会议中，涉及国民党二大的有关问题，其中包括共产党员进入国民党执委会的人数。鲍罗廷在会后委托维尔德给加拉罕发去一电，谈到了在这个问题上他与中共中央领导人的不同意见。电报说：关于在将来的国民党中央委员会中的共产党员人数问题曾一度发生争执，中央提出7人，我表示反对，为的是不吓跑中派和不无谓地刺激右派。最后一致同意最低限额——4人，其余的根据代表大会期间中国整个局势而定。

很明显，最早不同意多选共产党员进入国民党二届中央执委会的，不是陈独秀，而是鲍罗廷。

不仅如此，据鲍罗廷说，他还与中共中央一起得出以下结论："应当把胡汉民政府看作是向较为革命的政府过渡形式不可避免要进行的斗争准备军事政治

---

① 《关于国民党第二次中央执行委员会全体会议意见》，载《中共中央文件选集》，1册，中共中央党校出版社，1989年版，第408-409页。
② 《中共中央文件选集》，1册，中共中央党校出版社，1989年版，第412-414页。
③ 《维尔德给维经斯基的信》，1925年5月13日于上海，载《共产国际、联共（布）与中国革命档案资料丛书》，1册，北京图书馆出版社，1997年版，第612页。

力量";而对于国民党右派,"在国民党中央委员会拟定的宣言中不会直接攻击右派"①。这些结论与鲍罗廷到上海前陈独秀和中共中央制定的国民党的政策是完全不一致的。可以肯定,陈独秀等人是在鲍罗廷的影响下,或者说是在他的高压下,才改变态度的。

人们不禁要问,鲍罗廷为什么要陈独秀认可明显右倾的胡汉民政府,为什么不主张共产党人在国民党中央占优势,又为什么不主张攻击右派呢?关于这些问题,鲍罗廷没有直接地回答。但从鲍罗廷给莫斯科的报告中可以看出:孙中山逝世后,从国民党老右派的活动中,鲍罗廷切实感到国民党的团结以及国共关系都面临着新的考验,而他对孙中山时代的广州政府和国民党能否顺利地战胜右派,能否继续坚持孙中山的三大政策还存有疑虑。所以,他希望维持胡汉民对广州的领导,以便顺利实现向左派政权的过渡。与此相关,他不主张在形势没有明朗的情况下直接提出反对右派的口号;也不赞成共产党员多占国民党的领导位置,以免引起国民党员的反感,为右派分裂国民党制造新的借口。而且,为了保证国民党的团结和统一,他甚至准备让共产党人完全放弃国民党领导地位。关于这一点,他在报告中写得十分清楚:如果国民党右派能破坏党的组织性,国民党的三民主义对他们来说就完全不可怕了。这里我们无法回避分裂。我们甚至准备在共产党员问题上向他们让步。例如,如果共产党员在中央委员会或者政治局内使右派感到厌烦,我们准备召回他们。在中央机构中没有共产党员我们也可以做好工作。但是保持党作为国民革命运动的有组织的、团结的领导的问题上,我们不能让步,也不应该让步。②

很清楚,为了保证国民党的团结统一,鲍罗廷是不惜一切代价的。既然他已准备放弃共产党人在国民党中的领导地位,那么他不同意共产党人在国民党"二大"选举中央委员会时多占名额,也就毫不奇怪了。

鲍罗廷不让共产党人在国民党二大中央委员会中多占名额,对于陈独秀来说,无疑是当头一棒。因为鲍罗廷的意见与他的计划正好相反。他虽然与鲍罗廷进行了争论,但最终还是尊重了鲍罗廷的意见。他不这样做又有什么办法呢?

这以后,陈独秀和中国共产党人领导了如火如荼的五卅运动和省港大罢工,经历了反帝运动被镇压、工人阶级孤军作战的艰难时期,反击了国民党老右派的进攻,批判了国民党新右派的理论"戴季陶主义",见证了国民党左派廖仲恺

---

① 《维尔德给维经斯基的信》,1925年5月13日于上海,载《共产国际、联共(布)与中国革命档案资料丛书》,1册,北京图书馆出版社,1997年版,第613-614页。
② 《鲍罗廷的书面报告》,1925年2月14日于北京,载《共产国际、联共(布)与中国革命档案资料丛书》,1册,北京图书馆出版社,1997年版,第576页。

被反对势力刺杀的事实……

政治局势的急剧变化,国共两党之间摩擦的日益加剧,使得政治经验并不丰富的陈独秀一时感到难以应付。他非常希望共产国际能够给他以帮助。

然而,陈独秀等来的,却是共产国际不让在国民党内争领导地位的指示。这就是前面提到的由瓦西里耶夫提议,通过共产国际执委会正式向中共中央发出的9月28日指示,其中对陈独秀影响最大的是"共产党不应当要求一定由自己的党员担任国家和军队的一切领导职位""相反,它应当竭力广泛吸引不是共产党员的国民党员参加负责工作"。这一指示的核心就是要共产党收缩自己在国民党内的势力,不要争领导权,不要占国民党的领导职位,以减少国共之间的矛盾。

可见,不在国民党中央争领导地位的政策,是共产国际决定的。这一政策同上述鲍罗廷的主张是一致的。根据这个指示,这年10月,维经斯基指导中共中央全会作出决定:除必要时共产党人不再进入国民党领导岗位。

从5月鲍罗廷反对多选共产党人进入国民党中央,到9月共产国际指示不要在国民党内争领导职务,再到10月维经斯基提出共产党人不再占据国民党领导岗位,这接二连三的指示和决定,无疑对陈独秀产生了巨大影响。

可以说,陈独秀由主张在国民党"二大"争领导权转变为同意共产党人只占到国民党中央执委会成员的三分之一,共产国际、鲍罗廷以及维经斯基都有着重大责任。陈独秀正是被他们推着,迫不得已一步步后退的。

1925年10月,中共中央扩大全会结束后,维经斯基仍留在北京,等候加拉罕从莫斯科返回,以便接受新的指示。

11月中旬,加拉罕回到北京。不久,北京便接连发生了西山会议派分裂国民党的活动和"首都革命"失败两件大事。维经斯基认为,中国革命正面临着国民党右翼和反动势力"南北呼应,同时并进"的局面;一旦国民党内部发生分裂,会使广东革命局面毁于一旦。① 为了制止这种情况发生,维经斯基与加拉罕共同制定了瓦解西山会议派的策略。

维经斯基从北京回到上海后,立即开始着手贯彻上述策略。这时,西山会议派已在上海另立国民党中央,而且开始到处制造舆论,反对在广州召开国民党"二大"。在西山会议派的蛊惑和拉拢下,江浙等地的一些国民党人开始向西山会议派靠拢。这种情况使一些共产党人和国民党左派担心:国民党中央能否

---

① 《关于中国共产党在1925-1927年革命中的错误问题》,载《维经斯基在中国的有关资料》,中国社会科学出版社,1982年版,第174页。

顶住西山会议派的破坏活动,顺利召开国民党"二大"。

维经斯基了解到这些情况后,决定亲自出马做分化西山会议派的工作。12月23日晚,维经斯基找到与西山会议派有联系的孙科,提议孙科约集西山会议派中人邵元冲、叶楚伧,到苏联驻上海总领事馆一谈。

当晚,孙科即同邵元冲、叶楚伧一起来见维经斯基。在会谈中,维经斯基得知孙科等人仍然承认孙中山联俄容共的政策,他认为这是可以分化西山会议派的大前提,于是提出次日约陈独秀等与他们三人共同讨论有关问题[①]。

正在布置全党对西山会议派进行反击的陈独秀,接到维经斯基要他与孙科等人进行会谈的通知后,感到十分突然,但他还是不得不服从维经斯基的要求。

12月24日上午11时左右,共产党方面的陈独秀、瞿秋白、张国焘与国民党方面的代表孙科、邵元冲、叶楚伧在苏联驻上海总领事馆进行了会谈,维经斯基亦在场。

陈独秀等人是仓促上阵,而孙科等人事前却进行了充分准备,并拟好了会谈提纲。于是,会谈只能根据孙科等人的提纲进行。根据这个提纲,双方讨论了党务、宣传、国共关系以及国民党与苏联、共产国际的关系等问题。

会谈进行得并不顺利。陈独秀等人虽然毫无思想准备,但还是据理力争。根据维经斯基、瞿秋白和邵元冲的有关记述,在会谈中,陈独秀等拒绝了对方提出的共产党人退出国民党和鲍罗廷离开广州回国等要求,建议孙科等与广州国民党中央言归于好,共同反对右派;同时又根据对方的提议,同意停止攻击西山会议派的宣传,同意在新的国民党中央执委会中共党员人数不超过三分之一。双方最后决定,分别由维经斯基致电鲍罗廷、陈独秀等致电谭平山、孙科等致电汪精卫,要求延期召开国民党"二大",以待孙科等人返回广州[②]。

这次会谈及其达成的协议,是否就意味着陈独秀对国民党右派作了一次"政治上的大让步"呢?

如上所述,陈独秀在会谈前,一直主张对西山会议派采取坚决斗争的方针。而维经斯基安排的这次会议,则是对西山会议派采取分化瓦解的策略。陈独秀

[①] 瞿秋白在1928年召开的中共六大政治报告中有几句话可为佐证。瞿秋白在谈到1925年冬中共中央的情况时说:"国际代表吴廷康(即维经斯基)在他回国上船之前忽召集我们(独秀、国焘、秋白)和孙科、邵元冲、叶楚伧一次谈话。说我们在第二次全国代表大会(国民党的)上,决不要三分之一以上之中央委员等等。"参见《瞿秋白文集》,5卷,人民出版社,1995年版,第552页。

[②] 关于这次会谈达成的协议,据姚金果综合,他根据当事人的记述综合而来。参见a.《共产国际执行委员会远东局使团关于对广州政治关系和党派关系调查结果的报告》,1925年9月12日于上海,载《共产国际、联共(布)与中国革命档案资料丛书》,3册,北京图书馆出版社,1998年版,第451-452页。b.《邵元冲日记》,上海人民出版社,1990年版,第223-224页。c.瞿秋白,《中国革命与共产党》,载《瞿秋白文集》,5卷,人民出版社,1995年版,第387页。d.荣孟源主编,《中国国民党历次代表大会及中央全会资料》,上册,光明日报出版社,1985年版,第344页。

的斗争方针和维经斯基的瓦解策略，其目的都是为了打击西山会议派。在西山会议派另立国民党中央，并在江浙一带大肆活动的情况下，为了拉住与西山会议派有联系的国民党员，使他们不被西山会议派所利用，同时为了使国民党"二大"能够顺利召开，采取分化和瓦解西山会议派的策略，并无不妥之处。所以，维经斯基促成这次会谈，以及陈独秀等人参加这次会谈，当是无可非议的。再从会谈达成的几项协议来看，陈独秀等人接受了对方提出的一些条件，有退让的一面，但并没有完全接受他们的条件，也有斗争和争取的一面。最后从会谈的实际效果来看。孙科回到广州后，未与西山会议派沆瀣一气，并多次在讲话中申明团结一致，进行反帝反封建斗争的重要性，说明这次会谈"对右派队伍起了一定的瓦解作用"。① 所以，完全否定这次会谈是不妥的。

陈独秀并没有因为这次会谈而放弃对西山会议派的斗争方针，国民党"二大"对西山会议派的处分决议案，正是在共产党人的坚决要求下才提出和通过的。

1926年1月1日，中国国民党第二次全国代表大会在广州隆重开幕。在出席会议的256名代表中，共产党员有100人。会议是在鲍罗廷的指导下进行的。会议讨论并通过了政治、党务、军事、外交、工人、农民、妇女、青年、商人等决议案。

大会议决接受孙中山遗嘱和国民党"一大"所定的政纲，重申了反帝反军阀的政治主张。大会分析了国内外政治形势，揭露了帝国主义侵略中国和封建军阀压迫、剥削广大人民群众的罪恶，指出中国的出路是：其一，对外当打倒帝国主义，其必要之手段，一曰联合世界革命之先进国；二曰联合世界上一切被压迫民族；三曰联合帝国主义者本国内大多数被压迫之人民。其二，对内当打倒一切帝国主义之工具，首为军阀，次则官僚土豪。其必要之手段，一曰造成人民的军队，二曰造成廉洁的政府，三曰提倡保护国内新兴工业，四曰保障农工团体，扶助其发展。

大会决定继续执行联俄、联共、扶助农工的三大政策，强调维护革命统一战线的重要性，指出：国民党既抱定了维护革命统一战线的重要性，故对于苏俄，当以诚意与之合作；国民党承认先总理容纳共产党员加入本党，共同努力于国民革命。

大会选举36人为中央执行委员，其中有蒋介石。在国民党二届一中全会上，

---

① 《共产国际执行委员会远东局使团关于对广州政治关系和党派关系调查结果的报告》，1926年9月12日于上海，载《共产国际、联共（布）与中国革命档案资料丛书》，3册，北京图书馆出版社，1998年版，第452页。

蒋介石又被选为国民党中央常务委员会委员。

蒋介石在国民党"二大"当选为中央执行委员，是因为孙中山在世时，对蒋介石就十分信任。1923年，孙中山在确定联俄政策之后，将与苏联领导人进一步接触，争取苏联军事援助，以及考察苏联军队建设的任务交给蒋介石，要他率"孙逸仙博士代表团"赴苏。

蒋介石从苏联回国后，孙中山又委他为黄埔军校校长，将培养革命军人的重担放在他肩上。

1925年8月廖仲恺遇刺后，蒋介石与汪精卫密切配合，在鲍罗廷指导下共同担负维持广州局势的重任，共同处理廖案，并将与廖案有涉且不拥护三大政策的胡汉民、许崇智赶出广州，因而得到鲍罗廷的充分信任。鲍罗廷在向来华考察的布勃诺夫率领的联共（布）中央政治局使团报告时说，蒋介石等人是"完全可靠的""无可非议"的，可以同他们"一起完成一项大的工作"。他认为："随着许崇智的离去，梁鸿楷被解除武装和胡汉民被流放到海参崴，我们在广州好像有了一个统一的巩固的政权。这个政权的首领是始终最忠诚最积极的工作人员汪精卫、明确表示自己是国民党左派信徒，甚至可以说是极左派信徒的蒋介石和湘军将令谭延闿。"①

蒋介石当年在公开场合对孙中山的联俄联共政策是积极支持的。西山会议派出现后，他严厉斥责西山会议派的反苏反共言论，指出："要革命成功，须联俄共同打倒帝国主义"；"总理手创之三民主义，诚不同于共产主义，而其为革命的主义则同。总理甚至必能包括共产主义始为真正之三民主义，同时亦必能容纳共产党始为真正之国民党也。"针对国民党人中对鲍罗廷的责难，蒋介石说："总理曾诏中正'鲍罗廷同志之主张即余之主张，凡政治问题均须容纳其意见'。总理逝世以后，苏俄同志对于本党，以亲爱之精神，同志之资格，遇事互相讨论，求得事实，绝无所谓'包揽''专断'之事实。""苏俄同志助成中国独立之国民革命，其诚意亦彰彰明甚，中正曾言之矣。"在对黄埔军校学员和东征军的讲话中，蒋介石多次强调要爱护民众，要为人民而战，要把军队建设成革命的、人民的军队，等等。

就这样，蒋介石为自己树起了一个"左派军人"的形象。到国民党"二大"召开之前，蒋介石一身兼有国民政府军事委员会委员、国民革命军第一军军长、广州卫戍司令、黄埔军校校长数职，已成为在国民党内有重大影响的人物。国

---

① 《鲍罗廷在联共（布）中央政治局使团会议上的报告》，1926年2月15日和17日于北京，载《共产国际、联共（布）与中国革命档案资料丛书》，3册，北京图书馆出版社，1998年版，第116、140-141页。

民党"二大"期间,蒋介石于1月6日下午代表军事委员会向大会作军事报告,当时出席的代表达196人。据《政治周报》载:"蒋介石同志报告军事,述组织党军,击破杨、刘、梁、魏诸逆军及协同其他革命军讨伐诸逆、戡定内乱的经过。蒋同志并详述国民政府下之武力与邻省兵力之比较和攻守之大计。报告毕,全场欢呼。某同志动议,请全体代表起立向蒋同志致敬,并勉其始终为党为国奋斗。"①

1月16日下午,国民党"二大"选举中央执行委员和监察委员,出席者共253人,蒋介石以248票当选为中央执行委员。这说明,蒋介石进入中央执委会与陈独秀的"退让"没有关系。从当时蒋介石对国民党的贡献来看,无论是共产党人,还是国民党左派,都没有理由反对他进入国民党中央执委会。

评价共产党在国民党"二大"的得失,不能仅仅从有多少共产党员进入国民党中央执委会这一点来看,而应从整个国民革命大局和共产党在国民党"二大"的实际作用来看。

从国民革命的大局来看。

国民党"二大"召开前,帝国主义者、军阀买办阶级等,都预计孙中山死后国民党必然分裂,广州政府必然倒台,他们用尽一切的阴谋,挑拨和支持国民党中的右派进行捣乱,资助反动势力向广州政府进攻。西山会议派另立中央之后,他们认为国民党二大已没有召开的希望了,即令有可能开,也一定是分裂的。

面对孙文主义学会分子和西山会议派的猖狂进攻,国民党内有相当一些人,甚至包括国民党中央的一些领导人,都对会议能否如期举行表示怀疑。所以,当时国共两党面临的任务,是稳定广州局势,稳定国民党的人心,其中最重要的举措就是成功地举行国民党"二大",以粉碎反动势力的破坏和攻击。

在共产党员和国民党左派的共同努力下,国民党"二大"不仅顺利召开,而且取得了良好的效果。陈独秀对此非常满意。会后,他以中共中央名义发出通告,号召全党对于国民党"二大"的成功,应努力宣传,因为"这个成功是表示中国民族运动的成功,是证明中国的民族运动不因中山之死、不因帝国主义者军阀买办阶级勾结党中右派反动派捣乱而消灭。"②蔡和森也为国民党"二大"叫好,认为"国民党第二次大会的成功,就是工人阶级与城市小资产阶级

---

① 荣孟源主编,《中国国民党历次代表大会及中央全会资料》,上册,光明日报出版社,1985年版,第195-196页。
② 《中央通告第七十六号——国民党第二次全国代表大会后我们应做的工作》,载《中共中央文件选集》,2册,中共中央党校出版社,1989年版,第43页。

和农民联合战线的表现，因为这次大会更加确定了国民党与共产党的关系，就是说工人阶级与小资产阶级联合战线反帝国主义的关系"①。

对于国民党"二大"的成就，共产国际也是认可的。共产国际执委会第六次扩大全会的决议评价说：国民党第二次全国代表大会谴责了西山会议派，肯定了国民党必须同共产党人结成战斗联盟，从而确定了国民党和广州政府的革命活动方针，使国民党保证得到无产阶级的革命支持。②

陈独秀、蔡和森和共产国际领导人之所以对国民党"二大"作出如此积极的评价，不是因为其右倾，而是因为他们看到，国民党"二大"对于稳定革命大局和稳定国民党人心方面确实起了相当重要的作用。

国民党"二大"继续高举孙中山的三民主义旗帜，坚持了联俄、联共、扶助农工的三大政策，通过了打击国民党右派、保障工农革命运动的决议。国民党"二大"是在国民党右派，尤其是西山会议派和孙文主义学会分子反动气焰十分嚣张，对广州国民党中央造成重大压力的情况下召开的。会前，广州的孙文主义学会分子扬言要在国民党"二大"上抛出反共提案，并在会议期间举行反共的示威游行。然而，由于共产党人吴玉章、毛泽东、周恩来、陈延年、董必武、林祖涵、张太雷、恽代英、聂荣臻、萧楚女和国民党左派的共同努力，会议不仅粉碎了反动分子的阴谋，而且打击了西山会议派，通过一系列支持工、农、青、妇运动的决议案。这一切都是共产党员和国民党左派共同努力的结果，体现了国共两党多数党员团结合作的精神，达到了中共中央所期望的目的。

与国民党"一大"相比，共产党人在国民党"二大"上有了更大的主动权。国民党"一大"的筹备和议案的起草、审查等，主要是由国民党人负责，国民党"二大"的这些工作主要是在共产党人主持或参与下进行的。1925年12月，吴玉章率四川代表团到广州时，国民党"二大"的筹备工作尚未开始，甚至一些省还未选出代表。吴玉章当即向汪精卫提议，必须尽快开始工作。吴玉章被推为大会的秘书长后，在一批共产党人的鼎力支持下，积极进行大会的筹备工作。

大会期间，主席台上时时活跃着共产党人的身影：林祖涵作中央执行委员会准备工作报告，董必武作代表资格审查报告，吴玉章作大会秘书处筹备工作报告。谭平山、刘尔崧、毛泽东、邓颖超（代何香凝）分别作了党务、工会运动、宣传工作、妇女运动的报告；于树德作北京政治情况报告；董必武、吴玉章、

---

① 蔡和森《中国共产党史的发展（提纲）——中国共产党的发展及其使命》，载《中共党史报告选编》，中共中央党校出版社，1982年版，第73页。
② 《共产国际有关中国革命的文献资料》，1辑，中国社会科学出版社，1981年版，第137页。

刘伯垂、夏曦、宣中华、韩麟符分别作湖北、四川、汉口、湖南、浙江、内蒙古党务报告；高语罕、许甦魂、黄学增、杨匏安作关于廖案清查情况的报告。其他如张国焘、恽代英等都在会上发了言。大会各个报告的审查委员会，也都有共产党人参加：包惠僧、侯绍裘、董必武、邓颖超、吴玉章、张国焘、黄平、许甦魂、黄学增、杨匏安参加党务报告审查委员会；黄平、刘尔崧、刘伯垂等参加工人运动报告审查委员会；黄学增、易礼容参加农民运动报告审查委员会；邓颖超参加妇女运动报告审查委员会；邵力子、毛泽东、范鸿劼参加宣传报告审查委员会；侯绍裘、夏曦参加青年运动报告审查委员会；杨章甫参加商民运动报告审查委员会。

共产党人在筹备和举行国民党"二大"的过程中，与国民党左派密切合作，以高昂的革命热情、卓越的组织才能和较高的理论水平，为大会取得积极的成果作出了重要贡献，赢得了好评。

在新的国民党中央机构中，共产党人所掌握的权力比以前有所增大。人们一般认为，国民党"二大"选出的36名中央执行委员中，共产党员只有7人，未占到三分之一，这就是陈独秀"退让"的结果。只要对共产党员在国民党中央担任的职务作一具体了解，就会看出，与国民党"一大"相比，共产党员的权力实际上是增大了。

先看共产党员在国民党"一大"后担任职务的情况：在3名中央常务委员中，有谭平山1人。在常务委员会下设的中央党部（1处8部）中：秘书处共3人，有谭平山1人；在8个部中，谭平山为组织部长，林祖涵为农民部长；杨匏安、冯菊坡、彭湃分别为组织、工人、农民部秘书。

再看国民党"二大"后共产党员的任职情况：在9名中央常务委员中，有谭平山、吴玉章、杨匏安3人。中央党部中，绝大部分领导职务由共产党员担任。秘书处4人，全部由共产党员担任，他们是谭平山、林祖涵、刘伯垂、杨匏安。在组织、宣传、青年、工人、农民、商业、妇女、外事8个部中，谭平山为组织部长，林祖涵为农民部长、毛泽东为代理宣传部长；杨匏安、沈雁冰、黄日葵、冯菊坡、许甦魂、邓颖超、彭湃和罗绮园等分别为组织、宣传、青年、工人、外事、妇女、农民部秘书。

《中国国民党总章》规定："中央执行委员会互选常务委员9人，组织常务委员会，在中央执行委员会全体会议闭会期间执行职务，对中央执行委员会负其责任。"① 按照这个规定，共产党员虽然在国民党中央执行委员会中所占比例未超过三分之一，但在实际工作中并未影响共产党员在国民党内发挥作用。相反，由于国民党中央党部的主要部门由共产党员负责或参加，这更有利于共产党对国民党施加积极的影响。

正是因为共产党员在国民党中央党部中人数增加，影响扩大，才引起了国民党新右派分子的疑虑和恐慌，成为他们处心积虑地制造"中山舰事件"和抛出"整理党务案"的一个重要原因。正如李立三所说："3月20号事变是由于国民党二次代表大会表现更'左倾'，这当然使资产阶级更加恐惧而要压迫无产阶级。"②

从上述分析可以看出，说陈独秀在国民党二大上对国民党右派作出了一次大让步，显然是违背历史事实的。

第二次"退让"，是指中国共产党对"中山舰事件"的"让步"。事实真相如何？请看事件的来龙去脉。

1926年2月初，以布勒诺夫为"联共（布）中央政治局使团"团长率他的成员，踏上中国的领土，向广州进发，他们肩负下列任务：

"（1）弄清中国的局势并报告政治局；（2）同加拉罕一起就地采取一切必要的措施，这些措施不需要政治局批准；（3）整顿派往中国的军事工作人员的工作；（4）检查向中国正确选派工作人员的保证情况和如何指导他们的工作。"③

这个使团的领导人，名为布勒诺夫，时为联共（布）中央委员、红军政治部主任。使团成员还有联共（布）中央政治局中国委员会原书记隆格瓦（任使团书记），联共（布）中央委员、远东区委书记库比雅克，全苏工会中央理事会主席列普谢等。人们将这个使团称为"布勒诺夫使团"。

布勒诺夫使团是在哈尔滨了解了中东铁路的情况，在北京听取了加拉罕、鲍罗廷以及其他几位苏联驻华军事、政治顾问的汇报，又到张家口和包头考察了冯玉祥国民军的情况后，于3月初到达上海的。会见中共中央领导人是使团此次上海之行的重要任务。于是，陈独秀与联共（布）中央政治局第一个访华代表团举行会谈。这也是他一生中唯一的一次与联共（布）中央政治局代表团进行接触。

---

① 荣孟源主编，《中国国民党历次代表大会及中央全会资料》，上册，光明日报出版社，1985年版，第158-159页。
② 李立三，《一九二五年至一九二七年中国大革命的教训》，载《中共党史报告选编》，中共中央党校出版社，1982年版，第231页。
③ 《联共（布）中央政治局会议第3号（特字第2号）记录》，1926年1月14日于莫斯科，载《共产国际、联共（布）与中国革命档案资料丛书》，3册，北京图书馆出版社，1998年版，第21-22页。

在会谈中，陈独秀向布勃诺夫等人介绍了中国的政治军事情况后，并谈到自己对未来形势的看法。他指出：未来革命形势的发展并不乐观，反革命势力成功的希望大于国民革命运动。尤其是最近这半年，是革命力量最困难的时期。

布勃诺夫问陈独秀，为什么坚持把中共中央住地设在上海，而不是在别的地方。陈独秀说出两点理由：第一，中国无产阶级的大多数集中在上海；第二，上海有着很好的通讯联络设备。陈独秀没有说出其中另一个理由，这就是为了保持中共中央的独立决策权，同时避免与国民党中央发生纠纷。

3月10日（布勃诺夫在信中有"我们在广州逗留这14天"等语。因使团是3月24日离开广州的，由此推断它到达广州的日期是3月10日①）。布勃诺夫使团一行抵达广州。此时，广州的

中山舰

政治正处于动荡不安之际。孙文主义学会分子活动频繁，反蒋传单不断出现，"共产党要倒蒋""共产党与苏俄顾问要挟持蒋介石去俄国"等谣言四处流传。

时任黄埔军校政治部主任的周恩来，发现蒋介石神色异常，且与孙文主义学会分子来往密切，便将此情况告诉了中共广东区委宣传部长张太雷。当布勃诺夫等人参加中共广东区委会议时，张太雷在报告中特意指出：现在的形势与谋杀廖仲恺前的形势相仿，到处是谣言和传单，看来右派准备采取行动了。然而他的话未能引起布勃诺夫应有的重视。周恩来后来不无遗憾地说："当时的苏联顾问不重视这事，把一个大问题当作小问题，儿戏对之。"②

就这样，在布勃诺夫使团的眼皮底下，蒋介石制造了针对苏联顾问和中国共产党人的中山舰事件（也称"3·20"事件）。

3月18日，黄埔军校驻省城广州办事处主任欧阳钟通知海军局代局长、共

---

① 《布勃诺夫给鲍罗廷的信》，1926年3月27日于汕头，载《共产国际、联共（布）与中国革命档案资料丛书》，3册，北京图书馆出版社，1998年版，第183页。

② 周恩来《关于一九二四至一九二六年党对国民党的关系》，1943年春，载《周恩来选集》，上卷，人民出版社，1980年版，第120页。

产党员李之龙,称奉蒋校长的命令,速派有战斗力的军舰到黄埔听候调遣。当李之龙派中山舰开到黄埔后,蒋介石否认有过调舰命令。这时谣言四起,说苏联顾问和共产党员要劫持蒋介石。

3月20日,蒋介石突然宣布在广州实行紧急戒严,并派兵逮捕李之龙,监视和软禁大批共产党人,解除省港罢工委员会工人纠察队的武装,包围苏联领事馆,监视苏联顾问。这就是中山舰事件。

对于布勃诺夫来说,蒋介石的突然袭击完全是意想不到的。这位久经沙场的苏联将军虽然处乱不惊,但在毫无防备的情况下被人软禁,而且电话也打不通,令他颇为苦恼。他知道,只有摸清蒋介石的意图才好办事。

当包围苏联顾问住处东山的士兵撤退后,布勃诺夫即令拉兹贡(时任苏联驻广州顾问团负责政治工作的副团长)去找蒋介石,问清究竟是怎么一回事。傍晚6时许,拉兹贡见到了蒋介石。他发现蒋介石与平时大不一样,表情非常沮丧。当拉兹贡问蒋介石,为什么要派兵包围苏联顾问的住宅,并缴了卫兵的枪时,蒋介石说:"我要请求国民党中央执行委员会给我处分,我的心情很沉重,因为这里发生的挑衅事件我本人负有一定的责任。我对俄国人遭软禁表示歉意。我要下令对第五团团长的错误进行严格的调查。"

当拉兹贡将蒋介石的情况告诉布勃诺夫后,布勃诺夫决定与拉兹贡一起去见蒋介石。晚上8时左右,他们到了蒋介石的住处。蒋介石又把他对拉兹贡说过的话重复了一遍。然后补充说:"我最近收到许多匿名信,威胁要对我行刺。我还收到海军局李之龙的信,信中要我在3个月期限内把广东的所有工厂收归国有,否则就枪毙我。"

谈话中,他们约定第二天上午由蒋介石到布勃诺夫的住处去更认真深入地交换意见。但到了第二天,蒋介石却没有露面,而是让人捎话给布勃诺夫:他来不了。同时在广州又出现了这样的传闻:蒋介石公开声明他不愿再同俄国顾问共事。当天晚上,布勃诺夫得到情报,说蒋介石可能继续进行他已经发动的事件。

这个消息使布勃诺夫顿觉情况严重。他立即召集了一个紧急会议,商议对策。经过一番讨论,最后得出这样的结论:广州市内的力量对比对俄国人和共产党不利,而省内力量对比则相对有利,需要赢得时间。而要赢得时间就要作出让步。因为情况很清楚,整个行动是针对俄国顾问和中国共产党人的,为了不使国共关系破裂,为了国民革命运动,无论如何要留住蒋介石。为此,会议决定采取让步措施,下决心撤掉俄国顾问团中不受蒋介石欢迎的季山嘉、罗加乔夫和拉兹贡的职务。①

事件发生后，不仅毛泽东、周恩来、陈延年等共产党人主张对蒋介石坚决反击，就是一些国民党人也对蒋介石的行为大为不满。李济深以国民革命军总司令部参谋长的身份亲自到苏联顾问的住处道歉。国民革命军第二军军长谭延闿、第三军军长朱培德拜访了季山嘉，认为蒋介石此为反革命之举，提议严厉惩罚。甚至一向对苏联顾问和共产党人不太友好的人，也纷纷表示出亲善的态度。孙科设宴招待了苏联顾问们；第五军军长李福林也首次访问苏联顾问们的居住地，并设午宴招待第五军中的苏联顾问。

在一片讨蒋声中，布勃诺夫却有自己的主意。作为一名苏联政府的高级官员，他深谙斯大林中国政策的核心，也了解斯大林和托洛茨基在中国问题上的矛盾。他知道，此事件如果处理不当，就有可能导致国共关系破裂，这样一来，斯大林的中国政策就会彻底破产。这不仅给反对派托洛茨基等人提供了攻击斯大林的口实，更重要的还在于可能影响到苏联在远东的利益和世界革命力量的变化。因此，国共关系必须继续下去，必须尽快使广州回复到事变前的状态之中。所以，不能对蒋介石下手，以避免革命队伍自相残杀。

3月22日上午，苏联驻广州领事馆工作人员索洛维约夫受布勃诺夫派遣去拜访蒋介石。谈话中他问蒋介石：发动突然事变是对人还是对俄？蒋介石想尽快缩小事态以求自保，便答：对人不对俄。索洛维约夫当即表示：已决定召回季山嘉、罗加乔夫和拉兹贡等人。

布勃诺夫向蒋介石作出让步，使得广州的另一位重要人物大为失望，这个人就是汪精卫。汪精卫本来指望布勃诺夫会作出打击蒋介石的决定，不料，布氏不仅毫无反抗的表示，反而同意召回与汪精卫关系密切的季山嘉。这一决定使得汪精卫感到自己受到了侮辱，所以他负气不与苏联顾问进行商议，也不对任何人打招呼，便称病不起，拒绝进行任何认真的交谈。他的心里充满了怨气，认为蒋介石的翻脸与布勃诺夫的退让都使他丢尽了脸面。

与此同时，曾在事变的当天提出要与蒋介石斗争的各军军长，也因为布勃诺夫的让步而改变了态度，纷纷倒向了蒋介石一边，对于蒋介石提出的制裁苏联顾问和共产党的办法，均表赞成，以致蒋介石在3月22日的日记中有这样的记载："事前反对此举动者，事后奉余言为金科玉律。人心之变化，奈如此其速耶。"

---

① 《布勃诺夫在广州顾问团全体人员大会上的报告》，1926年3月24日于广州，载《共产国际、联共（布）与中国革命档案资料丛书》，3册，北京图书馆出版社，1998年版，第171页。季山嘉为苏联驻广州军事顾问团团长，罗加乔夫为副团长。

将事态化解到最低程度后,布勃诺夫对事件的有关问题进行了调查。他在事件发生后第 4 天作的报告解释他为什么对蒋介石让步时,他贯彻"9·28 指示",讲了 6 条理由,第一条就是怕"吓跑大资产阶级",而这是因为中共"无论如何不能在现在承担直接领导国民革命的这种完全力所不及的任务"。在后来他写的处理"3·20"事件的总结报告中,他甚至认为,中共只要做"保证这场革命彻底胜利"的苦力,不要去争领导权,否则"任何过火行为都会吓跑大资产阶级",引起小资产阶级动摇、加剧国民党右派和左派之间的矛盾,激起反共浪潮,"造成广州政府的危机,最终加剧国民革命失败"。

随即,布勃诺夫回国,经过上海时,向陈独秀灌输了他的看法。陈当时对事变真相一无所知,一度轻信布的话,接受布处理事件的既成事实。3 月 29 日,陈独秀以中央名义,发出指令,匆忙表态,并讲了一篇偏颇的话。他说他一生"绝对厌弃中庸之道,绝对不说人云亦云、豆腐白菜、不痛不痒的话,我愿意说极正确的话,也愿意说极错误的话,决不愿说不错又不对的话"。

连日来,陈独秀忐忑不安,觉得心里很不踏实,他想知道广州事变的详细情况,就派张国焘去广州"查明事实的真相",以便独立作出判断,采取补救措施。然而,张去后没有及时报告中央。4 月中旬,广东区委书记陈延年到上海向中央汇报了事件的详细经过,于是陈独秀主持中共中央作出了 3 点反击蒋介石的计划:

一、尽力团结国民党左派,以便对抗蒋介石,并孤立他;

二、在物质上和人力上加强国民革命军二、六两军及其他左派队伍,以便必要时打击蒋介石;

三、尽可能扩充叶挺的部队、省港罢工委指挥下的纠察队和各地农民武装,使其成为革命的基本队伍。①

为了贯彻这个计划,中央还决定立即派彭述之到广州成立一个特别委员会,彭为书记,成员有张国焘、谭平山、陈延年、周恩来、张太雷。

但是,当彭于月底到广州时,鲍罗廷也在前两天回到了广州,他已经奉莫斯科的命令,决定与蒋彻底妥协,不仅接受布勃诺夫对"3·20"事件的处理,而且进一步接受蒋要共产党员在国民党高级党部执行委员的人数不得超过 1/3,不得担任国民党政府中央部长,交出加入国民党的共产党员的全部名单的条件,这就是 5 月 15 日国民党二届二中全会上提出的"整理党务案"。当年被陈独秀

---

① 彭述之,《评张国焘的〈我的回忆〉——中国第二次革命失败的前因后果和教训》,香港前卫出版社,1975 年版,第 5-6 页。

拒绝的"国际联络委员会"事件中的条件，现在大大地超过并实现了。

陈独秀党中央在"3·20"事件上曾主张反击，并有以上3点反击计划，也不接受"党务整理案"，过去都算在陈延年、毛泽东、周恩来为代表的广东区委上。而现在硬说陈独秀党中央是完全主张退让的，压制了后者的反击主张。这是过去为了批判"陈独秀右倾机会主义"故意颠倒黑白加以掩盖的又一个重大历史事实。其实可以证明这个事实的证言，除了上述彭述之的记述之外至少还有3个：

1．陈独秀："我们主张准备独立的军事势力和蒋介石对抗，特派彭述之同志代表中央到广州和国际代表面商计划，国际代表不赞成，并且还继续极力武装蒋介石。"①

2．周恩来：党中央派了彭述之来指导二中全会的中共党团，"在党团会上，讨论了接不接受整理党务案。彭述之引经据典地证明不能接受。"②周恩来说此话是1943年为了遵守当时不准批判共产国际的党内规矩，接下来批评彭虽然反对接受整理党务案，但"问他不接受怎么办，他一点办法也没有"。其实，办法就是上述党中央的3条决定，但是，当鲍罗廷已经根据莫斯科的决定接受蒋的要求，彭还有什么办法？显然，作为当事人，周不批判鲍与莫斯科，而只批判陈、彭党中央，也是违心的。

3．斯切潘诺夫（国民革命军第一军顾问）在1926年5月初广州苏联顾问团会议上批评中共中央代表反对向蒋介石让步时说：中共中央代表彭述之说："蒋介石是一个个人主义者，他不相信群众运动，如果他被共产党和国民党左派反对的话，他将被孤立和抛弃。"③

3月24日上午，在广州苏联顾问团全体人员大会上，布勃诺夫整整作了长达6小时的报告。他从国民党左派、广州的工会、中国共产党、香港罢工、北伐、军事工作等方面指出了苏联顾问团工作的失误和应该采取的工作方针。他认为，苏联顾问团最大的失误是在军事方面。他指出：3月行动无非是一次针对俄国顾问和中国政委的小规模准暴动。由于顾问们在军事工作中所犯的一些大错误，而将原来的矛盾复杂化和尖锐化了。顾问们犯了什么错误呢？布勃诺夫指出以下四点：（1）没有预见到国民政府内可能发生冲突，而这种冲突会在军队中有反映；（2）过高地估计了国民政府的巩固和团结程度，以及国民革命军上层的巩固和团结程度；（3）不善于事先揭示和消除军事工作中的过火行为，这种行

---

① 陈独秀，《告全党同志书》，1929年12月10日，载《周恩来选集》上卷，第123页。
② 《周恩来选集》上卷，第123页。
③ 《苏俄顾问团在广州的文件》，第264页，转引自彭述之，《评张国焘的〈我的回忆〉》第4页。

为在3月行动中暴露得很明显;(4)军队集中管理(设司令部、后勤部和政治部)搞得太快,不能不引起军官上层在暗中反对,当然在很大程度上也引发了尚未根除的中国军阀统治所特有的做法。

布勃诺夫用了很形象的比喻来批评顾问们,他说:在安排工作时,要充分考虑到国民革命军军阀的习惯和性质。实际上是什么情况呢?"实际上我们给中国将领脖子上套了5条锁链:司令部、后勤部、政治部、政委和顾问。若是给你们每个人都套上这5条锁链,你们也是会大发雷霆的,可是你们却想用这5条锁链牵着中国将领这样的人物走,而这些人物往往带有尚未根除的中国军阀统治的陋习。应该考虑到这种情况:将领是中国的,顾问是俄国的。你们以为中国将领没有感觉到顾问是俄国的吗?他们肯定有这种感觉。如果说不是都有,那么最独立自主的中国将领也会有这种感觉:他是中国人,而顾问是俄国人,对他'十分专横'。"

说到这里,布勃诺夫一连用了3个"不要"来对顾问们的工作加以限制,他说:"只能让俄国顾问真正做顾问,不要出头露面,不要发号施令,不要惹中国将领讨厌。"

布勃诺夫告诫顾问们应该明白自己的任务和身份,行动一定要有分寸。他说:我们应当在国民革命进程中保证这次革命取得全面而彻底的胜利并有进一步发展的可能性。但是我们无论如何不能在现在承担直接领导国民革命的这种完全力所不及的任务,也就是依靠自己的双手来直接实行基本的革命措施的任务。这方面的任何过火行为都会导致:(1)更加吓跑大资产阶级;(2)引起小资产阶级的动摇;(3)一再复活尚未根除的中国军阀统治陋习;(4)加深和挑起国民党左派和右派之间的矛盾;(5)激起在"打倒赤祸!"口号下的反共浪潮;(6)造成国民政府的危机和总起来更使国民革命有遭到失败的危险。看不到这种危险,就不能从3月行动的经验汲取任何实际教训。①

同一天,国民革命军第一军的苏联顾问斯捷潘诺夫拜会了蒋介石。谈话间,斯捷潘诺夫告诉蒋介石,布勃诺夫和使团其他成员要离开广州回国,而鲍罗廷不知何时才能返回。蒋介石这才表示,愿意到布勃诺夫的住处同布勃诺夫好好谈谈。

当天下午,蒋介石拜访了布勃诺夫。在谈话中,他指出了苏联顾问们的许多错误,最后又表现出一副很诚恳的样子,对布勃诺夫说:革命以农工为基础,

---

① 《布勃诺夫在广州苏联顾问团全体人员大会上的报告》,1926年3月24日于广州,载《共产国际、联共(布)与中国革命档案资料丛书》,3册,北京图书馆出版社,1998年版,第168-170页。

以党与政府之强固为要点,又以干部意志一致为首务。革命势力应当集中,革命更应时时进取,不宜取保守态度。中国革命发展到现在这种形势,非速定北伐大计不可。凡是革命的障碍,都应迅速扫除。

当天傍晚,布勃诺夫一行带着离职的季山嘉、罗加乔夫和拉兹贡等10余人,乘船离开广州前往上海。谭延闿、宋子文前往送行,蒋介石没有露面。

3月27日,布勃诺夫给正在回广州途中的鲍罗廷写了一封长信。信中说,使团对广州的情况进行了充分的、全面的了解,并在此基础上得出6点具有指导意义的结论。关于第一点,布勃诺夫写道:

> 国民党左派至今在内部组织性、对群众的影响和与群众的联系方面还很薄弱。国民党左派至今在很大程度上还是一个上层组织。需要采取各种措施,通过不断做工作来帮助国民党加强其(学生、青年、城市商业手工资产阶级等)基层组织。这是一项长期的工作,需要国民党做出很多很多的努力。我们对国民党的策略应该是帮助它加强内部的组织性和它同群众的联系,不断推动它在领导国民革命时同工人群众保持密切的联系。在这项工作中,共产党应该表现出很有分寸,很有灵活性,并善于利用各种条件,但绝对不要突出自己,把自己当作助手和领导者。①

布勃诺夫的信对鲍罗廷产生了重要影响。鲍罗廷回到广州后,即继续执行对蒋介石的妥协政策。这是后话。

布勃诺夫之所以对蒋介石采取软弱妥协的态度,至少有3个方面的原因:

第一,当时联共(布)中央正积极支持国民党发展军事力量,对蒋介石进行反击必然引起广州的混乱,削弱国民党的军事力量,这显然与联共(布)中央的大政方针相悖。

第二,布勃诺夫在北京听取苏联顾问的汇报时,得知蒋介石是左派。当时熟知国民党情况的鲍罗廷肯定地对布勃诺夫说:"在6个军和6个军长当中,可以认为有4个是完全可靠的。我们同他们未必有很大的误会,他们当中的蒋介石、谭延闿、吴铁城和朱培德无可非议。可以同这些军长一起完成一项大的工作。"而蒋介石则是"极左派信徒"②。既然蒋介石是左派,那么对其反击显然会损害左派力量。

---

① 《布勃诺夫给鲍罗廷的信》,1926年3月27日于汕头,载《共产国际、联共(布)与中国革命档案资料丛书》,3册,北京图书馆出版社,1998年版,第185页。

② 《共产国际、联共(布)与中国革命档案资料丛书》,3册,北京图书馆出版社,1998年版,第140-141、116页。

第三，布勃诺夫认为，苏联顾问团对中山舰事件的发生有重大责任，是它在工作中的严重失误导致了事件的发生。

除上述几个原因外，事件发生得突然，结束得又极迅速，加之布勃诺夫对广州的情况并不十分了解，所以没有足够的时间和条件作出细致的判断和完善的处理。

中山舰事件只是蒋介石的一次试探性进攻。由于布勃诺夫的退让，蒋介石轻而易举地达到了目的。

无论是什么原因促使布勃诺夫作出向蒋介石让步的决定，他总的指导思想正如他在给鲍罗廷的信中所说，就是"我们应当设法以自己受点损失和作出一定的牺牲来挽回失去的信任和恢复以前的局面"①。从这个指导思想出发，他给中国共产党制定的方针是："以巩固革命势力的统一"相号召，尽快弥合此次事件在国共两党间造成的裂痕，稳定广州局势。

受布勃诺夫就近指导的中共广东区委，在没有得到中共中央任何指示的情况下，便自行决定了自己的态度。3月30日，中共广东区委致信国民党中央、国民政府、国民革命军及广东人民，公开表白："共产党因为把国民党认为是现在国民革命的领导，才决定他的党员加入国民党。共产党员加入国民党的目的就是要使国民党能够成为一个真正能担任领导国民革命的党。所以共产党是要国民党团结的，是要国民党在强固的革命领导之下。正是因为这个缘故，帝国主义者以及国民党已经开除的反革命分子，最是恨毒共产党，所以对于共产党造谣诬蔑，以谋分裂国民党及排除党内革命分子。……共产党承认国民政府是国民革命的基础，是现在中国反帝国主义的大本营，因此共产党率领工人农民竭力帮助使国民政府巩固与发展。"信中指出，反革命派对共产党的造谣是"分裂国民革命的势力，破坏国民党，推翻国民政府，危害广东和平的一种阴谋；共产党要求革命领袖与一般革命群众起来打倒敌人此种阴谋"。②

同一天，中共广东区委宣传部长张太雷，在他主编的《人民周刊》上发表评论指出："反革命势力进攻我们最厉害的方法就是离间我们的内部；我们内部团结稍不巩固或我们的革命领袖稍存疑虑，反革命势力就乘机进攻；所以我们要严密我们的团结，我们的领袖要稳定而一致，才能防备敌人的阴谋。"③

显然，中共广东区委是遵照布勃诺夫的指示，认蒋介石为"革命领袖"，将

---

① 《索洛维约夫给加拉罕的信》，1926年3月24日于广州"纪念列宁"号轮船上，载《共产国际、联共（布）与中国革命档案资料丛书》，3册，北京图书馆出版社，1998年版，第177-178页。
② 《人民周刊》，7期，1926年3月30日。
③ 同上。

中山舰事件的发生归结到反革命势力分裂革命队伍的阴谋上,强调革命队伍的团结和统一。

1926年3月下旬,对于陈独秀来说,是一段难熬的日子。他整天心神不定,如坐针毡,心中充满了疑惑和矛盾。他不相信报纸上的报道是事实,他宁愿相信这是有意造谣。然而报纸上说得有鼻子有眼:什么中山舰图谋不轨啦;什么蒋介石动用军队扣留俄国顾问,包围省港罢工委员会,甚至苏联人的住宅也被包围啦;什么周恩来和邓中夏已经被捕啦;什么广州军队开始杀人啦……搞得陈独秀心急如焚。

直至3月布勃诺夫一行回国途中在上海逗留时,陈独秀等人才从布勃诺夫的谈话中得以了解事件的有关情况。布勃诺夫告诉陈独秀:广州确实发生了事变。事变发生时,军队包围了省港罢工委员会、苏联顾问的住宅等,这都是事实。不过,也只有这些事实。周恩来、邓中夏并未被捕,均尚在广州,更无杀人之事。蒋介石表示他此次举动只是防止有叛乱之事发生,他本人并不反俄反共。目前蒋介石已经明白共产党并没有搞什么阴谋,广州局势已经归于平静。①

受布勃诺夫的影响,陈独秀相信事件是孙文主义学会分子蓄意制造的,蒋介石只是上了他们的当。3月29日,陈独秀以中共中央名义发出指令,指出蒋介石的行动是极其错误的,但是他受了右派的挑拨,事情不能用简单的惩罚蒋的办法来解决,而是要将他从陷入的深渊中拉出来。②

4月3日和4月6日,《向导》第148期和《人民周刊》第8期分别刊登出陈独秀的署名文章《中国革命势力统一政策和广州事变》。他在文章中指出:

> 国民党内的一般右派及国民党外的一般右派,一向号召反俄反赤反共,这是实行帝国主义者分离中国革命势力的根本政策;广州事变之根本原因,仍旧是这个政策之应用。他们宣传此次事变是由于共产党阴谋推倒蒋介石,改建工农政府。我们现在可以回答他们:
>
> 第一,照全中国的政治环境,共产党若不是一个疯子的党,当然不会就要在广州建设工农政府;第二,蒋介石是中国民族革命运动中的一个柱石,共产党若不是帝国主义者的工具,决不会采用这种破坏中国革命势力统一的政策;第三,汪精卫、谭延闿、朱培德、李济琛(即李济深)、程潜都不是疯子,共产党如果忽然发疯想建设工农政府,单单推倒蒋介石是不够的。共产党的政策,恰恰和右派所宣传的相反,

---

① 致中,《广州事变之研究》,载《向导》,148期,1926年4月3日。"致中"为陈独秀的笔名。
② 《毛泽东年谱》,上卷,人民出版社、中央文献出版社,1993年版,第160页。

不但主张广东革命的势力不可分裂，并且希望全中国的革命势力都要统一，不然无对敌作战之可能。在此时中国政治、军事的环境，谁破坏革命势力统一，谁便是反革命！①

同中共广东区委一样，陈独秀亦根据布勃诺夫定的调子，在文章中呼吁："凡是中国的革命分子，应该一齐喊出'中国革命势力统一'的口号，扑灭分裂革命势力的一切阴谋！"

为了配合陈独秀的宣传，张太雷又发表《怎样巩固革命基础》一文。文中语重心长地说："革命的领袖应该深深的明白，他在中国及世界革命运动中的地位及他对于中国民众的责任之重大。我们广东现在有很好的革命领袖，但是我们还要使这领袖，更团结，更强固，更有指挥能力。"②

中山舰事件后如何对待蒋介石，如何正确处理国共关系，对于中国共产党来说，这是一个事关全局的大问题，需要中央慎重考虑，拿出决策，然后再在全党统一贯彻。但由于联共（布）中央与中共中央的特殊关系，就决定了布勃诺夫的特殊身份。在当时，他理所当然地成了中国共产党的决策者和指导者，而无论是中共广东区委，还是中共中央，都没有对他的地位提出任何异议。这样，他们先是被动地认可布勃诺夫对事件所做的处理，接着又按照他所确定的调子向蒋介石、国民党和国民政府表态和呼吁。

然而，布勃诺夫对陈独秀的影响并没有维持多长时间。4月中旬，中共中央收到陈延年关于中山舰事件的详细报告，这才对中山舰事件的前因后果和蒋介石制造中山舰事件的真正目的有了比较清醒的认识。在这种情况下，陈独秀改变了退让求团结的态度。在他的主持下，中共中央作出如下决定：（1）尽力团结国民党左派，以便孤立蒋介石；（2）在物质上和人力上加强国民革命军二、六两军及其他左派队伍，以便必要时打击蒋介石；（3）尽可能扩充叶挺领导的部队、省港罢工委员会指挥下的纠察队和各地的农民武装，使其成为革命的基本队伍。

为了实现上述计划，陈独秀特派彭述之赴广州，同先期到广州的张国焘以及谭平山、陈延年、周恩来、张太雷组成特别委员会，与鲍罗廷共同商讨实现这些计划的步骤。但由于鲍罗廷的反对，这些计划最终成了空谈。③

可见，陈独秀在中山舰事件后对蒋介石的态度有一个变化的过程。先是根

---

① 《陈独秀文章选编》，下册，生活·读书·新知三联书店，1984年版，第144-145页。
② 《人民周刊》，8期，1926年4月6日。
③ 彭述之，《评张国焘的〈我的回忆〉——中国第二次革命失败的前因后果和教训》，前卫出版社，1972年版，第5-6页。邓超麟《陈独秀与鲍罗廷》，载《党史研究资料》，1997年第10期。陈独秀，《告全党同志书》，1929年12月10日，载《陈独秀著作选》，3卷，上海人民出版社，1993年。

据布勃诺夫的意见,认为应该对蒋介石作出让步;后来得知事件的详情后,又决定准备力量同蒋介石进行斗争。

指责陈独秀在中山舰事件上对蒋介石让步的人,认为当时如果对蒋介石进行反击,是有可能取胜的。其理由是:(1)第一军中有共产党人的坚强政治工作,士兵的觉悟是比较高的。同时,第二师、第三师的各级党代表中共产党员占绝大部分,蒋介石并不能完全控制第一军。(2)省港罢工工人有20多万,还有一支2000多人的工人纠察队。(3)海、陆丰有组织的农会会员达20多万。(4)正在举办的第六届农运讲习所有一批进步青年,也是可以靠得住的力量。(5)共产党在国民党中央和国民政府中掌握部分实权。还有苏联顾问的支持。(6)国民革命军其他军长与蒋介石有矛盾,中山舰事件发生后,都表示对蒋介石不满。基于以上几方面考虑,如果中共当时能够集中武装力量,利用国民革命军各军与蒋介石的矛盾,彻底孤立蒋介石,就完全有可能把他驱逐出第一军,乃至剥夺他的所有权力。

持这种观点的人是从良好的愿望出发,认为只要对蒋介石进行反击,就一定是胜券在握了。其实,他们只看到对共产党有利的一面,并且把一些"可能"成为有利条件的因素当成"必然"有利的条件,忽视了可能性与必然性之间质的区别。另外,他们没有考虑到对共产党不利的一面。

中山舰事件后,要对蒋介石进行反击,有三种选择,一是事变之后立即反击;二是以叶挺独立团为主力,联合工农武装和其他各军,进行反击;三是先积蓄力量,待时机成熟后再进行反击。

先看第一种选择,即事变后立即反击。事变之时,蒋介石掌握的兵力在第一军中有刘峙的第二师、王柏龄的第二十师和广州市公安局长吴铁城所辖的武装警察,而共产党当时能够指挥的正规武装只有叶挺独立团,且尚在肇庆。共产党第一军的力量最强,但在广州的第一军第二师和第二十师正是蒋介石发动事变的主力,第二师中的40多名共产党员在事变之时已被监禁。而其他各师当时还驻扎在潮汕,即使他们有反蒋之心,也不能即刻行动。省港罢工工人有20多万,但会集广州的约有13万①。到了1926年3月,已有许多人因种种原因离开广州。假使这些工人全部都在广州,不要说立即将他们组织起来不容易,即使组织起来了,赤手空拳的工人又能有多大的反击力?真正具有反击力的工人纠察队有2000多人,为了实现对香港的封锁,当时这支纠察队正奉命驻守于东至汕头,西至北海,蜿蜒千里的防线上。海丰、陆丰是有20多万农会会员,且

---

① 曾庆榴《广州国民政府》,广东人民出版社,1996年版,第263页。

不说其战斗力如何，就是其远离广州这一点，也不可能成为立即反击蒋介石的力量。

至于同蒋介石有矛盾的几个军长，如谭延闿、朱培德、李济深等，固然对事件反映强烈，但他们抱怨蒋介石是一回事，而让他们动用军队与蒋介石作战，就是另一回事了。首先，这些人本来就是地方军阀，他们的革命性并不比蒋介石多，对他们有利的事就干，不利的事就不干。他们不满蒋介石的做法，但也不赞成共产党的工农政策。两相比较，他们更倾向于蒋介石。而且他们互相之间也有矛盾。在这种情况下，要使他们立即联合起来反蒋，是不现实的。

当时在广州市内武装力量的对比上，蒋介石的力量是占优势的，共产党根本无力立即组织反击。正因为如此，毛泽东才提出："我们应当动员所有在广州的国民党中央执、监委员，秘密到肇庆集中。……中央执、监委员到肇庆以后，就开会通电讨蒋。"①

再看第二种选择，即毛泽东提出的先到肇庆，再进行反击。同中山舰事件突然爆发又突然结束一样，当时与事件有关的人的情绪也在很短时间内经历了一个大起大落的变化过程。事件刚发生时，广州的党政军大多数领导人由惊愕、困惑转而谴责蒋介石，但很快他们就在蒋介石和共产党之间出了选择。3月22日，"为了解释'误会'，在汪精卫床前开了一个一点钟的政治委员会。汪精卫、谭延闿、苏联顾问都客气地表示了歉意，而蒋介石反而一句话都没说，精神上占了优势，政治上得到了极大成功。"②会议决议：季山嘉等人被撤职回国；撤回第二师的各级党代表；查办不轨军官。当天下午，谭延闿、李济深等各军长在与蒋介石谈话中，对蒋介石制裁俄国顾问及共产党，均表赞成。23日，蒋介石向军事委员会呈文，表示："惟此事起于仓卒，处置非常，事前未及报告，专擅之罪，诚不敢辞。……应自请从严处分，以示惩戒而肃纪律。"③这样中山舰事件造成的紧张空气迅速缓和下来。由于谭延闿等军长已经与蒋介石站在了一起，不可能支持反蒋，这样，抛开蒋介石，另组"国共合作的军队"④的设想是不可能实现的。

另外，共产党员在国民政府和国民党中央内虽然占有一定比例，但国民党的委员们能否跟共产党到肇庆，是难以确定的问题。即使他们去了，是否会同

---

① 曾庆榴，《广州国民政府》，广东人民出版社，1996年版，第263页。
② 周恩来，《一九二四至二六年党对国民党的关系》，1943年春，载《周恩来选集》，上卷，人民出版社，1980年版，第121页。
③ 《蒋介石年谱初稿》，档案出版社，1992年版，第550页。
④ 周恩来，《关于一九二四至二六年党对国民党的关系》，1943年春，载《周恩来选集》，上卷，人民出版社，1980年版，第119页。

意反蒋,也是不可预料的。共产党能够靠得住的力量只有叶挺独立团和工人纠察队以及海陆丰的农民,而用这些力量去反击蒋介石,即使已经同情蒋介石的其他各军保持中立,也是不可能取胜的。

最后看第三种选择。与在事变后立即对蒋介石进行反击或在短期内实现反击的意见不同,这种选择是强调经过比较长时间的准备,主要是积蓄力量,待时机成熟后再进行反击。毫无疑问,实现这种选择的关键条件是发展共产党领导的武装力量。然而,掌握苏联对华军事援助的鲍罗廷不赞成对蒋介石进行打击,也不准备发展共产党领导的武装力量。中山舰事件后,正好有一批苏联武器到达广州。当时陈独秀曾提出,从这批武器中拨出5000枝枪来武装广东的农民,以防分裂,但都遭到了鲍罗廷的拒绝,因为他要秉承共产国际宗旨。因此,鲍罗廷继续用自己口袋里的"草"来扩大国民党的军事力量。这样,实现第三种选择的关键条件随之丧失。

1926年5月14日,鲍罗廷以刚刚运抵广东的军事物资为筹码与蒋介石达成协议,鲍罗廷容忍蒋介石制造的"中山舰事件",包括他限共、排共以及他造成的"以蒋代汪"的局面,鲍罗廷将运抵广州的军事物资全部交给蒋介石,支持蒋介石为"改善"国共关系而提出的"整理党务案"。蒋介石为了得到军火物资答应继续聘用鲍罗廷为高等顾问。

从上述分析可以明显看出,将"中山舰事件"后对蒋介石退让的全部责任归到陈独秀身上是不妥的。主张对蒋介石退让的是布勃诺夫,陈独秀对蒋介石的态度有一个由退让到反击的变化过程。但无论是立即反击、短期的反击,还是待机反击,都需要一定的条件才能实现,而当时并不具备能够进行反击的条件。

不过,不能进行反击并不意味着只能对蒋介石妥协退让,答应他的所有要求。布勃诺夫完全可以利用当时对蒋不利的因素,联合广州所有的(包括一时的)反蒋力量,对蒋介石进行有理有节的斗争,揭露他的阴谋,打击他的嚣张气焰,将共产党的损失减少到最低程度。①

关于第二次"退让"的历史真相,中国社科院近代史研究所研究员、《陈独秀研究动态》主编唐宝林先生,在《联共档案揭开中国大革命真相》一文中,作了很好的回答。他在"谁拯救了蒋介石"一节中写道:

实际上,"3·20"事件后,蒋面临严重的垮台危机。过去说是陈独秀拯救了他,现在这个谎言已经揭穿。因为当时蒋介石的确羽毛未

---

① 姚金果《陈独秀与莫斯科的恩恩怨怨》,福建人民出版社,2006年版。

丰，与他有矛盾的非蒋派的各军军长及国民党左派，都可以站到反蒋一边，粉碎蒋介石的阴谋是完全有可能的。当时任苏联军事顾问团副团长的罗加乔夫在事后写的关于"3·20"事件的书面报告中承认了这一点："3月20日，蒋介石觉得自己完全处于孤立状态，在政治委员会中看到他的行为受到彻底谴责后，觉得自己的'拿破仑式'的想法遭到失败……但他无法找到摆脱业已形成的局面的出路。"因为"所有其他各军（特别是由广州人组成的第四军）……不能允许蒋介石搞独裁"。①

过去的论者都说："3·20"妥协是中共对蒋介石集团的让步，现在的档案表明，错了，那是苏联对蒋介石集团的让步，这一点在事变发生后第四天帮助布勃诺夫处理事件的共产国际东方部副部长索洛维约夫的一封信上说得很清楚。

信中说，事件发生时，布勃诺夫代表团以为蒋介石"不愿再同俄国顾问共事"，因此他们很紧张，但"尽管如此，我们当时还是决定尽量设法留住蒋介石"。当蒋介石做了一番表演，感到很孤立，还需要俄国人的援助而表示他们的行动不是针对苏联的，索洛维约夫竟然十分得意地说："蒋介石能够留在国民政府内，也应该留在国民政府内，蒋介石能够同我们共事，也将会同我们共事。"② 于是就发生了代表团让共产党退出第一军和以后退出国民党及国民政府领导职务的结果。

所谓"整理党务案"，是指1926年5月15日至22日，国民党二届二中全会在广州召开。会上，蒋介石以"消除疑虑，杜绝纠纷"，"改善中国共产党与国民党的关系"为幌子，与其他人联名提出"整理党务案""选举中央执行委员会主席案"，他自己又单独提出"国民党与共产党协定事项案"和"全体党员重新登记案"。这四项提案后来被统称为"整理党务案"。

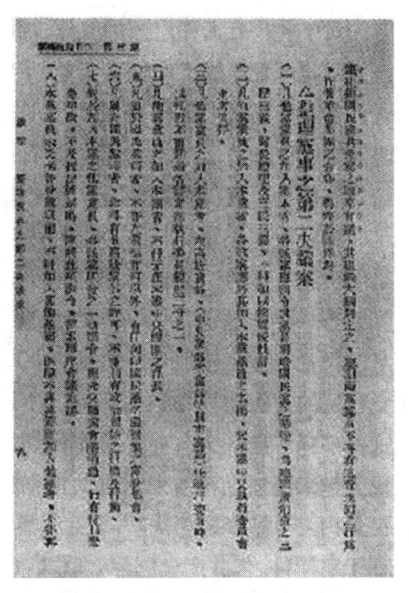

1926年5月15日，国民党二届二中全会通过蒋介石等人提出的限制、排挤共产党的"整理党务案"。图为"整理党务案"条文

---

① 《档案》第3辑，第233、234页。
② 同上，第177页。

面对国共关系日益严峻的矛盾和困难，陈独秀再次提出改变国共合作的方式，即共产党人退出国民党，国共两党由党内合作改为党外联盟。

当时，上海国民党右派的活动和陈独秀思想的转变，令维尔德甚为担忧。维尔德虽然是苏联驻上海领事馆副领事，但他与维经斯基的关系很密切。在中国的政治事务中，他们有着共同的责任和义务。4月23日，维尔德给维经斯基发去电报，报告了他在上海所得知的一些情况。他在电报中说：“获悉右派与包括蒋介石在内的部分左派，达成了妥协，目的在于同左派实行联合。孙科从广州来到上海。孙科公开宣称他此行之目的，还称蒋介石同意他这样做。5月15日将在广州举行国民党中央全会，会上将对共产党人发动强大的攻势。您有必要来一趟，党没有采取很明确的立场。我们可能动摇自己在国民党中的影响。现在掀起了疯狂的反共反苏俄运动。必须给予有力而巧妙的反击。"①

正在莫斯科的维经斯基收到维尔德的电报后，当即给陈独秀写去一封充满信心和鼓舞士气的信。他在信中说，虽然北方由于国民军的失败，形势变得非常严峻。但这只不过是民族解放运动的暂时失败，它不会对工人运动、对国民党和共产党产生深远影响。应该看到，直奉两个营垒的联盟只是暂时的，他们之间的摩擦会日益加剧，并产生冲突。

维经斯基认为，共产党现在应该做的，就是把工人组织起来，在铁路工人、矿工中进行工作，组织工会；同时要开展农民运动，使之成为国民革命运动发展的新的促进因素；还要在军阀军队中开展宣传工作，瓦解奉直军阀的军队。

对于共产党人在广州的工作，维经斯基特别强调：“我们在广州需要有强大的共产党组织，中央委员会应当同它保持密切的联系，更直接地领导它，首先要坚持把更多的工人、先进农民和革命知识分子吸收到我们广州的党组织中来。现在我们还应该明白，我们不能满足于仅在广州有一个组织，在汕头、厦门和其他港口也应该有党的组织。"

维经斯基尤其关心共产党与国民党的关系问题。他指出，国民党右派是中山舰事件的"鼓舞者和思想领袖"，他们将在广州等地起重大作用。与陈独秀一样，他也认为，共产党应该准备改变与国民党的党内合作关系，与国民党实行党外联合。他在信中写道：“我们应该朝着建立我们党同国民党联盟的方面调整我们的方针，不再与国民党一起组成混合联盟。怎么做这件事呢？我认为，首先要使我们的党组织无论在数量上还是在质量上都成为越来越独立和越来越强

---

① 《共产国际、联共（布）与中国革命档案资料丛书》，3册，北京图书馆出版社，1998年版，第209页。

大的组织。其次，要反对我们的同志试图在国民党内发号施令的想法。"①

维经斯基在这里所说的不要"发号施令"，其所指与布勃诺夫并不一样。布勃诺夫是为了保全国共合作关系，不让共产党发号施令。而维经斯基的意思则是：为了脱离在国民党的"党内合作"关系，共产党人要把主要精力放在加强和扩大自己的组织上面，对国民党的工作不必要过分热心。

维经斯基的来信无疑是对陈独秀的一种鼓励和宽慰。

陈独秀非常同意维经斯基在信中的观点。经过中山舰事件，他认为应该重新慎重考虑与国民党的关系问题。陈独秀也清楚，究竟什么时候与国民党分手，不是他说了算的事，也不是维经斯基说了算的事，这需要共产国际和斯大林的允许才行。那么共产国际和斯大林会允许国共分手吗？

中山舰事件发生时，当时以塔斯社驻华记者在华进行活动的联共（布）党员穆辛正在广州。事后，他根据自己对广州形势的观察，于4月24日拟就一份《关于中共在广州的任务的提纲》。这个提纲送达联共（布）中央，并最终以"绝密"文件保存在俄罗斯联邦国家档案里。

穆辛提纲的宗旨是：蒋介石是国民党左派，一切对国民党左派团结不利的因素都应该排除，只有这样才能巩固广州革命根据地。

对于中山舰事件的起因，穆辛与布勃诺夫的看法是一致的。他认为是苏联顾问及共产党人在军事工作中所犯的错误使他们与蒋介石的矛盾激化。而事件可能造成蒋介石与汪精卫等人的关系恶化，导致国民党左派分裂和广州政府垮台，使国民革命遭到挫折。

穆辛对蒋介石革命的作用评价甚高。他说，尽管蒋介石有种种主观上的缺点，将来有可能造成新的严重麻烦，但现在应当客观地把蒋介石看做是革命运动方面的一个重要力量。所以中国共产党的主要任务是：联合和团结国民党左派在广州政府和在国民党中央执行委员会政治委员会中的主要核心力量，重新使汪精卫复职，使汪精卫、蒋介石联合和团结起来，继续进行反对帝国主义、反对反动派的斗争，争取巩固和健全广州的革命政权，反对北方军阀的统治。穆辛告诫说："排挤或不让蒋介石或汪精卫积极参与领导政治生活，这会造成致命的后果。"穆辛的理由是："现在在革命取得胜利后走向全国政权的党不是共产党，而是国民党。在人民民主革命取得胜利时，中国无产阶级只能指望自己目前的常常是奴隶般的地位有一定的改善和为进一步争取自己在政治上和经济

---

① 《维经斯基给陈独秀的信》，1926年4月24日于莫斯科，载《共产党国际、联共（布）与中国革命档案资料丛书》，3册，北京图书馆出版社，1998年版，第220-221页。

上的解放创造有利的条件。"

基于上述理由,穆辛不赞成退出国民党。他认为,如果共产党人退出国民党并同他们在组织上彻底决裂,这对国民革命事业来说是很不恰当的。中国共产党的任务,不是把国民党变成共产党组织,而是通过吸收新的阶层和阶级参加国民革命事业来发展、加强和巩固国民党本身。我们应当努力同国民党左派建立真诚的联盟,为此我们必须使国民党领导层真正相信,我们不是在从事反对他们的工作,而相反是在为巩固和发展国民党本身,为巩固和发展它的国家机关和国民革命而工作。

穆辛认为,共产党人在军队的工作,如果因为在军队中存在共产党支部,从而导致军队中发生激烈的斗争,那么就应该取消它。共产党人的任务是遵循国共两党共同指示,在军队内共同的国民党支部中做工作。①

穆辛的提纲,无疑是一个彻头彻尾的右倾提纲。它使共产党的所有工作都以国民党,尤其是蒋介石及军队将领的好恶为转移。它在发展国民革命运动力量的口号下所提出的策略,实质是要共产党完全服从国民党,完全彻底地为国民党服务。

穆辛最基本的思想就是:中国民主革命的领导者是国民党,共产党只有在民主革命胜利之后,才能作为领导者进行社会主义革命。亦即说,中国共产党目前是在帮助国民党进行民主革命,只能是帮助者,而不能是领导者,为此共产党应尽力将所有的群众都聚集在国民党组织内,共产党的一切工作都是为了壮大国民党。

穆辛的提纲亦即被撤职的俄国驻华顾问拉兹贡、罗加乔夫关于中山舰事件的报告,使联共(布)领导人深深感到了国共问题的复杂性。4月29日,联共(布)中央政治局会议在讨论了外交人民委员部提交的关于中国问题的报告后,就国共关系问题作出决定,其主要内容是:(1)国共破裂问题具有头等重要的政治意义。这种破裂是绝对不允许的。必须实行让共产党留在国民党内的方针。(2)至少在共产国际例行代表大会召开之前,对组织关系做任何改变都是不允许的,而且对于国共两党来说都是危险的。(3)要让国民党右派离开(或将其开除出)国民党。(4)要在内部组织上向国民党左派作出让步,重新安排人员,以便基本上保持目前的组织关系。(5)如果在当地查明,主张在组织上同共产党人划清界限的运动很强大,并且两党关系有严重冷淡的危险,那就同意把这

---

① 《穆辛关于中共在广州的任务的提纲》,1926年4月24日于广州,载《共产党国际、联共(布)与中国革命档案资料丛书》,3册,北京图书馆出版社,1998年版,第210-217页。

个问题尽快提交共产国际讨论。

很显然，上述决定的潜台词是：第一，共产党应该以让步来求得团结；第二，除非国民党内排共势力强大到共产党人无法再在国民党内立足，否则退出国民党是不允许的；第三，即使共产党不得不退出国民党，也必须经过共产国际的批准。

联共（布）中央政治局之所以不允许国共关系破裂，还有一个十分重要的原因。当时联共（布）党内以托洛茨基、季诺维耶夫、加米涅夫为代表的反对派，正在对斯大林和共产国际的对华政策，尤其是国共"党内合作"政策进行攻击，认为这个政策实质上是取消共产党的政策，警告这样下去必然会使中国革命发生悲剧。斯大林等人为了不给反对派提供口实，以证明他们的对华政策是正确的，当然不允许共产党退出国民党。所以，他们在上述决定中提出"国共破裂问题具有头等重要的政治意义"。至于这"头等重要的政治意义"是指什么？尽管决定中没明说，但其中所包含的内容却不言而喻。

中山舰事件发生后，鲍罗廷不得不放弃原定回国的计划，于1926年3月下旬离开北京，途经张家口、库伦、上乌丁斯克、海参崴，由海路于4月29日赶到广州。

此时，广州的形势与他两个月前离开时相比，已发生了很大变化。孙文主义学会虽然已经解散，但其骨干分子仍在加紧活动。刚从苏联归国的胡汉民与蒋介石捐弃前嫌，来往密切。有传言说，胡汉民已向蒋介石提出，待鲍罗廷回到广州后即将其逮捕。在共产党方面，由于受到中山舰事件的打击和布勃诺夫的退让，共产党在国民党内的势力受到重大削弱，在第一军和黄埔军校中的共产党员已经退出。

面对这种形势，鲍罗廷在不违背斯大林给他的赴华使命的前提下，只能贯彻布勃诺夫3月27日信的精神和联共（布）中央4月29日的指示。就鲍罗廷的思想基础而言，他并不是完全被动地落实莫斯科的指示。因为在他看来，蒋介石仍是左派军人，同蒋介石合作的希望依然存在。这样，为了团结蒋介石，鲍罗廷只有一条路可走，这就是：向蒋介石让步！①

4月30日，即鲍罗廷回到广州的次日，便开始与蒋介石以及蒋介石的坚决支持者张静江进行了接触。在蒋介石当年的日记中，有他们4月30日和5月1日、

---

① 俄共（布）决定派鲍罗廷来华前时，曾责成他"在与孙逸仙的工作中要遵循中国民族解放运动的利益，决不要迷恋于在中国培植共产主义的目的"。《共产党国际、联共（布）与中国革命档案资料丛书》，1册，北京图书馆出版社，1997年版，第226页。

7日、12日、13日、14日的会面记载。①

鲍罗廷与蒋介石、张静江的频繁接触,令中共中央代表张国焘深为不满。他回忆说:

> 在此时期内(指国民党二届二中全会前的5月上旬)一切重要问题都在蒋、张(静江)、鲍三巨头秘密商谈之中。鲍罗廷遵守三巨头之约,不向我吐露实情;他向我说的话,大多是闪烁其词。我为此深感不满,曾表示要先行返回上海,以示不与鲍共同负责之。鲍罗廷总是要求我信任他,申言决不会把事情弄糟。②

鲍罗廷一面与蒋介石进行磋商,一面说服中共中央代表和中共广东区委接受蒋介石的限共提案。彭述之回忆说:在中共广东区委会议上,鲍罗廷极力强调广东局势异常危险,意在暗示中共中央的反蒋政策是不合时宜的,其理由是:在现时的国民党中,没有人像蒋介石有力量有决心,足以打击右派的反革命阴谋。因此,为了打开当前极度危险的僵局,我们不得不对蒋作最大限度的让步,承认他从3月20日以来所取得的权力,不要反对他的整理党务案,并支持他尽快北伐,将来随着北伐的进展,形势会对我们有利的。③

正当鲍罗廷为不能与蒋介石尽快达成协议而焦急不安之际,在5月10日前后,苏联援助国民党的大批军火运抵广州。尽管在广州的一些共产党员强烈要求鲍罗廷将其中的一小部分武器转交给他们,以便为同国民党不可避免的分裂作准备。但鲍罗廷还是拒绝了。因为,这些武器正是他与蒋介石谈判的筹码。果然,5月1日,鲍罗廷同蒋介石最后达成协议。其主要内容是:其一,鲍罗廷容忍蒋介石在三四月间的所作所为,包括他限制、排斥共产党员的行为和制造出来的"以蒋代汪"的局面。其二,鲍罗廷将此时运抵广州的援华军事物资,悉数交给蒋介石。其三,蒋介石答应续聘鲍罗廷为高等顾问,并同意鲍罗廷提出的关于打击右派的意见。

就在协议达成的第二天,势力渐大的蒋介石召开了国民党中央二届二中全会,会上,在鲍罗廷事前的大量工作下,中共党员对蒋介石的各种提案未予以有力的反对,会议通过了所谓"整理党务案",规定共产党员在国民党各级党部任执行委员不得超过委员总数的三分之一,不得担任国民党中央机关的职务;规定加入国民党的共产党员名单全部交出,规定中共发指示给国民党内的共产

---

① 蒋介石日记中有关鲍罗廷与蒋介石、张静江会面的内容,见中国第二历史档案馆、档案出版社编,《蒋介石年谱初稿》,档案出版社,1992年版。
② 张国焘,《我的回忆》,2册,现代史料编刊社,1980年版,第119-120页。
③ 彭述之,《评张国焘的〈我的回忆〉——中国第二次革命失败的前因后果和教训》,前卫出版社,1972年版,第8页。

党员须先经两党联席会议讨论。会后，共产党员在国民党中央所任职务全部离职，蒋介石接任谭平山的组织部长，顾孟余接任毛泽东的代理宣传部长，叶楚伧接任吴玉章的秘书长，蒋介石还当上了国民党中央执行委员会主席兼军人部长。鲍罗廷还向蒋介石表示，为维护国共合作，中共不会反对"整理党务案"，这个国际代表包揽了国共关系的重大决策，陈独秀反击蒋介石的对策被鲍罗廷彻底放弃。

蒋介石后来洋洋自得地说："当鲍罗廷与我会商这个办法时，对我的态度极为缓和。凡我所提主张，都作合理的解决。同时我恪守国父的遗训，不因联俄而对共党姑息和迁就。"①

在鲍罗廷与蒋介石达成协议的当天下午，鲍罗廷即指示张国焘和谭平山去拜访蒋介石和张静江，要他们向蒋和张表示，中共为了维护国共合作，不会反对整理党务案。②

鲍罗廷这种对有关国共关系的重大问题大包大揽的做法，从组织关系上说是极不正常的，但由于他的特殊身份，中共中央也好，中共广东区委也好，对他的决定和指示不得不表示认可。

在1926年5月15日至22日，对蒋介石在国民党二届二中全会上提出的"整理党务案"，当时由于共产党领导机关在会前毫无准备，加上鲍罗廷秉承共产国际的意旨做工作，结果对蒋的要挟做了让步，使这个反动提案被通过。于是，共产党员担任的国民党中央部长，大部分被国民党右派所代替，蒋介石趁机窃取了国民党中央执行委员会主席、组织部部长和军人部部长等重要职务，篡夺了革命的领导权。③

事实很清楚，执行妥协政策的，不是陈独秀，而是鲍罗廷。据周恩来说，在讨论会上，"彭述之引经据典地证明不能接受。问他不接受又怎么办？他一点办法也没有，只说大家讨论好了。"④

国民党二届二中全会闭幕后，陈独秀才了解到"整理党务案"的具体内容，并且得知，根据"整理党务案"的规定，几位担任国民党中央党部部长的共产党员已经辞职，他们的职位已由明显右倾的国民党员接任。这一结果大大出乎

---

① 蒋介石，《苏俄在中国》，台北，中央文物供应社，1981年版，第41-42页。
② 张国焘回忆说："到5月14日下午5时左右，鲍罗廷找着我和谭平山，要我们立即去访问蒋介石和张静江。"参见张国焘《我的回忆》，2册，120页，现代史料编刊社，1981年。另据蒋介石日记载：5月14日下午，"谭平山、张国焘亦来絮聒"，参见《蒋介石年谱初稿》，档案出版社，1992年版，第587页。
③ 《中共党史手册》，第32页。
④ 周恩来，《一九二四至二六年党对国民党的关系》，1943年春，载《周恩来选集》上卷，人民出版社，1980年版，第123页。

陈独秀的预料。

此时，他陷入深深的矛盾之中。一方面，他意识到蒋介石接二连三对共产党进行打击，是有政治野心的。随着共产党在国民党内权力的进一步削弱，国民党会向右转，国共之间的矛盾和冲突会越来越多。在这种情况下，共产党最好的选择就是退出国民党，改党内合作为党外联合。另一方面，他又不能违背莫斯科要求共产党员继续留在国民党内，而且必须向以蒋介石为首的所谓"左派"让步的指示精神。在这种矛盾的心态支配下，陈独秀于6月9日在《向导》第157期发表了《给蒋介石的一封信》和《中国共产党中央委员会致国民党中央委员会信——为时局及与国民党联合战线问题》。

在给蒋介石的信中，陈独秀义正辞严地驳斥了蒋介石列出的证明共产党"阴谋"制造中山舰事件的四个所谓"事实"，并且针对蒋介石想当国民党领袖的野心，指出"国民党的惟一领袖仍旧是孙总理"，"我不相信国民党中任何人（共产分子当然在内）承认国民党有孙总理同样的两个领袖，非是不应该如此，而实是无人配如此"①。

过去，由于受到共产国际、联共（布）和对陈独秀本人评价的影响，对《信》的历史评价，学界几乎完全持否定态度，一直把它看成是陈独秀对蒋介石妥协退让的依据。经过考察这段历史和分析这封信，学界认为这个看法有失偏颇。首先，从《信》的撰写和发表背景看，当陈独秀撰写和发表《信》时，已在"中山舰事件"和"整理党务案"之后，此时妥协退让的格局已经形成，不能因为陈独秀在这个时候写信给蒋介石，就认为是陈对蒋妥协退让。其次，从《信》的写作动机看，蒋介石在继军事上、党务上进攻之后，又向中共发动了理论上的进攻，为了反击蒋介石理论上的进攻，批判其"一党专政"的反动理论，陈独秀奋笔写下了《信》。再次，从《信》的内容看，《信》从6个方面对蒋介石的反革命阴谋、谬论、行为进行了揭露、批驳和抨击，其主旨是维护中共的利益和名誉，与蒋介石进行斗争的；尽管《信》也存在着一些错误，但这些错误不能影响《信》的主旨，其原则性、批判性和战斗性是应该给予充分肯定的。总之，从《信》的发表背景、写作动机和主要内容三个方面看，《信》是斗争的，而非是妥协的。

在给国民党中央委员会的信中，陈独秀指出，国共两党合作是必要的，"当此英日吴张战胜而形成反动统治并在日谋力讨所谓北赤南赤之时，吾人尤当集

---

① 陈独秀，《给蒋介石的一封信》，1926年6月4日，载《陈独秀文章选编》，下册，生活·读书·新知三联书店，1984年版，第226—232页。

中全力于反抗其压迫革命势力及民众之斗争,且领导一般党外的民众,使集合于国民革命之战线"。至于两党的合作方式,"或为党内合作,或为党外合作,原无固定之必要",以后"可各自根据其党之议决以相协商"。在对于整理党务案的态度上,他表示:"贵党'党务整理案'原本关系贵党内部问题,无论如何决定,他党均无权赞否。凡为贵党党员者,当然有遵守之义务,而于贵党党外之团体,则殊无所关涉。"①

此时,对"整理党务案"抱矛盾心理的不仅是陈独秀,以陈延年为领导的中共广东区委也是如此。

5月23日,中共广东区委发表《对于中国国民党第二次中央全体会议宣言》。《宣言》阐述了中国共产党参加国民革命的坚定立场,驳斥了国民党右派诬蔑共产党参加国民革命"没有诚意",加入国民党是为了"谋一党的私利"的谰言。对于"整理党务案",《宣言》表明中共广东区委的态度是:

> 中国国民党第二次中央执行委员会全体会议,提出整理党务案,对于国民党内共产分子有所规定,而中央执行委员中的共产分子,对于此项议案并没有表示异议。所以没有表示异议者,因为共产党员以为如果国民党的领导机关,认为此种办法能减去国民党内疑虑与纠纷,而又于国民革命有所裨益,国民党内的共产党员是不宜有所异议的。共产党员并不以为国民党中央执行委员会对于共产分子的议决,包含着侮辱的意义,如果这样议决不是以之开反革命进攻的道路。共产党员在此次国民党中央会议中的态度,即证明共产党员十分忠心于国民革命运动,并且认定国民党是一个革命的党,十分爱护,而不使其受损失。中国共产党是一个革命党,决不为主观感情所影响,而不顾及全部革命利益。②

陈独秀和中共广东区委对"整理党务案"的反应,代表了当时绝大多数共产党人的态度。面对国民党二届二中全会所造成的国共关系的新变化,他们都同样处于非常尴尬的境地。他们对鲍罗廷向蒋介石让步,使得"整理党务案"顺利通过,结果导致共产党人处于被动的局面深为不满。但囿于共产国际的既定方针,中国共产党既不能像对待西山会议派那样,对制造这种局面的元凶蒋介石进行口诛笔伐,又不能不对"整理党务案"表示自己的态度。所以,无论是陈独秀的信,还是广东区委的宣言,都表现出以下两种倾向:

---

① 《中共中央文件选集》,2册,中共中央党校出版社,1989年版,第141-143页。
② 《政治周报》,14期,1926年6月5日。

一方面,将帝国主义、军阀及一切反动势力骂得狗血喷头,说是因为它们的挑拨、造谣、煽动,才使国共之间产生了矛盾和纠纷。

另一方面,极力表明中国共产党投身于国民革命的决心和加入国民党的诚意,提出只要对国民革命有利,对革命势力的团结有利,共产党可以作出任何牺牲,对"整理党务案"没有异议。

如前所述,在国民党二届二中全会召开之前,维经斯基在给陈独秀的信中,就提出改变国共两党合作方式的建议。陈独秀在致国民党中央信中所说的两党合作方式,"原无固定之必要",也表明了退出国民党的想法。陈独秀这一想法不完全是受维经斯基的影响,也有他本人对国共关系发展走向的思考。

彭述之

但无论当时退出国民党是否合适,莫斯科方面都是不予考虑的。维经斯基为此还受到了莫斯科方面的批评。这年6月,当他奉命来华组建共产国际远东局时,莫斯科方面交给他一项重要任务,就是纠正陈独秀等人退出国民党的想法。

1926年7月12日至18日,中共中央第三次扩大执委会全会在上海召开。会上,陈独秀与彭述之联合提议,将"党内合作"改为"党外合作"。他们认为,只有摆脱国民党对中国共产党的控制,才能执行真正独立的领导工农的政策。但这个提案没有得到通过。在维经斯基指导下,会议对陈独秀和彭述之进行了批评,指出:"如果有些同志认为共产党应该与国民党完全脱离组织上的关系,现在就要消灭这一各阶级联盟的政党,以为共产党已经能够独自领着无产阶级,使其他被压迫民众跟着他,来完成资产阶级的民权革命,那么,这种观点是完全不对的,完全看错了中国民族解放革命的远景。主张现在与国民党脱离组织关系而仅仅和他合作的理由,其实和国民党右派及新右派(中派)要求共产派退出国民党的理由是一样的。"[①]

[①] 《中共中央文件选集》,2册,中共中央党校出版社,1989年版,第176页。

7月27日，维经斯基给共产国际执委会发去电报，汇报了会议的有关情况。他说，可能导致从组织上脱离国民党的极少数人的立场在会上受到了谴责。会议决定采取扩大和加强国民党左派的方针。其要点是："留在国民党内，不监护左派，也不取代左派。"①

布哈林还在《真理报》上发表文章，指责主张退出国民党的人"恰和苏联反对派一样犯了同样大的错误"。

就这样，陈独秀退出国民党的要求再一次被否决。他不得不继续带领共产党人在与国民党"党内合作"的坎坷征途上艰难行进。

在"整理党务案"中，对加入国民党的共产党员和中共中央具有严格限制作用的，有如下几点规定：

第一，共产党员在国民党各级党部任执行委员的人数不得超过三分之一，并不得担任国民党中央党部部长；

第二，共产党将加入国民党的共产党员名单交国民党中央执委会主席保存；

第三，中共中央给其党员的训令，须先交国共联席会议通过。

由此可见，整理党务案是蒋介石继中山舰事件之后向共产党发动的又一次重大进攻，其根本目的在于将共产党员排挤出国民党中央领导岗位，限制共产党在国民党内的活动。

"整理党务案"通过后，一批在国民党中央党部和各级党部任职的共产党员不得不提出辞职。国民党二届二中全会新设立的国民党中央常务委员会主席一职由张静江担任，国民党中央政治委员会主席兼国民政府主席由谭延闿担任，再加上蒋介石对军权的控制，实际上形成了以蒋介石为首的国民党右派掌握党、政、军大权的局面。难怪蒋介石评价国民党二届二中全会时说："这是我们中国国民党革命成败的关键，也就是本党与共党消长的分水岭。"②

国民党二届二中全会，是以蒋介石为首的国民党新右派通过合法的形式，实现了国民党老右派早就想达到的目的，这就是从国民党重要领导岗位上排除共产党人，不仅如此，它还使广州原来汪（精卫）蒋（介石）合作的局面，转变为蒋介石专权独揽的形势，从而使国民党和国民政府的领导体制实现了历史性的倒退，也为后来国民党的进一步分化以及国共合作的破裂埋下了隐患。

然而，执行了莫斯科妥协政策，事先同蒋介石达成协议，并说服中国共产党人接受"整理党务案"的鲍罗廷，丝毫不承认"整理党务案"被通过和实施

---

① 《共产国际、联共（布）与中国革命档案资料丛书》，3册，北京图书馆出版社，1998年版，第365页。
② 蒋介石，《苏俄在中国》，台北，中共文物供应社，1981年版，第42页。

后所造成的恶果。相反,他认为"整理党务案"的被通过,是他的策略的一大胜利。国民党二届二中全会结束后,鲍罗廷在给加拉罕的一封信中喜气洋洋地写道:

> 中央全会(指国民党二届二中全会)关于共产党人的决议使右派蒙受了比共产党人更大的损失。这些决议从右派手里夺走了他们用来反对我们的武器,他们反对我们,似乎是挽救党使之免遭国民党内的共产党人的控制。这是一个使他们得以把一些诚实的国民党人集合在他们周围的口号,因为这些诚实的国民党人确实害怕国民党最终被共产党人吃掉。上述决议通过后,这种害怕心理大为减少,右派被置于极其不利的地位。我再说一遍,他们被剥夺了用来反对我们的主要的和很方便的武器。现在他们受到打击,也无法诿过于共产党人。

鲍罗廷还认为,"整理党务案"被通过后,蒋介石的处境也极为困难。他说:蒋介石为了讨好右派而提出"整理党务案",实际结果却适得其反。他从此处于两难境地:一方面,中派和右派会继续要求蒋介石对共产党采取越来越强硬的措施,他成了他们的俘虏。另一方面,蒋介石虽然仍标榜自己是"左倾"分子,但左派和共产党人则更怀疑他右倾,更响亮地表明自己的反对立场。①

在鲍罗廷看来,此时蒙受重大损失的是国民党右派和蒋介石,而不是中国共产党。

然而事实并非如此。为了表示自己仍然是一个革命的"领袖",蒋介石对国民党右派中的个别人物进行了处分,如逮捕了广州市警察局局长吴铁城,驱逐了著名的国民党右派人物、广州市市长伍朝枢等。但这只是做个样子给人看而已。实际上,"整理党务案"实施之后,蒋介石的处境非但不困难,他在广州的地位扶摇直上。他于6月1日任国民党中央组织部部长;6月5日任国民革命军总司令;6月29日任国民政府委员;7月5日任国民党中央军人部部长,拥有任免国民革命军及军事机关党代表之权;7月6日,因张静江患病辞职,蒋介石又接替他任国民党中央执行委员会常务委员会主席(北伐后仍由张静江代理)。

事实证明,蒋介石不仅没有像鲍罗廷所言的那样,陷于两难境地,而是在右派支持、左派软弱的情况下,使得他在党、政、军中的权力与日俱增,最终形成尾大不掉之势。

如果说鲍罗廷在给加拉罕写信时没有预见到"整理党务案"将要造成的严

---

① 《鲍罗廷给加拉罕的信》,1926年5月30日广州,载《共产国际、联共(布)与中国革命档案资料丛书,3册,北京图书馆出版社,1998年版,第272-273、282页。

重后果，对自己对此事的处理沾沾自喜尚可原谅的话，那么在大革命失败后，他仍对此事津津乐道，就有替自己辩护之嫌了。1927年10月，鲍罗廷在一次大会上作有关中国问题的报告时，再次提到"整理党务案"一事。这一次，他仍是老调重弹，宣称："撤掉共产党员担任的职位不会给我们带来什么困难，因为这种职位对我们来说已经没有从前那种价值了"；"我们决没有因为撤职某一共产党员在国民党内担任的领导职务而失去发展和深化革命运动的任何机会"①。

鲍罗廷不是在蒋介石等新右派势力抬头之时尽力抑制其发展，而是决定先对其作出让步，然后"等待和面对蒋介石提出的北伐结束时等待着他的那种不可避免的政治失败"②。这一策略显然是荒谬的。他的所谓"整理党务案"的通过是对共产党有利而对右派和蒋介石不利的说法，完全违背历史事实。

"整理党务案"是鲍罗廷在联共（布）中央政治局妥协政策指导下，与蒋介石、张静江达成的协议，并强加给中国共产党人的。陈独秀事前并不了解"整理党务案"的内容，也未估计到问题的严重性。他在事后发表的两封信，一方面表明他在不违背莫斯科指示精神前提下的矛盾心理，另一方面也暴露出他对蒋介石的政治面目缺乏清醒的认识。

总而言之，对造成这三次"妥协退让"的责任，长期以来，一些教科书及不少研究者几乎一致地认定当时任中共中央总书记的陈独秀应负主要责任。事实胜于雄辩。实际上，三次"妥协退让"是由共产国际、苏联及其在中国的指导者造成。1月，在国民党"二大"上及"二大"召开前，中共向国民党右派作了第一次妥协退让，不论从方针政策上还是从具体做法上看，造成这次妥协退让的主要责任人是共产国际代表维经斯基，而不是陈独秀。3月，"中山舰事件"后，中共向国民党右派作了第二次妥协退让，从事件的处理和妥协方针的制定看，造成这次妥协退让的主要责任人是苏共高级考察团团长布勃诺夫，而不是陈独秀。5月，"整理党务案"的制定，是中共向国民党右派所做的第三次妥协退让，从"整理党务案"的酝酿与通过看，造成这次妥协退让的主要责任人是苏联顾问鲍罗廷，也不是陈独秀。总之，历史事实确凿地说明，1926年上半年中共对国民党新老右派的三次"妥协退让"，是由维经斯基、布勃诺夫、鲍罗廷等人错误造成，他们应对三次"妥协退让"负有不可推卸的主要责任。如

---

① 《鲍罗廷在老布尔什维克协会会员大会上所作的〈当前中国政治经济形势〉的报告》，1927年10月23日，载《共产国际、联共（布）与中国革命档案资料丛书，3册，482-483页，北京图书馆出版社，1998年。

② 《鲍罗廷在同共产国际执行委员会远东局委员会会晤时的讲话》，1926年8月9日于广州，载《共产国际、联共（布）与中国革命档案资料丛书，3册，北京图书馆出版社，1998年版，第370页。

果说陈独秀在这三次"妥协退让"中也有责任的话,那也只负不得不执行共产党国际、联共(布)错误指示的次要责任。①

---

① 叶昌友,《陈独秀研究动态》,上册,135页。

第九章 上海三次武装起义

026. 支持北伐

1926年2月,中共中央在北京二月特别会议上积极主张北伐,随后,开始进行北伐的实际准备工作。尽管在对北伐的认识上,党内始终存在分歧,但陈独秀个人多次表示支持北伐,中国共产党在推动国民党出师北伐方面也起了重要作用。

6月5日,国民党中央执行委员会临时全体会议正式决定北伐。

在这种情况下,陈独秀在7月7日发表了《论国民政府之北伐》一文,改变了其本人及中共中央在北伐宣传上的一贯口径。在此文中,陈独秀首先指明北伐的意义,是"南方的革命势力向北方发展,讨伐北洋军阀的一种军事行动,而不能代表中国民族革命之全部意义",而且"这种军事行动,对于推翻军阀确是一种重要方法,然亦仅仅是一种重要方法,而不是唯一无二的方法"。接下来,陈独秀袒露了自己对于北伐的几种担心,其中主要的有两点:一是北伐有可能造成军事投机。陈独秀说,北伐"若其中夹杂有投机的军人政客个人权位欲的活动,即有相当的成功,也只是军事投机之胜利,而不是革命的胜利"。二是北伐有可能对民众利益带来伤害。对此,陈独秀说:国民政府的北伐战费,应该用发行军事公债和向绅富筹募等方式解决,"如果因北伐而预征钱粮和抽收赔捐,向农工平民搜刮","进而剥夺广东革命的民众从护法政府以来所获得的些少自由,反而给予反革命的买办、土豪、贪官、奸商以充分的自由",那么中国共产党就应该向政府严重劝告:"必须北伐与民众利益双方兼顾,如此才能巩固国民政府。"在此基础上,陈独秀指出:"现时国民政府的职任,已经不是北伐而是'防御战争',广东民众的口号,也已经不是北伐而是'防御战争',全国民众的口号,也已经不是响应北伐而是'拥护革命根据地广东'!"[①]

---

① 《陈独秀著作选》第2卷,第1088-1090页。

应当肯定的是，陈独秀对蒋介石的忧虑不是没有道理，后来事实验证了他的这种担心。但是，他的文章发表在广州革命政府誓师北伐的前夕，使中国共产党在政治上陷于很大的被动。这篇文章不仅在共产党内受到许多人的批评，还遭到某些国民党人的抨击。

为什么在这么短的时间里，陈独秀突然公开了支持北伐的观点？事实上，这其中有一个鲜为人知的隐情，那就是：陈独秀此文的基调是由共产国际执委会远东局和中共中央共同拟定的。

维经斯基一到上海立即与陈独秀进行了交谈，之后他在6月21日给加拉罕的信中说，他认识到，中共中央

北伐时期的蒋介石

和陈独秀"现在都不主张进行北伐，虽然据说他们在一个半月前曾坚决主张进行北伐"。因为在政府采取中立态度的情况下，总的来说广东开始了豪绅向农民进攻的时期。维经斯基在此基础上说明了自己对北伐的意见："在这种情况下，依我看，北伐必然遭到失败。"①

7月6日，《论国民政府之北伐》一文发表的前一天，维经斯基于上海给加拉罕的信中谈到："对于北伐，现在中央采取了广州的防御立场而不是北上以使全国革命化的立场"，因为广州确实受到了危险，出现了包围它的问题，因此"主要的注意力应该放在切实动员群众的问题上。"维经斯基的这种观点与加拉罕"不谋而合"②。维经斯基后来自己承认，陈独秀这篇"文章的基调是由远东局和中共中央共同拟定的"③。确实如此，陈独秀此文接受并且发展了维经斯基的观点。

《论国民政府之北伐》一文发表后的第3天，即7月9日，北伐战争在"打倒列强，驱除军阀"的口号声中正式开始，由蒋介石任北伐军总司令。

---

① 《共产国际、联共（布）与中国革命档案资料丛书》第3卷，第309页。
② 同上，第326-327、361页。
③ 同上，第472-473页。

7月12日至18日，陈独秀在上海主持召开中共中央四届三次扩大执行委员会会议，在会上作中央政治报告并起草政治决议案。远东局成员虽然没有直接参加此会议，但"起了领导作用，并在全会期间既同中央达成了共识，也对中央内部统一意见的形成施加了影响"①。

据陈独秀《告全党同志书》说，他在中央政治决议案起草过程中提议："中国革命有两条道路：一是由无产阶级领导始能贯彻目的；一是由资产阶级领导，必然中途背叛革命；我们此时虽然可以与资产阶级合作，同时要夺取领导权。"②会议结果，陈独秀没有坚持自己的意见，原因是上海远东局"一致反对我的意见，说这样的意见会影响同志们过早的反对资产阶级，并且肯定的说上海暴动如果成功，政权应属于资产阶级，工人不必有代表参加"③。

关于此次会议，维经斯基也说，由于全会上"中央局的方针是同共产国际执委会远东局协商过的"，所以分歧没有暴露出来，但对陈独秀所作工作报告的批评"比较激烈"④。《中国共产党与国民党关系问题议决案》"是作一些小的修改后通过的"，中央局将此决议电告共产国际执委会⑤。全会结束后的第3天，即7月21日，陈独秀在上海举行的共产国际执委会远东局会议上作了关于此次全会的总结报告。

四届三次扩大会议后，张国焘、瞿秋白赴粤参加国共两党联席会议，陈独秀"病入住院，几不能开会"，虽然"在病中仍管理一切工作，但总有许多事情因而停顿"⑥。

8月9日，远东局委员会决议肯定了陈独秀《论国民政府之北伐》一文，指出："在对待北伐的态度上，要宣传中央的立场，就像老头子（指陈独秀——引者注）在党的机关刊物上所发表的文章中表述的那样，这样来准备条件，使党能在有利的时机提出具体的口号，制止军队继续向北推进，因为这是与农民征税和进一步加强军事独裁有联系的。"⑦

共产党人是否应该在群众中广泛宣传北伐？共产党人应该如何进行这项工作，以便使群众了解我们的态度，同时不过早地引起与蒋介石之间的冲突？8月16日，在远东局委员会与鲍罗廷于广州召开的会议上讨论了这些问题。鲍罗

---

① 《共产国际、联共（布）与中国革命档案资料丛书》第3卷，第352页。
② 《陈独秀著作选》第3卷，第89页。
③ 同上。
④ 《共产国际、联共（布）与中国革命档案资料丛书》第3卷，第338页。
⑤ 同上。
⑥ 同上，第388页。
⑦ 同上，第375页。

廷、维经斯基、拉菲斯等围绕陈独秀发表的《论国民政府之北伐》这篇文章的是非，展开激烈的争论。

鲍罗廷首先发言，批评陈独秀的文章"现在已经在群众中造成麻烦，因为人们的注意力从北伐被转移到这篇文章的内容上来了。"他认为，我们的策略应该是，现在支持北伐，甚至广泛宣传北伐，但同时又对它采取批评态度。而从陈独秀的文章中可以得出，我们不支持北伐，而只是批评北伐。"中共的立场就是这样，国民党也了解这一点"。当地的共产党人步步遵循这篇文章的精神，他们的行动不能不给国民党造成一种印象：他们反对北伐。"这种方针可能导致同国民党和蒋介石的冲突，因此应该防止这种冲突的很快到来"。所以，鲍罗廷总结说：如果陈独秀的文章是纲领性的，那么他是错误的，因为它促使我们同蒋介石发生冲突。

国民革命军在以加伦为首的苏联军事顾问的建议下，制定了集中火力、各个歼敌的战略方针。根据这个方针，1926年5月，国民革命军先头部队出兵湖南。7月9日，正式出师北伐，7月12日胜利进入长沙。

7月23日，维经斯基在远东局俄国代表团会议上所做的报告中指出，他和加拉罕认为，北伐军"进一步向北推进会造成反动军阀势力聚集在孙传芳周围的危险"。所以，应当在湖北、湖南采取支持广州军队的方针，而在广州则有节制地行动，抑制进一步向北推进，把全部工作集中在巩固广州基地上。正如陈独秀指出的："在中央的方针中，必须纠正关于农民运动的错误指示：我们不要阻碍农民运动，而相反要促进其发展。"其实，在北伐进军过程中，陈独秀较早地注意到了农民问题的重要地位。陈独秀还建议远东局下面设立一个专门委员会，研究在现时日常工作中如何具体运用以往的农民运动经验，并尽可能地对源源而来的材料作出归纳。①

8月5日，联共（布）中央政治局会议研究中国委员会提交的问题后，建议中国委员会"重新审议所谓北伐问题，搜集一切必要的材料，供政治局研究。责成鲍罗廷、加伦和维经斯基同志向政治局提交尽可能准确的与北伐有关的广州在军事方面和一般政治方面的情况通报，并请国民党中央阐述其在所谓北伐问题上的动机和想法"②。

8月9日和16日，鲍罗廷在广州与远东局委员会会晤时，谈了对北伐及其政治前景的看法。他首先解释说：自己似乎一直是"北伐的反对者"。但实际情

---

① 《中共中央政治报告选辑》（1922-1926），第79-81页。
② 《共产国际、联共（布）与中国革命档案资料丛书》第3卷，第359、361页。

况是，由于要保持与国民党的统一战线，他不能让蒋介石觉得他是北伐的反对者。所以，他在同蒋介石的谈话中不止一次地申明，他认为像蒋介石所策划的这种北伐"是没有成功希望的事情"，但他还补充说，为了使北伐取得成功，他将给蒋介石"一切可能的支持"。

鲍罗廷的观点是："现在可以肯定地说，北伐的结果将是蒋介石及其整个集团在政治上的灭亡。"但是，他又说，不能直接地提出反对北伐的观点。因为"蒋介石本人在他对北伐的非革命的解释中已把自己的命运同北伐问题紧密地联系在一起了"。"在3月20日以后，来自左派和共产党人的任何明确的和激烈的反蒋立场都会意味着'3·20事件'在更大范围内的重演"。所以，对北伐的结论是："如果我们由于没有实力，不能同蒋介石及其政治方针做斗争，那么我们就只有等待和面对蒋介石提出的北伐结束时等待着他的那种不可避免的政治失败。"而现在，关于北伐，"我们不该说任何话了"。可见，在鲍罗廷看来，对于实力强大的蒋介石和他所领导的北伐，共产国际代表和中国共产党人不能阐述任何意见，以防惹恼他们。能够做的，只有"等待"，即坐等北伐的结局。①

北伐军占领长沙后，继续北伐

北伐军一路势如破竹。8月20日，北伐军占领岳州，随后进入湖北境内。9月6日、7日，两湖战场的北伐军分别占领汉阳和汉口，10月10日又攻克武昌，基本消灭了吴佩孚的部队。

9月11日，远东局俄国代表团会议决定，"目前国民运动应当竭力避免与英国发生军事冲突""在占领武汉和湖北省以后，广州部队应停止继续向北进军"，②远东局还建议广州国民革命军和国民党向张作霖及其盟友提出召开专门的和平会议。

9月20日，在中共中央执行委员会委员和共产国际执行委员会远东局委员联席会议上，陈独秀指出，蒋介石对我们可能有两种意图：一是逼迫我们答应在国民党代表大会上支持他；二是在前线召开国民党和共产党的党际间会议。他提醒大家"应当小心谨慎"③。

---

① 《共产国际、联共（布）与中国革命档案资料丛书》第3卷，第369-371、397、392页。
② 同上，第430-431页。
③ 同上，第525页。

9月23日，维经斯基在给联共（布）驻共产国际执委会代表团的信中指出："国内政治生活中最尖锐的问题是北伐今后的命运问题。"①

10月10日，北伐军攻克已被围困月余的武昌，全歼吴佩孚主力。江西战场的北伐军也于11月初歼灭孙传芳部主力，占领九江、南昌。北方冯玉祥部于9月17日在绥远五原誓师，挥师南下。11月间，国民军联军已控制陕西、甘肃等省。

11月18日，联共（布）中央政治局会议指出：广州目前向北挺进的一项极重要的任务是加剧奉系军阀的内部斗争，并使张作霖脱离奉天，哪怕以江苏中立为代价。鉴于此，建议鲍罗廷和加伦劝告国民政府"占领浙江并继续谨慎地向安徽推进，但不要同张宗昌发生武装冲突"，同时建议国民政府通过冯玉祥争取阎锡山转到国民政府方面来。②

很快，11月20日，远东局与中共中央执委会联席会议贯彻了联共（布）中央政治局18日有关中国问题的上述决定。会议在听取陈独秀关于《军事政治形势和国民政府的任务》的报告后认为，由于奉天反对冯玉祥的计划，目前的北伐可能不得不继续向北推进，因此必须：（1）争取冯玉祥同阎锡山达成的协议，保证他在山西的督办地位。（2）不阻挠张宗昌占领江苏。（3）竭力争取尽快消灭孙传芳，占领浙江。（4）建议冯玉祥不要将自己的主力部队向东南方向调动，而要集中在包头，以便对付北方可能发动的攻势③。

直到1926年11月在江西战胜孙传芳之前，联共（布）、共产国际及其驻华代表，以及陈独秀等中共领导人都认为，考虑到国民革命军取得这些胜利付出了巨大牺牲，有必要停止国民革命军继续向北和向东挺进。

到1926年底，国民革命军已控制了除江苏、浙江、安徽以外的南部各省。冯玉祥的国民军联军也控制西北地区，准备东出潼关，响应北伐军。北伐战争胜利的大局已定。

关于中国共产党对于北伐的态度，罗易其后有过如下比较深刻的反思：

第一次北伐开始前，我们党曾进行过一场大辩论。事实已证明反对北伐的同志是错误的。但事实也证明，共产党没有能利用北伐创造的有利形势去发展革命。正如我早些时候所指出的，北伐的主观动力是资产阶级想要增强其自身的力量；但在客观上，北伐提供了发展革命力量的可能性。正是由于这种可能性，共产党带领无产阶级支持北伐。党支持了北伐，但它的行动是符合客观需

---

① 《共产国际、联共（布）与中国革命档案资料丛书》第3卷，第539页。
② 同上，第627页。
③ 同上，第628页。

要吗？没有。共产党虽然支持了北伐，但它对工人阶级的利益没有给予足够的注意。共产党人为北伐的发展冲昏了头脑，忽视了对北伐唤起的革命社会力量的组织、团结和巩固的工作。正是这种对于北伐的毫无保留的支持，在很大程度上使蒋介石能够得逞，从国民阵线中拉走了相当一大批军事和社会力量。

如果共产党在支持北伐的同时，能清醒地看到资产阶级力量的结合及其根本目的，如果党在同时也促进革命力量的结合，那么蒋介石搞分裂时就会发现他自己是孤立的。还有一个问题要指出，而且是一个非常重要的问题：无保留地支持北伐的后果之一是失去了广东。也就是说，广东之失，在于我们支持北伐时毫无计算。为了保持同资产阶级的统一战线，为了支持左翼军人的联合，共产党没有加强阶级斗争，没有摧毁反动派的基础。革命军离开后，革命的传统基地广东就暴露在反动势力面前。①

如上所述，1926年北伐开始以前，尽管国民革命军中的苏联顾问和布勃诺夫使团积极倡议和支持北伐，陈独秀在7月7日以前也一致对北伐公开持赞成态度，但联共（布）中央政治局、广东的鲍罗廷、共产国际执委会（上海）远东局等却对北伐持否定态度。而陈独秀7月7日发表的《论国民政府之北伐》一文的基调，直接来源于共产国际执委会远东局。国民革命军出师北伐后突飞猛进的形势，迫使联共（布）、共产国际容忍违背其意志开始进行北伐的这一既成事实，并关注北伐事态的发展。但是，不论是共产国际还是陈独秀，对北伐军的实力估计不足，多次提议北伐军保持现状，停止继续向北推进，其策略方针明显地落后于北伐形势的发展。但是，从总体看，共产国际及其代表对北伐战争的胜利功不可没，这体现在武器装备的提供、政治工作的开展、北伐战略方针的制定等诸多方面。同样，陈独秀对北伐战争前景和蒋介石未来地位的担忧，事实证明，是有一定道理的。如果我们党能及早从这种担忧中得到警示，采取预防措施，即使不能避免大革命的最终失败，至少可以延迟这种失败的到来。②

027. 指挥起义，迎接北伐军进上海

为了以实际行动迎接北伐军进军上海，建立上海市民政府，1926年秋至

---

① [美]罗伯特·诺思、津尼亚·尤丁编著，王淇等译，《罗易赴华使命——1927年的国共分裂》，中国人民大学出版社，1981年版，第200页。
② 李颖，《陈独秀与共产国际》，湖南人民出版社，2005年版。

1927年春，在北伐胜利进军的凯歌声中，中共中央和上海区委发动和组织上海工人，连续举行了3次武装起义。其间，陈独秀除参加汉口会议外，始终坐镇在上海，作起义的总指挥，与共产国际执委会远东局维经斯基等人协商，领导整个起义工作。

上海工人阶级在五卅运动后，举行了多次政治、经济斗争和罢工，逐渐成熟起来，提高了反帝、反封建意识，加强了组织纪律性，这为上海工人3次武装起义作了思想上和政治上的准备。

1926年7月的中共中央扩大会议，专门讨论了上海工作，通过了《上海工作计划决议案》。决议案指出："上海是帝国主义者侵略中国的经济大本营；同时又是中国的第一个大产业区。上海这个地方，站在民族解放运动的观点上立论，是全国反帝国主义运动的中心；站在本党的观点上立论，又可以创造一真正的共产党。""上海现在已经是到了阶级分化的显明时期。"决议案要求：上海区委应提出上海市民的总要求，即上海市民运动的政纲，并依此政纲的意义建立革命民众的联合战线。第一步使他们在我们的思想影响之下，进而使他们的行动在我们领导之下。上海区委的政治行动，应当以无产阶级的力量为中心，引导一般市民群众于每个地方政治问题上与上海当地政府奋斗，不断地给他们以打击，并指出资产阶级政客的妥协和平是幻想①。

上海区委很快传达了中共中央扩大会议精神。广东国民政府也于9月派出钮永建为驻上海军事特派员，准备里应外合，策应北伐军推翻北洋军阀在上海的统治。

从1926年9月上旬到10月下旬，驻上海的共产国际执委会远东局、中共中央执委会，以及中共上海区委召开一系列会议，讨论革命形势和武装起义的方针、策略，明确提出要在上海发动一次民众暴动，夺取上海的市政府。

10月15日至18日于上海召开的共产国际执委会远东局俄国代表团会议上决定，在组织上海工人武装起义时，"必须组织无产阶级的独立行动"②。

在10月19日的远东局委员与中共中央执委会联席会议上，陈独秀和彭述之提出放弃总罢工，理由是：在反日罢工失败后，现在工人没有斗志，"哪怕举行一天的总罢工，我们都会造成对工人的镇压和大规模的失业"。目前组织上没有力量来发动这场斗争，中央和区委不认为目前的行动具有特别的意义。会议决定，中央和上海区委再一次与上海组织的基层工作人员开会讨论这个问题。③

---

① 《中共中央文件选集》第2册，中共中央党校出版社，1989年版，第259-260页。
② 《共产国际、联共（布）与中国革命档案资料丛书》第3卷，第580-581页。
③ 同上，第583页。

陈独秀说，上海发动政变的思想最早产生于大资产阶级那里，他们受北伐节节胜利的鼓舞，也抱着胜利的希望。"我们应当指出资产阶级的这种想法，这是对的"。但国民政府代表钮永建来到上海以后，"把事情转到了靠武装力量搞纯军事政变的方面"。而要取得军事斗争的胜利必须具备有利的环境和一定数量的军事力量。在起义前3天，陈独秀计算了敌我力量的对比情况：我们的敌人有5000名正规军和2000名警察；我们只有夏超的3000名正规军，驻扎在离上海很远的地方，上海内部总共只有1000名武装人员，而且组织得不够好。所以陈独秀预见到上海起义"必然要失败"。要想起义取得胜利，夏超必须实行进攻，并确信在上海的部队会转变过来。①

23日早晨，得知夏超在前线遭到失败，陈独秀提出："那就不要发动起义了。"而钮永建稍后转告陈独秀，说上海的军阀部队一定会转到我们这边来。24日凌晨，上海工人在中共上海区委领导下举行第一次武装起义。由于起义是在准备工作很不充分、时机极不成熟、大部分工人并没有组织起来的情况下仓促发动的，所以很快遭到失败。

起义失败后，远东局与中共中央执委会于10月28日举行联席会议，讨论了上海起义失败的原因和准备下一次起义的注意事项等问题。

在这次会议上，陈独秀提出，应当弄清失败的原因，有许多纯技术方面的原因，但我们应当弄清的主要问题是我们想达到什么目的，是希望举行人民起义还是纯小规模军事发动。但无论在哪种情况下，都应当很好地了解实力，了解军事组织，等等。陈独秀总结说：这次上海起义，无论工人还是商人都不能宣布实行总罢工，这就是说这次行动不可能是人民起义，而对于军事发动来说，我们的力量相对于敌人来说当然是很小的。陈独秀认为，我们没有对宣布总罢工做好主观上的准备，并且也不能认为上海发动符合客观形势。"诚然，我们没有遭受重大损失，但自然不能经常重复进行这种发动。"

维经斯基说，他们原想"把中小资产阶级的广大阶层和学生组织起来，由于资产阶级来领导，为此决定不丢弃国民党的旗帜，并把政变行动同反对孙传芳的军事斗争联系起来。所有这一切的目的是借助于中国中小资产阶级打击孙传芳的后方"。事实却没有按照他们的设想发展。

陈独秀严肃地提出：现在我们应当知道，在不久的将来我们准备的是起义还是军事发动？

彭述之回答：上海组织的积极分子还希望举行人民起义，应当打消这种

---

① 《共产国际、联共（布）与中国革命档案资料丛书》第3卷，第593-594页。

念头。

陈独秀沉思片刻说：在当前情况下，"政治发动只能促进政变，而不能起主要作用。人民大众还没有力量和觉悟来发动政变。而上海的小资产阶级生活得不错，诚然它对税收不满，但这还没有使它达到极端不满的程度。我们也不能宣布实行总罢工"。

对于上海起义的失败，维经斯基认为问题的关键"在于我们本身很少注意使人民大众参加这次发动"。"因为我们认为中小资产阶级参加斗争只能起很小的作用，而对无产阶级本身，我们又只想当作一种技术力量来加以利用"。

陈独秀不赞同维经斯基的上述说法，他认为上海起义的失败，"倒不是因为我们对资产阶级群众发动的意义估计不足，而是因为资产阶级本身退缩、不积极"。事实上，陈独秀曾建议虞洽卿成立保卫和平委员会，该委员会的任务是：一旦起义成功就在和平的口号下进行斗争，一旦起义失败就反对镇压。但陈独秀这一建议被拒绝。

关于上海再次起义需要依靠的力量，陈独秀认为有三种需要考虑的因素，一是工人，二是国民党军事力量，三是资产阶级。同时他提醒，"不要把资产阶级看作先锋队，它将是胜利后的一个政治因素"。他接着批评了拉菲斯的无产阶级领导权的观点，说拉菲斯犯了像鲍罗廷所犯的同样错误。鲍罗廷只谈广州，而拉菲斯只谈上海。如果拉菲斯说，上海无产阶级应当更加做好战斗的准备，那么这是对的，但如果他想使无产阶级的发动不依赖军事力量，那么这是不对的。"中国是半殖民地国家，这里军事因素起着头等重要的作用。没有军事力量，无论在这里还是在湖南省都不可能举行发动"。陈独秀进一步指明："认为中国无产阶级是国民革命运动领导者的理论是完全正确的，但是在目前要运用这一理论既没有主观条件，也没有客观条件。"陈独秀预计未来的上海政府将是"资产阶级参加国民党，当然，如果国民党军事力量取胜的话"。

维经斯基继而总结了准备第二次武装起义的注意事项：（1）要使整个无产阶级都被吸引到行将到来的斗争中。（2）一定要把中小资产阶级吸引到斗争中来。（3）斗争的方式以后确定，是示威游行、罢工，还是起义，这以后会看清楚①。

会议讨论结束时，决定根据维经斯基的结论精神和陈独秀关于必须更仔细地进行军事发动准备的补充修改意见，进行第二次起义的准备工作。

上海工人第一次武装起义虽然遭到失败，但是，上海工人在这次起义中经

---

① 此次会议的情况见《共产国际、联共（布）与中国革命档案资料丛书》第3卷，第590-602页。

受了锻炼,其中最主要的是提高了政治水平。以前上海工人的罢工大多是提出提高工资、改善待遇等经济条件,而在这次起义中工人们提出了反对军阀、支持北伐军、争取工会公开、追悼死难烈士等项政治要求,工人的政治斗争意识得到迅速提高。上海工人第一次武装起义失败后,以维经斯基为首的共产国际执委会远东局和以陈独秀为首的中共中央执行委员会认真总结起义的失败教训,明确提出工人阶级领导权问题,同时强调无产阶级的发动要依赖军事力量。上海工人经过第一次武装起义的洗礼,愈发增强了斗志。这一切,都为尽快发动第二次武装起义奠定了基础。

有了第一次武装起义的教训,党对第二次武装起义在组织、宣传、军事等几个方面有了比较充分的准备。

11月4日,北伐军攻克九江,上海积极准备第二次武装起义。6日上午,中共上海区委主席团召开会议,讨论"九江攻下后的上海暴动问题"。罗亦农在会上传达陈独秀关于组织方面的意见:在上海区委下面组建一个支部,海军"每船有二人组小组",中央组织海军三人会议,专门讨论起义策略问题。①

当晚11时,陈独秀参加中共上海区委主席团特别会议。在讨论起义策略问题时,彭述之说:"在发动中,要以工人为主,管理时要偏重资产阶级。"罗亦农说:"关于上海问题,以民众发动为主,在组织上要使大资产阶级及各团体代表组织一委员会,先要钮(指钮永建——引者注)来号召组织,否则,则以虞洽卿为号召人。"陈独秀说:"我们现在可以要两个领袖,钮永建军事的,虞洽卿民众领袖。"②

11月19日,中共上海区委主席团举行会议。罗亦农传达陈独秀来信精神:"北伐军南下,尚非其时,可以停止暴动宣传,要注意工会及党的内部工作。"于是会议决定:"暂时停止暴动爆发的活动,而是注重经常的暴动准备,又要多注重工会工作。"③

12月5日,中共中央发布《中央局报告》。关于上海暴动问题,基本沿用11月4日晚中共上海区委主席团特别会议上陈独秀等人的观点,指出:"工人派(即我们)虽为此次暴动的先锋,但因自己的组织和战斗力也不很强,依全国的政治环境亦不便猛进到资产阶级之前,更不宜单独行动,所以并不幻想此时在上海可以用市民暴动的力量实现平民政权,只是努力推进资产阶级取得政权,

---

① 上海市档案馆编,《上海工人三次武装起义》,上海人民出版社,1983年版,第68页。
② 同上,第78-79页。
③ 同上,第97页。

尽量减少军阀的统治势力，实现一个相当意义的资产阶级式自治市政府。"①

12月17日，联共（布）中央政治局批评鲍罗廷"在城市里实行退却和收缩工人争取改善自己生活状况的斗争的这一总政策是错误的"，指示鲍罗廷要"千方百计设法使工人的斗争具有组织性，避免过火行为和冒进行动"，特别应该使城市斗争的矛头指向大资产阶级，首先是指向帝国主义者，以使中国的中小资产阶级尽可能留在统一战线内反对共同的敌人。②

此时的陈独秀不仅感觉到了来自内部的压力，更让他忧心的还是党外的危险。1927年1月8日和26日，在维经斯基的支持下，他两次以中共中央的名义向共产国际做政治报告，指出在国民党内已经掀起了一股巨大的反共潮流，革命出现了危机，建议让汪蒋和其他军官重修旧好，应该变"减轻人民负担"的口号为减轻国民党对共产党的惧怕心理。他对蒋介石等反动势力是有清醒认识的，但是，一个没有军事力量的党派的党魁又能做何抉择呢？此时，苏共及共产国际全力支援的蒋介石的军事力量已经成了共产党潜在的最大的政治杀手了。此时共产国际还是硬将暗动刀枪的国共两党绑缚在国民革命的同一辆战车上，来维护他们在中国政策上的政治颜面。

1927年1月3日，感觉武汉气氛不对的蒋介石致电武汉，主张国民党政府暂设南昌。但是他的这一建议遭到国民党中央与国民政府联席会议否决。9日，蒋介石又亲自前往武汉，但是武汉却掀起了反对独裁、实行民主的"反蒋迎汪"运动。

当时陈独秀和中共中央领导人正为如何对付日益猖獗的国民党右派势力和如何发展工农运动而大伤脑筋。

倒是鲍罗廷向共产党人提出了一个令人难以捉摸的"好建议"，这就是：在国共合作时期，共产党人只有先老老实实地为国民党当好苦力，才能在将来当好主人。这就是要共产党彻底放弃自己的独立地位。

鲍罗廷为中国共产党确定的"苦力观"显然伤害了共产党人，也伤了党的领导人陈独秀的自尊心。中国共产党固然力量还比较弱小，但毕竟是新兴的无产阶级利益的代表，岂能将自己置于为国民党做"苦力"的地位。所以，鲍罗廷的"苦力观"一经提出，立即遭到陈独秀的坚决反对，中共中央专门致信中共广东区委，对鲍罗廷的"苦力观"进行了驳斥。信中说："我们是为无产阶级的利益到K.M.T.作工，决不是什么为K.M.T.当'苦力'。阶级争斗的过程本来

---

① 《中共中央政治报告选辑》，1922-1926，第101-102页。
② 《共产国际、联共（布）与中国革命档案资料丛书》第4卷，第55页。

很长，不但先进的资本主义国家里无产阶级运动是阶级争斗，不但一切国家里各种要求的罢工是阶级争斗，即殖民地半殖民地为无产阶级组织出版罢工之自由而参加国民革命工作，也是阶级争斗过程中必要的工作；我们对于此项工作，不能很简单的看做为他阶级当'苦力'。"

中共中央指出，鲍罗廷的"苦力观"将导致共产党内发生两个危险倾向：一是积极的、"左倾"同志会因此愤懑，因不愿为别人当苦力而消极怠工；一是右倾同志会因此当真会国民党化，变成单纯的国民党苦力，而不是站在共产党的立场上工作。因此，中共中央提出："我们必须努力为阻止老鲍的'苦力说'在党内流行而奋斗！"①

鲍罗廷的"苦力观"令陈独秀等人不舒服。但他与维经斯基等人为中共中央制定的"不突出自己""不包办国民党""不抛头露面，也不要求领导权"②等政策，有异曲同工之效，这就令陈独秀和中共中央产生了"在野党"思想。

陈独秀等人认为，既然共产党人只能为国民党工作，只能隐藏在左派身后，不能占据国民党和国民政府的领导地位，那么共产党人就不能参加政府工作，否则就违背了莫斯科的旨意。

1926年秋，北伐战争正如火如荼地进行，国民革命军所到之地，一些旧政权被打倒后，形成了群众团体联合掌握政权的局面。在湖北，共产党员董必武参加了省政府领导工作。在江西，林祖涵、李富春参加了省政治委员会，还有一些共产党员被推为县长，如永修、九江县的县长即由共产党员担任。

在这种情况下，中共中央"在野党"的观点一度发生了改变。夺取政权本来是中国共产党的奋斗目标，现在有了参与政权的机会，拒绝参加显然是愚蠢的。但陈独秀等人对共产党人是否参加政府这一点却拿不定主意，因为国际代表远东局是不让共产党人参加政府工作的，又不能违背。为了弄清共产国际领导人对这个问题的态度，中共中央特意委托出席共产国际执委会第七次扩大全会的中共代表谭平山，请他在会议期间请示共产国际领导人。然而到了这年12月，共产国际对此问题还没有给予答复。但陈独秀等人也看出，形势的发展已经将共产党人参加政权的问题提上了议事日程。为此，他们与维经斯基等远东局成员商议，共产党员是否参加国民政府的工作。

为了解决这个问题，中共中央和远东局专门召开了联席会议。经过讨论，大家认为，共产党员能否参加国民党政府完全取决于国民党的领导权掌握在汪

---

① 《中共中央文件选集》，2册，中共中央党校出版社，1989年版，第433页。
② 《共产国际执行委员会远东局俄国代表团第24次会议第18号记录》，1926年9月11日于上海，载《共产国际、联共（布）与中国革命档案资料丛书》，3册，北京图书馆出版社，1998年版，第432页。

精卫手中还是蒋介石手中。如果是前一种情况,则必须参加;如果是后一种情况,则参加不仅有危险,而且可能带来相反的结果。

看来,维经斯基和陈独秀等人已经认清了蒋介石的反动面目,而将全部希望都寄托在汪精卫身上了。难怪维经斯基在给莫斯科信中在谈共产党人参加政府的可能性时这样写道:

> 如果我们采取推翻蒋介石的方针,那我们不仅可以不管他对共产党员参加国民政府持何态度,而且相反还要促使他尽快决定自己的立场,并第一个开始同国民政府进行公开的斗争。
>
> 但目前应该排除这种情况。蒋介石同国民政府在共产党员参加政府的问题上发生分裂,会使事态严重恶化,因为蒋介石现在是全国性人物,国内反革命势力和帝国主义者都会充分利用这一决裂,革命因而会面临极其严重的威胁。我们能参加政府的另一种情况是:用一个跟我们站在一起的全国性人物与蒋介石相抗衡,这个人物就是汪精卫。因此,在弄清汪精卫返回的可能性之前,这第二种情况我们也不能加以利用。一旦汪精卫回国,蒋介石很可能不去与国民政府作斗争,而是退却,那样就能在我们的积极参与下大大加强政府,以致再过一段时间蒋介石已不能冒彻底毁灭的危险而去同国民政府决裂。①

基于上述考虑,陈独秀没有要求共产党人参加国民政府。直到1927年3月国民党二届三中全会决定共产党人可以加入国民政府后,中共中央才派谭平山、苏兆征参加政府工作,分任农政部部长和劳工部部长。

1927年初,北伐军分三路向安徽、浙江、江苏等省进攻。由于孙传芳的主力已在江西被击溃,各地人民纷纷起来响应革命,北伐军进展顺利。当北洋军阀在上海及其附近地区的反动势力在政治濒临垮台的时刻,在中共中央和上海区委的领导下,上海人民积极行动起来,设法武装自己,准备夺取政权。

2月16日,中共上海区委举行全体会议,决定"赶快准备"组织"一个工人为主的武装暴动,主要的总罢工,次要的武装继续",口号仍是"欢迎北伐军来",暴动中的联合战线"主要的为小资产阶级",而武装技术、联合战线等详细讨论,由主席团执行,并要"找中央及国际的代表详细讨论"。②

2月17日,北伐军占领杭州,18日,先头部队抵嘉兴,上海非常混乱。得知上述消息后,留在上海的阿尔布列赫、曼达良和纳索诺夫等远东局成员(维

---

① 《维经斯基给联共(布)驻共产国际执行委员会代表团的信,1927年1月21日于上海,载《共产国际、联共(布)与中国革命档案资料丛书》,4册,北京图书馆出版社,1998年版,第94-95页。
② 上海市档案馆编,《上海工人三次武装起义》上海人民出版社,1983年版。

经斯基此时不在上海，在汉口）首次向中共中央提出关于在上海建立政权的问题。18日晚和19日晨，他们与中共中央代表就这一问题进行会谈。曼达良等人认为：″上海无产阶级在相应的政权形式下能够对整个国民政府的进一步革命化产生极

武装起义的司令部——上海总工会

大的影响。正是上海无产阶级有条件通过国家政权来真正保证无产阶级的领导权，而这一政权形式很快就能为中国各大城市所接受。我们认为完全有可能和有必要按照苏维埃制度建立起称之为'人民代表会议'的政权。这个会议基本上采取苏维埃制度，应包括所有的反帝阶层。这个会议的选举和召开安排在孙传芳政权垮台的时候。″会谈的结果是，″共产党中央同意这个想法″。①

2月19日，上海总工会发布总同盟罢工命令，宣布罢工的决定是2月18日深夜由工会积极分子会议做出的，未经中共中央和上海区委批准，只是取得了参加这次会议的区委代表的同意。而曼达良等远东局成员"只是从报纸上了解到关于罢工的详情″。他们在20日下午与彭述之的谈话中，提出"准备建立政权的问题″，还提出了"变总罢工为起义的问题″。②

在"罢工响应北伐军"的口号下，先后罢工的工人达36万人。本来罢工是为了配合北伐军夺取上海，但北伐军到达嘉兴后却停止不前。20日，中共中央得知这个消息后，经过反复讨论，决定把总同盟罢工转变为武装起义。次日，罢工工人奋起袭击反动军警，夺取武器，总同盟罢工发展为上海工人第二次武装起义。可是，由于海军两舰配合起义的计划泄露，两舰在来不及通知各区起义工人的情况下不得不提前开炮，打乱了整个起义计划。同时，离上海不远的北伐军根据蒋介石的命令，拒绝工人请求援助的要求。这样，准备还很不充分的工人起义被北洋军阀残酷地镇压下去。

---

① 《共产国际、联共（布）与中国革命档案资料丛书》，4册，第138-139、126页。
② 同上，第139页。

上海工人第二次武装起义失败后，陈独秀要求共产国际代表们"准确地勾画出人民代表会议的蓝图以便完全弄清这一问题"①。

相比于上海工人第一次武装起义，上海工人第二次武装起义可以说有了很大的进步：紧紧依靠工人阶级，党基本掌握了起义的全过程；工人群众和革命士兵联合起来准备武装起义，积累了宝贵的斗争经验；曼达良等共产国际远东局成员首次向陈独秀为首的中共中央提出关于在上海按照苏维埃制度建立称之为"人民代表会议"的政权问题。但是，这次起义也暴露出严重的缺点，其中包括党的领导机构的动摇，党的宣传鼓动工作的薄弱，对形势的估计过于乐观，对起义的准备工作不够充分，等等。

上海工人第二次武装起义失败后的次日，即2月23日，中共中央和上海区委举行联席会议。会议决定停止暴动，由上海总工会下令复工，扩大武装组织，准备下次暴动等。会议还决定联合组成起义的最高决策机构和指挥机关——特别委员会，着手准备第三次武装起义。特委由陈独秀、罗亦农、赵世炎、汪寿华、尹宽、彭述之、周恩来、萧子璋8人组成。在特别委员会之下，建立特别军委和特别宣委两个专门委员会，以加强军事准备和宣传发动工作。特别军委由周恩来负责，其成员有顾顺章、颜昌颐、赵世炎、钟汝梅，周恩来同时还担任武装起义的总指挥；特别宣委由尹宽、郑超麟、高语罕、贺昌、徐伟组成。领导第三次武装起义，成为中共中央和中共上海区委的中心工作。

2月24日至3月上旬，陈独秀多次参加特别委员会会议，每次会议都有发言，讨论上海第二次武装起义后的问题，对准备第三次武装起义发表自己的意见，其中主要有以下几点：

（1）关于起义的时间选择

2月26日，陈独秀说："北伐军不到上海，上海无法解决。在将到时，我们要集中口号工作，群众的夺取武装，群众的开代表大会。"罢工时间，"要在松江失守以后"。3月2日，陈独秀主张："关于暴动时间，提议在北伐军打下苏州常州就动，松江打下后亦动；若资本家开除工人太多时，可以单独罢工。"3月5日，陈独秀再次强调发动起义要讲究时机，通过讨论，陈独秀最后归结为："一、松江下。二、苏州下。三、麦根路与北站兵向苏州退。三条件有一个就决定发动。"

（2）关于起义的形式

2月26日，陈独秀提出，"总同盟罢工问题：要决定为夺取武装，为开代表

---

① 《共产国际、联共（布）与中国革命档案资料丛书》，4册，第148页。

大会而罢工,不应回到家去,不要为罢工而罢工。"至于夺取武装,"可以无论是警察的、兵士的一支二支都夺去,惟兵工厂究竟如何夺取,应研究"。

(3)关于宣传问题

2月25日,陈独秀指示要加强对武装暴动的宣传工作,"宣传品每天要出新闻式的宣传大纲","文字尤其要特别浅显"。3月1日,陈独秀指示起义口号,"不要笼统,要切实""要集中,不要太多——集中口号可定:收回租界,民选政府,市民代表大会政府,拥护武汉国民政府四口号"。

(4)关于上海市政府的建立

2月26日,陈独秀说:"至于总的市民大会,无甚关系,最要紧的是真正的群众大会,如果有能力,则组小资产阶级也可以的,可不能要做工人运动者去做。"随后,陈独秀又补充说:"此种市民代表会议,要各地方区域都成立,成为一种权力。上海市政府即建筑在许多小政府上面,非常有力量的。"2月28日,陈独秀提出:北伐军来后,最重要的问题,即为市政府问题。"我们要群众的,而他们必是领袖的。我们要选举的,而他们要委任的"。"我意在名词上要改为民选市政府,使民众格外明了,我们要在北伐军未来前,造成很浓厚的民选空气,预先选好,然后与他们讨论名单,结果就成为民选的政府"。3月2日,陈独秀进一步指出,民选市政府要分两部:一要宣传准备暴动后的一个临时政府,二再做到民选市民政府。3月11日,陈独秀提出:"市民会名单原则:一、要各马路平均分配,不要重复。二、要使小商人也当选。""学生因无职业,但有很大群众,所以要特别加入。"①

3月20日,北伐军进抵上海近郊龙华。特别委员会当机立断,于3月21日及时发动上海

工人纠察队游行,庆祝起义胜利

---

① 上海市档案馆编,《上海工人三次武装起义》,上海人民出版社,1983年版,第178、191、192、227、255、282、309、310页。

工人总同盟罢工，并随即转为武装起义。陈独秀参与领导了上海工人第三次武装起义。据郑超麟回忆，当时陈独秀住在北四川路横滨桥南边安慎坊的中央宣传部三楼郑超麟的亭子间。陈独秀在这个地方"听汇报，约见干部"，"遥控暴动的战斗"①。

起义工人依靠自己的力量，付出鲜血和生命的代价，占领上海。上海工人第三次武装起义的胜利，成为北伐战争时期工人运动发展的最高峰。

3月22日，上海工商学各界举行市民代表会议，选举产生上海市政府委员19人，组成上海特别市临时市政府，其中共产党员和共青团员占了10人。这个政府在组织领导和组织成分上都体现了工人阶级的领导权，它的成立，是第三次武装起义的直接成果。

3月24日，由程潜任总指挥的北伐军攻克南京。当天下午发生帝国主义炮轰南京事件。3月25日，蒋介石抵达南京，污蔑并嫁祸于共产党。次日他又赶到上海，加紧反革命活动。本来，上海工人第三次武装起义胜利之后，面临的局面非常复杂。蒋介石到来后，更是火上浇油。陈独秀组织特委和上海区委多次举行会议研究对策，提出了自己的一些主张。

3月31日，联共（布）中央政局电报征询鲍罗廷的意见："您是否认为这样做是恰当的：对蒋介石作出某些让步以保持统一和不让他完全倒向帝国主义一边？"

同日，联共（布）中央政局回复中共中央当日来电，发布了对蒋介石进一步让步的指示："暂时不进行公开作战"；"务必千方百计避免与上海国民军及其长官发生冲突"。在联共（布）、共产国际的一系列退让政策下，以陈独秀为首的中共中央只得步步退却，直到蒋介石发动四一二反革命政变，上海工人运动随即转入低潮。上海工人三次武装起义是大革命时期工人运动最光彩的篇章，在中国工人运动史上留下了最闪耀的一页。在联共（布）、共产国际和以陈独秀为首的中共中央及中共上海区委的领导下，上海工人阶级以大无畏的革命气概，勇于牺牲，顽强战斗，终于夺取了东方最大城市上海，为消灭军阀孙传芳、张宗昌的势力，为北伐战争的胜利，作出巨大贡献。在斗争中，无论是陈独秀等党的领导人，还是上海工人阶级，都经受了锻炼，得到了提高，赢得了宝贵的革命经验。②

---

① 郑超麟著，《怀旧集》，东方出版社，1995年版，第229页。
② 李颖著，《陈独秀与共产国际》，湖南人民出版社，2005年版。

028. 蒋介石叛变革命

羽毛已丰的蒋介石，蓄谋反革命政变。正当中国共产党人积极发动革命群众大力支持北伐战争之际，中国上空乌云密布，阴风阵阵，大有黑云压城城欲摧之势。

制造了赣州惨案之后，蒋介石又指使打手在江西制造了一系列反共事件。

3月16日，蒋介石的走狗段锡朋纠合500余青帮分子和流氓地痞，包围了拥护孙中山三大政策的国民党南昌市党部，捕去会计1人，捆绑押至由反动分子把持的江西省党部，接着搜捕南昌市党部委员。他们还解散了江西省学联，封闭了国民党左派主持的《贯彻日报》社，逮捕新闻记者，并宣称要解散市党部、市工会和市农协，反动气焰十分嚣张，搞得南昌市一片恐怖。

3月17日，蒋介石到达九江后，九江的反动分子立即活跃起来。他们手持刀剑、棍棒等凶器游行示威，大叫"蒋总司令万岁！""打倒赤化分子！"随即围攻和捣毁了由共产党员和国民党左派共同领导的国民党九江市党部、市农协、总工会及《国民新闻》社，打死职员和工人4人，捕去新闻记者1人，重伤多人。当工人纠察队准备解除暴徒武装时，蒋介石即派大队卫士弹压，掩护暴徒出市，并以"保护"为名，调兵强占了九江市党部和总工会。当日，蒋介石即设戒严司令部，准备镇压工人和罢工反抗。

3月20日，蒋介石到达安庆后，由地痞流氓、青帮分子组成的敢死队，捣毁了国民党安徽省党部、安庆市党部、省总工会、省农民协会、安庆市妇女协会等革命机关，将所有文件什物抢劫一空，打伤机关职员和省党部代表大会代表数十人。

蒋介石在赣州等地屠杀共产党人的消息传到上海后，陈独秀就开始对蒋介石的叛变行为有所警惕。他认为，蒋介石已经彻底反共了，目前的形势已经不再需要与蒋虚与委蛇，而是真刀真枪干的时候了。如若不然，共产党就要吃大亏。

3月25日晚，陈独秀召集了一次特委会议，参加者有罗亦农、赵世炎、尹宽、彭述之、汪寿华。会上，陈独秀阐发了准备与蒋介石进行决斗的思想。他说：

中国革命如不把代表资产阶级的武装打倒，中国就不想要革命，同时只要把此武装打倒，资产阶级就可以服从革命的力量。在上海，现在资产阶级与右派勾结，党军也很右倾。我们如果情愿抛弃上海，就很容易，如果争斗，就要马上动作。因为将来的纠纷问题，为纠察队的武装解除问题,如果我们不马上动作,将来就将纯全为国共争斗,完全失掉联合战线,所以我意我们现在要准备一个抵抗,如果右派军队来缴械,我们就与之决斗,此决斗或许胜利,即失败则蒋介石的政治生命完全断绝,因此此决斗,实比对直鲁军斗争还有更重要的意义。①

3月26日,蒋介石到上海时,上海正流传工人纠察队要冲入租界的谣言。当天,在蒋介石授意下,东路军前敌总指挥白崇禧即发出"保护外侨"的布告。布告宣称,取消不平等条约、收回租界等一切外交问题,当由国民政府与各关系国协商办理,其他人不得妄动。并且威胁说:"当此军事时期,上海治安,至关重要,本军职责所在,自当力予以维持。倘有不法之徒,假借名义,借端煽动,以暴力扰乱租界秩序,侵害侨民生命财产者,本军定行严惩,不稍宽假。"

此时,陈独秀已经清楚地意识到,蒋介石将集中力量向共产党人开刀,而收缴工人纠察队的武器将是其第一步。所以,上海工人阶级一定要保持手中的武器,而且做好随时与蒋介石军队进行战斗的准备。然而,陈独秀还是犯了愁:在莫斯科没有明确指示与蒋介石决裂的情况下,这样做是违反斯大林等人的旨意的。

在这个节骨眼上,陈独秀非常希望莫斯科能够支持他与蒋介石斗争。然而,令陈独秀大为失望的是,他接到的指示与他所希望的恰恰相反。

3月27日,联共(布)中央政治局采纳了斯大林、布哈林和加拉罕的建议,决定给中共中央发出如下指示:"我们认为,长时间地举行总罢工要求归还租界,在现阶段是有害的,因为这可能使上海工人处于孤立状态并便于当局对工人采取新的暴力。最好是组织示威性的罢工,抗议在南京的暴行,而租界问题要同国民政府商量。"

这就是,为了避免帝国主义的干涉,为了维持国共关系,上海工人阶级千万不要轻举妄动。

3月28日,联共(布)中央政治局又给中共中央发来这样一封电报:"请你们务必严格遵循我们关于不准在现在举行要求归还租界的总罢工或起义的指示。请你们务必千方百计避免与上海国民军及其长官发生冲突。"

接到莫斯科的指示后,陈独秀感到左右为难。他知道,如果执行莫斯科的指示,就只能坐以待毙;而如果违背莫斯科的指示,则是国际纪律所不容许的。在这种情况下,他只好采取一种折中的办法。在给中共上海区委的信中,他这

---

① 上海市档案馆编,《上海工人第三次武装起义》,上海人民出版社,1983年版,第389页。

样写道:"表面上要缓和反蒋、反张(静江),实际准备武装组织,上总(即上海总工会)除力争保持纠察队外,要少说政治。对蒋要求我们的问题,差不多都可答应,但要他积极反英;罢工问题,第一先决条件要国民党及老蒋同意。"

在当时政治形势瞬息万变的情况下,时机稍纵即逝,任何延宕、犹豫都会使自己失去主动,陷入被动。陈独秀并不是不懂这个道理,但莫斯科不让与蒋介石搞僵关系,他又能有什么办法呢?

就在陈独秀犹豫不决之际,蒋介石却加快了反共的步伐。3月29日,蒋介石以威胁的口气要求刚刚成立的上海市民政府"暂缓办公"。3月30日,他在回答记者的提问时,声称保证不以武力收回租界;对于工人纠察队的武装,则扬言其应受军事训练。其实,就是要缴工人纠察队的枪。

这时,陈独秀见事情紧急,便顾不了莫斯科的指示,于3月30日布置"以市政府与老蒋冲突"。第二天,他以中共中央名义给莫斯科发电,报告了这一决定。【以上两个指示参见《联共(布)中央政治局秘密会议第93号(特字第71号)记录》,1927年3月31日于莫斯科。《共产国际、联共(布)与中国革命档案资料丛书》,4册,168、169页,北京图书馆出版社,1998年。】

当天,联共(布)领导人接到中共中央的电报后,立即举行秘密会议,会上作出两项决定:

一是给鲍罗廷发电,内容是:"收到发自上海的中共中央署名报告,说蒋介石已在上海发动政变,命令上海人民政府自行解散并打算在这方面进一步采取行动。您是否知道这个情况,这是否属实?您打算采取哪些措施?您是否认为这样做是恰当的:对蒋介石作出某些让步以保持统一和不让他完全倒向帝国主义者一边?"

二是给中共中央发电,内容是:"(1)在群众中开展反对政变的运动;(2)暂不进行公开作战;(3)不要交出武器,万不得已将武器藏起来;(4)揭露右派的政策,团结群众;(5)在军队中进行拥护国民政府和上海政府、反对个人独裁和与帝国主义者结盟的宣传;(6)请每日通报情况。"【这两封电报均见《共产国际、联共(布)与中国革命档案资料丛书》,4册,167-168页,北京图书馆出版社,1998年。】

联共(布)中央政治局的这封电报,令在上海的所有共产党领导人都大失所望。罗亦农看了电报的译文后,愤怒地把它摔在了地上,说:"将武器藏起来无异于自杀!"

斯大林等人之所以作出如此决定,一来是因为他们没有认识到上海形势的严峻性,没有想到蒋介石会真的对共产党下毒手。二来他们还指望蒋介石继续指挥军队进行北伐,以便尽快统一中国,这样将来的中国政府必然就是亲苏的政府,因为是苏联在支持蒋介石北伐。在这种思想支配下,斯大林等人尽管听到和看到许多关于蒋介石要叛变的报道,但他们宁肯相信这是敌人在造谣。当蒋介石已经明显暴露出反共企图之后,他们仍然对其抱有幻想,不相信陈独秀电报中所说的情况,仍希望通过共产党人的让步来将蒋介石留在统一战线之内。

莫斯科方面可以用一纸电报将天大的事情轻轻推开,然而陈独秀却如热锅上的蚂蚁,急得团团转:既然莫斯科不让反击蒋介石,还能有什么"高招"来改变局面呢?

1927年3月10日至17日,国民党二届三中全会在汉口举行,共产党员和国民党左派联合挫败了蒋介石在南昌另立中央的企图,通过了一系列限制蒋介石个人独裁的决议,但仍让他担任国民革命军总司令,同时选举汪精卫为国民党和国民政府的主要领导人。

同时,陈独秀在上海特委会上听取罗亦农的报告,表示对武汉反蒋运动进行赞助,决心建立民主独裁制,共产党必须完全取得领导地位。

陈独秀及中共中央决定联合武汉政府反对独裁反动的蒋介石。上海工人第三武装起义的那天,陈独秀派代表要白崇禧、薛岳马上来上海。

此时有白崇禧将解散工人纠察队的传言,陈独秀让中共准备抵抗。

种种迹象已经表明,蒋介石已彻底与中共为敌。1927年3月26日,蒋介石抵达上海,加紧反革命活动。

就在蒋介石到上海的两个小时后,上海区委立即作出反应,召开会议,他们认为蒋介石到上海别有用心,想镇压上海民众力量,他要集中上海各种势力与中共算总账,最重要的是解决工人与纠察队的问题。

善于伪装的蒋介石却表现得"彬彬有礼",他三次派原东路军前敌总指挥部政治部主任胡公冕约请陈独秀面谈,陈独秀都以有病推脱,蒋介石非常气愤。

陈独秀认为,中共此刻还不能与蒋介石真正闹翻,工人纠察队如果与蒋介石正面冲突,会彻底失掉联合阵线,这就彻底违反了共产国际的中国政策。

于是,他致函上海区委,要在表面上缓和反蒋气氛,实际准备武装组织,加强工人纠察队力量。对蒋介石的要求,基本上可以答应,但要他积极反应。并决定去慰劳蒋介石,请他参加市政府就职大会,并准备召集全上海市民代表大会欢迎蒋总司令。

周恩来也赞成缓和气氛,暗中作积极的准备。他认为蒋介石也已经做了对付中共的准备。现在重要的是南京,要拉住程潜。此时中共中央一致认为,现在除了坚决采取行动反蒋外,别无其他出路。周恩来和罗亦农虽然支持这一看法，但是还有一个大的顾虑：如果采取实际的军事行动打击蒋介石，却违反了国际路线的重大决定。陈独秀派彭述之到武汉，向国际代表及中共中央多数委员陈述和决定进攻蒋军的计划，但以无济于事了。

3月31日，中共中央致电苏共中央政治局，征求对目前情况的指示，当天就收到了复电，指示中共为避免蒋介石完全倒向帝国主义，对他采取进一步让步，将工人的枪械藏起来，务必避免与蒋介石军队发生公开冲突导致分裂。陈独秀百般无奈，不得不服从了共产国际的错误命令，不可能坚持自己的意见，只能放弃了反蒋计划。

就在国共两党危机日繁的紧要关头，身居海外的汪精卫回到上海。周恩来立即与汪精卫见面并作了谈话，并于4月1日将见面情况汇报给了陈独秀，陈独秀同意周恩来直接将汪精卫接送到汉口，不让他在上海与蒋介石及其他国民党要员见面的意见。

于是，就在汪精卫回到上海的当天，蒋介石就派吴稚晖去见汪精卫，探听他的口风。但是，汪精卫第二天就被蒋介石邀请到了他的司令部，与吴稚晖、李宗仁等一同连日开会，参加了他们的反共密谈。

铁心反共的蒋介石已经做好了两手准备，如果汪精卫赞成反共，就与他合作，等共同对付完共产党后再与他谈权力分配。如果不赞成，他就单独干。在他看来，只要手中有军事力量，即使汪精卫联络武汉的国民党和中共也是无用的。

为了拉汪精卫一起反共，4月3日，蒋介石发电给国民革命军各将领李济深、杨树庄、何应钦、程潜、白崇禧、唐生智等，表示衷心拥护汪精卫政权。

当天，蒋介石与汪精卫这两个一年没见的政治对手，坐在了一起。在座的还有吴稚晖、蔡元培、李宗仁等。众人纷纷劝汪精卫不要去武汉，而与他们共同反共。为了说服汪精卫，吴稚晖采取了"下跪"的绝技。据李宗仁回忆说：

> 会中一致要求汪氏留沪领导，并裁抑共产党的越轨行为。而汪氏始终袒共，一再申述总理的容共联俄及工农政策不可擅变，同时为武汉中央的行动辩护。时为武汉中央派来接收东南财政的大员宋子文沉默不发一言，其他与会人士则与汪氏激烈辩论。辩论至最高潮时，吴静恒（即吴稚晖）十分激动，竟向汪氏下跪，求其改变态度，并留沪领导。会场空气，至为激荡。吴氏下跪，汪则逃避，退上楼梯，口中连说："稚老，您是老前辈，这样来我受不了，我受不了。"会场人都

为之啼笑皆非。紧张的场面,也充满了滑稽成分。①

在商谈中,吴稚晖提出解决中共案,要求各地反共将领实行清共;蒋介石表示马上做"赶走鲍罗廷"和"分共"两件事情。在"中山舰事件"中受到蒋介石打击的汪精卫,此时并不相信蒋介石的人格,他不敢贸然与这个曾让他吃了亏的政治对手合作"清共",况且,他是在武汉国民党和共产党的积极邀请下回国的,共产党及其背后的共产国际都是他在与蒋介石作政治斗争的依靠。所以,当蒋吴二人表态后,他表示要暂时容忍,建议于4月15日在南京召集中央全体执行监察委员会联席会议,以求和平解决。参与会谈者一致要求汪精卫留在上海,制裁共产党"越轨"行为。

会议最后决定由汪精卫通知陈独秀,马上取消各地共产党的一切活动,不服从武汉政府发出的"妨害"党国前途的一切命令,取缔、制裁各军队、党部、团体、机关的捣乱者。

当陈独秀得知汪精卫回到上海的消息后,便将几天来的愁苦心情一扫而光。他便于深夜从上海乘英轮抵武汉。他认为,汪精卫是公认的左派领袖,也是国民党的一面旗帜,他回来对蒋介石肯定能起一种制约作用。如果汪精卫联共的态度坚定,或许还能够挽回危局,至少可以缓和共产党与蒋介石的矛盾。抱着这种想法,陈独秀决定与汪精卫进行会谈。

汪精卫一回到上海即被蒋介石一伙包围,听到了许多对共产党人和工人纠察队的抱怨,所以当他见到陈独秀后,便质问陈独秀:中共是否要打倒国民党?是否要工人纠察队冲入租界?陈独秀连连表示绝无此事。

汪精卫此时还不想与蒋介石一起反共"清党",他认为时机还不成熟,他也知道,共产党还有可利用价值,何况共产党身后还有莫斯科,这些力量在他与蒋介石抗衡之时,都是重要砝码。汪精卫于是拿定了主意:与共产党再一起走一段时间。

汪精卫的态度使陈独秀吃了定心丸。然后陈独秀偕周恩来会见汪精卫。为了使汪精卫相信共产党继续合作的诚意,同时为了廓清弥漫在上海的种种谣言,陈独秀亲自起草《汪陈宣言》(即《国共两党领袖联合宣言——告两党同志书》),宣言起草好以后,陈独秀交给周恩来,由他拿去给汪精卫看。汪精卫欣然在宣言上签了名,并且故意将自己的名字签在后面,在前面留下许多空白,意思是让陈独秀的名字签在前面。陈独秀接到由周恩来转回的稿子后,为了表达谦逊之意,仍将自己的名字签在汪精卫的名字后面。

---

① 《李宗仁回忆录》,广西人民出版社,1988年版,第322-323页。

汪、陈二人会商结果，决定发表《汪陈宣言》，在上海各报公布。

4月5日，《申报》以《国共两党领袖联合宣言》之名，将陈独秀起草的宣言全文登出：

> 国民党、共产党同志们！此时我们的国民革命，虽然得到了胜利，我们的敌人，不但仍然大部分存在，并且还正在那里伺察我们的弱点，想乘机进攻，推翻我们的胜利，所以我们的团结，是时更非常必要。中国共产党坚决的承认，中国国民党及国民党的三民主义，在中国革命中毫无疑义的需要，只有不愿意中国革命向前进展的人，才想打倒国民党，才想打倒三民主义。中国共产党无论如何错误，也不至于主张打倒自己的友党，主张推倒我们敌人（帝国主义与军阀）素所反对之三民主义的国民党，使敌人称快。无产阶级独裁制，本是各国共产党最大限度的政纲之一，在俄国虽然实现了，照殖民地半殖民地政治经济的环境，由资本主义向社会主义的过程，是否是一定死板的经过同样形式的同样阶段，还是一个问题，何况以中国国民革命发展之趋势，现在固然不发生这样问题，即将来也会不至发生。中国所需要的，是建立一个各被压迫阶级的民主独裁来对付反革命，不是什么无产阶级独裁。两党合作，本有各种不同的方式；重要之点，是在两党大多数党员群众双方以善意的态度，解决此问题，方不违背合作之根本精神。中国国民党多数同志，凡是了知中国共产党的革命理论，及其对于中国国民党真实态度的人，都不会怀疑孙总理的联共政策。现在国民革命发展到帝国主义的最后根据地上海，惊醒了国内外一切反革命者，造谣中伤离间，无所不用其极！甲则曰：共产党将组织工人政府，将冲入租界，贻害北伐军，将打倒国民党。乙则曰：国民党领袖将驱逐共产党，将压迫工会与工人纠察队。这类谣言，不审自何而起。国民党最高党部最近全体会议之决议，已昭示全世界，决无有驱逐友党摧残工会之事。上海军事当局，表示服从中央，即或有些意见与误会，亦未必终不可解释。在共产党方面，爱护地方安宁秩序，未必敢后于他人；对于国民政府不以武力收回上海租界政策，亦表赞同，总工会亦已发表不单独冲入租界之宣言；对于市政府，亦赞同各阶级合作政策；事实俱在，更无造谣之余地。国共两党同志们，我们强大的敌人，不但想以武力对待我们，并且想以流言离间我们，以达其"以赤制赤"之计。我们应该站在革命的观点上，立即抛弃相互间的怀疑，不听信任何谣言，相互尊敬，事事开诚协商进行，政见即不尽同，根本必须

一致。两党同志果能开诚合作，如弟兄般亲密，反间之言，自不获乘机而入也。披沥陈词，万希各自省察！勿至为亲者所悲，仇者所快，则中国革命幸甚！两党幸甚！①

上述宣言，综其要旨不过是说明共产党坚决承认国民党及三民主义在中国革命中毫无疑义的需要，无产阶级独裁制不致发生，中国需要建立被压迫阶级的独裁。中国国民党多数同志不怀疑孙中山的联共政策。最后劝告两党同志须鉴于敌人之武力压迫及流言离间，立即抛弃相互间的怀疑，事事开诚协商进行，政见即不尽同，根本必须一致。

中共中央开会时，仲甫报告汪陈宣言商谈发表经过，他说当时上海革命危机在酝酿中，宣言真正旨意在争取舆论向蒋示威，使蒋孤立，同时奠定武汉国民党左派政府基础始克完成国民革命。在中央会议上鲍罗廷说："宣言非常正确必要，且极有力量，符合国际指示，宣言所谈上海事虽未明白指蒋介石，但项庄舞剑，意在沛公，明眼人一见便晓。"宣言对武汉政府一字未提，实则给予武汉政府很大支持。事后证明宣言使国民党左派政府延长了约百天的政治生命。

陈独秀见到报纸上登的《宣言》后，高兴地对正在身边的郑超麟说："大报上好久没有登载我的文字了！"

不过，也有人对《宣言》的发表十分恼火。正在策划"清党"反共的吴稚晖，一早起来，看到报纸上赫然印着《国共两党领袖联合宣言》几个字后，便不由大吃一惊。当他看完《宣言》的内容后，立即火冒三丈，破口大骂汪精卫"降共"，甘当"共产党的尾巴"。他找到汪精卫，指着《宣言》问道："中国从此即由两党共同统治了吗？"

汪精卫听后大笑，说："这篇宣言说两党不可发生误会，并无两党共同统治中国的话。"

吴稚晖狠狠地说："总理的联俄政策，是希望苏俄援助中国革命事业，并非请他来共治中国。至于容共问题，乃容纳共产党个人加入本党，服从三民主义，即成为国民党员；对其他未加入本党的共产党人，采取友好态度，也跟对苏俄一样，只希望他们协助本党革命而已，更非请其共同统治中国。他们固然可以宣传共产主义，但若与三民主义相抵触，或有危害国民党之处，即应予以相当的制裁。他们既要拥护共产党，我们也要拥护国民党。如果他们拥护共产党的言行，超过了友谊范围，要来共治中国，甚至想独治中国，那我们拥护国民党的力量更不能不大增。'联共'二字在国民党文献中并无所闻，去年5月在

---

① 《申报》，1927年4月5日。

广州虽有国共联席会议，但其意旨仅在疏解双方友谊的误会，决谈不上'联共'之说。"

但汪精卫却认为即使需要变更与共产党的关系，也应该召开全体中央执行委员会会议来决定。吴稚晖见自己滔滔不绝的"宏论"，还说服不了汪精卫，于是便挖苦说："陈独秀是共产党的党魁，是他们的'家长'，他在共产党内的领袖身份是无可怀疑的。但我们国民党内是否有一个党魁或'家长'呢？现在有人以国民党党魁自居，恐怕也不见得罢？！"

汪精卫见与蒋介石等人谈不拢，便于4月6日悄然离开上海，前往武汉。

陈独秀根据共产国际对国民党及帝国主义的政策作出了《汪陈宣言》，共产国际盛赞之，认为"现在的中国共产党是按照正确的方针办事""由于它的有才能的领导，无产阶级开始逐渐取得革命的领导权"。

在国民党方面，蒋、汪、吴等国民党要员又在上海开谈话会，吴稚晖说，《汪陈宣言》会让外间认为从此中国归两党共同治理。汪精卫却自信地大笑说，宣言里只说明了两党误会不可发生，没有说两党共同治理中国，那只是两党首领外交上的友谊之谈，与两党的政策无关。吴稚晖表示，治理中国只要国民党，没有联合共产党共同治理国家的可能。

在中共方面，上海区委于宣言发表的第二天召开会议，罗亦农作报告认为，宣言已经达到了打击国民党右派、增进与左派相互信任的巨大作用，要求国共两党所有党部都发表宣言表示拥护，尤其在群众中"要特别宣传我们的领袖独秀同志"。

此后，中共江浙区委、中共上海市执委、中共江苏省委、沪西各工会联合会、浦东工会联合会等机关团体陆续发表宣言，表示大力拥护《汪陈宣言》，拥护两党目前的革命主张。①

此时以陈独秀为首的中共中央诚心诚意愿意与以汪精卫为首的国民党左派合作，促进革命形势的发展。

在各方势力对《汪陈宣言》的一篇赞扬声中，陈独秀以为国共关系从此开始好转，随即于宣言发表的第二天与汪精卫一起乘船离开上海前往武汉。

然而，这个宣言在客观上解除了党和革命群众的思想武装，给许多人造成了局势已经缓和的错觉，从而放松了必要的革命警惕。

蒋介石与汪精卫等密谈"分共"之前，早就与帝国主义列强、江浙财阀和上海青洪帮流氓头子等进行了诸多密谋，列强怂恿他"迅速而果断地行动起

---

① 张宝明、刘云飞著，《飞扬与落寞》，东方出版社，2007年版。

来"，江浙财阀向他承诺了巨额资助，上海流氓头子向他承诺解除上海工人纠察队武装。

无论共产国际、苏共中央、中共中央如何延缓与蒋介石决裂，势力增强的蒋介石一直在积极地进行"分共"，用军事行动完全粉碎了苏共维持统一战线的退让政策。

无独有偶。就在《国共两党领袖联合宣言》发表的当天，1927年4月5日，斯大林在联共（布）莫斯科机关积极分子会议上所做的关于中国大革命形势的讲话，表达了对蒋介石这样的看法：

蒋介石明天会做什么，走向何方，我们拭目以待，但至少现在，他领导着军队，命令军队反对帝国主义，这是事实。在这方面他比所有的策连捷里、丹以及克伦斯基们都高。当然，蒋介石没有读过马克思著作，而策连捷里、丹以及克伦斯基（策连捷里，俄国1917年2月革命后领导孟什维克护国派，曾任临时政府内务部长。丹，孟什维克领导人之一，1917年任彼得格勒苏维埃委员。克伦斯基，1917年任俄国临时政府首脑）也许读过马克思著作。蒋介石没有自称社会主义者，但情况恰恰是，他高于这些社会主义者，高于这些克伦斯基、策连捷里和丹之流。为什么？因为，由于事物的逻辑所致，他领导着反帝的战争，迫于形势他在打仗。……我认为，像右派这样一些人，应该利用到底。从他们身上能榨多少就榨多少，然后才将他们像榨干了的柠檬一样扔掉。①

斯大林这段话道出了联共（布）中央领导人不主张反蒋的两个原因：一是蒋介石正领导着反帝的军队，而中国的反帝斗争与苏联的利益息息相关；二是莫斯科方面有能力控制蒋介石，可以在利用完之后再从容地将其抛弃。

然而，斯大林没有预见到，以蒋介石为首国民党右派在利用苏联的帮助增强自己的实力之后，会从容地抛弃孙中山的三大政策，蒋介石羽翼既丰，便会拉着

国民党反动派捕杀共产党人和人民群众

---

① 斯大林，《在联共（布）莫斯科机关积极分子会议上关于中国大革命形势的讲话》，1927年4月5日，载《党的文献》，2001年第6期。

军队走向彻底背叛革命的道路。

4月9日，蒋介石任命白崇禧为上海戒严司令，全权指挥反革命政变。他自己则于当天离开上海，进驻南京，为事变后建立南京政府作积极准备。

4月11日下午，在蒋介石指挥下，上海开始戒严。4时，周凤岐第二十六军第二师开始在上海的大街小巷分散把守，市内空气骤然紧张起来。工人纠察队总指挥处预感到事情不妙，当即致函二十六军司令部，请求万一发生不幸事件，望予以援助，但未得答复。总指挥处遂通知分驻吴淞、浦东、南市等地的工人纠察队，加紧戒严，以防不测。这天晚上，杜月笙以宴请为名将上海总工会委员长汪寿华骗至法租界，并将其杀害。

4月12日凌晨4时，隐藏在法租界内的青帮流氓，臂缠"工"字符号的袖标，携带枪械，乘多辆汽车迅速出动，分别向工人纠察队所在地闸北、南市、沪西、浦东、吴淞等处发动袭击。工人纠察队英勇抵抗，双方发生激战。事先早已埋伏在工人纠察队周围的周凤岐、刘峙的反动军队，以调解工人"内讧"为名，收缴了工人纠察队的枪械。上海2700名武装工人就这样被缴了械！工人纠察队员因抵抗而牺牲者120人，受伤者180人。

当天上午，由流氓、党棍等组成的"上海工界联合会"改名为"上海工会组织统一委员会"，盘踞了总工会会所，配合蒋介石的反动军队破坏总工会所属的各工会，拘捕共产党员和工人领袖，制造了骇人听闻的"四·一二"反革命政变。

在共产党人和国民党左派推动下，武汉国民党中央和国民政府一度进行了坚决的反蒋斗争。

4月13日，武汉国民党中央政治委员会会议指出蒋介石已经成为革命的"叛徒"，决定用国民政府或中央党部的名义，电令各军查办反革命政变的主导者及实施者。

当天，武汉国民党中央执行委员会致电蒋介石、白崇禧，明令"即将此次胆敢违犯党纪之部队之长官，即刻停职拘捕，听候国民政府查明事实，依法惩办。总司令及总指挥未能事前防范，亦应依法严重处分，并应饬令将已缴枪械，退回纠察队。"①

同一天，上海总工会反抗蒋介石"四·一二"反革命政变发布总同盟罢工令。当天上午，闸北工人群众在青云路广场集会，抗议帝国主义和上海军事当局的反动行径，要求发放被收缴的武器，惩办破坏工会的军官，抚恤死难工人

---

① 汉口《民国日报》，1927年4月14日。

的家属。

会后，群众前往第二十六军第二师司令部请愿，当游行队伍行至宝山路时，早已埋伏在此地的第二十六军第二师士兵，向群众开枪射击，历时15分钟之久，死者血流街道，伤者纷纷倒地，呼喊啼哭之声惨不忍闻，当场被枪杀的在百人以上，伤者更不计其数。反动军队制造血案之后，为了掩盖罪行，立即实行清街，用大车将死者拖至荒郊埋藏，每车堆装十余人，受重伤而未能撤走者，也被横拖倒拽扔入车内一并埋掉。①

"四·一二"反革命政变之后，白色恐怖如同肆虐的洪水迅速在东南各省泛滥，反革命屠杀的腥风血雨席卷中国东南各省。广东、广西、浙江、江西、江苏、安徽、四川、福建等蒋介石势力统治地区都进行了严密的搜捕和残酷的大屠杀，无数共产党员和革命群众牺牲在蒋介石的屠刀之下。

奉系军阀张作霖也与蒋介石相呼应，在北京袭击了苏联大使馆，大肆逮捕和杀害了大批共产党员和革命人士，其中包括中国共产党的创始人之一李大钊。1927年4月28日，军阀张作霖不顾革命人民的抗议和社会舆论的谴责，悍然对他施以灭绝人性的绞刑。临刑前，他昂首走上敌人的绞刑台，从容就义，极为悲壮。牺牲时年仅39岁。

在南北反革命势力的夹击下，中国共产党牺牲了一大批优秀党员和精英分子，损失之惨重是建党以来前所未有的，党的领导人也失去了在上海的立足之地，不得不将中央机关迁到武汉。

无数共产党人，包括陈独秀在内，都在思考同样一个问题：轰轰烈烈的大革命惨遭严重挫折，原因何在？归咎于谁？

蒋介石的公开反共让陈独秀与汪精卫联合的决心更坚定了。

事变发生前，共产国际代表罗易在中共中央极力反对下，准备应蒋介石之邀，与鲍罗廷一起去上海会见蒋介石，还没出发，事变就发生了，第二天，罗易以"第三国际代表团"名义致电蒋介石，劝告他放弃在南京召开会议的计划，让他到武汉来解决党内问题，否则，将承担破坏民族阵线的责任，如果他听从劝告才来南京访问他。但是蒋介石置若罔闻。

就在政变的第二天，武汉国民党中央政治委员会会议指出蒋介石成了革命的叛徒。第3天，武汉国民党中央监察委员会决定开除蒋介石、戴季陶等人党籍，4月17日下令，指出蒋介石屠杀民众，摧残党部，经中央执行委员会决定，开

---

① 《四一二大屠杀纪实》，载《党史资料》，1953年第7期。

除党籍，免去兼本各职。①

在武汉的陈独秀，号召全党在全国发起讨蒋运动。4月16日，湖北省工会发表《讨蒋通电》，指出蒋介石叛党已成反革命，全国革命民众人人得而诛之，请求国民党中央开除他的党籍，撤职惩办。湖北省农协也发表《讨蒋通电》，表示要率领150万有组织的农民与其决一死战。②

此外全国学生总会、汉口商民协会、武汉码头总工会、武汉纺织工会、武汉新闻记者联合会也纷纷发表《讨蒋通电》。

4月22日，汪精卫、宋庆龄、毛泽东、谭平山等41人联名在汉口《民国日报》上发表《中央委员联名讨蒋》一文，表示"惟有按照中央命令，去此总理叛徒，本党之败类，民众之蟊贼，为国民革命涤此厚辱"。武汉民众30万人举行了气势磅礴的讨蒋大会。

但是武汉国民党的行动并没有影响蒋介石的既定计划和倒行逆施，因为他已经死心塌地做好了一切准备抛开武汉国民党、另立国民党中央和政府。4月18日，蒋介石不顾全国声讨，在南京召开了久经筹划的会议，成立了南京国民政府，公开与武汉国民政府对立。南京国民政府发布的第一号通缉令，就是通缉陈独秀等共产党和国民党左派193人。就在当天，武汉国民政府针锋相对，列出了蒋介石"违背总理遗训、反抗中央、召集非法会议"等十二大罪状，以示否定和声讨。

蒋介石的12条罪状是：

（1）违背总理遗训；（2）破坏黄埔军校分散革命势力；（3）破坏党军危害中央职权；（4）把持党部引用宵小；（5）擅发命令滥委军长；（6）违背中央决议反对提高党权；（7）勾结帝国主义与军阀妥协；（8）摧残农工屠杀民众；（9）破坏军队中政治工作；（10）反对中央，召集非法会议；（11）干涉地方行政，蹂躏民权；（12）钳制舆论。

武汉国民政府于南京国民政府成立的次日，第二次北伐誓师大会举行了。

"四·一二"政变后，中共内部激烈讨论了国共两党是东征蒋介石还是北伐，共产国际代表罗易反对北伐，国民政府政治顾问鲍罗廷和军事顾问加伦都主张北伐。双方争吵激烈。以陈独秀为首的党中央先认为一定要北伐，被武汉国民政府否决后，转而支持国民党东征的决定，后又因武汉国民政府转变观念而支持北伐。他们因非常重视与汪精卫国民政府的合作而延误了及时东征蒋介石的

---

① 张宝明、刘云飞著，《飞扬与落寞》，东方出版社，2007年版。
② 张宝明、刘云飞著，《飞扬与落寞》，东方出版社，2007年版。

良机。本来蒋介石此时立足未稳，若东征打蒋介石胜数较大，可惜丧失良机。

共产国际代表鲍罗廷后来对这次北伐决定后悔莫及。他后悔主张武汉方面的军队舍近求远先打张作霖，谋求北方的胜利，而没有先攻打蒋介石，留下了大患。

在工人运动方面，上海三次工人武装起义期间，蒋介石等指责共产党指使工人冲进租界，引起国际交涉，牵制了北伐军，是在破坏国民革命。共产国际也怕公开与帝国主义对抗会导致他们勾结起来扼杀革命。在农民运动方面，共产国际倡导土地革命，农协扣留了政府的粮米，一些农民押着唐生智母亲游街，汪精卫非常愤怒地责问陈独秀，陈独秀无话可说。

4月23日，在武汉中央军事政治学校倡议下，军校全体学生和武汉40多个团体的革命群众共30万人，在武昌阅马场召开了声势浩大的讨蒋大会。大会主席蒋先云以其亲身经历，揭露了蒋介石的反革命丑恶嘴脸。同日，军校政治部的革命生活日刊社出版了《讨蒋特刊》。黄埔军校内部还开展了清除反动分子的工作，通令开除28名拥蒋学生的学籍。

5月6日，武汉中央军事政治学校学生和黄埔各期毕业学生联合召开讨蒋大会，成立了中国国民党中央军事政治学校各期学生讨蒋运动委员会，随后派人赴湖南、江西组织分会。

同一天，武汉国民党中央第二届第十次扩大全会决议开除胡汉民、吴稚晖、古应芬、蔡元培、甘乃光、李济深、陈果夫7人党籍，并决定重组政治委员会广东分会和北京分会。

在湖南、江西、陕西、安徽的一些地方，也发生了规模不等的反蒋示威活动。

4月25日，陈独秀在鲍罗廷住宅参加会议，讨论并通过了取缔一切"过火"的工农运动的决议，鲍罗廷主张纠正工农运动过火的影响，停止一切直接反帝的群众行动，并要求群众运动全要听国民党中央的指挥。会后共产党按此决议执行。

新的退让仍然使陈独秀与汪精卫合作不愉快，他与张国焘、谭平山等中共代表数次参加以汪精卫为主席的国共两党联席会议，这些扯皮会议使陈独秀非常失望。他觉得国共合作越来越陷入危机。国民党争的实质上是全部领导权。现在摆在中共面前的只有两条路，要么放弃领导权，要么与国民党决裂。

蒋介石的反共大屠杀令联共（布）领导人十分震惊，而掌握着莫斯科对华决策权的斯大林，在震惊之余更是感到威风扫地。他想到几天前自己还在大谈利用蒋介石的问题，对蒋大加赞扬。他真有一种无地自容的感觉。因为，不是他利用了蒋介石，而是蒋介石利用了他，利用了他所提供的武器，屠杀了中国共产党人。

面临难堪的斯大林,首先想到的是如何为自己辩护,推诿责任。因为,此时在共产国际的联共(布)中央内,以托洛茨基为首的一批人,早就对斯大林的对华政策提出质疑,此时正准备利用蒋介石的反革命政变加大对斯大林派的攻击力度。斯大林必须为自己找到一条出路,才能避免遭到对手猛烈的打击。

斯大林毕竟是政治斗争经验极为丰富的人物,他并没有费多少精力,就找到了为自己辩护的理由。这就是:认定共产国际和联共(布)中央对中国所采取的路线是唯一正确的路线。中国出现这样严重的问题,责任不在莫斯科方面,他要想方设法推诿责任,嫁祸于人。

遵循着这条思路,斯大林宣称:莫斯科的路线是独一无二的正确路线,因为"这条路线使革命进一步展开,使左派与共产党人在国民党内和国民政府内亲密合作,使国民党的统一巩固起来,同时揭露右派并孤立国民党右派,使之服从国民党的纪律;如果右派服从国民党的纪律,就利用他们,利用他们的联系和他们的经验;如果右派破坏这种纪律并背叛革命利益,就把他们逐出国民党"。

那么,是斯大林将蒋介石逐出了国民党,还是蒋介石以屠杀的方式要将共产党逐出国民党?斯大林没有回答这个问题,当然他也不好回答这个问题。

更可悲的是,斯大林在为自己辩护的同时,又提出了另一个错误的理论。他认为,中国革命的第一时期是北伐时期,是工人、农民、小资产阶级和民族资产阶级的全民族联合战线的革命;蒋介石叛变革命后,民族资产阶级脱离了中国,中国革命进入第二时期,即从全民族联合战线的革命转变为工农群众的革命,即土地革命。这个革命将加强和扩大反帝国主义、反土豪劣绅和封建地主、反军阀和蒋介石反革命集团的斗争。在这个斗争过程中,武汉国民政府逐渐变成无产阶级和农民的革命民主专政机关。①

斯大林此时已经将希望寄托在汪精卫为首的武汉国民政府身上。

对于斯大林的观点,联共(布)内以托洛茨基为首的反对派,持有不同看法。5月7日,托洛茨基发表《中国革命与斯大林大纲》一文,对斯大林在指导中国革命过程中的独断专行提出了尖锐批评,并且猛烈地抨击了"党内合作"政策。他认为,国共党内合作的政策,就是将无产阶级政党与大资产阶级放在一个为大资产阶级占领导地位的圈栏内的政策。由于执行了这种政策,中共实际上是服从了将军队和政权都握在自己手中的大资产阶级所领导的国民党,在

---

① 斯大林《中国革命问题》,载《斯大林全集》,9卷,人民出版社,1954年版,第199-203页。

政治上完全服从了蒋介石的纪律。所谓"利用右派"的政策，其结果就是大资产阶级同中等资产阶级与帝国主义联合，消灭和残杀工农。

托洛茨基指出：按照斯大林的观点，无产阶级与资产阶级的分离，只是在资产阶级自己把无产阶级抛却，解除无产阶级的武装，对无产阶级拳打脚踢的时候才可以的，而且要等到右派用机关枪向我们说话以后，我们才能与他们斗争。这种错误的政策如果不揭露出来，四月事变一幕，将要在中国革命的新阶段中重演一次。而中国共产党的惟一出路，就在于组织苏维埃，实现土地革命。①

共产国际执行委员会主席季诺维耶夫也不同意斯大林的观点。在向联共（布）中央政治局提交的《关于中国革命的提纲》中，季诺维耶夫指出，国民党就其实质来说，充其量不过是一个小资产阶级政党，绝不是什么4个阶级的联盟。由于蒋介石一伙拥有差不多无限的权力，所以，国民党及其政府首脑是将军们手中的一个工具，它最后必将走上反对工农运动和共产党人的基马尔（基马尔，土耳其资产阶级革命家）道路。就这一点而言，无论是蒋介石起作用，还是汪精卫起作用，其结果都是一样的。

季诺维耶夫认为，在蒋介石叛变后，共产党人不宜再留在国民党内，他的理由是："如果共产党不惜一切代价留在国民党内，那么这不仅会导致毫无批评的颂扬国民党、掩饰国民党中的阶级斗争、隐瞒枪杀工农和使工人的物质状况恶化这些无法无天的事实，而且还会导致共产国际内各政党，包括中国共产党，迷失方向。"

与斯大林一心依靠汪精卫的想法正好相反，季诺维耶夫告诫中国共产党人，不要对国民党的"左翼"领袖，首先是汪精卫抱任何幻想，在决定命运性的时刻，他们也不会比英国总委员会的"左翼"好多少。所以，共产党人必须尽可能把国民党左派人士引上革命的道路，而不是变成左派的尾巴。②

然而，对托洛茨基派的偏见令斯大林拒绝接受他们提出的一切正确的建议，从而导致其在对华政策上一意孤行。斯大林将托洛茨基和季诺维耶夫的警告当成了耳旁风，对汪精卫为首的武汉国民党寄予了厚望。

在1927年5月18日至30日召开的共产国际执委会第八次全会上，斯大林在《中国革命与共产国际的任务》的演说中指出：武汉是中国革命运动的中心，武汉政府有一切机会发展成为无产阶级和农民的革命民主专政的机关，因此，共产党必须支持武汉国民党，必须参加武汉国民党及其革命政府。他指责说，

---

① 托洛茨基，《中国革命问题》，1集，第26-40页。
② 参见《国际共运史研究》，2辑，第211-224页。

托洛茨基不懂得，拒绝支持武汉政府，就要提出两重政权的口号，现在用立即成立苏维埃的办法来推翻武汉政府，就是给蒋介石和张作霖以直接的和明显的援助。

斯大林他还对汪精卫为首的武汉政府加以美化，宣称"中国左派国民党对现在中国资产阶级民主革命所起的作用，近乎苏维埃在1905年对俄国资产阶级民主革命所起的那种作用"，左派国民党"适合于中国条件的特点，并已证明自己适合于中国资产阶级民主革命的进一步发展"[①]。

经过这几年与莫斯科的交往，陈独秀已经深深懂得，尽管他领导的党从表面上看是一个独立的组织，但它的任何一个重要决策都必须得到莫斯科及其驻华代表的准许。现在革命面临着更加复杂的局面，究竟是东征消灭蒋介石，还是继续北伐？没有"上司"的指示，是不能拍板定案的。

当时莫斯科驻华代表中，鲍罗廷、罗易他们掌握着中国共产党和国民党的行动决定权。

鲍罗廷是反对东征讨蒋的。在4月13日至15日召开的中共中央政治局会议上，鲍罗廷就明确提出：东征讨蒋是下策，而北伐才是上策。他的理由是：（1）帝国主义在东南的势力太强大，谁到东南，不是失败便是投降，远如太平天国，近如"四·一二"政变。所以东南各省不适宜建立革命根据地。（2）帝国主义在西北的统治薄弱，且靠近苏联，宜建立革命根据地。（3）东南是中国资本主义势力的中心，蒋介石叛变后，他们对武汉地区实行经济封锁，如不迅速北伐，去经营西北，武汉地区的经济将自行崩溃，故不能坐以待毙。（4）帝国主义干涉的危险正在增加，停泊在长江水面上的30多艘军舰已卸下炮衣，天天有陆战队士兵上岸的传闻，若不迅速北伐，是没有出路的。（5）唐生智已经靠不住了，非迅速北伐与冯玉祥会师，不足以牵制唐生智。（6）北伐可以壮大武汉政府的声色，给彷徨动摇的小资产阶级以希望和出路。与其在进攻上海的冒险中被帝国主义、军阀主义和资本主义联合势力将革命像太平天国起义那样被粉碎，不如进行北伐，在西北建立根据地更稳妥。总之，鲍罗廷感到帝国主义在东南的力量太强大了，只能避开其锋芒，把革命根据地转移到帝国主义势力薄弱的西北去。鲍罗廷的这个主张被罗易冠以"西北学说"[②]。

而罗易则认为，当时的形势下进行北伐，是新的军事冒险，是在寻求廉价的"荣耀"，是武汉政府转移群众视线，摆脱群众影响的"阴谋"。他提出反对

[①] 《斯大林全集》，9卷，人民出版社，1954年版。
[②] 蔡和森，《党的机会主义》，载《中共党史报告选编》，中央党校出版社，1981年版，第99-100页。

立即北伐的理由是：（1）现在北伐对革命明显有害，因为它的动机是逃避革命的责任。一旦进行北伐，武汉政府便会以军队在前线打仗为借口，为了后方的安宁，而压制人民群众的正当要求。（2）果真北伐，我们须认真对待，把我们所有的军队集中于京汉路，这会使武汉处于毫无防卫的地位，从而给蒋介石或北洋军阀从南京方面进攻武汉以可乘之机。（3）北伐的计划是以冯玉祥或阎锡山将和武汉联合的假想为基础的，但他们的可靠程度并不很大，我们无法保证他们到北京后不会变成另一个唐生智或蒋介石，产生另一次分裂，那时我们将走投无路。（4）我们与其得到随时可能掉转枪口反对我们、反对革命的几千士兵，不如加深革命，获得巩固的群众基础。北伐要离开武汉地区，到陌生地区去。在两湖地区我们有强大的共产党和工农组织；在陌生地区，除了冯玉祥和阎锡山的部队外，没有我们的组织力量，也不可能保证这些部队会永远和我们友好。（5）在事实上，共产党人掌握着决定武汉政府是否北伐的"关键"。只要我们使武汉政府清楚地明白，共产党人不赞成这种军事冒险，这一计划可能会被抛弃；因为没有共产党人领导下的群众支持，北伐是不可能有任何成功的希望的。①

罗易的意见得到了陈独秀等人的支持，这使鲍罗廷大为不满。在4月14日召开中共中央与国际代表联席会议上，鲍罗廷发表声明说：如果作出反对北伐的决定，他就马上辞去在国民党中担任的职务，因为他不能执行这个决定，更不能从事他以后要反对的工作。而如果不作出反对北伐的决定，他将为进行北伐而在国民党内继续进行工作。

罗易当场反驳说："鲍罗廷的声明等于提出最后通牒，这是采取'炮舰政策'。如同举着手枪对准我们的脑袋来强迫我们接受他的主张。我认为，鲍罗廷没有任何理由提出最后通牒。"

鲍罗廷的威吓没有起到作用。4月16日，中共中央决定退出北伐，巩固根据地。决议指出："在目前情况下，立即北伐去占领京津等地，不仅不符合革命的需要，而且有害于革命。采取北上扩大领域的军事行动之前，必须将早已在国民党统治下或革命已经部分完成的那些地区的革命基地加以巩固。然而最需要的是保卫国民政府的所在地，否则，巩固革命基地的事业就不能胜利进行。"决议还建议"国民党和国民政府在做出向北进军的决定之前，对中国共产党的意见应予考虑"②。

正是从这一天起，国共两党领导人在汉口南阳大楼连续举行联席会议。国

---

① 罗易，《我在中国的经历》，英文版，加尔各答复兴出版社，1945年版，第39-42页。
② 《罗易赴华使命》，中国人民大学出版社，1981年版，第176-177页。

民党方面出席的是：汪精卫、谭延闿、孙科、徐谦、顾孟余；共产党方面出席的是：陈独秀、张国焘、瞿秋白，鲍罗廷也参加了会议。会议先是决定东征，可是到了晚上，又改为支持北伐。

就这样，中共中央、陈独秀和罗易的东征主张最终被否定掉。鲍罗廷胜利了。武汉方面的军队挥师北上，去寻求远方的胜利，却放掉了身边的敌人。

在采纳了讨伐张作霖的方案而不是首先讨伐南京的方案后，武汉的形势不仅没有好转，反而更糟。由于受到南京和上海方面的封锁，武汉的经济面临危机，失业人数急剧增加，光是在汉口就超过了10万人。小资产阶级几乎全部放弃了经营，而大资产阶级早已携带白银逃离武汉三镇。国民政府的财政状况极其危殆，一个月内通过各种途径才能勉强收集到100万元，可是一个月的支出却超过1500万元。武汉方面最终为这一决策付出了沉重的代价。

直到在大革命失败后，鲍罗廷在反思这一段历史时，才认为自己的北伐主张是一个"大错"。错在哪里呢？他说："它错就错在我们追赶着两只兔子。如果我们暂时放下张作霖，派遣我们的力量去攻打南京，那么想必我们会打败南京，从而解决一系列的重大疏漏。甚至在我们与国民党左派之间出现的裂痕，由于群众运动的高涨，由于湖南的农民起义和由于武汉三镇空前尖锐的阶级斗争，也丝毫不会和不可能使我们感到恐惧。因为战胜了蒋介石，战胜了3月分子，我们就可以牵着国民党左派的鼻子走，可以无所顾忌。那时谁还敢反对我们呢？国民党左派就不得不对自己说：'我们现在是在同这样一种力量打交道，它曾在广东消灭了资产阶级和豪绅的军事力量，而不惜炮轰城市中心和烧毁广州最富有的城区。我们是在同这样一种力量打交道，它曾消灭了大小陈炯明分子，并打败了吴佩孚和孙传芳。我们是在同这样一种力量打交道，它始终成功地给了反革命以致命的打击。我们是在同这样一种力量打交道，它们不惧怕英帝国主义并一致在反对它，在连续16个月的时间里使它受到了一次又一次的打击。而当这种力量到达长江流域时，它在帝国主义炮舰的眼皮底下夺回了租界地。我们是在同这样一种力量打交道，它消灭了曾企图动用跟随其一起走的力量来反对党和革命的蒋介石。'而小资产阶级就会跟着我们走。""然而，我们并没有消灭蒋介石，我们容忍了自己，同时也容忍了同我们争夺小资产阶级的影响的另一种力量。而这种力量本来是应该予以消灭的。但是我们却对自己说，此事并不特别困难。应该先去北方消灭张作霖，尔后再去东方消灭反革命巢穴——南京。我们的致命错误就在这里。"

鲍罗廷不无后悔地说："我本应把一切力量都动员起来，实行第一个方案。我本应尽一切努力抵制第二个方案。我不该听信我们能够同时消灭河南的张作霖和蒋介石这种美好前景。我本应向莫斯科说明,各方面情况都要求我们经南京而不是经河南北上。我本应使莫斯科相信,第一个方案是最佳方案,必须实行这个方案。"

但是鲍罗廷未能这样做。即使鲍罗廷这样做了,也未必能够得到斯大林的同意。因为斯大林认为,只有北上迎击奉军才是武汉的唯一正确的选择。斯大林的理由是:第一,因为奉军向武汉进攻,要肃清武汉,所以进攻奉军是刻不容缓的防御措施。第二,因为武汉派想和冯玉祥军队会师并向前推进以扩大革命根据地。如果武汉军队进攻上海,就会便利奉军南下,无限期推迟与冯玉祥的会师,而在东部又会一无所得,反而面临着帝国主义的威胁。为避免与帝国主义直接冲突,最好的办法就是首先和冯军会师,在军事方面充分地巩固起来,以全力开展土地革命,加紧瓦解蒋介石的后方和前线,然后再向上海进军。[①]

在鲍罗廷的指示下,给羽翼已丰的蒋介石可乘之机,导致了大革命受挫的严重后果。

急剧变化的形势,党内不同意见的争论,大革命严重受挫,让身为中共领袖的陈独秀深感忧虑,决心尽快召开中共第五次全国代表大会。

---

① 《和莫斯科中山大学学生的谈话》,载《斯大林全集》,9卷,人民出版社,1954年版。

第十章 建党初期的艰难

029. 中共"五大"上瞿秋白的小册子

为了应对急剧变化的形势，总结过去的经验教训，研究和决定挽救革命危机的方针政策，4月27日至5月9日，中国共产党在武昌高等师范第一附属小学礼堂，召开了第五次全国代表大会。被蒋介石通缉的共产党"首要分子"，几乎全部聚集于此。陈独秀、蔡和森、瞿秋白、张国焘、谭平山、毛泽东、恽代英、董必武等正式代表80人，代表全国57900多名党员参加了大会。出席开幕式的还有由谭延闿、徐谦、孙科组成的武汉国民党中央执行委员会代表团，共产国际代表、苏、英、美、法等国共产党代表以及各群众组织代表。代表们没有出席证，进门时统一用口令，第一天上午用"冲锋"二字。为了防止意外，开幕式后，大会转移到汉口市郊的黄陂会馆举行。

中共第四届中央委员会总书记陈独秀主持了会议。坐在陈独秀身边的是刚刚到达武汉才25天的共产国际代表、印度人罗易和苏俄政府派驻中国的军事顾问鲍罗廷、维经斯基、米夫等人。主席台上挂着马、恩、列、斯头像和国共两党党旗。大会开始时，代表们全体起立唱《国际歌》。

4月29日，陈独秀代表第四届中央委员会作

中共"五大"旧址

《政治与组织的报告》。他首先从1926年3月发生的"中山舰事件"谈起,认为当时共产党和国民党左派的力量,的确不能够镇压蒋介石,况且蒋介石还没有公开暴露出自己的反革命面目,社会舆论也不会同意对其进行镇压,因此中央的策略是正确的;其次,对于蒋介石叛变,他认为是资产阶级的叛变,现在只剩下工农群众和小资产阶级的联合战线。他把汪精卫堪称是小资产阶级的代表,认为中国的小资产阶级革命性比俄国要强得多,也很重要,因而应重视汪精卫等人的作用;再次,对于土地问题,他为当时党的土地政策定了调子,即现在必须没收大地主和中等地主的土地,对小地主的土地则不能没收,因为小地主属于小资产阶级,必须向他们作某些让步;又次,他谈到了军事问题,认为通过让工农参加军队的办法,就可以改造旧的军队;最后,他不惜笔墨大谈特谈他十分赞赏的鲍罗廷的"西北学说",认为共产党现在没有力量推翻南京的蒋介石政权,因为国民政府任何军队到了上海以后,都会受到帝国主义的影响而右倾,因此革命应在东南以外的地方进行,尤其是向西北地区发展。

这个由共产国际代表罗易规定大纲、陈独秀命题作文的长篇政治报告,并未引起与会代表的共鸣,更没有得到一致同意,反而被视为陈独秀以及由他领导的中央从四大以来所犯的一系列错误的辩解之词,因而在大会现场遭到了各地代表前所未有的抵制和反驳。

指导中共中央这次大会的,仍然是鲍罗廷、罗易,此外还有已经不受斯大林重视的维经斯基。鲍罗廷和罗易将他们在会前关于北伐的争论搬到了会上,当着中国共产党全体与会代表的面,继续进行唇枪舌剑。

国际代表的意见分歧使得中国共产党人甚为困惑,无所适从。这一状况从蔡和森在会上的一段发言中就可以看出来。蔡和森说:"我们听了老鲍和鲁易(即罗易,下同)的演说之后,发现两种完全不同的思想和政治路线。在老鲍的演说中,有些动听的办法是可贵的,但试拿以与国际决议案相比较则完全是与原则违背:如国际决议教我们实行土地革命,而老鲍则教我们只做到减租、减息便是顶好的土地革命!又如把一切罪过通归于农民运动过火,而现在代表土劣、地主、军阀的国民党中央一点不好的倾向也没有,反教我们去拥护他们咒骂民众运动,取消民众运动的法令;这样,还有什么原则?至于鲁易同志所说的一些原则都是很对的,很可宝贵的,只可惜没有说出办法,每次开会都像上课一般,只空空洞洞地教我们一些原则,这是不够的。代表土劣的国民党中央已经不是左派,我们应当推翻他,在原则上是对的;但我们对左派群众的工作还是一点没有准备。现在要一呼喊与国民党中央决裂,事实上不是政变也要发生政变的。至于鲁易忽然提出工农民主独裁制,也与国际决议不相合,是否国际有所改变应请说明，以我看来，老鲍是有办法而无原则，鲁易是有原则而无办法。"①

国际代表固然各有各的意见，但作为陈独秀来说，就不能再徘徊于鲍罗廷和罗易之间，一定要拿出自己的主张来。经过对鲍、罗两种意见的比较，陈独秀认为还是鲍罗廷的意见更实际一点。所以他在发言时说："根据我们的纲领，我们应当没收一切地主的土地，可目前需要与小资产阶级建立联盟。……目前就没收一切土地，毕竟是太激进了。……现在的问题是：我们目前是加深土地革命呢，还是等待北伐继续向前推进，等待农民运动扩大以后，再来加深农民革命呢？我们以为后一种做法要更可靠得多。"②

陈独秀的观点很明确，土地革命的深入发展会影响北伐战争的进展，现在不能进行土地革命。

赞成鲍罗廷意见的，不只是陈独秀一人。张太雷也认为："政策太左，以致封闭了小资产阶级参加我们这边的可能性。我们提出的国民革命纲领太左了，小资产阶级将不能接受，革命联盟将因此而瓦解。……在共产党面前有两条道路：或者支持农民的土地要求，或者为了同小资产阶级保持良好关系而延迟土地革命的发展。"张太雷的意见是，为了维护统一战线，当然应该先继续北伐。③

彭述之、罗亦农都赞成鲍罗廷的观点。

当与会代表为今后何去何从纷纷发表意见的时候，一向对陈独秀和彭述之的做法不满的瞿秋白，在会上突然做出一个重大举动，散发了一本名为《中国革命之争论问题》的小册子，这是他在当年2月撰写的。这本小册子表面是揭露和批判"彭述之主义"，实际上是针对陈独秀的错误而来的。他在其中列举了自1923年中共三大以来中央所犯的"17个错误事实"，对陈独秀的领导进行了有力的抨击。

瞿秋白充满激情地写了4万多字，他写道："我可不怕皇帝制度的斩首。我敢说：中国共产党内有派别，有机会主义。"并且说："将这些事实一一罗列起来，自己看一看，真正要出一身冷汗！"本来，瞿秋白是把小册子提交给了大会主席团，但在陈独秀那里扣住，不准散发给与会代表。瞿秋白迫不得已，只好将小册子提交给参加小组讨论的各位代表。

面对瞿秋白的尖锐指责和批评，陈独秀如坐针毡，不停地吸烟。中共四届常委、宣传部长彭述之早已躁动不安，嘴里叽里咕噜地重复着"见了鬼了"的

---

① 蔡和森，《党的机会主义史》，载《中共党史报告选编》，中央党校出版社，1982年版，第114页。
② 《中共党史资料》，3辑，中共中央党校出版社，1982年版，第43页。
③ 同上。

口头语。

瞿秋白的小册子在代表中赢得了广泛支持。代表们低头仔细阅读着小册子,脸上不时露出一阵阵会心的微笑。淋漓酣畅的文字,精辟深刻的分析,使得连日来与会代表们的郁闷的心情暂时舒缓了些许。坐在瞿秋白夫人杨之华身旁的恽代英一边翻着小册子,一边笑着对她说:"这个标题写得好,写得尖锐。"他是指扉页上的副标题"第三国际还是第零国际?——中国革命中之孟塞维克主义"。恽代英接着说:"目录上的5大问题也提得鲜明,问得实在好!"他指的是瞿秋白在书中所提的"中国革命么?谁革谁的命?谁能领导革命?如何去争取领导?领导的人怎样?"

此时,仍在上海坚持地下革命斗争的周恩来,在上海工人发动第三次武装起义失败后,正隐藏在上海。因此,他不能亲自来参加大会,但十分关注五大的召开。他特地委托上海区委的罗亦农带来了两点意见,一是中央要承认错误,二是彭述之不能进中央委员会。看了这两点意见,陈独秀甚至有点不相信,这些意见竟来自平时看上去那样宽容的周恩来。

在湖南领导了声势浩大的农民运动并卓有成效的毛泽东,也向大会提交了立即普遍解决农民土地问题的方案,这是毛泽东和在广东、江西等地领导农民运动的彭湃、方志敏在会前联合制定的。但陈独秀等人对此不屑一顾,没有将毛、彭、方等人的提案列入大会议程。

5月4日,武汉国民政府主席汪精卫出席了大会,并代表国民党中央致辞。随后,共产国际代表罗易作了《中国革命的前途和性质》的报告,主要是传达此前召开的共产国际第七次会议关于中国问题的决议案。但在报告中,罗易掺进了自1927年2月份到达中国后对中国革命的许多个人意见,其中有很多不符合中国的实际情况。

在土地问题上,陈独秀在罗易和鲍罗廷的激烈争论后表态,主张等待北伐完成以后再进行,即"先扩大,再深入"。在他看来,土地革命的深入发展会影响北伐战争的发展,现在不能再进行。

5月9日,中共五大通过《中国共产党接受共产国际第七次会议关于中国问题决议案之决议》《政治形势与党的任务决议案》《土地问题决议案》《职工运动决议案》《中国共产党第五次全国代表大会宣言》等一系列决议案;大会选举产生了第五届中央委员会,陈独秀、李维汉、瞿秋白、蔡和森、周恩来、张国焘、任弼时、陈延年、陈乔年等31人当选为中央委员,毛泽东、陈潭秋、郭亮等14人当选为候补中央委员。在这一届中央委员会的31人中,陈独秀一家就有3人,即陈独秀和他的两个儿子延年、乔年,这在中国共产党的历史上恐怕是绝无仅有的特例，可谓无与伦比。

第二天，大会闭幕。随后举行的五届一中全会上，陈独秀、蔡和森、李维汉、瞿秋白、张国焘、谭平山、李立三、周恩来、苏兆征9人当选为中央政治局委员，陈独秀、蔡和森、张国焘3人为政治局常委，陈独秀为中共中央总书记，张国焘为组织部部长、蔡和森为宣传部部长、李立三为职工委员会书记。

中共五大通过最主要的文件是关于土地问题的决议。决议指出：现在革命的趋势，是要推翻土豪乡绅的政权，没收大地主反革命派的土地，以贫农为中坚，建立农民的政权，实行改良农民的经济地位，一直到分配土地。① 决议还专门制定了国民革命中的农民政纲，提出：没收一切所谓公有的田地以及祠堂、学校、寺庙、外国教堂及农业公司的土地，交诸耕种的农民；无代价的没收地主租与农民的土地，经过土地委员会，将此等土地交诸耕种的农民；取消地主绅士所有的一切政权及权利，建立农民的乡村自治政府，对农村各被压迫阶级所组织的乡民会议负责，等等。②

中共五大刚闭幕，鲍罗廷就提出自己的反对意见，他说：在目前情况下，若实施土地革命，会吓跑资产阶级或国民党左派，导致统一战线完全破裂，而假若我们和他们决裂，便是中国革命的完全失败。③

鲍罗廷并不是从根本上反对土地革命，他只是不赞成立即实行土地革命，而主张首先向西北发展，打通与苏联联系的路线，将来经过地方自治、减租减息再解决土地问题。

由于鲍罗廷的反对，更由于形势的急剧变化，中共五大的决议实际上成了一纸空文。

中共五大结束后，陈独秀并没有丝毫轻松的感觉。相反，他从中共五大上鲍罗廷和罗易的争论，看出形势已发展到国际代表也无法把握的程度。既然如此，他陈独秀又能做些什么呢？从中共五大上与会代表对他的批评来看，大家对一味妥协退让政策是大为不满的。可是，所谓"退让"，并非他的原意。作为中国共产党的领袖，他希望对国民党右派进行有力的反击。问题是，中国共产党该做什么，不该做什么，他陈独秀不能做主，都由共产国际决定及由其驻华代表说了算，但人们无法知其真相。

就这样，陈独秀怀着一肚子委屈和难言之隐，继续应付着日益恶化的局面。在陈独秀看来，既然中共和武汉国民党都面临着同样的问题，那么双方应该鼎

---

① 《中共中央文件选集》，3册，中央党校出版社，1989年版，第70-71、69页。
② 《中共党史资料》，3辑，中共中央党校出版社，1982年版，第43页。
③ 《罗易赴华使命》，中国人民大学出版社，1981年版，第207、189页。

力合作才是。抱着这样的想法，他在中共五大结束后专程到武汉与汪精卫等武汉国民党领导人举行会谈。

经过热烈讨论，最后通过了《国共两党在小资产阶级问题上的关系的决议》（以下简称《决议》）。《决议》再次强调了国共合作的必要性和保持无产阶级独立性的必要性，但为了消除国共两党在小资产阶级问题上的分歧，《决议》提出共产党决定采取以下实际措施：

（1）劳工部要建立仲裁法庭，解决小企业主和他们的雇工之间的冲突。

（2）劳工部要制定包括工作日、最低工资、抚恤金、社会保险、劳动条件等法令，特别要注意规定商店店员的工作条件。

（3）店员的过高要求要加以限制。工人管理要有规定，防止干涉企业行政。由总工会、劳工部、店员工会、商会代表组成的特别委员会要审查店员提出的一切要求，根据物价上涨情况规定合理的限度。

（4）在目前，对帝国主义的商业活动不加限制。

（5）除了那些参加反革命活动或有反革命嫌疑的商人以外，其他商人都享有这一般的政治权利和公民权。①

毫无疑问，这个决议完全贯彻了鲍罗廷"向小资产阶级作出让步"的意见。但向小资产阶级让步就能争取汪精卫向左转吗？

030. 晚到的"五月指示"

正在鲍罗廷指导中共中央以退却拉住小资产阶级和汪精卫的时候，5月13日，联共（布）中央政治局秘密会议讨论了中国问题，决定给鲍罗廷、罗易和陈独秀发出如下指示：

（1）现在在国民党的国内政策中最主要的一点是：在各省，特别是在广东省有步骤地开展土地革命，口号是"一切权力归农会和村委会"。这是革命和国民党成功的基础。这是在中国建立反对帝国主义及其走狗的广泛而强大的政治军事大军的基础。实际上，没收土地的口号对于被强大的土地运动席卷的省份，如湖南、广东等省是非常及时的。舍此便不可能开展土地革命。过一个月或更晚些的时候，国民党可能批准没收土地。现在重要的是，在共产党的积极参与下由农民实

---

① 《罗易赴华使命》，中国人民大学出版社，1981年版，第275页。

际没收土地。关于保护指挥人员财产和分给士兵土地的法令是必要的。

（2）开始组建8个或10个由革命的农民和工人组成的、拥有绝对可靠的指挥员的师团。这些师团将是武汉在前线和后方用来解除不可靠部队武装的近卫军。此事不得拖延。

（3）应当加强蒋介石后方的工作和对蒋介石部队的瓦解工作，并给广东农民起义者以帮助，那里的地主政权特别不能容忍。①

斯大林等人此时已经意识到，只有开展土地革命，才能最大限度地动员革命力量，尤其是农民的力量，只有这样才能抵挡日益右倾的国民党领导集团。对于中国革命来说，这无疑是一个"进攻"的口号。然而，斯大林等又要求以国民党为中心来领导土地革命，这无疑是与虎谋皮（脱离实际的幻想），试想，在国民党内，特别是在国民党上层，真正拥护土地革命的又有几人？

当时湖南、湖北两省的农民在中国共产党领导下，已经开始了轰轰烈烈的农村大革命运动。受到冲击的土豪劣绅在农村站不住脚了，便跑到城里大造舆论，说农民运动是"痞子运动"，说农民在村里杀人放火，说北伐军将领某某的家属被戴高帽子游街，说北伐军寄回家里的钱被农会没收……总之，农民无法无天，"好人"已经待不下去了。

国民革命军中有一些军官，本身就出自地主豪绅之家，或者其本人就是地主豪绅，听了家乡的土豪劣绅如是说，自然十分仇视农民运动。于是，农民运动"过火""糟得很"等流言在军队中散布开来。一些反动军官便以此为借口，运用手中的军权，镇压农民运动。

1927年四五月间，国民革命军将领夏斗寅、杨森联合叛变，派兵进攻武汉国民政府所在地，企图推翻武汉政府。在中国共产党的鼎力支持下，武汉政府才依靠叶挺部队平息了叛乱。

夏、杨叛乱本来是针对武汉政府的反革命叛乱，而汪精卫等人却认为，这是工农运动"过火"所致，主张对夏斗寅采取纵容、庇护的政策。结果不到半个月时间，武汉政府辖区内的叛变不断发生。在湖北各地，凡是杨森、夏斗寅、于学忠、张联升等叛军所到之地，如江陵、嘉鱼、武昌乡区、通山、鄂城、大冶、天门、公安、枣阳、沔阳、宜都以及鄂西一带，土豪劣绅都相率反攻倒算、党部和工农团体被捣毁，有3000余名农运骨干和农会会员惨遭杀害。

事实证明，依靠国民政府发动土地革命、武装工农是根本不现实的。

---

① 《联共（布）中央政治局秘密会议第102号（特字第80号）记录》，1927年5月13日于莫斯科，载《共产国际、联共（布）与中国革命档案资料丛书》，4册，北京图书馆出版社，1998年版，第252-253页。

在武汉国民政府领导的北伐军中,有一个军官叫许克祥,他原为贵州军阀袁祖铭的部下,北伐开始后倒戈,被任命为第三十五军第三十三团团长,驻扎在湘乡、湘潭一带,受命于第三十五军军长何键(湖南醴陵人)。对于湖南的农民革命风暴,许克祥是极为反感的,因为他的家也受到农民运动的冲击。许克祥的父亲自儿子发迹后,在湘乡置田产,仗势横行乡里,无恶不作。在农民运动高潮中,他受到当地群众的斗争,因而对农民运动极端仇恨。许克祥得知其父被斗,发誓要报"辱父之仇",决心与共产党作拼死斗争。

5月中旬,许克祥部调到长沙。5月17日,许克祥等人开始密谋军事叛变的方法和步骤,决定用公开的军事行动发动叛变,由许克祥担任叛变行动的指挥官,由他的三十三团担任叛变的主力部队。

5月21日晚,经过精心策划和准备的反革命叛乱在长沙爆发。叛军在许克祥统一指挥下,分兵向长沙各革命机关发起突然袭击,占领国民党湖南省党部、省总工会、省农民协会机关,收缴工人纠察队枪械,捕杀共产党员和革命群众100多人。当晚,叛军打开监狱,释放了在押的土豪劣绅和反革命分子,捣毁审判土豪劣

"马日事变"死难烈士,中共党员、共青团湖南省委书记田波扬及妻子陈昌甫

绅的特别法庭,撕毁了"打倒蒋介石""铲除土豪劣绅"等标语,张贴出"拥护蒋汪合作""铲除暴徒分子"等反革命标语。

这就是骇人听闻的"马日事变"。"马日事变"使鲍罗廷乱了阵脚。

在许克祥制造"马日事变"后,湘潭、衡阳、醴陵、武冈、益阳、湘阴、桃源、永州、浏阳、临湘、安乡、辰州、叙浦等地均发生了革命屠杀事件。至6月10日左右,在湖南的二三十个县中,即有1万多人被杀害。

许克祥制造"马日事变"后,反而恶人先告状,于5月22日以"湖南省政府"名义分别致电武汉国民政府、北伐军总指挥唐生智及湖南省各团体,诬称事变

是由于工农武装纠察队抢劫三十五军留守处,并打出"打倒三十五军"的旗帜,以致与军队发生冲突,通电要求解散工农纠察队。

这时,唐生智因率军北伐正在河南。接到许克祥的电报后,他发电给湖南省党部等组织,攻击农民协会"侵害抢掠前线军人在湘境各县眷属的财产"。下令要严惩"暴徒",以定军心。此后,他又多次为许克祥等屠杀工农的行为辩护,使湖南工农希望制裁许克祥的要求难以兑现。

想依靠唐生智的军事实力以与蒋介石相抗衡的汪精卫等人,当然不愿开罪于唐生智的部下许克祥。于是,他们也宣称事变由于工农运动"过火"造成的,而共产党人没有及早纠正这种"过火"行为,才导致了这次事变是的发生。6月1日,汪精卫在国民党中央会议上说:"本席可以大胆说一句,农民协会是一个空前的错误。农产品被摧残完了,工商业家都被打得跑光了,上不要中央,下不要人民,像这样逼得无路可走,也难怪许克祥他们要起来造反。"

"马日事变"后,鲍罗廷不是谴责许克祥等人,而是与汪精卫唱一个调子,责怪共产党和工农运动。据罗易在事变后给莫斯科方面的电报称:

> 鲍罗廷完全赞成这种趋向(指制裁工农运动——引者),并要求共产党支持国民党的退让政策,他认为共产党人的良好行为是改变局势的惟一手段。他为达到此目的提出的计划将意味着实际取消共产党。他要求共产党抑制工农运动,并把工农运动的共产党领导人看成是反革命分子。他想逮捕我们在湖南的领导同志,把他们投入监狱。他说,工人纠察队应当被解除武装。简言之,鲍罗廷实行的是葬送革命的彻头彻尾的社会民主主义政策。他处事独断专行,不同许多负责人商量,无视他们的意见。他向共产党发号施令。他的权力不是建立在政治影响的基础上,而是建立在对同莫斯科的关系的垄断的基础上①。

很显然,鲍罗廷主张对事变采取姑息、妥协的态度。当得知汪精卫等人决定成立特别委员会前往长沙调查事变真相后,鲍罗廷不仅同意派谭平山去,而且决定自己亲自前往。

在鲍罗廷的授意下,陈独秀跟着说,是工农运动的"过火"行为导致了事变的爆发,但他也看出,这其中主要是反动势力在作祟。陈独秀的认识最终成为中共中央一致的观点。5月25日,中共中央政治局召开会议,会议指出:"湖南工农运动所引起的纠纷,会形成全部政局上很严重的问题。纠纷之起因,一

---

① 《罗易给某人的电报》,1927年5月25日于汉口,载《共产国际、联共(布)与中国革命档案资料丛书》,4册,北京图书馆出版社,1998年版,第273-274页。

方面是由于蒋介石叛变后资产阶级地主阶级（湘籍军官在内）的势力及宣传，动摇了国民党领袖的工农政策，一方面是由于贫农幼稚行动，如均分土地均分财产对土豪劣绅之逮捕罚款以及关于宗教道德革命等，引起了小资产阶级小地主尤其是军人之强烈反对。"为了应付马日事变后的困难局面，同时为了缓和反动势力对工农运动的进攻，阻止汪精卫集团继续右转，中共中央只得对工农运动有所约束。为此，这次会议作出如下决定：

（一）城市中工运问题，应该迅速执行已决定的关于小资产阶级问题决议案及工人政治行动议决案而解决。

（二）乡村中农运问题，一切非本党政策所规定的幼稚行动，立须依本党的领导力量，切实矫正。已没收之军人产业一概发还（其曾愿捐助者不在此例）。

（三）关于土地问题，我们固然不能根本放弃第五次大会所决定政纲；但我们须知道中国土地问题尚需经过相当宣传时期，并且必须先得解决土地问题之先决问题——乡村政权问题。因此我们即须：（1）扩大土地问题在各方面之宣传尤其在军队中；（2）着手建立乡村自治政权及县自治政权。①

5月26日晨，鲍罗廷随同谭平山等5人组成的特别委员会启程前往湖南长沙就事变进行调查。

鲍罗廷走后，中共中央政治局又召开了会议。由于没有了鲍罗廷的干扰，这次会议考虑更多的是如何保存党的力量和工农武装。会议作出《关于湖南事变以后的当前策略的决议》，提出必须千方百计地保卫党的合法地位，为此，将运用以下策略手段：（1）接受唐生智在向国民党中央军事委员会发出的电报中所提出的纲领，即：①支持国民政府；②联合苏联；③支持工会和农会；④把被收缴的武器归还给工人和农民的纠察队；⑤反对蒋介石和张作霖；⑥继续进行第二次北伐。（2）在上述条件下承认湖南的省政府。（3）同左派国民党领导人，特别是同汪精卫建立更密切的关系，以便结成一个联盟去反对名义上是在国民政府领导下的国民党内的军阀的反动势力。（4）争取左派国民党支持如下的要求，即：有进行工人运动和农民运动的自由；把被缴的武器归还给工人和农民的纠察队。（5）保卫共产党的合法地位。

运用这些策略手段要达到什么目的呢？会议的决议指出：利用以这种策略手段争取到的时间，来为同国民政府势力范围的军阀反动势力的不可避免的战斗做准备。做到这一点的基本条件，就是彻底改变把革命的未来的宝押在所谓的左派军阀身上的老政策。当前的局势就是这一错误政策造成的，这种政策必

---

① 《中共中央文件选集》，3册，中共中央党校出版社，1989年版，第136-137页。

须废除。在充分利用"左派军阀"领袖之间的矛盾的同时,革命必须创造自己的武装力量。把工人和农民武装起来,并且把士兵争取到革命方面来,——这是党在上述策略手段所争取到的时间内必须完成的主要任务。

为了完成主要任务,会议决定采取以下几项措施:(1)建立一个党的秘密机构,在进行公开活动的时间加紧进行秘密活动。(2)把工人和农民组织所拥有的武器隐藏起来。(3)弄到大量的武器,并且把它们分发到各战略地点。(4)用派我们自己人参军的办法扩大叶挺等部队,在6个月之内把几个师扩大为几个军。(5)利用第二军、第六军同第八军、第三十五军、第三十六军之间的矛盾,用派遣大量工会会员和农会会员进去的办法,把第二和第六军掌握到我们手中。(6)为收复广东进行鼓动。(7)派一名政治局委员去湖南重新组织党在该省的活动。

中共中央也考虑到鲍罗廷未必会同意这个决议,所以,在决议的最后特别指出:"将本决议立即通知鲍罗廷和谭平山同志,让他们按此路线行事。未经政治局批准,他们不得执行在原则上不同于本决议的路线。"①

这个决议还未来得及执行,陈独秀等人就得知鲍罗廷和谭平山一行又回到了汉口。

原来,当鲍罗廷等人到达岳阳时,专车被军队所阻。一个军官威胁说,他已接到许克祥要将鲍罗廷等人"就地拿获处决"的电报。为了安全起见,鲍罗廷等人只得折回汉口,只有商业部部长陈公博去了长沙。

鲍罗廷回到汉口后,继续推行他的退让政策。中共中央政治局在5月26日的决定就这样成为泡影。

5月底,共产国际的紧急指示传到中国,史称"五月指示"。

《五月紧急指示》要求实行土地革命;吸收工农领袖充实国民党中央;动员两万名左右共产党员,加上5万工农革命军组成一支可靠的军队;组织革命法庭惩办反动军官等。

这是共产国际第一次提出了中共建立军队的任务,这比以前只要共产党作为国民党服务的苦力,一味武装蒋介石、唐生智、冯玉祥,而不给共产党一支枪时好得多,进步得多。只可惜这个指示为时已晚,已丧失了建立军队的大好时机,现在竟要求共产党在一个早上组建7万人的新军,去制止强大对手的叛变,事实上是异想天开。正如王若飞感叹道:

"(建立军队)3月不搞4月还可,即使5月在搞亦还有可能。可是,现在

---

① 《中共中央文件选集》,3册,中共中央党校出版社,1989年版,第138-141页。

已为时太晚了。"

李维汉说：

"现在许克祥部在湖南、夏斗寅部在鄂东屠杀工农，朱培德在江西'礼送'共产党员出境，已到火烧眉头的时候，已来不及了。"

共产国际代表罗易接到指示后，通知中共中央政治局召开紧急会议商讨对策。罗易、鲍罗廷、维经斯基参加了会议。

陈独秀在会上默默地听着罗易一字一句地念着电报，半天没说一句话。他陷入了沉思，这仿佛天外来音的共产国际指示一旦拿出来在党内公布，必然将引发一场轩然大波。

于是，他理了理头绪，缓慢地说道："我主张先不忙着把这个电报内容公布出去，以免引起思想上的波动。"

他停了停，继续说道："国际主张维护与国民党左派的统一战线，如果执行国际指示，势必导致联合战线破裂。"

经陈独秀这么一说，鲍罗廷、维经斯基转而一想，也觉得莫斯科太不了解武汉的形势，目前无法执行这个指示。罗易则认为，只要汪精卫同意了就可以执行。于是，在给共产国际的回电中，他字斟句酌地写道："命令收到，一旦可行，立即执行。"

031. 被迫辞去总书记职务

6月5日，罗易邀请汪精卫到他寓所。寒暄之后，罗易问汪精卫是否看过最近共产国际的电报。汪不知所云，于是连忙问是什么电报。罗易竹筒倒豆子般地将国际指示的内容全盘说给汪听。汪精卫听后，既惊又喜。他惊的是，共产国际竟然指示共产党发动土地革命、组织军队，这不明明是威胁武汉国民党政权的统治吗？喜的是，这样一份高度机密的共产党文件踏破铁鞋无觅处，得来竟如此不费功夫。

汪精卫不愧是政坛老手，表面上丝毫不动声色，临分手才对罗易说："是否可以给我一份译文？"

罗易犹豫了片刻，随后点头答应了。

翌日，天真的罗易亲自将电报的抄本送交给汪精卫。汪精卫大喜过望，连忙说"谢谢，谢谢"，便把罗易打发走了。

罗易走后，汪精卫迫不及待地打开电报的抄本一看，心里暗暗吃惊：若执行指示中任何一条，国民党就完了。但善于政治投机的汪精卫表面装作镇定自若。次日，罗易又给汪精卫送去了一个副本，这成了汪精卫后来"分共"的重要证据。

在一次中央会议上，周恩来汇报了罗易私自将国际指示泄露给汪精卫的情况，大家都惊呆了。鲍罗廷将此情况向共产国际汇报后，共产国际马上来电撤掉了罗易的代表资格。

罗易此举本想拉拢汪精卫，但汪精卫反而加速了分共进程，反共越来越白热化。共产国际和中共中央已经明白很难挽留武汉国民政府了。

1927年6月下旬，共产国际训令中国共产党批评机会主义错误，改组中共中央，将鲍罗廷调回。有些国际代表表示："不遵守国际训令者剥夺其在中央之领导权。"鲍罗廷扣下这个训令不宣布。①

此后，汪精卫便以此为借口，大肆进行"分共"的准备活动。

进入6月份以后，素有"火炉"之称的武汉的天气渐渐地热了起来，闷热的夏天就要来到。武汉国民政府与中共的对立之势，日趋紧张。汪精卫进一步加快了"分共"的步伐。

6月10日，冯玉祥邀请汪精卫、孙科、徐谦、邓演达、唐生智、张发奎、于右任、鲍罗廷等人，在郑州的陇海花园召开会议，史称"郑州会议"。为了弄清会议情况，了解冯玉祥的政治态度，张国焘也在会议前一天赶到了郑州。汪精卫在会上大发反共议论，指责共产党借口国共合作，搞阶级斗争，弄得人心惶惶，秩序大乱，是破坏国民革命，应予严厉制止。

孙科、徐谦也大谈武汉的困难。35军军长何键，则攻击湖南农民运动"糟成一团"。汪、孙、何等人一唱一和，再加上冯玉祥的默认，郑州会议实际上成为汪精卫等人密谋分共的一次预备会议。

虽然张国焘对郑州会议上汪精卫等人的基本情况了解得很清楚，并及时向中共中央作了汇报，但陈独秀仍然对汪精卫抱有不切实际的幻想，他甚至对郑州会议寄予了很高的期望。为此，他还专门写了一篇《蒋介石反动与中国革命》的文章，坚持认为郑州会议是一次公开的讨蒋会议。这一次，陈独秀又错了。他要对形势的错误判断付出沉重的代价。

6月13日，汪精卫、唐生智回到武汉，准备"分共"。他们认为共产国际指示把柄在握，"分共"的时机已成熟。于是，一方面集合中央党部的非共产党人，讨论"分共"方法；一方面向高级军官宣布共产国际的《五月紧急指示》，

---

① 张宝明、刘云飞著，《飞扬与落寞》，东方出版社，2007年版。

请他们在军队中留心防范共产党的活动，听候中央决议，并努力奉行。由于汪精卫等的蛊惑，很快在武汉党政军主要领导的多数人中就"分共"问题取得了一致意见。然而，这时共产党中央和共产国际代表还幻想拉住唐生智和汪精卫，进行东征讨蒋，为此不惜作出了最大最后的让步。

武汉风云突变，形势如江水凶猛，革命处于危急关头。

面对汪精卫迫在眉睫的"分共"，中共中央政治局于6月20日召开会议，讨论退出国民政府问题，与会者皱着眉头，气氛紧张。陈独秀掐灭手中的雪茄烟，态度坚决地指出：

"不仅要退出国民政府，而且要退出国民党，武汉国民党跟着蒋介石走，我们若不改变政策，汪精卫也同样会走上蒋介石的道路了。"

"你这个意见，我很赞成，"鲍罗廷说，"但，我知道莫斯科必不容许！"

"退出国民党后，工农运动方便得多，可是军事运动大受损失。"周恩来说。

"宁可让国民党开除我们，不可由自己退出。"瞿秋白说。

会议最后通过"十一点声明"，称："中共党员可以随时退出国民政府"（未提出退出国民党）。

此时，移驻汉口三十五军之何键，发表讨共檄文，公开要求共产党分子立即退出国民政府和国民党中央，要求解散一切工农会、纠察队、童子团及妇女团体，气势汹汹，企图向共产党开刀。6月25日夜，中央军部传来紧急报告，说何键今夜可能举事，各机关务必戒备。

翌日晨，陈独秀在鲍罗廷西门子住宅召开中共中央紧急会议，讨论应变对策。周恩来、张太雷皆报告何键起事的消息甚盛，何键还散布总工会纠察队将缴三十五军枪械之谣言，并要与"马日事变"同一把戏。谭平山又报告说，邓演达已出走，临行前希望共产党注意汉口类似"马日事变"之到来，何键是一定要开刀的。陈独秀紧锁着眉头，抽着烟，心情沉重地听着众人的发言。张太雷当即提议道：

"事情紧迫，纠察队、童子团问题今天一定要解决。"

周恩来向会议报告道：

"中央军部和省委军部业已决定，今天下午将总工会纠察队秘密调往武昌编入张发奎军，并已与张交涉好。"停了一下，周恩来又说：

"为避免耳目，纠察队过河时不着纠察队衣服，也不携枪。"

会上，有人赞成，也有人持不同意见，大家的心情无比沉重。

蔡和森向周恩来说：

"恩来同志，这实际上不就是解散纠察队吗？"

"是这么回事。"周恩来答道。

"既然是这样,何不率性公开宣布解散纠察队,以消除何键暴动之口实?"

其实,中华全国总工会根据联共(布)中央政治局的指示,25日已作出解散工人纠察队的命令,以表合作的诚意。

命令说:中华全国总工会决定"将纠察队所有的枪械交还给公安局长,并请求武汉国民政府派遣武装警察保护工会"。

这样,会议作出了决定(28日公布),公布25日中华全国总工会宣布解散纠察队的命令(实际编入张发奎部队)。

解散纠察队的命令突然公布,事先未告知没有列席的中央委员及活动分子,令大家感到十分疑惑,一时间,造成同志间的思想混乱。

6月28日,一大清早,任弼时、恽代英等就急匆匆地来到武汉回民街61号中共中央机关内陈独秀宿舍里,像连珠炮似的向总书记陈独秀开起火来:

"是谁下令解散工人纠察队的?是谁下令把工人手里的武器交给国民党的?"任弼时进门就问道。

"这到底是怎么回事?把工人领导都给搞糊涂了!"恽代英说。

"你们火气可不小,就为这件事来找我?你们问这问题是什么意思?"陈独秀瞪大眼睛对这伙年轻人说。

"为什么,为什么,你们应当晓得这是为什么!"陈独秀大发脾气地说。

"工人纠察队都在干些什么?随便捕人,断绝交通,到处贴标语喊口号,到处追着剪人家的辫子、剪人家的长衫,搞得街上乱哄哄的!这些过火行动,正中了敌人的圈套,让他们抓了把柄,给革命帮了倒忙。"

"工友们虽然做了一些过火的事,也不能把工人纠察队给解散了呀?他们的所作所为还是革命行为,大方向是对的嘛!这也是共产国际叫我们搞的嘛!"众人不服地争辩着。

"你们这些小孩子晓得什么呀,现在的形势多么严重啊!国共两党快要破裂,交枪是表示合作的诚意,以我们的精诚去感动人家,这也是根据国际指示决定的呀!"陈独秀动起肝火训斥道:

"你们这些小孩就不懂这个,做了那么多蠢事,给中央添了许多乱子不说,给汪精卫造成了攻击我们的口实。"

这时,吴玉章、林祖涵等手里拿着当天出版的报道中共中央宣布解散湖北总工会纠察队的报纸,也来询问解散工人纠察队的事。陈独秀内心矛盾重重,有苦难言。

是夜,在武昌新中央机关,陈独秀又与瞿秋白、蔡和森等人开会,任弼时代表中央提交了一份书面决议书。建议陈独秀总书记和中共中央用共产国际《五月紧急指示》统一全党，批评中央回避土地革命，批评陈独秀对国民党步步退让的做法。

陈独秀接过任弼时的建议书，瞅了几眼，就勃然大怒，顿时将其撕成碎片，狠狠地摔在地上，还踹了几脚，对任弼时怒不可遏地说道：

"什么建议？什么批评？你这是不了解共产国际指示的内情，在向中央抗议，向我抗议！"陈独秀脸色铁青，大动肝火。指着任弼时说："这是党的会议，青年团没有资格发言。"

发火无济于事。为了应付即将发生的突然事变，6月28日，会议继续在汉口西门子鲍罗廷的住宅里举行。

会议结束的当天，湖北省总工会即发出布告，宣布解散工人纠察队。同日，总工会组织工人将纠察队的大约1000支破旧的枪支和一些子弹送到了管理武汉卫戍事宜的汉口办事处。

实际上，当时武汉工人纠察队有3000支枪，他们把破旧的枪支交出后，将好一点的枪支交给了叶挺和贺龙的部队，同时一些纠察队员也补充到叶、贺的部队之中，在后来党领导的武装起义中发挥了重大作用。

然而，自动缴械还是在湖北的共产党员和工人中造成了一定程度的混乱，有的人甚至惊慌失措，大有灾难临头的感觉。

陈独秀等人天真地以为工人纠察队缴了械就可以与国民党相安无事，不料反动势力更加猖獗起来。第三十五军和第八军相继抢占了全国总工会湖北办事处，李品仙派了一个机枪连占领办理处，何键也派人来要房子。一些地痞流氓乘机作乱，捣毁各业工会，抢劫财物，殴打辱骂工会负责人。

在主动退让也无法消除武汉集团反共情绪的情况下，中国共产党本应宣布与武汉汪精卫集团决裂，坚决依靠工农革命群众，走自己的路。但因为没有得到莫斯科的指示，陈独秀固然在会上提出与国民党分手，也得不到多数人的支持，更得不到鲍罗廷的赞同。

既然不能与国民党决裂，那么共产党就只有继续退让了。7月3日，在鲍罗廷指导下，中共中央通过了《对国民党关系方面的退却纲领》，其内容是：

（1）同共产党人建立联盟是孙中山的政策，这一政策为国民党各次代表会所承认。如果现在由于军事力量的原因有人企图把共产党从国民党中开除出去，那么，这将会大大损害国民党的力量和革命性，这只能暴露它的弱点。我们不希望国民党遭受这种不幸。

（2）共产党人必须留在国民党内，帮助国民党在三项原则的基础上重新组织革命,目前主要任务是反对蒋介石的斗争,共产党人将集中一切力量进行这一斗争。

(3)共产党人必须尽一切力量支持国民党。但是国民党中央必须在它的地区采取措施,制止对共产党的一切迫害。

(4)国民党是一个反帝的小资产阶级、工人和农民政党。这种反帝斗争必须是国民政府的宗旨。

(5)共产党参加政府(中央和地方)不是以共产党的名义,而是以国民党的名义。两党联席会议只是协商决定共同负责。但是,它不是执行机关。这两件事(参加政府和共同协商)并不含有联合政权、分割政权的意义。

为了减少冲突,共产党的部长可以暂时离开政府。

(6)工农群众组织必须受国民党的领导,他们的要求必须符合国民党代表大会的决议和政府法令。同时,国民党必须根据它的决议保证这些组织的自由和工人、农民的利益。

(7)根据国民党的命令,工农纠察队必须置于国民政府监督之下。武汉现有的纠察队,为了减少冲突的可能性,可以减少或者编入军队。

(8)没有政府和国民党的允许,工会和纠察队不得行使行政权,如逮捕、审判、巡逻。

(9)店员工会必须由国民党和总工会进行改组。他们的经济要求不得超越店主的经济能力。工会不得干涉店员的雇佣和解雇,不得干预店铺的管理。工会不得惩罚店主。

(10)禁止童子团行使警察之权,如逮捕、干涉行人等等。

(11)兵工厂、水电厂以及政府机关的工人的工会不得干预管理事务。如果他们有什么要求或者不满,必须通过总工会向国民政府提出,以便解决问题。①

中国革命的形势令莫斯科领导人感到担忧。他们终于认识到:将共产党和国民党继续绑在一条船上已毫无意义。但如果让共产党人退出国民党,岂不是宣告国共合作政策的失败?!对于斯大林来说,承认国共合作政策的失败,就等于承认自己在与托洛茨基的斗争中败北,自然感到没有脸面。何况,此时斯大林仍然认为"国民党"这3个字对于中国革命来说是非常宝贵的。在这种情况下,莫斯科方面提出这样一个办法:让共产党人示威性地退出国民政府,以

---

① 《中共中央文件选集》,3册,中共中央党校出版社,1989年版,第291-293页。

宣布与汪精卫集团决裂；但仍保留国共合作的框架，即共产党人不退出国民党，而在国民党内领导反对国民党反动派的斗争。

根据联共（布）中央政治局和斯大林的决定，共产国际执委会向中共中央发出以下指令：（1）中国共产党需要刻不容缓地公开宣布退出武汉政府；（2）在退出武汉政府时，需要发表一个原则性的政治宣言，说明采取这个步骤的理由，是因为武汉政府仇视土地革命和工人运动，要求严办一切迫害工人和农民的分子，从各方面揭穿武汉政府的政策。①

莫斯科要求共产党人退出国民政府而不退出国民党，说到底，就是不愿抛弃"国民党"这面旗帜。他们认为这面旗帜还是可以利用的，结果使中国共产党处于非常尴尬的境地：当国民党宣布"分共"之后，共产党仍挑着"国民党"的旗帜在举行武装起义。

7月的武汉，酷暑的天气令人难耐，党内的激烈的斗争，国共之间的斗争白热化，使得左右为难的陈独秀心绪不宁。

4日，中共中央在武汉举行常委扩大会议，讨论保存农村革命力量的问题。陈独秀、李维汉、蔡和森、周恩来、邓中夏、张国焘、任弼时、毛泽东等人出席了会议。在武汉的中央委员、党的活动分子、共产国际代表、少共国际代表都参加了。此时的陈独秀胡子拉碴，脸色疲惫。作为中央总书记，他不得不首先发言。在谈到将来时，陈独秀提出了三种方法，一是脱离国民党并执行独立的政策；二是实行退却，以便留在国民党内；三是执行自己的政策，但留在国民党内。

任弼时首先提出赞成第一种方法，并重提要宣读共青团的《政治意见书》。

陈独秀当即打断了任的讲话，说："第一种方法是不正确的。青年团没有权利提出政治决议案。"

陈独秀表情严肃、凝重，不容分说。

1927年7月9日，斯大林在修养地索契给莫洛托夫和布哈林写了一封信，这是斯大林透过于陈独秀和中共中央的一份材料。信中在谈到中共中央及其领导人时，斯大林用了十分轻蔑和刻薄的语言。他写道：

很遗憾，我们在中国没有真正的共产党，或者可以说，没有实实在在的共产党。如果抛开那些能够充当很好的战斗材料但完全不懂政治的普通共产党员，那么现在的中共中央能提供什么呢？除了"一整

---

① 《共产国际执行委员会关于中国革命目前形势的决定》，1927年7月，载《中共中央文件选集》，3册，中共中央党校出版社，1989年版。

套"从各处收集来的、与任何路线和任何指导思想毫无联系的一般词句外，不能提供任何东西。我不想苛求中共中央。我知道，不能对中共中央要求过高。但是，有一个简单的要求，那就是执行共产国际执委会的指示。中共中央是否执行了这些指示呢？没有，没有，因为它不理解这些指示，或者是不想执行这些指示并欺骗共产国际执委会，或者是不善于执行这些指示。这是事实。罗易为此怪罪鲍罗廷，这是愚蠢的。鲍罗廷不可能在中共那里或者在中共中央那里享有比共产国际更高的威望。……有的人（有的人！）对此解释说，这里的过错是同国民党合作，这种合作束缚了中共的手脚，使它不能独立自主。这也是不正确的。尽管任何合作总会多少束缚合作成员的手脚，但这并不意味着，我们反对一切合作。就拿蒋介石的沿海五省（从广东到上海）来说，那里没有与国民党进行任何合作。蒋介石的代理人在瓦解共产党人"军队"方面取得的成功要比共产党人在瓦解蒋介石后方方面取得的成功要多，这如何解释呢？许多工会脱离了中共，而蒋介石稳坐宝座，这难道不是事实吗？中共的"独立性"又是什么样呢？……在我看来，原因不在于这些因素，虽然这些因素也有作用，而在于现在的中央（它的上层领导人）是在国民革命时期锻炼出来的，正式在这个时期受到了洗礼，但它完全不适应新的土地革命阶段。中共中央不理解新革命阶段的含义。中央没有一个能理解所发生的事情的内情（社会内情）的马克思主义头脑。中共中央不善于利用这个与国民党合作的宝贵时期，去大力开展工作：公开地组织革命、组织无产阶级、组织农民和革命军队，实现军队革命化，促使士兵与将军相对立。整整一年，中共中央靠国民党养活，享受着工作的自由和组织的自由，但它没有做任何工作，以便促使被错误地称之为政党的（的确，有相当战斗力的）各种任务的大杂烩变成为一个真正的政党……当然，在基层是做了工作。而这方面的工作应归功于普通的共产党员。但是很有意思的是，不是中央走向工农，而是工农走向中央，而且工农越是接近中央，可以不客气地说，中央离开他们就越远。中共中央喜欢在与国民党领导人和将领的幕后交谈中消磨时光。中共中央有时也奢谈无产阶级领导权问题。但是，在这种奢谈中最令人不能容忍的是这样一种情况，即它对领导权一窍不通（真正意义上的一窍不通），扼杀工人群众的积极性，瓦解农民群众的"自发"行动，并把中国的阶级斗争归结为高谈阔论"封建资产阶级"（现在彻底弄清了，这一术语的创造者原来是罗易)。

这就是共产国际的指示未能执行的原因所在。

这就是为什么我怕过早地让这样的党到"汪洋大海"中去自己游泳(它还来不及巩固就会被碰得粉碎……)。

这就是为什么我现在认为党的问题是中国革命的主要问题。①

在斯大林眼中,陈独秀为首的中共中央几乎一钱不值,"软弱、混乱,政治上不定型和业务上不精通",总之是成事不足败事有余,把一切都搞砸了。他同意将陈独秀和谭平山召到莫斯科,"教给他们一点东西"。他在信中还提出从莫斯科派出顾问到中共中央和地方的有关部门去做"保姆",以便发挥"钉子"作用,把现在的"大杂烩"固定成政党。

斯大林在对中共中央进行了一番怒斥之后,也对鲍罗廷、罗易等人表示了不满,认为他们不是优秀的工作人员,提出:应该把鲍罗廷、罗易以及在中国妨碍工作的所有反对派分子清除出中国。

至于被派到中国军队中的苏联顾问,斯大林也认为他们在政治上并不称职,因为他们从来不善于及时地向我们预告自己"上司"的过急行为。②

总之,斯大林将所有的过错都推到了别人身上,尤其是中共中央身上。至于共产国际执委会、联共(布)中央,包括斯大林本人,对于中国革命的指导有没有错误,斯大林是这样认识的:"据说,有人对我们的中国政策怀有忏悔的心情。如果这是真的,那是可悲的。回来后,我将努力证明,我们的政策无论过去还是现在都是惟一正确的政策。我从来没有像现在这样深信我们对中国和对中国土地革命的政策的正确性。"③

斯大林全然不顾事实地为莫斯科的对华政策进行辩护。既然他们制定的政策是"惟一正确的",那么失败的责任肯定就不在制定政策的人身上,只能在执行政策的人身上。这就是莫斯科方面后来将大革命失败的责任推到陈独秀和中共中央身上的最基本原因。

此时,共产国际领导人也开始为自己辩护,并对中共中央大加批评。7月10日,共产国际执委会政治书记处书记布哈林在苏联《真理报》发表文章说:"最近一段时期中,中国共产党的领导顽固地抵制共产国际的决议,中共一些地方组织的工作人员因带领群众进行战斗而殉职,而党的政治局则公开违背共

---

① 《斯大林给莫洛托夫和布哈林的信》,1927年7月9日于索契,载《共产国际、联共(布)与中国革命档案资料丛书》,4册,北京图书馆出版社,1998年版,第406-409页。
② 同上。
③ 同上,第410页。

产国际的指示。""共产国际不断发出种种指示,要求中国共产党保持独立性,开展土地革命,武装工农,惩办反革命,以及促使国民党实行民主化。共产国际日复一日地推动中国共产党不断把革命推向前进,越来越尖锐地指出中国共产党行动不够坚决和所提口号往往失之片面等毛病。"他尖刻地称陈独秀是中共党内"机会主义倾向最严重的领袖",说陈独秀要求退出国民党是为了自己"更加脱离群众,从旁边搞玩弄手腕的政客活动"。

1921年9月,陈独秀辞去广东政府教育委员会委员长一职,到上海主持中共中央局工作

布哈林在斥责了中共中央和陈独秀之后,宣布他的结论是:"召开党的紧急会议,改造中央委员会,严厉批评党的领导;执行共产国际各项指示,对那些认为党应当受国民党中资产阶级上层分子支配的人进行坚决斗争,直至将他们开除出党。"①

1927年7月8日,联共(布)中央政治局会议决定:中国共产党应秘密召开紧急会议,纠正党的领导所犯的错误②。这一决定随后以共产国际执委会的名义下达到中国。

7月12日,鲍罗廷向中共中央提议:陈独秀、谭平山去莫斯科与共产国际讨论中国问题;瞿秋白、蔡和森去海参崴办党校;指定由张国焘、张太雷、李维汉、李立三、周恩来组成中共临时中央常务委员会。

让陈独秀去莫斯科,并另组临时中央委员会,这实际上是免掉了陈独秀的总书记职务。

此时,陈独秀也感到无法再工作下去,遂向党中央提出辞呈。他在辞呈中说:"国际一面要我们执行自己的政策,一面又不许我们退出国民党,实在没有出路,我实在不能工作。"但他表示拒绝去莫斯科,就这样,陈独秀离开了党的领导岗位。

---

① 布哈林,《中国革命的转折关头》,载《苏联〈真理报〉有关中国革命的文献资料选编》,1辑,四川省社会科学院出版社,1985年版,第498-514页。
② 从斯大林在7月9日给莫洛托夫和布哈林的信中可以看出,这次会议还决定召陈独秀和谭平山到莫斯科去。

12日，鲍罗廷根据共产国际训令，改组中共中央，由张国焘、张太雷、李维汉、李立三、周恩来5人组成临时中央政治局。这是陈独秀自1921年中国共产党成立以来，首次被排除在最高决策层之外。其实，共产国际的训令早在6月底就到了鲍罗廷手中，他没有马上执行，希望局面能够有所挽回，甚至出现柳暗花明的奇迹。但奇迹没有出现。拖了半个月后，武汉的汪精卫集团，已公开准备叛变革命，并通知谭平山、苏兆征退出国民政府。此时，苏俄政府派出接替鲍罗廷的国际代表已在前来武汉的途中。于是，鲍罗廷赶在离开中国之前，执行了共产国际的训令，改组中共最高领导层。

当天，鲍罗廷约陈独秀等人谈话。张太雷传达了国际训令后，陈独秀一言不发，只是默默地点了点头。也许是担心陈独秀心里不好受，鲍罗廷安慰了陈独秀几句，并建议陈独秀、谭平山去莫斯科，与共产国际共同讨论中国革命的问题。同时，还建议瞿秋白和正在住院的蔡和森，去海参崴办学校。陈独秀毫不犹豫地拒绝了鲍罗廷的建议，他不能就这样不明不白地一走了之，他必须对全党有个交代。

从此以后，陈独秀从中央总书记的位置上跌落下来。他苦闷彷徨，一筹莫展。

其实，早在6月17日，罗易在给斯大林和布哈林的电报中就提出："应当把陈独秀清除出共产党领导机构。"

7月13日，布哈林召集共产国际执委会政治书记处会议，讨论了由布哈林等人起草的《关于中国革命目前形势的决定》，并决定立即予以发表。《决定》首先肯定：共产国际近一年来对中国问题的分析是正确的，给中国发出的指示也是正确的。接着批评中共中央说：

中国共产党的现今的领导机关，近来曾犯了一连串的重大的政策错误。中国共产党应当依照共产国际的指示，展开和领导土地革命，公开地批评和揭穿武汉政府和国民党中央的"急进"的领导者之不彻底的和怯懦的立场，警告群众预防军阀方面叛变的可能，武装大量的工人，十二分坚决地推动国民党和武汉政府走上真正革命的道路。但中国共产党中央和中央政治局，没有执行这些指示。中央不是领导土地革命，而在许多场合之下，作了制止土地革命的因素。党的个别领导者，提出了显系机会主义的口号。

至此，联共（布）中央政治局、斯大林、共产国际执委会在中国大革命失败的责任问题上统一了口径：莫斯科给中共中央的指示是正确的，由于陈独秀和中共中央没有执行这些正确的指示，才导致了大革命的失败。

随后，陈独秀抽空回到办公室收拾了一下，他把各种文件整齐地叠放好，将自己的私人物品装进了包里。当时，任弼时的弟弟任作民及妹妹任秀兰和陈独秀在一个办公室工作。临走时，任氏兄妹送陈独秀到了门外。陈独秀神色憔悴，表情复杂，脸上拼命地挤出一丝笑容，对他们咧了一下嘴，算是打了招呼。

出门后，陈独秀戴上了压得低低的草帽，手里拿着一把大芭蕉扇，脚上穿着一双黑色的平绒布鞋，步履蹒跚地走了。和他同行的是秘书黄文容（玠然）。他们乘船到武昌暂住。

7月15日下午，经过多方布置后，汪精卫等召开武汉国民党中央常务委员会第二十次扩大会议，讨论"分共"问题，会后通过了一系列"分共"决议，史称"七·一五政变"。被共产国际吹捧为"经过考验可靠的"左派领袖汪精卫，终于撕下了假面具，和共产党争船抢舵，彻底暴露了反革命真面目。这天，汪精卫举行"分共"会议，手持《五月紧急指示》，逐条地宣读，大肆渲染、歪曲、蛊惑，声嘶力竭地说：

"我们可以看出这个电文有五层意思，都是很厉害的……随便实行哪一条，国民党就完了。"最后，他提出对于参加国民党的共产党：

"应有处置的办法，一党之内不能主义与主义冲突，政策与政策的冲突，更不能有两个最高机关。"就是说国共应该"分家"了。

汪精卫的"分共"主张，得到了孙科、顾孟余等的赞同。会议通过了所谓"分共决议案"。

汪精卫还杀气腾腾地说："（共产党）既然宣布退出国民政府，则在国民革命军中，各级政府机关中，亦无须存在。"

不久，反动的武汉政府，就像蒋介石在上海发动"四·一二"惨案那样，血洗武汉，血腥屠杀继续留在国民党里的共产党员和革命志士，仅国民党武汉党部就有100余共产党人及革命志士倒在血泊之中。刹那间，大江南北一片白色恐怖。鲍罗廷、罗易、维经斯基等100余名顾问、工作人员纷纷离开中国返回苏联。陈独秀也成了标价1500元的通缉首犯，瞿秋白、周恩来、毛泽东等成了标价1000元的通缉犯……

"七·一五"分共会议及血腥镇压，激起了共产党人及革命志士的极大愤慨，同时也宣告第一次国共合作的彻底破裂，轰轰烈烈的大革命彻底失败，中国人民反帝反封建事业遭受严重的挫折。

7月16日，曾任红色工会国际驻中国代表的曼达良，在《真理报》发表《中共领导为何失败？》一文，认为中国共产党的领导不能胜任历史的使命，充当了动摇不定的小资产阶级政客的尾巴，犯了"机会主义错误"。他列举了共产国

际的一些指示,指责中共中央没有执行,或者是有意进行抵制。他说:

> 中国共产党的领导对共产国际指示有计划的、有时是经过巧妙伪装的抵制行为是否出于偶然的呢?不,绝对不是,这种行为的根源在于他们从机会主义立场出发去理解无产阶级及其政党在中国革命中的任务和目的。中国共产党内存在着各种各样的与布尔什维主义毫无共同之点的分子,从无政府主义到自由主义知识分子,一应俱全,理论一片混乱,策略摇摆不定,这一切合在一起,便把党拉向右转,拖入机会主义的泥坑。

曼达良在文章中明确表示:陈独秀是"中国共产党最突出、最地道的机会主义代表"[①]。

年轻的中国共产党为自己的年轻付出了血的代价。同时,这也标志陈独秀作为中共最高领导人时代的结束。但陈独秀毕竟是一个风云人物,显然他不会甘心于过一种平静的生活。

1927年7月中旬,辞职后离开领导岗位的陈独秀,为了躲避随时可能发生的搜捕,搬到汉口一个叫"宏源纸行"的纸庄暂住。由于时局的艰险、政治上的失落,他感到无限的苦闷和彷徨。

时年30岁的罗明纳兹来华的首要任务是召开紧急会议,确定新的领导班子,制定新的领导路线。到达汉口的当晚,他即与中共领导人谈话,了解情况,传达共产国际指示。

1927年8月7日,在罗明纳兹指导下,经鲍罗庭一手策划,中共中央在汉口鄱阳路123号惠罗洋行楼上举行紧急会议。由于形势严峻,时间紧迫,许多应该参加的人都未来得及通知,或者是接到通知后未来得及参加。出席会议的有部分中央委员、候补中央委员、中央监察委员,以及中央军委、共青团中央、中央秘书处及湖南、湖北的代表和负责人。瞿秋白、李维汉、苏兆征、毛泽东、蔡和森、李达、罗亦农、项英、张太雷、卢福坦、顾顺章、王荷波、彭湃、邓中夏、彭公达、任弼时、陈乔年、郑超麟等20余人参加了会议。新来的国际代表罗明纳兹出席了会议。

周恩来、李立三、恽代英率领南昌起义被打散的部队在临川休整,没有出席会议。

会议由瞿秋白主持。会议的主题有二:一是讨论过去的错误,二是选举临

[①] 《苏联〈真理报〉有关中国革命的文献资料选编》,1辑,四川省社会科学院出版社,1985年版,第515-525页。

时中央政治局。

国际代表罗明纳兹的报告是这次会议的重头戏。

年轻的罗明纳兹初来乍到,对中国共产党的具体情况知之甚少。但由于他头上有"共产国际代表"的光环,无论他是否了解真实情况,他都有权对中国共产党指手画脚。在汉口特别会议上,罗明纳兹就摆出了盛气凌人的架势。代表共产国际作《党的过去错误及新的路线》的报告和结论。瞿秋白代表中央常委作工作报告。罗明纳兹在报告一开始,便口气强硬地说:关于过去的错误,有人对共产国际的指导提出批评,这是不对的,共产国际没有责任,国际没有一天不打算将中国党的路线引上正轨的。过去最大的错误,是中共中央未能执行共产国际的指示,犯了"反工农的机会主义"错误。罗明纳兹还说:"至于过去错误的责任问题,中央的领袖独秀同志有许多问题虽经决议后,他仍要以个人的意思来改变此决议。但此责任应政治局大家来负。"①

继罗明纳兹之后,李维汉、毛泽东、邓中夏、蔡和森、罗亦农、任弼时相继发言。绝大多数人同意罗明纳兹的观点,认为错误在中共中央,而不是在共产国际。只有罗亦农(湖南湘潭人,五大中央委员,曾任中共江西、湖北省委书记,在"八七"会议上当选为临时中央政治局委员,后任长江局书记。同年11月被选为中央政治局委员、常委和中央组织局主任。1928年4月21日,被国民党杀害于上海龙华,时年26岁)在发言中表示了不同意见,他说:"大家都说国际是无错误的,我要公开地批评国际:国际的政治指导不成问题,是对的,但在技术工作问题非常之坏。既认中国革命非常重要,但同时又派维经斯基、罗易来指导,他们都是无俄国革命经验的。维经斯基是1917年以后才加入党,我们在上海要暴动时他要反对,并且不帮助。至于罗易谁也知道是国际犯了左派理论幼稚病的人,这种人如何能指导中国的革命。国际的决议是好的,但派来的人不好使人不满意。这是国际要负责任的。"

尽管罗亦农只是强调国际代表不好,罗明纳兹对他的发言还是很不满意。在作结论时,罗明纳兹特意指出:"谁也不敢担保没有错误,我也许将来也有错误的。不管罗(易)维(经斯基)等的路线如何,总比我们中央有错不改要好些。不管国际代表有无错误,主要的还是中共中央机关之健全。只要我们是革命的机关,纵然国际代表有错也是不十分严重的。最重要的还是我们如何能实行国际的指导。"②

---

① 《国际代表罗明纳兹的报告》,载《八七会议》,中共党史资料出版社,1986年版,第54页。
② 《共产国际代表罗明纳兹的结论》,载《八七会议》,中共党史资料出版社,1986年版,第67页。

为了维护莫斯科的权威,罗明纳兹甚至连批评国际代表都不允许。而他的这一番话,更是完全脱离实际的强词夺理。

由罗明纳兹起草的《中国共产党中央执行委员会告全党党员书》,在会上被原则通过。这份文件指出:国民政府已经从革命的政权机关变成了资产阶级的反动的执行机关,变成了军阀的工具。以汪精卫为首的小资产阶级政治家,因恐惧革命的发展而背叛了国民党的主义,完全走进资产阶级的反动营垒。国民党中央执行委员会的大多数已经背叛和出卖了革命的国民党的光荣旗帜。

为什么轰轰烈烈的大革命会遭到如此惨重的失败?文件认为:是中国党的指导机关犯了错误,执行了"客观上出卖革命的机会主义"的错误方针。中国党犯错误的根源是不了解中国革命的性质,不了解各阶级在每一个革命阶段里的作用,以及共产党的作用,在理论上、实践上违背了共产国际的根本原则。

这样一来,大革命失败的责任就完全归于陈独秀为首的中共中央了。

罗明纳兹不仅将大革命失败的责任一股脑儿推到陈独秀和中共中央身上,而且武断地表示:不许任何人推翻这个结论。文件宣布:"谁要替这种机会主义辩护,或者主张继续这种机会主义,他便永久和共产主义离别了!"①

八七会议实现了中国共产党指导思想的历史性转变。在罗明纳兹的压力下,会议承认大革命失败的责任在中共中央,而不在联共(布)中央和共产国际执委会。

八七会议选举了中共中央临时政治局。政治局第一次会议选举苏兆征、向忠发、瞿秋白、罗亦农、顾顺章、李维汉、彭湃、任弼时、蔡和森等9人为委员;邓中夏、周恩来、毛泽东、张太雷、张国焘、李立三等7人为候补委员。在8月9日的临时中央政治局的第一次会议上,选举瞿秋白、李维汉、苏兆征3人为政治局常委。

八七会议虽然在政治上、组织上乃至文字上和口头上均未提及"陈独秀"的名字,但这一点正是说明陈独秀的总书记之职被撤销。不过,也正因为在文字上没有形成对陈独秀组织处理的决议,所以陈独秀在名义上还是中共五大选举的中共中央委员。

八七会议确定了土地革命和武装反抗国民党反动派的总方针。这是一个正确的方针,是党在付出了大量鲜血的代价后换得的正确结论。出席这次会议的毛泽东在发言中突出地强调:"以后要非常注意军事,须知政权是由枪杆子中取

---

① 《中国共产党中央执行委员会告全党党员书》,载《中共中央文件选集》,3册,中共中央党校出版社,1989年版。

得的。"①

八七会议是一个转折点。它给正处在思想混乱和组织涣散中的中国共产党指明了新的出路，为挽救党和革命作出了巨大贡献。这是由大革命失败到土地革命战争兴起的历史性转变。

由于受到共产国际及其代表的"左"倾思想和党内"左"倾情绪的影响，这次会议在反对右倾错误时没有防止"左"的错误，反而容许和主张了冒险主义和命令主义的倾向。党内"左"倾情绪在这次会议上虽然只居于次要地位，但其发展给后来的中国革命造成很大的危害②，以致后来被瞿秋白发展成为"左"倾盲动主义。

八七会议召开时，陈独秀虽在汉口，但由于罗明纳兹的反对，会议没有请陈独秀参加。对于这个问题，几个当事人的看法并不一致。

李立三的观点是："临时的中央还主张他加入，但国际代表非常反对。这观点是非常正确的，因为使正当道路挽救过来，非使独秀离开不可。独秀不参加'八七'会议则挽救党脱离机会主义非常之快。"③

李维汉则认为，应该让陈独秀参加会议。他说："1927年7月间陈独秀拒绝去共产国际，实际上已经靠边站了，但八七会议主要是批判他所代表的投降主义，应当要他参加会议，允许他进行申辩或保留意见。"④

1944年3月，周恩来在延安中央党校作报告时，也发表了自己对这个问题的看法。他指出："八七会议在党内斗争上造成了不良倾向，没有让陈独秀参加会议，而把反对机会主义堪称是对机会主义错误的负责者的人身攻击。所以发展到后来，各地反对机会主义都找一两个负责者当做机会主义，斗争一番，工作撤换一下，就认为机会主义没有了，万事大吉了，犯了惩办主义的错误。"⑤

毛泽东后来也说，这种批判的方法有缺点："一方面，没有使干部在思想上彻底了解错误的原因、环境和改正此种错误的详细办法，以致后来又可能重犯同类性质的错误；另一方面，太着重于个人的责任，未能团结更多的人共同工作。"⑥

八七会议后，瞿秋白和李维汉去见陈独秀，将会议的情况告诉了他。至于这次谈话在陈独秀的心里引起多么大的震撼，陈独秀始终没有告诉任何人。我

---

① 1927年8月7日中共中央紧急会议记录。
② 中共中央党史研究室著，胡绳主编，《中国共产党70年》，中共党史出版社，1991年版，第78页。
③ 李立三，《党史报告》，载《中共党史报告选编》，266-267页，中共中央党校出版社，1982年。
④ 李维汉，《回忆与研究》，上册，中共党史资料出版社，1986年版，第166页。
⑤ 《关于党的"六大"的研究》，载《周恩来选集》，上卷，人民出版社，1980年版，第172页。
⑥ 毛泽东，《学习和时局》。

们只能从他的秘书黄文容的回忆中,窥见一斑。黄文容说:

  八七会议后的一天,瞿秋白和李维汉突然来到纸庄,一见他们,吓了我一跳,我知道一定有什么重大的事情发生了,赶紧请他们上楼,自己则留在楼下放风。大约过了一个多小时,他们从楼上下来,对我略点了点头,便匆匆离去。他们同陈独秀谈了些什么,陈没对我讲,我自然也不能问。我只是感到,谈话之后,陈显得很不愉快。那天夜里,陈独秀一直在楼上踱来踱去。一两天后,陈病倒了,情况很厉害,我不得不请来医生给他看病,整日照料他的生活。几天后,他的病好了,但情绪却无好转。

  对于陈独秀受到不公正对待和冤屈,中共五届至六届代表、中央军委代表王若飞曾5次为陈独秀仗义执言。

  王若飞曾在陈独秀的直接领导下从事党的工作,对陈独秀极为了解。他甚至说这位党的总书记虽然有缺点,有错误,但他是个对党赤诚、为人直率、正直坦荡、不搞阴谋的领导人,因此对他非常敬重和信任。

  王若飞是个坚持真理、敢于直言的正直之士。当陈独秀受到不公正对待时,他不像有些人那样看风使舵,随波逐流,甚至丧失人格,落井下石,而是胸怀坦荡,光明磊落,将个人的得失荣辱置之度外,先后5次无所畏惧地为蒙冤的陈独秀仗义执言。

  1927年八一南昌起义后,中共中央在汉口召开八七会议。当时陈独秀在汉口,有人提议要陈参加,但被共产国际新派来的代表罗明纳兹一口回绝。会议对陈独秀的错误进行了"缺席审判"。

  参加了这次会议的王若飞认为,大革命失败,"陈独秀作为党的总书记,当然要负责任,但错误不应由陈独秀一人承担,而应由共产国际和中共中央共同负责。至于批评和清算陈独秀错误的'八七'会议和十一月临时政治局扩大会议,应当让陈独秀参加,允许本人说话和辩白,分清个人责任和组织责任,这才是党内正常的政治生活和组织生活。"① 然而,王若飞的正确意见没有受到应有的重视。

  党的"六大"召开之前,共产国际要陈独秀到莫斯科参加会议。瞿秋白要王若飞劝陈独秀听从共产国际的指示去莫斯科参加会议。王若飞说:"我本赞成他去的,后来也想那边正在反对托洛茨基,他去时,一定坚持自己的意见,那

---

① 董宝瑞,《王若飞"袒护陈独秀"始末》。

时人家会为了打击托洛茨基的原故来打击他。"① 所以，王若飞认为，"八七"会议和11月会议不让陈独秀参加是不对的，陈独秀据此不愿到莫斯科出席会议是"有部分理由的"。②

1928年6月21日，王若飞在党的"六大"会议上发言时，在谈到陈独秀为什么没有出席会议时说："独秀同志之不来，据我的观察，因在'八七'前后受大毛子严厉地处置，不许他参加'八七'会议，11月的会议也不让他参加，又逼他速走。当时俄国党内又是与反对派争论最厉害的时候。独秀同志以为国际是决定牺牲他以维持中国党指导机关威信，又不放心他在国内，恐他发表议论产生不好影响；他以为到了国际横竖是无用的人，或者还附加一个'托洛茨基派'的名号更辨别不清，所以表示不来，……此次国际要他来，他又联想'上两次不许他参加会议'，联想到'维持中国党中央威信问题'，以为到莫（斯科）亦未必能到大会。"王若飞的发言不仅实话实说，入情入理，而且一反当时党内对陈独秀的敌视态度，口口声声"独秀同志"，还毫无顾忌地在莫斯科召开的大会上将大权在握、炙手可热的共产国际代表蔑称为"大毛子"，没有相当的胆量和勇气是不敢这样做的。

最后，王若飞心情沉重、满怀忧虑地指出："党内潜伏发展的上层同志间意气之争是于党非常有害的，我很痛心我们同志的攻击不向着敌人而向着自己内部，我并不是故意要袒护过去犯错误的人，而是反对勉强的分化，反对无教育的纪律，总要使这般做过错事的人有革命的出路，有工作表现的机会。我们蓄积政治经验的人是太少了，敌人已杀了我们不少，我们自己不好再乱糟蹋。"③王若飞一席沉痛的竭忠直言，掷地有声，催人泪下。

陈独秀虽然憎恨反动派的血腥屠杀，却悲叹自己无回天之力；时下又被免除最高领导职务，且不让他参加"八七"会议，他于心不甘，却又不能不面对现实。他悲愤不已，只得将复杂的心绪凝于笔端，写就一首《献诗》，刊登在他编辑的《革命文学史》一书卷首上，表现了他对国民党右派叛变革命、屠杀人民的罪行的悲愤之情：

> 是太平洋的急潮怒号，
> 是喜马拉雅山的山鬼狂啸；
> 美满的呀、美满的人间，
> 已经变成了苦闷的囚牢！

---

① 陈志凌等，《王若飞传》，第100-101页。
② 陈璞平，《陈独秀之死》，第95页。
③ 董宝瑞，《王若飞"袒护陈独秀始末"》。

>我的灵魂飞上了九霄,
>俯瞰人间的群众颠沛如涛;
>宛如被射了双翼的群雁,
>垂死的哀鸣;血泪滔滔。
>那畜辈的良心早泯,
>只知把民众作肉食血饮;
>我们要恢复固有的幸福,
>呀,但有我们自己的觉醒。①

032. 白发人送黑发人

陈独秀被解除职务后,秘密地回到上海研究文字学,然而,作为职业革命家,不管遇到多大的挫折、沉浮,他是永远不会撒手不问政治的,不会甘于寂寞。他研究文字学的同时,一直在密切注视着中共中央政治局的发展,认真阅读党的文件,紧张地思索现在面临的各种问题。于是,他先后给中央写了几封信,阐述他对时局的看法与态度。但那时中共中央正在盲动主义错误路线统治时期,对于他的意见,不仅不予理睬,中央有些人竟把他的意见当作笑料到处宣传。时任江苏省委组织部长、五届中央委员的陈乔年,一天特地到他父亲隐居的住处将此情况告诉陈独秀:

"父亲,你就好好地研究文字学吧,不要再给中央写信了。你知道吗?中央里有人对你的态度很不好,把你的信当笑料,一面看,一面骂,根本不理睬你的意见,何必自讨没趣?"

这次,陈独秀倒听了儿子的教训,无言以对,暂时不给中央写信了。

在上海赋闲的日子里,陈独秀苦闷彷徨,不由得想起在腥风血雨中,惨遭蒋介石杀害的长子陈延年,不禁悲从中来。

陈延年(1899-1927),1922年加入中国共产党,是中共旅欧支部的领导人之一。1924年12月任中共两广区委书记,领到了1925年的省港大罢工,1927年任中共浙江省委书记、中共江苏省委书记,在党的五大上,与弟弟陈乔年同时选为中央委员,他被选为中央政治局候补委员。毛泽东对陈延年的才华极为推崇,据筱林的回忆:"1926年某一天晚上,我寄寓在毛泽东家里,他赞美陈延

---

① 辛平,《陈独秀秘书黄玠然谈大革命前夜的陈独秀》,载《炎黄春秋》,1997年第1期。

年的天才:'在中国,本来各种人才都很缺乏,特别是在CP党内,因为CP的历史根本没有几年,所以人才就更缺乏。像延年,的确是不可多得的人才。在许多地方,我看出他的天才'"。"那晚,萧楚女也接着称许陈延年的才干。由于他们两位对陈延年的推崇,使我想起了1925年9月9日我第一天到黄埔军校的那个晚上,与政治部的鲁易、杨其纲两人谈起广东的党务,他们也是一致地推崇延年。"①1927年6月,在蒋介石发动"四一二"反革命政变后1月余,陈延年遭国民党反动派逮捕,7月被杀害于龙华。在刑场上拒不下跪,站着被乱刀砍死。遇难时年仅28岁。他实践了生前的豪言壮语:"一

陈延年

个共产党员的牺牲,胜过千万张传单。如果怕死,就不要做共产党员。"噩耗传来,如同晴天霹雳,住在武汉的陈独秀悲痛欲绝,心在泣血,痛骂蒋介石不仁不义,誓与他不共戴天!

长子的牺牲,使陈独秀悲愤交加,悔恨不已。陈延年遭杀害,是自己违心地服从共产国际的命令、被迫退让而付出沉重的"代价"呀!想到这里,他更是肝肠寸断,心如刀绞。他尽量将悲痛压在心底,尽管秘书黄玠然深情地安慰和劝道,他仍心绪难平,一个劲儿默默抽烟,让心中的块垒随烟雾飘散。

他一路颠簸,从汉口来到上海,见妻子高君曼泣不成声,在家中为延年设了灵位,便悲戚地问道:"延年的遗体收到了没有?"

妻子哽咽回答:"没有。"

"怎么回事?"陈独秀急不可耐地追问。

"他死得很惨,组织上托人收尸,蒋介石已有指令:不准收尸。据监狱里传出消息说,特务要他供出党的地下组织名单,他誓死不泄露党的机密,受尽了各种酷刑,最后是被分尸惨死的。"高君曼泪流满面地说着。

陈独秀听了,终日沉默不语,闭门谢客。妻子怕打扰他也不敢同他讲话,更不敢提起陈延年牺牲的详细惨状。

祸不单行,人间不幸的悲剧接踵而至,无情地压在陈独秀头上。他的长女

---

① 《现代人物印象记》,载《社会新闻》,第7卷,第20期。

筱秀，在安庆家乡惊悉哥哥延年惨死在敌人的屠刀下，便火速赶到上海，由于劳顿，暴死在上海医院。陈独秀遭受雪上加霜的一连串横祸，更加心绪难平，好友汪孟邹反复劝慰，也无济于事，他欲哭无泪，在天旋地转中艰难度日。

八七会议后，尽管陈独秀从中共最高"宝座"跌落到低谷，儿女双双离开人间，但蒋介石仍不放过他，悬赏3万元缉拿，他百般无奈潜伏上海过着度日如年的隐居生活。

斗转星移，光阴流逝。1928年6月6日，又传来陈独秀的次子、中共五届中央委员、江苏省委组织部部长、中央组织部副部长陈

陈乔年

乔年被国民党反动派杀害于上海枫林桥的噩耗，而且与延年一样尸骨难寻，牺牲时年仅26岁，英勇就义前，乐观地对大家说："让我们的子孙后代享受前人披荆斩棘的幸福吧！"在不到一年的时间里，陈独秀3个亲生儿女相继离他而去，且自己从党的最高领导职位上跌落成一介书生。四祸临头，人间灾难，堪称世间罕见。

时至1936年12月12日，"西安事变"发生后，陈独秀在南京监狱中获悉蒋介石被捉的消息，顿时满以为蒋介石的生命难保了，高兴得像孩童一样，托人打酒买菜。他平生滴酒不沾，今天要为报仇雪恨、为死难烈士尽情痛饮。当他斟第二杯酒时，情不自禁地呜咽起来：

"延年啦乔年，为父的为你俩酹此一杯。"

他老泪纵横，痛哭流涕，别人劝他节哀，他哽咽着说："人非草木，孰能无情！"

是呵！横祸连连，不管降到谁的头上，怎能不肝胆俱裂，潸然泪下？

033. 自命"撒翁"

八七会议后,陈独秀思想情绪上不免有些波动,曾一度迷惘、彷徨,自命为"撒翁",但他对革命的前途从未消极悲观,对国事党事,仍然十分关心,欲罢不能,"撒翁"始终没有撒手。

然而,长期以来,学术界流行着一种传统说法:陈独秀在大革命失败后,对革命前途悲观失望,逐渐变成了"取消主义者"。事实并非如此。

在八七会议和11月会议所有通过的决议案中,都没有明确点出陈独秀的名字,更没有将他的名字与"机会主义"联系在一起,只是笼统地批评"中央指导机关"的"机会主义"。

郑超麟曾分析过其中的原因,他说:当时在中央工作的同志,尤其是瞿秋白,都认为大革命失败的责任,不能由陈独秀一人来负;都明白陈独秀退出领导岗位,完全出于共产国际的命令。①

陈独秀自从来到上海后,便称自己为"撒翁",似乎准备做一个撒手不问政治的寓翁。他开始也确实作了一些拼音文字的研究工作,但与他熟知的人都认为,他不会从此在政治上消沉下去。郑超麟回忆说:

左:陈独秀　右:尹宽

> 到上海后,他专心研究中国文字拼音化问题,除他以外没有一个同志对此问题有兴趣。有人去找他,说了几句话,他就把这个问题提出来。遇见湖北人时,他问这几个字湖北音怎样读;遇见广东人时又问那几个字广东音怎样读。为了研究江浙读音,他还请我带他到沈雁冰家里去。我们对于他这个文字工作有种种猜想。尹宽认为他这事情同《汉书》里的曹参颇为一般,人家去见曹参有所建议时,曹参总是醉人以酒,以堵塞建议者之口。总之,当时没有人相信他认真重视这

---

① 《郑超麟回忆录》,东方出版社,1996年版,第158-159页。

个文字工作的。①

陈独秀在拼音文字研究方面取得了不小的成果，撰写成《中国拼音文字草案》。然而，这并不说明他确实从此潜心搞起了拼音研究。当时经常与他接触的张国焘说：

> 隐居中的陈独秀先生，对于时局是时刻关注着的，他谈到宁汉合流的经过；蒋介石的下野（1927年8月15日），特别委员会成立所引起的争执，讨伐唐生智战争的发生以及汪精卫等所发动的护党运动等等。这些国民党内部纷争的内幕，他都了如指掌。②

此时陈独秀确实没有撒手不问政治之意。作为一个爱国者，他的道德和良心不时催促和提醒着他，在中国革命和中国共产党面临艰难的时刻，不能置身事外，不能保持沉默。从他当时写的一首诗里，我们就可以看出激荡在他胸中的激情：

> 快放下你们的葡萄酒杯，
> 莫再如此的昏迷沉饮；
> 烈火已将烧到你们的脚边，
> 你们怎不起来自卫生命？
> 呀，趁你们的声音未破，
> 快起来把同伴们唱醒；
> 趁你们的热血未干，
> 快起来和你们的仇敌拼命！
> 在这恶魔残杀的世界，
> 本没生趣之意义与价值可寻；
> 就是死呀，死后也得安心。
> 苏维埃的列宁永生，
> 孙中山的精灵不冥；
> 热血未干的朋友们呀，
> 莫忘了你们尊贵的使命！③

陈独秀的诗既是激励他人，也是鞭策自己。

此后，陈独秀见诸行动，他应瞿秋白的邀请，拿起了他最有力的武

---

① 《郑超麟回忆录》，东方出版社，1996年版，第186-187页。
② 张国焘，《我的回忆》，2册，现代史料编刊社，1980年版，第363页。
③ 安庆市陈独秀学术研究会编注，《陈独秀诗存》，安徽教育出版社，2003年版，第161页。

器——笔。

陈独秀以"撒翁"的笔名,在中共中央机关刊物《布尔塞维克》杂志上主持"寸铁"栏目,发表针砭时弊的小短文。从1927年10月24日的创刊号到1928年2月27日的第19期,共写了140多篇杂文,几乎每期都有他的文章。他以笔作刀枪,向国民党反动统治展开猛烈攻击。他的文章或抨击国民党违背孙中山先生的三民主义和三大政策,屠杀共产党人和革命志士,压制工农群众运动的反动行径;或揭露国民党统治的黑暗;或讥讽国民党统治下的时局;或批判蒋介石、汪精卫等人的反动宣传……总之,凡是他认为不满、不平的事,尤其是有关国民党方面的事,都会以犀利而尖锐的语言给予评论。

为了抨击新军阀割据的状况,陈独秀在题为《滑稽的禁令》中写道:"广东的民政财政必属之李济深,两湖的民政财政必属之唐生智,河南的民政财政必属之冯玉祥,浙江的民政财政必属之何应钦,江西的民政财政必属之朱培德,这种军人割据的状况,国民党和北洋军阀没有两样;然而南京的所谓国民政府,方通令各军长官,严谨干涉民政财政,可谓滑稽之至!"①

陈独秀大肆嘲讽蒋介石的所谓国民革命已经成功"三分之二"的说法。在《国民党眼中的革命成功》一文中,他辛辣地指出:"自从国民党清党反共,遏止民众的革命高潮,以前所得的收回汉浔租界这一点小小胜利,英帝国主义者都要乘势推翻。国民革命的成功在哪里?蒋介石在神户讲演说:'国民革命之大业,今已成功三分之二。'他显然是指中国三分之二的地方已经挂了青天白日旗。从前挂上五色旗便算是共和国成功,现在挂上青天白日旗便算是国民革命成功,哈哈!革命大业原来是如此吗?或者是国民党眼中的革命成功不过如此!"②

除了在《布尔塞维克》发表小短文外,陈独秀还在其他报刊上发表文章。如在1927年12月26日的《上海工人》第43期的夹缝中,他就发表了一篇讥讽国民党的顺口溜——《国民党四字经》:

> 党外无党,帝王思想;
> 党内无派,千奇百怪。
> 以党治国,放屁胡说;
> 党化教育,专制余毒。
> 三民主义,胡说道地;
> 五权宪法,夹七夹八。

---

① 《布尔塞维克》,1卷,1期,1927年10月24日。
② 《布尔塞维克》,1卷,4期,1927年11月14日。

建国大纲，官样文章；
清党反共，革命送终，
军政时期，军阀得意；
训政时期，官僚运气；
宪政时期，遥遥无期。
忠实党员，只要洋钱；
恭读遗嘱，阿弥陀佛。

  陈独秀虽然被置身于中国共产党的领导集体之外，但他对党的工作仍然十分关注。他看到，八七会议以后，党虽然领导了许多次武装起义，但都遭到挫折。他认为，这是儿戏暴动的行为，不符合马克思主义，也违反了列宁关于暴动的遗训。①

  中央11月扩大会议后，陈独秀看到了会议的有关文件。他从文件的字里行间中，感到党内的"左"倾苗头正在滋长。他不同意中央关于国民党的统治根本不能稳定的观点，也不同意直接组织政治的、军事的暴动，而忽视经济的斗争。他意识到，如果按照文件的精神去做，中共及其领导的革命力量会处于更加危险的境地。

  作为中国共产党的首位创立者，作为长期担任党的主要领导人的陈独秀，他抱着对党负责的态度，不再顾及是否会被人说是贩卖"机会主义"，毅然于11月12日致信中共中央政治局，谈了自己对当前形势和党的任务的看法。

  陈独秀在信中指出：国民党虽然不能长久巩固自己的统治，但眼前还不至于崩溃，共产党以群众的力量推翻国民党、夺取政权的时机尚未到来。所以，对工农运动，在不回避政治斗争的前提下，应偏重经济的斗争，以发展我们的实在力量。只能以暴动为不得已而用的方法，而不可以为目的，此时更不可存"以暴动取得政权"的幻想。在城市，万万不可随便做政治的暴动，尤其是在上海。

  陈独秀不赞成发动农民举行武装起义。他认为，党在农村的政策应该提出"四不"：不缴租，不完粮，不纳捐，不还债。这样简单明了的口号，容易唤起广大的农民群众，而且又可以在全国通用。他指出："我们此时若不用最彻底适合于农民自身经济利益的口号深入农村广大的群众，而只是幻想政治的暴动，暴动失败了（当然的失败），我们什么都得不着；并且还会因此使农民离开我们，

---

① 张国焘，《我的回忆》，2册，现代史料编刊社，1980年版，第364页。

使国民党有组织黄色农民协会的可能。"①

这封信刚写好,他又看到了《中央通告第 13 号》。这个通告说,南昌起义后,中国革命已经进到武装暴动以创建苏维埃政权阶段。陈独秀对此持有不同看法。于是,他又立即给中央常委写信,提醒他们:共产国际的决议多次指出,认为民族革命已告终,另一革命即工农革命已开始,这种见解是错误的。而中央在通告中却提出中国革命已进入武装暴动的工农革命。他问:中央如此提出,是否因为共产国际已经改变认识?鉴于自己以前的教训,他提议:"我以为现在的革命性质及吾党政纲亟须确定,应速速由中国党起草送国际批准。"因为,"此问题不弄清楚,将来的政策,又会有异见发生。"②

中央常委收到上述两封信后,于 12 月 9 日给陈独秀写了复信。信中首先对能接到陈独秀的信表示"非常之欣慰",接着明确表示不能同意陈独秀对当前形势、工农暴动等问题的看法。

关于当前形势,中央认为,国民党由于内部派别林立,互相倾轧,矛盾重重,已不能巩固其政治。目前的任务是发动一切武装暴动,夺取政权。革命的形势是无间断的形势,是比较长期的斗争。所以,说中国可以由某地工农暴动以夺取政权的时机已到,固然是错的,但像陈独秀所说的"以群众力量扫荡国民党而夺取政权的时机还未到",则也有"语病"。

关于工农运动中的经济斗争,中央表示不同意陈独秀所说的"以暴动为不得已而用的方法,而不可以为目的,此时更不可存以暴动夺取政权的幻想"的说法。中央指出,农民群众在现在的阶段,已经分不开经济的与政治的,用陈独秀所提的"四不"口号发动农民群众是非常必要的,然而要实现"四不"便必然走向暴动。因为农民群众不拿起武器暴动,统治阶级是不许实现"四不"的。中央认为,陈独秀提出的应当主义经济斗争,以经济斗争进行政治斗争,不应当只注意军事行动,这是对的。但说只准备做经济斗争,而不要指出夺取政权的目标,这就不对了。

至于陈独秀所担心的中央在中国革命性质问题上是否与共产国际的提法一致,中央并未作详细的解释,只是回答:中央 11 月扩大会议已经说明。中央认为陈独秀会明白,11 月扩大会议是在共产国际代表指导下召开的,有关决议并不是中央随便作出的。③

---

① 《陈独秀来信》,1927 年 11 月 22 日,载《中共中央文件选集》,3 册,中共中央党校出版社,1989 年版,第 554-555、556 页。
② 同上。
③ 《中共复陈独秀函——关于革命形势的估计和暴动问题》,1927 年 12 月 9 日,载《中共中央文件选集》,3 册,中共中央党校出版社,1989 年版,第 550-554 页。

当时瞿秋白等人虽然不同意陈独秀的一些看法，但他们还是心平气和地与陈独秀探讨中国革命的有关问题，回信的用词也是经过慎重考虑的。

正是瞿秋白等人的这种态度使陈独秀受到极大鼓舞。12月13日，陈独秀又写信给中央，对广州起义时提出建立"工农政府""独裁政府""苏维埃政府"等口号，提出不同意见。他认为，这些口号如果离开"无产阶级独裁"，并无特殊的意义。

总之，此时陈独秀虽然离开领导岗位，但仍一如既往关心中共中央的工作，他深谋远虑，从实际出发，直言不讳地提出自己的见解。后来的事实证明，他的意见，堪称远见卓识，经受了实践和时间的检验。

他以大无畏的勇气和胆识，坚持反帝反封建和反对国民党反动统治的斗争。在这个革命根本问题上，陈独秀不但不反对不取消，而且内心仍充满着无限怒潮和激情，如1927年10月至1928年2月，他在为党中央机关刊物《布尔塞维克》所写的151则"寸铁"杂文里，他愤怒地谴责蒋介石、汪精卫背叛革命、出卖祖国的可耻行径。他以讽刺的口吻指出："蒋介石的进步真快呀！现已由赤军首领一变而为反赤的国民党基督将军，再变将不知要成为什么东西？""汪精卫继冯自由、陈廉伯、杨希闵、蒋介石之后而成为第五代反共者。""国民党已为帝国主义镇压革命而求得帝国主义的信任了。"这就向全国人民指明，以蒋、汪为首的国民党反动派已变为帝国主义的走狗而成为中国人民的头号敌人。再如前面所述1927年11月，他在刚出版的《革命文学史》卷尾的一首致读者白话诗中写道："同志们！趁你们的声音未破，快起来把同伴们唱醒；趁你们的热血未干，快起来和你们的仇敌拼命！在这恶魔残杀的世界，本没生趣之意义与价值可言；只有向自己的仇敌挑战，就是死后也得安心。热血未干的朋友呀！莫忘了你们尊贵的使命。"这种呼喊，这能说明陈独秀对革命悲观消极了吗？陈独秀对国民党的斗争，直到1932年被捕，不论在牢狱里或法庭上都没有停止过。

对中国革命形势的发展以及中国革命面临的各种问题，他依然十分关注，并认真进行探索与思考，及时向中央提出意见和建议。

自1927年11月12日至12月13日，在革命紧急关头，他连续3次致函中共中央，对当时革命形势、性质和路线方针政策，提出了许多正确的意见和看法。

在第3封信里，对广州暴动（12月13日正值广州起义）表示赞赏；认为"无论成败，都是应该做的"。并提出五条建议：①在广州的非战斗员，应悉数遣到有农民暴动之可能的地方，迅速促其暴动，立即解决农民的经济问题及病苦事件；②广州政权用"工农兵平民（贫民亦不妥）代表会议政府"似较妥当；"工农政府、苏维埃政府、独裁政府",我殊不以为然。③关于国民党问题,可与其一派或个人实行党外合作。为保护新政权起见,反帝行动要谨慎。④苏俄同志,此时最好不要赴粤参加工作,可选有革命经验者数人,组织一委员会,帮助党中央。陈独秀的上述意见认为:武装暴动在有利的条件下可以进行;胜利后应立即转入农村,把工人武装与农民运动结合起来;新政权应以工农平民代表会议为主;在一定条件下可与国民党一派或个人合作(如当时的谭平山第三党等);这些观点不仅是正确的,而且也是难能可贵的,无奈未为当时中央"左倾"领导所接受。

第十一章　创建者被开除出党

034. 拒绝赴苏联

大革命失败后，联共（布）中央和共产国际执委会有人认为，如果在此前能够让陈独秀到莫斯科来，共同商讨中国革命问题，共产党就不会遭到如此惨败。共产国际执委会东方书记处副主任索洛维约夫于1927年9月5日给联共（布）中央政治局中国委员会的一封信中写道："早在去年秋天，维经斯基同志就和陈独秀一起提出后者来莫斯科参加共产国际执委会第七次扩大全会并短期呼吸一下莫斯科的空气和情绪的问题。后来，已是在今年春天，又提出了陈独秀来莫斯科的问题，以便他能回国后参加中共第五次代表大会。这两次，问题都被否决了，没有同意让陈独秀来莫斯科，也没有同意让维经斯基来莫斯科。很可能，如果当时陈独秀来莫斯科的话，就可以和他一起制定中国党较为正确的路线。"①

索洛维约夫的信引起了斯大林等人的重视。9月15日，联共（布）中央政治局会议在听取了温施利赫特、加拉罕、布哈林关于中国问题的报告后，就有关问题作出了几项决定，其中有：同意中国共产党关于派中共代表来莫斯科的决定，认为最好让陈独秀同志来莫斯科，并将此问题交由共产国际执委会政治书记处作最后决定。②

遵照莫斯科方面的指示，瞿秋白、李维汉等人多次劝陈独秀去莫斯科，但陈独秀却坚持不去。自陈独秀离职后，新任中央领导人和陈独秀之间一直保持着良好的关系。现在为了陈独秀去不去莫斯科的事，由于意见不一致，每次见面都不欢而散。

陈独秀之所以拒绝去莫斯科，起初的原因很简单，这就是他对斯大林等人

---

① 《共产国际、联共（布）与中国革命档案资料丛书》，7卷，中央文献出版社，2002年版，第33、70页。

② 同上。

将错误一股脑儿推到他和中国党身上的做法十分反感。他曾对人说，国际为挽救威信，牺牲了他和谭平山。①

1928年春，中共中央向共产国际提出，希望尽快召开党的六大，并且希望会议能在苏联境内举行，因为代表大会在中国召开非常困难，其原因是："首先由于要冒遭受破坏的危险，其次是因为这里没有共产国际执委会的重要代表，第三是因为环境不安宁会带来焦躁情绪，不可能心平气和地、认真的进行工作。"②

2月22日，联共（布）驻共产国际执委会代表团召开会议，讨论了中共中央的要求。正在这时共产国际也认识了中共中央盲动主义的"左"倾性质，有意纠正，并为此指示中共中央筹备召开第六次全国代表大会。会议决定在4月底或5月在西伯利亚境内召开中共六大。③

鉴于中共六大所负的历史使命，共产国际和中共中央决定将陈独秀、张国焘、彭述之、蔡和森、罗章龙、邓中夏等6人作为特邀代表参加会议。

为了争取陈独秀能够赴会，共产国际驻华代表和瞿秋白亲自找陈独秀谈话，并动员王若飞、黄文容、郑超麟也去做说服工作。

陈独秀理直气壮地说："中国人的问题中国人最了解，我是中国人，我要研究中国的问题，为什么不能在中国研究而要到莫斯科去研究？这是排挤我这个老头子，党要牺牲我们两个人，一个是我陈独秀，一个是谭平山，因为我们两人年龄大些。"

陈独秀坚持不去莫斯科，李立三便对黄玠然说："你多找陈独秀谈谈。"

黄玠然对此信心不足，说："我试试看吧。"

黄玠然问陈独秀："你为什么不去？到苏联研究中国问题比在上海好。"

陈独秀仍然回答："有什么研究哇？又没有中国的材料。"

第二天，黄玠然把陈独秀的话告诉了中央，瞿秋白回答："你告诉他，他要研究什么，我们给他送材料，要什么书，我们帮他送什么书。"

陈还是不同意，说："这样费事，不如在中国研究。"

黄玠然不耐烦地说："一个党员要不要服从党？"

陈独秀很不高兴，半天没有吭声。黄玠然知道陈独秀的脾性，不便再说，室内一阵寂静。

---

① 李立三，《党史报告》，载《中共党史报告选编》，中共党史出版社，1982年版，第271页。
② 《米特凯维奇给共产国际执行委员会的信》，1928年1月于上海，载《共产国际、联共（布）与中国革命档案资料丛书》，7册，中央文献出版社，2002年版，第294页。
③ 会议的决定是："不反对中国共产党于4月底或5月中在西伯利亚境内召开代表大会。"参见《共产国际、联共（布）与中国革命档案资料丛书》，7册，中央文献出版社，2002年版，第334页。

隔了几日，黄玠然又提到去莫斯科的事，因为是中央交给的任务。陈独秀怀疑有人指使黄玠然，对黄玠然的话不理不睬，或者当场反驳。

黄玠然想，我们两个人一天到晚在一起，既没什么其他工作好做，又没有其他问题研究，你这么严肃干什么。黄玠然不想干了，便对陈独秀说："我还是做点工作干点别的。"不久，黄玠然调到党报，和郑超麟一起编辑《布尔塞维克》。

与此同时，关于陈独秀可能另组新党的说法也传到莫斯科。这些情况引起了莫斯科对陈独秀的猜忌。而接下来他对"中东路事件"的看法，更加剧了联共（布）和共产国际对陈独秀的不满。

中共中央对中东路事件的宣传，是在驻上海的共产国际执委会远东局指导下进行的。中东路事件发生后，远东局不顾上海严重的白色恐怖局面，要求中共中央在 8 月 1 日组织罢工和游行示威，制造"拥护苏联"的政治气氛。后来，中共组织了 1800 人参加的游行示威，并且发动 7000 名工人举行罢工。但远东局成员对这个结果很不满意，仍要求中共中央"更加大胆地开展保卫苏联和反对压迫中国劳苦群众的帝国主义和国民党的日常群众性运动"，"在作坊、工厂、协会、俱乐部、农村、庄园和学校举行的每次会议，最后都要作出决议和选出委员会。委员会的名称可以各种各样，如'保卫苏联委员会''苏联之友委员会'等"。

由于远东局将"保卫苏联"放在中国共产党工作的重要地位，对陈独秀与中共中央关于中东路事件的争论格外注意。远东局认为，陈独秀不同意中共中央的宣传口号，实际上就是不同意共产国际的宣传口号。在远东局的一份决议中这样写道：

> 陈独秀同志表达了最右倾机会主义的，而且常常也是反革命的观点。关于中东路问题，他给中央写了几封信，还散发到党的基层组织。在这些信中，陈独秀反对提出保卫苏联的口号和就此问题由党组织群众大会和示威游行。陈独秀以所谓中国工人在政治上不成熟和不理解这样的口号和这种机会主义理由来掩饰他的机会主义的左翼国民党观点。

陈独秀在中东路问题上对中央的建议，是纯粹从宣传的策略方面来讲的。但当联共（布）、共产国际对全世界人民都在舆论和行动上支持和拥护苏联的情况下，在中共中央全力遵照国际指示精神办事的情况下，任何人提出不同意见都会被视为犯了大忌，更何况是陈独秀这个本来就被贴上"机会主义"标签的人。就这样，加剧了共产国际对陈独秀的反感和不满。

郑超麟后来也回忆过当时的情况。他说：陈独秀最终没有去莫斯科，当然也没有参加中共六大。

1928年5月，中央派人通知陈独秀，请他参加六大，被直接点名出席大会。

张国焘问陈独秀去不去，陈独秀说："八七会议对我批评如此严厉，足以证明共产国际早有牺牲我的决心，即使出席也势难挽回。"

张国焘也不想去，八七会议他由临时政治局委员变成候补委员，不久，候补委员也被撤去。但陈独秀劝他去，说："你和我不同。"

张国焘问到对六大态度，陈独秀表示，如六大成绩不错，自己将不持反对态度。陈独秀在张国焘面前分析，第六次代表大会将改正瞿秋白的盲动错误。

1928年6月，中共六大在莫斯科郊区兹维尼果罗德镇附近的一座乡间别墅举行。参加会议的有瞿秋白、周恩来、蔡和森、李立三、王若飞、项英、关向应、向忠发、邓中夏、苏兆征、张国焘、汪泽楷等人。不少代表问陈独秀为什么没有来参加？

瞿秋白解释说，我们和国际一直劝陈独秀来莫斯科，罗明纳兹也是这个意见，但陈始终不肯。至于大革命失败责任问题，中共中央应负责，而不能诿过于共产国际，还是要责怪我们自己。

王若飞发言时反对把错误推在陈独秀一人身上，认为应该由党中央集体负责，并提名陈独秀为中央委员。1927年11月中央临时政治局在上海开扩大会议时，王若飞在会上反对不让陈独秀参加会议的做法。

六大后，对陈独秀没有再分配工作，仅保留了党籍。

据濮清泉回忆，当时陈独秀还有另一种表示："1927年，第三国际要他到莫斯科去，并给东方部长的职位……他说你们骂我是右倾机会主义，还有人骂我叛卖革命，在这种情况之下，要我到莫斯科去当什么东方部长，岂非揶揄。我不愿当官，更不能当一个被人牵着鼻子走的牛。对你们的好意，敬谢不尽……他说顽固不是我的性格，我认为对的，我是要坚持的……但是我知道错了，我并不顽固。把不合理的罪名加在我的身上，纵要我人头落地，我也不会承认。"①

中共六大后，共产国际仍希望陈独秀能够到莫斯科去。7月24日，共产国际执委会东方书记处副主任米夫给上海的共产国际执委会国际联络部驻华代表阿尔布列赫特的电报中提出："请再次邀请陈独秀来莫斯科。我们保证他能够从事理论工作和返回中国。"②

8月15日，阿尔布列赫特在写给共产国际执委会的信中，谈到了他落实

---

① 郑超麟，《陈独秀与托派》。
② 《共产国际、联共（布）与中国革命档案资料丛书》，7册，第513页。

米夫电报的情况。他在信中写道:"根据你们的电报,我曾想同老头子(指陈独秀——引者)谈他去你们那里的问题。我本人未谈成。但我们的一个朋友见到了他。他声称:'现在没有这个必要。'等瞿秋白和周(恩来)回来后,他再决定这个问题。"①

035. 1929 年,被开除党籍

1929 年春,上海四川路西边老耙子路(今武进路)华洋交界的一个弄堂陈独秀寓所来了一位年轻人,来人称陈独秀为舅舅,舅舅看了半天,才认出是大姐的儿子吴季严。

吴季严说:"我从莫斯科东方大学回来。"

陈独秀一听外甥从苏联回来,忙说:"坐下,坐下,给我说说苏联的情况。"

吴季严说:"1926 年 7 月,托洛茨基和季诺维耶夫结成联盟,反对共产国际和联共(布),今年 2 月,托洛茨基被驱逐到土耳其去了。"

陈独秀给吴季严沏了一杯茶,叫他往下说。

"东方大学不少中国留学生都受到牵连,被开除党籍好几百人。"

"你也是受牵连的?"

吴季严点点头,说:"斯大林在苏联没有威信,老百姓叫他'专制暴君''红色沙皇'。"

"真有此事?"陈独秀睁大了眼睛。

"斯大林不适合任总书记,托洛茨基适合,列宁在逝世前曾有一份遗嘱,说斯大林性格暴躁,处事专横,不适合当党的总书记,应另选一个适当的人。托洛茨基才华出众,在十月革命中立下功勋,他深受人民拥护。"②

陈独秀将椅子往前拉了拉,说:"讲下去,讲下去,我很爱听。"

吴季严将他在苏联所见所闻,在陈独秀面前眉飞色舞地讲了一通。临走,还将托洛茨基的书丢下几本。

1928 年秋,原江西省委书记汪泽楷(江西人)从苏联回来,告诉陈独秀六大情况,劝陈独秀反对党中央,陈独秀表示"我不来,我要来时就另外创造一个新党"。后接到留在莫斯科的王若飞转来的信,劝他不要消极。陈独秀那时对

---

① 《共产国际、联共(布)与中国革命档案资料丛书》,7 册,第 513 页。
② 朱文华著,《陈独秀评传——终身的反对派》,青岛出版社,2005 年版,第 219 页。

托洛茨基观点还不感兴趣。

吴季严走后,陈独秀急急看起托洛茨基的文章,这时他才发现,在中国大革命的许多问题上,托洛茨基许多观点与自己不谋而合。

托洛茨基在书中写道:"中国共产党中央委员会要求党从国民党中退出,并通过它的左派和这个组织联合,证明是无比正确的提案";"蒋介石四一二政变系斯大林、布哈林机会主义妥协路线所造成"等。

陈独秀读了托氏文章,像注入兴奋剂,精神十分亢奋,一夜没有睡意。

然后,陈独秀去昆明路上去拜访彭述之、汪泽楷。

彭述之从书案上翻出两本小册子递给陈独秀,见是托氏的《中国革命的阶级关系》和《中国革命和斯大林的提纲》,陈独秀迅速地翻了起来,说:"我那天从我的外甥处也看到了一些,我完全同意托洛茨基的基本观点。"

彭述之告诉陈独秀,离郑超麟家很近的新宇宙书店,是在中山大学学习回国的中国托派学生办的,这些材料就是尹宽向他们借的。

陈独秀问:"你是讲'我们的话派'?"

"是的,这些人中有一个梁干乔,看样子很能干,据他自己说,他在中山大学学习期间见过托洛茨基。托洛茨基叫他回中国组织小组织。"

"这个人我听说过,听说是去年底被遣送回国的。"

"明天我们约汪泽楷去蔡振德处坐坐?"

"好,再叫上郑超麟、尹宽。"

彭述之说:"你年纪大,不如我去叫他们到我家来。"

陈独秀点头答应了。

6月,党中央发现了陈独秀的行为,总书记向忠发和组织部长周恩来去陈独秀家中,劝他回到党的路线上来,陈独秀未予接受。同月,中共中央召开六届二中全会,提出对托派小组织,"必须坚决予以制裁"。

此外,周恩来起草了中央通告44号《关于中国党内反对派问题》,指出:"中国党除掉思想上与反对派作坚决的斗争外,并要从组织上遵照共产国际的决议与无产阶级的最高原则,坚决地消灭反对派在党内的任何活动,以巩固党的一致。"周恩来还说:"只要承认错误,可以留在党内。"

这时,发生了中东路事件。

原来,十月革命后,列宁领导下的苏联政府在第一次对华宣言中说,"愿将中国中东路及租让之一切矿产、森林全部及其他一切产业""一概无条件归还中国,毫不索价",但一直没有归还中东路;大革命时期,斯大林仍不同意将中东路归还给中国。

1929年5月27日，哈尔滨市警方借口苏联在哈尔滨总领事馆召开远东大会，奉命搜查苏联领事馆，挑起了中东路事件。

1929年7月21日，中国收回中东路，中苏边境爆发了大规模武装冲突。

中东路事件发生后，共产国际连续对中共发出指示，提出"武装保卫苏联""变帝国主义战争为国内战争，变帝国主义进攻苏联的战争为拥护苏联的战争"。

根据共产国际一系列指示，中共中央于6月26日发表《"八一"日的口号》，提出"反对进攻苏联，拥护苏联革命胜利""变国际战争为国内战争"等口号。

1929年7月28日，陈独秀给中央写了第一封信①，他认为不能光喊"拥护苏联"的口号，他对中央第42号通告中的一些话也提出了不同意见。

1929年8月5日，陈独秀给中央写了12条意见和建议。即第二封信②。

这封信一面对六大纠正盲动主义、命令主义感到庆幸，一面指责目前中央政策的盲动主义、命令主义和抹杀党内民主。

陈独秀认为革命高潮"不会很快到来"，不要"随便把他们（群众）领到街上玩弄"。有不同意见，公然出来争辩，都是党内民主所允许的，革命战争紧急时刻除外。他举例说，有不少同志与中央有意见，但是不敢讲，怕离开工作被开除出党。

最后，他希望中央将这封信在党报上全部发表出来，以便在全党进行讨论。

就在这时，他的7月29日给中央的第一封信刊登在《红旗》第37期上。《红旗》同时刊出了《中央答复撒翁同志的信》，信上说：陈独秀是跟着群众落后的意识跑，从根本上离开了无产阶级的观点，包含了很严重的原则问题。

他和彭述之等人谈了几次，陈独秀忍不住于8月11日再次给中央写了一封信。

信中对上封信作了解释，强调他上封信是讲党的宣传策略重要性，而中央常委对他的意见"根本不曾了解"，他认为再深入谈这个问题是"我对于党的责任"。

他不承认自己是跟着群众落后意识跑，而是讲要通过宣传方法，策略上改变，拉来群众，不是脱离群众。

1929年9月初的一天，陈独秀到上海四川路横滨桥郑超麟家，和刚从苏联回上海的刘仁静见面。刘仁静说："我这次路过土耳其，专门去伊斯坦布尔住了

---

① 《撒翁同志对中东路问题的意见》，载《红旗》，1929年8月7日。
② 此信收入1929年8月3日《陈独秀问题批判资料》，中国人民大学刊印本。

20几天,看到了托洛茨基同志。"

陈独秀一听,立即表现出很大的兴趣。刘仁静说:"托洛茨基专门口授了《中国目前政治形势和反对派的任务》一书,由他儿子打字。"

陈独秀忙问:"这本书带来了吗?"

郑超麟接过话茬说:"在我那儿,我和仁静打算分头翻译出来。"

陈独秀点头说:"抓紧翻出来。"说罢,连忙拿出第30期《红旗》。郑超麟将椅子移了移,凑到刘仁静旁边一块看。该期《红旗》上刊出陈独秀8月11日给中央的信以及《批评撒翁同志对中东路问题意见的机会主义》的长篇文章。

文章认为,陈独秀的观点"有害于党对中东路问题的整个路线,必须给以严肃的批评",陈的信"攻击党中央""攻击党的路线"。

陈独秀严肃地说:"他们拒绝在党报公布我8月5日的信件(即第二封信),他们不刊登我的信,无非是用专横态度来掩饰错误。"

针对这一情况,陈独秀于8月11日第三次写信给党中央(此信刊《红旗》第39期),表示自己不同意中央的8月3日回信中对于自己的批评,认为中央的回答表明"对于我的意见根本不曾了解"。他还说:宣传工作应从实际出发,着眼于群众,革命的原则性与策略的灵活性可以统一,但不能把两者混为一谈,至于中央"把策略和原则混为一谈,这不是偶然的错误,乃是'你们的原则'错误""拿几个原则机械地死板地用命令主义蛮干,而不知道对于各种各样复杂的问题有时间空间性的不同的活的策略运用之必要,这正是你们简单化和纯主观不看事实的盲动主义精神之表现"。

对于陈独秀的第三封信,党中央也做出了回答。中央再次批评说:陈独秀的意见"完全是资产阶级民族主义的精神,与无产阶级的民族革命的观点和阶级观点绝不相容",它"极有害于革命的斗争,有害于党对中东路问

胡适曾送给陈独秀"终生反对派"的头衔

题的整个的路线"。①

原来，刘仁静回国后，带回托洛茨基的3篇重要著作，即《中国革命的回顾与前瞻》《共产国际第六次大会后的中国革命问题》《中国布尔什维克列宁派的纲领草案》（此系刘仁静回国时绕到土耳其拜会托洛茨基后据托氏意见写成）。上述3文后辑为《中国革命问题》第2辑出版。

刘仁静将这3篇文章请郑超麟等人翻译后，如饥似渴地阅读。

这使陈独秀有"英雄所见略同"的感觉，感到无比振奋。因此，此时陈独秀不仅巩固了他对斯大林和共产国际的不满情绪，同时也坚定了他对目前李立三所主持的中央的路线的怀疑和否定。用陈独秀在1930年2月27日《答共产国际书》②中的话来说："自1927年中国革

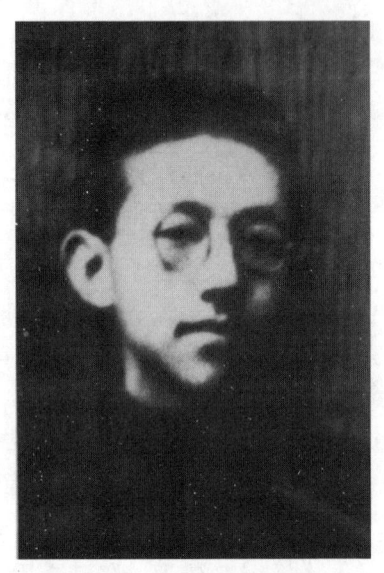

中共"一大"成员刘仁静，后因参加托洛茨基派活动被开除中共组织

命遭受悲惨的可耻的失败后，我因亲自负过重要的责任，一时实感觉无以自处，故经过一年之久我差不多完全在个人的反省期间。我虽未能及时彻底认清这个失败的教训而找出新的出路，但我本着我亲历的经验，深深知道这种失败是过去整个政治路线之必然应有的结果。""关于中国革命问题中目前最主要的就是：（一）将来第三次革命的政权是工农民主独裁，还是无产阶级独裁？（二）目前的任务是在直接准备武装暴动，还是提出过渡时期的政治口号（如国民会议）作民主的斗争？"

正是通过阅读托洛茨基的文稿，陈独秀的自发形成的反对派思想与托派问题联结起来。从1929年秋天开始，陈独秀政治立场和政治思想倾向了"托派"。由于斯大林从特殊的角度来看待问题并对托洛茨基等人做错误处理，由此导致共产国际内部的分裂并波及各国共产党。陈独秀在政治立场和政治思想上倾向托派，是属于与共产国际和中共中央有意见分歧，并不具有反革命的目的，相反还含有探索中国革命的经验教训和期待共产国际和中共中央认真汲取教训由此改进领导的意图。陈独秀当时接受托派思想而强化了自己的反对派是符合事

---

① 《批评撒翁同志对中东路问题意见的机会主义的错误》，载《红旗》第39期，1929年8月20日。
② 《无产者》第2期，1930年7月1日。

实的，反对中共中央当时推行的"左"倾盲动主义路线也有合理性。陈独秀接受托派思想后，针对当时李立三主持党中央的政治路线以及具体工作的若干问题，又多次向党中央陈述自己的见解和主张，由此引起他与党中央之间的重大争论，史称"三封信"问题。即陈独秀三次向中央写信的由来。

对陈独秀等人的托派活动，中央不少人主张进行警告和挽救工作。1929年8月24日被捕的彭湃、杨殷、颜昌颐、邢士贞于8月30日被枪杀。在被关押于上海警备司令部看守所的几天里，他们写书信"望党内对于反对派的斗争需多从教育上做功夫，以教育全党"。

1929年9月，陈独秀开始感到处境不妙。一天，彭述之问陈独秀："你看了9月2日的《红旗》了吗？"

"你是说第44号通告？"

"是的，看来他们想开除我们出党。"

彭述之找来《红旗》第43期，彭在一个地方用红毛笔打了重重的杠杠："党除对于其思想给予严重驳斥外，并须将其活动的领袖毫无留恋地开除出去。"

陈独秀说："他们不敢开除，反对派人多，如果开除党籍造成党分裂，责任也是他们。"

1929年9月10日，彭述之和恽代英在江苏省委会议上发生争论，彭述之为陈独秀和自己的托派活动辩护；10月15日，托派成员马玉夫在报馆支部大会上反对六大路线，当时任弼时也在场。

1929年9月下旬的一天，彭述之到老靶子路陈独秀家，彭述之压低了声音说："……我们的'话派'几个人搞了一些油印小册子，刊登了托洛茨基的文章。"

"他们是他们，我们是我们，不能扯到一块去。"

彭述之说："我们不如组织一个反对派，多拉一些人，他们要开除我们，也不容易。"

陈独秀高兴地说："好呀，可以把人联络一下，人越多越好。"

彭述之说干就干，说："我去通知郑超麟、尹宽他们。"

隔日，陈独秀、彭述之（中共四大、五大中央委员）、郑超麟、尹宽（中共四、五大代表）等人在陈独秀寓所里凑名单，一下子凑了几十个人：陈独秀、彭述之、郑超麟、尹宽、高语罕、李季、王独清、何资深、刘伯垂、李仲三、马玉夫、罗世凡、蔡振德、薛农山、任曙、孙煦、彭桂生、彭桂秋、蒋振东、韩俊、吴季严、杜晨之、刘静贞、张以森等。

尹宽问："刘仁静怎么办？"

彭述之摇头说："他被'我们的话派'开除了，我们也不能要。"

这时，陈独秀与彭述之、尹宽、郑超麟等人与中国最早的托派组织"我们的话派"在未取得一致意见的情况下，便独立成立了"中国共产党左派反对派"（又名"中国共产党布尔什维克列宁派"），取名"无产者社"。这个组织的最高领导机关是"临时领导小组"，由陈独秀、彭述之、尹宽负责。并在《无产者》刊上发表宣言，宣称中国革命要由"无产者社"独立承担完成。主张反对斯大林，打倒蒋介石，主要目的是打倒国民党，建立无产阶级专政。这表明陈独秀已经走上了托派道路。

9月7日，共产国际执委会东方书记处负责人米夫和库丘莫夫致信共产国际执行委员会远东局，要求其询问中共中央对托派的态度，提出无论如何不能让托派组织在中国发展。在信的末尾，米夫和库丘莫夫提出："建议（以中央决定的形式）陈独秀立即就党的策略问题作出表态。继续不明确态度的做法是不能允许的。必须要么争取使他在彻底承认错误和接受党的路线的基础上实际参加党的工作，要么决定他的党籍问题。"

陈独秀和彭述之等人组织"无产者社"托派小组织，中央马上察觉并接到远东局的信后，于10月6日中共中央给陈独秀写了一封信。在信中，中共中央十分严厉地指出：

> 党在组织原则上不容许有两个路线同时存在，尤其不容许有少数同志与党对立，破坏党的组织系统。而你在政治上已采取与党对立的错误路线；在组织上，你与同你意见相同的人，在上海党的下层有超越组织的活动。你必须站在党的利益上立即停止这种活动。中央决定你在党的政治路线之下，在中央担任编辑工作，限定你一周内作篇反对反对派的文章，并编入中央直属支部参加党的生活。

陈独秀接到中央10月6日的来信后，可能已预感到中共中央会开除他的党籍。他忐忑不安，于是他在10月10日的复信中，向中共中央发出"最后的警告"，并且表示：

> 我现在正式告诉你们：
> "在你们，绝对没有理由可以开除发表政治意见不同的任何同志；在我，只知道为马克思列宁主义的真理，为全无产阶级的革命利益，结合下层的革命群众和机会主义的上层领导机关奋斗，而不计其他！……因此造成党的分裂，是应该由你们负责的！"

之后，共产国际远东局成员曾决定同陈独秀面晤。从中共中央给共产国际执委会主席团的一封信中，透露了这样的情况：在远东局与陈独秀谈话时，陈独秀公开反对中共中央和共产国际路线，并没有丝毫掩饰地承认在搞派别组织活动,说这是"迫不得已"。

这次谈话以后,远东局认为:陈独秀正沿着反共、反党的方面发展,陈独秀利用自己原来在党内的威信,试图把所有机会主义分子和所有反对中央路线、反对中央领导的分子都组织在自己的周围,已经成为党内最大的右的危险。有鉴于此,远东局提出:陈独秀和他的拥护者只有在承认和纠正他们的倾向、承认中央和共产国际路线的正确性、接受和执行中央和共产国际的一切决议的情况下,才能继续留在中共和共产国际的队伍内。

为了尽快解决党内的反对派问题,中共中央决定采取快刀斩乱麻的办法。中央政治局立即召开会议,作出《关于反对党内机会主义与托洛茨基主义反对派的决议》,指出陈独秀8月5日的信是很明显地公开地"反共产国际、反六次大会、反中央、反党的路线"。指示各级党部如发现这样的小组织必须马上解散,从组织上制裁参与者;如坚持错误,开除出党;陈独秀必须"停止一切反党的宣传与活动"。

10天后,江苏省委在听取任弼时向省委常委会议传达中央指示汇报后,最先作出反应,将彭述之、汪泽楷、马玉夫、蔡振德开除出党,但这个决定要送交中央最后批准才能生效。

10月21日,中共江苏省委起草了《开除彭述之、汪泽楷、马玉夫、蔡振德及反对党内机会主义与托洛茨基反对派的决议》,此决议在10月25日举行的江苏省委与上海各区党团书记联席会议上得到通过。《决议》指出:

> 彭述之等人一贯认为共产国际的指示、六大的决议、中央对于目前革命的根本策略,完全是出卖阶级利益的;他们同意陈独秀信中的一切错误观点,并拿陈独秀的信在党内进行宣传,而且积极进行小组织活动,企图使党分裂。因此,省委批准区委的要求,开除他们四人的党籍,并请求中央开除陈独秀,从布尔塞维克中将这种列宁主义的叛徒肃清出去。

在得知上述《决议》的内容后,彭述之急急找到陈独秀,商量办法。彭述之耷拉着脑袋,说:"他们说我们是反对派,我们就以反对派名义去封信,你看怎么样?"

陈独秀回答:"可以,现在我们党内正需要这种反对派。"

过了片刻,陈独秀叹了一口气,说:"以我们俩名义来写,不要扯上别人。"

10月26日,陈独秀与彭述之联名写信给中共中央指出,中央的政策是盲动主义加机会主义,中央提出的"变军阀战争为推翻军阀的革命战争""以群众的革命暴动来消灭军阀的战争"等口号,是无政府主义的空想。对于中央对托派小组织活动的警告和开除部分人员的决定,他们指责说,这是滥用中央权威,钳制党员对于政治问题公开讨论,对于政治意见不同的党员,无理由地发狂地阻止其发表意见,并且超越党的组织路线即不征求支部的意见,不顾支部的异议,悍然由上级机关任意开除和中央意见不同的党员,以掩饰自己完全破产的政治路线,以保全领导机关少数人的威信。在信中,陈独秀和彭述之公开承认自己是"反对派",而且正需要勇敢的对革命对党负责的反对派。

1929年11月初,斯大林约瞿秋白、张国焘谈中国革命问题。谈话中提到宋庆龄和陈独秀,斯大林担心陈独秀会反对国际,便问他们:"陈独秀是否能找到必须的钱和获得其他的条件来办一张报纸?"

张国焘说:"陈独秀办不起一张有力量的报。"

就在共产国际考虑是否开除陈独秀党籍问题时,这件事在中共中央驻共产国际内部也引起了争论。

11月13日,中共中央向各级党部和全体共产党员发出公开信,对"机会主义——反对派"进行了严厉谴责,并通报全党。信中指出,他们的活动是完全破坏党的组织原则与党的纪律的行动。在公开警告后他们不接受与改悔,党应坚决地予以组织上之最高原则的制裁,以巩固党的一致,决不能有半点动摇。

11月15日,中共中央政治局会议作出决定,开除陈独秀党籍,并批准江苏省开除彭述之、汪泽楷、马玉夫、蔡振德四人党籍的决定。中共中央为此还专门作出决议,阐述开除陈独秀出党的八点理由。中共中央在给共产国际执委会主席团的信中对开除陈独秀党籍事做了如下说明:

> 中央不止一次试图教育他,但他丝毫不考虑中央的批评,并更变本加厉地从事派别活动,成立中共反对派执行局,不接受中央责令他停止派别活动的警告,并十分清楚地显示出他完全脱离了列宁主义,表明他走上了公开同党作斗争的道路。这时中央决定把他开除出党并向广大群众揭露已经成了我们的阶级敌人的取消派。①

中共中央在决议中指出:陈独秀的错误主要表现在以下几个方面:

第一,对中共六大的决议表示怀疑,对大会的结果不满。

第二,多次拒绝去莫斯科,根本无诚意去认识自己在中国大革命时代之机会主义领导的错误,没有决心去认识过去的真正错误所在,便必然不可避免地要继续过去的错误路线,而堕入更深的机会主义。

第三,在中东路问题上提出以"反对国民党误国政策"的口号来代替"拥

---

① 《中共中央文件选集》,5册,中共中央党校出版社,第543-544页。

护苏联"的口号,"完全是资产阶级的民族主义的精神,与无产阶级的民族革命的观点和阶级观点绝对不相容的"。

第四,不承认大革命的失败是他所领导的中央"不执行国际正确策略的错误",而认为是"对于国民党的阶级性的错误的观察和加入国民党",是"国际对于中国革命根本政策之错误"。

第五,在对目前中国革命有关问题的看法上,反对中国六大关于中国革命形势的决议,认定工农苏维埃在目前只是宣传口号而没有实际意义,主张以"召集国民会议"为总的政治口号。攻击中央所有领导的行为是玩弄暴动,是盲动,主张采用合法的方式。这表明他"已经从机会主义深入到取消主义"。

第六,在行动上,陈独秀将他给中央的信公开宣传,经过彭述之等人"极力煽动同志起来反党,并破坏支部与党宣告脱离"。

第七,拒绝中央的警告和挽救,拒绝中央指派给他的工作。

第八,在其最后两封信中,"公开地提出他及彭述之等反国际,反六次大会,反中央,反整个的党之一贯路线的旗帜,公开地承认已为共产国际及联共党所开除的托洛茨基为同志"。

有鉴于此,中共中央在决议中宣布:

布尔塞维克党决不能容留这样永不真实地承认自己错误与接受国际和中央决议,公开地与国际开除的反对派一致的分子在党内,决不能容留他们在党内散布叛变无产阶级,叛变马克思列宁主义的思想,尤其不能容许有这样反国际反党的小组织在党内存在,因此,中央特决议:

一、开除陈独秀党籍。

二、彭述之、汪泽楷、马玉夫、蔡振德4人固执与陈独秀一样的错误意见,经过支部区委省委之作详细的讨论和批评后,一点也不改变他们的错误思想,并且积极作小组织的活动,煽动同志反党,破坏支部开会。因此,中央批准江苏省委关于开除他们4人的决议。

三、各级党部须严重注意机会主义——反对派的活动,如果发现了这样小组织的存在,须根据党的最高原则,立即予以解散。对于这种小组织的领袖分子须坚决地开除出党。参加活动或接受这样错误思想的同志,须有详细的解释和批评,来纠正他们的错误。如果经过多次教育以后还固执他的错误思想与行动,便应毫不犹豫地开除出去。①

中共中央将开除陈独秀出党的决定报告给中共驻共产国际代表团团长瞿秋

---

① 《中共中央文件选集》,5册,中共中央党校出版社,第549-554页。

白后,瞿秋白于12月30日向共产国际执委会政治书记处政治委员会作了汇报。共产国际执委会政治书记处政治委员会当即作出如下决定:"中共中央关于开除陈独秀的决定是正确的。把这个决定通知中共中央,并给予陈独秀在两个月期限内向国际监委提出申述的权利,让他自己来说清楚问题。"

1930年1月13日,共产国际执委会政治书记处政治委员会在听取了共产国际执委会书记皮亚特尼茨基关于陈独秀问题的报告后,决定由皮亚特尼茨基、库西宁和瞿秋白组成委员会,起草给陈独秀的电报。1月18日,经过共产国际执委会主席委员的"飞行表决",批准通过了委员会起草的给陈独秀的电报稿。电报最终以"共产国际执委会政治书记处"的名义发出:

中共中央转陈独秀:

共产国际执委会决定给您机会参加主席团审议是否批准中共中央关于将您开除出党的决定问题的会议。主席团讨论这一问题的会议应不晚于两个月举行。

共产国际执委会书记处在通知您关于主席团这一决定的同时,建议您尽快通过中共中央给予答复,您是否打算参加审议关于开除您出党的问题的会议。

如您拒绝参加或两个月内未收到您的答复,这一问题将列入共产国际执委会主席团的议程。

以"共产国际执委会政治书记处"名义给陈独秀发电报,此举本身说明,共产国际对陈独秀还是相当看重的,电报中所使用的语气也是恳切的。电报的意思很明确,共产国际告诉陈独秀,中共中央虽然作出了开除他出党的决定,但共产国际并没有批准,希望陈独秀到莫斯科去申述。

1930年2月8日,陈独秀收到了由中共中央政治局转交的共产国际执委会政治书记处给他本人的电报。中共中央在转交这封电报时,向陈独秀提出,希望他在一周内对共产国际的电报给予书面答复,以使中央有所准备,并对共产国际有所回答。

陈独秀看到电报的内容后,对自己何去何从进行了慎重思考。2月17日,他给共产国际领导人写了一封约3000字的回信。在信中,他明确表示拒绝去莫斯科,并且为自己进行辩解。他在《答国际的信》中写道:

国际执委政治书记部:

中国向忠发、李立三、周恩来、项英等早已紧急地宣布我为"托洛茨基主义者""取消派""反革命""新工贼"……企图这样一次决定我的前途。同时,你们在去年十月二十六日给他们的训令也就教导他们:"在一切斗争生活中,首先要反对取消主义陈独秀及托洛茨基派,他们现在已经成为一个反革命的联盟向党进攻了,尤其重要的是肃清自己队伍里暗藏的陈独秀派托洛茨基派。"然而现在你们突又来电给我,要我到莫斯科参加你们的会议,专门讨论我们的开除党籍问题,你们这种思想,我很不容易了解!

自 1927 年中国革命遭受了悲惨的可耻的失败后,我因亲身负过重要责任,一时实感觉无以自处,故经过一年之久,我差不多完全在个人的反省期间。我虽未能及时认清这个失败的教训再找出新的出路,但我本着我亲历的经验,深深知道这种失败是过去整个政治路线之必然应有的结果。然而国际的领导机关却轻轻地把这个失败几乎简单归过我个人。如果这样便解决了问题,关于我个人当然用不着说什么;但若以个人的责任问题掩盖了全部政治问题,掩盖了失败之真实教训,因而断送革命之前途,其罪实不可恕!

……

中国无产阶级必须得到国际之列宁主义的领导,才可顺利地达到他的解放之前途,这是必然的,因为你们的蒙蔽与封锁,直到半年前,我们才得到托洛茨基同志关于中国问题及一切苏联问题的文件。从此以后,我们才彻底的系统的了解在中国革命所犯的机会主义盲动主义的真正的根源所在。当你们将革命失败单独归咎于中共中央或"陈独秀的机会主义"时,而托洛茨基同志却早已在你们背后指出真正的机会主义和盲动主义;也并且予(预)言这种机会主义、盲动主义必然遭到的结果。现在这种予(预)言已经一步一步由事实证明出来了,可是你们却把托洛茨基放逐到苏联以外,把他交在阶级的敌人之手中,即土耳其的蒋介石之手中,其他和你们政治意见不同的大批同志都被监禁和流放,现在又要从中国调我到莫斯科,说是专门解决我的问题,我实不知你们又打算干什么。

陈独秀这封措辞强硬的信,首先使驻上海的共产国际远东局成员感到失望。3 月 3 日,远东局在给共产国际执委会的信中,附上了陈独秀给共产国际的回信,并且表明了远东局的态度:"我们认为共产国际应尽快发表批评他的正式声明。"

在得知陈独秀回信的内容后,共产国际执委会东方书记处正式向政治书记处提出请求,"批准关于将陈独秀开除出共产国际的决定并在报刊上予以公布。"

3 月 23 日,共产国际执委会政治书记处会议在对东方书记处的请求进行讨论后,仍然作出如下决定:"在不削弱对陈独秀的思想斗争的同时,必须遵守给陈独秀的考验期限。"

陈独秀最终还是被开除出党。①

陈独秀等人被开除出党后，党内对陈独秀等人的批评在不断升级。而刚刚从莫斯科回国的王明（即陈绍禹），则起了推波助澜的作用。

王明是1925年赴莫斯科中山大学学习的。1927年，在中山大学"教务派"与"党务派"的纷争②中，他协助米夫控制了中山大学的权力，从而深得米夫的赏识。

1929年3月，中共中央致信米夫，希望从莫斯科派一些中国同志回国工作。米夫遂挑选了王明等10多人，派他们回国。在给中共中央的信中，米夫称这批人是"有专业知识""具有丰富的党的工作经验的同志"。③

王明等人回国后，即参与了中共中央反对托派的斗争。对于在莫斯科经历了反对托洛茨基斗争风雨的王明来说，写一些理论文章批驳中国托派可以说是得心应手的。不仅如此，他还把莫斯科方面将托派当成阶级敌人的政治界定搬到中国，称中共党内的反对派是"反动派""反革命"。

11月12日，即在中共中央宣布开除陈独秀党籍的前3天，王明以"慕石"的化名在《红旗》第55期发表《反对派还是反动派？！》。文章指出："中国机会主义者陈独秀彭述之等，在其最后给中共中央的信上，公开的称托洛茨基为'同志'，公开的拥护托洛茨基主义，公开的提出'反对中央勾结改组派'的意见；在其政纲上，公开的主张'召集国民会议'，反对'准备武装暴动和建设苏维埃政权'的口号，这样，机会主义者与反对派已经公开的合并了！现在中国反对派是过去公开的托洛茨基主义者加上中国的机会主义者；他们的政纲证明了，他们已经不是反对派而是反动派！"

11月27日，《红旗》第57期公布了中央关于《开除陈独秀党籍并批准江苏省委开除彭述之汪泽楷马玉夫蔡振德四人党籍的决议案》，同时发表王明的《论陈独秀》一文。王明在文中对陈独秀进行恶意攻击：陈独秀从来就不是一个共产主义者，而是"无产阶级的叛徒""中国革命的变节者"。他说："陈独秀自始至终是个自由资产阶级改良主义者。在他加入工人运动的几年过程中，无论他的主观上是否为无产阶级的利益而努力；但他客观上所表现出来的成绩，只

---

① 苏杭，《陈独秀被开除党籍始末》，载《百年潮》，2007年第4期。

② 1927年夏，莫斯科中山大学校长拉狄克因参与托派活动被解除校长职务，其职务由教务长阿古尔代理。当时中山大学支部局书记是谢德尼可夫。阿古尔和谢德尼可夫在学校工作上发生严重分歧，一些中国学生也被卷了进去。从中国返回莫斯科的中山大学副校长米夫在王明的协助下，利用双方的矛盾，搞垮了阿古尔为首的"教务派"，从而正式升任中山大学校长。

③ 《共产国际、联共（布）与中国革命档案资料丛书》，8册，中央文献出版社，2002年版，第93页。

是把共产国际对于中国革命指导的列宁主义路线，变成了孟塞维克的机会主义的路线；把无产阶级争夺革命领导权的斗争，变成资产阶级尾巴主义的服役。"

王明还挖了陈独秀之所以成为"取消派"的思想根源。他写道："他现在所坚持的取消派的思想，只是他的自由资产阶级机会主义思想的继续和发展。他否认帝国主义与封建余孽在中国的统治，夸大中国资产阶级的政治经济力量，不相信工农群众的革命要求与力量，因而主张以'召集国民会议'的口号来代替'建设苏维埃政权'的斗争，以'合法运动'的口号来取消'夺取群众准备武装暴动'的工作，以在帝国主义国民党统治之下去'和平发展'的思想来取消'推翻帝国主义与国民党统治'的行动。"

经过莫斯科反托斗争熏陶的王明，在对陈独秀的批评方面果然出手不凡。他称：陈独秀公开的反对"拥护苏联"的口号，公开的响应国家主义、改组派、第三党等等"国民会议"的要求，公开的附和帝国主义与南京政府的"共产党勾结改组派"的造谣，公开的拥护反革命的托洛茨基主义，进行分裂和破坏共产国际及中国共产党的小组织活动。因此，陈独秀成了无产阶级及整个中国革命的叛徒，成了一个只起反动作用的工具了！

王明在文章中还警告陈独秀说："从中国共产党队伍中开除出去了陈独秀，如果幡然痛悔，安心做一做他自己所谓的'改造中国文字'工作，那么，或不至于更进一步的走向公开的反动道路上去。否则，他将走上陈公博、谭平山、托洛茨基等一样公开无耻的反革命道路！那么，不久的将来，或者中国一般的社会上，又要哄传一个反革命的陈独秀！"

陈独秀创建中国共产党并连任五届党的一把手，功不可没，名垂青史。然而，他这个"开山书记"却被他亲自创建的党开除，这在世界政党的历史上实属罕见，可能绝无仅有。

陈独秀被开除党籍后，引起强烈反响。远在莫斯科的王若飞不同意中共中央立即开除陈独秀党籍。他主张应先与陈独秀进行辩论，并向党内群众进行解释。王若飞的建议受到共产国际和瞿秋白等的批评，他也被停止参加中共中央代表团和农民国际的工作。

瞿秋白不能容忍陈独秀分裂党的言行，尽管此时瞿秋白自己已开始受到米夫、王明的打击，其三弟瞿景白在莫斯科因退出联共（布）而"失踪"，瞿秋白还是写了批判陈独秀的文章，在俄文刊物《中国问题》上发表。

共产国际执委很快给中共中央发来指示信，指出"党应该实行无情的斗争，来反对陈独秀的取消主义的主张""党应当铲除自己队伍内的暗藏的托洛茨基派和暗藏的取消派"。

1929年11月25日，中央政治局决议开除陈独秀党籍，同时批准江苏省开除彭述之、汪泽楷、马玉夫、蔡振德4人党籍。

1929年12月10日，陈独秀写完了12000字的《告全党同志书》。在"六大"前，陈独秀对大革命失败的责任，表示不为自己辩护，也不批评别人。而如今党籍被开除，陈独秀转了180度，既为自己辩解，也批评别人了，他要将真理坚持到底，相信真理永存！他在《告全党同志书》中开宗明义地写道：

"我自从1920年（民国9年）随诸同志之后创立本党以来，忠实地执行了国际领导者斯大林、季诺维耶夫、布哈林等机会主义的政策，使中国革命遭到了可耻的悲惨失败，虽夙夜劳动而功不抵过。我固然不应该效'万方有罪在予一人'可笑的自夸口吻，把过去失败的错误而将自己除外。任何时任何同志指摘我过去机会主义的错误，我都诚恳的接受。"他认为，中国革命过去的失败，客观原因是次要的，主要的是党的机会主义之错误，即对于资产阶级的国民党政策之错误。当时中央负责同志尤其是我，都应该公开的勇敢的承认过去这种政策毫无疑义的是彻头彻尾的错误了……马日事变后，我两次在政治局会议上提议退出国民党，最后一次，我说："武汉国民党乃跟着蒋介石走，我们若不改变政策，也同样是走上了蒋介石的道路了。"当时只有任弼时说了一声："是的呀！"和周恩来说："退出国民党搞工农运动是方便多了，可是军事运动大受损失了。"其余的人仍是以沉默答复了我的提议。记得当时瞿秋白说："宁可让国民党开除我们，不可由自己退出。"鲍罗廷说："你这个意见我很赞成，但是，我知道莫斯科必不允许。"

"我们应该坦白的很客观的认识过去以至现在的机会主义政策，都是来自国际，国际是应该负责任的。幼稚的中国党领导机关应该负责任的。若是互相推诿，大家都各自以为没有什么错误，难道是群众的错误吗？……我们只知道托洛茨基是坚决反对斯大林、布哈林机会主义政策的……称托洛茨基为同志，中央便说我们'已经离开革命，离开无产阶级，走向反革命'而将我们开除了。"

陈独秀还认为，对于大革命失败的责任，共产国际、中共中央，包括他自己都要承担，将责任推给任何一方都是不公正的。他指出：

"我坚决的相信，我或别的负责同志，如果当时能够像托洛茨基同志对于国际机会主义政策之错误有那样深刻的认识，有那样坚决的争辩，不但自己争辩，并发起全党党员群众的热烈讨论争辩，其结果即或走到被国际开除和党的分裂，也于党于革命都大有补救，也不敢使革命这样可耻的失败，使党这样政治破产。认识不彻底，主张不坚决，动摇不定的我，竟没有这样做，党若根据我过去这样的错误，更或者因为我坚持过去的错误路线,对于我有任何严厉的处罚,我都诚恳的接受,而没有半句话可说。"

陈独秀认为,中央开除他的理由是站不住脚的,并逐条进行了辩解。

第一,中央说他根本无诚意去认识自己在大革命时期的机会主义领导的错误。陈独秀认为,正是因为自己认识了过去机会主义领导的错误所在,决心反对现在及将来继续过去的错误路线,才被开除出党。

第二,中央说他有不满意共产国际的意见,不愿到莫斯科接受国际训练。陈独秀说,他接受国际机会主义的训练已经够多了,以前因为接受国际意见,而犯了许多错误。现在因为不满意国际意见而被开除。

第三,陈独秀提出,中央将他8月5日信中关于资产阶级与封建势力的矛盾、对革命高潮的认识和进行合法运动等主张,作了似是而非的改动,并作为开除他的理由。

第四,中央将他10月10日的信及他与彭述之10月26日的信中提出革命处于低潮,以"召集国民会议"的口号来代替"打倒国民党政府""建立苏维埃政权"的口号,作为开除他的理由之一。陈独秀认为,自己信中所提的是正确的。

第五,在中东路问题上,中央认为他是"以反对国民党误国政策的口号来代替拥护苏联的口号",并作为开除他的理由。陈独秀认为,他在信中所提出的建议正是为帮助"拥护苏联"的口号能够深入人心。

第六,陈独秀认为,他给中央的几封信都涉及党内严重的政治问题,但中央延搁起来久不发表,而且国际代表及中央向他明白宣告:以不能公布党内不同的政治意见为原则。在这种情况下,他感到由党员群众合法讨论纠正中央错误已无可能,便不再为寻常纪律所约束,也不再组织同志们传播他的信稿。这也成为中央开除他的理由。

第七,陈独秀指出,八七会议后,中央不许他参加会议,也未曾派他工作。直到10月6日,中央才来信说:"中央决定你在党的政治路线之下,在中央担任编辑工作,即你一周内作篇反对反对派的文章。"陈独秀认为,中央这样做只是为了准备开除他的手续,而他此时已根本承认托洛茨基的主张是合乎马克思主义的,如何能说出和自己意见相反的假话。这便成为中央开除他的理由。

第八,陈独秀表示:在托洛茨基和斯大林的争论中,"我们只知道托洛茨基同志是坚决反对斯大林、布哈林机会主义政策的,我们不能听斯大林派的造谣,便相信和列宁携着手创造十月革命的托洛茨基同志真有反革命的事实(只拿中国的斯大林派李立三对于我们的造谣,便可证明)"。陈独秀说,因为他称托洛茨基为"同志",中央便说他"已经离开革命,离开无产阶级,走向反革命",

而将他开除了。

陈独秀指出，以上中央开除他的理由，都是"勉强制造"的"无理的理由"，是"凭空加我以反革命的罪名"。陈独秀认为，中央开除他的党籍，"这一切都是表面的官样文章，其真正的原因是在于我党内发表各种意见，批评他们继续执行盲动主义和破产政策，成为他们眼中钉之故"。

陈独秀基于他对中国革命有关问题的认识，在《告全党同志书》中对中央的现行政策多有指责。关于革命的性质，他认为大革命失败后中国革命已进入无产阶级社会主义革命阶段，所以便指责说：由于中央和共产国际认为目前革命的性质是资产阶级民主革命，"并在将来的革命途径上反对侵犯资产阶级的经济力量，反对提出无产阶级专政的口号"，这是"对资产阶级的留恋和对资产阶级的幻想，显然是过去机会主义的继续，而且比它更加深入，从而必然造成将来革命的更可耻的、更悲惨的失败"。关于革命的形势和口号，他认为目前革命处于低潮，只应用"召集国民会议"的口号推动广大群众，待革命高潮时，再发展为"武装暴动""建立苏维埃政权"的斗争。他批评说：中央错误地认为革命已到复兴时期，将"武装暴动""建立苏维埃政权"作为行动口号，以命令强迫罢工、示威、暴动等，所以"现在我们的党已经不是助长工人革命斗争高潮的领导者，而成了铲除工人斗争萌芽的刽子手"。

陈独秀对中央不接受他的意见深为不满，对中央开除他出党更是愤懑不已。他说："无论国际或中央过去不自觉地犯了机会主义的错误致革命失败，已经是罪恶了；现在既经反对派同志很明白的指摘出来，还是悍然不承认过去的错误，而且自觉地继续过去的错误路线，还要为了掩盖少数人自己的错误，不惜自觉地抛弃布尔什维克组织路线，滥用上级机关的威权。钳制党的自我批评，并且对于发表政治意见的同志大批的开除党籍；有意造成党的分崩离析，这更是罪恶以上的罪恶，更是顽钝无耻。"他提出，任何有责任心的同志"都应该站起来严厉的实行对党自我批评，以拯救党的危机；倘眼看着党日就危亡，而袖手旁观，默无一言，这也是一种罪恶"。

陈独秀在信中还以列宁为例，为他组织托派小组织找到了根据。他写道：

> 现在党的错误，不是枝节的局部问题，仍旧和过去一样，是斯大林所领导的国际整个的机会主义政策在中国之表演。甘心做斯大林留声机器的中共中央负责的人们，至今还没有一点政治自觉，而且日益倒行逆施，无可救药了。列宁在联共第十次大会上曾经说过："党内有了根本不同的政治意见，而又没有别的方法可以解决，小组织才是正当的。"他当年所领导的布尔什维克派运动，就建筑在这个理论之上的。

现在我们党的危机也不容许在党内有别的方法（即党内合法的公开争辩）来解决了。我们每个党员都负有拯救党的责任，应该回复到布尔什维克精神与政治路线，一致强固的团结起来，毫不隐讳的站在托洛茨基同志所领导的国际反对派即真正马克思列宁主义的旗帜下，坚决地，不可调和的，不中途妥协的和国际的及中共中央的机会主义者奋斗到底。不但反对斯大林的及类似斯大林的机会主义，并且要反对季诺维耶夫等的妥协态度，不怕所谓"轶出党的范围"，不惜牺牲一切，以拯救党拯救中国革命。①

这封《告全党同志书》被油印成册，后来翻译成了英、日、德、俄文，流传到国外。

蒋介石听说陈独秀写了《告全党同志书》，命令国民党中央组织部调查迅速查获。国民党中央训练部在"审查报告"上分析说，这篇《告全党同志书》我们可以看出几点：1. 陈独秀自去年8月，即开始积极的反中央工作。2. 陈完全站在托洛茨基之下活动。3. 陈开始在党内组织小组织。4. 该党内部日见分裂。此件存于国民党中央训练部档案，上标《反动刊物共产党首要陈独秀（告全党同志书）》。

12月中旬，陈独秀和彭述之讨论拟一个宣言提纲，请大家签名。两人你一句我一句，凑了6条建议：如公开恢复托洛茨基党籍及其重新审查五六年联共中央及国际领导、托洛茨基的领导工作；重新审查机关所犯的组织上和政治上的错误；恢复中国党内反对中央机会主义路线而被开除的同志的党籍等6条建议。

陈独秀被开除党籍后，郑超麟到陈独秀家商谈关于托派的活动。

陈独秀说："光靠我一个人写还不行，你们还要有动作，形成一个声势。"

郑超麟想了一下，说："有时间，我们不妨先草拟一个意见书，然后请人签字，一定有不少人签名。"

陈独秀点点头说："这是个好主意，可以拟定一个名单，然后再分头通知。"

"人数不够，可以虚拟几个人，人越多越好。"

"嗯。"陈独秀犹豫了一下，点点头。

"还是你来执笔，我来考虑名单。"郑超麟说。

郑超麟走后，陈独秀找到彭述之，两人讨论这个宣言的提纲。

---

① 《陈独秀告全党同志书》，载《共产国际、联共（布）与中国革命档案资料丛书》，6册，北京图书馆出版社，1998年版，第349-365页。

陈独秀跷着腿、吸着烟说："革命失败原因，主要是斯大林、布哈林，策略错误是帮助资产阶级，这个要讲多些。"

"李立三、瞿秋白的盲动路线也要讲。"彭述之表示赞成。

隔日，郑超麟通知尹宽、吴季严等人来到陈独秀家中，商议签名名单。

刘仁静将《告全党同志书》寄给托洛茨基。此前，刘仁静收到了托洛茨基来信，说："你的信上说陈独秀的声明有81人签名，务请将他的声明忠实地翻译出来，寄给我。此事很重要，我请您翻译时尽可能地完美与确切。"

这次，托洛茨基对陈独秀评价说："但我们有了像陈独秀那样的杰出的革命者，正式与党决裂，以致被开除党籍，终于宣布他百分之百同意国际反对派，我们怎能够不理他呢？他能知道许多像陈独秀那样有经验的共产党员吗？……反对派中许多青年能够而且应该向陈独秀同志学习。"托氏在信中对刘仁静说："请你代表我向他问候，读了他去年12月10日的信，我非常欢喜，我坚决相信我们将来是能够一起工作的。"

陈独秀读完信，喜出望外，对刘仁静说："也请你转达我对他的问候。"

在这之前，托派组织"我们的话派""无产者社""十月社"吵吵嚷嚷，互相攻击，主要目标是刘仁静。"我们的话派"甚至出版"反列尔士专刊"，做出将刘仁静、宋逢春开除出"总干"的决议。同时，"我们的话派"在区芳的主持下，将梁干乔、张师开除出"总干"。刘仁静搜集了不少老托文章、著作，视为私人财产，不愿轻易与人。因此"十月社"同伙虽然认为刘仁静理论知识丰富，但因自私，与人相处不来。从莫斯科中山大学回来的董汝成一气之下，离开"十月社"，回陕西老家去了。到了十月中旬，刘仁静本人被"十月社"开除。这时，刘仁静日子很难过，老托来信，帮他靠近了陈独秀。

036. 中国共产党反对派的首领

陈独秀被正式开除党籍后，进一步参与了托派活动，成立了"托派"组织"无产者社"，树立"反对派"的旗帜。陈独秀任总书记，成为中国共产党的反对派的首领。彭述之、尹宽为常委，何资深任秘书长。

"无产者社"常委是清一色共产党"元老"。陈独秀原来在中共中央就是总书记，彭述之是政治局常委，尹宽曾任福建省负责人，何资深曾任山东省委秘书长、上海总工会秘书长。

1930年春，刘仁静刚从苏联回来时，陈独秀曾对他寄予厚望，请他做说客，和"我们的话派"商量:陈独秀派以个人名义加入上海的托派中央机构"全国总干事会"。

"我们的话派"有梁干乔、史唐、陈亦谋、李梅五、宋逢春、张特、陆渊、肖冰洋、区芳、唐月波、徐正庵等人。干事长区芳想接受陈独秀,但指出陈独秀需答应三个条件才可加入。即"公开宣布斯大林的领导是机会主义、批判自己过去机会主义错误、解散自己独立小组织。"

梁干乔不同意接受陈独秀。他认为区芳接受陈独秀是阴谋。刘仁静将区芳、梁干乔的话传给陈独秀,陈独秀大骂:"猴儿崽子,门罗主义,想学斯大林太早了。"

以"老托代表"自居的刘仁静给托洛茨基去信,提出要与"我们的话派"决裂。

托洛茨基提醒刘仁静,不要急于和陈独秀派统一。刘仁静不加入"无产者社"还有难言之隐,他身为中共一大代表、"老托代表",应该在中国托派中占有一席地位。但彭述之不买他的账,彭述之党内职务比刘仁静高。和"我们的话派""无产者社"闹僵后,刘仁静另起炉灶,和从莫斯科东方大学回国的王文元(凡西)、从中山大学回国的宋逢春等10人成立了中国第三个托派小组织"十月社"。

陈独秀推出《告全党同志书》5天之后,另一篇《我们的政治意见书》,经陈独秀修改定稿接着出台。此篇主要是针对国际共产主义运动的问题,其目的是向共产国际和斯大林宣战。

以陈独秀为首的中国托派分子不仅在理论上接受了托洛茨基的观点,成为中国共产党反对派,而且他们在行动上也效仿了托洛茨基等人的做法。当年,托洛茨基为了与斯大林展开斗争,曾发表《十三人宣言》(1926年7月)、《八十四人宣言》(1927年5月)、《十五人政纲》(1927年6月)。如今,陈独秀、彭述之等人为了表明自己的政治观点,也发表了有81人签名的《我们的政治意见书》。

《意见书》共分五个部分:一、中国过去革命失败的原因——国际机

托洛茨基

会主义的领导；二、党的现状与危机——机会主义盲动主义与官僚主义；三、国际机会主义的根源与苏联危机；四、国际无产阶级运动的两个路线的斗争；五、我们的态度与建议。

《意见书》一开头，即将矛头直指斯大林等人，指出正是在他们的领导下，共产国际和联共（布）的领导机关才犯了机会主义错误。这些错误的表现是：

在政治上，以一国建设社会主义的保守理论代替无产阶级的国际主义，以苏联的官僚外交策略代替各国革命的阶级斗争，以同上层领袖妥协的策略代替推动下层革命群众斗争的策略，以联合并拥护资产阶级的孟什维克策略代替无产阶级独立领导农民革命的布尔什维克策略，以少数派机械的阶段论代替不断革命论。在组织上，以官僚权威的形式主义代替无产阶级的民主集中制，因此消灭了无产阶级战士政治自觉的积极活动。正是在这种根本错误的政治路线和组织路线之下，先后断送了1923年的德国革命和保加利亚革命，断送了英国的革命工人运动，使英国的改良派在工人群众中的统治意外巩固，并且造成了苏俄的大危机，而失败最惨的是1925-1927年的中国大革命。

《意见书》指出，中国共产党自成立以来，一直在国际的错误指导之下。先是在机会主义指导之下，使大革命遭到失败；继而在盲动主义指导之下，使党的组织残破不堪；六大之后，更是在机会主义和盲动主义交错指导之下，使党不能前进一步。

在谈到国际机会主义的根源时，《意见书》认为，其根源就在于斯大林"一国建设社会主义"的理论。在这个理论指导下，斯大林对内向农村富农和城市新兴的资产阶级妥协，对外向帝国主义妥协。在中国问题上，则是向帝国主义及中国资产阶级妥协。正因为如此，斯大林在中国的政策是："不敢彻底侵犯帝国主义及中国资产阶级的利益，唯一的只在消灭'封建残余'，因而不要无产阶级太露头角，始终要求中国共产党屈服在国民党组织之内，不要退出国民党而真正独立起来，直接领导群众，只要资产阶级的国民党及其将军领头做革命；因为要让这些将军们领头，就不能不抑制工人的要求以免吓跑资产阶级，抑制农民的土地革命以免侵犯所谓'革命军人'的财产；极力反对托洛茨基同志在中国建立苏维埃的提议，反对推倒国民党的领导，以免侵犯资产阶级专政。"

《意见书》宣布：他们是站在恢复列宁主义的国际，巩固苏联无产阶级专政，拥护中国无产阶级革命的观点上。他们表示，将在国际左派反对派的旗帜之下团结起来，为下列目标奋斗到底：

一、召回托洛茨基同志等反对派，释放在监狱中和流放在西伯利亚土耳其士坦等处的联共及其他各国反对派同志，恢复其党籍，并恢复托洛茨基同志的领导工作。

二、公布五六年来反对派对联共及国际政策发表的各种文件，公布列宁遗著及其他被斯大林派隐藏着的列宁遗著。

三、重新审查五六年来联共中央及国际领导机关所犯政治上的组织上的错误，并重新决定联共的政策及国际政策。

四、恢复中国党因反对中央机会主义路线而被开除的同志之党籍，并立即公开的讨论根本政治问题。

五、重新审查中国革命过去的教训，并决定新的政治路线。

六、改组联共及国际与各国支部的领导机关。

《意见书》的出台，表明以陈独秀为首的托派高扬反对派的旗帜，以"真正马克思列宁主义者"自居，坚信自己代表着全世界无产阶级的利益，是真正为共产主义而奋斗的团体。正像郑超麟曾说过的那样："我们这些被开除的人，并不承认开除通告。我们仍自视为中国共产党党员，但另外进行一种组织，这组织不是第二党，而是党内一个派——'中国共产党左派反对派'。中国共产党之父——陈独秀，在我们一边。十月革命二大领袖之一——托洛茨基，也在我们一边。另一个伟大领袖列宁，如果不死，也一定是我们一边的。"

中国的托派分子认为他们是中国无产阶级利益的代表，是中国共产党内的一个派别，然而，事实却不是中国托派自认为的那样。如同其他国家的托派组织一样，中国的托派从一开始就没有得到中国无产阶级的拥护，它永远只能是一个难以发展的小组织；中国共产党也视其为"敌人"，而不承认它是党内的一个派别。如今，苏联的托派，包括托洛茨基本人，已被俄罗斯政府和最高法院彻底平反，恢复名誉。皮之不存，毛将焉附？

1930年3月初，《无产者》创刊。故党史上把这一组织称为"无产者社"或"无产者派"。陈独秀在《本报发刊词》中指出，刊物宗旨一是宣传推翻国民党，一是批评共产党。这时，陈独秀生活十分困难，开除党籍以后，中共中央停发每月30元的生活费。陈独秀给《无产者》写稿无稿费，生活上常常捉襟见肘。

是年秋天，赵济、刘胤、王平一、徐乃达、闵荫昌、解叔达、来燕堂7人在上海成立了托派小组织"战斗社"。但另三派瞧不起这一派。

就在这时，"十月社"、陈独秀派收到托洛茨基9月1日的来信，信上说："我未看出来为什么几个中国同志继续称陈独秀为'右派'的理由。"

老托以"国际局"的口吻讲话，叫他们尽快联合起来。四派决定各派两名代表，组成协议委员会。"无产者社"代表马玉夫，吴季严；"我们的话派"代表区芳、陈亦谋;"十月社"代表王文元、宋逢春;"战斗社"代表赵济、来燕堂。

四派开协议会议时,马玉夫根据彭述之意见,提出"统一大会代表应按人数多少的比例选出"。

赵济、来燕堂首先反对,他们只有7人,而"无产者社"签意见就有81人。区芳、王文元等人认为"还是以'无产者社'为中心嘛"。

筹备会议开不下去了。其他几派给老托去信:"'无产者社'以多欺少。"

几天后,陈独秀在郑超麟帮助下从熙华德路一幢石库门搬到周家嘴一条弄堂。

一天,尹宽气呼呼地对陈独秀说:"彭述之想进统一大会领导机关,他在操纵马玉夫、吴季严,要以'无产者'为中心,现在马玉夫、吴季严和赵济、王文元他们相处很僵。"

陈独秀不悦地说:"噢,有这回事?"

"不如你亲自参加吧。"

"刘仁静就希望我参加,看来非我参加不可了。让马玉夫、吴季严退回来,改为我和你参加。"

尹宽很高兴,说:"有你出马,统一大会一定会很快开起来。"

彭述之听说改派代表,很不高兴,表示反对四派统一。但陈独秀、尹宽、何资深赞成统一。

最后,"无产者社"以4比1通过《反对派统一问题》的决议。

1931年春天,春暖花开。陈独秀兴味盎然,分别和取代区芳作代表的梁干乔及王文元等人谈话,说:"共产国际宣布'立三路线'破产,实际是掩饰自己错误。我们现在还未统一,简直是罪恶。阻碍统一,是罪恶之罪恶。我主张既要考虑派别,又要照顾人数,像赵济他们,只有7个人,就要照顾人数。"

王文元感动地说:"我们都听你的。"

陈独秀说:"我已经老了,别人骂我是'光棍''孤家寡人',由人说去。但今后反对派的工作,主要靠年轻的革命者担负。我主张选一些年轻的代表,'无产者社'中'老人'太多了。"

1931年5月1日,四个托派小组在上海提篮桥舟山路一个住所召开托派统一大会。出席大会20人,陈独秀任主席团主席。大会开始,陈独秀首先提议为中国革命牺牲的同志默哀3分钟,然后作了政治建议草案报告。

大会选举托派中委9人:陈独秀、彭述之、郑超麟、王文元、宋逢春、陈亦谋、罗汉、濮德志、区芳。前5人是"中常委"。陈独秀被公推为书记处书记。

刘仁静年初一个人成立了"明天社",要求以团体代表身份参加这次统一大会。遭到拒绝后,他表示反对这次大会。

"战斗社"赵济等7人一个没有选入"中委","十月社"有4人进了托派中委。郑超麟等人提议增补刘仁静、赵济为中委,陈独秀不同意,说:"这怎么行,中委是选出来的,不是可以随便补的。"

会议结束后,陈独秀叫秘书罗汉草拟给托洛茨基的报喜电报,宣称:"中国同志正完成了一个有意义的开端,布尔什维克—列宁派的旗帜不久将飘扬在全中国。"

托派统一组织成立不久即遭国民党破坏,但陈独秀不气馁,3个月后重组中央,出版刊物。1931年九一八事变发生,有政治敏感性的陈独秀,知道社会阶级关系变化,民族矛盾上升,中国开始有了新的革命形势。当日本占领东三省、国土沦丧、人民遭殃的时候,国民党政府始终向日本退让,把枪炮对准中共的江西农民战争,而接受莫斯科的"第三时期"理论的中共,还在执行争取"革命在一省或数省首先胜利",只有托派陈独秀还在迅速地提出抗日的主张。"他奔走呐喊,奋笔疾书,写下了大量的文字。……从1931年9月到1932年7月,他在《火龙》《校内生活》《热潮》杂志及传单上,以个人名义或托派组织名义发表的文章、宣言、决议和书信等达38篇之多,"12月5日创办《热潮》周刊作为宣传抗日的阵地,声讨日本帝国主义的侵略罪行,揭露英美操纵国联袒护日本,谴责国民党不抵抗政策,主张武装抗日,抵制日货,对日绝交,抨击蒋介石对日妥协,出卖民族利益。1932年1月1日陈独秀发表《告全党同志书》"呼吁一切共产主义者在所有工运、学运、反日运动、国民会议斗争、反国民党斗争以及苏维埃运动中联合行动,不加任何形式的阻止与破坏,以便统一我们的力量向阶级敌人进攻。我们左派反对派在一切行动中准备和全体同志携手前进。此后,又写信给中共中央政治局并转全党同志,说任何同志,谁还固执教派精神,拒绝合作,他将会在革命之前铸成莫大的罪恶。因此,我们向党提议,马上召开一个联席会议,以决定在群众行动中一致步骤问题,希望你们不要使革命的群众失望。"① 但这些正确主张不为中共所容。"一·二八"事变爆发,上海军民公然违抗国民党政府的命令,奋起抗战。陈独秀发表了《为"上海事变"第一次告民众书》和《第二次告民众书》,"号召上海一切被压迫民众立刻武装起来到前线去!一切巡捕义勇军及各地的士兵自动起来参战!十九路军的士兵及下级军官们坚决反对南京政府的无抵抗主义,防止上级军官的妥协,作战到底!""立开上海市民代表会议,组织紧急行动委员会,集中一切物质力

---

① 任建树,《陈独秀大传》,第519页。

量,帮助抗日的武装队伍!""后来淞沪抗战被蒋介石破坏,陈独秀起草发表了《为日军占领淞沪告全国民众》的传单,列数蒋介石国民党'纵敌卖国'6大罪状,疾呼'全中国的革命民众们!要抗日救国首先要推翻纵敌卖国的国民党政府','自动的召集全权的国民会议'。"①

托派的抗日主张和宣传,遭到国民党反动派的无比忌恨。

1932年1月28日,日军进攻上海。当时蒋介石重返南京,与汪精卫联合执政。陈独秀写文章提出赶走蒋介石及其召集的国民会议。

一天,陈独秀和彭述之、罗汉讨论局势,陈独秀提议向中共中央提出合作抗日。罗汉是湖南人,大革命时曾任国民革命军第四军政治部主任。

当时,中共中央临时政治局由博古、张闻天、卢福坦、李竹生、康生、陈云组成,博古任总负责。

彭述之和罗汉都同意陈独秀提议合作抗日之举。彭述之说:"中央即使不答应也不要紧,我们投石问路。"

陈独秀"咂"了一下嘴,说:"向忠发叛变后死了,中共中央的联络地点都换了,怎么找他们?"

罗汉说:"不要紧,我来想办法。"事后,罗汉找到施小君夫人,请她转信。

中共中央收到陈、彭、罗三人信件后,认为他们是维持在工人中的欺骗活动。在给国际的信件中,明确表示:"党不能与陈独秀派开联席会议,革命的共产党与反革命的陈独秀是不能联合在一起的。"

1932年春天,和郑超麟一起被捕的濮德志因狱中流行时疫,保外就医,郑超麟反而没有保释出来。濮德志是怀宁人,是陈独秀的姨表弟,托派开统一大会时,也被选为托派中央委员。从狱中出来后,彷徨无措,陈独秀安慰了他一番,尽量给予帮助。

1932年2月10日,托派中央委员会讨论陈独秀起草的政治决议案《目前形势与我们的任务》,提出各地托派分子"组织及参加各地工人、农民、城市贫民的义勇军运动,使之坚决地举起反日反国民党的旗帜……在已有的农民苏维埃的省份,城市苏维埃或义勇军占领的城市"。

会议在讨论时发生了争辩。反对陈独秀的主要是刘仁静及托派华南区委陈岱青、陈其昌、赵济、王平一、李特等人。

陈岱青早年入莫斯科东方大学,后加入"战斗社",托派统一后,任华南区委书记。他不赞成陈独秀与苏维埃红军汇合的主张,认为这是斯大林派的主张。

---

① 任建树、唐宝林,《托洛茨基档案中致中国同志的信》,载《陈传》下册,第86页。

刘仁静认为，陈独秀先国民会议后苏维埃政权，违背了托洛茨基的不断革命论。

他们提出要与陈独秀进行坚决无情的斗争。

陈独秀则说他们是取消主义。

与此同时，托派北方区临委汪泽楷（赤声）及分裂出来的任曙（晴光）一派都不同意陈独秀的意见。4月份，托派常委开会，尽量统一意见。

就在这时，宋逢春、濮德志被保外就医。陈独秀便拼凑了一个托派中常委，即陈独秀、彭述之、罗世凡、宋逢春、濮德志，谢德盘任秘书长。

陈独秀变成了中共反对派的总书记，他仍殚精竭虑地工作着，希望新组织能独立领导新的革命者完成艰巨的历史使命。

陈独秀从中共总书记转成了中共反对派的总书记，但并不是他对共产主义的背叛，他依然将共产主义作为终极理想与目标，他在寻求着一种新的革命方式。他赞同托洛茨基的一部分理论，但大多保留了自己的思想，在主持中国托派革命活动时期，依然执行的是自己独立的思想及政治主张。托洛茨基曾对中国托派产生过作用，但是他对中国问题发表的看法并没有用强制的手法推行给中国托派，陈独秀也没有对其策略言听计从。

有人在陈独秀转为托派时发议论："这样，他扔掉了一根'指挥棒'（共产国际），又接受了另一根'指挥棒'（托派国际）；'中国革命应该由中国人来领导'，言犹在耳，却南辕北辙，还是跟着别人走向歧途。"事实上，托洛茨基对于陈独秀别说没有起到"指挥棒"的作用，连作为支持体态平衡的"拐杖"也难以算上。摒弃党派立场，以客观的心态去关照历史，以公正的评论去祭奠那些曾经推动历史前进的人们，在善待历史人物的同时也保留了历史学者的人格自尊。他看待各种党派均以平静的心态，既不"棒杀"也不"护短"，体现了一个历史学者和政治家的深邃眼光。

037. 倡议：与中共联合反蒋抗日

1931年，日本帝国主义发动了九一八事变，祖国大好河山日益沦丧，中华民族面临着严重危机，人们痛心疾首，奔走呼号，强烈要求抗日救国。各中间势力的政治派别，以及国民党内部的进步人士，纷纷提出挽救时局的正义主张。

在国难当头，民族危亡之际，陈独秀良知未泯，爱国热情日益强烈，力主抗日救国。

1931年10月初，陈独秀连续发表《抗日救国与赤化》《此次抗日救国运动

1928年6月3日，日本关东军制造了震惊中外的皇姑屯事件，开始了侵略中国东北的进程

1931年9月18日，日本关东军制造"柳条湖事件"，以此为借口发动了"九一八"事变，图为日本关东军制造"柳条湖事件"的现场

的康庄大道》等文章，斥责蒋介石的不抵抗政策，专门依赖国联主持公理，"这不但是妄想，不但是奴性，简直是引虎自卫。"① 他针对那种害怕"赤化"而不敢动员民众抗日的人，公开宣称抗日救国运动"只有两条路可走：一是不怕赤化，由全国革命的工人，革命的农民，革命的兵士及一切革命的民众结合起来，建立自己的革命政府，在苏联及各国无产阶级和一切被压迫民众援助之下，对日本帝国主义作持久殊死战，以期获得最后胜利；一是服从反赤化的国民党政府之统一指挥，对日本帝国主义退让，或求救于其他帝国主义，使中国不亡于日本即瓜分于列强；此外没有第三条道路。"

陈独秀还进一步提出"赤化"的八项纲领：驱逐帝国主义在华驻军，废除一切不平等条约；"实行八小时工作制，改良工人生活与待遇"；没收地主的土地，分配给没有土地或土地不足的农民，"反对国民党政府剿杀争取土地的农民武装队（红军）"；人民有集会、结社、言论、出版、罢工、抗租等自由，反对国民党政府的紧急治罪法；"召集平等直接普选不记名投票的国民会议，建立代表最大多数民众的革命政权——反对军事独裁的骄横的国民党政府"；恢复苏联邦交②等等。总之，要完成民族革命战争，必须首先推翻国民党政府，建立民众政权。这个政权"将经过全国抗日救国会而实现，或经过国民会议或苏维埃而实现"，这便是"此次抗日救国运动的康庄大道"。③

12月9日，上海学生因请愿政府出兵抗日未达目的，围困市长张群，捣毁

---

① 《陈独秀著作选》，3卷，第213页。
② 同上，第226-227页。
③ 同上，第222页。

了市党部，迫使张群下令将市公安局长陈希曾撤职，查拿市党部委员陶百川。17日，学生游行队伍捣毁了南京中央日报社。1932年"一·二八"事变爆发，十九路军奋起抗战，人民群众八方支援。这使陈独秀更加兴奋起来，对解决政权问题也更感迫切了。2月10日，他主持托派常委会议，通过了《目前局势与我们的任务》决议，指出在当前"反日反国民党的斗争向前发展中，如果无产阶级还没有可能夺取政权的时候"，便应当同赞成反日和企图反蒋的小资产阶级和"向左盘旋的自由资产阶级"共同行动，"首先推翻"国民党政府，建立过渡性的政权，"并推动这一过渡的新政权（无产阶级当然不参加别的阶级所领导的政权）走向彻底的民族战争，彻底的民主政制的道路"。①

然而，陈独秀的主张并不能代表托派全体成员的意见。托派虽然人数不多，但政见纷纭，一直争论不休。陈独秀的主张首先受到一些托派成员的非难。他们"发出鄙弃'民族主义''爱国主义'和'抗日救国''对日宣战'等口号的论调。"他们认为"工人无祖国""不应爱资产阶级的国救资产阶级的国"，"笼统的反日和对日宣战，救国、爱国，都是资产阶级的民族主义，不是我们阶级的立场"。

对于这种极左言论，陈独秀及时地进行了批驳。他说，"不错，'救国''爱国''民族主义'，其本质原来是资产阶级的"，可是"中国资产阶级已经不能担负民族解放的任务。因此，领导中国民族运动以至完成民族解放，已经是无产阶级自己的任务，不能看做是别个阶级的任务，更不应对之加以资产阶级民族主义或爱国主义的嘲笑，这样高贵的嘲笑之结果，没有别的，只有把自己任务和民族领袖的地位拱手让诸别的阶级。""我真不懂得，我们在此次反日本帝国主义运动中，必须咬文嚼字地向抗日救国和对日宣战的口号放几支冷箭，才算是无产阶级的立场"。

陈独秀又说：现在"爱国"或"保卫祖国"是号召广大群众的"惟一口号"。"所以我们认为：我们应该积极的领导中国的爱国运动，应该用我们的纲领领导爱国运动而充实其内容，一直到夺取政权。我们对于爱国运动，不独不应该向它放冷箭，并且不应该只是尾巴式的参加，而应该是领导；因为完成中国民族解放，已经是中国无产阶级自己的任务，并且它在完成这一任务的斗争基础之上，可以比纯粹社会主义基础上的先进国家的无产阶级早些获得政权。"②

当陈独秀批驳一些托派成员反对抗日救国的错误言论时，中共中央继续指

---

① 《上海事变中的取消派》，载《红旗周报》，34期，1932年4月1日。
② 《陈独秀著作选》，3卷，第230、231、229、232、235页。

责托陈取消派"投降帝国主义国民党。"① 对于这种指责,陈独秀不仅不予理会,反而提出与中共联合行动的主张。过去陈独秀既反对国民党,又反对共产党,并主要是反对共产党。现在他把反对的重点移向了对日本帝国主义实行妥协政策的国民党,并要求与共产党并肩战斗,共同挽救民族的危亡。

1932年1月初,陈独秀以"中国共产党左派反对派"的名义发表的《告全党同志书》,呼吁一切共产主义者在所有工运、学运、反日运动、国民会议斗争、反国民党斗争以及苏维埃运动中"联合行动,不加任何形式的阻止与破坏,以便统一我们的力量向阶级敌人进攻。我们(左派反对派)在一切行动中准备和全体同志携手前进"。此后,又写信给中共"中央政治局并转全党同志",说"任何同志,谁还固执教派精神,拒绝合作,他将会在革命之前铸成莫大的罪恶。因此,我们向党提议,马上召开一个联席会议,以决定在群众行动中一致步骤问题,希望你们不要使革命的群众失望"。②

被中共除名并已成为"中国共产党左派反对派"书记的陈独秀,现在竟然主动倡议与中共联合行动进行反蒋抗日斗争,主要基于两条原因:(一)国难当头,民族矛盾上升,陈独秀紧紧把握住这一主要矛盾,制定政策,以挽救民族危亡。(二)红军三次反"围剿"的胜利,促使陈独秀纠正了他过去一些错误观点,使他认识到"南方农民争取土地和反国民党的武装斗争,……大规模的发展起来",不再是他过去所说的仅是"大革命之余波,……已经是威胁国民党政府而为他所不能消灭的势力,并且还继续削弱它的势力。"共产党"没收地主的土地给农民,已经不是仅仅写在政纲上面白纸黑字,已经在它所领导的农村苏维埃区域见诸实行。"它所主张的苏维埃政制,"已经不是乌托邦……是走社会主义道路的保障,同时也是空前的最高度的民主主义政制。"③ 陈独秀的这些见解较之过去的一些错误认识,显然是一大进步。这说明他从客观实际出发,积极反思,并不一味固执己见。

陈独秀要求与中共合作,这说明他本人的政治主张与中共有共同点,当然还有分歧,但在反蒋抗日的大方向上是一致的。

这时掌握中共中央领导权的是以王明为首的"左倾"冒险主义者,他们推行了一条更为严重的冒险主义路线。苏共这时也正在继续进行反对托洛茨基派的斗争。但是,陈独秀他毅然挣脱了"教派精神"的束缚,提出了与中共联合行动的倡议。

---

① 《中共中央文件选集》,7册,第45页。
② 《上海事变中的取消派》。
③ 《陈独秀著作选》,3卷,第272、306页。

然而，1932年1月9日，以王明为首的中共中央作出攻打大城市，争取革命在一省与数省首先胜利的"左倾"冒险的决议。陈独秀不同意在工人斗争还没有"广泛起来"之前，就"拿孤立的农民武装队（红军）作攻打大城市（如武汉）的冒险企图"。①

中央在1月9日的决议里，中共中央横加指责一切中间势力，当然也包括以陈独秀为首的托派及其召集国民会议实现民众的革命政权的主张，都是"帮助国民党来维持它的统治"，实行"官民合作"，是革命"最危险的敌人，应该以主要力量来打击这些妥协的反革命派"。

陈独秀呼吁与中共联合行动，可是，以王明为首的中央说他是"反革命派"。其实，陈独秀的意见是召开国民会议，"从速推翻国民党政府，全部政权交国民会议，实现'革命的民众政权'"。有人问他为什么不直接提出为争取苏维埃政权而斗争呢？陈独秀回答说："苏维埃和国民会议并不是两个绝对不相容的东西"，为国民会议而斗争，"当然还应该为创造我们的苏维埃而斗争"。但创造"工业中心城市和政治中心城市的苏维埃，尚须一个时期，国民会议运动却迫在眼前了"。当将来"革命发展到一定程度，我们便向群众解释：只有无产阶级与贫农专政才真正是'革命的民众政权'"。②谁来召集国民会议呢？陈独秀明确地回答说："任何资产阶级小资产阶级政权所不能召集的彻底民主的国民会议，只有它（指中国共产党）能够召集"。③

综上所述，可以看出关于苏维埃运动和召集国民会议的主张二者之间的区别：（一）这时中共中央已经把城市苏维埃运动提到革命日程，向群众宣传鼓动，号召罢课、罢工、罢岗、武装暴动，都贯穿着苏维埃这一口号。陈独秀不同意立即成立城市苏维埃，认为只有当工人斗争"广泛起来"以后，才可成立城市苏维埃。在不具备成立苏维埃的条件时，可先召集国民会议，成立一个过渡性的政府。（二）工人运动迟迟地广泛不起来。九一八事变后的两个多月，中共"还没有能够发动与组织一次伟大的工人群众的罢工"。④于是"左倾"冒险主义者竭力用群众露天大会、飞行集会等种种办法，强行发动工人斗争。陈独秀认为这种做法是"用命令主义和玩弄政治总罢工，在客观上是不断的破坏了城市工人运动复兴的萌芽"⑤。这些分歧与正确的批评，在当时"左"倾盲动主义的心目中，可谓大逆不道。他们忽视了"九一八事变"后国内阶级关系的新动向和

---

① 《陈独秀著作选》，3卷，第272页。
② 同上，274、276页。
③ 同上，3卷，306页。
④ 《中共中央文件选》，7册，第525页。
⑤ 《陈独秀著作选》，3卷，第308页。

民族矛盾上升的特点，在党内搞宗派主义、命令主义，对外搞关门主义，对待中间势力的抗日主张和一些民主人士反对国民党独裁统治的积极性，不仅不屑于去团结争取，反而一律把他们作为敌人对待。对于从中共分裂出去的托派，尤其恨之入骨，说他们是"绞尽脑汁来欺骗民众，千方百计阻碍革命的发展。"①并且多次点名指责陈独秀，例如1932年4月2日出版的中共中央机关报《红旗周报》第34期上一篇短短的文章《上海事变中的取消派》，竟使用"欺骗"一词达7次之多，说中共同取消派"没有一丝一毫"的共同之处。"同中国反革命资产阶级的先锋——取消派"合作，"这真是非常滑稽而有趣的事"。

陈独秀的倡议表明他在新形势下的思想变化，和在一定程度上挣脱了"教派精神"，不失为政治家的风范。他召开国民会议，建立革命民众政权的主张不仅没有实现，甚至自始至终没有形成一种舆论。当时一般群众的心理状态的确是强烈要求国民党政府出兵抗日，收复失地，但并不要求推翻它。而陈独秀却过高地估计了中间势力的革命性，过分地估计了国民党政府危机的严重性，认为"国民党的统治确是难以支持下去了"②，似乎是这个政权即刻崩溃于眼前，然而事实并非如此。因而，陈独秀企图通过抗日救国会召集国民会议，或与左翼资产阶级共同行动，组织过渡性的政府，都成泡影。

陈独秀在以王明为首的"左"倾盲动主义和蒋介石集团对他恨之入骨的夹缝中做人，过着举步维艰、彷徨失措的苦闷日子。

---

① 《中共中央文件选集》，8册，第77页。
② 《陈独秀著作选》，3卷，第271页。

第十二章　四年零十个月又八天：牢狱之苦

038. 潘兰珍：年轻三十岁的妻子

陈独秀被开除党籍后，既要避开国民党悬赏3万元缉拿他而布下的天罗地网，又面临着中央对他的歧视和打击，他只得隐姓埋名，辗转迁移，从上海提篮桥附近搬到不远的岳州路永兴里11号一幢石库门房子隐居起来。

是年冬，陈独秀的第一任妻子高晓岚，饱尝人间的磨难和悲郁，走完了苦难坎坷的人生之旅，溘然长逝。

这时他的第二任妻子、高晓岚之妹高君曼，正栖居在举目无亲的六朝古都南京。她是蒋介石悬赏捉拿的陈独秀之妻，在国民党心脏之地的白色恐怖下，带着幼小的女儿陈子美和儿子陈鹤年（哲民），衣食无着，不敢轻易露面，一日数惊，苦度光阴。

陈独秀三子陈松年

高晓岚之死，使本已心碎的高君曼悲痛不已，同时又感到无比内疚。为忏悔对姐姐所犯下的过错，她带儿女回安庆奔丧。虽然时过境迁，但陈家的人和亲友，对她与陈独秀的婚事仍不能宽恕，多有非议和责难。当高晓岚病逝时，是否向高君曼报丧，陈家的人仍持反对态度，唯有陈独秀三子陈松年以为，无论如何，君曼毕竟是生母同父异母的妹妹，至少她是我的姨妈，哪有不报丧之理？当高君曼带着孩子从南京回到安庆家中时，陈独秀姐姐的孩子按大人之意，不叫他舅母，而偏叫他小姨。高君曼听了怏怏不乐地问道：

"叫我小姨当然也可，那么他们对舅舅陈独秀又该怎么称呼？难道也叫他大姨夫？"这使得本已极度悲痛的高君曼，精神上再次受到难以承受的刺激，原患多年的咯血病大发，又患上子宫癌，一病不起，于1931年悲愤凄凉地死于南京。

高君曼离世时，留下了一对无依无靠的子女，举目无亲，子美、鹤年姐弟俩，不得不过着穷困潦倒、到处流浪的生活。

幸亏潘赞化获悉高君曼病逝噩耗，即从上海奔来南京为之安葬，使她安息于九泉之下。

陈独秀1930年落难时，住在上海岳州路永兴里，离提篮桥不远。这是一条狭窄的弄堂，大多住着生活贫困的下等人家。

大革命失败后，叱咤风云、名声显赫的陈独秀为躲避国民党布下的天罗地网，于此地隐居下来，化名"王先生"。

在此隐居期间，陈独秀遇到了小他三十多岁的潘兰珍。

陈独秀住下没几天，胃病突然发作，身觉不适，饮食不思，加上无人照料，又不敢去医院就诊。这天，他穿着破旧长袍，头戴呢帽，如惊弓之鸟，匆匆忙忙地到附近街上药店，买

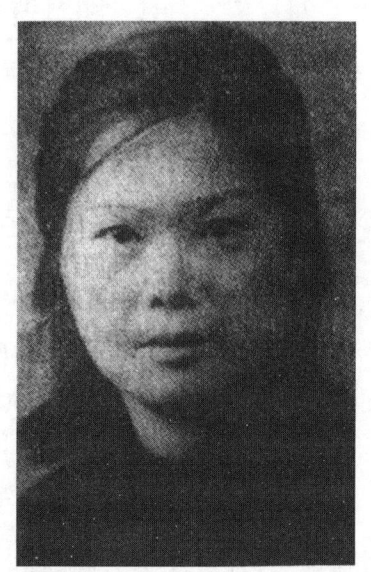

比陈独秀小三十多岁的潘兰珍

药后，就急急忙忙返回。归途中，他怕有人盯梢，神情恍惚，被小路上一条枯树枝绊了一下，摔倒在地，昏了过去。

无巧不成书，这时，一位剪着短发、圆脸大眼的年轻女工，下班正好路过，发现一位胡子拉碴、脸色苍白的老者昏倒在地。这位善良的女工就是住在隔壁亭子间的邻居。她便急忙把这位老者扶起来。

她将陈独秀送到家中，然后火速请来医师，急忙问道："大夫，他的病情严重吗？"

"姑娘，这位先生是侬啥人？"大夫问道。

"是阿拉的邻居。"

"姑娘，侬心地善良，救了一条人命。如果再晚一会儿，这位先生的性命难保……"

"医生，他现在怎样？"

"姑娘，侬不要急，阿拉马上给他打强心针。"

"谢谢医生。"

片刻间，陈独秀苏醒过来，感激地问道：

"姑娘,你叫什么名字?"

"阿拉叫潘兰珍,在英美烟草公司做工。"潘兰珍温柔地回答。停了一会儿,她问陈独秀:

"先生,请问侬的尊姓大名?"

"我姓王,你就叫我王先生好了。"

同是天涯沦落人,患难之中见真情。自从陈独秀在病危中受到了潘兰珍的搭救后,两人感情日深,亲如一家人。陈独秀在潘兰珍的精心护理下,渐渐恢复了健康,心情也归于平静。他像父亲那样关心潘兰珍,手把手教她写字、念书读文章,教她画画、唱歌。潘兰珍在他的精心指导下,长进很快。

斗转星移,光阴流逝,起初那个纯朴的师生关系,也渐渐发生了微妙的变化,两人倾心爱恋着。

陈独秀和潘兰珍最终结成一对老夫少妻,一时成了永兴里这条里弄家喻户晓的新闻,人们说长道短。

在婚姻问题上,陈独秀早已离经叛道,惊世骇俗。经过几次婚恋的离奇曲折,悲欢离合,他更加坚定自己的选择,让那些妇道之言说去吧。

这对老夫少妻结合在一块儿,感情十分融洽,炽烈的爱填平了年龄的"代沟"。然而,好景不长,1932年10月中旬,经受破坏创伤未愈的托派组织在陈独秀的努力下刚刚成立常委会不久,于10月15日遭到了一次大劫难,托派中央被"一网打尽"。陈独秀也因叛徒告密而未幸免,经历了一生中的最后一次被捕,拖着53岁的病弱身躯走进了国民党监狱。

039. 上海被捕

1932年10月15日,正当托派中央常委在虹口区有恒路春阳里210号举行会议时,公共租界工部局政治处及虹口区捕房中西探员持上海特区地方法院搜捕票前往搜捕。当场捕获谢少珊(亦名谢德磐,托派中央常委秘书长)、王武(宋逢春)、王兆群(罗世藩)、张次南(彭述之)、蒲一凡(濮德志)5人,抄获文件三箱一网篮(见上海市市长吴铁城给行政院的报告,原件存中国历史第二档案馆。据现存江苏档案馆《陈独秀等危害民国案证据目录》共有书籍580本,文件22个。书,主要是马列主义经典著作、国际共运史、托派的油印刊物和其他社会科学读物。文件:是指托派会议通过的文件等)。5个常委一个也没逃脱。托派中央书记陈独秀因患胃病待在家里,没有出席这天的会议。

谢少珊被捕后，立即供出了其他4人的真实姓名（上述4人前面的名字是被捕时的化名，括号里的是真名，由谢供出）和政治身份，并表示"甘愿自首"协助将陈独秀拘捕归案。因这时只有他一人知道陈独秀的住址。同日下午7时，谢少珊带领捕员到岳州路永兴里11号楼上将陈独秀捕获。

是夜，患胃溃疡病的陈独秀，正躺在家里病榻上呻吟不已。因托派内部出卖，一批国民党特务荷枪实弹冲上楼去，踢开门，大声吼道：

"不许动！陈先生，你被捕了！"

53岁的陈独秀，病魔缠身，脸庞清癯，蓄着微髭，头发微白，不慌不忙地穿上淡蓝色的哔叽长袍，带上黄色呢帽，像欲出门探亲访友似的在房内踱了几步后，带着浓郁的安庆乡音，对正在翻箱倒柜的特务说道：

"走吧，各位，我这里没有什么金银财宝可翻的，快些回去向蒋先生领赏去吧！"

面对着虎视眈眈的特务们，陈独秀镇静自若。这是他第5次被捕，每次他都视死如归，处之泰然，化险为夷。

特务们押陈独秀上了囚车，还带上抄家得来的资料，运往租界巡捕房。

到了巡捕房，陈独秀看见先行被捕的彭述之等人时，幽默地说道：

"我原以为只我一个人被捕，没想到你们都先来了。这下我可有伴了，可以松快松快了。"

公共租界的法庭，早与国民党暗中勾结，对陈、彭等人轻描淡写地审问几句，便把全案人犯引渡给了上海市警察局，关押在侦缉队。那时的上海，提起这侦缉队，令人毛骨悚然，它与屠杀共产党人和革命进步人士的龙华警备司令部都是杀人不眨眼的鬼门关，只要落入魔掌，十有八九难以生还。侦缉队长系安徽人，仰慕陈独秀的名望，拿出纸墨请陈独秀写几个字留念。陈独秀不假思索，执笔一挥，写了"还我河山"和"先天下忧"两条横幅。陈独秀借此抒发了自己的豁达胸怀，表现了浩然正气。

陈独秀是被叛徒出卖才被捕的。当时有个叫费克勤的女人，在莫斯科东方大学学习时是共青团员。回国后与陈岱青结婚。不久夫妻双双被国民党特务逮捕。国民党中央组织部党务调查科科长徐恩曾"对那个女的经过一度谈话，写了一张效忠保证书之后，立即恢复了她的自由"。[①] 此后这个女人便专门侦察共产党员和反对国民党的进步人士。

---

① 徐恩曾，《我和共产党斗争底回忆》，转引自沈云龙，《有关陈独秀生平的资料》，载《传记文学》第31卷第2期，1977年8月。

费克勤在莫斯科读书时,有位女同学名叫张颖新,回国后与托派中央常委委员濮德志结婚。他们都不知道费克勤已堕落为特务。一天,张与费在马路上不期而遇,并热情相邀老同学来家玩。

真是无巧不成书。费克勤来濮家的那天恰恰陈独秀也在濮家与友人李次山聚晤。费克勤一眼便认出了陈独秀。事后濮责问妻子:"为什么这样大意?"张满不在意地说:"她总不是坏人吧!"濮说:"就是好人也不应约她来。"第二天,濮夫妇搬家转移,不料特务已经盯上他们的新居,并尾随濮后,侦察他的行踪。①

至16日夜12时,又有梁有光、王晓春、王子平、何阿芳、王鉴堂5人被捕。17日,又捕获了郭景豪(彭述之的弟弟,彭道之),共计12人。除书记和5名常委外,其余有负责印刷托派刊物《火花》《校内生活》的,有做学生工作的,还有两名嫌疑犯。中国托派本来就是个组织松散的小团体,经此次沉重打击,便一蹶不振。而谢少珊由于叛卖有功,领得了一笔巨额奖金,并无耻地改名为谢立功,以叛卖陈独秀得来的钱作资本,大做生意,发了横财。

17日晨,捕房将11人押解到江苏高等法院第二分院,市公安局代表到庭要求引渡,陈独秀等一致反对引渡,无效。18日下午2时,市公安局提案审问,关防甚严,禁止任何人旁听。

话说陈独秀被捕的次日早晨,上海滩头,人如潮涌,大街小巷,报童的叫卖声不绝于耳,令人震惊:

"特大新闻,《共产党首领陈独秀等,昨天在上海被捕》……"

这时,人群中挤出一位身着工作服,个子不高,脸圆胖胖的年轻女工,好不容易抢购到一张《中央日报》。这位女工,就是陈独秀的新夫人潘兰珍。

陈独秀被捕时,潘兰珍恰恰不在家,回南通老家去了。等她回到上海时,才知道她的王老头被捕了,而且是大名鼎鼎的陈独秀。

当国民党决定将陈独秀交司法审判后,便把他拘押在江宁地方法院看守所。看守所的管理不像监狱那样严格,而且他还享有优待,居室较宽敞,饮食尚正常,按时服胃药,不仅有亲朋好友前来探望,也能和外界通信联络。1932年12月22日他在给灵均女士(姓王,高语罕之妻)信中说:"每日可跑慢步数分钟,习柔软运动数次,身体、面色、精神都和初来时不同了。"

陈独秀在看守所以及后来在监狱里,他和外界的通信有托友人转交的,有请人代寄的。如果是他自己直接寄出去的,信末的落款总用化名,他先后用过明夷、夷、明宜、季丹等。

---

① 《濮德志致郑超麟信》,1980年7月16日。

陈独秀在看守所里的第一封信是1932年11月27日写给王女士的,王女士名灵均,陈独秀在这封信里最关心的是问王女士岳州路旧居"你已去过否?所恳之事,不知可行否?至以为念,并盼示知"。

陈独秀"所恳之事"是什么事,这在11月30日给王女士的信里明白地说:"岳州路(旧居)一切衣物尽失,都不必问了。惟书桌抽屉(靠窗右手抽屉,非将桌子挪开,不能抽出)内,藏有一小袋,系潘君之物,她多年积蓄,尽在其中,若失去,我真对她不起。务请先生再去探看一次。需否偕律师去,请你自己酌定。务求见信即去,迟则退租后,恐木器为房东移去。如幸而尚在,望携存先生处。"

此后不久,有人函告陈独秀"潘女士所藏物包已自取去"。他一面感到"真是万幸!"一面又将信将疑这消息是否可靠。① 陈独秀历来不重视身外之物,这次竟如此挂怀,因为这不是他的财物,而是潘兰珍的。现在他失去了自由,潘兰珍生活上少了个人依靠,如果再失去她多年的积蓄,她将怎样生活呢?曾有人劝陈独秀在经济上接济她,他认为现在"事已揭开(指暴露了自己的真身分),她必不敢接受我们帮助也"。

潘兰珍是位忠厚朴实的农家女子,对陈独秀这个"秘密人物"朝夕相伴了两年时间,对丈夫深信不疑,压根儿不知道国民党四处通缉捉拿的共产党首领竟是她所爱的老先生陈独秀。

面对这一变故,潘兰珍没有退却,她铁下心来,决心陪伴陈独秀一辈子。为了照顾陈独秀,潘兰珍迁居到南京离监狱不远的一间简陋的房子住下。

据陈独秀的三子陈松年回忆:"潘兰珍待我父亲很好,在父亲的晚年,全靠她料理服侍。她平时在家很少言语,做事勤快利落,不愧是个工人出身。我们家人对她也很尊重,我们尊之为母,我儿辈呼她二奶奶,我祖母称她二娘子。"② 这对老夫少妻相濡以沫,风雨同舟,相伴终生。

由于自己管辖的行区内抓获了陈独秀,上海市市长吴铁城心花怒放,以为立功的时机已到,在陈独秀等人被引渡到上海市公安局拘押的那天,吴铁城立即致电南京当局告知陈、彭等人已被逮捕,南京政府马上谕令把陈独秀等"妥慎押送来京"。

当日《申报》以"共产党陈独秀等被捕"为题、以"经两昼夜之搜捕而破获,陈等十一人均解公安局"为副题进行了报道,全国舆论哗然。国民党《中央日报》等报纸也大力宣传逮捕了"久缉未获之共产党领袖"。

---

① 致灵均女士信,1933年1月7日。
② 沈寂《再访陈松年谈话记录》,载《陈独秀评论选编》(下),第327页。

共产党以"犯右倾投降主义错误"停了陈独秀的职,没多久又开除他的党籍,国民党为什么仍要煞费苦心悬赏通缉他,把他仍看作中共领袖?原来,国民党把陈独秀领导中共反对派组织看作党内矛盾,把陈独秀在"九一八""一二八"时期组织的"反日反国民党"活动,看作与中共农村进行的苏维埃土地革命一样,威胁到"党国"统治。

陈独秀被捕后,国民党南京特别市党部、广东省党部等,都向国民党中央致电,列举陈独秀从创建共产党到促成南方"星火燎原"的各种"罪状","恳请严办""迅予处决"。

10月19日,也即陈独秀即将被押解到南京的当天,《晨报》以《陈独秀被捕》为题发表了一篇社论,开始了为陈独秀的辩护。社论中说,人们知道陈独秀,还以为他仍然是首领,是"不识共产党内情之言也"。共产党的秘书长第一届为陈独秀,而近几年来是瞿秋白、李立三等,已经换人四五次了。领袖更迭的原因,是党内关于革命策略不一致,中央派(干部派)认为中国社会尚在封建时代,因此,他们的策略为农民暴动;与中央派相反的是托洛茨基,认为中国社会已经到了资本社会,他们不反对农民武装,认为同时应该注重工人罢工和世界革命。因此导致了两派的分裂。该文同时批驳了"独秀虽已非共产党首领,然近年共产党之杀人放火,独秀乃始作俑者,故不可不明正典刑"的谬论。说宣传共产党言论、组织共产党与实行危害国家,这是两码事,不能混同为一。共产学说是以反抗现实社会为目的。它发生的原因是因为人心不平。人心不平的原因是因为国家"早有病根",并由此指出,应该负责的,不是坚持共产学说者,而在于政府当局的罪过。

这篇社论还辩解说,即使陈独秀有过托洛茨基活动,也要看托氏"在实际上有无危害之行为"。无论有没有"危害国家"的行为,也不是政府的事,而应该由法庭判决。政府应该将陈独秀有危害国家行为的证据提供给法庭,在司法保障下审查。假如因为以前他曾是共党领袖,或今天还坚持托洛茨基主义,将他与"江西杀人放火之共产党同类而并观"是不应该的。作者还呼吁政府对待人民,不能凭直觉或感情好恶,应以理性为标准,因为他以前的同志拿武力来争夺政权而迁怨陈独秀,则中国的人权就没了保障,当局若以武力来支配中国,则国家必定会陷于大混沌的状态。

10月19日,国民党中央电令上海市政府将陈独秀等人谨慎押送南京。是日夜晚,上海车站戒备森严,陈独秀等被押上车,关在列车厢内严加看守。汽笛一声长鸣,火车向南京方向急驰而去。在车厢里的彭述之等人心情沉重,此去南京凶多吉少,只怕性命难保,怎么也不能入睡。然而,陈独秀视死如归,竟然伴随着火车有节奏的"轰隆轰隆"声呼呼大睡。火车到达南京下关，当押解他的特务把他叫醒时，他还慢慢地伸伸手，松松筋骨，打着哈欠。滔天大祸生死关头逼在眼前，他仍镇定自若，泰然处之，这种"仰不愧于天，俯不怍于人"的境界，一时传为佳话。

押解南京后，陈独秀先关押在十凛巷军人监狱，后被移送江苏地方法院（即江宁法院）看守所拘押。1933 年 4 月 26 日，经江宁法院判决、7 月 21 日国民党政府最高法院作出终审判决，从逮捕至此历时一年余，陈独秀被囚禁于南京老虎桥监狱一个单独的小院里，开始了近 5 年的监狱生活。

陈独秀被捕时没来得及带保暖衣物，身体病弱的他不能承受秋凉。他在国民党军法司禁闭室要求当局添置衣被，国民党中央拨给陈独秀大洋一百元满足其要求。

陈独秀从不认为自己是囚犯，更不自卑。他不仅要求当局满足他基本的物质需要，而且还要在精神上与蒋介石、陈立夫、陈公博等人决一胜负；他要求陈述自己以往组织托洛茨基派的活动情况，申诉自己没有违法。当时蒋介石在武汉，国民党当局答应了陈独秀的要求，并表示将于 21 日"提陈犯出狱，由宪兵司令部派员押解赴汉"。①

21 日下午，国民党军部司监狱科长接受了天津《大公报》记者的采访，说中央党部交押陈、彭二犯，是寄押，军法司未开庭审讯，现在不确定是否押解到武汉。

此时，蒋介石纠集了 50 万兵力分两路对鄂豫皖和湘鄂西根据地发动了第 4 次"围剿"。国民党"分进合击"与中共"集中优势兵力，打游击战和围歼战"的两种战术正胶着地难解难分。于是，陈独秀谒蒋的希望也成了泡影。与汪精卫改组派联合执政的蒋介石虽然重视"陈彭案"，但他无暇去会见已成阶下囚的陈独秀。

蒋介石曾致电南京将陈独秀的材料送到武汉再决定。南京方面国民党中央派组织委员会干事黄凯，带着陈独秀案的许多重要文件于 10 月 22 日到达武汉，向蒋介石详细汇报了"陈彭案"的情况，并将文件交给蒋介石，请示决定。这时，蒋介石在武汉行营亲自审问叛徒谢少珊等人，所有情况都证明陈独秀没和红军联系。

陈独秀、彭述之要求有读报和通信的自由，军法司一口回绝，而且不准陈独秀接见新闻记者等任何来访的客人。

---

① 《中央日报》，1932 年 10 月 21 日。

社会各界营救陈独秀的舆论超过了以往的任何一次，是一次大营救。

翁文灏、胡适及南京政府外交部长兼行政司法部长罗文干致电蒋介石，要求将陈独秀案交给司法审判，不由军法处置。"中国共产党左派反对派北方区"致中共河北省委一封公开信，要求中共"审查其过去对陈独秀同志所加的一切非议诬蔑之错误，接受反对派之政治路线，并为援救陈独秀同志而斗争"。并在其机关报《先锋》上号召："中国的革命群众和一切左翼的社团，一切革命分子都应立即起来游行、示威、通电、开大会，坚韧不拔地为援救陈独秀而斗争！"①

国内著名学者蔡元培、杨杏佛、柳亚子、林语堂等8人和国际学者杜威、爱因斯坦、罗素等，纷纷致电蒋介石，对陈独秀进行营救。许多报刊发表文章或短评，呼吁营救陈独秀。北京学生界还发动了很有声势的援陈运动，好几个大学都进行了援陈讲演集会，宋庆龄女士也由沪抵南京，后又飞往武汉，为营救陈独秀，欲访蒋介石夫妇。然而，蒋介石对这些营救置之不理，下令将陈独秀等人押解南京军政部。称陈独秀等人系危害民国罪，应交法院审判以正司法尊严。

10月24日，上海申报刊登了蔡元培、柳亚子、杨杏佛、林语堂等8人联合请释的消息，快邮代电称：

> 昨日，上海学术界领袖蔡元培、杨杏佛、柳亚子、林语堂等致南京中央党部、国民政府一电，特录全文如下。南京中央党部、国民政府钧鉴：闻陈独秀于卧病中被捕解京，甚为系念。此君早岁提倡革命，曾与张溥泉、章行严办国民日报于上海。光复后，复佐柏烈武治皖有功，而"五四运动"时期鼓吹新文化，对于国民革命，尤有间接之助，此非个人恩怨之私所可抹杀者也。不幸以政治主张之差异，遂致背道而驰，顾其反对暴动政策，斥红军为土匪，遂遭共党除名，实与欧美各立宪国议会中之共产党议员无异，伏望矜怜耆旧，爱惜人才，特宽两观之诛，开其自新之路，学术幸甚，文化幸甚，临电不胜惶恐待命之至。

蒋介石"表示不复电"，但认为可将陈独秀交给司法机关处理。

当天，胡适等致电蔡元培："请就近营救陈独秀。"柏文蔚于25日晨去南京当局打探了如何处置陈独秀，准备有针对性地营救。上海的柳亚子也积极营救陈独秀。北大、燕大师生组织演讲集会声援，律师界章士钊、张耀曾、董康、郑毓秀等都愿当陈独秀的辩护律师。诸如此类，气势磅礴的"救陈活动"形成了。

---

① 张宝明、刘云飞著，《飞扬与落寞》，东方出版社，2007年版。

然而，也有人落井下石"清算陈独秀"。国民党中统局主办的《社会新闻》发表署名"仿鲁"的文章，称陈独秀是"近代政治怪杰"，以为"陈曾是共党取消派，然而他是赤匪的创造者始作俑者……照现行法规，似应惩罚，而无活命之可能。反转是说，陈虽是共党，却是反对共党现行暴政者，而且还是个学者，只要他继续反共，似乎不至于死。"①

10月23日，江西瑞金出版的"中华苏维埃共和国临时中央政府机关报"《红色中华》（第37期），以"取消派领袖亦跑不了，陈独秀在上海被捕"为标题进行报道，而且加按语："蒋介石不一定念其反共有力网开一面许以不死……或者还会因祸得福做几天蒋家官僚呢！"

国民党当局的喉舌《壬申半月刊》，于11月1日刊登了一篇文章《陈独秀被捕以后》，责骂"共产党徒，其罪大恶极，自然是应该聚而歼之"，对陈独秀1929年12月发表的《我们的政治意见书》进行摘要，称"该派现在似乎已经崩溃"。吹捧当局道："自陈等被捕解京，我当局尊重法律司法独立，由蒋委员（长）提议，经中央常委会议通过，将全案移归法院审理，此诚不失为法治国家持平的态度。"

10月，杜威、罗素等国际名士致电蒋介石，营救陈独秀。

蒋介石迫于各方压力，于11月24日电令南京："陈等所犯之罪，系危害民国之生存，国家法律对于此种罪行，早在法律上有明文规定，为维持司法独立尊严计，应交法院公开审判。"

国民党中常会随即讨论并通过了蒋介石的来电，认为陈独秀、彭述之两人非现役军人，"犯罪"地点在法租界，不符合"危害民国紧急之罪法"适用范围，也不属于军法司管辖范围，应该转令司法行政部依法定程序审理。

疾病缠身的陈独秀，加上连续几天的颠簸，胃病及盲肠炎更加严重，内肠如果溃烂，毒入血液，3天之内就不可救药了，法院便将他送到医院，等病治好后再审案。

1932年10月24日，国民党中央举行谈话会，遵照蒋介石的电示，谓陈独秀系危害民国罪，应交法院审判。10月25日，何应钦在蒋介石授意下向国民党军法司司长王振南下达此指令。

下达指令之前，下午3时，何应钦与王振南一起到军政部会客室，传讯陈独秀。

何应钦问："赣鄂等省共产党暴动行为，或知其详否？"

---

① 仿鲁，《清算陈独秀》，载《社会新闻》第1卷第7期。

陈独秀答："各处共党行动，均由干部派指挥，与余毫无关系。"

亲日的何应钦本想打听陈独秀关于中日战争的观点，预测自己的前途，然而听了陈独秀的回答后，何应钦顿觉霉运当头。

陈独秀口若悬河，振振有词地说，通过观察国际形势得知，联俄才能有利于抗战，英美及国联都不会有助于中国。谈话持续了一个多小时，结束时，何应钦慕名恭请陈独秀为自己题几个字。陈独秀于是写了正气凛然的语句"三军可夺帅也，匹夫不可夺志也"，显示了即便遇到荆棘载途，也不会丧失自己的志向和信仰。

国民党自从1927年"清共"以来，凡捕获到著名的共产党员，莫不格杀勿论，从不经过任何形式的审判，现在为什么将中共创始人陈独秀交法院审判呢？其中主要原因正如10月26日《申报》上《陈独秀或不致处死》一文所说："盖陈原非真共产党可比云云。"共产党领导工农红军进行武装革命，而陈独秀不仅手无寸铁，且反对成立红军，况且国民党未尝不想利用陈去进一步反对共产党。其次，国民党不能不考虑要求宽大处理的舆论压力，但也决不会轻饶他，任其进行反国民党的活动。

国民党当局决定"陈彭案"循"牛兰一案"办理，同为"危害民国罪"，所以逮捕手续及情形都相同，并由江苏高等法院审理。审判地点仍在南京，由该法院组织临时庭，因为陈彭等犯"危害民国罪"，依法第一审即是高等法院，因为高等法院远在苏州，如再将犯人押往苏州，徒增手续的麻烦。于是决定暂押在苏州高等法院下属的江宁地方法院，听候高等法院决定审讯地点。一旦确定了审理地点，军政部便令军法司将移交手续办理妥当。在公审时，由中央党部派人旁听。陈独秀被捕时，国民党当局所搜出的13箱材料之中，都是共产党左派书籍和杂志，等到开审时，也将作为罪证一并送往高等法院。

10月26日上午，军法司向国民党中央组织委员会调查科致电，请示如何处置，并向司法行政部刑事司司长李幼泉致电，转告江宁地方法院查验收押犯人。军法司司长王振南说这是"以免外界误会"。[①]

上午10时左右，军法司依令将陈、彭二人押往江宁地方法院的检察署候讯室，检察官将二人签送到看守所暂押。

陈独秀在候讯室时，《晨报》记者问他对入狱的感想，陈独秀说，在狱之人，唯望当局公开审判。陈独秀被押于军法司时，详细分析了孙中山三民主义及国民党法律，认为能彻底证明自己无罪。而且，他毕生反抗专制独裁，痛恨黑箱

---

① 《晨报》，1932年10月30日第8版。

式的军事法庭审判,于是在狱中"阅读三民主义或其他总理遗教""每日阅党义书籍",准备公审时据理力争,沉重打击国民党。刚到江宁地方法院时,他"态度安静,手携党义书数本"。他做了充分准备,胸有成竹。①

陈独秀移交法院审理的消息传出后,他北大时的学生傅斯年,于1932年10月30日在《独立评论》上发表文章《陈独秀案》,称颂陈独秀是中国革命史上"光焰万丈的大彗星",审理时应"考虑陈一生行迹及20年来中国革命历史""希望政府能将此事交付法院,公开审判……不妨依据法律进行特赦活动"。

10月31日,宋庆龄由沪经南京抵武汉,为陈独秀被捕一事访问蒋介石夫妇。12月31日,蔡元培、胡适等都推荐辩护律师给陈独秀。陈独秀的好友章士钊挺身而出免费担任他的辩护律师。

"缚虎容易纵虎难",国民党方面有人认为,其思想为社会所不容的陈独秀,能够得到由军法论处改为法庭公开审理,这已是"党国"的最大恩赐了,应该尊重法律尊重司法独立,对陈独秀严加查办。

10月27日,即陈独秀被移交到江宁地方法院的次日,国民党广东省党部电请国民党中央严办陈独秀,并请"惩办出名保释之人"。29日,国民党南京特别执行委员会决议,"呈请中央依法,惩办共犯陈独秀等不准保释,并电全国一致主张"。陈独秀被捕后,新疆省政府主席金树仁、湖南清乡司令何键、国民党湖南省长沙市执委、湖南衡山县、罗山县、江西上高县、山东邹县、广东英德县等党部,国民党陆军16师、19师、27师、53师、78师党部等单位,打电报给国民党中央当局,要求"严惩""处极刑""明正典刑""讯予处决",将陈独秀看作是洪水猛兽,一旦放出,遗患无穷,国无宁日,欲置之死地而后快。

11月1日,国民党南京市党部书面警告说蔡元培、杨杏佛"请宽释陈独秀"之电是"徇于私情,曲加庇护,为反动张目,特予警告"。

10月28日,香港大公报发表了《营救陈独秀》的短评,说陈独秀是领袖,有自己的信仰和风格,所以只需给他机会,让他堂堂正正地发表意见,向公众公开申述,就是尊重他爱护他。如果不靠法律用悲苦乞求去营救他,反而辱没了这位有骨气有主见的老革命家,并认为蔡元培等"矜怜耆旧,爱惜人才"的话,是"多此一举";建议"大家应该成全陈独秀",应该信任他,作为一代领袖"有真诚信念,不变节,不改话,言行始终"。

其时,除了国民党当局,还有以王明为首的中共"左倾"中央也痛恨陈独秀。陈独秀成了"两间余一卒,荷戟独彷徨"的"孤家寡人"了。11月1日,中共

---

① 张宝明、刘云飞著,《飞扬与落寞》,东方出版社,2007年版。

的机关刊物《红色中华》再次报道了陈独秀被捕一事，标题是"不幸而言中——陈独秀要当蒋介石的反共参谋了——不信，你们等着"。语言尖刻、挖苦，客观上帮了蒋介石的大忙。

11月21日，《红色中华》又发文炮轰，标题是"陈独秀！取消派！叛党！反共！"批陈独秀是资产阶级的"走狗"、"反共"先锋，言辞激烈。陈独秀在此重击下只得听天由命。

10月29日，江苏省高等法院派检察官朱隽带领书记官来到了南京，于上午9点半，与推事赵钲铿借江宁地方法院刑二庭升座开庭，传讯陈独秀等，侦查案件。

审讯到11点才退庭，宣布下周一再开庭侦查一次，之后检察官朱隽就到江苏高等法院公审。检察官通知看守所，陈彭案情重大，侦查期，不准他俩接见任何人及有任何书信来往。

漫长的5个月终于过去了，1933年3月底，江苏省高等法院对陈独秀等以"危害民国罪"提起了公诉。起诉书主要内容为：

中国共产党首领陈独秀等，上年10月间被上海公安局捕获，解送南京军政部军法司。嗣称由司法行政部交江苏高等法院审理，经检察官检察结果，提起公文摘比照录起诉书原文如左：

起诉书：被告陈独秀、彭述之（即张次南）、王武（即宋逢春）、濮一凡、王子平、何阿芳、王兆群、郭竞豪（即彭述之）、梁有光、王鉴堂，以上10名均在押。右开被告，民国念一年刑事第三八号危害民国一案，并经侦查终结，认为应行提起公诉，兹将该被告犯罪事实，及所犯法条，开列于后：

……

陈独秀部分：被告陈独秀，系安徽怀宁人。初在日本东京大学读书。查被告为中国共产党左派反对派中央执行党务委员首席（以下简称中央反对派），是为一党之主脑。其个人行动及发表之反动文件，应负责任，固无论矣，即以中央反对派名义刊行之反动传单及宣言书，及其指挥之行动，亦应由其完全负责。……

一面借口外交，竭力宣传共产主义；一面则对于国民党政府，冷嘲热讽，肆意攻击。综其要旨，则谓国民党政府威信堕地，不能领导群众，应由其领导农工及其无产阶级等，以武装暴动，组织农工军，设立苏维埃政权，推翻国民政府，由无产阶级专政。并欲打倒资本家，没收土地，分配贫农。其言词背谬，显欲破坏中国经济组织，政治组织……竟目三民主义为反动主义,并主张第三次革命,坚决扫荡国民党政府,以革命民众政权,代替国民党政权。其意在危害民国,已昭然若揭。惟查共产党进行之程序,原有组织团体,宣传主义;武装暴动,设立苏维埃政权等各阶段。查核被告所为,仅只共产主义之宣传,尚未达于暴动程序。然以危害民国为目的,集会组织团体,并以文字为叛国宣传,则证凭确实,自应令其负责。

国民党开始抓紧准备公审陈彭案。狱中的陈独秀在筹划着自己的答辩书,决定变被告为原告,将法院公审陈独秀变成陈独秀清算国民党。

国民党将陈独秀交司法审判,一方面煞有介事地表示司法尊严,另一方面是为了劝他投降,站在国民党一边,进行反共活动。当陈独秀拘押看守所后不久,国民党便开始对他进行劝降活动。

040. 自写辩状

公开审判临近。当有记者问陈独秀是否请律师辩护时,他坚定地回答:"如欲请人辩护,亦须有钱才行,但我系一穷措大,没有钱请人辩护。"[①] 这个消息一经传媒之后,便有许多名律师,如章士钊、张耀曾、董康、郑毓秀、彭望邺、吴之屏、汪有龄、郭蔚然等都自告奋勇愿做他的义务辩护人。郭蔚然于1932年10月31日在上海写信给蔡元培,说"昨闻独秀老夫子谈话谓无钱不能请律师是伤心语。门人愿为不要钱的辩护人。如荷夫子赞同,敬乞赐示关照以便晋京晤独秀夫子作准备",独秀夫子"桃李盈门,为桃李者此时不努力,等到何时!"(原件存中国历史第二档案馆)这么多的律师(其中有陈独秀的故交旧谊的老友,有泛泛之交的新朋,还有他的学生)都自告奋勇愿为同一个"犯人"作义务辩护,这在中国法制史上实属罕见。

陈独秀认为如"烦请律师过多,转易(引)外间无谓之注意",他决定委托老友章士钊、彭望邺做他的辩护律师。1902年春陈独秀由留学日本回故乡安庆途径南京,与陈独秀相识相交。"二次革命"时,两人都主张武力讨伐袁世凯。革命失败后,两人同遭通缉,都先后东渡日本,创办和编辑《甲寅》杂志,介绍和宣传西方的民主政治。辛亥革命前后,章、陈两人志同道合,情同手足,患难与共。在新文化运动中开始发生裂痕,直至后来分道扬镳,章任段祺瑞临

[①] 《晨报》,1932年10月30日。

时执政府的司法总长。但昔日结下的情谊互不忘怀。"九一八"事变后，章到上海开设律师事务所，成为知名大律师。如今陈独秀遇难，章士钊为伸张大义，挺身而出，自愿为陈独秀免费辩护，陈欣然聘任。当时有人议论纷纷："顾章与陈之政见，绝不自容，一旦急难，居然援手不测之祸，斯亦奇矣！"①

在审讯前，为了揭露国民党政府的腐朽、反动本质，对国民党作合法斗争，陈独秀写了一份书面的《辩诉状》。文中慷慨陈词，阐发了自己平素的政治主张，扼要地总结了自己一生中追求救国真理的历程，指出中国革命的终极目的，是实行共产主义。又指出"为实现此目的而清除道路"的四项任务。更列举大量事实，征诸中外古今，来证明国民党政府的腐朽与反动。然后反问国民党当局：谁是"叛国"？谁为"危害民国"？陈独秀《辩诉状》中的有些观点，在辛亥革命时期就曾用之与腐败的清朝政府斗争过。今天读来，仍感新鲜。它是了解陈独秀和研究陈独秀的一份重要文献。

陈独秀写此《辩诉状》，除了送交国民党的法院之外，还设法将底稿送出监狱，由友人们在社会上广为散布，作为同国民党当局斗争的一种手段。然而，国民党政府没有因陈独秀的"辩诉"而不判其罪，仍于1933年4月26日"以文字为叛国之宣传"而判罪。

《辩诉状》全文4000余字，观点鲜明，结构严谨，精悍锋利，气势雄健，不仅没有《晨报》社论或《快邮代电》里的乞求宽大处理的语气，而是反控国民党，并要求赔偿他"在拘押期内之经济上健康上之损失"。

国民党将陈独秀等交司法审判后，法院却迟迟没有开庭审讯。法官们对于审讯陈独秀这样个性倔强、社会声望卓著、坚决反对国民党统治的"犯人"，无不感到棘手，因此一再拖延，足有半年的时间陈独秀一直拘押在看守所里，直到1933年4月14日江苏高等法院假江宁地方法院刑庭才开庭审讯陈独秀、彭述之等10人。

江宁地方法院刑庭，旁听席上早就座无虚席，庭外也是挨山塞海。

上午9时30分，苏州高等法院委派的审判长胡善称、推事（国民党审判官长之称）张秉慈、林哲民，检察官朱隽、书记官沈育仁等入庭就座。

与此同时，陈独秀等的辩护律师章士钊、吴之屏、彭望邺、蒋豪士、刘祖望5人仪表端庄地步入律师辩护席。

自陈独秀等被解到江宁地方法院看守所拘押，到高等法院派人审理，历时半年有余，究其原因，是审判人员的委派出现了"将多难出征"的尴尬，使高

---

① 《章士钊》，载《现代中国名人外史》。

院颇费周折，接审这种案件，谁能保证自己在辩论的过程中会不被陈独秀问得哑口无言？法官们实行的"推事"，不是推敲法律，研究审判之策，而是把事情推开了事，踢来踢去便踢给了胡善称、朱隽等人。

陈独秀无钱请律师，更不愿请律师，当他被解到江宁看守所时，曾接受过《晨报》的采访。记者曾问道：

"法院对先生一案，即将开审，外传先生已聘定辩护人，确否？"

陈独秀说："余等案件系政治问题，又可说学理问题，似无须请人辩护，如欲请人辩护，亦须有钱才行，但我系一穷措大，而信件来往每月只能一次，何来有此充分之时间，作请人之准备，故开审期促，则更不延人辩护矣。"① 陈独秀没钱没时间请律师，也觉得没必要请律师。

在上海开设律师事务所的章士钊与陈独秀交情甚笃，得知陈独秀被捕入狱，决定赴宁为他辩护，尽心尽力地准备着，陈独秀公审日这天，踌躇满志、愉快地到达法庭为陈独秀作免费辩护。

时过境迁，世事变幻无常，章士钊赴宁时感慨万千，挥毫赋诗：

龙潭血战高天下，一日功名奕代存；
王气只今收六代，世家无碍贯三孙。
廿载浪迹伤重到，此辈青流哪足论？
独有故人陈仲子，聊将糟李款牢门。

此诗颂扬了名士陈独秀，也慨叹好友的境遇。

章士钊与陈独秀政治主张不同，文学观点相异，以前经常彼此口诛笔伐，这只是两位名士"吾爱吾师，吾尤爱真理"的风格。大律师章士钊名闻五湖四海，别人用高薪也很难请得动他接手普通的诉讼案，现在为陈独秀免费辩护，大家都赞他"有古义士之风"。他俩高尚的人格交相辉映，成为佳话。

4月14日上午9点35分，陈彭等危害民国一案，正式开庭审理。

法警执签提陈独秀、彭述之、濮一凡等10人到庭。

走在最前面的陈独秀，环视法庭，气定神闲。他"两鬓斑白，须长寸许，面色红润，已无病容，四周环视，态度自若"。② 旁听席约有百余人。此后在4月15日、20日第二、第三次开审时，旁听的人一次比一次踊跃。有远自镇江、无锡、上海等地专程来京的。唯庭地狭小，不敷容纳，后来的有立于坐次两旁，有立于记者席后，亦有立于室外的，总计有两百余人。③ 其他"同犯"跟随其

---

① 《晨报》，1932年10月30日第8版。
② 《陈独秀开审记》，载《国闻周报》第10卷17期，1933年5月1日。
③ 《申报》，1933年4月22日。

后，鱼贯步入被告席。此时的陈独秀，全然无囚徒的身影，宛如即将出征的战将，在神态各异的行队中，真可谓一枝独秀。

"案犯陈独秀，将年龄、籍贯或住处、职业告知本庭！"审判长胡善称神气地叫道。

"本人陈独秀，字仲甫，55岁，安徽怀宁人，住上海岳州路永兴里，无业！"陈独秀一眼都没看审判长，庄重地环顾法庭。

审判长胡善称又一一询问他人同犯，书记官记录。检察官朱隽陈述陈、彭等10人拘捕经过。法官先传讯陈独秀，彭述之等9人则被带入待审室。

陈独秀立于法庭，神采飞扬，他昂头挺胸看向法庭高悬着的孙中山总理遗像，然后将眼光扫向旁听席，他们期待的眼神鼓舞他在法庭取胜。

陈独秀再次慷慨地回答了审判长有关姓名、籍贯等的提问。胡善称又询问了近段陈独秀的活动内容及时间地点，陈独秀巧妙地对答如流。

"共党活动，是否受莫斯科指挥？"胡善称不阴不阳地质问道。

"是，"陈独秀直言不讳，"不争之事实。"

"当时共党之活动，第三国际态度如何？是否满意？"胡善称继续追问。

"无所谓满意不满意。"陈独秀显得有些不耐烦。

"共党书记是否即总秘书长？"

"是。"

"何时被开除？"这是下马威，审讯攻心战。

陈独秀满不在乎："记不清，大约在民国十七年十八年。"

"究以何故成为苏俄干部派（即斯大林派）之反对派？"审判长步步紧逼，"为何被开除？"

"以意见不同而已。"陈独秀不屑应答。

"被开除后做何事？"

"未做事。"

"共党共分几派？"

"分托洛茨基与斯大林派。"

"托洛茨基现在何处？"

"现在情形不知。"

陈独秀无关痛痒的回答让审判长只好用迂回战术。

"反对党内常委几人？"

"5人，然5人中，并无宋逢春，因宋于被捕时方出狱一周余，宋在狱中何能当选常委。又濮一凡为一三十余岁面黑之人，倾见者乃一漂亮小孩子。"陈独秀丝丝入扣，机敏开脱。

"彭述之曾供濮一凡为常委？"审判长蓦地问。

"不对。濮非常委，恐因语音不同而有舛误。"陈独秀回答坦荡。

这时章士钊站起来申告："检察官之记录，吾等并未见过，其中恐有错误，请发下一看。"

检察官朱隽回答："待将来整理后宣读，如有舛误，再作修改。"

审判长接着提问："对于红军主张如何？"

"红军为特别组织，要先组织苏维埃政府，照现在状况尚用不着红军。共党理论，先要有农工为基础，待有政权，才需要有军队。"

"有《告党内同志书》一文，内有当共党欲实行暴动，曾有信去指说现在尚未至革命高潮，国民政府尚不能崩溃，徒使党离开民众，应请改变政策等语。是否是你作的？"

"是有的。"

"中国共产党反对派即托派最终目的如何？"胡善称对托洛茨基主义的魔力如此巨大疑惑不解，故作此问。

"世界革命，在中国需要解放民众，提高劳动者生活，关于夺取政权，乃当然的目的。"陈独秀直言不讳，明白以对。

"《斧》一文在何处发行？"

"在华北发行。"

"书中有召集不具名会议，是何意思？"胡善称有很多方面都不理解陈独秀。

"国民党不召集时，由共党召集，共党不能召集时，即有国民党势力参加之。"

"与皖湘闽赣等省共党不能合作，是否因政策不同？"

"是。"

"党内教育界学生方面有人参加否？"

"当然有，工人比较多，其余各界都有。"陈独秀巧妙地回答。

"是否常开会？"

"不一定。"陈独秀含混地回答。

"你何时生病的？"胡善称转移话题。

"去年8月间。"

"未生病前开会是否常到？"

"开会常到。"①

讯问似乎漫无边际。胡善称希望通过讯问陈独秀探听到其他人的情况,便问:"被捕10人中,有几人认得?"

"以政治犯资格,不能详细报告,作政府侦探,只能将个人情形报告。"陈独秀洞穿了对方的心机,他锋芒毕露、目光锐利,蔑视着法官。

法庭一直在旁敲侧击,企图审问出将陈、彭判为"危害民国"罪的客观证据。胡善称开始切入主题:

"陈独秀,你们何以打倒国民政府?"

陈独秀闻言,随即将反对蒋介石的反动政府的话语倾泻而出:

"这是事实,我不否认。至于理由,可以分三点,简单说明之:(一)现在国民党政治是刺刀政治,人民既无发言权,即党员恐亦无发言权,不合民主政治原则;(二)中国人已穷至极点,军阀官僚只知集中金钱,存放于帝国主义银行,人民则苦到无饭吃,此为高丽亡国时的现象;(三)全国人民主张抗日,政府则步步退让。十九路军在上海抵抗,政府不接济。至所谓长期抵抗,只是'长期抵抗'四个字,始终还是不抵抗。根据以上三点,人民即有反抗此违背民主主义与无民权实质政府之义务。"陈独秀咄咄逼人,击中要害,言辞犀利。陈独秀能在法庭上当众指控国民党对人民实行刺刀统治、"围剿"红军,对外实行不抵抗政策,这在白色恐怖、群众噤若寒蝉的血腥年代,陈独秀能置生死于度外,坚决力主反对国民党反动派,实属难能可贵。

上午11时许,审判长问完,令陈独秀退庭,然后传讯了彭述之、濮一凡。下午1时30分传讯完王武。审判长传各被告到法庭宣告:"本日时间已迟,暂且休庭,改明日(15日)上午九时,继续开庭审讯。"说完,扬长而去。

退庭后,章士钊考虑到陈独秀的供词让自己为陈辩护的最终目的很难达到,就找到几位法官,调出陈独秀案卷与供词,修改了对陈独秀不利的部分词句。法官觉得陈独秀桀骜不驯,就借坡下驴,送章士钊一个人情,以便合作共赢。

次日,江宁地方法院刑事审判庭的旁听席又被各界人士挤得座无虚席,学生占大部分。法官们在9点55分才在审判庭上慢腾腾地就座,5大辩护律师也陆续到庭。审判长令法警将陈、彭、濮、王4人提至法庭待审室,陈独秀又被先传。

胡善称说:"被告陈独秀,昨日本庭审讯之笔录,今由书记官宣读,内若有错误出入之处,可当庭声明更正。"

---

① 张宝明、刘云飞著,《飞扬与落寞》,东方出版社,2007年版。

"悉听尊便!"

书记官装腔作势地宣读昨日讯供笔录,陈独秀闭目细听,发觉很多地方有出入。书记官读完,陈独秀双手抱臂,气势居高临下,怒斥、究诘书记官笔录的出入,然后把供词一把夺过来,发现是有人改动了他的供词,就又改回来,才郑重签下"陈仲甫"3字。

改正供词及签字这样一个短暂的特定场景,充分表露了陈独秀不同流俗、独树一帜的性格。

紧接着,审判长轮流传讯彭、濮、王3人,按程序3人在供词上签完字,法警将4人带回待审室。

审判长又让法警带来王子平、何阿芳、王兆群、郭竟豪、梁有光、王鉴堂,各进行了讯供、笔录。再传陈独秀等莅庭。

审判长问:"陈独秀,托洛茨基派之最终目的如何?是否为推翻国民党,实行无产阶级专政?"

"是的,凡不抗拒外侮,不顾人民,实行独裁政治的党派和政府,都应该打倒,莫说国民党,也包括托洛茨基主义者!"陈独秀慷慨陈词,咄咄逼人。

审判长问彭述之:"托洛茨基派最终目的如何?"

彭述之答:"世界无产阶级革命。"

"是否为推翻国民党,实行无产阶级专政?"

"正如刚才陈独秀所言。"

问完,审判长宣告:"本案因公安局尚有一部分文件未到。明日(16日)为星期日,兹定于18日上午开审。"

陈独秀当即郑重表态:"要审从速,延迟时日,决非吾之所愿,请法庭翌日开审,早日决断!"

此时,章士钊霍然起立,话语铿锵:"本律师因故要求再延迟两日,请法庭予以考虑。"

其他4位律师立即同声赞成。

审判长觉得正中下怀,于是宣告:"为本案审判之公平,以谨慎为本,应各位律师之要求,本庭决定于20日上午10时继续审讯,案犯带回看押。退庭!"①

人们在难耐中等待了4个日日夜夜。

---

① 张宝明、刘云飞著,《飞扬与落寞》,东方出版社,2007年版。

041. 法庭激辩

1933年4月20日，法院如期开庭。但是，法庭原定于上午10点开庭，不到9点，急切的旁听者就赶到法院，争先恐后地请求签发旁听证。有很多人是从千里之外赶到宁亲睹审判陈案的实况。各地的旁听者纷至沓来，竟有200余人，济济一堂。至10点许，旁听席上无立足之地了。"庭址不敷容纳，后至者多抱向隅。10时许，旁听席上无地可容，有立于座次两旁着，立于记者席之后者，亦有立于室外者"。陈独秀在法庭上，"四围瞻顾，态度自若"，侃侃申辩，革命立场十分鲜明。他利用国民党政府的法庭进行了合法斗争，检察长被驳斥得十分狼狈。①

10时42分，审判长胡善称、推事林哲民、张秉慈、书记官沈育仁、检察官朱隽等开庭就座。为被告辩护的5大律师同时到庭。

书记官沈育仁作古正经地宣布："因本案涉事庞杂，故延至今日继续审理陈彭等危害民国一案。希望各界莅席人士谨守法庭秩序，莫有夸张之言行。"

审判长令提王子平、何阿芳等6人到庭核对笔录。之后，令提陈独秀等4人核对第二次讯供笔录。陈独秀稍微更正了托洛茨基的最终目的及中共托派常委。

11时20分，书记官更正完。依照程序，检察官朱隽起立论告：

"本案被告陈独秀等10人，被捕经过已于起诉书中述明，并对被告10人之犯罪证据，加以说明。陈独秀，他供过，民国九年加入共产党，十一年任秘书长职，十六年清共，共党失败，因他工作无成绩，致被开除总秘书长职，十八年因倾向托洛茨基派，被开除党籍。彭述之、王子平、何阿芳等，倾向托派，亦均被开除，因此共同组织中国共产党左派反对派。查被告之被开除，是被斯大林派开除，并非完全脱离共产党。史托两派不同的地方，是史派说暴动时期已到，托派说还没有到。在策略上，托派主张红军应以农工为基础，史派则认为连土匪盗贼都可参加在内。在手段上，史派主张国民党分子，亦可加入，托派主张国共应分开。凡此种种，都是内部问题，在法律点上，他们主张打倒国民政府，和无产阶级专政，是一样的目的，都是共产，都是危害民国。被告供过，说他们现在势力不大，只有几百人，分子以工界为多，学界次之，农村尚无力量走进，与第三国际并无关系。这些在证据上看来，可以相信。又被告自认组织共党反对派，从前开会是去的，并任首席常委，所以被告负有两个责任：（一）

---

① 沈寂著，《陈独秀传论》，安徽大学出版社，2007年7月第1版，第488页。

组织左派反对派,他是主脑,所以无论宣传命令,他都要负责,被告个人之言论著述,当然亦要负责。(二)宣传部分,他们有一个系统,向一个目标进行,著作很多,被告当然亦要负责。……以上之内容,均利用外交,攻击国民政府,使国府威信堕地,不能领导群众,应由其领导农工及无产阶级,与以武装暴动,组织农工军,促立苏维埃政权,推翻国民政府,由无产阶级专政,并欲打倒资本家,复收土地,分配贫农,破坏政治及经济组织,故为危害民国,毫无疑义。综纳被告之主张,共有四阶段:(一)组织团体;(二)宣传;(三)武装暴动;(四)无产阶级专政。但是被告之行为,在第二阶段中至第三阶段,现在还办不到。综合所述被告实犯危害民国紧急治罪法第六条及第二条第二款。彭述之犯罪情节,与陈独秀同……"①

论告中,彭述之、王子平、何阿芳三人犯罪情节与陈独秀一样;王武、王兆群、郭竟豪与梁有光都是犯了危害民国紧急治罪法第六条之罪。王鉴堂则"情节似属较轻,判决时请庭上酌量"。

检察官论告完毕,旁听席上议论纷纷。审判长问陈独秀:"你是否尚有抗辩?"

陈独秀愤慨地说:"我当然抗辩。凭空编造虚实之词,强加于人,焉有不抗辩之理?我只承认反对国民党和国民政府,却不承认危害民国,因为政府并非国家,反对政府,并非危害国家!"然后将自撰的《辩诉状》展开,高声驳斥辩论。

他回顾了自己为摸索中国生存之路而奉献的30年。他提到了太平天国、义和团、八国联军,提到了康有为、梁启超、孙中山,又提到了第一个共产主义小组,历史召唤英雄豪杰挽救危在旦夕的中国。他肩负使命、砥砺前行、甘于奉献,不是"全躯保妻子之徒",为此感到骄傲、快慰。他竭力反封,向往过改良,着手于启蒙,宣扬过革命,举起"民主"与"科学"两面大旗。他曾经不信任辛亥革命,他陈述:

"自辛亥革命以来,共和招牌高悬,实则一事无成,而连军阀混战,都以争夺地盘,搜刮人民为目的。弄得工业凋敝,农村破产,国家将亡,民不聊生,予不忍眼见中国人辗转呼号于帝国主义与国民党两重枪尖之下,而不为之挺身奋斗也。""中国革命(指辛亥革命)先于苏俄革命(指十月革命)者七年,今日,二者之荣枯几不能比拟,其故可深长思矣。"

陈独秀对于国民党在日寇侵略下信仰的"民族主义"深恶痛绝:

---

① 《国闻周报》,第10卷第17期,1933年5月1日版。

"对日本侵占东三省，采取不抵抗主义，甚至驯羊般跪倒日帝之前媚颜投降，宁至全国沦亡，亦不容人有异同，家有异说。……'宁赠友邦，不与家奴'竟成国民党之金科玉律。儿皇帝将重现于今日，不亦哀乎？"

他一生坚信、大力宣扬民主，为国权、民权而战，而国民党的"民权"是假民主，实为"专制独裁"，他驳斥国民党：

"国民党吸尽人民脂膏以养兵，挟全国军队以搜刮人民，屠杀异己……大小无冠之王，到处擅作威福，法律只以制裁小民，文同官俱在议亲议贵之列。……其对共产党人，杀之囚之，犹以为未足，更师袁世凯之故智，使之自首告密，此不足消灭真正的共产党人，只以破灭廉耻导国人耳。……周幽王有监谤之巫，汉武帝有腹诽之罚，彼时固无所谓共和民主也。……千年以后之中国，竟重兴此制（指遍布全国的特务——作者注），不啻证明日本人斥'中国非现代国家'之非诬。……路易十四曾发出狂言'朕即国家'，而今执此信条者实大有人在。……余意破坏民权罪即邻于复辟。……否则军阀之魁，民主之敌，亦得以再造共和自诩（当指段祺瑞应蒋介石邀请从天津南下，蒋以师礼遇之。国民党《中央日报》以大字标题报道'共和勋臣段芝泉氏莅京'——作者注），而妄人竟以共和勋臣称之……。国民党以刺刀削去人民权利，以监狱堵塞人民喉舌，……民权云乎哉。"

他提到，党国给国民带来的"幸福"其实是极度恐惧的灾难，他谴责：

"连年混战，杀人盈野，饿殍载道，赤地千里。老弱转于沟壑，少壮铤而走险，死于水旱天灾者千万，死于暴政人祸者万千。……工农劳苦大众不如牛马，爱国有志之士尽入囹圄，……民死之不暇，何以言民生？"

国家现状如此，国民党腐朽、反动所致，如此误国的党误国的政府，若不早去，则必定会丧失国家前途。国民党才是真正的"危害民国者"！而反对当权腐朽的政党，推翻误国政府，才真的是挽救民国者！在必要的蓄势之后，陈独秀将犀利的矛头指向了"危害民国"的罪名：

"国者何？土地、主权、人民之总和也，此近代法学者之通论，决非'共产邪说'也。以言土地，东三省之失于日本，岂独秀之责耶？以言主权，一切丧权辱国条约，岂独秀签字者乎？以言人民，余主张建立'人民政府'，岂残民以逞之徒耶？若谓反对政府即为'危害民国'，此种逻辑难免为世人耻笑。孙中山、黄兴曾反对满清和袁世凯，而后者曾斥孙、黄为国贼，岂笃论乎？故认为反对政府即为叛国，则孙、黄已二次叛国矣，此荒谬绝伦之见也。"

旁听席上大家会心微笑，窃窃私语，称赞陈独秀的《辩诉状》以理服人，痛快淋漓。

审判长胡善称脸上闪了一下不易察觉的窘态，他担心法庭秩序失控，让他丢脸，起立告诫："肃静！肃静！旁听者不得喧哗，谨守法庭秩序。"转向陈独秀说："被告陈独秀，不得有鼓动言辞。"陈独秀刚要说话，审判长赶紧说："如今强寇入侵，吾等国人应万众一心，上下一致，精诚团结，以国事为重！"

陈独秀眉毛一扬说："你不要我讲话，我就不讲了，何必还要什么程序呢？"

"我不是不要你讲话，只是要你言辞检点一点。"胡善称看陈独秀怒容满面，就无奈地说，"你讲吧。"

"不过，在我讲之前，有一词先须问明，'言辞检点'意指为何？"

"是要你莫借题发挥，渲染过重，且不敬言辞，有辱民国领袖之形象。"

"国事衰退若此，国民疲敝若此，又妄设此法庭，实悖于'三民主义'，于领袖不敬甚矣！"

陈独秀说："刚才你说团结，这是个好听的名词；不过，我觉得骑马者要和马讲团结，马是不会赞成的。"陈独秀清了清嗓子以模拟的声音说："它会说，你压在我身上，你相当舒适，我要被你鞭打还要跑，跑得满身大汗，你还嫌慢，这种团结，我敬谢不敏。"

旁听席上迸发出大笑声。陈独秀自得地扫视了一下听众，有捧腹大笑的，有强忍笑意的，形态各异，让胡善称很尴尬。后来有个政治笑话："善称就善称呗，还要胡善称。不难堪才怪哩。"

胡善称被陈独秀的辩诉状驳得狼狈不堪，维持不了庄重，强忍恼怒："讲你的辩诉，不要讲骑马不骑马了，它与本案无关。"①

陈独秀坦荡地笑道："好，闲话休提，言归正传，我遵命讲我的辩诉了。"旁听席上哄堂大笑，他又展开辩诉状：

"余固无罪，罪在拥护工农大众利益开罪于国民党而已，余未危害民国，危害民国者，当朝衮衮诸公也。冤狱世代有之，但岂能服于后世。余身许工农，死不足惜，惟于法理之外，强加余罪，则余一分钟呼吸未停，亦必高声抗议也，……法院欲思对内对外，保持司法独立之精神，应即宣判余之无罪，并责令政府赔偿余在押期间物质上精神上之损失。"

陈独秀意气激昂地陈述着，听众如醍醐灌顶，从没见过哪个囚犯如此沉着淡定、气势磅礴。陈独秀目光如电，旁听席上赞叹声不绝于耳。众所周知，这不仅是双方在争辩，更是两种意识形态在激烈较量。胡善称脸色铁青，宣布：

"依照法庭审理程序，由被告律师为其作辩护。"

---

① 张宝明、刘云飞著，《飞扬与落寞》，东方出版社，2007年版。

霁时，章士钊起立环顾法庭，然后进行了洋洋洒洒近六千字的辩护：

"本案当首本严言论与行为之别。言论者何？近世文明国家，莫不争言论自由。……要之，以言论反对，或攻击政府，无论何国，均不为罪。即其国应付紧急形势之特别法规，亦未见此项正条。本起诉书之论列，无中无西，无通无别。一切无据。此首需声明者一。

……陈独秀之暴动，谓与国民党打倒北洋军阀时所用之策略正同，核之恒人心理中之杀人放火，相去甚远。且亦只谓'应'如何而已，谓之曰应，是理想，不是事实。又属应为，其在将来，而不在今日甚明。

…………

本庭遗像昭垂之孙中山先生，即倡言共产主义者也。特叮咛以示于众曰："我们所主张的共产，是共将来，不是共现在。"（民生主义第二讲）以故先生所持共产党理论最透彻而流弊毫无。

…………

综上所言，陈独秀之主暴动，既未越言论或理想一步，与紧急治罪法上之"行为"两字，含义迥不相侔是以行为论，独秀亦断无科罪理。此应声明者二。

复次，起诉书所引罪名，一则曰叛国，再则曰危害民国。窃思国家作何解释，应为法院之所熟知。国家与主持国家之机关（即政府）或任务，既截然不同范畴，因而攻击机关或人物之言论，遽断为危及国家，与逻辑无取，即于法理不当。

…………

明代于谦之狱，熊廷弼之狱，当时推问，并不限于中涓，狱成之日，何尝不以为罪人斯得，然朝局一变，是非大白，至今公论如何，宁待考知。以今例昔，事同一例。何况陈独秀之于国民党也，今虽仳离，始则合作。

…………

中国共产党无论如何错误，也不至主张打倒我们的敌人（帝国主义与军阀）素所反对之三民主义的国民党。"由是推测，可见共产党中眼光错误，主张打倒国民党者，大有人在，而独秀苦口劝之，情见乎词，至哀告同志，使勿"为亲者所怨，仇者所快。"即此一点，殊足酿成共产党分裂之势而有余。

…………

此其哀情苦志，实已洋溢言表。而独秀党籍之被开除，与联合汪精卫发表宣言一事之不见悦于莫斯科干部人物，不无草蛇灰线，因果相寻之迹，明眼者不难一目得之。己虽不言，而要不失为法院应采之证。当是时也，容共为国民党公开政策，凡共产党同时为国民党。反之，凡国民党亦多日时为共产党。陈独秀适为大团结中之一人，其地位与当今国民党诸要人，雅无二致。清共而后，独秀虽无自更与国民党提携奋斗，而以己为干部派摈除之故，地位适与国民党最前线之敌人为敌，不期而化为缓冲之集团。即以共产党论，托洛茨基派多一人，即斯大林派少一人，斯大林派少一人，即江西红军少一人，如斯辗转，相辅为用，谓托洛茨基派与国民党取犄角之势以清共也，要无不可。即此以论功罪，其谓托洛茨基派有功于国民党也，且不暇给，罪胡为乎来哉？……要而言之，陈独秀之不能与国民党取同一之态度，势为之也；其忠于主义，仍继续研究共产学说者，理为之也。彼将实行计划，付之后来，与江西红军无关，与第三国际复无关，以托洛茨基自号厥派，实与生物学家之奉达尔文，心理学家之奉弗洛伊德无异，而亦中山之遗教如是。……基上论述，本案陈独秀、彭述之部分，检察官在征引危害民国紧急治罪法第二条及第六条，所谓叛国危害民国及宣传与三民主义不相同之主义，湛然无据，应请审判长依据法文，谕知无罪，以保全读书种子，尊重言论自由，恪守法条之精神，省释无辜之系累。实为公德两便，谨状。①

章士钊的辩护从1点持续到下午1点53分，近一个小时，他已经喉干舌苦，腰酸膝麻。觉得连续几天为陈独秀而穷思竭想与奋笔疾书，实在对得起老友，于是顿感一身轻松，欣然坐下。

之后，陈独秀的另外两位律师彭望邺、吴之屏进行了补充辩护，再次反驳加在陈独秀身上的"危害民国"罪名。他们辩护完毕时是下午2时15分，庭长宣布退庭，下午再接着开庭。

午餐后，章士钊去狱中见陈独秀，准备说服陈将供词修改过来。章士钊还没开口，陈独秀就要章士钊修改辩状，二人各执己见，争辩激烈。章士钊说："仲甫，我这样改对你现时的处境是非常有利的。"陈独秀却说："行严（章士钊），好意铭记，但以君之美意屈我之本意，实为仲甫所难从命也。"章士钊无可奈何，不再坚持。

下午4时，更多的人挤满了旁听席。

---

① 《国闻周报》，第10卷第17期，1933年5月1日版。

开庭后，彭述之先抗辩，章士钊、彭望邺、吴之屏再依次为他辩护。吴之屏刚辩护完，陈独秀霍然起立声色俱厉地说：

"本人对律师辩护，有补充说明，章律师等之辩护，以其个人之观察与批评，贡献法院，全系其个人意见，并未征求本人同意，且亦无须征求本人同意。至本人之政治主张，不能以章律师之辩护为根据，应以本人之文件为根据。"

旁听席上一片哗然，"真是不可思议""真乃革命家""英雄之气"等诧异、赞赏之声不绝于耳。

法官们茫然疑惑，摇头叹息：真是顽固不化！

章士钊两眼圆睁瞪着陈独秀，陈独秀也瞪着他，顿感颓丧。他在为陈独秀辩护时，说陈与中共分裂，组织"托派"以反共，有功于国民党，甚至以为"托派"与国民党取掎角之势以清共，要求对陈无罪释放。尽管章主观上强调陈无罪，为之开脱，实际上把陈推到了反共的国民党一边，这违背了陈的意愿和事实。陈不能容忍。

陈独秀不肯别人曲解自己的原意，即使别人用智慧和全心全意的关爱为他开脱，他认为，亵渎自己的思想最不能容忍。"不自由，毋宁死"，他是真正的思想家，坚守着自己的精神家园，在他心里，思想的独立与自由重于生命。因此，陈独秀在章辩护后，立即发表声明："章律师之辩护，全系个人之意见，至（于）本人之政治主张，应以本人之文件为依据。"所谓"本人文件"，就是他自撰的"辩诉状"。

然后依次是王武、濮一凡等7个被告抗辩，相应律师辩护、补辩。王鉴堂抗辩时，紧张加上口吃，供述："从—我—家搜出的书籍—是—以前房客薛某之物。后楼租给市政府的王某，巡捕来搜查时，王某已外出，因我—我—亦姓王，故将我—捕来。我—只请法—法官早些放我—我—回家去。"引得哄堂大笑。

王鉴堂的辩护律师蒋豪士说："这样的人，既够不上研究，亦够不上工作，共产党哪要这种人。也许捕房抓不到真正案犯，就抓了一个王鉴堂塞塞职责而已。"

至下午6时35分，各被告及辩护律师，均已辩论完毕。于是庭长在传讯各被告，询问是否尚有其他话说；除口吃的王鉴堂说了一声"放我回家去"外，其他人都不再发言。庭长便宣告辩论终结，并当庭宣布定于本月26日下午公布审理结果。

4月22日，陈独秀在狱中修改好了《辩诉状》（此文见《陈案书状汇录》，另有单行本，共14页，封面题名《陈独秀先生辩诉状》，文内题为《辩诉状》，出版单位不明，文末有独秀的签名），一份交国民党法院，一份通过朋友带出监狱外扩散，以唤醒民众，揭露国民党政府的腐朽、反动本质。很多人士都支持、声援陈独秀。

4月26日下午2时，国民党江宁法院开庭公布审判结果。在法庭众目睽睽之下审判长宣读了"陈彭案"的判词：

"陈独秀、彭述之一案，业经江苏高等法院派员赴京审结。被告梁有光、王鉴堂无罪，陈独秀等8名处有期徒刑，褫夺公权。判词全文即日送达，爰觅录如下：

江苏高等法院刑事判决，二十一年度高字第三五号

…………

主文 陈独秀、彭述之共同以文字为叛国之宣传，各处有期徒刑13年，褫夺公权15年。王子平、何阿芳帮助以文字为叛国之宣传，各处有期徒刑5年，褫夺公权7年。王武、濮一凡、王兆群以危害民国为目的组织团体，各处有期徒刑5年，褫夺公权7年。郭竟豪以危害民国为目的而组织团体，处有期徒刑2年6月，褫夺公权3年。裁判确定前羁押日数均准以3（2）日折抵徒刑一日。案内关于犯害之文件及违禁书籍均没收。

…………

本案上诉法院为最高法院，当事人对于本判决如有不服，应于送达判决书之翌日起，10日内以书状叙述不服理由，向本院提起上诉。中华民国二十二年四月二十六日。"①

宣读完毕，陈独秀强忍怒火，激愤地说：

"本人乃叛国民党，并非叛国，以此不公之裁判强加于人，吾等定会上诉，以明是非！"法官充耳不闻陈独秀的怒吼，立即宣布退庭，陈独秀被押回了看守所。

国民党政府没有因陈独秀等的"辩诉"而不判其罪。这种审判结果早就设定，3次公审不过是掩人耳目的"司法独立"及表现"公允"的戏法而已。

4月26日，国民党《中央日报》发表了一篇该报社长程苍波写的题为《今日中国之国家与政府答陈独秀及章士钊》的社评："今日中国之国民党，在法律上既为行使中央统治权之团体，则按之国家为行使统治权之团体原则，则国民党至少现行法律上，在现有制度下，既为国家……反对并图颠覆国民党者，既为反对并图颠覆国家，即危害民国，亦即为叛国。""今日中国国体根本与苏维

---

① 《大公报》，1933年5月25日至28日第1张第3—4版。

埃有别,……欲实行苏维埃运动与①复辟帝制,同为叛国。"还欲盖弥彰地说:"陈某判罪之结果,此法院之职,非记者所愿妄参末议。"

按照程苍波该文的逻辑,叛党等于叛国,那么,既然陈独秀已承认了"叛国民党",也就同时承认了叛国,则以"危害民国"科以罪刑理所当然。此文写就的时间必定在法庭公布宣判结果之前,受人指示并经过反复推敲,中央日报社才隆重推出了这一"力作"。陈独秀、章士钊等的辩诉纵有如

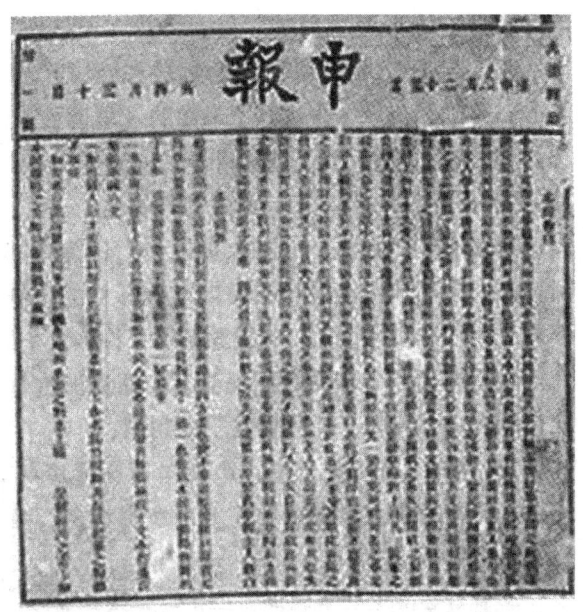

中国近代出版最早、历史最悠久的报纸——《申报》

簧巧舌,生花妙笔,罗列出万分理由,也改变不了国民党法院秉承当局意旨的既定判决,被人骂为"陈毒兽"的老头子的一切努力,正如乔伊斯所言:"在进行一场注定要失败的战争。"

陈独秀此刻感受到了强权下的无奈。

江宁法院对陈独秀作出判决后,以王明为首的"左"倾盲动主义统治的中共方面也表明自己的态度。5月8日,中共苏区的《红色中华》报第77期刊出一篇以《托陈取消派向国民党法庭讨饶》为题的文章,说:"托陈取消派跪在国民党法庭面前如此讨饶,所以保住了性命,而且很快便可在国民党的'皇恩浩荡'下得到大赦,以至起用,大做其官咧!"

陈独秀受到巨大的污蔑,觉得这是奇耻大辱,为了理想死而无憾的陈独秀决心上诉。江苏高等法院送达判决书给陈独秀等,5月27日,他在狱中奋笔疾书《上诉状》。

陈独秀托上海亚东图书馆的汪原放将江苏省高等法院审理案件的材料整理成《陈案书状汇录》刊发1000册。内容有起诉书、陈独秀的辩诉状、章士钊的辩护词、南京中央日报社记者对陈、章辩词的反驳、章士钊答《中央日报》社

---

① 《申报》,1933年5月4日第3张第12版。

记者和判决书等内容。①

陈独秀在狱中读到《陈案书状汇录》后，特别愤怒，就修改章士钊辩诉词，修改了较多陈独秀在国民党"清共而后"转化为托派方面的内容，且全部删掉托派与国民党"取掎角之势以清共"之意。因为这是章士钊为减轻陈的"罪责"而自作主张杜撰的，不符合事实。

陈独秀好友高语罕曾寄给陈独秀载有中文"上诉状"的《大美晚报》，但没用信封寄，被没收了。陈独秀给汪原放写信要他再找一份，用信封寄或托人带给他，并提到了章士钊的"辩护状"，说："望与行严议商，是否可将其中'清共而后……罪胡为来哉'这一段删去？"

有一天，汪原放来探望狱中

《红色中华报》是土地革命战争时期中央民主政府的机关报

的陈独秀，陈独秀一见到他就激愤地递给他自己修改好的章士钊的《辩诉状》，不停抱怨：

"唉！行严真糟！你回去，马上告诉他，我再也不要他替我答辩了！"②

他用笔敲着"清共而后""取掎角之势以清共"这两句气愤地说："……你看吧，这成什么话！"

汪原放一看，发现陈独秀已较大修改了"清共而后"那段。汪原放说："这一本，我可以拿回去给章老伯一看罢？"

陈独秀同意了，余怒未消。

后来，陈独秀的好友柏烈武曾对陈独秀的儿子陈松年说过："你父亲老了还是那个脾气，想当英雄豪杰，好多朋友想在法庭上帮他的忙也帮不上，给他改

---

① 张宝明、刘云飞著，《飞扬与落寞》，东方出版社，2007年版。
② 汪原放，《回忆亚东图书馆》，第159页。

了供词，他还要改正过来。蒋介石以'危害民国罪'判了他13年徒刑。他开始上诉还让登报，后来就不让登了。"①

6月15日，陈独秀义愤填膺地写完了《上诉状》，第二天由律师蒋豪士带至上海与章士钊共同商讨，章士钊再交到国民党最高法院。

《上诉状》对判决书针锋相对，环绕着所谓"危害民国罪"，对国民党政府的政治、经济、军事等方面进行了全面的揭露与抨击，全文约5000字，痛快淋漓，令人拍案叫绝。

判决书声称，国民党国民政府为建设中华民国之领导机关，谁反对国民党国民政府，谁就是叛国。陈独秀对此予以强烈反驳：

> 以民国为一党一人之私产，目反之者为叛国，岂其以万世一系之天赋特权自居乎！此于建设民国之约言岂不显然背叛乎！视建设中华民国者之自身即为国家，犹之视建筑房屋之匠人即为建筑物，谓反对封建民国者之自身即为根本推翻民国，亦犹之主张更易匠人即等于毁坏建筑。世间滑稽之论，宁有过于此者乎！再衡以建设中华民国之现状，无冠之王遍于宇内，田赋附加增逾正额十倍、以至数十倍，新税名目多至难以悉数，贪夫盈廷，饿殍载道，农夫辍耕于田亩，工贾咨嗟于市廛，鸦片官营已为公开之秘密，士流动色相戒莫谈国事，青年出言偶激辄遭骈戮，民国景象固应如是乎？此即判词所谓"中华民国建设之基础"乎？6年以来内战大小十余次，破坏铁路车辆七千有余，增加内债十余万元。最近更由政府借入美国农产品价值二万万元，既以加速农村之破产，又阴增人民对于未来内战军费之负担，此即判词所谓"于训政时期以内指导人民为革命建设之进行"乎？前年不战而断送东北三省，今年不战放弃热河及平、津以东，南渡之局已重见于今日，崖山之迫亦难免与方来。政府复纵百万虎狼于民间，所谓抗日捐，所谓救国公债，所谓防空捐、飞机捐，成为强征暴敛之最新名词，人民之爱国心渐为迫于暴政苛政之惨痛心情所排而去。瞻念前途令人不寒而栗。此即判词所谓"从事于建设中华民国之领导机关"之所应从事者乎？以予等反对如此建设中华民国之领导机关，而谓为"乘日本之侵略，妄诋政府不抵抗"而诬为"将中华民国之建设从根本上推翻"，而判以"危害民国及叛国"之罪，"莫须有"三字其何以服天下

---

① 陈松年，《回忆父亲陈独秀》，载《党史资料》丛刊，1980年第1辑。

后世。①

在这篇上诉书中,陈独秀旁征博引,字斟句酌,从大清爱新觉罗氏到自称"朕即国家"的路易十四,批驳了国民党"政府即国家"的谬论;从袁世凯与张勋到国民党,驳斥了国民党强加的"图谋变更国体"的罪名;从英法美到德俄,狠狠反击了国民党污蔑的"危害共和民国"及"叛国"罪名。文章博古通今,高举民主与自由之旗。

除王子平、何阿芳二人放弃上诉之外,都将上诉状递交到了最高法院。原来江苏高等法院原案检察官朱隽置陈独秀等上诉于不顾,又向最高法院提呈上诉答辩书,请高院驳回被告上诉,于是6人的上诉书,被高院于6月22日驳回,并将判决通知书和答辩书等6份送达看守所。

陈独秀与彭述之等6人决不妥协,于7月7日写就《再抗辩书》,申述无罪理由:一、辛亥革命推翻几千年的君主专制,借鉴欧美政制改建民主共和国;袁世凯借口"中国特别国情"复辟而毁坏民主共和。用这正反两例论述各国政制都是"择善而从",反驳"一国有一国之政制,未可强为比拟"的谬论;二、以政党、国家、政府"三者界义个别"为根据驳斥"危害民国与叛国"罪。

1933年7月4日,国民党《中央日报》刊登文章《最高法院驳回陈彭等上诉》:

答陈彭上述理由

本案被告陈独秀、彭述之,组织中国共产党左派反对派团体,以及鼓吹工人贫农为阶级斗争,组织苏维埃推翻国民党政府,由无产阶级等文字作叛国之宣传,业经被告等供认不讳,并抄获一切证据,其危害民国,事实极为明白,原判按照危害民国紧急治罪法第二条第二款第六条第七十四条,拟处罚刑,并无不合,核阅上诉理由书,谓英美法诸国,对于共产党行动,未认为危害国家,何以中国独异云云,殊不知一国有一国之政制,未可强为比拟。中华民国既有危害民国治罪法之制定,图卸罪责,其理由自不成立,又上诉理由,谓国民政府并非国家,推翻政府不能为危害民国云云。查三民主义为中华民国之建设基础,国民党国民政府,又均为从事于中华民国建设之领导机关,关于此点之释明,原判已言之甚详,被告等所组织之中央反对派,既以打倒三民主义,颠复(覆)国民党国民政府为目的,即为危害中华民国,事理至为明显。被告又以其叛国宣传,尤为明晰。上诉(意)指,

---

① 《法治周刊》第1卷33期,1933年。

强为曲解，殊难认为有理由，希请维持原判，驳回上诉。江苏高等法院检察官朱隽。①

此案结局基本已定。但陈独秀、彭述之等的《上诉书》及《再抗辩》书造成很大影响，加上社会各界一直在声援和帮助，给"陈彭案"点燃了希望之光。

国民政府最高法院受理了陈独秀、彭述之等人的上诉状后，拖延了一年多才于1934年6月30日审理终结。同年7月20日最高法院刑事审判庭进行终审宣判：撤销原判决陈独秀、彭述之、宋逢春、濮一凡（即濮德志）、王兆群、郭竟豪的褫夺公权部分；将陈独秀、彭述之减轻改为各判有期徒刑8年；有关犯罪所用的书籍、文件均予没收。

《中央日报》公布了终审结果：

陈独秀彭述之

最高法院判处徒刑8年

较原判减轻7年

轰动全国之陈独秀彭述之等危害民国一案，经上诉最高法院，历时已年余。现经最高法院刑庭判决，由该院公布。兹将判决主文摘录如下：

原判决关于陈独秀彭述之及王武、濮一凡、王兆群、郭竟豪之褫夺公权部分，均撤销。陈独秀彭述之、以文字为叛国之宣传，各处有期徒刑8年。裁判确定羁押日数，均以二日抵徒刑一日。其他上诉驳回。②

轰动全国的陈、彭"危害民国案"落下帷幕。国民党当局将陈独秀等人押往南京老虎桥模范监狱执行徒刑。

042. 囚室？研究室？

陈独秀等自高等法院宣判之日起，便从看守所押解到江苏省第一模范监狱。这座监狱位于南京老虎桥45号，呈正方形，占地面积41925平方米，直属司法部管辖。陈独秀关押在一间单人牢房。典狱长告诉他："住单人房间是优待，但你是政治犯，不准亲友探监。"同案"犯人"濮清泉（即濮一凡、濮德志）对于

---

① 《中央日报》，1933年7月4日第2张第3版。
② 《中央日报》，1934年7月21日第2版。

陈独秀刚进监狱时的情形有一段回忆：

江苏第一监狱，位于南京市原老虎桥45号，故俗称"老虎桥监狱"

> 陈独秀得到一点优待，他一个人住一间牢房，派专人看守，监视他的一切。其余人住普通牢房。当初监视颇严，不准亲属探监，不准通信，不准读书看报，后经绝食斗争，才渐渐放松一些。陈独秀说："你们执行恶法，我拼老命也要抗议。"典狱长说："恶法胜于无法。"陈独秀说："恶法就要打倒。"典狱长说："我无权打倒它。"话虽这样说，他还是作出了让步，以上三不准，终于悄悄地批准了。
>
> 陈独秀久患十二指肠及胃溃疡病，血压也高，国民党当局绝对不允许保外就医。典狱长为了上下两全，准许濮德志、罗世藩（即王兆群）两人轮流看护他。平时每周一次，病时不拘此例。①

典狱长的所谓"悄悄地"让步，实际上成为半公开化。这其中的主要原因是陈独秀有广泛的社会关系，以及他过去的学生当今的党国要员陆陆续续前往探监，典狱长见陈的来头不小，不看僧面看佛面，使陈独秀在狱中享有相当多的优待。

陈独秀的单独监室（现在已不复存在）是间青砖瓦房，围墙不高，同其他犯人的牢房隔开，是由看守宿舍辟出的一间房，派有专人监视。这间房约有10至12平方米，室内有一书桌、一籐书架、一单人床，室外有小天井。陈独秀的饮食也比一般犯人好，每餐两菜一汤。他要求将菜和汤混做成一个菜，主食喜吃面包。外面送来的食品很多，常常吃不完。朋友送钱给他，由狱方保管，需要物品时由狱方代购。天热时，看守叫犯人挑两桶水给他洗澡。有人来看望他时，看守先把来客的名片给他，他说见就见，说不见就不见。会客时，看守在室外走动监听。陈独秀久在这样较其他犯人优厚的条件下，开始了他那漫长的铁窗生活。他满怀信心的坚信，不久的将来会终获自由，他在牢房里悬挂自撰

---

① 濮清泉，《我所知道的陈独秀》，载《云南文史丛刊》，1988年第3期。

的对联:"海底飞尘终有日,山头化石岂无时。"以此激励和鞭策自己。

陈独秀判刑后,国民党中不少要人都来狱中探望、劝降。

一日,宋美龄带着铁道部长顾孟余来到监狱,他们还提着一些礼品。顾孟余以前是北大教授,是陈独秀的同学,又是《新青年》同人之一。

宋美龄笑着对陈独秀说:"我是代表中正来看你的,他叫我代向你问好。"

陈独秀不冷不热地说:"谢谢蒋先生。"

寒暄几句后,陈独秀不客气地对顾孟余说:"你当官了,架子蛮大嘛。"

顾孟余顿时不知所措。

这时宋美龄插言道:"陈先生讲话,还是文人味,什么大官呀,你要是想当大官,还不全在你自己?"

陈独秀正色道:"我不是当官的料。"然后他望了望顾孟余讥讽道:"我哪有顾先生会当官啊。"

宋美龄见陈独秀话里含讥,有点坐不住了。顾孟余也感到不是滋味。

这期间,陆续来劝降的有徐恩曾、陈公博等人。徐恩曾出门后对人说,我以为可以使他放弃过去的政治主张,但交谈后,我动摇了,我发现他的态度相当倔强,一如既往。①

典狱长见国民党要人都来看陈独秀,连蒋夫人都来了,对陈独秀的态度也好起来,并给陈独秀看书、写信、接待客人的自由。

慢慢地,陈独秀的案几上书多了起来,朋友又送给他两个书架,不久陈独秀的狱室几乎成了书房。

有时社会上一些不相干的人也来看陈独秀。陈独秀见了几次后,对典狱长说:"这哪成啊,我要用时间看书,有些人你通知我一声,不认识的就不要来了。"

典狱长问:"他们送来的礼物和钱怎么办?"

陈独秀说:"人都不见了,钱、礼物当然不收。"

典狱长说:"这是对你的优待,来看彭述之的人,要登记,说清关系,我不同意就进不来。"

陈独秀赶忙说:"谢谢。"

身陷囹圄的陈独秀,他要把监狱变成"研究室",安下心来读书,著述,"拟谋中国学术长足之进展""制造中国50年新政治学术之结晶,以谢国人"。②

在他的书桌上,堆放有他读的政治理论、历史、传记、文学等方面大量的

---

① 徐恩曾,《我和共产党斗争的回忆》。
② 王森然,《近代20家评传》,书目文献出版社,1987年,第223页。

书籍，古今中外皆有。他通晓日语、英语、法语和懂得德语、拉丁语等，尤爱读外文原版书。如日文版的《列宁的组织论》《伦理与唯物史观》《马克思主义方法论》及英文亚当·斯密的《原富》等。还喜读日本版的蒙古语、西藏语、朝鲜语、安南语、马来语、土耳其语小丛书以及几本甲骨文研究的著作。

他读书孜孜不倦，废寝忘食，经常"三更灯火，五更鸡"，甚至通宵达旦。连每日来狱中照顾他的妻子潘兰珍，也不敢打扰他，除非有来访者，他才不得不合上书本。他潜心研究"文字学"时，晚上，是他写作的黄金时间，这也是他多年养成的习惯，狱方规定的熄灯制度，也约束不了他。除非夜阑人静，深更半夜时，典狱长搬出上海医师黄钟给他看病时的医嘱："不可熬夜，"他才会停笔，熄灯入睡。

狱中轮流照顾陈独秀的濮德志和罗世璠，见他如此迷恋文字学，有些大感不解，曾多次劝他：

"仲老，你应当停止文字学的研究，最好乘有生之年，写写自传和中国革命史。"

陈独秀听了不以为然，并解释说：

"大革命史手头无材料，不能凭记忆写，写自传，我想写，但难于下笔，现在不是时候。"

"自传和《文存》是一样的东西，倘《文存》不能登报出售，自传当然也没印的可能。若写好不出版，置之以待将来，则我一个字也写不出来。"

陈独秀治学严谨，且有独创性，不把眼光盯在一字一句上，而是展开视野，有时为了求得一字或一事的真意，在广征博引的同时，还要在大量古书、文物中寻找根据，甚至还和别人发生争论。他发表在《东方杂志》上的《实庵字说》，曾与郭沫若发生过争论。郭沫若对他在狱中研究文字学很是敬佩。郭沫若说：

"古代人不知人从何来，对生殖器崇拜。古文中'也'字很多，'也'字是女阴形象，人从女阴中出来，人们觉得很神奇。"

陈独秀说：

"这是郭沫若的卓见，但有的地方，郭沫若又很浅薄。"

郭沫若曾经写文章答复他：

"独秀先生在这方面是行家、是前辈。但他困在狱中，看不到许多书，所以孤陋寡闻。"

他在写《老子考证》时，对老子的姓做了一番考证。他曾问濮德志：

"小濮，你说老子姓什么？"

濮德志不假思索地答道：

"老子姓李，名耳。"

他摇摇头说：

"不对，不对，这是俗见。"他说：

"我考证证明老子就姓老，顾称老子。正如诸子百家各有其姓一样。孔子姓孔，墨子姓墨，杨子姓杨，庄子姓庄，荀子姓荀，唯独老子给他姓李，焉有此理？此与当时姓氏规律不符。老聃即老子的姓名，何来李耳之名？"

一个身陷铁窗的囚徒，把囚室当作研究室，写出如此丰富的著作，这在世界监狱史中，实属罕见。短短几年的潜心研究与写作，成了一位负有盛名的文字学家。就连他的政敌蒋介石，对此也不得不表示钦佩。1934年10月，蒋介石督战第5次围剿获胜"回朝"，问及陈独秀在狱中的情况，得知陈独秀一心读书，潜心写作时，说：

"鄙人历来赞识独秀先生才华，要不是他误入共产歧途，在中国文化史上可是一大怪杰。"他又借题发挥说：

"独秀狱中作学问，便是反省也！"

五四运动中"打倒孔家店"的北大旧友，时为四川大学教授吴虞，获悉陈独秀在狱中刻苦读书、潜心著述的消息后，兴奋不已，凌晨即兴赋诗曰：

> 早年谈易记儒生，意气翻惊四海横。
> 党锢固应关固计，罪言犹足见神明。
> 尽知大胆如王雅，何必高文似马卿。
> 万古江河终不废，新书还望狱中成。①

然而，他文字研究的累累硕果，与他本人的命运一样多难、坎坷，大部分未能得以出版。不过，为后世还是留下了宝贵的文化遗产，通过多种途径流传下来。有的如文字巨著《小学识字教本》。1971年由台北文字研究中心正式出版，赵友培题签，梁实秋作序，装潢精美。这本是一件幸事，但此书出版也挺蹊跷，却不署作者姓名，也没登陈独秀写的序，成了一本无作者的书。这也许是出版者为了逃避当局出版审查，而颇具匠心所致。

陈独秀为革命奔波几十年，穷愁潦倒，可谓一介"穷书生"。哲人云："官到能贫乃清廉"。他如今沦为"囚犯"，更是一贫如洗。

他在狱中的经济来源有三：

一、《独秀文存》的版税。这部书由亚东图书馆于1922年出版发行，到1927年共印了2.9万部。陈独秀被捕后，亚东于1933年先印1000部试卖，次

---

① 《吴虞日记》，载《党史研究资料》，1980年第10期。

年又印了2000部。前后总计印了3.2万部。二、发表学术论文所得的稿费。三、朋友的接济。其中尤以章士钊的接济为最多。据汪原放回忆：章士钊"由我经手接济仲翁的钱实在不少，每次都由我要仲翁写有亲笔收条交与行翁（章士钊）。我记得有一次，行翁一面说困难，一面掏出皮夹，连六十几元几角（钞票）一概交给我转与仲翁"。

在南京老虎桥监狱中的陈独秀

陈独秀说他在狱中"每月开支非百元不可。"100元在当时是一个不小的数目，尽管他每月服3种药，花费26元，还余70多元。如果只用于日常生活的开销是绰绰有余的，但实际情况并非如此。他有时穷得"一文没有，十分为难"。一个狱卒为他买了3个铜板的辣酱，他竟然瞪着眼睛埋怨说："买一个铜子不够了，怎么买这么多！"可见他手头很紧，精打细算到计较一二个铜板的程度。到1935年，陈独秀欠亚东款约3000元（含被捕前欠款）。

《独秀文存》的版税没几年便用完了，在狱中发表作品不多，稿费收入很少，为了能在监狱里读书、研究、写作，他出手大方，花了很多钱购置了大批的图书，监狱简直成了他的研究室。

早在1919年6月8日陈独秀在《每周评论》第25号上发表过《研究室与监狱》一文。全文不足100字，却富有哲理，洋溢着战斗的激情和革命乐观主义的精神，既是对北洋政府高压政策的蔑视，亦是给被捕学生以思想上的鼓舞和支持。不料，这篇文章发表后的第3天，即6月11日，陈独秀就被捕了。现在是他第5次被捕入狱，他身体力行，实践自己的诺言，率先垂范。

1932年12月1日，陈独秀致胡适信：

如果是徒刑，只有终日闷坐读书，以待最后。如能得着纸笔，或许会做点东西，现在也需要看书以消磨光阴。梦麟先生曾送来几部小说，惟弟近来对于小说实无丝毫兴趣，先生能找几本书给我一读否？

英文《原富》，亚当·斯密的。

英文李嘉图的《政治经济学及赋税原理》。

英文马可波罗的《东方游记》。

崔适先生的《(史记)探原》。

此外甲骨文的著作，也希望能找几种寄给我，先生真要责我要求太多了罢！①

1933年1月7日，致灵均信：旧居里的"书籍似宜搬出，因有许多日文书颇有用"。

同年4月5日，致灵、羽二先生信，要求将亚东出版的和德文原版的《欧洲经济发展史》各寄一本，"以便对照译文一读，以此作学习德文的教科书，虽稍艰难，而比他书有趣也。《德文入门》将习了，大约可求教字典强行读书，狱中从事于此，最足消遣日月也。"

以上这3封信足以证明陈独秀在未被判刑之前，还关在拘留所时，就为日后在监狱里进行研究和写作做准备了，而且他原已掌握日文、英文、法文3门外语，现已过"天命"之年又开始学习德文了。

在他入狱以后，仅就现在见到的存录于汪原放（1897.6——1980.4），安徽绩溪人，中国老一辈出版家。父名希颜，是陈独秀青年时代的好友。1925年，汪原放经陈乔年介绍加入中国共产党。1927年春在汉口任中共主持的《民国日报》国际编辑，后任经理。不久，任中共中央出版局局长。大革命失败后，回到上海，自此与党失去联系，但同陈独秀始终保持个人的联系。1953年，亚东奉命歇业，汪着手编撰《亚东六十年》。1956年8月加入中国民主同盟，任民盟上海市文史资料委员会委员，修订补充《亚东六十年》手稿。本节引文凡未注明出处的，均引自汪氏的这本手稿）。手稿《亚东六十年》的42封信（42封信中有一封是胡适写给陈独秀的，其余都是陈独秀写给汪原放的），几乎每封信都要求汪原放代购或向友人借阅图书。

陈独秀还花了40元买了一部开明本的《二十五史》，40元相当于他一个月的药费。他常感叹"药价真太贵，穷人真吃不起"，却不嫌书价贵，宁肯中止服药"一两个月"也要买书。陈独秀是个爱书胜过自己性命的人。

陈独秀在狱中所拥有的图书，数量之大，门类之多，令人惊叹。

除了阅读，陈独秀还花大量时间来研究韵学和文字学。综观他的一生，主要是从事于两方面的工作：一是参加革命斗争，包括政治斗争和文化思想斗争。二是研究文字学和音韵学。当革命高涨之时，他全身心地投入其中，当革命处

---

① 《胡适往来书信选》（中），第143页。

于低潮期，他从事于上述的工作。他既投身于火热的现实斗争，有潜心于两门古老而又冷僻的学术研究。对音韵学、文字学的研究直接有助于对中国古代社会的研究，认识中国的昨天，从而更能了解中国的今天。他跟台静农说："中国文化在文史，而文史中所含乌烟瘴气之思想，也最足毒害青年。弟久欲于此二者（指中国史、中国文字——笔者）各写一部有系统之著作，以竟《新青年》之未竟之功。"①可见陈独秀研究文字学和音韵学是为了继续进行由《新青年》所开创的民主与科学的新文化事业。

"二次革命"失败后，陈独秀"亡命上海，闭户过冬"，撰写成《字义类例》一书，由亚东于1925年12月初出版。他在《序》里说这本书："只有解释假借有点特殊的意见。要求读者加以注意！"②

大革命失败后，他潜伏于上海。1928年撰写《中国拼音文字草案》一书手稿，稿成售商务印书馆未果，旋由菊生、云五、适之、孟真、元任先生等共赠稿费千元。（见何之瑜编：《独秀丛著总目》，第4页。又见茅盾《创作生涯的开始》，《新文学史料》，1981年第1辑。茅盾将《中国拼音文字草案》误为《文字学注释》），使陈独秀"维持了好久的生活"。③

现在他被囚禁监狱，丧失了原有的生活情趣。他说："我以前最喜欢看小说，现在见了小说头便要痛，只有自然科学、外国文、中国文字音韵学等类干燥无味的东西，反而可以消遣。"④说是"消遣"，实际是以惊人的毅力和勤奋，在狱中撰写音韵学和文字学的著作。据何之瑜编的《独秀丛著总目》一书所载，陈独秀在监禁期间的研究成果有：

《古音阴阳入互用例表》（手稿）

《中国古代语音有复声母说》，发表于《东方杂志》第34卷第20、21号。

《荀子韵表及考释》，发表于《东方杂志》第34卷第2号。

《屈宋韵表及考释》（未完成稿）。

《晋吕静韵集目》（手稿）。

《广韵东冬钟江中之古韵考》，发表于《东方杂志》第36卷第4号。

《干支为字母说》（手稿）。

对以上不曾发表的手稿，陈独秀在晚年流落到江津以后，有的重订；有的二易其稿，如《识字初阶》，这为他最后著述《小学识字教本》打下了坚实的基础。

---

① 台静农，《酒旗风暖少年狂》，载《大成》第205期。
② 《字义类例》。
③ 《胡适来往书信选》（下），第306页。
④ 致汪原放信，1933年10月15日。

043. 只有两章的自传

陈独秀入狱前,许多各界朋友劝他将人生经历公之于众。他被捕入狱以后,便将写自传列入写作计划。当时,许多老朋友都关心他的命运安危,热忱建议他趁早写自传。狱外的托派朋友希望他能仿效托洛茨基写《我的生平》《俄国革命史》和他自己写的《我们的政治意见书》《告全党同志书》(1929年12月10日)那样,通过自传,总结中国近现代革命的经验,抒发自己的政见。托派组织还答应帮助他找资料,后来伊罗生也表示愿意把他收集的资料提供给他。尤胡适期望甚殷,他在1933年6月27日写的《四十自述》序言中,大声呼吁蔡元培、陈独秀等都来写自传。胡适在《自序》里说,"我这十几年中,因为深深感觉中国最缺乏传记文学,所以到处劝我的老辈朋友写他们的自传";"我盼望他们不要叫我失望"。汪原放叔侄也非常关心陈独秀写自传,他们认为此时出版陈独秀自传一定好卖,探监时曾多次问陈独秀何时动手写自传。

此时,陈独秀身陷囹圄,感慨良多,何尝不想写自传?但写什么呢?写少年幼年的事记得的已极少,而且也无意义;记得的事,都是党事、政治事。不是与国际纷争的事,就是与蒋介石之间的过节,此时也不能写。由于政治原因使他的拼音文字草案未能出版,现在动手写自传,能不能出版,这是他不得不考虑的问题。另一个因素则是经济问题。除了他自己的各项开支外,高君曼及其两个孩子(鹤年和子美)的生活费,一直由他负担。他的经济来源除了亲朋偶有接济之外,主要靠亚东图书馆的稿费和版税。高君曼患病居上海,每月从亚东领取30元,1931年她去世后,儿子陈鹤年在上海的学费和零用钱,也在亚东图书馆支取。所以陈独秀入狱后发现自己欠亚东的钱"实在不少";汪原放来探监时,陈表示"心里很难过"①。除了建议把《独秀文存》重印出来,拿版税还债外,他打算先着手写自传,卖稿给亚东图书馆。但是,当时因《独秀文存》不能登报出售,对陈独秀是个不小的打击,因此他的写作积极性顿时受挫。1932年12月22日,他在给高语罕的信中说:"自传一时尚未能动手写,写时拟分三四册出版,有稿当然交老友处(指亚东图书馆经理汪孟邹——引者注)印行。如老友不能即时印行,则只好给别家。自传和《文存》是一样的东西,倘《文存》不能登报出售,自传当然也没有印行的可能。若写好不出版,置之以待将来,则我一个字也写不出来。"

后来,群益出版公司得讯,表示愿意接受,陈独秀又积极起来。1933年2

---

① 汪原放,《回忆亚东图书馆》,第168页。

月 7 日，他写信给高语罕说"自传稍迟即可动手"，汪孟邹处不能出版，"曹聚仁代表群益公司来索此稿（大约稿费每千字 20 元，每月可付 200 元）。曹为人尚诚实，惟不知该公司可靠否？望托人打听一下。"他还向高要书，表示急欲得到托洛茨基的《我的生平》《不断革命论》《西方革命史》《法兰西革命》等书，说明他真动手写自传了。不过他还是希望亚东出，3 月 14 日，在给高语罕的信中，他又说："自传尚未动手，此时是否急于向人交涉出版，倘与长沙老友（汪孟邹当时住长沙路——译者注）一谈，只要他肯即时付印，别的条件都不重要。"

但是，接着他因应付审判，不服写《上诉状》，又被驳回，情绪很不好，暂时放弃了写自传的计划，尤其是胡适劝他写自传，强调传记的"文学性"，使他望而却步。不是他不会写文学传记，而是当时的生活环境和心情，使他提不起写文学作品的兴趣。1933 年 10 月 13 日，他致函汪原放时说："自传尚未动手写……我很懒于写东西，因为现在的生活，令我只能读书，不能写文章，特别不能写带文学性的文章，生活中没有文学趣味了！……你可以告诉适之，他在他的《自述》中望我写自传，一时恐怕不能如他的希望。"谈到读书，他又说："我以前最喜欢看小说，现在见了小说头便要痛，只有自然科学、外国文、中国文学音韵学等类干燥无味的东西，反而可以消遣，所以不大有兴趣写自传。"①

陈独秀又把写自传的事拖了下来，继续啃他那"干燥无味"的"文字学"。

就这样，一搁就是 3 年多，直到 1937 年 7 月上旬，汪原放经南京去北平，到监狱看望陈独秀，说《宇宙风》杂志主编陶亢德写了几封信，约陈独秀写自传时，陈才真正动起笔来。但他仍不愿全部写出来，只写到五四运动，内容亦以能出版为止。他在这年 7 月 8 日给陶亢德的复信中说："许多朋友督促我写自传已久矣，只未能以全部出版，至今延未动手。前次遵函命写自传之一章，拟择其一节以应命；今遵函希望我写一点，到五四运动止，则范围扩大矣。今拟正正经经写一本自传，从起首到五四前后，内容能够出版为止，先生以为然否？以材料是否缺乏或内容有无窒碍，究竟能写至何时，能有若干字，此时尚难确定。"②

汪原放走后，陈独秀静下心来写自传。几天里，平生往事奔腾而来，竟致食不甘味，夜不能寐，从 1937 年 7 月 16 日至 25 日③，花了 10 天的时间，陈独秀流着汗水写了《实庵自传》的前二章，约 13000 多字。第一章题为"没有父亲的孩子"；第二章题为"由选学妖孽到康梁派"（发表时改名为"江南乡试"）。

---

① 汪原放，《回忆亚东图书馆》，第 163、165 页。
② 陶亢德，《关于〈实庵自传〉》，载《古今》，第 8 期。
③ 《台静农先生珍藏书札》（一），1996 年 6 月台北版。

内容叙述了作者少年时期痛恶孔孟八股文，喜读《昭明文选》，参加县考府考和院试中秀才及南京乡试的情形，控诉抨击了残害读书人的科举制度，生动地现了作者少年时代的生活环境与其特有的奋斗精神。读者可以从中看到作者自小就不畏强暴、同情劳动人民疾苦的品性，和他思想启蒙时期"由选学妖孽转变到康梁派"的过程。

陈独秀自传在取材和写法上，十分严谨，堪称典范。一开头就借用休谟的话说："一个人写自己的生平时，如果说得太多了，总是免不了虚荣的，所以我的自传要力求简短，人们或者认为我自己之擅写自己的生平，那正是一种虚荣；不过这篇叙述文字所包含的，除了关于我自己著作的记载而外，很少有别的，我的一生也差不多是消耗在文字生涯中，至于我大部分著作之初次成功，也并不足为虚荣的对象。"

《宇宙风》得此两章《实庵自传》欣喜无比，大登广告，称之为"传记文学之瑰宝"，并在编辑后记中宣传说："陈独秀先生除为本刊写自传（第五十期起登）外，还俯允经常撰文，可望每期都有。陈先生是文化导师，文坛名宿，搁笔久矣，现蒙为本刊撰文，实不特本刊之幸也。"

这两章自传自8月中旬寄上海《宇宙风》杂志后，8月23日，即"八一三"全民抗日烽火点燃后的第10天，陈独秀获释出狱。9月中旬，"他到了汉口后，全副精神就放在抗战文章上去了，自传已无心续写"。亢德"也不能强人所难，……不过每次去信，总还带一句劝他有暇甚至拨冗续写的话。……总觉得《实庵自传》有趁早完成之必要"。11月3日，陈独秀自武昌复亢德信，谈了自传未能即时续写的三点原因：

一、民族至上，抗战第一。"日来忙于演讲及各新出杂志之征文，各处演词又不能不自行写定，自传万不能即时续写，乞谅之"。

二、客观形势不允许发表一部完整的自传。且不说30年代初他的托派言论自始即被共产国际和中共视为异端邪说，并亦受到国民党的钳制，即使在20年代国共两党合作时期，自从北伐战争开始以后，两党关系日益恶化，中共内部的争论亦日益激烈，这其中的是是非非均牵涉到当今的显要。在日军入侵，大片国土沦丧之时，诱发这些争论显然是不合时宜的。因此，他认为"自传即完成，最近的将来，也未必能全部发表，至多写至北伐以前"。

三、严谨的写作态度和高标准的写作要求。陈独秀说他"对于自传，在取材、结构及行文，都十分慎重为之，不愿草率从事，万望先生勿以速成期之，使弟得以从容为之，能在史材上文学上为稍有价值之著作。世人粗制滥造，往往日得数千言，弟不能也不愿也。普通卖文糊口者，无论兴之所至与否，必须按期得若干字,其文自然不足观。望先生万万勿以此办法责弟写自传,倘必如此,弟只有搁笔不写,只前二章了事而已。出版家往往不顾著作者之兴趣,此市上坏书之所以充斥,可为长叹者也。"①

陈独秀并未完全放弃续写自传的打算。翌年3月,亚东图书馆将其两章自传出单行本时,他曾向汪孟邹表示打算完成其自传,并允许各章继续出单行本。

可是,接着陈独秀入川,又被文字学著作《小学识字教本》所吸引,虽然汪孟邹几次催促,但他认为:"学者以文立身,《小学识字教本》是学理研究,对中国文字学意义重大,可以流传下去。"他答应写完《小学识字教本》后,再考虑《自传》的续写问题。但《教本》未写完,他就与世长辞。这样,陈独秀自传只以那两章"瑰宝"传之于世,凡读过此两章者,无不为其奇特的情节、绚烂的文采、幽默的笔调所倾倒,同时又为作者早逝未完成全部自传而感到惋惜。

044. 与"托派"决裂

陈独秀在第5次被逮捕前一年,即1931年5月初,托派的统一大会所选举产生的中央领导机关,还不满20天便被国民党政府破获,中央书记处5个人除陈独秀外,其余全部被捕。此后新组成的中央又有数人被捕。陈独秀是国民党政府早已通缉在案、搜捕捉拿的要犯,他却一次次地逢凶化吉。他在1932年春组建了比较齐全的托派中央领导班子,不料到这年10月15日又被破获,这次陈独秀也在劫难逃,他和全体中央常委都被捕关进了设在南京的江苏第一模范监狱。

陈独秀等人被捕以后,托派的领导机关起初叫做上海临时委员会,后改为全国临时委员会,再改为新临时委员会,到1934年底,它的主要负责人是陈其昌。这种频繁地更改名称和人事调动的现象,说明托派经数次沉重打击之后,已七零八落,溃不成军。

令人惊异的是在这种近乎毁灭性的打击中,托派内部依然无休止地争论着,似乎只有喋喋不休的争论才能显示它的存在。这时的争论主要发生在刘仁静与陈独秀之间,他们的文章大多发表在托派的秘密油印刊物,如《校内生活》上。这些言论如果说有什么影响的话,那只有给托派雪上加霜,使它更加分裂。

---

① 亢德,《关于〈实庵自传〉》,载《古今月刊》第8期,1942年10月1日。

第十二章　四年零十个月又八天：牢狱之苦

陈独秀身陷囹圄，失去人身自由，他所以还能同狱外的刘仁静大打笔仗，这其中的主要原因是他有一位负责联络狱内外的联络员，这就是郑超麟的妻子刘静贞。据郑超麟回忆：

> 刘静贞在上海教书，每年暑假和寒假都要来南京军人监狱看我，在学期中也有一次或二次来看我，同时当然也要去看陈独秀，……上海组织的书信和文件由她带进狱中，狱中的文章和文件，由她带出狱外。每次，她是把文件放在洋铁饼干箱底下，上面再放好饼干的。……为了她经常担任这个工作的原故，陈独秀指示不把她编入支部。①

陈独秀入狱后不久的一天，郑超麟的妻子刘静贞（当时化名吴静如）闻讯后，从上海赶来南京探监。郑超麟是陈独秀的秘书，陈非常器重他，说他是个"才子""理论家"。1931年5月郑超麟在上海被捕后，陈独秀曾写信给蔡元培，请其设法营救未果，被判处15年徒刑，关押在南京中央陆军监狱。那里是关押重要政治犯的监狱，隶属军政部管辖，从监牢到监狱大门有13道铁门，四周是一层层水泥圈起来的高墙，墙上是铁丝网，四角有岗楼，中间有瞭望塔，人称"天牢"。长期囚禁在里面的还有陶铸、顾卓新、潘汉年等大批共产党人，1931年4月29日，中共早期革命活动家恽代英就是在这里的临时刑场被杀害的。正因为如此，陈独秀非常担心郑超麟的情况。

刘静贞告诉陈独秀："他那里人多，牢里污秽不堪，不像你这里，像个书店。"刘静贞边说边解开礼品袋，从饼干盒底拿出托派"临委"的几份材料给陈独秀看，并说："我一个月来一次南京，你有什么话我可以帮你带出去。下次我来，你事先做好准备。"刘静贞自告奋勇地愿意冒险担任交通，这样，陈独秀就通过刘静贞又与上海托派"临委"建立了联系。刘静贞每月一次往返于上海、南京之间，传进托派的文件和书报，带出陈独秀的文章和建议，使陈在狱中能继续遥控托派的活动。这种联系要冒很大的风险。

除了刘静贞外，托派的负责人有时也直接到监狱去看望陈独秀。陈独秀有了这些联系，能够了解托派的活动情况和别人对他的意见，他也能发表自己的意见和及时地答复刘仁静等人对他的意见。

刘仁静和陈独秀的关系曾一度颇为融洽，后来他们闹得很僵。他和王凡西成立了"十月社"，没多久，他被"十月社"开除。此后，他要求加入"无产者社"，被陈独秀谢绝。1931年1月，他和他的妻子两个人出版了《明天》杂志，企图以"明天社"代表的身份参加托派统一大会，跻身于托派中央领导机关，但被

---

① 《郑超麟回忆录》，第316页。

其他各团体拒绝了,称他是"反对派中的反对派",可见他在托派中的地位是很孤立的。

陈独秀在"一·二八事变"后提出的联合资产阶级"与之共同行动"的主张,当时在托派内部便有人反对。现在党这个主张未能实现之时,更受到非难。刘仁静指责这是"陷于浪漫主义",抹杀了两个阶级之间的"鸿沟",主张成立什么苏维埃也是空谈。① 他认为国民党军队和资产阶级没有抗日反蒋的可能。

陈独秀则坚持认为托派中央在"一·二八事变"时的"路线是正确的"。他"自己在'一·二八'时号召民众起来反日反国民党,准备复兴革命,准备组织苏维埃,准备领导民众自动召集国民会议取得政权,这一切估量即不幸未中,也未必是刘仁静说的'只是小资产阶级的表现,是浪漫主义。'"指责刘仁静"笼统的对于任何形势的阶级联合或共同行动以全盘的否定,这简直是胡说八道"。陈独秀认为"在阶级斗争未达到最后决胜负以前,资产阶级中之自由主义者,往往因外国的侵略或国内的军事独裁之专横,而表示所谓'左倾';当他们向左盘旋时我们可以和他们共同行动,以打击共同的敌人,例如抗日倒蒋"。同时批评他们的不彻底性和对群众的欺骗。"②

对于这种无休止的争论,托派内部有人很反感,认为太浪费精力,应赶快结束。然而不仅没有结束,反而进一步激化,采取组织措施,开除持不同政见者,致使已经分崩离析的托派无药可救。在这中间有两个外国人起了推波助澜的作用。

一个南非籍的美国人,名叫格拉斯(C.Frank Glass),于1931年来到了上海,化名李福仁。他来华的目的是参加中国托派活动。另一个是美国人,名叫劳勃次,又叫伊罗生(Harold Roberts Isass),他是1930年冬来到上海的。后来与李福仁相识,并受其影响成为知己。伊罗生在上海创办一份英文周刊《中国论坛》(1932年1月-1934年1月)。李在上海却一直没能和托派联系上。1933年他回到纽约,会见了美国托派同志,并与当时蛰居法国的托洛茨基通信中得到了与中国托派同志联系的地址。1934年2月,李福仁又来到了上海,他首先联系上的是陈其昌和刘仁静。李福仁向中国托派提供活动经费,并成了托洛茨基在中国的通讯员。

1933年1月,托洛茨基宣布与第三国际决裂,指示各国托派组织不再使用"党内反对派"的名称,而要另建新党,以便建立第四国际。为了指导中国托派

---

① 唐宝林、林茂生,《陈独秀年谱》,第443、444页。
② 同上,第452、450、453页。

组织的工作，托洛茨基派出美国托派组织成员格拉斯来华。

格拉斯到中国后，化名李福仁，名义上是美国在上海出版的英文版《密勒氏评论报》的副主编，实际上是托洛茨基和中国托派的联络员。在李福仁的积极活动下，中国托派才有了主心骨。

陈独秀自入狱后，便对托洛茨基的"不断革命"论进行了反思，结合中国托派分子与他的论争中对中国革命有关问题的阐述，陈独秀开始对托洛茨基"不断革命"论的"完美性"产生了怀疑。

陈独秀认为，在"不断革命"论指导下，中国托派实际上成了一个极左派的小集团。他们一味强调所谓纯而又纯的无产阶级革命，反对利用任何和平的手段从事工作。他们鄙视民主主义的口号，认为这是资产阶级的，只能用在资产阶级统治时期，做做改良运动，到了民众运动高涨起来，便用不着它，无产阶级只有在社会主义的口号苏维埃之下夺取政权。他们不了解民主主义不仅可用在反革命时期打击军事独裁，并且还可用在革命时期举行武装暴动夺取政权。所以，他们对"民众政权""国民会议"的口号，对无产阶级可用联合资产阶级、小资产阶级的党派共同反对帝国主义和国民党政治，都一律表示怀疑。这样做的结果，使中国托派的路愈走愈窄。

当然，陈独秀这一时期对托洛茨基理论的反思还是初步的。但他迈出这一步之后，就再也没有回头。而且随着他对中国革命问题和苏联问题的思考，随着中国托派在歧路上愈走愈远，他的思想离托派也愈来愈远。

1933年11月，国民党中主张抗日的蒋光鼐、蔡廷锴、陈铭枢等人率十九路军发动福建事变，打出抗日反蒋的旗帜。陈独秀从这个事件中看到了民族矛盾上升后国民党内部的分化，便提出：在阶级斗争未达到最后胜负以前，资产阶级中之自由主义者，往往因外国的侵略或国内的军事独裁之专横，而表现"左倾"。在这种情况下，托派可以和他们共同行动，以打击共同的敌人，如抗日与倒蒋。他还认为："只要有接近群众的机会，不但急进的小资产阶级之运动应该参加，即反动的资产阶级机关（如基督教青年会）亦应该参加。"①

陈独秀将自己的上述看法发表后，托派临委不仅认为他对联合战线政策的意见是极端错误的，而且对陈独秀的政治立场产生了怀疑。

1935年1月13日，托派临委史朝生、胡文华等召开了上海代表会议。会议根据托洛茨基关于组织独立的托派新政党的指示，决定将中国托派的名称"中

---

① 《我对于几个问题的意见》《雪衣来信论对宋庆龄、斯大林集团的策略》，载《校内生活》，13期，1935年2月8日。"雪衣"为陈独秀化名。

国共产党左派反对派"改名为"中国共产主义同盟",由刘家良(任书记)、史朝生、胡文华组成常委。

这次会议认为,陈独秀、陈其昌、尹宽等人关于联合战线的意见"乃斯大林派机会主义思想之复活",是"资产阶级在无产阶级队伍中的说客"。会议决定:对他们作最后一次谈话,假如他们重新考虑之后,放弃这种意见,还是同志。否则,<u>应立即开除出党</u>。

此时刘仁静拉拢李福仁和伊罗生,李、伊二人也立意帮助刘仁静。这时团结在刘的周围有刘家良、史朝生等4位青年托派分子。他们支持刘仁静反对陈独秀的主张,反对赞同陈独秀的陈其昌等人,认为他们太保守。

1935年1月23日(一说13日),托派的上海支部(其他北京、香港等支部已不复存在)约60人举行全体会议,决议:陈独秀、陈其昌等如不放弃他们的主张,即开除出党。会上产生了以刘仁静为首和4位年轻托派分子组成的中央委员会,还根据托洛茨基关于组织独立托派国际的指示,正式决定把中国托派的名称"中国共产党左派反对派"改为"中国共产主义同盟"。

陈其昌拒绝出席这次会议,他到狱中向陈独秀汇报。"陈独秀写了一封怒气冲冲的信给上海的人,斥责那次代表会",并"提出一张自己拟定的名单,要求大家接受作为中央委员会",但被拒绝了。

2月的下半月,陈其昌和刚出狱不久的尹宽先被新的托派中央开除。据郑超麟和王凡西的回忆,陈独秀也被开除出托派。但劳勃次对这件事另有说法:陈独秀知道陈其昌等被开除之后,"表示非常恼怒,写信到上海来,叫同志们不要认可这些事"。新的中央"给陈独秀写了一封相当长的信,说明他与目前的组织之间存在着鸿沟"。信里还"干脆对他宣布:除非他彻底改变立场,我们组织与他之间不可能再保持任何关系"。这意味着要开除陈独秀,因为他不会放弃联合资产阶级反抗外国侵略者和本国军事独裁者的立场。劳勃次接着又说:"这封信始终不曾交到陈独秀手中,因为当时原拟前去送信的人,始终不曾去成。"①

托派新中央存在不足2个月,到3月间,刘仁静在北京被捕,旋即自首,进了苏州反省院。4个星期后,新中央委员,也就是那4个年轻人在上海全部被捕。至此,托派的工作几乎陷入完全停顿。这时李福仁又力谋与陈其昌接近。因此,陈其昌被开除之事作废,而开除陈独秀的事自然也就不了了之。

1935年12月3日,托派在上海召开了"组织重建委员会",出席这次会议的有李福仁、陈其昌、尹宽和刚刚出狱的王凡西等,一共7人。会议讨论了"为

---

① 王凡西译,《劳勃次同志向国际书记处提出的备忘录》,1935年8月3日。复写件由郑超麟提供。

建立第四国际的公开信"的签署问题和"选派代表参加第四国际总理事会"的问题。对于前一个问题会上没有什么不同意见,对于后一个问题发生了相持不下的争论。

关于中国托派选派代表参加第四国际总理事会一事,早在这年 8 月 10 日托洛茨基在致李福仁的信里写道:陈独秀"是一位具有国际声望的人物。现在狱中他不仅仍然忠于革命,而且忠于我们这个特殊的派别,现在我们正在创建第四国际,并拟组成一个总理事会,……我深信陈独秀无疑应选入总理事会,虽然他和中国党支部之间有着重要的不同意见"。托洛茨基唯恐由于不同意见,他的中国托派同志拒绝选举陈独秀,所以又说中国支部"有充分权利提出别的候选人;但我相信陈独秀同志这个候选人一定能得到我们所有支部的赞成。……我们拒绝陈独秀的合作,这对于第四国际的威望将是一个严重的打击"。①

托洛茨基如此器重陈独秀,可在这次会上仍然"长时间讨论了推选陈独秀进总理事会是否适宜的问题"。参加会议的人都接受托洛茨基对陈独秀的提名,但这种接受有人是无条件的,有人是有条件的。尹宽认为陈独秀不是个马克思主义者,因此在接受托氏提名的同时要"告诉托洛茨基,我们不承认陈独秀的政治领导",或"说明我们与陈独秀之间的分歧"。有人不同意这种附加条件。会议经过长时间的争论,最后投票表决,陈其昌、李福仁、王凡西、邵鲁 4 票赞成托洛茨基提名陈独秀参加总理事会。3 票反对。会上还产生了以李福仁为首的托派常务委员会。②

中国托派自从 1931 年统一大会以来,在一年多的时间里它一连数次受到了国民党政府的沉重打击,它一次又一次地挣扎着,但挣扎的力度却一次比一次减弱。现在由洋人做它的头头也无法扭转衰败的颓势。

对托派开除陈独秀这件事,有人看作是一出闹剧,而对于陈独秀来说,他总不免感受到有几分酸楚和无奈。这促使陈独秀认真地进行反思和再认识,为什么中国托派自始至终一直有无休止的争论,它究竟是个什么性质的派别,还能不能继续和它共事?

随着抗战爆发,陈独秀与托派领导集团新的"裂痕"愈益明显。那些托派成员好走极端,动辄批判这个"机会主义",那个"投降主义",大搞戴帽子、打棍子,让陈独秀很失望、茫然。后来,当陈独秀出狱时,有人曾劝他回上海重整托派事业,经过反思,他毫不犹豫地坚决拒绝,与托派组织彻底决裂。

---

① 《托洛茨基档案中致中国同志的信》(1929-1939),第 64 页。
② 《陈独秀研究动态》,第 3 期 3 页。

045. 减刑出狱

1937年7月7日夜，乌云满天，酷暑难耐。日本侵略军集结在河北宛平卢沟桥附近，以军事演习为名，突然炮轰宛平县城和卢沟桥，开始向华北地区大举进攻。中国驻军第二十九路军奋起抵抗。中国抗日民族解放战争从此开始，标志着日本侵略者蓄谋已久的全面侵华战争的爆发，史称"七七事变"。8月13日，日本侵略者为了求得"速战速决"，又把战火烧到上海，发生了淞沪战争。不甘屈辱的中国人民群情激愤，浴血奋战。

中华的半壁江山，到处是一片焦土，日本侵略者铁蹄已践踏到长江以南，进逼南京。在此关键时刻，周恩来和董必武等中共中央代表飞抵南京，敦促蒋介石释放政治犯，全面实现联合抗日。正值此时，日本飞机，频繁空袭，狂轰滥炸国民政府首都南京。六朝圣地陷入血与火之中。国民党政要员，城里的富豪巨商，惊恐万状，纷纷卷起细软，携带家眷，奔逃武汉、宜昌、重庆。

老虎桥监狱紧靠着国民政府总统府，自然成了日机轰炸的目标。陈独秀对同案犯濮德志、罗世凡说：

"我们未死于蒋介石屠刀之下，莫非要死于日本飞机炸弹之中？"

濮、罗说：

"蒋介石在西安事变中，承诺释放政治犯，至今未见一点行动。"

陈独秀愤慨地说：

"蒋介石历来说话不可信，出尔反尔，惯用两面派手法。大革命中我们同他较量过，吃他的苦头还少吗？付出那么大的代价。他现在是妄图借日本飞机来炸死我们。"

他还几次劝说妻子潘兰珍，赶快回南通老家避一避，对他一片痴情的潘兰珍死活不肯离开他。

8月中旬的一天夜里，日本飞机果真来炸老虎桥监狱了！半夜时分，他突然被日本飞机"嗡嗡"俯冲而下的狂叫声惊醒。惊魂未定，一颗重磅炸弹就在囚室独门院外爆炸了。霎时，"轰！"的一声巨响，眼前从黑暗中冒出一片火海，房子猛然震动起来。说时迟，那时快，他连滚带爬，刚躲进一张书桌下，"轰隆"一声屋顶塌了下来，玻璃窗"哗哗"成了碎片，那不大的书桌已埋在砖瓦泥土之中。

次日清晨，濮德志、罗世凡就跑了过来，他们以为陈独秀已被炸死。谁知，一进那震塌的单间囚室，只见身穿短裤、背心，满身满面灰尘的陈独秀，坐在一旁悠闲地抽烟、看报。他们同声问道：

"陈老,没炸伤吧?我们都以为你被炸死了!"

陈独秀谈笑自若地说:

"算我命大,我刚躲进桌底下,房子就塌下来了。"

濮、罗饶有风趣地说:

"陈老,你大难不死,必有后福。"

次日,南京金陵女子大学中文系主任、原北大陈独秀的学生陈钟凡教授,闻悉监狱被炸,前来探望陈独秀,安慰他说:

"仲甫先生,你受惊了。"

"老天有眼,赐吾一命,安然无恙也。"陈独秀若无其事地笑着说。

陈钟凡见形势险恶,考虑到陈独秀若在狱中,随时有生命危险,探望前便与胡适、南开大学校长张伯苓等商定联名保释他。于是,他对陈独秀说:

"仲甫先生,我与胡适、张伯苓等人商定联名保释你出去,国民政府已同意,但要求……"陈钟凡深知老师长的脾气与性格,又把要说的话咽了回去。

陈独秀听了,急问道:

"钟凡,国民政府要求什么,你直说就是了,何必吞吞吐吐。"

陈钟凡只好直说:

"仲甫先生,你听了不要发火。国民政府要求,除有人保释之外,还需你本人'具悔过书'。"

陈独秀听后勃然大怒,把手中的烟卷狠狠地甩在地上,斩钉截铁地说道:

"我宁愿炸死在监狱中,实无过可悔!"

他的拒绝,令好心的陈钟凡十分尴尬,也奈何他不得。他太了解这位老师长的倔强性格。

几天后,中苏文化协会的黄理文陪同周恩来、叶剑英到监狱看望陈独秀。

陈独秀大喜过望,周恩来握着陈独秀的手,说:"仲老,你受累了。"

陈独秀见周恩来还称他"仲老",感到无限慰藉,忙请他坐下。

黄理文说:"经过中共中央驻南京办事处的恩来、剑英同志多次交涉,蒋介石同意我们提名单分批释放政治犯,我们也想到了你。"

陈独秀十分感激地说:"谢谢。"

周恩来说:"主要是党中央及各方民众的共同努力。"

周恩来见陈独秀面容憔悴,于是转了话题,说:"听说仲老这几年在监狱中还写了不少的著作,真是精力过人啦!"

陈独秀忙找来《东方杂志》等刊物。

周恩来翻了翻说:"好,好。"

过了一会周恩来问陈独秀出狱后有何打算，黄理文见话题涉及机密，连忙主动回避，退了出去。

这一次，周恩来、叶剑英与陈独秀谈了很长时间。

周恩来、叶剑英等走后很久，陈独秀才慢慢回到房间。

又过了几日，胡适在离宁赴美之时，再次来到监狱，报喜似的对陈独秀说："仲甫，我找了兆铭，他已同意保释你出来。"说着，拿出汪精卫的回信。①

陈独秀忙接过汪精卫给胡适的信，信上说："已商请蒋先生转司法院设法开释陈独秀先生矣。"

8月21日，星期六，国民党政府主席林森接到国民党司法院院长居正"请将陈独秀减刑"的公文。公文说："该犯入狱以来，已逾三（应为四——引者）载，近以时局严重，爱国情殷，深知悔悟，似宜宥其既往，藉策将来，据请钧府依法宣告，将该犯陈独秀原处刑期减为执行有期徒刑三年，以示宽大。"

林森知道汪精卫、蒋介石已同意释放陈独秀，又碍于周恩来、董必武等人的面子，也乐得做顺水人情。于是他从笔筒中抽出毛笔，写道："呈悉，应予照准。业经明令宣告减刑矣。仰即转饬知照。此令。"

林森令人将"指令"立即送到司法院办理。

司法院见政府已有批示，当即给司法行政部部长王用宾发出"训令"："国民政府将陈独秀原处刑期减为执行有期徒刑3年，以示宽大。现值时局紧迫，仰即转饬先行开释可也。"

隔日，监狱方面告诉陈独秀，国民政府即司法院已同意将他减刑释放。陈独秀感慨万千，潘兰珍却高兴得泪流满面。

典狱长和几个狱卒来贺喜，见濮德志、罗世凡、潘兰珍、陈松年都在屋里，说了几句喜庆的话语，就离开房间。

陈独秀对濮德志、罗世凡说："司法院讲我'深知悔悟'，我听了很不是滋味。"

罗世凡笑着说："先不管它，出去再说。"②

当天，国民政府照准，发下减刑令，并令"明令宣告"（原件存中国历史第二档案馆）。于是，《申报》全文刊载司法院的呈文及政府的减刑令。

濮德志压低声音说："出去再写份声明。"

陈独秀说："只好如此了。"

---

① 《胡适来往书信选》，第365页。
② 王凡西，《双山回忆录》，第228页。

中午，国民党调查统计局处长丁默邨到狱中接陈独秀，并希望陈独秀出狱后住到国民党中央党部的招待所（今南京湖南路10号）。

陈独秀心里不悦，说："不妥，我出狱后，必招社会舆论，不如还我原来面目，做个平民好。"

这时国立中央研究院总干事、中央大学教授傅斯年来狱中，请陈独秀到他家中，陈独秀连忙答应。丁默邨只好作罢。

罗世凡、濮德志两人含泪和陈独秀告别，陈独秀见他们很伤感，眼睛也红了，摆摆手，低头进了车子。罗世凡说："人出了名就不一样，先生判刑比我们重，出狱却比我们早。"

8月22日，《中央日报》紧锣密鼓，也刊登了国民政府上述指令，同时发表了一篇题为《陈独秀爱国情殷深自悔悟》的文章。

8月23日，陈独秀由妻子潘兰珍和三子松年接出监狱。从此结束了他长达4年零10个月又8天的囚徒生活（从1932年10月15日被捕算起）。

到了傅斯年（时任中央研究院总干事）家，陈独秀急着看《大公报》发表的短评《陈独秀减刑了》。见上面有"我们欢迎这位老斗士出狱，为他的祖国努力"，陈独秀对傅斯年说："说我爱国可以，说我'深知悔悟'实难接受。"

傅斯年转移话题说："罗家伦问你可缺钱，我说陈先生要钱，我那儿有。"

陈独秀说："不要，不要，已够麻烦的了。"

陈独秀出狱后的第3天，即8月25日，他给《申报》编辑部写了一个短函，批驳政府的减刑令，对国民政府称自己"爱国情殷，深自悔悟"发表了针锋相对的意见，他写道：

> 鄙人辛苦狱中，于今五载。兹读政府明令，谓我爱国情殷，深自悔悟。爱国诚未敢自夸，悔悟则不知所指。前此法院科我之罪，诬以叛国。夫叛国之罪，律有明文，外患罪与内乱罪是也。通敌之嫌，至今未闻有人加诸鄙人之身者，是外患罪之当然不能构成。迩年以来，国内称兵据地或企图称兵据地之行为，每役均于鄙人无与，是内乱罪亦无由。周内无罪而科以刑，是谓冤狱。我本无罪，悔悟失其对象，罗织冤狱，悔悟应属他人。鄙人今日固不暇要求冤狱之赔偿，亦希望社会人士，尤其是新闻界勿加我以难堪之诬蔑也。以诬蔑手段摧毁他人人格，与自身不顾人格，在客观上均足以培养汉奸，此非吾人今日正所痛心之事乎！远近人士或有以鄙人出狱感想见询者，盖以日来都中有数报所载鄙人言行，皆毫无风影。特发表此书面谈话，以免与新

闻界诸君面谈时口耳之间有所讹误。①

傅斯年见陈独秀太认真,说:"恐难刊出。"

陈独秀听了,有点不高兴地说:"算是我写了,不刊是他们的事。"

陈独秀出狱后,各界的反映都很强烈。

《大公报》发表短评说:"当国家大危难之际,大家的思想和行动都已统一在一个情绪之下,对日抗战之外,再无其他问题。我们欢迎这位老斗士出狱,为他的祖国努力!"

一些与陈独秀有过交情的人,也纷纷前去看望,胡适、周佛海等则希望陈独秀参加与他们为伍,替国民党效劳,并以参加"国民参议会"为首选。然而,这一"诚邀"却遭到陈独秀坚决拒绝。陈独秀对他们表示:"蒋介石杀死了我许多同志,还杀了我两个儿子,我和他不共戴天。现在大敌当前,国共二次合作,既然国家需要他合作抗日,我不反对就是了。"②

对于儿子延年、乔年的死,陈独秀在公开场合从未表白过自己的真情实感,以致有人认为他是一个铁石心肠的父亲。即使陈独秀在得知儿子们牺牲的消息时,没有表现出痛心疾首的样子,这也并不表明他的心中没有泣血。从他上述的一番话中,完全可以体会到他对两个儿子的痛惜和怀念之情。谁也不能否定,尽管经历了许许多多的人生风雨,但在陈独秀心灵的深处,一直有一个地方是留给延年和乔年的。

---

① 任建树等编,《陈独秀著作选》,3卷,上海人民出版社,1993年版,第373页。
② 包惠僧,《我所知道的陈独秀》。

第十三章 反蒋抗日终不渝

046. 为抗日救国奔走

出狱时,陈独秀已将近60岁,而且体弱多病。但他那一颗爱国心非但没有因命运的磨难而冷漠,反而更加赤热。当他看到在日本帝国主义侵略者的铁蹄下,国破家亡、民不聊生的景象时,他的热血沸腾了!在和友人的赠诗中,陈独秀奋笔写道:

> 暮气薄大地,
> 憔悴苦斯民。
> 豺狼骋郊邑,
> 兼之惩尘频。
> 悠悠道路上,
> 白发污红尘。
> 沧溟何辽阔,
> 龙性岂易驯。①

当《抗战》周刊的记者问陈独秀:"报纸上说,陈先生今后要专做文化运动,不作政治运动了,是不是呢?"他不假思索地回答:"不对!不对。这是大公报记者听错了我的说话,现在的抗日运动,就是政治运动,我能够不参加抗日运动么?那位记者问我,是不是打算参加实际政治(他的意思全然是指政府里面的行政)工作,我说,这于我不太相宜,十五六年时,我也没有担任政府里的实际工作,我最怕被政府里的实际工作所困住,没有清醒的头脑观察政治局势。换言之,我的个性不大适宜做官,但是政治运动则每个人都应该参加的"。②

---

① 此诗是和陈钟凡的赠诗。陈钟凡的赠诗云:"荒荒人海里,聒目几天民?侠骨霜筠健,豪情风雨频。人方厌狂士,世岂识清尘?且任鸾凤逝,高翔不可驯!"见安庆市陈独秀学术研究会编注,《陈独秀诗存》,安徽教育出版社,2004年版,第110-111页。

② 任建树等编,《抗战时期的种种问题》,载《陈独秀著作选》,3卷,上海人民出版社,1993年版,第404页。

就这样，陈独秀开始以自己的所能，为抗日救国奔走呼号。

一日，朱家骅来傅斯年家求见陈独秀。朱家骅是蒋介石的亲信，任国民党中央秘书长、国立中央研究院总干事。陈独秀知道他来一定有事。果然，朱家骅说："中正很关心你，我向他建议，由你再组织一个共产党，参加国民参政会，给你们10万元经费和5个名额，你看如何？"

陈独秀说："以前我主张开国民大会，主张参加国民参政会，是从独立的共产党出发，现在叫我再成立一个共产党，在别人的缝隙中过日子，那完全是装点门面。"

朱家骅见陈独秀态度生硬，他的诱惑被陈独秀一口拒绝，坐了一会儿就快快别过。

罗汉这时来访，劝陈独秀去延安。

1932年"一·二八"事变时，陈独秀、罗汉、彭述之3人联名给中共中央写信，提出联合抗日，没得到回音。当年陈独秀被捕时，罗汉因不是托派常委逃脱。此后躲到苏州一家私营漆染厂做事。抗战爆发后，8月下旬经上海到南京。

陈独秀见到罗汉，十分高兴，问："你跑到哪儿去了？"

罗汉将前前后后说了一遍，临了说："陈清晨希望你回上海领导反对派工作。"

陈独秀摇头，说："上海那一班人搞不出什么名堂。"

罗汉又说："我到南京后，见到叶剑英，叶叫我根据我知道的情况，开个保释名单。"

陈独秀听说罗汉与八路军办事处有联系，马上来了精神。两人又捡起5年前的话题，谈到回党内工作问题，陈独秀问："中共驻南京办事处对我们怎么样？"

罗汉很有信心地说："很好，没有反对情形，不然怎么积极地保释你呢？"

陈独秀点点头，沉吟半晌，说："你再与叶剑英谈谈，看看他们是什么意思。"

罗汉答应了。

8月29日，郑超麟也被释放，见到陈独秀，二人都很伤感。陈独秀："你还好？"

郑超麟摇摇头："一身病，想到安徽乡下养病。"

陈独秀说："彭述之、罗世凡回上海去了。濮德志回安庆老家了。"

"想不想去上海？"郑超麟问。

陈独秀摇摇头，说："反对派活动，不会有结果。"陈独秀还说托派的"宗派的做法没有出路"。上海托派临委那些人"只会背老托的文章，于实际的政治斗争一无所知"，是"坐在亭子间里的喊抗战，没有在实际行动上跨前一步"。①要他去香港，他也"不愿考虑"，他认为既然"拥护与参加抗战，就无论如何得留在抗战区"。②

第二天，陈独秀送郑超麟出门，走了很长一段路。陈独秀心里清楚，从此二人很可能见不上面了。

从街上回来，潘兰珍老远就喊："包先生来了。"陈独秀知道是包惠僧，忙加快了脚步。包惠僧当时是国民党内政部参事，陈独秀出狱后，他常来坐坐。

陈独秀进屋时，对包惠僧说："刚才上街，忘了买宣纸。"

包惠僧说："不急不急。"上次包惠僧来，请陈独秀题字，没有宣纸作罢。

中午，潘兰珍留包惠僧吃饭，包惠僧问："傅先生呢？"

潘兰珍说："前几天这里炸了，傅先生见这里不安全，搬走了。"

包惠僧忙问："你们住这里行吗？"

陈独秀说："还可以。"

当时包惠僧想接陈独秀、潘兰珍去住。陈独秀说："不去了。哪儿都一样，常见面就可以了。"

隔日，陈钟凡坚持要陈独秀到他家去，陈独秀见陈钟凡家房子宽敞便答应了。到了陈钟凡家，陈独秀、潘兰珍住到楼上。

在陈钟凡家住了几天，陈独秀上街买来宣纸，抄了岳飞《满江红》一段："三十功名尘与土，八千里路云和月，莫等闲，白了少年头，空悲切。"上款题："赠惠僧老兄"，落款"独秀"。墨迹干后，陈独秀换了一件出狱后新做的深青色对襟褂子，用报纸夹了刚着墨的宣纸，信步往莫悉路包宅而去。

包惠僧见先生来了，忙叫妻子夏松元做饭。见陈独秀刮了胡子，他笑着说："精神多了。"

包惠僧将陈独秀的字张贴于壁间，点头说："好！'莫等闲'三个字，看得出陈先生是老骥伏枥呀。"

陈独秀喝了一口茶说："上次与孟真谈话，见他很悲观，便想到了这几句。"

包惠僧点点头，起身给陈独秀加水。

谈到今后去向，包惠僧说："听潘兰珍说，蒋介石答应你当劳动部长？"

陈独秀笑了笑，说"适之、佛海还叫我参加'国民参议会'呢。"

"听佛海说了。"包惠僧说，"他说老头子顽固，没答应。"

---

① 《双山回忆录》，第232-235页。
② 《托洛茨基档案中致中国同志的信》，第74页。

陈独秀不悦，说："我怎能答应呢？蒋介石的双手沾满了同志们的鲜血，我的两个儿子也死在他手里，我与蒋介石不共戴天。他叫我当劳动部长，参加国民参议会，真是异想天开，我要是做他的走卒，不用等到今天。"

"听说高语罕去见了蒋介石。"包惠僧说。

"高语罕是无耻之徒。"陈独秀正在气头上，也不管是不是老朋友了。

吃饭时，包惠僧劝陈独秀赶快离开南京，这几天日本飞机轰炸更紧，码头上逃难的人已是水泄不通了。

陈独秀本想等罗汉回来，听听延安消息。当时日军每天轰炸南京。不久，傅斯年家附近亦被轰炸，他移居到陈钟凡家。

据陈钟凡回忆，陈独秀在他家"住了半个多月，各方面来慰问的人很多，也有送赆仪的，一概不受，唯有北大同学和旧友的酌受少许。还有许多人和他交换政治意见，借此探他的意向，尤其周佛海等，常请他吃饭参加他们所谓'低调谈话会'。先生始终毫无表示，他们无可奈何"。① 于是决定先去武汉。

在陈钟凡家居住的日子里，原由他领导的上海托派也派人来，邀他到上海继续领导托派进行"反蒋反对国共合作"的活动，也被他拒绝。他一改托派传统的立场，明确拥护国民党抗日，拥护共产党倡议的国共合作和建立抗日民族统一战线的政策，从而受到托派中央的严厉批判。批他"背叛托洛茨基主义"，"一个不可救药的机会主义者"。陈则"广泛声明"：

"我只注重我自己独立的思想，不迁就任何人的意见，不代表任何人，我已不隶属任何党派，不受任何人的命令指使，自作主张，自负责任"，"我要为中国大多数人说话，不愿为任何党派所拘束"，他言行一致，即使后来去武汉宣传抗日，他一直未参加任何党派。

047. 赞成抗日民族统一战线

陈独秀从 1937 年 8 月 23 日从南京老虎桥监狱获释后，曾两次主动找到当时在南京筹备八路军办事处的叶剑英、博古等人，"表示赞成抗日民族统一战线政策"②。他于 9 月中旬便离宁赴汉。

9 月 12 日，星期天，陈独秀、潘兰珍拎着大包小箱，挤在逃难的人群中登

---

① 《陈独秀先生印象记》。
② 叶剑英、董必武、博古给《新华日报》的信，载《新华日报》，1938 年 3 月 20 日。

上开往汉口的轮船。

陈独秀看着混浊的江水一波一波向后翻腾，不禁一阵心酸。"国破山河在，城春草木深"，眼前的大好河山就踩踊在日寇的铁蹄之下。

见陈独秀心事重重，良久无语，潘兰珍轻声问："老头子，发呆啦？"

陈独秀回过神来，眸子里，仍闪烁着悲哀的光芒。

"我想写一本抗战小册子。"陈独秀双手紧握着栏杆说。

"不会坐牢吧？"潘兰珍心有余悸，两眼忽闪忽闪的，睁得很大。

"这和以前不同，抗战是全民族的事，毛泽东要抗战，蒋介石也要抗战。"陈独秀说。

陈独秀到汉口后，在汉口住两夜旅馆。包惠僧是武汉人，给湖北省主席何成浚去信，请何成浚关照陈独秀。又给同学程仲伯写信，请他去码头接陈独秀。

这时武昌一个姓半的慕陈名气，接陈独秀、潘兰珍到武昌城双柏庙后街他家去住。

陈独秀搬到双柏庙后街26号不久，罗汉风尘仆仆地找上门来。见罗汉兴冲冲的样子，陈独秀想：大约有了眉目。

罗汉8月底启程，在傅厚岗叶剑英、李克农手中领了路费及到西安七贤庄八路军办事处的介绍信。到西安后，因山洪暴发，不能到延安。

在西安八路军办事处，林伯渠与罗汉谈到他的入党介绍人陈独秀，"陈在文化史上有不可磨灭的功绩；在党的历史上，有比别人不同的地位，倘能放弃某些成见，回到一条战线上来工作，于民族于社会都是极需要的；我们深切希望陈独秀等几位老朋友，完全以革命家的气魄，站在大时代的前面，过去一切是是非非都不要费笔墨唇舌去争辩……"

9月2日，罗汉到西安当晚，刚从太原来陕的王若飞也到罗汉房间会谈，王若飞说："因延安有事甚忙，否则可随同南下去晤独秀一次。"

王若飞对陈独秀感情甚好，是他的同情者。他语重心长地对罗汉说："党中央着重组织问题，亦系党内自来之原则，第三国际的支部，决不容许第四国际有关系的分子搀入，这乃是自然的事实，所以希望陈独秀完全以革命家的气魄，参加抗日救国。"①

中共中央向陈独秀敞开了大门，但陈独秀无法接受其提出的"迈进门槛"的3项条件。

陈独秀与董必武谈话中，在发表于报刊的文字中，都隐隐约约地表达了自

---

① 罗汉，《致周恩来等一封公开信》，载《汉口日报》，1938年4月24日。

己已与托派没有任何联系,但要陈独秀明确表示接受3项条件,这显然不是他这种个性的人能够接受的。

林伯渠将陈独秀希望回党内工作的要求电告了延安。

9月10日,毛泽东和张闻天(中共中央总负责)共同签署,发给西安七贤庄,提出与陈独秀合作抗日的3项条件的电令:(一)公开放弃并坚决反对托派的全部理论和行动,并公开声明同托派组织脱离关系,承认自己过去加入托派之错误;(二)公开表示拥护抗日民族统一战线政策;(三)在实际行动中表示这种拥护的诚意①。

罗汉接到中共中央电报,心情沉重地说:"陈独秀的脾气和为人我是深知的,叫他悔过相当困难。"

回南京后,陈独秀已去武汉。罗汉到傅厚岗八路军办事处,见到了博古。对中共中央提出的3项条件,博古、叶剑英都认为关键是第一条。陈独秀去武汉前,与叶剑英、博古谈过话,以后又与叶剑英单独谈过一次,表示赞成抗日民族统一战线政策。

博古说:"本想和陈独秀谈一次,但因自己党龄太浅,与独秀个人又没有私人接触,恐难于达到任何具体结果。"

罗汉问:"由毛泽东与陈独秀谈可否?"

博古透过圆形近视眼镜片看了一眼罗汉,说:"如果由润之来谈也不恰当,因为他们个性都很强,有闹翻的危险。不如等周恩来南下后,约他一同去谈,结果或许会圆满些。且不久必武会回武汉,他自然与独秀交换意见。"

听了罗汉的前后叙述,陈独秀又看了看中共中央的"三项条件",说"前一项我已声明同托派脱离关系。"

罗汉忙问:"是么,我怎么不知道?"

陈独秀从一束信札中找出一份手稿,说:"你到西安后,我请包惠僧发表了这个声明。"

罗汉接过来看,上面写道:"陈独秀,字仲甫,亦号实庵,安徽怀宁人。中国有无托派我不知道,我不是托派。"

罗汉用手托住下颌:"报上没见到啊!"

陈独秀沉吟了一下,说:"我找了《中央日报》的编辑程苍波,他答应帮忙,不知为什么没发出来。"

罗汉拿着字条子说:"我最担心你不肯公开声明,现在不怕了,后面两条更

---

① 叶剑英、董必武、博古给《新华日报》的信,载《新华日报》,1938年3月20日。

不成问题了。"

陈独秀说:"后两条好办,我写一封信,你抽个时间再去趟南京。"

罗汉点点头。

去延安的事一时定不下来,陈独秀便潜心写抗日小册子。

1937年10月2日,星期六,陈独秀写了一篇短文《从第一双十到第二十六双十》,被《宇宙风》散文杂志刊出。

中共中央看到了陈独秀出狱后积极从事抗日救国的活动,并且注意到了他的抗日主张与托派的区别。1937年12月21日《解放》杂志发表评论说:"当陈独秀先生恢复了自由以后,大家都在为陈先生庆幸,希望他在数年的牢狱生活里虚心地检讨自己的错误,重振起老战士的精神,再参加到革命的行列中来。"[1]

陈独秀来武汉后,租住华中大学校园后侧一所旧式的四合院民房。其时,正在华中大学学生联合会参与宣传工作的许俊千,曾在《新青年》杂志上读过陈独秀的文章,也偶尔见过他的书法,对他渊博的学识,清香的翰墨极为仰慕。他与几位同学计议,请陈独秀到校园做一次演讲,几经打听,才问明他就住在华大校园后侧候补街5号,离校园后面不过几百步之遥。

一天,许俊千和同学焦传统去敲门求见,一位容颜端秀、穿浅蓝色旗袍女士(即潘兰珍),轻轻启开门缝问他们找谁。当他们说明来意,说要见陈独秀,并将学生会的邀请信送上,她忙说:"呵!你们是大学生。"她进去告知,随即拉开大门请他们在天井旁另一间简陋的书房等候。一会儿,陈独秀进来,他们起身鞠躬致敬,他一见几位年轻学生,便喜形于色,热情地伸手让座。他的身材不高,鬓发灰白,显得有点驼背,一口安徽乡音,声音不大洪亮、但话语清楚好懂,启口就问他们几个人的学习和家乡情况,接着就谈他对武汉三镇的了解。他的态度谦和,使学生们一点都不感到拘束,当即提出了想请他到华大校园做一次抗日演讲。他低头想了想就答应了,约定讲演的时间,为10月6日。

演讲这天,陈独秀穿上新的深色长袍、布鞋。显得非常雅洁。为回避路人围观,他们一进校园就从女生宿舍后侧转上根书林楼上大礼堂。陈独秀刚上讲台,掌声不绝,听众越来越多,连讲台地下、窗台上都挤满了人。陈独秀对抗日形势和抗日战争的意义做了一番思想深刻、逻辑性很强的讲演,讲演的题目是"抗日战争之意义"。陈独秀的讲演之所以受如此热烈的欢迎,主要由于讲得深刻透彻,符合民心。当时由于民族危亡,形势紧迫,一般人的思想容易只顾眼前,就事论事。陈独秀却开宗明义地说:"全国要求的抗日战争已经开始了。

---

[1] 姚金果,《陈独秀与莫斯科的恩恩怨怨》,福建人民出版社,2006年1月第1版,第509页。

为什么要抗战？一般的说法，是因为日本欺压我们太厉害。这话固然不错，可是，未免过于肤浅了，一般民众尤其是知识分子，应该明了更深一点的意义，抗战不是基于一时的感情，而有深长的历史意义。"

接着，陈独秀便从19世纪中叶以来六七十年间东西方对比、中日两国对比中，指出："在这一时期，全世界的各民族，能够自动地发展工业和科学以适应环境的便兴旺起来，否则不免日渐衰败下去，这是近代史的一般规律。"

讲演中，他回顾从李鸿章改革（洋务运动）开始，经过戊戌维新、辛亥革命、北伐运动，先进的中国人，也曾进行一次又一次的改革，企图使中国像西方和日本那样强盛起来，摆脱殖民地的命运，但是，"在此六七十年中，日本的工业和科学，一直顺利地发展着，资本主义已达到了高度，中国每一次改革，都为反动势力所破坏，资本主义至今犹停滞在最初的阶段。"

陈独秀认为："每个民族之国家独立与统一，必须实现经济独立与统一，始能完成。"而这次对日战争，"乃六七十年来改革与革命的大运动之继续"；其历史意义，乃是脱离帝国主义压迫与束缚，以完成中国独立与统一，由半殖民地的工业进到民族工业，使中国的政治经济获得不断的自由发展的机会。

陈独秀的观点，至今看来也是正确的，可以说与邓小平把生产力的发展当作社会发展的主要标志和"科学技术是第一生产力"的观点是吻合的。

陈独秀的讲演所以受到大家欢迎，再一个原因是密切联系当时的实际，回答了大家关心的热点问题，批驳了当时流行的一些错误思想。如日本广田首相曾对中国驻日大使王正廷说："中国是农业国，日本是工业国，两国间各以所有易其所无，携手合作，共存共荣，岂不甚好，中国何必要反日呢？"陈独秀针锋相对地说："我们的答复是：我们所以反日，正因为也要做工业国，不甘心做别国的农奴，专为他们生产原料。今日日军之大炮飞机向我们轰炸，也正是要屈服我们做他们的农奴。"

陈独秀的这个答复十分巧妙，而且言简意赅，一下子把日本的"侵略有理"论变成了"侵略有罪"论。

当时有些人还有一种侥幸思想，认为中国如此之大，不致灭亡。陈独秀说："殊不知日本帝国主义者灭亡中国，并非采取直接管理全国的笨法子，乃是以分化手段，在南北制造各种名义的政治组织，利用亲日派做傀儡，间接统治中国……这不是亡国是什么？"

后来的历史证明陈独秀的预测是对的。日本在我国东北扶持溥仪当傀儡，然后在南京扶持汪精卫傀儡政权，后来还想拉拢蒋介石，没有成功。当时少数人还有一种观点，认为抗日战争是"南京政府和东京政府的战争"，甚至说是"蒋介石对日本天皇的战争"。看不清抗日战争的性质,陈独秀从上面阐述的抗日战争意义出发,指出是"殖民地半殖民地反抗帝国主义侵略的战争,被侵害国的人民,抬起头来的打倒掠夺他们的强盗,乃是人类一种进步的战争"。"因此,中国人民抗日战争,我们不能看作南京政府和东京政府的战争,而是被侵略的中国人民对于侵略的日本帝国主义的战争,全国人民都应该拿出力量来援助抗日战争,除非甘心做汉奸。"

关于全国人民如何来援助抗日战争,当时陈独秀反复强调两句话,"有钱的出钱""有力的出力"。讲到这两句话时,不断爆发起热烈的掌声,陈也勉励同学们要面对现实,不畏艰辛。情意连绵,发人深省,讲了一个多钟头,听众多作笔记。讲演结束后,呼吁让他休息,陈独秀在校园流连忘返,精神很好。送他回家的许俊千,见到他书桌有一些书籍,

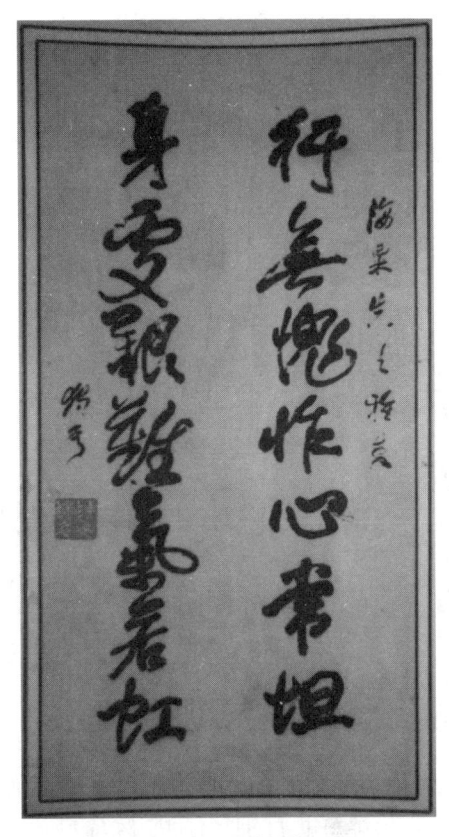

陈独秀书法赠刘海粟

还摆上大砚台,很想请他写一幅毛笔对联,而又不好开口,待出门时,忍不住还是向他提出这一请求,没想到他欣然应允要他去弄点宣纸。他们即出门在附近商店买了两张宣纸,许俊千用钢笔在小红纸条写上"敬求大笔,赐予俊千"几个字扎在宣纸上,又送回去。陈独秀要他们过两天去取。

待去取的那一天,陈老和潘女士对他们很亲热,在书桌上已摆出给许俊千的一副对联,上联是"行无愧怍心常坦",下联是"身处艰难气若虹",笔力雄健,饶有意趣,体现了陈独秀本人晚年的境遇和气概。他也为焦传统写了一张横联,充分显示了他豁达的胆魄和气度,既是自勉,也是励人。

60余年后,身为武汉大学教授、湖北软科学院院长、我国工商管理学专家的许俊千,每当回忆及这桩往事,无限感慨地说:"60余年过去了,我今垂垂老矣。'行无愧怍心常坦,身处艰难气若虹'的墨宝则铭刻在我的心坎里,经常引起一些回想。练写毛笔书法时,不禁心临手摹,亦感到莫大的情趣。正如现代行为科学提出来的,这是对人敬重、钦佩乃至效仿的一种心理倾向。"

在武汉，陈独秀受到舆论界、知识界的热忱欢迎。他奔走于武汉一些大学之间，向广大青年学生进行演讲，宣传自己的抗日主张，并积极为各舆论媒体撰稿，表示拥护国共合作共同抗日。

1938年2月，亚东图书馆把陈独秀的几篇抗日讲演和文章结集出版时（书名为《我对于抗战的意见》），他在《自序》中说："去年9月从南京到汉口舟中，我就拟定5个题目，打算写一本抗日意见的小册子。一在武昌住下，便开始动手写，并且在华中大学讲演时已告诉了听众；在华中、汉口青年会、武汉大学的讲演，便用了这个小册子头3篇的内容。"从这个小册子中，我们可以看到陈独秀当时的思想状况和抗日政治主张。

048. "已不隶属任何党派"

1937年陈独秀出狱后，在演讲和文章中都表示了拥护"国共合作"的态度，这与托派"倒蒋反共"的主张是相违背的。因此，托派临委斥责他为"军事投机""拉拢投机政客"。

陈独秀非常不满意托派临委，认为他们这种宗派做法没有出路。所以当有人提议他去上海时，他予以坚决拒绝。

1937年11月21日，陈独秀在给陈其昌的信中，表明了自己对托派的态度。他写道：

"我不懂什么理论，我决计不顾忌偏左偏右，绝对力求偏颇，绝对厌弃中庸之道，绝对不说人云亦云豆腐白菜不痛不痒的话，绝对不愿说不错又不对的话。……我只注重自己独立的思想，不牵就任何人的意见，我在此所发表的言论，已向人广泛声明过，只是我一个人的意见，不代表任何人，我已不隶属任何党派，不受任何人的命令指使，自作主张自负责任，将来谁是朋友，现在完全不知道。我绝对不怕孤立。"①

陈独秀宣布自己"已不隶属任何党派"，并不是感情用事，也不是障人耳目，是实实在在的，是表明他已从组织上同托派决裂。

但陈独秀对托派事业还是关心的。尤其是对于托洛茨基，陈独秀还是十分敬重的。托洛茨基在陈独秀处于被托派排斥打击的困境之中时，力排众议，多

---

① 水如编，《陈独秀书信集》，新华出版社，1987年版，第473-474页。

次支持了他。1937年8月，托洛茨基曾担心国共合作之后，会杀死陈独秀，指示李福林在中国发起一个"护陈运动"。同年12月托洛茨基又给李福林写信，要他帮助陈独秀到美国或墨西哥，并说："这对陈独秀来说是一个生死问题，对第四国际来说则是一个有巨大政治意义的问题。"1938年2月，托洛茨基再次致函李福林，催促他设法把陈独秀弄到美国去，他写道："如果苏联参战……到那时我们所有的同志会被消灭。我们必须在这个意义上对他们提出毫不含糊的警告。让陈独秀出来，无论对于他或对于我们，同样是很重要的。他在第四国际中可以起片山潜（日本社会民主党的主要创始人，曾任共产国际执委会委员）在莫斯科给第三国际所曾起过的作用。而且，我希望陈独秀还能比片山潜给革命事业带来更多的好处。"①

中国抗日战争爆发之后，托洛茨基领导的第四国际在中国抗日战争问题上采取了极"左"的立场。1938年，当国共两党正在谈判建立第二次合作，以便共同抗日之际，第四国际执委会书记局于这年8月做出《关于中日战争决议案》，表示反对国共合作共同抗日，反对国民党作为抗日民族统一战线的重要组成部分，提出"打倒国民党"的口号。

9月23日，托洛茨基致函中国托派分子，指示他们对蒋介石和国民党，以及整个中国统治阶级不要存丝毫的幻想，"一面在蒋介石的命令之下（因为，不幸，他在独立战争中掌握着政权）参加军事的斗争，一面在政治上准备推翻蒋介石"。②

根据托洛茨基和第四国际的指示，中国托派攻击中国共产党的国共合作政策是"彻底投降""完全堕落为小资产阶级的改良派"，扬言要给予无情的打击。

陈独秀对于托派的主张持反对意见。他知道，他对于托洛茨基的敬重之情，不能代替政治原则问题。"吾爱吾师，吾尤爱真理"。于是，1938年11月，陈独秀写信给托洛茨基，全面阐述了自己对中国托派及其理论的看法。

陈独秀在信中说，中国托派集团自始即有"极左派"的倾向，有些人认为民主革命在中国已经完结；有些人认为中国下次革命一开始便是社会主义的；有些人认为国民会议是反动时代和平运动的口号，不能用为夺取政权的口号，无产阶级只有在苏维埃口号之下夺取政权；有些人认为民族斗争是资产阶级的任务，无产阶级虽然可以参加运动，但这却不是自己的任务；有些人认为任何时期任何事件任何条件下都不能与其他党派合作。在中国抗日战争爆发，需要联

---

① 唐宝林，《中国托派史》，台北，东大图书公司，1994年版，第241页。
② 托洛茨基，《中国革命问题》，春燕出版社，1947年版，第39、353页。

合全国力量一致对外的情况下，托派干了些什么呢？陈独秀在信中写道："有人讥笑'爱国'这一名词。甚至有人认为此战争是蒋介石对日本天皇的战争。有人认为工人参加战争是替资产阶级当炮灰。他们认为谁要企图同共产党、国民党谈判共同抗日的工作，谁便是堕落投降。群众眼中所看见的'托派'，不是抗日行动，而是在每期机关报上满纸攻击痛骂中国共产党和国民党的文章，因此使斯大林派的'托派汉奸'的宣传在各阶层中都得了回声，即同情于我们的人也不明白'托派'目前所反对的究竟是谁。从开战一直到今天，这样状况仍旧继续着，不但无法获得群众，简直无法和群众见面，因此使他们的意识更加窄狭，竟至有人造出一种理论说：一个革命党员，社会关系越简单越好。"

陈独秀接着气愤地指出："这样一个关门主义的极左派的小集团（其中不同意的分子很少例外）当然没有发展的希望；假使能够发展，反而是中国革命运动的障碍。"

陈独秀在信中认为，目前中国抗战正处于困难阶段，如果国民党政府向日本投降，就会走到反共的老路上去。托派只有在组织上获得相当数量的工人群众，在政治宣传上无保留的以百分之百的力量用之于民族民主的斗争，才能重新创建无产阶级政党中心的势力。他警告说："现时远离群众，远离现实斗争的极左派，如果不能深刻的觉悟过去轻视民族民主斗争的错误，大大的改变态度，如果不是每个人都低下头来在上述工作方针之下刻苦工作，如果仍然说大话，摆领导者的大架子，组织空洞的领导机关，妄想依靠第四国际支部的名义闭起门来自立为王，那么除了使第四国际的威望在中国丧失外，别的将无所成就。"①

陈独秀在信中虽然只批评中国的托派分子，但他还是以十分委婉的方式批判了托洛茨基的"不断革命"论，并且十分明显地表示自己仍然坚持民族民主革命的立场。

12月23日，陈独秀在给郑学稼的信中明确表示："列·托之见解，在本国不合，在俄国及西欧又何尝正确？弟主张重新估定布尔什维克的论理及其人物（老托也在内）之价值……弟久拟写一册《俄国革命的教训》，将我辈以前的见解彻底推翻。"②

从上所述，可见陈独秀在思想上与托派彻底决裂！

胡适称陈独秀为"终身的反对派"，他欣然接受。在给友人的信中，他表示，

---

① 任建树等编，《陈独秀著作选》，3卷，上海人民出版社，1993年版，第530-532、528页。
② 同上。

之所以成为"终身的反对派","非弟故意如此,乃事实迫我不得不如此也"。①
在《寒夜醉成》这首诗里,他表达了自己的心境:

> 孤桑好勇独撑风,
> 乱叶颠狂舞太空。
> 寒幸万家蚕缩茧,
> 暖偷一室雀趋丛。
> 纵横谈以忘形健,
> 衰飒心因得句雄。
> 自得酒兵鏖百战,
> 醉乡老子是元戎。②

陈独秀同托派在对斯大林评价上的分歧,是促使他与托派决裂的一个重要原因。

陈独秀对斯大林的认识,有一个变化的过程。大革命失败之后,他对斯大林拿他做替罪羊十分不满,对斯大林充满了怨恨,由此他投入托派的怀抱。

然而,从1932年陈独秀被捕入狱开始,随着政治风雨的洗涤和人生阅历的增加,他对斯大林的认识已经完全超越了个人的恩怨,上升到一个理性的阶段。随着对苏联有关问题的分析,他对斯大林的认识不断深化,由最初的朦胧混沌到最后的清晰明了。

陈独秀是民主的斗士。他早年发动新文化运动,是以民主、科学为旗帜的。到了晚年,他仍然倾心于民主,向往在中国能够实现真正的民主。与新文化运动时期相比,他此时对中国传统文化中反民主性的理解更趋于理智。他曾在《孔子与中国》这篇文章中写道:"科学与民主,是人类社会进步之两大主要动力,孔子不言神怪,是近于科学的。孔子的礼教,是反民主的,人们把不言神怪的孔子打入了冷宫,把建立孔教的孔子尊为万世师表,中国人活该倒霉!"

也是在这篇文章,陈独秀讲到了民主在抗日战争中的重要作用。他认为,民主可以激扬人们的热情,解放人们的思想,唤起人们的爱国情感。他指出:"不塞不流,不止不行,孔子的礼教不废,人权民主自然不能不是犯上作乱的邪说;人权民主运动不高涨,束手束足意气消沉安分守己的奴才,那会有万众一心反抗强邻的朝气。"③

---

① 任建树等编,《致S和H的信》,载《陈独秀著作选》,3卷,上海人民出版社,1993年版,第567页。
② 任建树等编,《陈独秀著作选》,3卷,上海人民出版社,1993年版,第566页。
③ 任建树等编,《孔子与中国》,载《陈独秀著作选》,3卷,上海人民出版社,1993年版,第386、389页。

陈独秀从探讨民主的问题入手，开始接触到斯大林独裁这个敏感的话题。

起初，陈独秀只是注意到，自从1924年列宁逝世以后，随着联共（布）党内斗争不断激化，斯大林个人独裁现象在不断加强。他认为，这与十月革命的精神是相矛盾的。1934年5月15日，陈独秀给托派国际书记局的信中曾这样说："在苏联，斯大林的个人独裁正在代替无产阶级及其先锋队的专政。所谓'工人国家'与苏维埃政权只有名义上的存在。苏联是被骑在无产阶级背上的小资产阶级所统治着的，它正在为资产阶级的反革命打开门户。……我们不应该仅仅组织一个新党，还必须反对以为斯大林政制尚能改良的那种幻想。我们必须把'保卫苏联'这个口号替之以'重建十月革命精神的苏联'这个口号。"①

从1936年开始，苏联开始了大清洗。到1938年，苏联众多的党政军领导人、知识分子，包括一些平民百姓被逮捕、监禁甚至枪杀。陈独秀从各种渠道得知这些令人震惊的消息后，更加关注苏联的民主与独裁问题。

当时被斯大林驱逐出境的托洛茨基，将自己的全部怨恨都集中在斯大林身上，利用一切可能的机会对斯大林大加攻击。而他在中国的追随者、托派临委的一帮人，囫囵吞枣地接受了托洛茨基的观点，他们都认为苏联大清洗是斯大林个人品质的问题，是斯大林独裁野心恶性爆发的结果。

然而，陈独秀没有盲从。他经过冷静的思考，认为把一切过错都归之于斯大林，是唯心派的见解。他指出："斯大林的一切罪恶，乃是无级（"无产阶级"之缩写）独裁制之逻辑的发展，试问斯大林一切罪恶，那一样不是凭借着苏联自十月以来秘密的政治警察大权，党外无党，党内无派，不容许思想、出版、罢工、选举之自由，这一大串反民主的独裁制而发生的呢？若不恢复这些民主制，继斯大林而起的，谁也不免是一个'专制魔王'。"陈独秀由此断言："把苏联的一切坏事，都归罪于斯大林，而不推源于苏联独裁制之不良，仿佛只要去掉斯大林，苏联样样都是好的，这种迷信个人轻视制度的偏见，公平的政治家是不应该有的。苏联二十年的经验，尤其是后十年的苦经验，应该使我们反省。我们若不从制度上寻出缺点，得出教训，只是闭起眼睛反对斯大林，将有冤没有觉悟，一个斯大林倒了，会有无数斯大林在俄国及别国产生出来。在十月后的苏俄，明明是独裁制产生了斯大林，而不是有了斯大林才产生了独裁制。"②

陈独秀在谈到苏联的政权性质时，使用"无产阶级独裁制"，而不用"无产阶级专政"，是基于这样的认识："'无产阶级独裁'，根本没有这样东西，即

---

① 任建树等编，《陈独秀著作选》，3卷，上海人民出版社，1993年版，第344-345页。
② 水如编，《陈独秀致西流》，载《陈独秀书信集》，新华出版社，1987年版，第504页。

党的独裁，结果也只能是领袖独裁。"他将这个政权称之为"斯大林式的官僚政权"，认为它"残暴、贪污、虚伪、欺骗、腐化、堕落，决不能创造甚么社会主义"。①

陈独秀探讨了苏联独裁制产生的根源，他认为是十月革命之后布尔什维克抛弃了民主，选择了独裁。他说："不幸十月（革命）以来，轻率地把民主制和资产阶级统治一同推翻，以独裁代替了民主，民主的基本内容被推翻，所谓'无产阶级民主''大众民主'只是一些无实际内容的空洞名词，一种抵制资产阶级民主的门面语而已。"

陈独秀想不通，苏联已经是无产阶级掌权的国家，为什么还要强化"专政"的功能。他指出："无产阶级取得政权后，有国有大工业、军队、警察、法院、苏维埃选举法，这些利器在手，足够镇压资产阶级的反革命，用不着拿独裁来代替民主。独裁制如一把利刃，今天用之杀别人，明天便会用之杀自己。列宁当时也曾经警觉到'民主是对于官僚制的抗毒素'，而亦未曾认真采用民主制，如取消秘密政治警察，容许反对党派公开存在，思想、出版、罢工、选举自由等。直至独裁这把利刃伤害到他自己，才想到党、工会，和各级苏维埃要民主，要选举自由，然而太晚了！"②

陈独秀晚年对斯大林问题的探讨，是与对苏联社会主义建设的经验教训、苏联的对外政策等问题结合起来进行的。他指出苏联社会主义制度建设方面存在缺陷，提出没有民主监督的政权，必然要沦为独裁专制。一个居于乡村陋舍、重病缠身的六旬老人，能够在20世纪40年代提出如此振聋发聩的见解，确实令人惊叹！历史的发展趋势，证实了他在半个世纪之前的预料是完全正确的。

049. 陈独秀：汉奸？间谍？

正当陈独秀踌躇满志，积极宣传抗日，中共中央正与陈独秀接洽共同抗日之时，王明、康生沆瀣一气，大造舆论，无中生有，挑起一场诬蔑陈独秀是日本"汉奸、间谍"的风波。

原来，早在1932年12月1日，联共（布）中央政治局委员、中央书记、列宁格勒州委书记基洛夫被刺身亡。此案成了苏联大清洗和大镇压的导火索，

---

① 任建树等编，《我的根本意见》，载《陈独秀著作选》，3卷，上海人民出版社，1993年版，第560页。

② 水如编，《陈独秀致西流》，载《陈独秀书信集》，新华出版社，1987年版，第505页。

其间联共（布）的反对派和大批无辜的党、政、军领导干部及一些群众遭到了灭顶之灾。

同年 12 月 22 日，苏联政府发表侦查案件的通报，称刺杀基洛夫的凶手为一个名叫"列宁格勒总部"的恐怖组织的成员，这个组织由前季诺维耶夫反对派组成。不久，又公布了这个组织的最终目的是要暗杀斯大林和其他联共（布）领导人这样一个令人震惊的消息。

1935 年 1 月，联共（布）中央向全党发出秘密信，要求彻底清除党和人民的敌人。在这种情况下，一场肃清"反革命分子"和"帝国主义间谍"的运动很快开展起来。

1936 年 8 月至 1938 年 3 月，苏联政府先后对"托洛茨基－季诺维耶夫恐怖中心案""托洛茨基平行中心案""右派和托派联盟案"进行了公开审理，季诺维耶夫、加米涅夫、布哈林、李可夫、皮达可夫等一大批苏联党政军领导人被处死刑。

在审判过程中，为数众多的骇人听闻的托洛茨基和托派的所谓"罪证"被制造了出来，其中之一就是 1935 年 12 月托洛茨基给他的"平行中心"的一封信，信中指示"不阻碍日本侵略中国"。这一"罪证"在中国公布后，成了中国托派投降日本帝国主义的重大"罪证"之一。

1936 年 10 月 5 日，法国巴黎中文版《救国时报》第 39 期第 1 版，发表了一则署名"任平"的长篇报道，题为"我们要严防日寇奸细破坏我国人民团结救国运动，请看托陈派甘做奸细的真面目。"还在头版头条配发了题为"甘做日寇奸细的托洛茨基派"的社论。这篇报道和社论，才真正是"据现有资料，最早说陈独秀充当汉奸"的造谣第一声。《救国时报》是中共办在海外的机关报，其编辑部设在莫斯科。该报行销 43 个国家和地区，国内在北平、上海、天津、西安诸大城市均有销售。在《救国时报》上发表"托陈派甘做日寇奸细"的报道，的确是震撼世界的爆炸新闻，一下子把诬陷陈独秀是汉奸推向国际，正如苏联诬陷托洛茨基是德国间谍，可谓异曲同工。①

值得注意的是，1936 年 4 月 25 日中共中央为创立全国各党各派的抗日人民阵线宣言中，把"中国托洛茨基主义者同盟"也列在呼吁联合的派别之中。但是，1936 年 8 月 5 日中共中央书记处给北方局及河北省委的内部指示信中又说："陈独秀所代表的'左倾'的托派的领导分子用尽了一切恶劣的字句，咒骂领导抗日的共产党，咒骂抗日主力的红军，咒骂为党所提出的联合各党派一致

---

① 陈旭麓等编，《中华民国史辞典》，上海人民出版社，1991 年版。

抗日的统一战线主张是出卖中国的革命，他们实际上已成了日寇的代言人，他们不仅是共产主义的叛徒，而且是整个被帝国主义压迫到吐不出气的中华民族的汉奸。这自然不是说被他们'高尚理论'弄糊涂了的真正革命的分子，相反地，我们要尽力把这些分子从反革命的泥坑中解放出来，争取他们参加抗日战线。"①

正是苏联审判所谓"右派和托派联盟案"期间，中共驻共产国际代表团团长王明、副团长康生，手执尚方宝剑，于1937年11月29日，带着苏联大清洗和大镇压斗争的硝烟，从莫斯科飞到延安。

12月9日至14日，中共中央在延安召开政治局会议，王明作了《如何继续全国抗战与争取抗战胜利呢？》的报告。在报告中，王明对中共中央的统一战线政策提出批评，要求"一切通过统一战线""一切服从统一战线"。他还讲到苏联的大清洗运动，说"托派是军事侦探的组织，主要是两面派的办法，运私货的办法……我们要特别注意"。他指责中共中央团结陈独秀等人一起抗日的政策是对托派的实质认识不够，忽视了托派的危险。

这个早在1935年就发表文章将陈独秀和中国托派诬为"汉奸"的王明，在经历过苏联的大清洗运动之后，更是积极追随在斯大林的反托派旗帜之下，对中国的托派和陈独秀大加挞伐。

会上谈到中共中央提的与陈独秀合作的抗日的3项条件，王明声色俱厉，说："我们和什么人都可以合作，只有托派例外……在中国，我们可以和蒋介石及其属下的反共特务等人合作，但却不能与陈独秀合作。"

有人反对，说："陈独秀与托洛茨基也有所不同。"

王明恶狠狠地大叫："斯大林正在雷厉风行的反托派，而我们却要联络托派，那还了得！"

王明又加重语气，说："陈独秀他们是领取日本津贴的汉奸、杀人犯！"

王明说："陈独秀即使不是日本间谍，也应该说成是日本间谍。"

中共中央政治局1937年12月会议决定增补王明、陈云、康生为中央书记处书记；决定由周恩来、王明、秦邦宪、叶剑英组成中共代表团，负责与国民党谈判合作问题。会后，王明等即离开延安前往武汉，到长江局工作。

会议结束后，时任中央政治局委员、长江局书记的王明到武汉主持长江局工作。王明到武汉后，以中共中央长江局书记的身份，开始在实际工作中贯彻他的主张，提出了许多对国民党无原则迁就退让的错误观点。与此同时，在由他控制的《新华日报》上刊登系列文章，介绍苏联大清洗的进展情况，号召开

---

① 《中共中央文件选集》。

展反右倾、反托派、反取消派等斗争。

1938年新年,刚创刊的《新华日报》及《群众》《解放》杂志突然登出许多文章说陈独秀是"托匪汉奸""托洛茨基匪首""日寇侦探"等,陈独秀一时目瞪口呆,脸色发白。康生在《解放》周刊第29、30期上《铲除日寇侦探民族公敌的托洛茨基叛徒》一文,无中生有,捏造出陈独秀当日寇侦探的"事实",将这场诬陷陈独秀是汉奸的风波推向高潮。

康生在文章中捏造了一个这样的"事实":"1931年'3·18'事变……上海的日本侦探机关,经过亲日派唐有壬(国民党外交次长)与陈独秀、彭述之、罗汉等所组织的托匪'中央'进行了共同合作的谈判,当时唐有壬代表日本侦探机关,陈独秀、罗汉代表托匪的组织,谈判的结果是,托洛茨基匪徒'不阻碍日本侵略中国',而日本给陈独秀'托匪中央'每月300元津贴,待有成就后再增加之。这一卖国的谈判确定了,日本津贴由陈独秀托匪中央的组织部长罗汉领了。……托匪格拉斯……联合着陈独秀、彭述之、罗汉……在上海北方建立托匪日探组织。……虽然陈匪独秀从九一八以来就与日寇勾结,然而他还可以在武汉演讲,使用其老奸巨猾的侦探技术。……这无怪鲁迅先生痛骂陈独秀等托匪是有悖于中国人为人的道德。"

民主人士沈钧儒也在汉口《大公报》上发表文章,不赞成给陈独秀扣上汉奸的帽子。

王明、康生无中生有、强加于人的做法,引起了社会上有识之士的怀疑,造成了非常不好的影响。一些报刊就此事发表文章,指责他们"不择手段,肆意诬蔑""强拉栽诬""鬼鬼祟祟,玩弄手段"。

他们对陈独秀的诬蔑还影响到中国共产党的声誉,有人借题发挥,指桑骂槐地攻击中国共产党。当时,中国共产党正在争取一切可以联合的力量共同抗日,这一事件的发生,显然不利于党的统一战线政策的贯彻和落实。

周恩来为消除王明等人造成的不良影响做了大量工作。他几次托人去看望陈独秀,劝陈独秀"不要活动,不要发表文章"。就这样,这场风波才逐渐平息。

受到伤害的陈独秀,始终对这一事件耿耿于怀。他后来曾在给友人杨鹏升的信中气愤地写道:"彼等对弟造谣诬蔑,无所不至,真无理取闹。"①

罗汉对陈独秀说:"你上次给陈其昌的信,已明确不隶属任何派别,何不把这封信发表,他们不是要脱离托派的证据吗?"

---

① 《陈独秀致杨鹏升的信》,1940年6月20日,载中共江津市委党史研究室编,《陈独秀在江津》,中国文联出版社,2002年版,第109页。

陈独秀说："这样老彭他们又会不高兴的。"

罗汉说："顾不得那么多了。"

陈独秀便将去年11月21日给陈其昌的信底稿找了出来，连夜抄了一遍，公开发表。

《新华日报》见陈独秀发表了"给陈其昌的信"，没立即作出反应，双方暂时收兵。

4月，徐特立约何之瑜从长沙到汉口，调解这场笔墨官司。这期间，周恩来也多次托人到陈独秀寓所，劝他"不要活动，不要发表文章。"徐特立来看他时说："事情是解决了的。"

但陈独秀估计王明、康生不会善罢甘休的。

4月8日，他给长沙的何之瑜去信说："关于我，恐怕永远无解决之日，他们自己既没有继续说到我，而他们正在指使他们在汉口及香港的外围刊物上，在口头上仍然大肆造谣诬蔑……我拿定主意，暂时置之不理，惟随时收集材料，将来到法庭算总账。"

何之瑜2月初曾写信邀请陈独秀暂避长沙，在岳麓山下从事著述活动。陈独秀又担心湖南乡间土匪多，离武汉又近，于是写信称"湖南非乐土"没答应。

罗汉对陈独秀说："你的事情有了一个段落，我的事怎么办呢？"

陈独秀知道罗汉是指康生的文章，说："康生几次提到你有汉奸行为，你也要有个申明才好。"

罗汉便写了一封《致周恩来等一封公开信》，他知道《新华日报》不会发表，便投给汉口《正报》。

4月24日，《正报》刊登了罗汉的信。罗汉在信上说："康生君一文，真可谓极尽诬蔑造谣之能事……"关于领取日寇津贴事，罗汉反驳说："以这样严重的卖国谈判，参加者又有当时政府要人在内，而其结果，乃以300元成交。真可谓廉价之高峰……"关于和美国侦探联系事，罗汉反驳说："康生君说去年六七月间我和独秀与美国侦探接洽，先生们，你们只管造谣高兴，竟连陈、彭那时尚在南京狱中的事实也忘记得干干净净了！"

一波未平，一波又起。

1938年4月3日，张国焘以祭黄陵为名，逃到汉口。4月14日，周恩来找到住在大华饭店的张国焘，接他到八路军办事处住，并劝他回延安。张国焘说："我与毛泽东、王明不能志同道合。"便想溜之大吉，最后选择周恩来提出的3个办法中的第三个办法："自动声明脱离党，党宣布开除你的党籍。"

中共中央于4月19日发出开除张国焘党籍的党内报告大纲，提到张国焘脱党前"曾见过陈独秀一次"。

陈独秀当时并没有见到张国焘。他想,大约是张国焘本人希望见他。看到报纸的当天,他写信给贺松生说:"张国焘到武汉时,你们想已在报上看见,我并未见到他,有人造谣他已来见我,真可笑。"

几天后,张国焘在蔡孟坚的帮助下,找到了搬到汉口德润里的陈独秀。

10多年没见面,张国焘富态多了。但气色很不好,看上去很疲惫。

陈独秀见他这样,皱眉道:"你不是一直干得很好吗?"

张国焘唉声叹气,将长征途中另立中央之事说了一遍,接着说:"现在王明来了,我的日子更不好过,像软禁一样。"

陈独秀问:"今后怎么办?"

张国焘说:"我去见了蒋介石,只好说兄弟在外糊涂多时了。"说着,张国焘似乎意识到什么,干笑了一下,说:"走老蒋这条路,是没有办法的办法,如有别的路走,我当然要走别的路。"

陈独秀见张国焘投靠老蒋,立生反感,便应付张国焘。

张国焘没注意陈独秀的冷淡,又兴致勃勃提出重建第三党。

"成立一个党不是容易事,我们当时费了那么大的劲,现在看来,一个阶级只能有一个党,我们再搞,能搞得比毛泽东现在搞的要好?"

"你好像没信心?"

"没信心也没有耐心。"陈独秀直瞪着张国焘。

话不投机,张国焘很快便没趣地离去。

天渐渐变暖,被康生、王明搅了一阵子之后,陈独秀打算离开武汉这块是非之地,远走他乡,做一个地道的平民百姓。

一天,刘仁静来访,陈独秀很不愿见他。去年10月,刘仁静还给李福仁、伊罗生写信,对陈独秀汉口演讲表示失望。

刘仁静的来意,陈独秀一下子就听出来了,他还是想拉陈独秀一起参加托派。

刘仁静说:"你公开发表给陈其昌的信后,老彭他们很生气。"

陈独秀听出,刘仁静讲"他们",意思不含自己。刘仁静1935年被托派临委开除"党籍"。

陈独秀不冷不热地说:"我早就知道了。"

"他们认为你采取了'超党''超阶级'的立场,等于叛变了组织、叛变了自己。"

"老彭(指彭述之)不是还骂我是托派的败类吗?我不怕,现在有人骂我是汉奸，有人骂我是叛徒，随他骂去，我和老彭他们到此为止。"

刘仁静走后，陈独秀对潘兰珍说："他明天还要来的，我明天到外面看看朋友。"

潘兰珍说："他要是一直不走，怎么办？"

陈独秀想了一下，写了个条子给潘兰珍，说："你把条子递给他，他就不等了。"

潘兰珍答应了，将条子收好。

第二天，陈独秀早早出了门，果然刘仁静又来了，见陈独秀不在家，又留了条子，知道陈独秀不想见他，只见条子上写道："我不是托派，也不愿和有托派关系的人来往。"他请刘仁静"好自为之"。

刘仁静怅然无言，没有落座。潘兰珍知道老头子不喜欢他，就没留他，他吃了"闭门羹"，不辞而别。

1939年，刘仁静去西安，投靠原托派分子、后投靠军统头目戴笠、时任国民党第10战区政治部主任梁干乔的麾下，任战区政治部宣传科长，专门对延安进行反共宣传。

第十四章　流落江津度余生

050. 亡命入川

抗日战争爆发1年之后，日本侵略者的铁蹄从华北践踏到华东、华中。1938年6月，国民党政府所在地武汉成为日本侵犯的进攻目标，国民党和国民政府机关紧急迁往陪都重庆。

陈独秀在武汉宣传抗日救国，于1938年6月写信给儿子松年，告知他迁至汉口吉庆街165号①一家成衣店楼上。对他在这里的生活条件，当时初次访问他的郑学稼（时任教于武汉大学，非托派成员，但也被攻击为"托匪汉奸"）有较详细的回忆：

1938年5月5日中午，郑学稼受薛农山（托派成员，时任《时事新报》总主笔）之托，将一封信和30元钞票送交陈独秀，薛说"愈快愈好，因为他太穷"。郑按地址前往成衣店，问店里伙计："楼上有姓陈的吗？"伙计回答："是安徽的老头儿吗？他住在楼上。"郑摸黑上扶梯，最后借前楼的微光进入室内。房间狭窄，有一张木板床，上挂蚊帐，中有单被。床前一方桌，三四只木凳，两三只红皮箱，这是主人的全部财产。室内有3人。郑问："这儿有陈仲甫先生吗？"这时一位穿短衣，花白头发，有胡子的人走过来，不用说，他就是陈独秀。他问："你是谁？"当郑把名片递上时，对方看后微笑道："哟！我们是'汉奸'同志！"陈独秀问郑吃过饭没有，这时郑才注意到

陈独秀三子陈松年与妻子窦珩光

---

①　水如编，《陈独秀书信集》，新华出版社，1987年版，第481页。

方桌上有盛好的两碗饭，一碗青菜，一碗汤。那饭是我从未吃过的粗米，饭菜我实不能下咽。所以撒个谎，说："已吃过了！"……他却泰然地吃粗饭菜，这使我心中生起很多感想。从这天起我常到他的住处去。①

1938年6月，抗日战场的重心开始转移到武汉，中国军队在武汉外围节节抵抗日军的进攻。13日，陈独秀的故乡安庆被敌人占领，九江危急，武汉形势日益吃紧。这时，陈独秀请包惠僧找了一条军用火轮，先将刚从安庆逃难来武汉的嗣母谢氏（陈昔凡夫人）、儿子陈松年、儿媳窦珩光和春天才出生的孙女长玮送到四川宜昌。当时谢氏已是76岁高龄，因为两个孙子（延年、乔年）、孙女（筱秀）、儿媳（高晓岚）4人相继离世，悲伤过度，两眼都已失明。隔日，陈独秀给陈松年去信，叫他到宜昌二马路平和里17号找史岳门，并说他准备明后天乘武汉行营开往重庆的差船，在宜昌换船时，上岸找他们。陈独秀本人也决定与包惠僧同行赴重庆，正当他准备动身出发之时，不料他大姐一大家人来到了武汉。

陈独秀的大姊嫁给安庆商人吴尚荣（字欣然），生有四子，嵩生、渊甫、景义、季严。据吴景义之子吴孟明（曾任上海七一中学校长）回忆，当时有他的祖母、伯母、父、母、姑父母和他共7人，坐着难民船，来到武汉找舅公陈独秀。陈独秀兄弟姐妹4人，哥哥（孟吉）、二姐早已去世，只剩大姐。姐弟30多年未见，此时见面，不禁悲喜交集。陈独秀感慨万千，写下了脍炙人口的一首诗：

卅年未见姊，
见姊在危颠。
相将就蜀道，
欢聚忘百罹。

7月2日，陈独秀夫妇和他大姐一家共9人乘中国、中央、交通、农业四大银行的包轮，由汉口启程，溯江而上，然后再换船去重庆。

当时在宜昌等船去重庆的人流如潮，很难买到船票。幸亏友人介绍，陈独秀一家老小登上了民权轮，但没有舱位，只能在大统铺外面席地而卧。一路颠簸，过三峡，入夔门，陈独秀时而钻出舱外，他无心观赏长江两岸的美景，也没有当年诗人李白"两岸猿声啼不住，轻舟已过万重山"的喜悦心情，只有凄风苦雨、今非昔比的伤感，对祖国河山破碎的感叹。

船在当天就抵达了重庆，陈独秀的老朋友周钦岳和高语罕前往重庆码头迎接。陈松年一家早在10多天前已到达，找到当时已到重庆的安庆胡玉美公司的

---

① 郑学稼，《陈独秀先生的晚年》，载香港《掌故月刊》，1972年4月。

总经理胡子穆,将其安排住在绣壁街。陈独秀夫妇则由周钦岳暂时安顿在禁烟委员会主任委员李仲公的办事处,不久又搬到了上石板街15号川源公司楼上。罗汉受北大同学会的委托,负责照顾陈的生活。

稳定下来后,陈独秀在《新民报》《新蜀报》的朋友张恨水、张慧剑、周钦岳便特地为他设宴,接风洗尘。张恨水43岁,脑门宽阔,头发后梳,五官匀称。他的祖籍是安徽潜山,与安庆接壤,也算是安徽同乡。陈独秀在南京狱中读过张恨水的《啼笑姻缘》,对他们的不藏书于名山颇有同感。

陈独秀一家到达重庆后的第5天,正值抗日战争爆发一周年。他满怀抗日救国的激情,回顾一年来日寇猖狂侵略给祖国和人民带来的痛苦,以及中国军队对日作战的艰辛,心潮澎湃,思绪万千,遂提笔写下《抗战一年》。

当时日本侵略的战火已烧遍了大半个中国,许多人都对能否战胜日寇缺乏信心。但陈独秀完全没有悲观失望的情绪,他满怀对祖国的热爱,抱着抗战必胜的信心,在文章中宣布:"这一年是中国历史上最光荣最有价值的一年,一年战争中所给予我们的经验与教训,胜过一百年。"

陈独秀以积极的态度对待目前的抗日战争。他提出,抗战一年来,日本在4个方面遭到了失败:

第一,日本虽然强大,但并没有击倒中国这个"病夫"。中国的反抗证明,这位病夫也不是人们以前所想象的那样容易驯服的民族。

第二,敌人虽然占领了中国许多重要的工商业城市,但却没有征服人心。一年来,他们还没有得着一个有力的汉奸去为他们效劳。

第三,中国人民坚决抗日的行动得到了世界的同情,提高了国格和人格。而敌人野蛮无赖的面目,也在世界人民面前暴露无遗。

第四,热衷战争的,只是日本的少壮派军人和军事资产阶级,广大日本民众是反对战争的。随着对华战争的延长,日本国内的反战情绪在增长。

"敌人的失败就是我们的胜利。"陈独秀向国人鼓劲。

陈独秀在文章中指出,一年来的抗战,暴露出了我们的缺点。勇敢地承认缺点,认真地改正缺点,比轻浮地高喊"最后胜利必属于我们"要有益万倍。他提议:要利用一切对我国有利的因素;在野党要援助政府抗战,不应该有保存实力和趁火打劫的企图;政府要决心解除人民痛苦,扶助各业人民的群众组织;政府要下决心惩治腐败。[①]

陈独秀不仅撰写文章发表自己的抗战见解,还应邀在中央广播电台讲演《抗

[①] 任建树等编,《陈独秀著作选》,3卷,上海人民出版社,1993年版,第484-486页。

战中川军之责任》;在重庆民生公司讲演《资本主义在中国》。总之,他没有因身世沉浮而放弃参与政治的热情,更何况是在抗日战争的烽火年代!

在国破家亡的战乱年代,一位患有多种严重疾病、没有固定收入的六旬老人,其生活的艰难可想而知。幸亏在日本留学时的同乡、好友邓初热情邀请,便于8月3日与妻子潘兰珍移居江津。

邓初又名邓仲纯,安徽怀宁人,是著名书法家邓石如的重孙。他和三弟邓叔存(字以蛰)都曾留学日本,邓初读医科专业,那时便与陈独秀交往甚密。五四运动中,曾同陈独秀一起散发《北京市民宣言》。现在邓初在江津县城黄荆街83号开设了一家诊所,名"延年医院",因楼上有多余房间,便邀请陈独秀来这里居住。天涯沦落,他乡遇故人,更加深两人的情谊。

陈独秀来江津另一个原因是当时江津住有一批安徽人。据高语罕说,1938年上半年流落到重庆的安徽人约有1000名,其中有安徽省的名流光明甫等,有一大批因战事而失业的知识分子和失学的知识青年。高语罕向同乡理事会提议组织安徽旅渝中学,收容逃难来的教职员和学生。后经教育部批准成立了国立第九中学,校址设在江津对岸德感场。九中校长陈访先、秘书方孝远以及教职员绝大多数都是安徽人,他们同陈独秀的关系非亲即友,相当密切。

不料,陈独秀夫妇来到江津的那天,邓初不在家,其妻闭门谢客,却不接纳。陈独秀和妻子在延年医院门前守候多时,没有结果。陈独秀本想立即返回重庆,但又因为携带行李多件,致使进退为难。后来幸亏在江津国立第九中学任秘书的安徽人方孝远接待,陈独秀与妻子才住进了一家闷热的小客栈。7日,得到江津东门郭家公馆房东孙茂池的同情和帮助,腾出两间西楼房,使陈独秀夫妇聊以安身①。

此时,严重的高血压和胃病折磨着陈独秀。时势艰难,居无定所更增加了精神和肉体上的痛苦。然而,他思想的火花并没有熄灭。他没有搁笔,相继写了《我们为什么而战?》《"八一三"》《告日本社会主义者》《我们不要害怕资本主义》《我们为什么反对法西斯特》《国际形势的幻想》等文章。在短短两个月时间内,他忍受着疾病的折磨,尤其是高血压带来的头晕目眩等不适,仍然以一个"老斗士"的姿态,写下了这些雄文,向世人表明自己的政治态度。

据龚灿滨在《江津市委党史研究室》编的《陈独秀在江津》一书中写道:"紫黑的不大开阔的脸颊,一对炯炯有神的眼睛,仿佛在蕴藏着《新青年》时代的活力。态度显得沉郁,也有些矜持。据他的北大同学、当时任江津县长的黄鹏

---

① 江津县政协文史资料委员会,《江津文史资料选辑》第2辑,1985年,第38页。

基回忆：'当他问陈独秀近来写点什么没有？'他回答：'仍继续写《实庵字说》，送《东方杂志》连载，间或也给《时事新报》或别的报刊写点文章'。"这期间他为别人新建房屋写的小篆横匾，字体苍劲有力。有人借此送去一些润笔费，补贴他的用度。

龚灿滨还回忆道："我谈到抗日战争，认为国民党的部队节节败退，只剩下川、滇、黔和西北边区，我们都很可能做亡国奴。他微微地笑了，精神似乎有点振奋。说：'不会，我们还有两支逐渐强大起来的军队，迟早要把敌人赶出去，中华民族是有复兴希望的。'他常说：'中国不会灭亡，有人能把日本鬼子赶出去。'可见陈独秀对抗日胜利是充满信心的。"

这年冬天，经过邓初的劝说，邓妻才同意将陈独秀夫妇接到黄荆街83号延年医院住下。

1939年春，朱蕴山等人先后来延年医院拜访陈独秀，劝陈独秀去延安。但陈独秀予以拒绝。他对朱蕴山说，党中央里没有他可靠的人了，大钊死了，延年死了，他也落后了。"他们开会，我怎么办呢？"陈独秀还说，他不能被别人牵着鼻子走，弄得无结果而散。①

也是在这年春天，蒋介石根据已经投奔国民党的张国焘的建议，指派胡宗南和戴笠带上礼物去江津访问陈独秀，企图从他嘴里搜集到对国民党有利的言论，以作反共宣传。为了取得陈独秀的好感，胡宗南和戴笠临行前，还特意找到1938年3月16日的《大公报》，因为那面上登载有段锡朋等9人因康生诬蔑陈独秀为日本间谍而为陈独秀辩护的声明。

陈独秀接待了这两个不速之客。当得知他们是奉蒋介石之命而来后，陈独秀表示自己是逃难入川，虽以国是萦怀，却并不与闻政治，更不曾有任何政治活动。胡宗南一面向陈独秀出示他们带去的《大公报》，一面挑拨说："受到人身攻击一事，大家不平则鸣。傅汝霖、段锡朋诸先生是陈老的学生，忘年之交的朋友，诸先生为陈老恢复名誉的辩护启事，乃国人之公论，民心之所向。今天特来求教，请陈老谈谈对国事的看法。值兹二次大战爆发，德军席卷欧陆，眼看苏俄处于极不利之局。国内国共问题，由分而合，由合而斗，大战当前，如国策不能贯彻，前途实堪隐忧。为今之计，陈老意下如何？"

陈独秀沉思良久，然后慢条斯理地说："蒋先生的抗战决策，是符合国人愿望的。弱国强敌，速胜困难，只要举国上下，团结一致，则任何难关都可渡过。延安坐井观天，谬论横生。我本人多遭诬蔑，幸公道在人心，先生等所示剪报

---

① 唐宝林、林茂生，《陈独秀年谱》，上海人民出版社，1988年版，第515页。

启事一则，足可证明。列名为我辩者，乃国内知名人士，有国民党的，有非国民党的，有以教育家而闻名的。我原打算向法院起诉，因见代（我）鸣不平的公启，乃作罢。先生等对我关注，深致谢意。本人孤陋寡闻，更不愿公开发表言论，致引起喋喋不休之争。务请两君对今日晤谈，切勿见之报刊，此乃惟一的要求。言及世界大状，大不利于苏，殊出意料。斯大林之强权政治，初败于希（特勒）、墨（索里尼）的极权政治，苏联好比烂冬瓜，前途将不可收拾。苏败，则延安绝无前途，此大势所趋，非人力所能改变。请转告蒋先生好自为之。"①

陈独秀移居江津后，他的嗣母谢氏和三子松年夫妇及其不满周岁的女儿长玮，以及他大姐的一家人，也陆续由重庆迁居到江津。松年在九中总务处工作，也代点课。大姐的二子吴渊甫在几江女中教书。四子吴季严在江津女中教书。三子吴景羲在江津城开了一家小百货店，以维持一起生活。

陈独秀在去鹤山坪石墙院之前，曾应邓蟾秋和聚奎中学董事主任邓缡仙（又名邓鹤丹）的邀请，在白沙邓氏旧居住了两个多月。在此期间，应聚奎中学校长周光午之约，在鹤年堂（即校礼堂）给全体学生作过一次精彩的讲演。据当时听过陈独秀讲演的学生回忆，那天陈独秀身穿蓝布长衫，外套马褂，脚蹬布鞋，衣着十分简朴。他中等个头，体态清癯，两眼炯炯有神，下巴上留有几根山羊胡子，

陈独秀在江津的旧居——石墙院

颧骨突出。陈独秀背微驼，倒背着双手，行走很慢，但步伐从容，显得十分慈祥。他说话带有浓重的安徽口音，慢条斯理，引经据典，抑扬顿挫，很有学者风度，使人很难把他和一个叱咤风云的政治家联系起来，很多学生都以为陈独秀是私塾老师。陈独秀在给学生们讲话时心平气和，没有慷慨激昂的语调，就像摆家常龙门阵一样。讲演大约40分钟，同学们听得津津有味。他先从匡衡凿壁偷光讲起，劝青年要珍惜光阴，努力学习，为民族做贡献；接着又谈到日本想霸占

---

① 沈醉、文强，《戴笠其人》，文史资料出版社，1980年版，第207-210页。

中国，全国人民要一致对外，争取抗战胜利。讲演完毕后，学生分立两旁热烈鼓掌，陈独秀对每个学生都点头微笑，稳步前行，显得非常高兴。

陈独秀在延年医院住了半年多，便离开了这里。

1939年初夏，万树葱绿，南风习习。陈独秀夫妇离开延年医院后，搬到离县城30里远的鹤山坪。先在江津一中校长施怀清家住了一段时间，最后落脚在石墙院杨宅。这里茂林修竹，环境优雅，是著书立说的妙境。

从此，除了偶尔进江津县城小住、去重庆看病和外出会朋友外，陈独秀就居住在石墙院内，深居简出，艰苦度日。

陈独秀1939年5月27日住进石墙院后，虽有发表文章的稿酬，还有北大同学会的接济，但他的生活仍然捉襟见肘，十分贫困。

陈独秀一生中交了不少朋友。但战乱时期，能来探望他的人并不多，没有老友可以畅谈，他饱尝世态炎凉。"门前冷落鞍马稀"，陈独秀每每感于此，总是悲叹不已。

> 嫩秧被地如茵绿，
> 落日衔天似火红。
> 闲倚柴门贪晚眺，
> 不觉辛苦乱离中。

他的这首诗，十分形象地表现了他晚年的生活情景。

严重的高血压和胃病折磨着陈独秀，他不得不经常服药打针，病稍轻点，他就提笔写点东西；每当病情加重，他只得搁笔。尽管有潘兰珍悉心照料，但病情时好时坏，写作也是写写停停。他凄怆自顾，倍感忧伤，以至夜不能寐。他感到自己来日无多，《病中口占》这首诗就是他心境的写照：

> 日白云黄欲暮天，
> 更无多剩此残年。
> 病如垣雪销难尽，
> 愁似池冰结愈坚。
> 斩爱力穷翻入梦，
> 炼诗心豁猛通禅。
> 邻家藏有中山酿，
> 乞取深卮疗不眠。

第十四章 流落江津度余生

陈独秀搬迁到石墙院，是由于他病情严重，需要一处凉爽、安静之地静养，且便于著书立说，安度晚年。

1939年5月12日，陈独秀在写给台静农的信里，说他"血压高50余日，迄未减轻，城中烦嚣，且日渐炎热，均于此病不宜。"有人劝他到白沙镇聚奎中学过夏，说当地凉、静、安全。陈独秀担心"房租过多，床、桌、椅、灶无处借用，无人赴场买菜，……未便贸然前往。"① 不久，又在给台的信里说："昨晚检验血压又由203度高涨至230度，非急得极静极凉之地休养不可。"弟"日来头晕耳轰。""由江津赴白沙4小时轮船之挤闹，非病体所能堪，已托友人在鹤山坪找屋，弟曾亲往一次，凉、静可靠，坐滑竿二时可达。"② 从这些信里可知当时陈独秀急于要找一个既凉爽又安静的地方居住，便托友人帮忙。

台静农，字简伯、安徽霍邱人，1902年生，曾在北京大学中文系旁听，后转入该校国学研究所半工半读。抗战前先后在辅仁大学、齐鲁大学、山东大学和厦门大学任教兼中文系主任。抗战时，赴四川，在白沙女子师范学校任教。抗战后，任台湾大学中文系教授兼系主任长达20年。1990年11月病逝于台北。他与陈独秀相识于1938年10月江津城。当时他家住在白沙镇，国立编译馆亦在白沙镇。当重庆抗战文艺协会举行鲁迅先生逝世二周年纪念，老舍约台静农作鲁迅先生生平报告。台到达江津即去看他过去在青岛山东大学结识的好友邓仲纯。据台说：陈独秀知道"我这一天会由重庆来，他就在这儿（即邓家）等我，这使我意外的惊喜，当他一到江津城，我就想见到他，弥补我晚去北京，不能做他的学生，现在他竟在等着我，使我既感动又惊异，而仲甫先生却从容笑谈，对我如同老朋友一样。"③ 陈、台两人初识即订忘年交。台静农那时并非编译馆的正式人员，而是沦陷区的大学教授被安置在那里，没有工作约束，可自由读书做自己的事。日后为陈独秀向该馆借阅参考书，修改《小学识字教本》和交涉有关事项，做了许多工作。

1939年5月下旬，陈独秀由江津城迁居到鹤山坪。但他觉得这里并不理想，除了空气较城里好，"一切均不甚如意，唯只有既来之则安之而已。"④

鹤山坪是一地区的名称，因四周环有鹤山而得名，今属五举乡。陈独秀住在鹤山坪的石墙院杨宅。⑤ 杨宅是清朝二甲进士杨鲁丞的故居，四周由石条砌成的高墙相围。杨及其3个儿子均已去世，现由儿媳管家。院内有房20多间，

---

① 靳树鹏，《陈独秀辞世前后琐事考》，油印稿。
② 《书札》第8、10页。
③ 台静农，《酒旗风暖少年狂》，载《大成》第205期。
④ 《书札》第12页。
⑤ 《书札》第152页。

其中正房7间。陈独秀夫妇居正房1间，约30多平方米，另有两间厢房分作他的会客室和书房。①室内陈设简单，除了堆满书籍的箱笼外，最令人醒目的是挂在书房墙上岳飞写的"还我河山"4个大字的拓片。石墙院是个十分闭塞的地方，交通极不方便，对外唯一的交通工具是二人抬的滑竿。陈独秀就在这个偏僻闭塞的石墙院里，用他晚年的全部心血写作文字学的著作和政论文章及诗词、书法。

陈独秀是怎样住进石墙院的，据张永通等《后期的陈独秀及其文章选编》一书的第9页：记载杨鲁丞的孙子杨庆余想出版祖父的遗著《杨鲁丞先生读〈皇清经解〉》等书稿，"很希望有位名家代为校正并作序。"可真凑巧，陈独秀在江津县城一旧书摊上发现一本杨鲁丞谈《皇清经解》的手稿，出钱买下。一次在城内大什字茶馆和邓尚印、邓燮康等人喝茶闲谈时，又提及此事。邓等人告诉他，杨鲁丞就是江津人，是前清拔贡，在江津很有名望。陈独秀说："我花了两天时间，反复看了几遍，觉得写得不错，有价值。"邓燮康又告诉陈独秀，当年号称"经史大家"的章太炎来川时，杨鲁丞曾把手稿拿去请教章太炎，但章不欣赏他的作品，批了"杂乱无章"几个字，气得杨鲁丞书没写完就一命呜呼。陈独秀说："杂乱无章没关系，只要稍加整理，就会有理有章了。"接着，他又详细打听了杨鲁丞的出生、经历、后代和住址等情况，有心为其整理手稿。此事传到杨家，杨庆余便邀请陈独秀前来居住，"并请陈独秀帮助整理校正祖父的遗著"。

陈独秀在石墙院期间，用了一年多时间，校正整理出杨鲁丞的一些遗著，其中一本叫《杨鲁丞先生谈〈皇清经解〉手稿》，一本叫《杨鲁丞先生遗作六种》。其实，陈独秀对整理杨氏著作并无很大兴趣，主要是借石墙院这一僻静处来整理他自己的著作手稿。据龚灿滨回忆，陈独秀和他谈论杨氏遗著时，说："杨对群经的创见，不如四川的廖季平；对诸子的阐述，不如适之先生。"

石墙院地域闭塞使他信息不灵，交通阻隔限制了他的社交活动。他住在石墙院名义上行动是自由的，可是江津县县长黄鹏基说："国民党对这位失意者仍不放心，重庆方面随时有人来侦察他的行动。"②可见他的行动是暗中受到限制的。陈独秀住在江津城里时，还常到支那内学院走走，和欧阳竟无谈谈，也不时有亲友来看望他，现在即使他生病时，除了邓初、何之瑜等人，就很少有人来看望他了。据徐梅坤（中共第一批党员，由陈介绍入党）《九旬忆旧》一书第62页："在重庆的时候，又一次我接到住在四川江津的陈独秀来信，希望施复亮

---

① 靳树鹏，《陈独秀辞世前后琐事考》，油印稿。
② 《陈独秀在江津》，第18页。

和我去看他。施复亮夫妇先去看了他,并劝我去看他。"

邓初与江津白沙镇上名门望族邓鹤年、邓燮康叔侄认同宗,并介绍陈独秀与邓家相识。

邓燮康(1907-1978年11月)青年时曾加入共产主义青年团,1927年蒋介石发动"四一二"政变后,邓失掉了组织关系。1929年毕业于上海复旦大学市政系。回到江津后先任聚奎中学校长,后步入金融界,任江津农工银行经理,思想开明,喜交结文化界名人。如周光午、台静农、曹靖华、魏建功等都曾在邓家住过或受到过他的款待,陈独秀自不例外。

邓鹤年字蟾秋,是邓燮康的五叔,也是他的嗣父。热心于文化教育事业,曾先后捐资15万元兴办起聚奎中学(前身是聚奎书院)。时值聚奎60周年校庆,同时也是邓蟾秋七十大寿。邓蟾秋是聚奎书院(聚奎中学前身)创办人邓石泉的第5个儿子,也是聚奎中学第一任校长邓鹤翔之弟。陈独秀应邀参加了庆典活动。他在祝寿晚宴上对高语罕、周光午赞叹道:"一个人聚财不难,疏财实难,像蟾秋以15万赠聚奎,5万办图书馆,真不易矣!"席毕,陈独秀挥毫书下两幅篆字赠蟾秋,一是"大德必寿",一是"寿考作仁"。后均刻于黑石山上(毁于"文化大革命"期间)。同时,陈独秀还和欧阳竟无,邓仲纯、方孝博、台静农等5人具名,由欧阳竟无执笔,写了《邓蟾秋先生七十寿序》,以赞邓氏疏财办学之举。

黑石山是白沙镇上风景最秀丽的地方,陈独秀在这里住了两个月。①

这两个月的生活对陈独秀来说,在物质方面是优厚的,精神方面是舒畅愉快的,既遇到了老朋友高语罕等,又见到新朋友台静农。但好景不长,黑山石非他久居之地,他的住所在那高高的石头墙里,与他朝夕相处的除了他的妻子就只有那围成孤寂氛围的石头墙,陈独秀不禁感叹:"世无朋友更凄凉。"他贫病交加,穷愁潦倒,度日如年。

051. 友人资助度日

唐代著名诗人高适在一首诗中云:"灵性出万象,风骨超常伦。"陈独秀客居江津,贫病交加,却宁愿饿死,也不吃"嗟来之食",可谓"风骨超常伦"的

---

① 有关邓家的资料,见邓燮康长女邓敬苏于1986年6月3日谈话记录。又见《陈独秀在江津》,第11页。

典范，体现了中华民族永葆"骨气"的优良传统。

陈独秀移居到江津后，晚年生活十分凄苦。陈独秀入川后，生活没有正常的经济来源，除了一点微不足道的很不固定的稿费收入外，主要靠亲友的接济，具体是：通过原"无产者社"成员薛农山的关系，任《时事新报》名誉主笔，每月只领一点少得可怜的津贴；偶尔为《东方杂志》和编译局写稿的稿费；"北大同学会"经常捐赠给他一些生活费；大姐家在陈困难时也给一点帮助，因为姐丈是经商的，外甥女是个中学校长，外甥女婿是珠宝商，经济较宽裕；友人蔡元培、邓蟾秋叔侄、杨鹏升等私人资助，连印有"独秀用笺"和"仲甫手缄"的信纸信封，也全由杨鹏升包赠。北京大学同学会委托罗汉照顾陈独秀。罗汉这时在重庆军事委员会兵工处任技术员。半年后陈独秀和罗汉失去了联系，而且再也没有得到过他的消息（1939年5月13日日机大轰炸重庆时罗汉罹难）。此后北大同学会继委托何之瑜照顾陈独秀，何这时在国立九中任高中历史教员。

罗、何两人对陈独秀的照顾，不过是不定期地去看看他，帮他处理些生活中的小事，而对陈独秀的疾病和贫穷却无能为力。陈独秀在江津有许多亲朋好友，他们也爱莫能助，他们那点微薄的收入仅够他们自己糊口而已。陈独秀的那位做生意的外甥吴景羲曾经接济过他，但杯水车薪，无济于长期维持他的温饱。

陈独秀久患高血压，1939年5月5日他在致友人信里说："血压高涨，两耳日夜轰鸣，几于半聋，已50日，未见减轻，倘长久如此，则百事具废矣。心所拟著书一部未成，诚堪浩叹！"1940年1月的信里又说："弟一病10月未能写作，颇为烦闷。"不得已，住进了重庆宽仁医院，半个月后，待"病稍减轻"即返回江津。同年10月，他感到"病无大痛苦，惟不能用脑，写作稍久，头部即感觉胀痛，耳轰亦加剧耳"。①

疾病严重地妨碍了他的写作，不写作，就没有稿费收入，等于断绝了他的生计。有人劝他为北京大学（时在昆明与清华、南开合组成西南联合大学）讲学，他说"北大讲座，固弟之所愿，然以多病路远，势不能成行"。又有人建议他为国立编译馆编书，"惟馆中又以分月寄稿费，弟不能按月缴稿"，也不可行。曾传闻中山大学聘他去讲学。他说"即令有之，以政治环境，以弟之病体，均不可行也"。②20多年前，蔡元培以三顾茅庐的方式邀请陈独秀出任北京大学文科学长，改革北大，陈独秀可谓当仁不让，现在他固然不愿以多病之体充数，再说，

---

① 《陈独秀书信集》，第481、486、487、508页。
② 《台静农珍藏书札》（一），第24、126页。

又有谁愿意去聘请一位背着"汉奸"黑锅的人任职呢?

1940年底,陈独秀在江津乡间的生活费用,"每月用200元,主仆(有一焦姓伙房,为陈买菜做饭,有时也为陈送信去白沙镇或江津城)3人每月食米一斗五升,即价需一百元。今移居城中(据1941年9月27日、9月30日陈写给台静农的信:因大姊灵柩于10月22日安葬于江津,他暂移居城内)月用300元。"到1941年底,"居乡间亦月需600元,比上半年加一倍。"①

疾病消损了他的谋生能力,再加上战时物价飞涨,陈独秀越来越窘迫不堪,连柏文蔚送他的灰鼠皮袍也进了典当店。贫穷反过来又加重了他的病情。他晚年的一些诗句"贯休入蜀唯瓶钵,卧病山中生事微。岁暮家家足豚鸭,老馋独羡武荣碑"②等所反映的正是他贫病交迫的生活状况和郁郁寡欢的悲凉情绪。

在陈独秀生活困难的时候,有位新朋友名叫杨鹏升向他伸出了援助之手。

杨鹏升,号蓬升,别名泰堃,书画署名铁翁,四川省渠县平安乡人,生于1900年,小陈独秀21岁。青年时在北京大学读书,喜读蔡元培、李大钊、陈独秀等人的文章,后两次留学日本,归国后入军界。但平生爱好书法、国画,尤长于篆刻。"一二八"淞沪战役时,任第八十八师副师长,率部英勇抗击日军。1937年9月,陈独秀到达武汉,这时杨鹏升任武汉警备司令部领衔少将参谋,兼武汉防空司令部筹备处办公厅副主任。陈、杨二人就是在这个时候相识的。③

杨曾刻有"独秀山民"四字章(阳文)赠陈,为陈所珍爱。从日后的往来书信里足以说明两人的交往异常密切,打破了年龄和辈分的限制,堪称"忘年交"。

杨仰慕陈的学识,尊崇他的人品,同情他的处境,他主动结识陈独秀。杨虽是一军人,但并非草莽之徒,而是文人气质,与陈有相同的爱好和共同的语言,尤对书法有共同的情趣。

陈独秀入川流落到江津时,杨鹏升在四川成都任川康绥靖公署少将参谋(1949年12月,成都解放时,杨鹏升随邓锡侯、王瓒绪等国民党将领率部起义。新中国成立后,受聘于重庆西南美专任国画、雕刻教授,兼西南文教部和西南博物院筹备委员等职。后调成都,任市政协委员。1954年以"残余历史反革命"罪名被捕,判有期徒刑20年,1968年病逝狱中。1983年2月平反恢复名誉。现北京图书馆特藏部金石组收有杨鹏升的篆刻精拓印谱七函28册。"凡

---

① 《陈独秀书信集》,第510、521页。
② 《陈独秀诗集》,第193、209页。
③ 1939年陈独秀作《鹏升夫人和平女士索书赋一绝》里有诗句:"前年(1937年)初识杨夫子。"见《陈独秀诗集》,第196页。

是观赏过这些印谱的人,无不赞赏为难得的艺术品")。这时两人书信往来频繁。从 1939 年 5 月 5 日至 1942 年 4 月 5 日,陈独秀写给杨鹏升的信共有 40 封(原信存四川省渠县人民法院杨鹏升案卷中)之多,其中相当一部分是复杨的信。从这些信里可知杨鹏升曾经接济陈独秀 3 次,共 2300 元。另有 3 次由杨转交他人的赠款共 2200 元。这些经济上的援助,使陈独秀得以维持他的基本生活,并有助于满足他"除却文章无嗜好"——著书立说。①

陈独秀第一次收到杨鹏升汇来的钱,他在回信里说:"不胜惶恐之至!……寄回恐拂盛意,受之实惭恧无既,辱在知己,并谢字亦不敢出口也。"收到杨寄赠的"独秀用笺"信纸 200、"仲甫手缄"信封 100 时,他在回信里说:"以吾兄经济艰难,竟为弟谋及此,且感且愧。"在 1941 年 8 月 6 日的复信里说:"屡承吾兄垂念鄙况,既感且惭,无以答雅意,如何可安!弟一向生活简单,月有北大寄来 300 元,差可维持,乞吾兄万无挂怀!"

陈独秀是一位才气过人、名满天下、一向自食其力、并把金钱视作身外之物的人,现在竟然得接受一位相识不久的新朋友的接济,他的心情个中滋味,实难以名状。

陈独秀总想"投桃报李",当杨鹏升要求陈为他父亲作墓表时,陈即复信:"敢不用命,请即将行述寄来。"② 此外,陈独秀还书写大字联赠杨,从陈独秀这 40 封亲笔信的字体看,有行书、草书、隶书 3 种字体,而且不限于模仿,有所变化(内行人说可称作陈体),陈独秀这里有感恩之意,可谓"滴水之恩,涌泉相报"。

为了报答对"北大自昆明致金助膏火",陈独秀便将他在南京狱中著述的《连语类编》及《古音阴阳互用例表》两稿赠与了北大。③ 这算是"投桃报李"吧。

这些亲友知道陈独秀有着"无功不受禄"的脾气,在捐赠他以后,故意请他写字刻石。

1942 年 4 月 5 日,在又一次收到友人杨鹏升的赠款时,他回信说:"前两次厚赐,于心已感到不安,今又寄千元,且出于吾兄之请求,复觉惭恧无状,以后务乞勿再如此也。前敬题大联,恐未曾寄到,来函云收到者,欲伪造此言而以慰我耳。"这种迫于生计、却之不恭而受之有愧,近乎靠别人施舍度日的生活,极大地伤害了他一贯自恃清高、洁身自爱的自尊心。在他不得不接受赠款后的一些复信中,充满了这样的字句:"既感且惭""且感且惭""不胜惶恐之至";"寄回恐拂盛意,受之实感惭惶无地,辱在知己,并感谢字亦不敢出口也"!"屡

---

① 《陈独秀诗集》,第 208 页。
② 《陈独秀书信集》,第 488、524、517、493 页。
③ 何之瑜编,《独秀丛著总目》,第 2 页;又见《胡适来往书信选》(下),第 306 页。

承厚赠，何以报之"等等。

陈独秀从1913年反袁的"二次革命"失败离开家乡后，一直未回。几十年来，除了在北大过了两年比较安定的教授生活外，大部分时间，过着亡命的地下生活，颠沛流离，一直是反动政府通缉的对象，还几次被捕入狱，严重影响了他的身心健康。由于常年没有正常的饮食，他早就患有肠胃病；狱中5年生活的折磨，出狱后又得了高血压，久治不愈，时有发作。入川后，又由于贫困潦倒，寄人篱下而近乎靠人施舍的屈辱生活，加上政治上遭到不断打击（自认"奔走社会运动，奔走革命运动，30余年"，大部分政治生涯归于"失败"），思想上找不到一个知音者（自称"不怕孤立"，却包含着多么苦涩的自我折磨）；同时，眼见敬爱的亲人一个个"先我而死"受到的刺激，在心上刻上"无数伤痕"。这些因素，终于使他的病情急剧恶化。他在贫病交加中苦度光阴。

在陈独秀的生活发生困难的时候，送钱给他的，除了杨鹏升还有包惠僧、邓燮康等人。

对于那些志不相投、另有企图甚至是不共戴天的仇敌的"恩赐"，陈独秀一概拒绝，嗤之以鼻，显示了他威武不屈、富贵不淫、贫贱不移的"三者全不朽"的气节。

20年代中共党员、被捕后叛变的任卓宣（即叶青）曾汇去200元给陈独秀，但"汇去后不久，又退回了"。①

《陈独秀拒收蒋介石汇款》一文载于1994年6月《世纪》，作者许伯建。此文是陈独秀拒绝"嗟来之食"的真实写照，兹录于下：

> 抗日战争时期，我在四川省银行总行省库部收支课工作。一天，我收到中央银行国库局一件支付书，命在江津县代办国库业务的四川省银行办事处付给陈仲甫一笔数目可观的钱。这笔钱是由蒋介石汇给陈仲甫的。我想，陈仲甫是陈独秀的号名，一般人都不甚知道，所以我特别注意这笔库款的下落。
>
> 江津靠近重庆，虽战时，水陆交通仍方便。
>
> 可是过了六七天，仍不见江津省银行办事处寄回陈仲甫的收据。国库局派了一位襄理大员来查问，并催促尽快将这笔钱送交陈收。
>
> 又过了两天，江津省银行办事处回电说："办事处主任张锦柏亲自去见陈，他还是不受，只好将原支付书退回。"我们当即通知国库局：已将这笔钱原封退回。

---

① 任卓宣，《我与陈独秀先生》，载《传记文学》，第30卷，第5期。

陈独秀拒绝"嗟来之食",已成为世人美谈。有道是:"贫士无财有傲骨,愈穷傲骨愈突兀。"陈独秀正是这样一个铮铮傲骨、超之常伦的钢铁硬汉。

陈独秀在江津,虽有亲友的接济,但是,即使这样,由于物价猛涨,他的生活仍然十分窘迫,在1941年11月22日致杨鹏升信中,他说他家每月生活费达600元,"比上半年加一倍"。因此,有时不得不靠典当度日。最后他与潘兰珍在石墙院住的是两间厢房,一为卧室,一为书房,二房上无天花板,下是潮湿的泥地,若遇大雨,满屋漏水。室内家具十分简陋,仅有两架木床,一张书桌,几条凳子和几个装满书籍的箱子。唯一的装饰是书房墙上挂着一幅岳飞"还我河山"大字拓片,令人见了肃然起敬。1941年冬天,他在向著名佛学大师欧阳竟无借《武荣碑》字帖时写了一首诗,透露了他那十分清苦的生活:

贯休入蜀唯瓶钵,久病山居生事微。
岁暮家家足豚鸭,老馋独羡武荣碑。

朱蕴山见了此诗后,买了几只鸭子去探望他,见他胃病发作,痛得在床上滚动。陈死后,朱写诗曰:

掀起红楼百丈潮,当年意气怒冲霄;
暮年萧瑟殊难解,夜雨江津憾未消。
一瓶一钵蜀西行,久病山中眼塞明;
僵死到头终不变,盖棺论定老书生。

1941年春末,陈独秀在江津县城住了一阵,又回到了鹤山坪。这时,他的病情非常不稳定,比如血压有时高压高于210,常常头晕眼花。这个时期,他很少舞文弄墨,也几乎不社交,偶尔应上层人士之邀赴宴。宴会上,他不再口若悬河,而是郁郁寡欢。他有时由潘兰珍陪伴,到江津县城东的"支那内学院"游玩。1918年,佛学大师欧阳竟无与章太炎等人在南京设立"支那内学院",欧阳竟无在抗战时期避难入川,在景色宜人的长江之滨的江津公园重建了这座研究印度佛学的研究院。陈独秀和高语罕每次到了这个宁静的研究院,就与欧阳竟无切磋文学书法、欣赏艺术,颐养身性。①

他经常和邻里乡亲谈天说地。逢年过节时,乡邻常请他写对联,他都应承,还应邀给一些单位题词写字、给新房写匾额等。有次,杨承鲁的孙女杨树君从就读的成都学校回家,慕名请陈独秀题字留念,陈独秀给她题诗一首,前两句是:"相逢须发垂垂老,且喜疏狂性未移。"杨树君请他讲解。陈独秀说,不久前他见到从苏联归来的廖先生,和他一样须发已白,然而两人的革命精神和个

---

① 张宝明、刘云飞著,《飞扬与落寞》,东方出版社,2007年版。

性都一如既往,他感觉快慰,即做此诗。

乡邻们觉得这个喜欢絮叨的老人和善可亲,他卓尔不群的是儒雅的气质与蕴含的深邃。

黄昏时,潘兰珍扶着老先生到村口或近村的田间散步。诗情画意的境界和氛围,使陈独秀的诗兴盎然而生。

陈独秀晚景凄凉和落日黄昏情境的触动,使他触景生情,诗潮在胸中汹涌。他回家挥毫题诗展露心迹:

嫩秧被地如茵绿,落日衔天似火红。
闲倚柴门贪晚眺,不觉辛苦乱离中。

脱离政治漩涡,凄苦悠闲中,陈独秀追忆往事,除三子陈松年一家外,亲人接连过世,活着的寥寥无几了,江津的亲戚胡子穆重亲情,常帮助他。陈独秀将此诗加上"写给胡子穆"的标题送给了他。

南京沦陷后,金陵女子大学的教授陈钟凡流离转徙,到了成都,生活清贫,与陈独秀经常通信交流。

1941年3月下旬,陈钟凡写信告诉陈独秀,他将应中山大学许志澄之邀去该校任教。陈钟凡的信让陈独秀陷入对广州往事的深沉回忆中,写下诗一首《春日忆广州》:

江南目尽飞鸿远,隐约罗浮海外山;
曾记盈盈春水阔,好花开满荔枝湾。

记忆的闸门一旦开启便很难关合。主办《新青年》那如火如荼的辉煌时代,时刻在他眼前闪现,但他的每一次回忆,都有着不同的感觉和对象,亦喜亦忧,交替叠映。李大钊、胡适、钱玄同、高一涵、沈尹默、周树人、周作人,一个个似脑海中的人物塑像;白话文、文学革命、新道德、"德先生""赛先生",一件件如随手翻看的珍存至久的名片。

李大钊作古,胡适之出洋,依然健在的沈尹默和他同病相怜,也流落到重庆,并时有交往。他曾经与自己、胡适、李大钊轮流主编《新青年》,又是自己在北京大学的同事,在《新青年》的文化营垒里他与胡适一样是白话诗的身体力行者。

怀着对故友的思念,怀着对自我的矜怜,他偶有诗兴便写上一首无题,每一篇他都托台静农寄给沈尹默,与重庆这位"同是天涯沦落人"的朋友共同咀嚼着物是人非的沧桑感触:

湖上诗人旧酒徒,十年匹马走燕吴;
于今老病干戈日,恨不逢君尽一壶。

> 村居为爱溪山尽，卧枕残书闻杜鹃；
> 绝学未随明社屋，不辞选懦事丹铅。
> 哀乐渐平诗兴减，西来病骨日支离；
> 小诗聊写胸中意，垂老文章气益卑。
> 论诗气韵推天宝，无那心情属晚唐；
> 百艺穷通偕世变，非因才力薄苏黄。

陈独秀与身边新交的朋友也相处融洽。虽然生活清贫、事业不得志，但他苦中作乐。

聚奎中学校长周光午和何之瑜、台静农、魏建功夫妇，在端午节设酒纪念屈原。陈独秀写诗送魏建功：

> 除却文章无嗜好，世无朋友更凄凉；
> 诗人枉向汨罗去，不及刘伶老醉乡。

屈原、自己，古今殊世，但都曾是吟咏诗文的"仕人"，一对怀着浪漫理想的书生，趋同的正直个性，一样的人生悲剧。自己比之屈原，只不过没有峨冠博带与长铗而已。他是在遭受楚国的流放，归根结底是在遭受着政治的放逐；而自己不仅遭受过多年的牢狱之苦以及政治的放逐，还遭受着国难中的辗转迁徙与流亡。"世无朋友更凄凉"，不就正是叹息政治知音难遇的伤感与孤独吗！本来就没有太多的嗜好去打发让人静得可怕的光阴，又没有朋友作为诉说积郁的对象，还有多少可供生存的资本选择呢？诗人在发出"天问""离骚"后寄身于汨罗江了，但是结果如何呢？客死异地，于事无补。他那对政治的殉道精神，当今能遇知音予以理解吗？殉道者的壮举，尚不如"竹林七贤"之一的刘伶不满政治现实消极避世的自我麻醉，这不得不让他发出痛心的感叹！

收到成都的陈钟凡来信后，陈独秀因疾病与悲哀没有及时回信，当身体恢复了一点点时，已是夏天了，他给陈钟凡回信，赞成其至中山大学任教，附上《春日忆广州》一诗，落款为"弟陈独秀于江津"。

陈钟凡接信后，和诗一首：

> 瓜艇吟魂荡蜒鬟，苍梧极目万重山；
> 梦余犹味鱼生粥，惆怅西江水一湾。

他写信告诉陈独秀因许志澄突然离职，他没去成广州。

陈独秀又以老友的热心回信，建议他有机会可到上海沪江大学任教，因为上海离陈钟凡的家乡盐城较近，便于照顾桑梓眷属。此时广州和上海都已成了沦陷区，在日本侵略者的统治下，但陈钟凡拒绝了他的劝说，并且表示，"宁愿与国土共存亡，不甘心至敌人铁蹄下去讨生活"，仍然留在成都。

陈钟凡坚决的态度令陈独秀不再说什么，陈独秀继而赞赏陈钟凡这种民族气节，一如自己寻常的个性。朋友自有其生活方式和选择的自由，自己只是建议，并无强求之意。

忆及南京艰难岁月，陈独秀百感交集，妻子高君曼1931年香消玉殒于此，第二年，自己被捕于沪，然后被押于此，挨过5年的牢狱生活后，烽烟四起、战火纷飞。如烟往事，不堪回首。

凄凉秋月中他赋诗表达自己的惆怅心境：

对月忆金陵旧游

辛巳秋作

匆匆二十年前事，燕子矶边忆旧游。

何处渔歌惊梦醒，一江凉月载孤舟。

此诗写于陈独秀逝世前不久。

陈独秀在暮年凄凉之际，向友人诉说凄凉苦情，排遣忧思，这成了他一种无奈的生存方式。《自鹤山坪寄怀江津诸友》有云：

竟夜凉秋雨，山居忆故人。

干戈今满地，何处着孤身。

久病心初静，论交老更胝。

与君共日月，起坐待朝暾。①

陈独秀之诗歌创作主要集中在这两个隐居时期。五四及其后相当长一段时间里，是他真正叱咤风云时代。彼时他更致力于行为艺术，而无暇顾及诗歌艺术，因而很少写诗或干脆不写诗。合观两个隐居时期的陈诗，其前期之狂放以"本有冲天志"为底气，暮年之疏狂则是五四风流之余韵。前期的孤寂中伴有对所经道路的反思与未来道路的寻思，晚年的凄凉则更多命运之慨。好在即使是凄凉的暮年，陈氏精神低调也有个孤傲的底线，如《与孝远兄同寓江津出纸索书辄赋一绝》所云：

何处乡关感乱离，蜀江如几好栖迟。

相逢须发垂垂老，且喜疏狂性未移。

这样的陈独秀，才始终有着强烈的人格魅力。

陈独秀的北大学生陈钟凡曾在《陈独秀先生印象记》中说："看他表面冷淡，与人落落寡合，实则胸怀俊迈，富于热情。"②陈乃性情中人，陈诗中就有大量

---

① 石钟扬，《台静农所藏陈独秀佚诗》，载《文献》，2001年第1期。
② 《大学》，第1卷第9期，1942年9月。

篇幅表现对友情、爱情、亲情的无比执着。

陈独秀晚年还有些山水诗，是对昔日所历胜迹的怀念。如《鹏升夫人和平女士索书率赋一绝》：

> 前年初识杨夫子，过访偕君昨日情。
> 寂寞胭脂坪上月，不堪回首武昌城。

这些诗章于从容人生主调之外，总飘忽着一股抹不掉的忧伤与无奈之感。这无疑为我们认识其烈士暮年之精神风貌，提供了一份形象的资料。

陈独秀的诗作主要集于两书："一为张君等编《陈独秀诗选》（内部印行），一为任建树等编《陈独秀诗集》（时代文艺出版社 1995 年 4 月版）。台湾中国文哲研究所筹备处编辑影印出版之《台静农先生珍藏书札（一）》（1996 年出版），有几首上两书所未收之陈独秀诗作。

陈独秀晚年旅居四川江津时，与台静农先生之交往，有台氏之名文《酒旗风暖少年狂》以及他所珍藏陈氏 102 封亲笔信作证。

《台静农先生珍藏书札（一）》中远非书札，还有"诗文卷"，收陈氏手录诗作 25 首。陈氏有跋云："静农强余为写旧日所作诗。昔在广州颇喜吟咏，惟多未录存，已录存者亦已散失。旧作多五言古，全不记忆，今就所记近体数首及静农兄所搜获者一并书之。书竟尚有馀纸，蜀中近作亦录以补馀焉。"

此后，陈氏又陆续有诗录赠台氏。《台静农先生珍藏书札（一）》中有《郊行》《对月忆金陵旧游》《春日忆广州》《闻光午之瑜静农建功诸君于屈原祭日聚饮大醉作此寄之》《悼老友李光炯先生》《漫游》。

陈氏所录赠台氏诗作，多见于张编诗选，任编诗集。现将不见诸两书者，辑录几首如下：

寄杨鹏升成都

> 连朝江上风吹雨，几水城东一夜秋。
> 烽火故人千里外，敢将诗句写闲愁。

郊　行

> 蹀躞郊行信步迟，冻桐天气雨如丝。
> 淡香何似江南路，拂面春风杨柳枝。

悼老友李光炯先生

> 自古谁无死，于君独怆神。
> 撄心惟教育，抑气梦里情。
> 苦忆狱中别，惊疑梦里情。
> 艰难已万岭，凄绝未归魂。

漫游

峰峦出没成奇趣，胜境多门曲折开。

蹊径不劳轻指点，好山识自漫游回。

综上所述，陈诗之艺术渊源与风格，当为以盛唐诗风为底色，上染魏晋风度，下着宋诗色泽，兼有欧诗调剂，使之成为中国诗坛一枝独秀之奇葩。①

陈独秀对语言文字学、提倡白话文的历史贡献巨大，而且他的书艺高超，例如他给著名书画家刘海粟题词"行无愧怍心常坦，身处艰难气若虹"，内涵令人振聋发聩；书法笔力雄健、风骨超凡。

052. 痛失亲人

1939年3月22日，陈独秀流落江津，与他患难与共、双目失明的嗣母谢氏，贫病交加，溘然长逝。两年之后，客居在这里的唯一同胞—母生的大姐又与世长辞，他又一次遭受失去亲人的剧痛。

陈独秀投身革命以来，长年漂泊在外，没几次和嗣母相聚，见面的机会极少，乃至很少有人知道他有个嗣母，更不知道他与嗣母的关系。

他们流落江津后，陈独秀先住延年医院，嗣母与大姐住黄荆街，与陈独秀住处相隔很近。据高语罕回忆：陈独秀"事其承桃之母至孝，……朝夕承欢颇勤"。陈独秀三子松年回忆：祖母"在逝世前的一段较长时间，祖母双目失明，吃饭都由父亲亲手送给她。祖母逝世，大姑母一定要为死者披麻戴孝、守灵等尽孝道的仪式，父亲是顺从了"。② 高语罕亦说："独秀完全遵旧时礼节，服丧成礼如仪。人颇奇之，

刘海粟

---
① 石钟扬，《文人陈独秀》，陕西人民出版社，2005年版。
② 《陈独秀评论选编》（下），第328页。

然独秀则'我行我素',尽哀而已。"①房秩五在他的《浮渡山房诗存》《挽陈仲甫》一首中写道:"世人多谓君非孝,其实,君事母极孝。母目瞽,每食,君必亲奉菜至母碗中。母逝于江津时,君着麻衣,匍匐痛哭。"②谢氏去世后一个多月,有刘某托杨鹏升向陈独秀索求文字。5月5日,陈在复杨的信里写道:"先母抚我之恩尊于生母,心丧何止3年,形式丧制,弟固主短丧,免废人事,然酒食酬应为人作文作书,必待百日后,刘君所嘱,迟至此期,方能报命,晤时请代达鄙意!"③

从以上诸人的回忆中,可见陈独秀在幼年时代受过两位女性的疼爱,一是他的生母(亡于1899年),一是他的嗣母谢氏。谢氏到了晚年双目失明,嗣子"朝夕承欢",亲手送饭;死后披麻戴孝,百日内禁酒食酬应,陈独秀称得上是个孝子。中国传统孝道是"养儿防老",谢氏如愿以偿。

陈独秀1921年上半年在广州任广东省教育委员会长时,广东省长、粤军司令陈炯明在一次宴会上问陈独秀:"外间说你组织什么'讨父团',真有此事吗?"陈独秀以诙谐嘲弄的口吻回答道:"我的儿子有资格组织这一团体,我连参加的资格也没有,因为我自幼便是一个没有父亲的孩子。"④陈独秀到广东任职,原是陈炯明聘请去的,现在连陈炯明都对'讨父团'一类的谣传将信将疑,可见传闻之广。是一批封建卫道士不仅在暗中造谣,而且公然利用报纸,明目张胆地攻击陈独秀,谩骂他是"陈毒兽",说他反对三纲教义是"废德仇孝",是"禽兽学说",公开散布谣言说他到各校演说"万恶孝为首,百善淫为先"。对于这些无耻的谰言,陈独秀曾撰写《辟谣》一文,严正批驳说:"我们虽然不主张为人父母翁姑的专拿孝的名义来无理压迫子女儿媳底正当行为,却不曾反对子女儿媳孝敬父母翁姑,更不能说孝是万恶之首要去仇他。合乎社会需要的道德,提倡犹恐不及,如何言废?至于'百善淫为先'这句话,我想除了极不堪的政客做淫小说的新闻记者和姬妾众多大腹贾以外,没人肯主张罢!"⑤

陈独秀提倡新文化,确曾猛烈抨击过以纲常抹煞子女的独立人格所造成的奴隶式道德,但从不曾反对子女孝敬父母。20年前他是这样主张的,20年后他对嗣母谢氏尽孝道。党史专家罗学蓬回忆道:"陈独秀——这位开中国新文化运动一代风气的先行者在嗣母出殡这天,头缠白帕,身披麻衣,双手端着拙劣

---

① 《陈独秀入川后》,南京《新民报》(晚刊),1947年11月20日。
② 《陈独秀在江津》,中国文联出版社,2002年版,第155页记载:"陈独秀嗣母谢氏在江津病逝,悲恸祭悼,扶柩出葬执孝子礼,居民夹道感慨而观。"
③ 《陈独秀书信集》,第481页。
④ 《陈独秀著作选》,第3卷,第414页。
⑤ 《陈独秀著作选》,第3卷,第279、280页。

画师匆匆画就的谢氏炭精画像,满面戚然地蹀躞在队伍的最前列。紧随身后的,是与他同样打扮的儿孙、媳妇、潘兰珍,以及大姐一家。再后,是蟾秋、燮康叔侄赠送的厚厚的柏木棺材。灵柩后面,是送殡的人群,江津本城的头面人物黄鹏基、龚农瞻、曹茂池、施民瞻、龚秉仁,与客居此地的名流林铁庵、欧阳竟无、高语罕、苏鸿怡也全都臂缠青纱,络绎而行。

办完嗣母的丧事,陈独秀郑重地对松年叮嘱道:等战事结束,我们回安庆时,一定要把祖母的遗骨带回去,要让他一个人留在四川做孤魂野鬼,你爹心里是不会安宁的。"[1]

陈独秀嗣母丧后,心绪不宁,血压升高,再由于城里生活费用高,夏天酷热等原因,他迁居到鹤山坪。1940年他大姐一家人也由城里迁居到油溪镇,这里是江津女中所在地,她的四子吴季严在这个学校教书。

1941年,陈独秀的大姐"患中风不语症",7月15日与世长辞(据陈独秀大姐之次子吴渊甫笔记、吴渊明提供),举家悲痛,但不敢陡然通知陈独秀,怕他经受不起这样大的刺激。过了10多天,陈独秀得知这一不幸消息后,当即写下长诗《挽大姊》,以寄托哀思。

《挽大姊》(已收录《陈独秀诗集》)这首五言诗长达300字,情真意切,朴实自然,选词遣句,不事雕饰,委婉深沉,是他早年的诗篇怀念亡兄《述哀》的姊妹篇。全诗共5大段。

(一)"兄弟凡四人,惟余为少焉。"长兄及二姊都已去世多年,"大姊今又亡,微身且苟延。"只留下衰弱多病的我苟延残喘,还勉强地活着。诗一开首便给人以孤零凄怆之感。

(二)"及长适吴门,事姑姑称贤。相夫营市贾,勤俭意拳拳。夫亡教子女,商读差比肩。"大姐贤惠、孝顺、勤俭,且教子有方,是旧时代的贤妻良母。

(三)"余壮志四方,所亲常别离。……卅年未见姊,见姊在危颠。相将就蜀道,欢聚忘百罹。卜居江津城,且喜常相随。"陈独秀在1913年"二次革命"失败后被迫逃离老家安庆,到1938年6月他在武汉才先后与逃难出来的嗣母和大姐相见。随后到四川,都居住在江津城里。陈独秀一生漂泊,只有在江津这段日子是和家人在一起的。回顾往事有种种不幸,眼下生活又寄人篱下,穷愁潦倒,但值得欣慰的是和家人团聚在一起,那些困难也就算不了什么。"见姊在危颠""欢聚忘百罹""且喜常相随"诗句所写的正是在战火纷飞、国破家亡的岁月里姐弟团聚时的悲喜交集的情景。

---

[1] 《中华儿女》,2001年第4期,第57页。

（四）进一步塑造大姊善良勤劳的形象："纨素不被体，兼味素所訾。家人奉甘旨，尽食孙与儿。"大姊节衣缩食，家人奉养她的美好食品，她全给了儿孙。"针帚恒在手，巨细无张弛。……生存为后人，信念不可移。"一生为儿孙操劳，终于"身心复交疲""一病遂不支。"

最后一段写1941年春姊弟惜别之情。"送我西廊外，木立无言辞。依依不忍去，怅怅若有思。"姐姐送了弟弟一段路程，生离死别，木然而立，痴呆不知所措，连一句告别的话也说不出来。两人相对无言的告别情态蕴藉着姐弟的深情。老姐姐呆呆地站在那里，一副失落的样子。弟弟"当时为警觉"到眼前竟是"骨肉生死别"。现在一切都晚了，只能苦苦地"追忆"。诗句质朴无华，不加雕琢，确切地表达了姐弟俩流落在异乡惜别时的手足之情，真切感人。

《挽大姊》手迹原由陈独秀的大姊的孙子吴孟明所珍藏（后毁于"文化大革命"中）。1992年2月29日，吴孟明对前来访问的任建树研究员说："《挽大姊》一诗的字体'绝似北宋司马光宁州帖，楷书之字大小亦同。'落款为'胞弟独秀挽于蜀之江津鹤山坪'，下钤蓝色陈独秀印章。这都表明了陈独秀对大姊怀念之情深。"

053. 晚景凄凉

靠人接济度日的陈独秀夫妇，本来捉襟见肘，艰难度日，却被窃贼破门入室，劫洗一空，无异雪上加霜。

1940年8月3日，江津县警察局突然接到乡政府的报案，住石墙院破屋的陈独秀寓所被窃。此时，正在县城看病的陈独秀，万万没想到灾难会落到他这一贫如洗的"穷书生"头上。当他得知寓所被窃时，气得半晌说不出话来。妻子潘兰珍急得不知所措。家里失窃，这本已很穷的日子又怎么过呢？于是，他们急匆匆地赶回石墙院寓所，进房间一看，窗门敲破，东西被翻得七零八落，满地狼藉，他的全部财产——几只装着换洗衣服的旧皮箱、几年来写的《文字学》手稿和一枚篆刻阳文"独秀山民"印章全部被窃。在失窃衣物中，唯有文稿和印这两件是陈独秀的心爱之物，被窃最为痛心。正如他在致好友杨鹏升的信中所说：

"窃去衣物等10余样。惟失去兄在武昌所刻阳文'独秀山民'四字章及弟尚难出版书之草稿，殊为可惜也！"

江津县警察局接到报案后，立即派员上山查缉，失窃衣物虽然大半得以物归原主，唯文稿和印章却无影无踪，陈独秀痛心不已。当友人前来安慰时，他却幽默风趣地说：

"这窃贼也真风雅啊！"

"树大招风"。陈独秀生活在石墙院破屋里，尽管穷困不堪，连柏文蔚将军赠给他的贵重皮袍也进了当铺。但由于他名气大，又是外来户，与之来往的又都是名流名绅，在窃贼的眼里，陈独秀箱子里装的一定是金银财宝，偷之必发横财，岂料箱子里装的尽是些破旧的换洗衣服和纸张、文稿，不值几文。有人认为，陈独秀被窃还有着政治背景，很多国民党人对他不放心，便暗中派人监视，于是便蓄意制造了一个盗窃的假象，借以检查他的行动和书信。事发后，江津县长黄鹏基曾说：

"重庆方面很不放心陈独秀，经常派人来过问陈独秀的行动和了解与陈有交往接触的人。"

陈独秀心中明白，从南京监狱出来后，所到之处均受到国民党当局的监视和软禁。陈独秀给朋友何之瑜的信中，谈到国民党当局派密探侦察他的情况时，嘱咐何"不必谨慎过度"：

"他们愿探的三件事：（一）我们与干部派（即指中央）有无关系；（二）我们自己有无小组织；（三）有无反对政府的秘密行动。我们一件也没有，言行再加慎重些，他能探听什么呢？"

陈独秀被窃后，心情极度抑郁，时常叨念他那失去的印章和文稿，甚至达到如痴状态，希望有朝一日能失而复得，但期盼终归破灭。

陈独秀在江津期间，生活十分清苦。他的卧室是杨家7间正房从东边数的第2间，近20平方米，南墙有窗。陈独秀被盗，偷儿就是从此窗进出的。在独秀卧室东边，即杨宅东南角的一间大房，是杨家的灶房，独秀家在此房中靠门一隅安灶。紧靠灶房的一大间东厢房，30多平方米，是陈独秀的会客室，此屋无东窗，内套一个10平方米的小房间即陈独秀的书房，书房东墙有窗。陈独秀的卧室原为主持家事的杨二太太（即彭氏）居用，是陈独秀来后杨家让出来的。陈独秀在石墙院居用的房间不好，紧挨灶房，比较吵闹，只一间正房和一大一小两间厢房。室内家具也十分简陋，仅有两张木床，一张书桌，几条凳子和几个装满书籍的箱子，家具还是杨二爷借给他用的。

当时，陈独秀担任《时事新报》名誉主笔，每月有少量津贴。有时他也为其他报纸写点文章。靠这些微薄的稿酬应付不了物价一日三涨的生活。陈独秀的经济来源，主要靠北大同学会资助度日。

1942年，陈独秀已病入膏肓。一次，朱蕴山拿了几只鸭子去探望他，见陈独秀胃疼得在床上打滚。据朱蕴山回忆说："当时他可怜得很，没有东西吃。"临别时，陈独秀还撑着将他赠欧阳竟无借碑帖练字的诗稍加修改，转赠给朱蕴山。新中国成立后，曾担任第一届民革中央主席的朱蕴山回忆说："那时王明问题已经解决，毛泽东、周恩来对陈独秀是宽容的，但陈的思想还停留在抗战初期受王明排斥打击的状态中，总认为是中央打击排挤他……当时中央想把陈独秀弄到延安去养起来，因为他毕竟当过几届共产党的总书记，对党还是有贡献的。"包惠僧也常常去探望陈独秀。据包惠僧回忆，1942年5月，他最后一次去看望陈独秀时，"陈已弥留不省人事，家徒四壁，只有几张破桌椅和一堆陈独秀和家人耕种生产的土豆"。陈独秀就是在这样凄凉、孤寂、绝望中离开人世。

陈独秀虽然经常穷得无米下炊，但他却十分同情山里的穷苦人。

一天，他同潘兰珍正在早餐，杨家女佣人吴国兴的女儿小蓉蓉，衣衫褴褛，打着赤脚来到他的房间，两只小眼睛盯着陈独秀正在吃着的白馍馍。平日喜欢小孩的陈独秀忙问道：

"小蓉蓉，吃早饭没有？"

"陈伯伯，还没……吃。"小蓉蓉吞吞吐吐地答道。

"来，我给你一个馍吃。"

其实，陈独秀好多天没吃上馍馍了，桌上这几个馍馍，还是邓仲纯上山给他看病时，从江津县城特地给他买来的。潘兰珍见老先生把馍给小蓉蓉吃，被陈独秀这种同情心所感动，于是她对陈独秀说：

"你心真善良，馍馍你自己舍不得吃，还给小蓉蓉。"

"兰珍，你看小蓉蓉这可怜的样子，站在面前，我能吃得下去吗？我们虽穷，总比穷人好些。"他无限感叹，又说道：

"当年我和李大钊等人创建共产党，就是想解放穷人，让穷人都吃得饱，穿得暖，可是……唉！"

随着时光的流逝，山里人虽然不完全知道住在石墙院这位神秘老人曾是共产党的总书记，但总觉得这位老人和蔼可亲，没有架子，还很有学问，字写得很好。于是一传十，十传百，只要有红白喜事，或逢年过节，山里人便纷纷上门请他书写对联。凡是穷人，陈独秀便分文不收，为之书写，其联文大多摘录古诗词，有时也当场即兴写来。山里人见他分文不收，有些过意不去，有时拎点农产品，或者送点烧柴之类的东西，他执意不收。有时他也让潘兰珍收下，还叫写上姓名，他对妻子说：

"无功不受禄，山里人很穷，为他们写几个字，也是一件快乐的事。"

当年才十几岁的胡品中，一次去看望陈独秀，陈独秀给他写了一幅字，至今记忆犹新,他回忆说:"我看见床头上、书桌上、藤箱上到处都是堆着书和报纸。陈先生站在书桌旁,悬肘给我写了一张条幅:坐起忽惊诗在眼,醉归每见月沉楼。陈独秀还落了款,称我品中小弟。下面盖了两方印章。当时我还不到20岁,他称我小弟,实在是出自客气。

"唉,可惜了,'文化大革命'破四旧时,我怕惹祸,就把陈独秀落的款和捺的两方印章全挖掉了。前两年县里搞文物普查,说这条幅上没有陈独秀的款和印,就不值钱了。"

确实可惜,如今陈独秀的字是无价之宝,堪称稀世珍品。成都、重庆的不少文物书画贩子知道陈独秀晚年客死江津,这两年经常跑来收购他留下的墨宝。前不久白沙镇有人卖了一幅陈独秀写的中堂,得了1万余元,还落了个"傻子"的名声。①

日复一日,转眼间,1942年春节来到了,上门请他写对联的人特别多,山里人讲究吉利,凡上门者大都拎着一些年货送给他,因为过年,他又不好执意不收,只得书写对联回赠山里人。这样,陈独秀家年货甚丰,鸡鸭鱼肉都不用花钱买了。于是,他托人下山叫小儿松年一家上山过个团圆年。

除夕之夜,陈独秀按照家乡安庆的风俗,叫小孙子鸣放了鞭炮。全家人欢欢喜喜地吃了团圆饭。陈独秀喜笑颜开,尽情享受着少有的天伦之乐。谁知这竟是他在人世间过的最后一个团圆年。

---

① 《陈独秀在江津》,中国文联出版社,2002年版,第192页。

054.《陈独秀的最后见解》

陈独秀自 1940 年以来,身体每况愈下,多种疾病同时向他袭来,但他这位至死不渝的爱国者、坚贞不屈的民主斗士,仍然牵挂着民族的命运,始终为民主、自由而斗争,坚信民主、自由一定能取得最后胜利。

1940 年 3 月 2 日至 1942 年 5 月 13 日,陈独秀写给他的朋友的 6 封信和 4 篇文章,其中除《战后世界大势之轮廓》一文刊于 1942 年 3 月 21 日重庆《大公报》外,都不曾发表。直到 1949 年 6 月,由胡适作《序言》,香港自由中国社编辑出版,书名为《陈独秀的最后见解(论文和书信)》,又名《陈独秀最后对于民主政治的见解(论文和书信)》(以下简称《陈独秀的最后见解》),(见由何之瑜搜集、编辑,于 1949 年出版《陈独秀最后的论文和书信》一书,较本书多收陈独秀的 4 篇通信),收入本书末篇《给 Y 的信》写好之后,再过 14 天,陈独秀在鹤山坪乘鹤西去。所谓"最后"一说即由此而来。

《陈独秀的最后见解》主要有两方面的内容:一是关于民主与无产阶级专政问题;一是关于第二次世界大战诸问题。如再细分的话,第一方面有对资产阶级民主的评价及其与无产阶级民主的比较,对苏联无产阶级专政的否定等问题;第二方面有对世界大战的性质,反侵略战争的总口号、世界大战与无产阶级革命和民族解放运动的前途以及对战后形势的估计等问题。这本涉及问题众多,内容丰富,论点明确,其中心是对民主问题的见解。陈独秀说:"我根据苏俄 20 年来的经验,沉思熟虑了六七年,始决定今天的意见。"①

"沉思熟虑了六七年",陈独秀说这句话时是在 1940 年,向前推算六七年是 1934 年和 1935 年,那时他还关押在南京老虎桥监狱,他在同难友濮德志谈论民主与科学问题时,说过这样一段话:"列宁说过:资产阶级民主,是少数人压迫多数人的民主;而苏维埃民主是多数人压迫少数人的民主,后者要比前者广泛得多扩大得多。……现在苏联实行无产阶级专政,专政到反动派,我举双手赞成;但专政到人民,甚至专政到党内,难道是马克思、列宁始料所及吗?此无他,贱视民主之过也。"又说:"资产阶级政权,是少数统治多数,他们能允许集会、结社、言论、出版自由,不怕垮台;而无产阶级政权是多数统治少数,竟怕这怕那,强调一党专政不允许言论自由,焉有是理。"② 陈独秀那时就怀疑苏联无产阶级专政,否认苏联是个工人国家,他认为"斯大林的个人独裁正在

---

① 《陈独秀著作选》,第 3 卷,第 553 页。
② 濮清泉,《我所知道的陈独秀》,载《云南文史丛刊》,1988 年 3 期,第 29、30 页。

代替无产阶级及其先锋队的专政。所谓'工人国家'与苏维埃政权只有名义上的存在。"①

陈独秀的这一看法不仅对第三国际是大逆不道，而且也违反了托洛茨基对苏联的看法，托氏直到他被暗杀身亡之前，他始终认为苏联是一个"堕落的工人国家"，"其本质仍是工人的"，因此"仍旧要保卫苏联"。据王凡西说，中国托派除陈独秀外，"不曾有一个人或一群人，在1949年之前曾经对托氏的苏联看法，'表示过异议'的"。不过这时陈独秀对苏联的看法还是不确定的，使他"公开而坚定地否定"苏联是个工人国家，那是在苏德协定签订之后。②

苏德协定签订于1939年8月23日，在此之前不久，德国吞并了奥地利和捷克斯洛伐克，意大利吞并了埃塞俄比亚和阿尔巴尼亚，法西斯的侵略行动激化了帝国主义之间的矛盾。英、法企图将法西斯这股祸水引向东方苏联，而苏联却同德国签订了互不侵犯条约和秘密协定书，确定了双方在东欧的势力范围。同年9月1日，德军进攻英、法两国的盟国波兰。3日，英法对德宣战，第二次世界大战全面爆发。17日，苏联红军大举进入波兰，并依照秘密协定书所划定的领土范围，与德国一起瓜分了波兰。

陈独秀在"一个无月的黑夜"当得知苏德协定的消息时，他满腔悲愤，奋笔疾书，写下了长诗《告少年》，其中有一段诗句："伯强③今昼出，拍手市上行。旁行越郡国，势若吞舟鲸。食人及其类，勋旧一朝烹。黄金握在手，利剑腰间鸣。二者唯君择，逆死顺则生。高踞万民上，万民齐屏营。"④这些诗句所表露的愤激情绪，使用言词之激烈都已达无以复加的地步。此后不久，他于1940年3月2日开始给他的托派朋友通信，全面地阐述他对民主问题和有关第二次世界大战问题的意见。

---

① 《陈独秀著作选》，第3卷，第344、345页。
② 《双山回忆录》，第261、260页。
③ 《告少年》诗，曾书赠濮清泉、陈钟凡、台静农等友人。据濮清泉说，在诗的末尾，有："后批：伯强，古传说中之大疠疫鬼也，以此喻斯大林。近日悲愤作此歌，知者，可予一观。"见《陈独秀评论选编》（下），第381页。
④ 《陈独秀著作选》，第3卷，第344、345页。

第十五章　生命尽头

055. 一杯蚕豆花水

陈独秀长年患有肠胃病，加上他为革命劳累奔波，漂泊不定，起居无常，病情时好时坏，特别是5年牢狱之苦，使他的身体受到严重的摧残，出狱后又患上了顽症——高血压和心脏病。客居江津后，无经济来源，难得温饱，无钱正常医治，陈独秀受着多种疾病的折磨。

他居住到鹤山坪后，好友邓仲纯隔三差五地免费来看一次病，或者陈到县城去。有时，陈独秀也到重庆去检查身体，顺便带点药回来。1940年，北大同学会曾请重庆名医为他诊断，医生检查后说，陈独秀的心脏不能再扩大半指，否则活不了3年。尽管大家都瞒着陈独秀，但他心里还是有数的。当时，他几乎每月都给杨鹏升写信，经常在信中说"两耳轰鸣""血压又涨""头昏眼花"之类的话，可以想象陈独秀当时遭受病痛的折磨是多么严重。

1941年2月25日，好友汪孟邹致函在美国的胡适，向他介绍了陈独秀的近况。信中说："仲甫兄自入川后，即患高血压症，时轻时重，医云是川地太高，移地或可较好。但为势所逼，又无法离川。今年已六十三岁，老而多病，深为可虑。"

同年春天的一天，江津县长罗宗文来拜访陈独秀，听陈说患有心脏病后，告诉他当地有一种说法，玉米缨能治心脏病。陈独秀这天很高兴，还为罗题了一幅唐代诗人杜甫《曲江对酒》中的一首诗："穿花蛱蝶深深见，点水蜻蜓款款飞。传语风光共流转，暂时相赏莫相违！"随后，陈独秀便经常托人从乡里弄些新鲜或晒干的玉米缨来煎水喝。后来，陈独秀又从当地的老中医那里打听到一民间偏方，蚕豆花泡水喝，可以治疗高血压。他又想方设法找人或自己与潘兰珍去摘些蚕豆花来，晒干了泡水服用，虽无明显效果，对身体也无损害。

春天的江津，常常是春雨绵绵，浓雾缭绕，空气中透着一股发霉的潮湿气味。入春以来，陈独秀总感觉到胸口憋闷，头昏目眩，偶尔还伴有高烧，一睡下就不想起来，他感到身体不支，只得在病魔的折磨中艰难度日。

光阴流逝，时至1942年5月12日，陈独秀的病情更加严重，心闷得透不过气来，血压增高，加上久雨初晴，他想到室外呼吸一下新鲜空气。当他弯腰穿鞋，突然两眼直冒金星，栽倒床前。

潘兰珍闻声赶来，把他扶到床上，心疼地问："老先生，侬摔得怎样？"

"不碍事，歇一会就会好的。"

潘兰珍忙到厨房端来一杯用开水冲泡的蚕豆花水给陈独秀服。陈独秀从妻子手中接过杯子，连喝几口，一杯没喝完，便觉得腹中不适。他皱着眉头，连叫数声：

"兰珍！水苦，涩嘴，肚里难受！"

潘兰珍慌了，这是怎么回事？原来，因连续几天春雨，蚕豆花未晒干，有的霉变，泡服的水呈黑色，味儿不正。陈独秀中毒了，腹胀疼痛，上吐下泻，脸色苍白，用手紧紧地拉住潘兰珍的手，有气无力地呻吟着，嘴里喃喃地说：

"兰珍，你不要离开我，你一步也不要离开。"

"老先生，阿拉不离开侬，阿拉永不离开侬。"

陈独秀突然昏了过去，不省人事。

直至18日，陈独秀病情终于有所好转，潘兰珍转忧为喜，高兴地说："老先生，你真命大，我放心了。"

这天上午，突闻敲门声，陈独秀为之一怔，忙对妻子说："兰珍，快去开门，客人来了！"

她打开房门，见松年拎着个药箱站在门外，后面跟着一位60来岁的老医生。

当那老医生在潘兰珍、陈松年的陪伴下，走进卧室时，只见陈独秀直挺挺躺在床上，突然大口大口地吐着粗气。那老医生见状，直奔床前，然后细心地给陈独秀注射药剂，给他灌肠，忙得满头大汗。他坐在床沿，关切地对陈独秀说：

"仲甫兄，你还记得我吗？"

陈独秀两只无神的眼睛，盯着对方好一会儿，摇摇头说：

"认……不出……了。"

"仲甫，你还记得光绪三十二年，我们同乘海轮去日本求学吗？我在船上被盗去了所有的钱财，急得要投大海一死。后来，幸亏你鼓动全船旅客解囊相助，才救得我一命，才有我邢叔德的今天。"邢叔德回忆着对陈独秀说。

"噢……好像有这么回事。这已是数十年前的区区小事，何足挂齿！"陈独秀低声说着。

"父亲，邢老医生在江津有口皆碑，很有名气。他听说你身体有病，放下手中的事，特上山来给你看病。"陈松年插话说。

常言道"受人滴水之恩，当涌泉相报"。报恩心切的邢叔德几乎三天三夜守候在当年救命恩人陈独秀的病床前，眼见陈独秀从死亡边缘挣扎了回来，心才觉得宽了些。别时，他对潘兰珍说：

"仲甫兄的病实在不轻，已经到了十分严重的地步，由于高血压已严重影响到心脏，加之食物中毒，稍不小心，就可能发生生命危险。你们这几天不要离开病床，他的病随时都会反复，护理务必精心，切切不可大意。"

潘兰珍本已宽慰了几分的心又悬了起来，她像一个尽职尽责的护士，日夜精心照料风烛残年的老丈夫。

在难耐中度过几天，5月15日下午，时任国防参议室参议员、曾是中共一大代表、患难与共的挚友包惠僧从重庆来看望陈独秀。故人相见，陈独秀喜形于色，欣慰万分。当时，正值四季豆上市，他叫潘兰珍用四季豆烧肉招待包惠僧。陈独秀也十分爱吃，加之几天少有饮食，腹中空空，他很想吃点东西。不料，中午陪包惠僧吃食过量，晚餐接着又吃。这样，旧病未好，新病又发，导致消化不良，腹痛难忍，半夜"哇哇"呕吐不止，彻夜不安。次日清晨，陈独秀支撑起床欲进厕所，顿觉天旋地转，心怦怦直跳，手捂心口，定了定神，便一步一步地往前挪动，正当抬腿跨出门槛的一刹那，不料脚被门槛绊了一下，身子猛地往前打了个趔趄，"咕咚"摔倒在门口，"哎呀"一声便昏厥过去，口吐白沫。

正在厨房煮早饭的潘兰珍，听到陈独秀的喊声，慌忙跑进房门一看，只见陈独秀脑袋鼓起个鸡蛋大的血泡，手被蹭破皮肉，鲜血正往外流。潘兰珍连忙给他包扎了伤口，将他扶到床上。

过了好一会，陈独秀才用颤抖沙哑的嗓音，断断续续地说些什么，潘兰珍贴近耳朵，才听清楚：

"兰珍，我想回……安庆，看看……家里……房子，不知被……日本人……弄成个……什么样……我怕等不到那……个……日子……要能……现在……回去……就好了。"

"老先生，会等得到的。侬想开点，现在侬这个样子哪能回去。"

傍晚时分，陈独秀腹部剧烈疼痛，勉强起身欲小解，刚起又一阵天昏地暗，"扑通"晕倒床上，霎时四肢僵直，冷汗如注，昏迷不醒，吓得妻子不知所措。

深山夜晚，大地沉睡，万籁俱寂，真是叫天天不应，叫地地无声，一个流落在他乡的妇道人家，又有何回天之力？在微弱的煤油灯光下，潘兰珍满面泪水，寂寞地守候在生命垂危的亲人身旁，不时地给昏迷不醒的陈独秀敷换湿毛巾，又不时地呼唤着：

"老先生，老先生，侬快醒醒……"

三更半夜，陈独秀苏醒过来，慢慢睁开无精打采的眼睛，正欲启动嘴唇，想说什么，旋即又昏迷过去。艰难之夜，陈独秀浑身颤抖，高烧不退。

果然不出那邢叔德医师所料，3天之后，陈独秀的病情更加恶化。

这天清晨，陈独秀一觉醒来，睁开迷迷糊糊的双眼，连连呼喊道：

"兰珍！松年！"

没有人答应。此时，陈独秀咬牙支撑起身子，"一、二、三"，鼓起一股劲儿，终于站立起来。当他挪动脚步，突然一阵昏眩，冷汗直冒，他连忙用手紧紧捂住胸口，自知难以支撑了，正欲躺回床上，不料脚下一滑，眼前天昏地暗，房屋旋转，整个身子不由自主地软瘫下去，歪倒在地上。

在这危难时刻，陈松年想起了父亲的好友、名医邓仲纯，当他急匆匆地走到石墙院外那青石台阶，正好与背着药箱、气喘吁吁的邓仲纯相遇。

"邓伯伯，你来得正好，家父的病可危险啦，连日来多次昏迷。我正要下山请你老人家！"陈松年急忙向邓仲纯告知家父的病情。

"松年，你不要急，这是我早已预料到的。昨天邢大夫告诉我，你父病情正在恶化，今天一清早我就赶上山来了。"

邓仲纯一进陈独秀卧室，见到当年在日留学时充满活力的同乡好友陈独秀，面色苍白、生命垂危地躺在病榻上。事不宜迟，他立即为他诊断，注射强心剂。潘兰珍忙往前一跪，连磕3个响头，哀求着：

"邓医生，请侬行行好，想一想办法把老先生救活！侬的大恩大德，阿拉今生来世也不会忘记。"

片刻，强心剂发生作用，陈独秀的眼皮微微翻动，长喘一口气，站在一旁的潘兰珍和陈松年，心中也稍稍松了口气。这时，陈独秀慢慢睁开双眼，他那半开半闭的双眼一瞥正在给他搭脉的邓仲纯时，用力启动嘴唇，好不容易断断续续地低声说：

"仲……纯兄，你……来啦，太……谢……谢……你了……"

"仲甫兄，琐事缠身，我来迟了，你吃苦啦！"邓仲纯安慰道，

"仲甫兄，你的病会好的，抗战胜利后，我们一道回安庆家乡去，你一定要好好地活着。"

"怕……怕……等不到……那个……时候……"陈独秀断断续续的言词从牙缝里挤出，更显凄凉、悲伤。旋即又昏迷过去……

不几日，专程去重庆请陈独秀所信赖的周纶、曾定天两位名医的人回来了，说两位名医虽然医务繁忙，还是仔细研究了陈独秀的病情，确认陈独秀病已垂

危,实无回天之力,故未前来就诊。但他们还是各赠药品,尤其是周纶医生慷慨大方,将其夫人预防血压变化的贵重药品赠给陈独秀。

陈独秀再次从昏迷中醒来,未见他所信赖的周、曾两位名医来诊治,心里便明白几分。这几天,陈独秀苦闷不安,接二连三的昏厥。邓仲纯日夜守候在陈独秀的病榻前,尽心为他做最后的诊治。潘兰珍派人通知在江津九中任教、受北大同学会委托照顾陈独秀的何之瑜尽快上山。

何之瑜,这位跟随了陈独秀多年的北大学生,对陈独秀尊师如父,他得知陈独秀病危,当即转告北大同学会,并星夜赶到鹤山坪。

陈独秀醒来后,知道自己已到弥留之际,留的时间不多了,将结束漂泊的一生,混浊的老泪不禁顺着眼角很深的鱼尾纹向下滚落。

1942年5月25日下午,从昏厥中醒来的陈独秀,挥着无力的手,示意妻子潘兰珍来到病榻前,声音嘶哑而悲凉地说:

"兰……珍,我……就要……"

"不!不!老先生,侬会好的,侬不能一个人走……"潘兰珍呜呜地哭着。

"兰……珍,我……有话……要对……之瑜讲,你……去……请他……来。"

5月27日,何之瑜终于从重庆赶到鹤山坪,他一进屋,便走近病榻,忙拉着恩师陈独秀的双手,声音哽咽着说:"老师,我来迟了。"陈独秀不停地喘气,吃力地、断断续续地说:

"之瑜,你受北大同学会的委托照顾我多年,我终生难忘。现在,我快要……离开……"

"先生,你别这样说。我对先生照顾不周……"何之瑜悲痛难言。

"之瑜,你是我最可信赖的人。我死后,丧事从简,也不要登报。"停了会,陈独秀交代说:

"小儿松年早已分居独立,惟有夫人家中无亲无靠,我放心不下,请你务必多多关照,并叮嘱夫人,今后一切自主,生活务求自立。我在南京狱中,朋友赠我的5个显德四年的古陶瓷碗,留给兰珍,后事料理后,稿费如有多余,也留给他一部分。此外……"话未说完,他旋即昏了过去……

终于,陈独秀再没有醒过来,任凭潘兰珍和陈松年怎样呼喊,他再也无声应答。公元1942年5月27日下午9时40分,他的心已经停止了最后的跳动,终年63岁。

关于陈独秀病逝始末,何之瑜有较详尽的记载:

"先生素患肠胃症,4年前又患高血压,迄无起色,年来息隐深山,生活不安,营养尤为不良。本年5月12日上午,用蚕豆花泡水饮半小杯（约12日）腹胀不适。初闻诸医言，用蚕豆花泡水，服之可治高血压，今春不时泡服，虽未奏效，亦无损害。此次所服之豆花，采摘时遇雨，经数日始干，中有发酵者，泡服时水呈黑色，味亦不正，或系发酵后含有毒汁，一时失机，因以中毒也。次日（13日）上午，有人过访，午餐食四季豆烧肉过量，晚餐时又食之，食物作梗，夜不成寐，午夜呕吐大作，吐后稍适，仍难入梦。自后精神疲乏，夜眠不安，间服'骨炭末'，似觉稍适。至17日晨起盥漱，顿觉头目晕眩，随即静卧，稍后欲奏厕，以头晕未果。午后7时半，强起入圊，即起晕倒，四肢僵厥，冷汗如注，约一小时许，始苏。少顷（9时）又复昏厥，约三刻钟，始苏，周身发寒，冷汗如浴，旋又发烧，约一刻钟，始复旧状。18日清晨，先生遣人来告，乃约先生之公子松年暨先生之至友邓仲纯医生上山探视（先生出函请邓先生上山医诊），同时上函重庆周纶、曾定天两医师莅津诊治，因周、曾两名医年前曾为先生详细诊察病状，最为先生所信赖。两医师虽医务繁忙，然莫不细心研讨处方，且各赠药品，而尤以周纶医师将其太夫人预防血压变化之针剂分赠，其精神尤为可感。但因先生所病实无挽救之方，故医生均未能来津，于是数日之间，辗转床第，苦闷不安。至22日上午，又复昏厥，前后接连三次，虽经注强心剂苏醒，然病难治矣。23日又请江津西医邹邦柱、唐熙尧两医师上山诊视，施行灌肠，大便得通，然病情仍未少减。先生于25日上午命夫人约之瑜至榻前略有所嘱。27日午刻乃陷于昏睡状况，强心针与平血压针交互注射，均无效验。延至晚9时40分逝世。时除先生夫人潘兰珍女士、公子松年夫妇、孙女长玮、长屿、侄孙子长文及邓仲纯医师与之瑜外，适包惠僧君由重庆来山探病，均已在侧。先生之衣衾棺木与墓地安葬等身后大事，均承江津邓蟾秋老人及其侄公子燮康先生之全力赞助，始得备办齐全。邓氏叔侄之热肠，令人铭感！先生灵柩乃于6日1日下午1时半安葬于四川江津大西门外鼎山山麓之康庄。"（三十一年六月六日何之瑜记）①

---

① 《独秀先生病逝始末记》，载《陈独秀在江津》，第176、177页。

056. "老先生，你走了，让我一个人怎么活下去！"

陈独秀走完了艰难曲折、苦难多舛的人生之旅。长江呜咽，鹤山哀痛。

失去亲人的潘兰珍，悲痛欲绝，肝胆俱裂，她紧紧抱住已经发凉的陈独秀遗体，哭得那样凄凉，那样悲哀。

此时，何之瑜来到书桌前，在油灯下看到陈独秀于5月13日写下的他一生握笔的最后一个字，正好是《小学识字教本》中的"抛"字，不禁一阵酸楚，无限感叹道："先生呀，先生，你曾经被一代青年尊为思想启蒙的导师，奉为向旧营垒冲锋陷阵的旗帜；你曾经博得万人景仰，拥有煊赫的声名；你曾经领导了一场改变民族历史的新文化运动，创建了一个改变中国命运的政党……但最终在一片谴责声中被历史所抛弃，来到这偏僻的荒山野岭，穷困潦倒，苦度余生。现在你终于抛弃了你的亲人，抛弃了你的一切朋友，抛弃了你的呕心沥血、精心研究的音韵学，抛弃了你追求一生的事业，就这样孤零零、冷清清地离开了人世间。唉，也好，也好，这世界抛弃了你，你也彻底抛弃了人世间的是是非非，在极乐世界你可以自由自在，也无须烦恼和忧愁了。"[①]

陈独秀与世长辞的噩耗，迅速从鹤山坪传到江津县城，传到陪都重庆。他的生前友好、皖籍同乡、北大的学生和一些在江津工作的中共地下党员，从四面八方，纷纷来到鹤山坪吊唁，寄托哀思。潘兰珍、陈松年及其一家披麻戴孝，见前来吊唁者，便跪拜施礼。

知名爱国民主人士许德珩曾作探望纪事诗一首，描述了陈独秀晚年流落江津的凄凉景象：

得知陈独秀，养病在江津。
船行到白沙，过此都停轮。
便道去探望，探望此老人。
别已十余年，重见百感中。
今非昔所比，白发老病身。
坐了五年牢，战起得为民。
今往江津市，仆仆感风尘。
无人与往来，邓初照顾频。
曾谈文字学，对此兴趣真。
拜访二三次，师友已情亲。

---

① 陈璞平，《陈独秀之死》，青岛出版社，2005年版，第362页。

狱中有著作，此情实可钦。

谁知三年后，客死在江津。

1942年6月，中共方面的朱蕴山闻知陈独秀死讯曾写《挽陈独秀诗二首》：

一

掀起红楼百丈潮，当年意气怒冲霄。

暮年萧瑟殊难解，夜雨江津憾未消。

二

一瓶一钵蜀西行，久病山中眼塞明。

僵死到头终不变，盖棺论定老书生。①

5月28日，各方人士及陈独秀生前友好，不期而会于鹤山坪石墙院破屋，共同商办陈独秀的后事。

何之瑜带着商议的语气对各方人士说：

"蟾秋老人、诸位先生，独秀先生已溘然长逝。鄙人受北大同学会之委托，料理先生后事责无旁贷。今日特请诸位商议料理先生后事有关事宜。一是筹措殡仪等费用，日后由北大同学会偿还；二是如何遵先生之嘱，丧事办理既简朴，又庄重肃穆。下面先请夫人潘女士和公子松年先生谈谈，有些什么想法和要求。"

"诸位长辈、诸位先生，家父的后事遵嘱从简，买口薄棺，就地安葬，待抗战胜利再迁移安庆。"陈松年悲伤不已，继续说：

"家父后半生萧条，生活上靠诸位朋友慷慨资助，没留下一文钱，去世后能有口棺材、一块葬身之地足矣。"

"这不行！"潘赞化感慨地说：

"仲甫算是一条汉子，毕竟有过辉煌的时代，青年时期向宗教宣战，向偶像宣战，有一种凌厉之气，不失为一个前驱者；一生坚贞，穷愁潦倒，身后萧条，毕竟是一个操守者。因此，我们要对得住他，用最好的木头，请最好的木匠，给他打一口像样的棺材。"

"松年，该花的还是要花，你不用操心。"

说话者是一位满头银发、目光和善、七旬有余的老人，他右手摸着满把银须，说道：

"独秀先生知识渊博，又德高望重，避难江津，生活虽穷愁，但矢志不渝，潜心研究文字学，积极宣传抗日，令鄙人敬佩。为此，他的生后大事、棺木衣

---

① 朱世同整理，《朱蕴山纪事诗词选》，安徽人民出版社，1981年版，第136-137页。

衾等费用,均由鄙人和燮康侄儿共同负担,以表对斯人的哀悼和缅怀。"

这位老者,就是那位当地名绅富商邓蟾秋老先生。

陈松年应声向蟾秋老人面前一跪,连磕3个响头。

"诸位,独秀先生归宿之地,我与蟾秋叔父已商定,我愿将县城大西门外鼎山山脚下康庄前坡一块园地,捐赠为独秀先生的墓地。"这位中年人慷慨陈词,继续说:

"此处为鄙人避暑山庄,面对波涛滚滚的长江,后倚松竹茂密的青山,庄前屋后花香草绿,掩映在密密橘林之中,十分幽静、安逸。日机轰炸陪都重庆,独秀先生夫妇曾在此避难小住。闲时,陈独秀常到前坡眺望远景,观看滚滚长江,陶醉在青山河川之间,他讲李白《山中答俗人》击节赞叹:'问余何意栖碧山,笑而不答心自闲。桃花流水窅然去,别有天地非人间。'并对我们叔侄多次赞叹说:'得此佳景,平生足矣。'为此,我们叔侄捐赠康庄前坡,以了却独秀先生的宿愿,各位以为如何?"

这位中年人话音刚落,在座的异口同声赞道:

"好地方,就安葬于此!邓先生不愧为热心肠的开明人士,令人铭感!"

这位中年人就是邓蟾秋老人的侄子邓燮康先生。

正在这时,江津县政府突然派员送来10000大洋,说:

"这是蒋介石先生资助陈独秀先生料理后事之费用。"

这一突如其来的巨款,令何之瑜及在场的各位不知所措,收还是不收?陈独秀一生清白,晚年穷愁潦倒,宁愿饿死,也不要在国民党当大官的几个学生的一文资助。蒋先生送来的大洋如何处理,却成了何之瑜棘手之难题。这时,还是邓蟾秋先生出来解了围。他说:

"蒋先生捐赠大洋应该收下,这表明蒋先生不忘当年与陈独秀先生合作的旧情。这笔钱先收下再说,日后酌情处理。之瑜先生,你意见如何?"

"蟾秋老人高见!"何之瑜赞同地说,并签字收下大洋。

入殓时,陈独秀身着丝绵衣棉裤,裹着白绸躺在檀木花板里,花板札了一朵硕大的白绸花,引人注目。

"纵浪人间四十年,鹤去人空剩古津。"陈独秀虽穷愁潦倒,寂寞悄然离去,但江津各界人士对他仍怀有深深旧情。为沉痛悼念陈独秀,寄托对离人的哀思,由邓燮康和周光午主持简朴的追悼会和安葬仪式。

根据邓蟾秋老人之嘱,选用四川产贵重木材香楠为棺木。老人还叮嘱,请当地最好的木匠师傅日夜赶制四瓦式的棺材,雕花、上漆。与此同时,分头设计墓地和挖掘墓穴,勒刻墓碑。

陈独秀灵柩在杨鲁丞进士下房老屋停放了3天3夜。连日来，陈独秀避难在江津所有的晚辈，都纷纷赶来奔丧。亲人们按照老家安庆的习俗，披麻戴孝，轮换着为他守灵。

1942年6月1日出殡这天，天低云垂，天空飘下绵绵细雨，昔日宁静的石墙院，笼罩着一片哀情。江津县各界人士及陈独秀生前好友、安徽同乡以及九中高三分校、双石麻柳小学学生等百余人，袖戴黑纱，胸佩白花，迈着沉重的步子来到江津九中高三分校礼堂，参加陈独秀简朴而肃穆的追悼会。会场内，没有落套的花圈，也没有青松翠柏和鲜花，只有陈独秀摄于南京监狱的那幅遗像置放在礼堂主席台的桌上，两边摆放着几副挽联，上面写道：

> 君是降龙伏虎手拈花微笑散诸天
> 苍茫五十年前事贝叶重繙益惘然
> 纵浪人间四十年我知我罪两茫然
> 是非已付千秋论毁誉宁凭众口传
> 伊人去兮事迹犹存
> 一生功过自有评述

出殡时，左右乡邻闻讯，不期而至，一二百人，以示对一代人杰景仰惜别之情。双石、麻柳两乡小学的学生，一律着白衬衣，手持童子军棍。乡丁们则肩扛长枪，枪上扎有白花，由童男童女各牵一段系在白花上的白绸开路，八人抬着，缓缓前行。灵柩所经之处，附近的村民也大都赶来夹道相送。灵柩安葬于江津大西门外鼎山山麓康庄门外一块园地上。

何之瑜曾这样描述过陈独秀的墓地："先生入葬后，芟芜剔秽，竖碑砌道，莳花草，艺果树，敷布景场，差强人意，鼎山虎踞，几江龙蟠，岚光辉耀，帆影出没，先生之灵，可以安矣。"

一代伟人长逝，当时的《时事日报》《新民报》《江津日报》等，对陈独秀的生平事迹，仅作简要的报道和评价。1942年5月29日《江津日报》一版报道云：

"一代人杰陈独秀先生本月27日晚9时40分因急性胃炎与脑溢血齐发，医药罔效，溘然长逝于县属鹤山坪乡寓，享年64（应为63）岁。陈氏生于1879年，安徽怀宁人，字仲甫，原名仲，一名由己，别号熙州仲子，日本及法国（他未去法国留学——笔者）留学生，曾任北大文学科学长，主编《青年杂志》，后因思想左倾，主持共产党，被拘南京模范监狱。抗战军兴，旋即出狱入川，隐居津门，研究小学，贡献颇多，今年不幸逝世，实为学术界之一大损失。公子供职于国立九中。先生一生坚贞，身后萧条，亲友学生，将集议救济办法。6月1日发柩于县城之南某地，待抗战胜利再移运回原籍。"正文仅255字，未署作者姓名。

其他两报，作了简短的评论说："青年时代的陈独秀，向宗教宣战，向偶像宣战，一种凌厉之气，不失为一个先驱者。"对他的晚期则说："他究竟是一个较有操守者，因为我们还得到他'身后萧条的消息'。"

国民党的中央社在报道消息中仅只3句话，对他一生的事业只有一句话，即"担任北京大学文科学长"。5月31日《申报》的报道，非常简短，只说到"陈氏为中国共产党之创办人及一著名学者，……为文学革命先驱之一。"此外，在悼念陈独秀的文章里有郑超麟的《悼陈独秀同志！》一文提到了党派的问题。他站在托派立场上颂扬陈独秀"不愧为列宁、托洛茨基的同志，不愧为中国布尔什维克——列宁、托洛茨基党的领袖。"这篇文章登在托派刊物《国际主义者》第三期上，见到者很少，影响不大。

陈独秀晚年生前孤寂、身后萧条，死后一大笔医药费和丧葬费无从解决。北大同学会紧急出面，发起募捐，共捐得33000多元。捐款人中竟有曾悬赏巨金长期通缉陈独秀的蒋介石的名字，且捐款数额不菲，为10000元之巨。陈独秀九泉之下有知，不知会作何感想。此外，许静仁捐款15000元，国民党政府教育部长陈立夫捐款2000元，众多名人如段书贻、王星拱、胡小石、欧阳竟无等人都纷纷慷慨解囊。

1942年6月20日，时在成都已晋升为重庆卫戍总司令部中将顾问的杨鹏升，悉知陈独秀逝世的噩耗，久久地捧着陈独秀1942年4月5日写给他的第40封信，也是写给他的最后一封信，在无限悲痛之中，反复展读此信："鹏升先生左右：3月12日、20日两条均获悉，承赐信纸200，信封100，谢谢矣！吾兄经济艰难，竟为弟谋念，且感且愧！弟于印章过于外行，然累奉命，不能坚辞，间集成时，拟勉强书数语以塞责也，前次移黔之计主要是为川省地势海拔较高，于贱甚不宜，非为生活所迫，与晋公素无一面之缘，前两乘厚赠于心已感不安，今又寄千元，且出于吾兄之请求，更觉惭恧无状，以后务乞勿再如此也。前敬题大联，恐未曾寄到，来函云收到者，殆伪造此言以慰我耳，倘真收到，请示以弟所提语句，则始能相信也，如何！此祝，健康，和平，好友夫人均此。弟独秀手启，4月5日"。他与先生的往事历历在目，无奈地在信封背面写道：

"此为陈独秀先生最后之函，先生5月27日逝世于江津，4月5日寄我也。哲人其萎，怆悼何极。"抒发了他对先生的悼念和怀念之情。

陈独秀的丧事料理完后，潘兰珍、陈松年和陈独秀生前的好友何之瑜、邓仲纯、邓季宣、光明甫等，于6月9日一起商讨死者遗物处理一事，决定陈独秀的遗著，遵照遗意及友人意见，"由何之瑜集收管理，以备传至后世。"遗物，如 5 只古碗、友人来信及赠送的对联、立轴等物，归潘兰珍。①5 只古碗是瓷碗，是陈独秀在南京监狱时，由当时国民政府立法委员何遂（"二次革命"时，在安徽与陈独秀一起反对袁世凯）赠送的。其中一只有"显德四年"字样。"显德"是五代周世宗的年号，较宋瓷还要可贵。有人说这是假古董，陈独秀却相信是真的，他从南京带到了武汉，又带到了四川。这算是陈独秀留给潘兰珍最值钱的东西。

光阴荏苒，时至 1943 年 1 月 1 日，天气灰濛，当地父老乡亲为陈独秀举行了简朴的揭碑仪式，邓燮康两个读初中的女儿邓敬苏、邓敬兰分立墓碑两旁。陈独秀的妻子潘兰珍扶着一棵橘树，泣不成声。

墓碑由葛康俞所书并亲自鋟刻。葛康俞是陈独秀挚友葛温仲之子，邓仲纯、邓季宣、邓以蛰之外甥。陈逝世时他任国立九中教师。碑文云："独秀陈先生之墓（1879-1942）"。此碑系何之瑜嘱书。

参加揭碑仪式者仅三四十人，令人感叹唏嘘。

正如章士钊曾对陈独秀描述道：

一匹"不羁之马，奋力驰去，不峻之坂不上，回头之草不啮，气尽途绝，行同凡马踣"。是啊！一匹烈性的千里马最后倒下，陈独秀生前历经坎坷，数度沉浮，晚年萧条，身后寂寞。如今，那日夜呜咽的长江从那杂草丛生、仅插一根电杆为标记的原墓旁流过，令人沉思遐想。

057. 夫妻合冢

抗日战争胜利后的第 3 年，即 1947 年 6 月，陈独秀经历"鼎山青松映孤魂"5 年之久，由儿子陈松年遵其父母遗愿，将他的遗骨迁回故乡安庆，与元配夫人高晓岚合葬。立碑"先考陈公乾生字仲甫之墓，子延年、乔年、松年、鹤年泣立"，但"文革"中，此碑被毁。1979 年，陈独秀诞辰 100 周年之际，安庆有关部门拨款 200 元，草草修复，并以陈独秀 4 个儿子的名义立一新碑。再到 1987 年，当地有关部门又拨款 20000 元，对陈独秀墓地进行扩修，并改立高 2 米、宽 70 厘米的新碑，碑文为 5 字："陈独秀之墓"，系画家张建中行书。②

谈及陈松年为父迁墓，颇有一段曲折感人的故事：

---

① 《陈独秀病逝前后》，载《档案与史学》，1994 年 6 月。
② 戴建，《陈独秀的四块墓碑》，载《安徽日报》，1989 年 7 月 15 日。

陈独秀结发妻高晓岚生前每逢清明节，都要带小儿松年去安庆北郊祖坟踏青扫墓，祭祀祖先。她还常对松年说：

"松年，你要记住，这路旁是一个假坟，我怕他人占领，而立了这块无名碑，万一我……"

松年听了，望着病魔缠身的母亲，眼角不禁流出悲伤的泪水，但又强忍着，说：

"母亲，你不是好好的，怎么想到……"

高晓岚抚摸着小儿松年的头，泪水盈盈悲戚地说道：

"松年我儿，人早晚都要死的。看样子我是活不了多久……"

说着，母子俩拥抱着悲泣起来……

陈独秀与高晓岚夫妻合冢

1930年冬，高氏含着悲郁艰难地走完人生旅途，咽气离开了人世间。小儿松年按照母亲生前的遗愿，将亲生母亲葬于无名碑处，并在坟旁留下了一块空地。松年当时想，母亲生前长期与父亲分离，而又饱尝人间沧桑，只要有可能，待父亲百年之后，一定要遵照母亲的遗嘱将父亲与生母合冢，让他们在九泉之下，相依为命，以慰亡灵。

1942年5月，漂泊一生的陈独秀病逝于四川江津，厝于鼎山脚下的一个园地里，正是"鼎山青松映孤魂"。8年抗战胜利后，陈松年为实现自己的夙愿，于1947年6月，想方设法，几经周折，将父亲陈独秀的灵柩隐名迁回故土安庆，与生母合冢于安庆北郊叶家冲祖坟之地，并刻有"先考陈公仲甫之墓"一碑。

合冢之后，陈松年面对先父、生母之墓，含着泪水呼唤着：

"母亲大人，先父回来了！孩儿松年，愿两位老人家在九泉之下永远安息！"

据安庆市广播电台原新闻部主任、《陈独秀传奇》的作者吴晓先生整理的由陈松年口述的"陈独秀墓迁葬经过"一文记载：

"1947年2月，我与堂兄陈遐年商定去四川江津运灵柩。当时，抗战虽然胜利，但内战又起，运灵柩也不容易。江津安徽人很多，提起先父，大多知道。我就向他们打听是否有运灵柩的木船。有人告诉我，重庆江北有。我到重庆一打听，说是只有浙江会馆有木船运灵柩。

我当即到浙江会馆联系。他们应允后，我又返回江津，雇了一条小木船，将继祖母和先父的灵柩一起运到重庆浙江会馆。办完手续后,又在灵柩上刻上字,写上地址和接收人姓名,但先父灵柩不敢刻'陈独秀'3个字,怕在途中惹出麻烦,只好刻上先父科考名'陈乾生',这是为多数人所不知的。先父灵柩运抵安庆后,先置于西门太平寺内。根据生母高氏1930年临终前的嘱咐,将先父和生母合冢于北郊祖坟之地叶家冲,也未举行什么仪式,只是以先父科考名'陈乾生'立碑,隐其原名。

先父与生母在故土合冢后,每年清明时节,我都带儿女踏青扫墓,祭祀祖先,但是,10年'文革'期间,未敢去扫墓,怕墓暴露被'造反派'挖掉。'文革'后,我再去扫墓时,墓地却是满目松树、杉木丛林,一时寻不到先父母合冢墓。经再三查询,在当地农民的帮助下,才在丛林中寻出一方荒草平地,墓碑也不见了,我实不敢认定,幸亏一位当年曾抬先父灵柩的农民确认,这就是先父和生母的合冢之墓。当时我的心十分凄凉,不禁一阵心酸,流出了眼泪。为便于今后寻找墓地,我在一棵树上划去一块树皮作为标记,哪知第二次去墓地时,树却被砍伐了。我这才意识到重修墓地和立碑的必要了。但由于私人经济拮据,不得不给省和中央负责同志写信,要求资助经费重修先父之墓。1979年先父诞辰一百年时,安徽省人民政府拨款,安庆市人民政府于1980年重修土墓,并以我的名义重立了青石碑,1982年再次扩修,并被列为安庆市文物保护单位。目前市有关部门和墓所在地乡村集资10万元,正在拓修通往墓地的乡间公路,'五四'前夕竣工后,汽车可直抵墓地,为人们浏览参观提供了交通方便。"①

1981年7月,在党中央十一届三中全会"实事求是,拨乱反正"的精神鼓舞下,全国人民解放思想,敢于冲破一切禁区。这时,安庆市委收到陈独秀亲属的信,要求重修陈独秀墓,给予财政支持。安庆市将信转交改革开放的总设计师、中央政治局常委邓小平,他立即亲自批示:

"陈独秀墓作为文物单位保护,请安徽省考虑,可否从地方财政中拨款修墓,并望报中央。"

安徽省和安庆市接到邓小平的亲笔批示后,引起高度重视,立即拨出专款20000元人民币对荒草遍地的陈独秀墓进行修整。在原址上新修的墓,按照陈独秀江津原墓式样并仿照杭州西湖边的岳飞墓进行扩建,建起了初具规模的陵园。与此同时,安庆市还将陈独秀墓作为市级文物单位加以保护。

重修后的陈独秀墓地,由长廊、石栏、供奉台、围栏和圆形坟墓等组成,

---

① 《人民政协报》,1989年5月9日。

陈独秀墓

陈独秀塑像

均用白石料砌成。整个墓地呈正方形，约125平方米。地面长条白石块铺成，主墓呈圆形，墓高约1.8米，直径3.6米，四周用白石垒成，顶部的黄土微微隆起，长满了青草。整个墓地坐北朝南，四周茂林修竹环绕，清雅幽静。沿着48米石阶长廊拾级而上就是墓地的汉白玉石栏杆，左右两边各筑有"丁"字形石桌。墓碑上刻有安徽省著名书画家张建中题写的"陈独秀之墓"5个遒劲的大字。在四周郁郁葱葱的松杉与挺拔修长的楠竹交相辉映下，整个墓地显得格外幽静、肃穆。陈独秀墓已辟为"独秀公园"，供中外游人参观、瞻仰、凭吊。

一位学者在参观了陈独秀墓之后，曾即兴赋诗一首，以表达对陈独秀的敬仰之情：

大龙山下叶家冲，霜草萋萋夕阳红。
姓家何须铭华表，墓前常献野花丛。
行无愧怍心常坦，身处艰难气若虹。
石破天惊功业在，休将成败论英雄。

1989年4月，为纪念"五四运动"70周年和陈独秀诞辰110周年，四川省江津县（现属重庆市，改为江津区）人民政府根据县政协的议案，拨出专款修复独秀的原墓地。并立下墓碑，碑石背后刻有"陈独秀原墓址简介"，全文如下：

陈独秀（1879—1942）字仲甫，安徽怀宁人，五四运动的总司令和中国共产党的主要创始人之一，1938年8月流寓江津，1942年5月病逝，安葬于此，1947年6月，其子松年，迁墓返乡，葬于安庆市北郊。

现墓地，系按原墓样修复的。

原墓高1.5米，由85块大青石组成。旁立有一块碑石，上刻有"独秀先生之墓"的铭文。另外，还将当年邓燮康的避暑山庄辟为陈独秀纪念室，以资后人观瞻。

陈独秀与世长辞，最为悲痛的莫过于爱妻潘兰珍，她失去了患难与共的唯一亲人。人走房空，只留下一堆她和陈独秀亲手种植收获的土豆及共同栽种的梨树。望着几件向邻居借来的破烂桌椅和四壁萧条的陋室空堂，耳畔回响的只剩下陈独秀弥留前的遗言：

"兰珍吾妻，望今后一切自主，生活务求自立……"①

然而，一个妇道人家举目无亲，生活出路何在？她整日悲痛、愁眉不展。

此时，跟随陈独秀多年直至为其妥善办理后事的何之瑜，四处奔走，为潘兰珍女士寻找工作和安身之处。天无绝人之路，幸亏陈独秀名气大，慕他名的人多，于1943年初，总算在重庆附近朱蕴山、光明甫自办的农场给她找了一份工作，生活亦能自主、自立。潘兰珍对何之瑜这种热心奔走、真诚助人的精神感动不已，饱含着泪水对何之瑜说：

"之瑜，你是我今生今世的大恩人！我要烧香叩头，求菩萨保佑你！"

潘兰珍栖身农场，做些力所能及的事儿，任劳任怨，农场老板对她也比较关照，每月的工资虽然不高，但也够她一人自主、自立。此时，她十分惦念着在老家南通托人抚养的养女小凤仙。在农场生活了4年之后，1946年，她带着陈独秀留下的部分稿费、文稿、字画和5个古瓷碗等，又重新回到了上海。在上海，她找到了郑超麟，将装有陈独秀遗物的一个柳条箱托他保管。又将5只古碗另托汪孟邹保存，后来汪又将它转交给了何之瑜。新中国成立后，何之瑜迁居上海，肃反运动开始后，他被作为"托派骨干"被捕入狱，古碗也被抄家没收，1962年何之瑜病死于上海提篮桥监狱。潘兰珍好不容易在浦东租了一间房子，并在一所小学找了份煮饭的工作，以此谋生。安顿后，她便托人到南通接回日夜思念的养女小凤仙。

小凤仙已长成人，年方十八九岁，一见养母，一头扑到潘兰珍怀里，哽咽着说：

"妈妈，我好想你……"

凤仙的声声哭泣，使潘兰珍心如刀割，泪如泉涌。

此时潘兰珍饱经风霜，尝尽人间苦楚，已是30余岁妇女。在她对陈独秀尽完一个妻子的责任之后，迫于生计，总想找个归宿，于是她与国民党的一个下级军官结了婚，组成了新的小家庭，本以为可以安安稳稳地过日子，然而，命运之神又将厄运降临在她头上，新婚不久，丈夫暴病而亡。这个沉重的打击，

---

① 《陈独秀评论选编》下，第413页。

使得精神几乎崩溃的潘兰珍患上了子宫癌,住进了上海一家医院。1949 年 10 月 30 日,潘兰珍终于走完了人生旅途的最后一程,离开了人世,终年 42 岁。[①]

---

① 张君,《关于潘兰珍的情况》,载《党史资料丛刊》,上海,1983 年第 3 辑。

主要参考书目

一、经典著作

1. 《马克思恩格斯选集》：第1-4卷（人民出版社1995年版）。
2. 《列宁选集》：第1-4卷（人民出版社1995年版）。
3. 《毛泽东选集》：第1-4卷，（人民出版社1991年版）。
4. 《周恩来选集》：上卷，（人民出版社1980年版）。
5. 《周恩来选集》：下卷，（人民出版社1984年版）。
6. 陈独秀著作：

《独秀文存》（亚东图书馆，1922。安徽人民出版社1996年重印）。

《陈独秀著作选》（三册，任建树等编，上海人民出版社，1993年4月版）。

《陈独秀文章选编》（上、中、下，三联书店，1984年）。

《后期的陈独秀及其文章选编》（张永通等编，四川人民出版社，1980年）。

《陈独秀书信集》（水如编，新华出版社，1987年11月版）。

《陈独秀遗诗辑存》（孙文光辑，载《安徽师大学报》1989年第4期）。

《陈独秀诗集》（任建树等编，时代文艺出版社，1995年4月版）。

《陈独秀诗存》（安徽教育出版社，2003年）。

《小学识字教本》（巴蜀书社1995年5月重印，刘志成整理校订）。

二、档案、文集、资料汇编

中共中央党史研究室第一研究部译：《联共（布）、共产国际与中国国民革命运动（1920-1925）》，《共产国际、联共（布）与中国革命档案资料丛书》第1-12卷，北京图书馆出版社1997-1999年版。

中共中央党史研究室第一研究部译：《联共（布）、共产国际与中国国民革命运动（1926-1927）》上、下册，《共产国际、联共（布）与中国革命档案资料丛书》第 3、4 卷，北京图书馆出版社 1998 年版。

中共中央党史研究室第一研究部译：《联共（布）、共产国际与中国苏维埃运动 (1927-1931)》，《共产国际、联共（布）与中国革命档案资料丛书》第 7、8、9、10 卷，中央文献出版社 2002 年版。

《共产国际有关中国革命的文献资料》第 1 辑：中国社会科学出版社 1981 年版。

《共产国际有关中国革命的文献资料》第 1 辑：中国社会科学出版社 1982 年版。

《共产国际有关中国革命的文献资料》第 1 辑：中国社会科学出版社 1990 年版。

《共产国际与中国革命资料选集（1919-1924）》：人民出版社 1985 年版。

《共产国际与中国革命资料选集（1925-1927）》：人民出版社 1985 年版。

《苏联〈真理报〉有关中国革命的文献资料选编》第 1 辑：四川省社会科学院出版社 1085 年版。

《苏联〈真理报〉有关中国革命的文献资料选编》第 2 辑：四川省社会科学院出版社 1086 年版。

《苏联〈真理报〉有关中国革命的文献资料选编》第 3 辑：四川省社会科学院出版社 1088 年版。

中国人民大学科学社会主义系编：《国际共产主义运动史文献史料选编》第 4 卷，中国人民大学出版社 1985 年版。

中国人民大学科学社会主义系编：《国际共产主义运动史文献史料选编》第 5 卷，中国人民大学出版社 1986 年版。

《共产国际第一次代表大会文件》：中国人民大学出版社 1988 年版。

《共产国际第二次代表大会文件》：中国人民大学出版社 1988 年版。

《共产国际第三次代表大会文件》第 1、2 卷：中国人民大学出版社 1988 年版。

《共产国际第四次代表大会文件》第 1、2 卷：中国人民大学出版社 1988 年版。

《陈独秀在江津》：中国文联出版社 2002 年 7 月，中共江津区委党史研究室主编。

《陈独秀思想发展轨迹》：中国档案出版社 2003 年版，贾立臣著。

中央档案馆编：《中共中央文件选集》第 1-4 册，中共中央党校出版社 1989 年版。

中央档案馆编：《中共中央文件选集》第 5 册，中共中央党校出版社 1990 年版。

中央档案馆编：《中共中央政治报告选辑（1922-1926）》，中共中央党校出版社1981年版。

中央档案馆编：《中共党史报告选编》，中共中央党校出版社1982年版。

中共中央书记处编：《六大以前——党的历史材料》，人民出版社1980年版。

薛衔天等编：《中苏国家关系史资料汇编（1917-1924）》，中国社会科学出版社1993年版。

任建树、张统模、吴信忠编：《陈独秀著作选》第1-3卷，上海人民出版社1993年版。

《陈独秀文章选编》上、中、下册，生活·读书·新知三联书店1984年版。

水如编：《陈独秀书信集》，新华出版社1987年版。

《独秀文存》：安徽人民出版社1987年版。

张永通等编：《后期的陈独秀及其文章选编》，四川人民出版社1980年版。

《蔡和森的十二篇文章》：人民出版社1980年版。

《一大回忆录》：知识出版社1980年版。

《"一大"前后》第1、2册：人民出版社1980年版。

《"二大"和"三大"》：中国社会科学出版社1985年版。

中央档案馆编：《北伐战争（资料选辑）》，中共中央党校出版社1981年版。

上海市档案馆编：《上海工人三次武装起义》，上海人民出版社1983年版。

中共上海市委党史资料征集委员会主编：《上海工人三次武装起义研究》，知识出版社1987年版。

中共广东省委党史研究委员会办公室、广东省档案馆编：《中山舰事件》，1981年6月印制，内部刊物。

《维经斯基在中国的有关资料》：中国社会科学出版社1982年版。

《马林在中国的有关资料》（增订本）：人民出版社1984年版。

中国社会科学院马列所、近代史研究所编：《马林与第一次国共合作》，光明日报出版社1989年版。

[美]罗伯特·诺思 津尼亚·尤丁编著，王淇等译：《罗易赴华使命——1927年的国共分裂》，中国人民大学出版社1981年版。

《鲍罗廷在中国的有关资料》：中国社会科学出版社1983年版。

三、人物传记、回忆录

1.《中华民族杰出人物传》丛书《陈独秀传》：1994年版。

2. 《正误交织陈独秀》: 人民文学出版社 2004 年, 胡明著。

3. 《陈独秀大传》: 上海人民出版社, 1999 年 5 月第 1 版, 任建树著。

4. 《文人陈独秀——启蒙的智慧》: 陕西人民出版社, 2004 年, 石钟扬著。

5. 《从领袖到平民——陈独秀沉浮录》: 中国档案出版社, 1994 年, 朱洪著。

6. 《陈独秀风雨人生》: 湖北人民出版社, 2004 年, 朱洪著。

7. 《陈独秀传》: 安徽人民出版社 2005 年 9 月, 朱洪著。

8. 《亚东图书馆与陈独秀》: 汪原放著, 学林出版社, 2006 年 2 月 1 版。

9. 《从陈独秀到毛泽东》: 冯建辉著。

10. 《独秀黄昏——陈独秀的晚年生活》: 花城出版社, 1996 年, 朱克岩著。

11. 《风流无毁陈独秀》: 中华文化出版社 2003 年, 罗学蓬著。

12. 《陈独秀之死》: 青岛出版社, 2005 年 1 月, 陈璞平著。

13. 《陈独秀评传》: 青岛出版社, 2005 年 5 月版, 朱文华著。

14. 《陈独秀与中国名人》: 中央编译出版社, 1997 年。

15. 《陈独秀的旷世悲情——飞扬与落寞》: 东方出版社 2007 年 1 月版, 张宝明、刘云飞著。

16. 《陈独秀与莫斯科的恩恩怨怨》: 福建人民出版社, 2006 年 1 月版, 姚金果著。

17. 《陈独秀与共产国际》: 湖南人民出版社 2006 年, 李颖著。

18. 《探访陈独秀》: 丁弘教授著, 文史资料汇编, 2003 年 12 月出版。

19. 《陈独秀最后 15 年》: 袁亚忠著, 中国文史出版社, 2005 年 4 月第 1 版。

20. 《陈独秀传》: 任建树、唐宝林著, 上海人民出版社, 1989 年。

21. 《近代 20 家评传》: 王森然, 文献出版社 1987 年。

22. 《郑超麟回忆录》: 现代史料编刊社 1989 年 7 月版。

23. 《郑超麟回忆录》: 东方出版社 1996 年版。

24. 《怀旧集》: 郑超麟著, 东方出版社 1995 年版。

25. 《椿园载记》: 罗章龙著, 生活·读书·新知三联书店 1984 年版。

26. 《包惠僧回忆录》, 人民出版社 1983 年版。

27. 陈公博著, 韦慕庭编, 中国社会科学院近代史研究所翻译室译:《共产主义运动在中国》, 中国社会学出版社 1982 年版。

28. 《双山回忆录》: 王凡西著, 现代史料编刊社 1980 年出版。供内部参考。

29. 《中共往事钩沉》: 文博编著, 四川人民出版社, 1996 年 3 月。

30. 《红色的起点》: 叶永烈著, 人民日报出版社, 1999 年 2 月版。

31. 《红色纪要》: 邓刚主编, 西苑出版社。

32.《陈独秀评传》：陈东晓编，收《民国丛书》第 1 编第 87 册，上海书店据亚东图书馆 1933 年版影印。

33.《新文化运动前的陈独秀》，香港中文大学出版社，1979 年初版，1982 年再版。

34.《我的回忆》：张国焘著，第 1-3 册，东方出版社 1991 年版。

35.《回忆与研究》：李维汉著，上册，中共党史资料出版社 1986 年版。

36.《鲍罗廷与武汉政权》：蒋永敬著，台湾传记文学出版社 1972 年版。

37.《与鲍罗廷谈话的回忆》：宋美龄，台湾黎明文化事业股份有限公司 1976 年版。

38.《往事》《随笔》：丁弘著，2007 年、2008 年、2009 年各期《交流文稿》。

39.《性格的命运——中国古典小说审美论》：石钟扬著，安徽教育出版社 1998 年 10 月版。

四、论文集、专著

1. 唐宝林主编：《陈独秀与共产国际》，新苗出版社 2000 年版。
2. 阚洪玉主编：《陈独秀在江津》，中国文联出版社 2002 年版。
3. 王树棣等编：《陈独秀评论选编》上、下册，河南人民出版社 1982 年版。
4. 沈寂主编：《陈独秀研究》第 1 辑，东方出版社 1999 年版。
5. 沈寂主编：《陈独秀研究》第 2 辑，安徽大学出版社 2003 年版。
6. 沈寂主编：《陈独秀研究》第 3 辑，安徽大学出版社 2007 年版。
7. 安庆市历史学会、安庆市图书馆编印：《陈独秀研究参考资料》，内部资料，1981 年。
8.《陈独秀研究论文集》：安庆市陈独秀学术研究会、安庆市政协文史资料委员会编，1999 年出版。
9. 中国现代史学会陈独秀研究会、安庆市陈独秀学术研究会编：《陈独秀研究动态》《简报》，第 1-39 期。
10.《陈独秀年谱》：唐宝林、林茂生：上海人民出版社 1988 年版。
11.《陈独秀与中国共产党》：王学勤著，东南大学出版社 1991 年版。
12.《晚年陈独秀与苏联经验》：阿明布和著，人民出版社 2002 年版。
13.《陈独秀与第三国际人物论》：朱洪著，中国档案出版社 2003 年版。
14.《共产国际和中国革命关系史纲》：孙武霞编著，河南人民出版社 1988 年版。

15.《共产国际和中国革命关系史稿》：向青著，北京大学出版社 1988 年版。

16.《共产国际和中国革命》：杨若云、杨奎松著，上海人民出版社 1988 年版。

17.《共产国际与中国革命关系史》上、下册：黄修荣，中共中央党校出版社 1989 年版。

18.《共产国际与中国革命（一九二四——一九二七年中国共产党和国民党统一战线）》：[联邦德国] 郭恒钰著，李逵六译，生活·读书·新知三联书店 1985 年版。

19.《共产国际与中国革命（第一次国共合作）》：郭恒钰著，台湾东大图书公司 1989 年版。

20.《俄共中国革命秘档（一九二〇——一九二五）》：郭恒钰著，台湾东大图书公司 1996 年版。

21.《陈独秀与中国共产主义运动》：郭成棠著，台湾联经出版事业公司 1992 年版。

22.《共产国际和中国国民党（1919-1929）》，莫斯科 1999 年版。

23. 唐宝林主编：《陈独秀研究文集》，新苗出版社 1999 年 8 月第 1 版。

24. 奚金芳主编：《纪念陈独秀先生逝世 69 周年论文集》，2005 年 5 月版，全国第七届陈独秀学术研讨会（南京会议）筹备处编印。

25.《陈独秀与 20 世纪中国》：奚金芳教授主编，中国戏剧出版社 2006 年 6 月，北京第 1 版。

26.《"陈独秀与 20 世纪学术、思想、文化"——全国第七届陈独秀学术研讨会论文集》：奚金芳主编，中国文史出版社 2005 年 8 月北京第 1 版。

27.《陈独秀传论》：沈寂教授著，安徽大学出版社 2007 年 7 月第 1 版。

28.《陈独秀年谱》：王光远，重庆出版社 1987 年。

29.《求实集》：徐承伦教授著，安徽省文史研究馆编印 2008 年 6 月出版。

30.《重新认识陈独秀》：唐宝林主编，新苗出版社，2006 年 2 月版。

31.《陈独秀与 4 个女人的风雨人生》：张家康文，《中华儿女》2007 年第 1 期。

32.《陈独秀与独秀山》：张旭东文，《百年潮》2008 年 3 月。

33.《陈独秀与日本》：唐宝林文，《百年潮》2007 年 1 月。

34.《"天字第一号冤案"平反始末》：《中华儿女》2008 年 12 期。

35.《报刊唤起国民魂》：黄河，载《陈独秀与 20 世纪中国》。

36.《从陈独秀、张闻天到胡耀邦》：何方：《炎黄春秋》，2006 年第 6 期。

37.《马克思主义在中国一百年》：唐宝林主编，安徽人民出版社，1997 年 12 月版。

38.《风华正茂的岁月》：中共湖南省委党史研究室、新民学会成立会旧址整理处主编，唐振南等执笔，湖南人民出版社，2008年4月第1版。

五、其他专著、文章

1.1980年以来，《中共党史研究》《党史研究资料》等全国主要学术期刊上有关陈独秀、共产国际与中国革命关系的相关研究论文。

2.中共中央党史研究室著《中国共产党的七十年》（中共中央党校出版社1991年版）、《中国共产党简史》（中共党史出版社2001年版）、《中国共产党历史》第1卷（中共党史出版社2002年版）等书籍。

3.濮清泉：《我所知道的陈独秀》，《文史资料选辑》第17辑第36页，中国文史出版社1982年版。

4.包惠僧：《回忆马林》，载《马林在中国的有关资料》。

5.包惠僧：《回忆党的创立时期》（1978年11月9日），载《"一大"前后》（二），人民出版社1980年8月出版。

6.《民国日报》1921年10月6日、20日、27日相关报道，张国焘《我的回忆》第1册也记载了27日相关报道，张国焘《我的回忆》第1册也记载了此事，但说同陈独秀同时被捕的还有李达，不确。

7.李达：《关于中国共产党建立的几个问题》，《"一大"前后》（二），李达对陈云被捕，记错了时间，误为1922年1月。

8.《中共中央文件选集》（一）。

9.《实庵自传》。

10.三爱（陈独秀笔名）：《说国家》；《安徽俗话报》第5期，1904年6月14日出版。

11.章士钊：《疏〈黄帝魂〉》，载《辛亥革命回忆录》（一），此书是全国政协文史资料委员会主持编纂的系列回忆录中一种，中华书局1962年出版。

12.章士钊：《吴敬恒——梁启超——陈独秀》，载《甲寅》第1卷第4号《双枰记》。又见章士钊《初出湘》，《文史杂志》第1卷第5期。

13.马鸿亮：《吴樾烈士传略》，《中华民国开国五十年文献》第1编第13册。吴樾本名越，后改为"樾"，为清政府恨其入骨而改的诬称。

14.柏文蔚：《从辛亥革命到护国讨袁》，《江苏文史资料》1981年第6期。

15.《敬告青年》，《青年》第1卷第1号。

16.斯诺：《西行漫记》第125页，1979年版。

17.《研究室与监狱》,《每周评论》第 25 号。

18. 高一涵:《李大钊同志护送李独秀脱险》,载全国政协,《文史资料选辑》第 61 辑,记有陈独秀散发传单被捕的细节;罗章龙《红楼感旧录》,载《团结报》1983 年 6 月 25 日,记有李大钊营救陈独秀的详细经过。

19. 高一涵:《李守常先生传略》,12 日《民国日报》1927 年 5 月 24 日、25 日。高氏此文是纪念刚在北平被张作霖杀害的李大钊(李守常),这也是"南陈北李,相约建党"说法的最早出处。

20. 张申府:《建党初期的一些情况》(1979 年 9 月 17 日),《"一大"前后》(二)。

21. 陈望道:《回忆党成立时期的一些情况》(1956 年 6 月 17 日),《"一大"前后》(二)。

22.《李达自传》,《党史研究资料》第 2 集。

23. 茅盾:《复杂而紧张的生活、学习与斗争》,《新文学史料》1979 年第 2 期。

24. 陈公博:《寒风集》中"我与中国共产党"一节;又见《陈公博回忆中国共产党的成立》(1944 年),《"一大"前后》(二),人民出版社 1980 年版。

25. 包惠僧:《我所知道的陈独秀》(1979 年 5 月),《"一大"前后》(二),人民出版社 1980 年 8 月版。

26. 张申府:《中国共产党建立前后情况的回忆》(1977 年 3 月、1978 年 9 月),《"一大"前后》(二),人民出版社 1980 年 8 月版。

27.《千秋功罪如何评说》:(原上海市委组织部常务副部长叶尚志文),《人才开发》1999 年第 12 期。

28.《陈独秀的个性与人品》:《江淮文史》1995 年第 6 期,张家康文。

29.《试论"陈独秀时代"》孙其明文,《党史纵横》2002 年第 1 期。

30.《陈独秀的五次被捕及营救》:徐承伦文,《深圳大学学报》1998 年第 3 期。

31.《陈独秀晚年与托派的论战》:唐宝林文,《档案与文学》1996 年第 2 期。

32.《陈独秀研究二题》:王观泉文,《安徽史学》2000 年第 2 期。

33.《陈独秀被开除党籍刍议》:曹国华文,《党史纵览》1994 年第 6 期。

34.《关于一大召开》:叶永烈,《名人传记》2008 年 6 期。

35.《早期陈独秀是社会民主主义者》:盖军著,《炎黄春秋》2008 年 92 期。

36.《中共对托洛茨基评价的转变》:马长虹,《炎黄春秋》2006 年 7 期。

后 记

哲人云："有志者，事竟成；苦心人，天不负。"笔者经过 10 余年的勤耕苦种，"三更灯火五更鸡"，1.75 米的个头，体重由 148 斤减轻到 130 斤，由此《陈独秀正传》终于脱稿。我如释重负，感到难以言状的轻松和愉悦。

作为一名良知不泯的作家，坚持辩证唯物主义和历史唯物主义的立场、观点，坚持实事求是的原则，为"五四运动的总司令"、"中国共产党的创始人"、"新文化运动的主将"陈独秀正名，恢复他应有的历史地位，是我创作该书的目标之一。为此，多年来我积极收集陈独秀的有关史料和文献资料，沿着他的人生轨迹，先后到安庆、合肥、南京、上海、北京、俄罗斯、武汉、重庆、江津等地，广泛采访陈独秀的亲属、研究陈独秀的专家、学者以及有关知情人，全面征集有关资料逾千万字。

我在采访、征集过程中，受到当地党史研究室、图书馆、档案馆、纪念馆、文物局等部门的领导和专家、教授的热忱接待和大力支持。安庆市委党史研究室原主任、"陈研会"会长李银德，安徽大学教授、省"陈研会"会长沈寂，执行会长、教授徐承伦，南京大学教授、江苏省"陈研会"会长奚金芳，南通大学教授丁弘，安庆师范学院学报主编余昌谷，安徽省党史研究室主任聂皖辉，江津区委党史研究室副主任庞国祥，湖南工业大学学报主编骆晓慧等专家、学者，为我提供了珍贵的史料和照片，他们将自己主编的论文集及专著及时寄给我，并对如何写好《陈独秀正传》提出了有益的建议，尤奚金芳教授不顾年事已高、体弱多病，拨冗为笔者收集、购买《共产国际、联共（布）与中国革命档案资料丛书》1-12 辑、《陈独秀生平幻灯片》及自己主编的各种《陈独秀研究论文集》若干本，悉数寄给我。在此，对他们的鼎力相助，特致谢忱。

陈独秀的革命史迹惊天地而泣鬼神，催人泪下。对于陈独秀的评价的是是非非，更不亚于他所经历的风风雨雨。要客观、公正地记录和评价陈独秀的一生，不仅需要大量的历史资料，更需要宽松的环境和学界的支撑。

该书的出版与其说是本人的撰著，不如说是集体智慧的结晶。这里要特别感谢任建树、石钟扬、唐宝林、石仲泉（中央党史和文献研究院原副主任）、姚金果（中央党史和文献研究院科研部原副主任）、李颖、丁弘、祝彦、朱洪、袁亚忠、张宝明、罗学蓬、陈璞平、朱文华、刘云飞、唐振南等专家、学者、教授，他们不仅毫无保留地提供自己的人物传记、专著、论文集乃至照片，还提出了许多弥足珍贵的建议和见解，使作者获益匪浅。

本书在写作过程中，还要感谢全国政协经济委员会副主任委员、原中共中央统战部副部长、全国工商联原党组书记、胡耀邦之子胡德平，中国传记文学学会会长、著名红色散文家、万里之子万伯翱，中共中央七大代表、原上海市人大副主任、新四军老干部左英，解放军总后勤部副政委刘晓榕中将，解放军总装备部副部长刘胜中将，原自然资源部部长、全国人大农业农村发展委员会副主任委员孙文盛，中央党史和文献研究院原副主任杨胜群，原全国政协经济委员会主任、中国工商行政总局局长、湖南省省长周伯华，全国工信部副部长、原湖南省常务副省长陈肇雄，国务院新闻办主任、中宣部副部长蒋建国，国家新闻出版广电总局原副局长吴尚之，原湖南省委宣传部副部长、湖南省社科联主席郑佳明，国务院参事室参事、中国传记文学学会副会长忽培元，总参管理保障部原副部长姜永兴少将，原中国作协书记处书记、《文艺报》总编郑伯农，创联部主任孙德全，湖南工业大学党委书记唐未兵，原党委书记、书法家侯清麟，湖南铁路科技职业技术学院院长戴联华，原中共中央党史和文献研究院直属机关党委常务副书记王淑娟，原中国传记文学学会副会长兼秘书长张洪溪，《人民日报》海外版原副总编钱江，原解放军文艺出版社副社长董保存，解放军文艺出版社〈星火燎原〉编辑部负责人、文职三级何念选，中共湖南省委组织部原部长、党史人物研究会会长赵培义，原株洲市委副书记、巡视员赵湘珍，中共株洲市委书记、市人大主任毛腾飞，株洲市委副书记、市长阳卫国，中共株洲市委常委、市委宣传部长聂方红，株洲市人大党组书记、第一副主任刘光跃，株洲市人大副主任邓尚文、钟燕、王建之，国家民生银行监理会副主席郭栋，外交部行政司司长郭武，中车集团株机公司党委书记周军军，原株洲市委常委、宣传部长张雄，中国银行吉林省分行行长王果，北京市国税局副局长唐学军，株洲市总工会党组书记谭鑫华，株洲市团市委书记梁天琛，株洲海诚置业有限公司董事长姜君，株洲市自然资源和规划局局长蒋开建，株洲市人力资源社会保障局副局长陈志鸿，中央党史和文献研究院原编审高风，原湖南省中共党史人物研究会副会长吕芳文、李仲凡，株洲海联公司董事长、谭嗣同爱国公益基金会理事长谭志宏，高新区党工委书记、天元区委书记周建光，株洲高新技术产业开发区管委会主任朱振湘，北京·浏阳商会会长、浏阳同乡联谊会

后 记

会长陈文定,历史文化学者、著名收藏家、文物艺术品鉴赏家徐敬超,湖南省新华书店党委书记贺正辉,株洲市新华书店总经理朱桂生,副总经理戴建,株洲市图书馆馆长黄小平,株洲市烟草专卖局副局长张红兵,株洲江山置业集团董事长、全国人大代表刘晓武,湖南陈氏宗亲文化研究会秘书长陈新华、副秘书长陈明胜,株洲市教育局局长吴安浩,株洲市商务粮食局局长姚永告,株洲市政协副主席余明刚、朱庸进,株洲市政协原副秘书长周伦祥,株洲市政协副主席、株洲市文联主席周煦惠,株洲市文联党组书记黄勇,株洲市文体广新局局长杨小幼,

与陈独秀之孙陈长琦教授

株洲市作家协会主席万宁,株洲市工商联党组书记王坚,株洲日报副刊文艺部主任、中国文艺评论家协会会员佘意明,"南星阁"传承人、江贸公司董事长左清伟,衡阳东盈房地产公司董事长王卓,湖南株洲市知名慈善爱心人士董建华,湖南省株洲市芦淞区长杨晓江,湖南省长沙市委常委、浏阳市委书记、浏阳经济技术开发区党工委第一书记黎春秋,株洲市直属机关工作委员会书记颜国庆,株洲市人社局医保处处长程淼清,株洲市财政局原局长、市财经委原主任赵庆云,株洲市文联秘书长、株洲市作协常务副主席唐璐,株洲市公安局原副局长、书法家王民权,株洲炎林山庄董事长、株洲山东商会会长林兴宝,株洲市女企业家联谊会会长陈菊香,株洲市第十八中原校长、株洲市中学语文理事会会长李国柱,株洲日报主任编辑、副教授文伟平,湖南铁路科技职业技术学院副教授陈斗,深圳市资深律师陈革,给予大力支持,特致谢忱。我要特别感谢夫人刘燕平,她是一名高中高级语文教师、优秀共产党员,数十年来,在繁重的教学工作之余,承担全部家务和培育子女的义务,任劳任怨,解除了我的后顾之

· 481 ·

忧，热心当第一读者，所以我的写作成就，有她的一半。

当此书定稿后，胡德平、万伯翱、石仲泉、郑佳明等领导都来信表示祝贺和鼓励。著名党史专家、中共中央党史和文献研究院研究员王新生为本书作了精心审稿；中共中央党校党史教研部原主任、中国现代史学会会长郭德宏教授为本书作序；万伯翱热情洋溢地说：" 国家一级作家陈利明能写出经党中央主管部门反复审查通过的《陈独秀正传》和《胡耀邦传》这两本惊世之作，在我国、我党堪称第一人。"胡德平部长在贺信中写道："陈利明同志作为中国共产党的一分子，能慎重追远，为真实的党史而奋斗，将永留美名"。株洲市市长阳卫国在贺信中赞扬说："每次读到陈老先生的新作，我都深深为这位耄耋老人求真务实、秉笔直书的勇气，生命不息、笔耕不止的勤奋，甘于寂寞、不图名利的精神而感动"。团结出版社原总编辑唐得阳、人民日报出版社的社长董伟、责任编辑程文静等同志对本书的编审工作付出了辛勤的劳动，株洲市人大副主任钟燕对此书的出版发行作了精心的策划和统筹工作，本人深表感谢。

由于时间仓促，作者水平有限，书中难免不少讹错之处，企盼各位专家、学者批评指正。

陈利明
2018 年 3 月于潜心斋